제2판

예비사회교사를 위한

법학

이율 편저

법학

정치학

경제학 기본원리

일반사회교육론

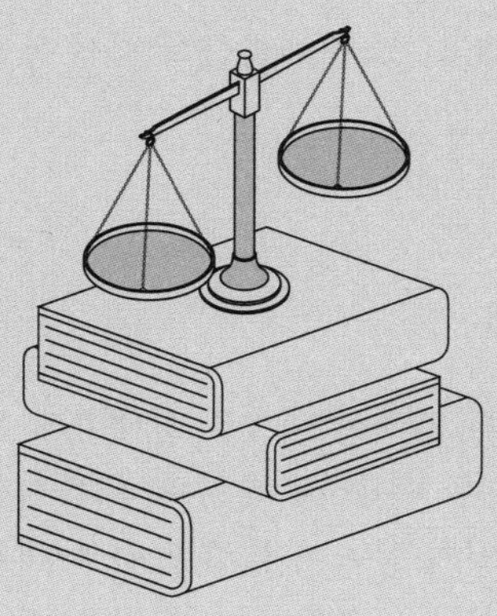

QMG 박문각

이 책의 머리말

❶ 법학 제2판 개정 주요 내용

법학 제2판에서는 학습의 효율성을 생각하여 법의 기초 부분, 행정법, 형법 등에서 내용을 수정하고 보완하였다. 불필요한 내용들은 삭제하였고, 정리가 필요한 내용들은 깔끔하게 재구성하였다.

❷ 이 책의 특징

많은 특징들이 있지만 여기서는 가장 핵심적인 특징을 제시한다.

1. 합격을 위한 단권화 교재이다.

(1) 단권화의 기준은 무엇인가?

① 임용시험 대비 및 학문적 중요성
학문의 기본 목적, 학문이 중시하는 개념 · 일반화 · 원리 · 법칙 등을 기출 문제 분석을 통하여 선정하고, 출제자의 눈높이에서 주요 내용을 맥락에 맞게 재구성하였다.

② 출제 가능성의 변동 가능성 반영
출제 가능성의 맥락을 고려하였다. 학문과 이론적 해석은 시간이 흘러가면서 변화하고 발전한다. 지식의 재구성과 변동성을 반영하여 내용을 추가 · 변경 · 삭제하였다.

③ 기출 문제 그리고 출제될 내용
본 교재의 초판에는 기출 내용뿐만 아니라 출제될 내용을 포함하고 있었다. 제2판 교재 역시 기출 내용뿐만 아니라 출제가 예상되는 내용을 모두 포함하고자 하였다.

(2) 단권화의 내용은 무엇인가?

주요 개론서 및 교과서, 논문, 연구보고서, 이해를 위한 인문학적 지식 및 사회과학적 지식 등을 교재에 반영하였다.

2. 개론서의 장점과 요약서의 장점을 결합한 교재이다.

(1) 개론서의 장점을 반영하고 단점을 극복하였다.

여러 가지 장단점이 있겠지만 개론서의 가장 핵심적인 장점은 맥락 속에서 내용을 상세하게 서술하고 있다는 점이다. 여러 번의 반복을 통해 내용을 구조화할 경우 반복하면 할수록 학습시간이 줄어든다. 가장 핵심적인 단점은 분량이 너무 많고, 학습자의 읽기 능력이 부족할 경우 내용의 핵심을 파악하기 어렵다는 것이다. 그래서 핵심을 정리하고 내용을 구조화하는 데 많은 시간이 걸린다. 그리고 시험에 출제되지 않는 내용, 교과내용학적 지식 차원에서 불필요한 내용도 포함하고 있다는 점이다. 이런 장단점을 반영하여 본 교재는 불필요한 내용을 없애고, 길게 설명되어 있는 부분을 읽기 쉽도록 간결하게 핵심으로 정리하여 독자의 가독성을 높임과 동시에 수험생들이 답안을 작성하는 데 어려움이 없도록 하였다. 또한 반복하여 읽어나갈수록 학습 시간이 줄어들 수 있도록 노력하였다.

(2) 단편적으로 서술된 요약서의 장점을 반영하고 단점을 극복하였다.

요약서의 장점은 쉽게 내용을 파악할 수 있다는 점이다. 하지만 맥락이 없고, 새로운 경향을 반영하기 어렵다. 또한 무조건 암기하고 밑 빠진 독에 물 붓는 공부를 할 수 밖에 없는 교재적 특성이 있다. 그 결과 학습시간이 줄어들 수 없는 근본적인 한계를 가지고 있다. 본 교재는 이런 문제점을 제목 구성과 본문 구성을 통해 극복하기 위해 노력하였다.

3. 사회과 예비교사 및 현직교사에게 필요한 교과내용교수지식을 충분히 고려하였다.

(1) 사회과 예비교사의 수업 전문성 함양을 충분히 고려하였다.

사회과 예비교사는 교과내용학적 지식과 함께 교과교육학적 · 종합적으로 활용할 수 있어야 한다. 따라서 교과교육학적 지식을 고려하여 교과내용학적 지식을 서술하기 위해 노력하였다.

(2) 합격하기 전 · 후 의미 있는 교재로 활용할 수 있도록 내용을 구성하였다.

수능기출문제 스터디를 본 교재로 하였다는 합격생 현직 교사의 말이 떠오른다. 합격을 위해서도 당연히 필요한 책이지만, 합격한 이후에도 참고도서의 역할, 교과서의 해설서로의 역할, 내용학적 지식을 보완하는 역할 등을 할 수 있는 교재가 될 수 있도록 노력하였다.

4. 실용적이면서 논리적으로 책을 구성하였다.

(1) 단원 제목, 개요, 전체 내용을 보여주는 선행조직자로 구성하였다.

단원 제목을 보고 개요 및 선행조직자로 제시된 표를 확인하면 핵심 용어 및 내용의 흐름을 파악할 수 있도록 하였다.

(2) 본문은 대략적으로 주제 제목 – 주제의 내용 제목 – 본문으로 구성하였다.

본문의 경우에는 제목은 주로 개념, 주체, 복합어구로 제시하였고, 주제의 내용에 해당하는 제목들은 가급적이면 개조식 또는 문장으로 자세한 내용을 요약한 형태로 제시하고, 내용 서술은 제목들이 의미하는 바를 이해할 수 있도록 하였다.

(3) 스토리텔링 및 내러티브를 반영하여 논리적으로 서술하여 제목만으로도 내용의 흐름을 알고 그 내용을 추리할 수 있다.

단원 제목, 본문 제목 등을 읽어도 내용의 연결 흐름이 어색하지 않도록 하였다.

❸ 이 책의 100% 활용법: 7단계 읽기와 백지 쓰기

법학을 처음 접하는 경우에는 1단계부터, 처음이 아닌 경우에는 2단계부터, 상급자의 실력을 가진 경우에는 3단계부터의 방법을 권한다.

(1) 1단계: 빠르게 제목과 개요만 힘 빼고 여러 번 읽기

우선 단원 제목 – 개요 – 선행조직자표 – 본문 제목들이 입에 익숙해질 때까지 3~5번 이상 빠르게 읽어라.

처음 공부를 시작하는 사람들은 '무조건 읽고 암기해야지'하는 마음으로 힘을 줘서 읽지 말라. 엄청난 시간과 노력이 투입되면서 공부에 대한 미움과 두려움이 생기기 때문이다. 만화책이나 소설을 본다는 느낌으로 힘들이지 않고 빠르게 읽어라.

(2) 2단계: 빠르게 책 전제를 읽어 나가되 힘 빼고 여러 번 읽기

1단계를 실천했다면 똑같이 힘을 빼고 책을 읽되 본문의 내용이 익숙해질 때까지 3~5번 이상 여러 번 반복해서 읽어라.

(3) 3단계: 기출문제 확인하면서 기출 내용을 여러 번 빠르게 읽기

기출 문제를 통해 기출 내용을 확인하고, 기출 내용을 여러 번 빠르게 읽는다.

(4) 4단계: 강약 조절해서 반복해서 읽기(기출은 정독으로, 기출되지 않은 내용들은 빠르게)

기출은 천천히 그 뜻을 생각하면서 정독으로 읽고, 기출되지 않은 내용들은 빠르게 읽어 나간다.

(5) 5단계: 강약 조절해서 반복 읽기(중요한 내용은 정독으로, 중요하지 않은 내용들은 빠르게)

기출뿐만 아니라 예상되는 내용들은 정독으로, 중요하지 않은 내용들은 빠르게 읽어 나간다.

(6) 6단계: 아는 것과 모르는 것 구분해서 읽기

백지 쓰기를 하고난 후 중요한 것 중 내가 아는 것과 모르는 것을 구분하여 책을 읽고 정리한다.

(7) 7단계: '백지 쓰기'하고 내용 확인하기

이 책을 쓴 저자가 백지 쓰기를 공부 방법으로 제시한 원조이다. 백지 쓰기는 여러 단계와 방법으로 활용될 수 있는 방법이다. 백지 쓰기는 개념 및 용어만 쓰기 → 일반화 쓰기 → 서술하기(설명과 이유 또는 근거) → 마인드 맵 등으로 요약하기라는 기본적인 단계를 가진다. 자신에게 맞는 수준을 선택해서 그 단계부터 연습했으면 한다.

❹ 감사의 인사

1. 제자로 만나 동료가 된 교사 및 다양한 분야에서 일하는 여러분들에게 감사합니다.

하제스트 교육연구소를 만들고, 강의에 필요한 아이디어 등을 함께 나눴던 이진수 선생, 최재환 선생, 강선우 선생, 홍정윤 선생, 장예원 선생 여러분들에게 감사드립니다. 강의에 대한 피드백과 함께 격려를 아끼지 않았던 분들께도 감사드립니다. 그리고 모두 열거할 수는 없지만 안부 및 소식 동향을 알려다주는 제자님들에게도 감사를 드립니다. 꼭 제 이름을 넣어줬으면 하는 제자님들은 소식을 나눌 때 말씀해 주시면 제3판에 꼭 넣도록 하겠습니다.

2. 급박한 일정에도 좋은 책을 만들기 위해 애써 주신 박문각 출판사분들에게 감사합니다.

미리 준비하지 못해 한꺼번에 부담을 안겨 드림에도 최선을 다해 주신 윤국장님과 변선생님께 진심으로 감사드립니다.

❺ 아쉬움

교육 불평등을 해소하는 일선에 서 있는 사람이 교사입니다. 사회에 미치는 영향만큼 책임을 다해야 한다고 생각합니다. 그래서 교사들이 이런 전쟁에서 승리할 수 있도록 하는 것이 저의 역할이라고 생각합니다. 이 역할을 위해 많은 고민과 실천들을 책에 100% 녹여내고자 하지만, 여전히 그리 못해 아쉬움이 남습니다. 다음에 진전된 내용들로 찾아뵙기를 약속하면서 아쉬움을 열정의 원동력으로 삼아볼까 합니다.

이 책과 함께 하는 모든 이들이 건승하기를 기원합니다.

백산 발현재에서

이윌 드림

CONTENTS PREFACE REFERENCE

Part 01 법의 기초

Part 02 헌 법

Part 03 행정법

Part 04 형사법

이 책의 차례

CONTENTS PREFACE REFERENCE

Part 05 민사법

Part 06 사회법

Part 07 국제법과 국제사법

법학 예비사회교사를 위한

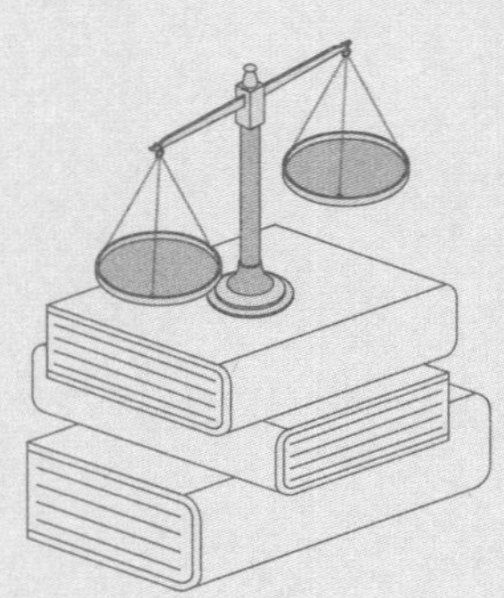

Part

01

법의 기초

Part 01 법의 기초 한눈에 살펴보기

제1부는 전통적으로 '법의 기초'라고 표현하지만, 사실은 총론적인 부분이다. 존재했거나 존재하고 있는 법들을 분석하고 법을 어떻게 다루는 것인지를 가장 추상적으로 제시하고 있다. 예컨대 '법이란 무엇인가?'라는 질문과 '민법이란 무엇인가?'라는 질문을 생각해 보자. '법은 무엇을 추구하는가?'라는 질문과 '민법은 무엇을 추구하는가?'에 대해서도 생각해 보자. 전자의 질문들은 모두 후자의 질문들에 비해 추상적이고 포괄적이다. 법의 기초는 모두 전자의 질문들과 관련되는 이야기이다. 그래서 법의 기초라고 했지만 더욱 어렵게 느껴질 수 있다. 하지만 법의 기초는 민법과 같은 개별법들을 탐구하고 어떤 메커니즘을 가지고 있는지를 파악할 수 있는 힘을 길러줄 수 있다. 예컨대 민법을 접할 때 '민법은 왜 필요할까?, 민법은 어떤 법 이념을 추구할까?, 민법은 어떻게 현실에 영향력을 줄까?, 민법은 어떤 법의 유형에 포함되며 어떤 성격을 가지는 것일까?, 민법은 어떻게 해석하고 적용할까?' 같은 과제들을 생각해 내고 사고하고 정리하는 힘을 길러줄 수 있다. 그동안 법의 기초를 아무 생각 없이 지나쳤다면 앞서 언급한 내용들을 다시 한번 되새겨 보기를 기대한다.

1. 법은 다른 사회규범들과 어떻게 다른가?

2. 법의 목적은 무엇인가?

3. 법으로 통치한다는 법치주의는 어떤 의의를 지니는가?

4. 실정법은 어떻게 분류할 수 있는가?

5. 법은 언제, 누구에게, 어디까지 적용되는가?

6. 법의 해석은 왜 필요한가?

7. 법이 규율하는 법률관계의 변동은 무엇인가?

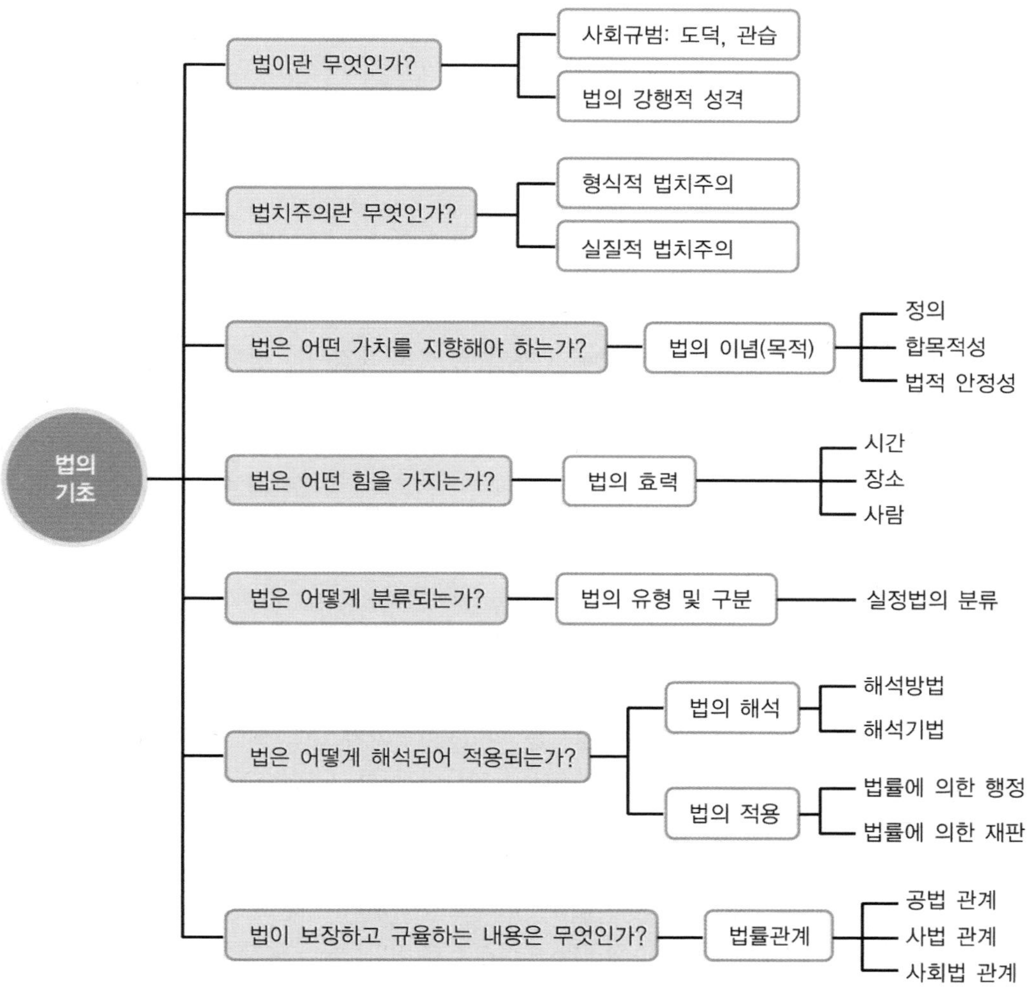
법의 기초
법이란 무엇인가?
사회규범: 도덕, 관습
법의 강행적 성격
법치주의란 무엇인가?
형식적 법치주의
실질적 법치주의
법은 어떤 가치를 지향해야 하는가?
법의 이념(목적)
정의
합목적성
법적 안정성
법은 어떤 힘을 가지는가?
법의 효력
시간
장소
사람
법은 어떻게 분류되는가?
법의 유형 및 구분
실정법의 분류
법은 어떻게 해석되어 적용되는가?
법의 해석
해석방법
해석기법
법의 적용
법률에 의한 행정
법률에 의한 재판
법이 보장하고 규율하는 내용은 무엇인가?
법률관계
공법 관계
사법 관계
사회법 관계

예비사회교사를 위한 법학

Chapter

01 사회규범으로서의 법과 법치주의

I 법이란 무엇인가?

01 법(法)의 어원: 법이라는 말은 어디에서 유래하는가?

1. 법(法)은 물 수(水)와 제거한다는 거(去)가 합해진 말이다.[1)]

동양에서 법은 왜 물과 제거한다는 말이 합해진 것일까? 물의 생김새는 평평하다. 평평한 물은 아래로 흐른다. 거(去)는 치(廌)에서 유래한 말이다. 치(廌)는 해태라는 중국 묘족의 설화에 등장하는 전설적 동물이다. 이 동물은 재판에서 옳고 그름을 구분하여 옳지 않은 사람을 제거한다는 신화적 동물이다. 이런 동양의 어원적 의미를 종합해 보면 법은 물과 같이 모든 사람에게 공평하게 아래로 흐르면서 옳고 그름을 판단하여 옳지 않음을 제거하는 것을 말한다.

2. 법은 노모스(nomos)와 유스(ius)에서 유래하였다.

서양에서 쓰는 법의 어원은 고대 그리스어와 로마인들의 라틴어에서 그 유래를 찾을 수 있다. 고대 그리스의 소피스트들은 자연법칙 내지는 자연질서를 의미하는 '피지스(physis)', 이와 대립되는 개념으로 '노모스(nomos)'를 사용하였다. 노모스는 인위적으로 만들어진 법, 도덕, 종교 등을 의미하는 개념이다. 아리스토텔레스가 말한 법에 의한 통치[2)]에서 법이 노모스다. 이때 노모스는 인위적으로 만들어진 관습이나 법률을 의미한다. 라틴어로 유스(ius)[3)]는 주관적 권리이면서 법 규범의 의미를 가진다. 이 말은 주관적 규범이면서 객관적 규범의 의미를 가지는 것이라고 이해된다. 예컨대 헌법에서 규정하고 있는 기본권은 주관적 공권이면서 객관적 가치 질서라는 성격을 가진다. 또 노동자들의 단체협약은 주관적 규범인데 객관적 규범으로 그 역할을 수행한다.

02 법의 개념: 법이란 어떤 것으로 인식되는가?

1. 법은 하나로 정의하기 어려울 만큼 다양하게 정의되어 왔다.

법이 다양하게 정의되어 왔다는 것은 시대와 장소에 따라 법의 모습도 변하였다는 것을 뜻한다. 다양한 모습만큼 법의 정의도 다양했던 것이다.

---

1) 박병호, 한국의 전통사회와 법, p.3 이하 참조
2) nomocracy가 법치주의다.
3) 영어에서 'juris' 는 유스에서 유리한 말이다. jurist(법률가)와 같은 예들이 많다.

2. 법은 강제력을 지닌 사회규범이다.

(1) 가장 보편적이고 일반적인 의미의 법

법의 다양한 정의에도 불구하고 견해가 일치하는 법의 의미는 강제력을 지닌 사회규범이라는 것이다.

(2) 법은 사회규범이다.

① 사회를 불안정하게 만드는 일탈은 일상적 현실이다.

사람들은 '사람을 살해하지 말라', '조폭은 되지 말라', '민주주의 사회에서는 직업과 이익을 위해 인맥과 학맥 등을 통해 특혜를 받지 말라', '약속과 계약을 지켜야 한다', '사기치지마', '거짓말하지 말라', '교통신호를 지켜라' 등과 같은 넘쳐나는 규범을 배우며 살고 있다. 그 이유가 무엇인가? 현실(Sein)은 살인하는 놈, 민주주의 사회임에도 불구하고 인맥이나 학맥으로 구성된 집단 속에서 스스로 위에 있다고 생각하는 사람은 아래 사람에게 특혜를 주고, 그 특혜를 당연한 것으로 받아먹는 놈, 사기 치는 놈 등이 항상 존재해 왔기 때문이다. 그래서 뒤르켐은 일탈을 일상적이라고 한 것이다.

② 일탈이 정상을 초과하면 사회는 망한다.

일탈이 정상을 초과하면 사회는 불균형 상태가 된다. 사회가 불균형 상태일 때 유지되기 어렵다. 균형을 맞춰 줄 발명품이 필요하다.

③ 사회를 정상으로 유지하고자 하는 발명품이 사회규범이다.

사회규범은 옳고 그른 것을 판단하여 일탈에게 정상이 될 것을 요구한다. 그래서 사회규범은 바람직하지 않은 현실(Sein)을 반영한 당위(Sollen)인 것이다. 당위는 옳은 것이 되어야 한다. 바람직한 것이 되어야 한다는 의미이지 옳지 않은 내지는 바람직하지 않은 현실을 말하는 것이 아니다. 따라서 사회가 있는 곳에 사회 유지를 위한 사회규범이 있다. 사회규범은 명시적이든 묵시적이든 역사적 맥락에 따라 사회구성원들의 합의를 통해 만들어지고, 소멸되고, 변경되어 온 것이다. 개인이 스스로 만들어 지키고자 하는 개인 규범이 아니다. 사회규범은 다시 강제성을 지닌 사회규범과 그렇지 않은 규범으로 나눌 수 있다. 법은 강제성을 가진 사회규범이다.

(3) 법은 강제규범이다.

① 강제성은 법의 본질적 속성이다.

도덕, 관습, 종교규범, 조리 등과 같은 사회규범과 법이라는 사회규범을 어떤 기준에 따라 구분할까? 그 구분 기준이 강제성이다. 그래서 강제성은 법의 본질적 속성이다. 법과 다른 사회규범인 도덕, 관습 및 종교규범 등과 구분된다. 강제성은 법을 지키지 않는 자에 대한 제재라는 형태로 나타난다. 예컨대 형벌 부과, 과태료 부과 등과 같은 민사적・형사적 제재, 행정적 제재를 통해 강제력을 행사한다. 이 경우의 법은 합법적으로 물리적 폭력을 독점한 정치권력으로서 국가가 집행하는 실정법을 말한다.

② 강제규범의 세 가지 요소

법이 강제규범이라고 할 때 세 가지 구조(조직규범, 행위규범, 재판규범)를 가지고 있다.

㉠ 조직규범으로서 법은 인간과 사회를 조직화한다. 조직이라는 말은 조직을 만들고 권한을 부여한다는 단순한 의미 그 이상이다. 법은 수직적, 수평적 법률관계를 만들어 법률관계 당사자의 지위와 역할을 규율한다는 의미도 내포하고 있다. 예컨대 민법의 한 영역인 채권법은 채권자와 채무자라는 법적 지위와 그에 따른 역할을 규율한다. 이를 법적으로는 권리행사와 이에 대응하는 의무라고 한다. 강제성을 가지는 대표적인 형법에는 국가가 범죄자에게 형벌권을 행사하고, 범죄자는 이런 형벌권의 대상이 되도록 규정하고 있다.

㉡ 행위규범으로서 법은 조직화된 사회 구성원들이 할 수 있는 일과 할 수 없는 일을 정한다. 예컨대 형법은 국가가 형벌권을 어떤 조건으로 행사해야 하는지, 사람들은 어떤 행위를 하지 말아야 하는지를 정한다. 또한 채권법은 채권자와 채무자가 어떤 행위를 할 수 있고, 할 수 없는지를 정한다.

㉢ 재판규범으로서 법은 행위에 대한 책임을 강제할 때 그 역할을 수행한다는 의미이다. 즉, 법률에 의한 재판과 법률에 의한 재판을 통해 책임을 진다는 말이다. 예컨대 법이 정한 행위를 하지 않을 경우 위법행위가 된다. 위법행위를 한 사람은 불법행위에 기해 손해배상을 하거나 형벌권의 대상이 된다. 손해배상은 불법행위를 인정하고 자율적으로 할 수도 있지만, 손해배상의 원인이 되는 불법행위 성립 여부에 대한 다툼이 있는 경우는 법률에 의한 재판을 통해 확정된다. 또한 국가 형벌권 발동의 원인이 되는 범죄의 확정도 형사재판을 통해 확정된다.

03 **법의 기능 및 역할**: 사람들이 법에 대해 거는 기대는 무엇인가?

1. 법은 인권과 권리를 보장하는 기능 및 역할을 한다.

사회계약론자인 로크는 개인의 권리를 보장하기 위해 법과 정부의 필요성을 주장하였다. 현대 사회에서도 타인의 위법행위로 권리가 침해당한 경우 형사처벌이나 손해배상 책임에 대한 법 규정을 통해 법은 권리를 보장하는 기능과 역할을 수행한다. 인권 역시 당연히 보장된 것이 아니면 계속 보장되는 것도 아니다. 사람들은 오랜 시간 법치주의를 통한 인권보장을 실현하기 위해 투쟁해 왔다. 지금도 법이 인권을 제대로 보장해 주는지 감시하지 않으면 인권을 보장하고자 만든 법치주의는 인권을 침해하는 수단이 될 수 있다.

2. 법은 인권 및 권리보장을 위해 개인의 자유 및 국가권력을 통제하는 기능 및 역할을 한다.

각 개인들이 가진 자유는 필연적으로 경쟁, 충돌, 갈등을 야기한다. 법은 충돌 및 갈등을 해결하는 과정에서 개인의 자유는 제한되거나 조화로운 해결 방안을 제시한다. 또한 법은 개인의 자유를 제한할 때 국가권력의 한계를 정해준다. 따라서 개인의 권리 및 자유를 제한 할 때 반드시 법적 근거가 필요하며, 국가안전보장 · 질서유지 · 공공복리 등을 위해 필요한 최소한의 범위 내에서 이뤄져야 한다.

3. 법은 갈등과 분쟁을 해결하는 기능 및 역할을 한다.

앞서 살펴본 바와 같이 자유를 가진 다양한 개인들이 함께 살아갈 때 갈등과 분쟁은 불가피한 현상이다. 이 현상을 해결하지 않으면 사회는 유지될 수 없다. 법은 다양한 갈등과 분쟁을 해결하는 심판자가 된다. 또한 법은 사전적 예방 조치 및 사후적 해결 조치를 마련하고 있다.

04 법과 다른 사회규범과의 관계 : 법은 다른 사회규범과 어떻게 다른가?

1. 사회규범 간 관계

(1) 사회규범이라는 점은 공통점이다.

법과 관습, 도덕, 종교규범 등은 개인규범이 아니라 모두 사회규범이다.

(2) 법과 다른 사회규범은 강제성 및 영역에서 구분된다.

① 법과 관습, 도덕, 종교규범 등은 강제성으로 구분된다.

② 사회와 국가 영역이 만들어지면서 법은 국가의 영역에서 만들어지고, 도덕, 관습, 종교규범은 사회적 영역에서 만들어지는 것이다.

(3) 사회규범 간에는 분리, 중첩, 공존하는 양상을 보인다.

사회규범 간에는 명확하게 구분되는 경우도 있고, 불가분적인 경우도 있다. 예컨대 특정 국가의 종교규범은 법이자 도덕이면서 종교다.

2. 법과 도덕은 구분되는 것인가?

(1) 사회규범으로 법과 도덕은 동일하다.

(2) 사회에서 국가가 분리되면서 나온 법은 2차적 규범이다.

(3) 법과 도덕 일원론 : 법과 도덕을 구분할 수 없다

① 울피아누스(Domitius Ulpianus, 출생은 불확실~228)의 주장

로마 시대의 법학자였던 울피아누스는 '법은 정의에서 나온 정의와 선(善)의 기술'이라고 하였다. 그의 표현을 따져보면 법과 도덕은 구분이 혼돈스럽다. 왜냐하면 선(善)은 도덕의 문제이고 정의는 법의 문제이기 때문이다.

② 자연법 사상가들의 주장

㉠ 법은 도덕에 뿌리를 두고 있다.

㉡ 법은 도덕을 실현하고 뒷받침하는 역할을 해야 한다.

(4) 법과 도덕 이원론: 법과 도덕은 구분된다.

① 토마지우스(Christian Thomasius, 1655~1728): 외면성과 내면성

토마지우스는 법과 도덕을 외면성과 내면성의 개념으로 구분하였다. 법은 사회적 관계, 즉 타인과의 관계를 규율하는 것이기 때문에 외면적이며 강제적이라고 하였다. 그런데 도덕은 주체의 양심에 관한 것이기 때문에 내면적이며 자율성을 전제로 한다는 것이다. 그렇다면 법적 의무는 강제적이며, 도덕적 의무는 자율적이라는 의미이다.

② 칸트(Immanuel Kant, 1724~1804): 외면적 합법성과 내면적 도덕성

칸트는 법의 외면적인 합법성과 도덕의 내면적인 도덕성을 대립시키며 법과 도덕을 구별하였다. 이는 법의 타율성과 도덕의 자율성을 의미한다.

③ 오스틴(John Austin, 1790~1859)과 켈젠(Hans Kelsen, 1881~1973)의 법실증주의

오스틴과 켈젠은 법의 개념을 실정법에 국한시키고, 자연법의 존재를 부정하였다. 그리고 법과 도덕을 분리시키고 법의 독자성을 강조하였다. 특히 켈젠은 강제성을 기준으로 법과 다른 사회규범을 구별된다고 주장하였다.

④ 법과 도덕의 구분 정리

법	도덕
정의 추구, 타자와의 관계에서 사회적 평화 추구	선의 추구, 자신의 안정과 평화 추구
양면성: 권리와 의무	일면성: 의무
외면성	내면성
강제성	비강제성
합법성, 타율성	도덕성, 자율성
현실성	이상성

(5) 법과 도덕의 관계는 현재도 논쟁적이다.

① 법과 도덕의 재결합 시도: 법의 윤리화(도덕화)

19세기 말 라드브루흐는 법과 도덕의 재결합을 시도하였다. 그가 제시했던 법의 이념 3가지를 보면 정의는 자연법적인 도덕으로, 법적 안정성은 실정법적인 법을 염두에 두고 있다는 점을 알 수 있다. 그렇지만 무엇보다 히틀러의 삐뚤어진 실정법의 남용은 실정법을 넘어서는 초법규적 가치로서의 자연법을 다시 생각하게 만들었다. 20세기 이후에도 법과 도덕을 구분하고 있지만 양자의 결합의 필요성이 제기되고 있다. 도덕을 법으로 성문화시키기도 한다. 예컨대 헌법 제10조[4]가 대표적이다. 뿐만 아니라 민법 제2조[5]에서 규정하고 있는 신의성실의 원칙, 제103조[6]에서 규정하고 있는 반사회적 법률행위도 도덕이 법으로 성문화된 경우이다. 형법의 경우에는 제20조[7]의 정당행위 규정이 해당된다.

4) 헌법 제10조: "모든 국민은 인간으로서의 존엄과 가치를 가지며, 행복을 추구할 권리를 가진다. 국가는 개인이 가지는 불가침의 기본적 인권을 확인하고 이를 보장할 의무를 진다."
5) 민법 제2조: "권리의 행사와 의무의 이행은 신의에 따라 성실히 이행하여야 한다."
6) 민법 제103조: "선량한 풍속 기타 사회질서에 위반한 사항을 내용으로 하는 법률행위는 무효로 한다."
7) 형법 제20조: "… 사회상규에 위배되지 아니한 행위는 벌하지 아니 한다."

② 도덕을 법으로 규정하는 경우(법은 최소한의 도덕이다.)

㉠ 발생적으로 도덕이 법보다 먼저 발생했다. 따라서 법의 근원은 도덕에서 찾을 수 있다.

㉡ 도덕 중 일부 필수적인 내용들은 법으로 변형된다. 즉 최소한으로 지켜져야 하는 도덕이 법으로 강제된다는 것이다.

㉢ 대표적인 예가 '착한 사마리안법' 제정이다.

㉣ 도덕이 법으로 되는 것에 대한 문제 제기
도덕을 법으로 규정하는 것이 좋은 일인가? 어디까지 가능한 일인가?

㉤ 법의 윤리화의 문제 내지는 한계
도덕의 많은 부분이 법으로 만들어지면 사회의 자율성은 낮아지고, 법의 강제성은 높아진다. 국가는 법의 강제성을 동원하여 사회를 통제하는 부분이 넓어지게 되는 것이다. 법과 도덕의 긴장관계는 국가와 사회의 긴장관계로 대응된다.

㉥ 언제 법이 사회에 개입할 수 있는 것인가?
법으로 개인의 자유를 제한할 수 있는 대표적인 기준으로 알려진 것이 존 스튜어트 밀이 주장한 '해악의 원칙'(위해원칙)이다. 해악이란 타인에게 고통을 주는 행위를 의미하고, 사회는 법과 여론을 의미한다. 이 말은 타인에게 해악을 끼치는 행위가 아니라면 사회는 그 어떠한 비난도 가해서는 안 된다는 원칙이다.

③ 법의 탈윤리화(탈도덕화) 입장이다.

㉠ 법의 탈윤리화는 도덕적 문제에 대한 형법적 개입을 줄인다는 것을 말한다.

㉡ 간통죄의 헌법불합치 결정은 법의 탈 윤리화 경향에 부합하는 대표적 사례이다.

㉢ 국가가 개인과 사회에 대한 통제를 최소화하려는 입장이다.

④ 법이 도덕보다 우선한다는 입장

㉠ 법이 도덕을 만들어낼 수 있다는 입장이다.
즉 사회유지를 위해서 필요하다면 그 내용이 무엇이든 상관없이 법으로 가능하다는 입장이다.

㉡ 이 입장은 개인과 사회의 자율성을 무시한다.
이 입장에 따르면 도덕적 관념은 자연발생적이지 않고, 인위적이라는 것이다.

㉢ 이 입장은 법 만능주의의 위험성을 야기한다.
사적 영역 및 사회적 영역은 극소화되고, 국가의 강제력은 극대화되는 상황이 벌어질 수 있다. 법이 도덕관념보다 우선이라고 한다면 법이 사라지면 도덕관념도 사라진다. 도덕관념마저 사라진다면 사회유지는 어렵게 된다. 따라서 극단적인 법 의존현상이 나타날 수밖에 없다.

(6) 도덕을 법으로 규율하는 것이 타당한가, 해악의 원칙으로 충분한가?

길거리의 고양이가 배가 고파 힘들어하고 있다. 그런데 사람들은 무심하게 길을 지나간다. 급기야 죽은 길고양이들이 거리에 자주 등장한다. 정부가 법을 만들어 배고픈 길고양이에게 음식을 제공하지 않는 동네 주민들을 동물학대죄로 처벌하는 법을 만들었다고 하자. 과연 정부는 시민들에게 어떤 피드백을 받게 될까? 좀 더 이야기를 진전해 보자. 만약 고양이가 아니라 사람으로 바꾸고, 정부가 유기 치사죄로 처벌하는 법을 만들었다고 하면 정부는 시민들에게 어떤 피드백을 받게 될까 상상해 보자. 자연법주의자들은[8] 두 사례 모두에 대해 문제가 없다고 판단할 가능성이 높지만, 법실증주의자들은 현실적 상황에 따라 양자 모두를 인정할 수도 있고, 그렇지 않을 수도 있다. 아니면 어느 하나만을 선택적으로 인정할 수도 있다. 또 다른 사례를 생각해 보자. 음란물에 대해 법으로 규제하는 것이 옳은가 아니면 사람들에게 음란성을 판단하도록 하는 것이 옳은가? 법과 도덕의 관련성을 강조하는 자연법주의에서는 옳다고 볼 것이다. 하지만 법과 도덕의 분리를 주장하는 입장에서는 음란성에 대한 판단은 사람들의 노력으로 맡겨두는 것이 옳다고 할 것이다. 그렇다면 이런 논쟁은 전제가 필요하다. 언제 법이 도덕의 문제에 개입할 수 있는 것인지 하는 것이다. 이 질문과 관련되는 대표적인 원칙이 존 스튜어트 밀이 제시한 '해악의 원칙, 사회적 유해의 원칙'이다. 이 원칙에 따르면 타자에게 해악을 주는 것이 아니라면 법이 도덕의 문제에 개입하면 안 된다는 것이다. 그런데 밀의 주장에도 불구하고 여전히 쉽지 않은 벽이 있다. 그 벽은 해악은 무엇인가, 즉 어떤 기준에 따라 해악을 규정할 것인가 하는 것이다. 타자를 전제로 하는지 여부가 기준이 되겠지만 어느 정도가 해악인지를 판단하는 문제가 연속적으로 발생한다. 여기서 민주적인 사회라고 한다면 사람들의 토론과 합의가 요구되는 것이다. 그리고 이를 반영한 법이 만들어질 것이다. 그런데 이렇게 만들어지는 것이 아니라 자연스럽게 생성되는 경우도 있다. 그것이 바로 관습이다.

3. 법과 관습의 구분: 법은 정치적으로 만들어지고, 관습은 역사적으로 생성된다.

(1) 사례

A는 B에게 상가 하나를 임대하였다. A의 가게는 항상 손님들로 가득 찼다. 하지만 너무 열심히 일한 A는 잠시 가게를 접기로 하고, 가게를 인수할 C를 찾았다. 그리고 A는 인수할 C에게 권리금이라는 것을 요구하였다. C는 법에 없는 것을 요구하는 것은 부당하다고 했지만, A는 우리나라에서 오랫동안 관행적으로 해온 것이라는 주장을 하였다. C는 A의 요구를 들어줄지 말지를 고민하였다. 여기서 A가 주장하는 권리금이 바로 관습이다. 권리금은 아직 법으로 되지 않았지만, 관습 중에 법으로 된 것도 있다. 예컨대 전세, 사실혼 관계와 같은 것이다.

(2) 법과 관습의 근본적 차이: 강제성 대 자유의사에 따른 이행

관습은 자유의사에 따라 이행하지만 법은 강제성을 가진다. 사례에서 관습은 오랫동안 사실이 반복되면서 생성된 사회규범이라는 점을 알 수 있다. 그리고 C의 고민처럼 관습은 자유의사에 따라 이행한다. 관습을 지키지 않았다고 해서 법적 불이익이 발생하지 않는다. 하지만 법은 강제성을 가진다.

---

8) 자연법주의에도 다양한 스펙트럼이 있다. 여기서는 일반적인 수준에서 자연법주의를 전제로 하여 서술하였다.

(3) 관습과 관습법은 다르다.

사례의 권리금과 같이 사실적 효력만을 가지는 관습도 관습법이 되기도 한다. 다수의 견해는 관습법이란 오랫동안 관행이 반복되어 다수가 법으로 인식하는 경우를 말한다.[9]

4. 법과 다른 사회규범과의 조화로운 발전의 필요성

(1) 현대 민주국가의 기본원리로서 법치주의

사회규범들의 관계를 통해 법이 무엇인지, 그리고 그 특성에 대해 명료화를 시도해 보았다. 사회규범으로서의 법이 모든 사회적 관계를 규율할 수 없다. 하지만 사회를 조직하고 규율하는 데 있어서 법을 대신할 수 있는 것은 없다. 그래서 왕이 사라지고, 신분제가 무너지면서 세상을 통치하는 원리로 등장한 것은 관습도 종교도 아니라 법이다. 그리고 법에 의한 통치를 의미하는 법치주의는 현대 민주국가의 가장 기본적인 원리 중 하나이다.

(2) 사회규범 간의 조화로운 발전이 필요하다.

현대의 복잡한 사회를 법이 아닌 다른 규범으로 대체하기는 어렵다. 하지만 법만으로 통제하는 것도 한계가 있다. 법은 사회변화에 비탄력적이며, 운영하는 권력에 따라 비이성적인 도구의 수단이 되기도 한다. 또한 법 이데올로기는 권력의 지배를 정당화하기도 한다. 이런 현상은 법에 대한 저항과 사회적 갈등을 증가시킬 수 있다. 따라서 법에 대한 존중과 더불어 법에 대한 감시와 비판도 게을리할 수 없다. 따라서 사회의 유지와 발전을 위해 법 이외의 다른 사회규범과의 조화로운 발전이 필요하다고 할 것이다. 법에 대한 감시와 비판은 사회의 자율적인 규범의 모색을 위한 소통을 통해서 이뤄진다. 자율적인 사회규범의 발전은 법의 발전에도 기여할 수 있다.

Ⅱ 법치주의

01 법치주의

1. 법치주의의 의미 : 법의 우위, 법률(법률유보)에 의한 행정, 법률에 의한 재판

현대 민주국가에서는 법치주의에 의한 통치를 원칙으로 한다. 법치주의에 따라 통치한다는 것은 통치권이 법의 감시와 견제를 받으면서 법률에 따라 국민의 자유와 권리를 제한하거나 의무를 부과한다는 것을 내용으로 한다.

---

9) 판례는 다수의 견해가 제시한 요건에 공식적으로 법으로 인정하는 과정이 포함되어야 한다고 주장한다.

2. 법치주의의 내용

법치주의는 기본적으로 3가지를 내용으로 한다. 법치주의는 국민들의 대표에 의해서 만들어진 법이 모든 규범보다 우위에 있고(법의 우위), 이 법을 집행하고(법률에 의한 행정), 이 법에 따라 재판하는 것(법률에 의한 재판)을 내용으로 한다. 이 내용에 대해 형식만을 문제 삼느냐, 형식뿐만 아니라 그 내용을 문제 삼느냐에 따라 형식적 법치주의와 실질적 법치주의로 다시 구분된다.

02 형식적 법치주의

1. 형식적 법치주의의 의미

형식적 법치주의는 정부가 국민의 자유나 권리를 제한하거나 의무를 부과할 경우 반드시 법에 정해진 절차에 따라 의회가 만든 법률에 따라 이루어져야 한다는 것을 의미한다. 예컨대 "법 앞에서는 누구나 평등하다"라는 표현이다. 이는 자연법을 부인하고 실정법을 강조한 19세기 이후의 주된 경향이다.

2. 통치의 합법성 강조

형식적 법치주의는 형식과 절차를 준수하여 만들어진 법이라면 그 내용의 정당성을 문제 삼지 않는다. 즉 형식과 절차를 준수하여 만들어진 법률에 따른 통치권의 행사인지 여부가 법 지배의 정당성을 따지는 기준이 된다. 이를 두고 통치의 합법성을 중시한다고 말한다. 내용이 도덕적으로 바람직한지 여부는 중요하지 않다. 현재 절차를 준수하여 만들어진 법이 존재하고 있다면 그 법의 존재만으로 타당하다고 인정을 받게 된다.

3. 형식적 법치주의의 한계

통치의 합법성을 강조하는 형식적 법치주의는 '법의 이름으로 헌법을 파괴하는 일 내지는 정의를 파괴하는 일'을 막지 못하였다. 예컨대 히틀러의 수권법, 유신헌법 등이 대표적 사례이다. 이런 한계를 극복하는 논의의 과정에서 자연법 사상이 다시 부활하게 된다.

03 실질적 법치주의

1. 실질적 법치주의의 의미

실질적 법치주의는 정부가 국민의 자유와 권리를 제한하거나 새로운 의무를 부과하려면 형식과 절차에 따라 의회가 제정한 법률이면서, 그 법률의 내용도 정당해야 한다는 것이다. 예컨대 "법 앞의 평등은 법 적용의 평등뿐만 아니라 법 내용의 평등을 말한다"이다.

2. 통치의 합법성뿐만 아니라 통치의 정당성도 강조함

실질적 법치주의는 18세기 말까지 주도했던 자연법 사상이 20세기에 다시 부활하면서 주목받기 시작했다. 실질적 법치주의는 법의 이름으로 헌법 · 자연법 · 인권 · 정의 등을 파괴하는 것을 용납하지 않겠다는 것이다. 대표적인 제도로는 헌법재판제도 중 위헌법률심판제도이다.

3. 형식적 법치주의와 실질적 법치주의의 관계: 형식을 전제로 한 실질

실질적 법치주의라고 해서 위험하지 않은 것은 아니다. 실질은 내용의 문제이고, 이 내용은 다양한 가치들의 문제이기 때문이다. 특정 가치가 실질이라는 이름으로 폭력을 행사하는 경우에는 형식적 법치주의가 야기하는 법의 횡포 문제는 또 다시 발생한다. 따라서 실질이라는 이름으로 폭력을 저지할 수 있는 형식과 절차도 중요한 것이라고 할 수 있다. 이런 점을 감안할 때 실질적 법치주의는 형식적 법치주의를 전제로 하는 것이어야 한다. 이상에서 살펴본 바와 같이 형식적 법치주의의 한계에서 실질적 법치주의가 등장한다. 여기서 제기되는 질문이 법의 목적이 무엇인지이다. 합법적이어야 하는지, 정의로운 것이어야 하는지 여부이다. 이와 같이 법이 가져야 하는 목적이 바로 법의 이념이다. 법의 이념은 법이 추구해야 하는 가치 또는 목적이다.

Chapter 02 법의 이념

I 법의 이념은 법의 목적이다.

01 법의 이념(법의 목적)은 어떤 의의를 가지는가?

1. 모든 법은 목적을 가지고 있다.

근로기준법의 목적은 "이 법은 헌법에 따라 근로조건의 기준을 정함으로써 근로자의 기본적 생활을 보장, 향상시키며 균형 있는 국민경제의 발전을 꾀하는 것을 목적으로 한다."고 규정하고 있다. 법의 목적을 통해 법이 추구하는 가치를 평가할 수 있는 것이다.

2. 법의 목적은 법을 해석하고 집행의 방향을 제시한다는 것이다.

02 모든 법의 공통된 목적은 무엇일까?

1. 역사적으로 다양한 주장들이 있었다.

2. 라드부르흐(Radbruch, 1878~1949)의 3요소설이 통설이다.

가장 대표적인 것으로 인정받는 통설이 라드부르흐의 3요소설이다. 그가 제시한 것은 정의, 합목적성, 법적 안정성으로 그는 3가지의 요소가 상호보완관계에 있다고 하였다.

II 정의란 무엇인가?

01 정의 개념 규정은 어렵다.

정의가 무엇인가에 대한 정의는 한 개인이 내릴 수 있는 수준이 아니다. 사회전체가 정의를 수용하는 과정이 있어야 하기 때문이다. 정의는 다양한 사람들에 의해 주장되었고, 다양한 맥락에 따라 역사적으로 제시되어 왔다.

02 정의의 의미

1. 정의란 무슨 말일까?

살기 좋은 세상이 되려면 어떤 가치가 필요할까? 정의란 사회의 유지와 발전을 위해 사회구성원들이 공정하고 올바른 상태를 추구해야 하는 가치를 말한다. 그런데 그 가치는 무엇일까?

2. 정의에 대해 다양한 주장이 있다.

(1) **플라톤**: 각자의 몫은 각자에게

(2) **울피아누스**: 각자에게 그의 몫을 돌려주고자 하는 항구적인 의지

(3) **아리스토텔레스**: 정의의 본질은 평등이다.

(4) **라드부르흐**: 같은 것은 같게, 다른 것은 다르게

(5) **롤스**: 정당화될 수 없는 불평등이 존재하지 않는 상태를 추구하는 것

03 대표적인 정의 개념

대표적인 정의 개념 2가지는 아리스토텔레스의 정의론과 라드부르흐의 정의론이다.

1. 아리스토텔레스(Aristoteles, B.C. 384~322)의 정의론

(1) 아리스토텔레스는 일반적 정의와 특수적 정의로 나눴다.

(2) 일반적 정의란 무엇인가?

일반적 정의란 사회의 구성원으로 생활을 할 때 따라야 하는 생각과 행동의 일반원칙을 말한다. 즉 일반적 정의는 공동생활에 필요한 일반원칙이다.

(3) 특수적 정의는 평균적 정의와 배분적 정의로 구분하였다.

① 평균적 정의는 절대적·형식적 평등이다.

평균적 정의는 모든 사람들에게 차별 없이 평등하게 적용되는 것을 말한다. 절대적 평등 내지는 형식적 평등이라고 불리기도 한다. 주로 사적인 법률관계를 다루는 사법(私法)분야의 사법(私法)적 정의로서 나타나고, 정치적 법률관계에서 주로 강조된다. 예컨대 매매에서나 손해보상액의 산정에서의 등가(等價)의 원칙, 토지수용에서의 정당한 보상, 선거권, 국민투표권, 피선거권의 평등은 절대적 평등을 요구한다.

② 배분적 정의는 상대적 · 비례적 · 실질적 평등이다.

배분적 정의는 개인의 능력이나 노력 등에 따라 사회에 공헌한 대로 대우받는 것을 말한다. 배분적 정의의 가장 전통적인 표현은 '같은 것은 같게, 다른 것은 다르게'이다. 배분적 정의는 사회생활을 조직화할 때, 즉 상하 수직적 질서, 수평적 질서를 수립할 때 기준이 되는 것이다. 즉, 이런 질서를 수립할 때 개인의 능력이나 공적 기여도의 차이에 따라 다르게 취급되어야 한다는 비례적 평등을 의미한다. 그래서 주로 배분적 정의는 주로 공법(公法)의 타당성을 제공하는 기준이 된다. 예컨대 조세의 부담능력에 따라 전과자의 가중처벌, 유공자와 비유공자를 다르게 대우하는 것, 세액에 차등을 두는 것, 성과급 방식의 임금지불의 경우 성과급, 훈장을 수여하는 경우 등이다.

(4) 아리스토텔레스의 정의는 모든 인간을 동일하게 대우하는 것이 아니라 각자가 받아야 할 몫을 주는 비례적 평등을 말한다.

2. 라드부르흐의 정의

(1) 정의를 추구하지 않는 법은 악법이 아니라 법 자체가 될 수 없다.

(2) 정의의 근본적 형태는 배분적 정의고, 평균적 정의는 배분적 정의를 견제한다.

라드부르흐는 아리스토텔레스의 정의를 인용하면서 정의의 근본적 형태는 배분적 정의이고, 이것에서 파생된 형태가 평균적 정의라고 하였다. 왜냐하면 평균적 정의는 배분적 정의라는 공적 작용을 견제하는 역할을 하기 때문이다. 예컨대 헌법의 기본권 보장원칙 및 행정법의 일반원칙으로 평등의 원칙이 있다. 행정청이 음주운전을 A에게는 운전면허 정지, B에게는 운전면허취소 등과 같은 행정처분을 하였다. B는 이런 행정처분에 대해 불평등하다고 행정청에게 항의를 할 것이다. 이런 항의에 대해 행정청은 평등원칙에 구속된다.

(3) 정의는 각자의 판단으로 결정된다.

위 사례에서 B가 행정청을 상대로 주장한 정의는 B의 가치관이나 세계관에 기한 것이다. 이렇듯 정의는 각자의 가치관 내지는 세계관, 즉 헌법에서 규정한 사상이나 양심에 따라 결정되는 것이다.

(4) 법의 이념(목적)은 정의만으로 설명할 수 없다.

3. 롤즈의 정의

(1) 모두가 못 사는 기계적인 평등보다는 불평등이 공정하게 이뤄지는 것이 더 정의롭다.

(2) 어떻게 하는 것이 공정하게 불평등이 이뤄지는 것일까?

① 모든 사람들의 자유는 평등하게 보장되어야 한다.

② 사회적 · 경제적 가치는 가장 불리한 처지에 있는 사람들이 우선적으로 최대의 이익을 가질 수 있도록 하고, 불평등의 근원이 되는 사회적 지위와 직무는 모든 사람들에게 평등하게 공개되어야 한다.

Ⅲ 합목적성이란 무엇인가?

01 합목적성의 의의

1. 합목적성의 필요성: 법의 내용을 구체적으로 지시할 수 있는 가치가 필요하다.

정의는 정의를 실현하고자 하는 법의 방향만을 제시하고 있을 뿐 법의 내용 구성에 필요한 구체적 가치를 제시하지 않는다. 법의 내용 구성에 필요한 구체적 가치를 위해 필요한 것이 합목적성이다. 예컨대 '같은 것은 같게, 다른 것은 다르게'를 사회보장법 등에서 구현할 때 공공복리라는 구체적 가치가 필요한 것이다.

2. 합목적성의 의미

합목적성은 사회 내지는 국가가 추구하는 목적에 법이 합치된다는 것을 말한다. 국가나 사회가 추구하는 목적은 법이 따라야 할 가치나 기준이 된다. 이런 가치나 기준은 국가가 처한 상황과 맥락 속에서 그 내용이 달라진다. 예컨대 라드부르흐는 개인주의, 단체주의, 문화업적주의로 제시하였다. 오늘날의 입장에서 정리해 본다면 자유주의, 공동체주의, 문화주의, 공화주의 등으로 말할 수 있다. 우리 헌법을 보면 천부인권 사상, 자유주의, 공화주의, 민주주의 등과 같이 국가가 추구해야 하는 다양한 가치가 있다. 이런 가치들이 대한민국의 목적을 이루는 것이다.

02 합목적성은 어떻게 만들어지고 존재하는가?

1. 법이 추구해야 하는 가치는 어떻게 만들어지는가?

어느 시대의 사회와 국가냐에 따라 사회 내지 국가가 추구하는 목적이 다른 방식으로 만들어지고, 그 내용 또한 다양할 수밖에 없다. 예컨대 현대 민주주의 국가에서는 정치 엘리트가 일방적으로 국가가 추구하는 목적을 만들 수 없다는 것이 원칙이다. 국민들의 동의와 지지가 뒷받침되어야 한다. 시민사회에서는 다양한 가치가 만들어지고 경쟁한다.

2. 법이 추구해야 하는 가치는 어떻게 선택되는가?

현실적으로 어떤 가치를 선택할 것인지는 각자의 세계관과 사상(양심)에 따라 상대적으로 정해진다.

3. 정치공동체는 경쟁하는 정의들 속에서 절대적 가치를 인정하고자 한다.

정치공동체의 유지와 발전을 위해 절대적 가치, 즉 다른 말로 사회의 궁극적 가치, 최고의 기본가치가 존재한다. 이것은 경험적으로 증명 가능한 것이 아니다. 모든 사회구성원들의 동의와 지지, 그리고 믿음에 의해 가능한 것이다.

03 합목적성의 한계: 합목적성은 가치의 상대성으로 혼란과 불안정성을 야기할 수 있다.

라드부르흐는 가치에 우열을 매기지 않고 상대주의적 태도를 취한다. 상대주의적 태도가 사회에 만연할 경우 사회의 위기를 초래한다. 가치의 우열이 없는 상대주의적 태도가 사회에 만연할 경우 갈등과 무질서의 양상은 심각해진다. 그의 주장에 따르면, 합목적성의 한계점에서 필요로 하는 법이 이념이 법적 안정성이다.

Ⅳ 법적 안정성

01 법적 안정성의 의의 및 필요성

1. 법적 안정성은 합목적성의 문제점을 보완하는 법 이념이다.

합목적성은 각자의 가치에 따라 결정된다. 각자의 가치가 충돌하고 갈등하는 것은 불가피하지만, 심각할 경우에는 사회가 심각한 혼란에 빠지고 불안정해진다. 따라서 합목적성만으로는 법이 기능을 할 수 없다. 이런 합목적성의 문제를 해결할 수 있는 법적안정성이 강조되는 것이다. 법적 안정성은 법질서의 안정과 존립을 위하여 목적들 간의 우열을 정함으로써 합목적성의 상대주의를 해소한다.

2. 법적 안정성은 법이 추구해야 하는 현실적인 가치이자 내재적인 속성이다.

법과 제도의 내재적인 미덕 중 핵심은 안정과 예측 가능성이다. 법이 사회적 안정과 불안감을 해소하는데 기여할 수 없다면 그 법은 존재할 수 없다. 사람들은 법을 통해 안정을 기대하기 때문이다. 법적 안정성은 법을 현실적으로 존재하게 하는 가치이다. 법적 안정성은 법이 추구해야 하는 숭고한 가치를 말하는 것이 아니다. 현실적인 법의 존재 이유를 말해주는 것이다.

3. 분쟁해결을 통한 평화 회복 및 질서유지를 위해 법이 필요하다.

법의 제1차적 기능은 분쟁 해결과 평화 유지이다. 이런 제1차적 기능은 법의 현실적 존재의 이유가 되는 것이다.

4. 법과 제도의 안정성은 사회적 안정을 가져온다.

법과 제도가 수시로 바뀔 경우 법적 생활의 혼란을 가져와 국민과 사회의 불안을 야기할 수 있다. 이런 점에서 헌법재판소가 어떤 법률이나 제도에 쉽게 위헌 결정을 하는 것은 법적 안정성을 해칠 수도 있다.

02 법적 안정성의 의미: 법은 생활 안정을 추구해야 한다.

법적 안정성이란 법이 보호하는 생활의 안정성을 말한다. 즉 법적 안정성은 구성원들이 예측 가능한 범위 내에서 법이 국민의 생활관계를 안정시킬 수 있도록 해야 한다는 것이다. 예컨대 「도로교통법」이 일주일마다 바뀐다고 가정해 보자. 국민의 혼란과 불편함은 이루 말할 수 없을 것이다.

03 법적 안정성을 가지기 위한 법의 요건

1. 법 내용의 명확성

법 내용이 명확해야 한다. 법이 다양하게 해석될 수 있다면 혼란을 초래할 수밖에 없다.

2. 국민의 법의식과 일치하는 법 내용

명확한 법이라고 하여도 그 법은 국민의 법의식과 일치해야 한다. 국민의 법의식과 일치하지 않는 법은 국민들로부터 지지를 받을 수 없어 실현이 어렵다.

3. 실현 가능한 법 내용

국민의 법의식과 일치할 때 법 내용은 실현 가능성이 높아진다. 실현 가능성이 없다면 법은 없는 것과 마찬가지 상태가 된다. 따라서 법이 만약 실효성이 없는 것이라면 국민 대다수가 법을 지키지 않는다.

4. 쉽게 변경되지 않는 법

실현 가능한 법이라고 하더라도 법이 쉽게 변경되어서는 안 된다. 오늘과 어제에 따라 불법과 합법이 바뀌면 구성원들은 안정된 생활을 할 수 없다.

04 법적 안정성이 반영된 구체적 사례

법적 안정성은 현 상태와 기득권을 보호하자는 것이다. 관련되는 법 원리로 죄형법정주의, 제도로는 공소시효, 소멸시효, 취득시효, 소급효금지원칙 등이 있다.

1. 죄형법정주의

죄형법정주의는 "범죄와 형벌은 법률에 규정되어 있어야 한다"는 것이다. 만약 법률에 범죄와 형벌이 없다면 처벌을 할 수가 없다.[10)]

---

10) 죄형법정주의의 파생원칙으로 법률주의, 명확성의 원칙, 유추해석금지의 원칙, 소급효금지의 원칙, 적정성의 원칙 등이 있다.

2. 공소시효

공소시효는 형사시효의 하나이다. 공소시효가 완성되면, 실체법상 형벌권이 소멸되므로 검사는 공소를 제기할 수 없게 되고, 만약 공소제기 후에 이러한 사실이 발견된 때에는 실체적 소송조건의 흠결(欠缺)을 이유로 면소(免訴) 판결을 하게 된다(형사소송법 제326조).

3. 소멸시효

소멸시효란 권리를 행사할 수 있음에도 불구하고 권리 불행사의 상태를 일정기간 계속함으로써 권리소멸의 효과를 생기게 하는 제도이다. 취득시효와 함께 널리 '시효'라고 불린다.

4. 취득시효

취득시효란 타인의 물건을 일정 기간 계속하여 점유하는 자에게 그 소유권을 취득케 하거나 소유권 이외의 재산권을 일정 기간 계속하여 사실상 행사하는 자에게 그 권리를 취득케 하는 제도이다.

5. 소급효[11)]금지의 원칙

소급효금지의 원칙은 법규가 시행된 이후의 행위에 대해서만 그 법규를 적용해야 하고 법 시행 이전의 행위에 대해서 소급적용해서는 안 된다는 원칙이다. 형법에서는 '행위시법주의 원칙'이라고 불리기도 한다. 이는 국민들로 하여금 법적 안정성을 부여하고, 예측 가능성을 담보하게 됨으로써 국민들의 신뢰를 보호하기 위한 것이다.

6. 법적 안정성의 한계점

법적 안정성은 형식적으로 일반성을 내세울 뿐이다. 법적 안정성은 법이 현재 존재한다는 것에 대해 의미를 강하게 부여한다. 법적 안정성은 법이 어떤 숭고한 가치를 위해 개선되거나 발전되어 가야 하는 것에 관심이 없다. 이런 법적 안정성의 태도는 다음과 같은 법적 안정성을 강조하는 격언인 "악법도 법이다. 정의(법)의 극치는 부정의(불법)의 극치이다" 등에 잘 나타나 있다.[12)]

---

11) 소급효는 새로운 법(신법)으로 과거의 법(구법) 당시의 행위에 영향을 미치는 효력이고, 추급효는 과거의 법(구법)으로 개정 및 폐지된 이후에도 새로운 법(신법) 적용 당시의 행위에 영향을 미치는 효력을 말한다.

12) 첫 번째 격언은 소크라테스의 주장으로 알려져 있지만, 1930년대 일본의 법철학자인 오다카 도모오가 소크라테스 당시의 맥락을 고려하여 해석의 차원으로 쓴 것이라고 알려져 있다. 당시 '법은 엄하지만 그래도 법'이라는 로마의 격언을 고려하여 쓴 것으로 알려져 있다. 두 번째는 독일의 최고 문호인 괴테의 글로 알려져 있다.

V 법 이념 상호 간의 관계

1. 라드부르흐의 생각

라드부르흐는 법적 안정성을 가장 강조하지만, 정의를 소홀히 다루지 않는다. 라드부르흐는 이상과 현실, 당위와 현실을 모두 고려하여 정의, 합목적성, 법적 안정성의 세 가지 요소를 법의 이념(목적)으로 본 것이라고 할 수 있다.

2. 법의 이념 요소들의 역할

정의는 법을 구성하고, 법을 평가하는 역할을 한다면 법적 안정성은 법의 사회 안정성의 역할을 중시한다. 그래서 정의가 법의 내용적인 측면의 이념이라면, 법적 안정성은 법의 기능적 측면의 이념이라고 할 수 있다(김향기, 2008 : 25-26). 세 가지 요소들은 각자 서로 다른 역할을 한다. 세 가지 요소들의 관계는 어떻게 될까?

3. 세 가지 요소들의 관계에 대한 전통적 입장

(1) 기본 입장

법 이념들 상호 간은 모순·대립적 관계면서 상호 보완·조정을 원칙으로 한다.

(2) 기본 입장에 대한 근거

① 정의와 합목적성이 각각 추구하는 가치가 상호 모순 대립적 관계이다.
정의는 절대적 평등, 합목적성은 공공복리(구체적 타당성)와 같은 실질적 평등이다.

② 법적 안정성은 법의 내용이 정의로운지 여부와 관계없이 유지하려는 속성이 있기 때문이다.

(3) 상호 보완·조정: 헌법 제37조 제2항의 역할

① 헌법 제37조 제2항 조문
국민의 자유와 권리는 국가안전보장, 질서유지 또는 공공복리를 위하여 필요한 경우에 한하여 법률로써 제한할 수 있다. 제한하는 경우에도 자유와 권리의 본질적 내용을 침해하지 못한다.

② 내용 및 기능

㉠ 헌법 제37조 제2항은 정의와 법적 안정성을 보장하고 있다.

㉡ 헌법 제37조 제2항은 입법원칙이면서, 헌법적 갈등을 해결하는 근거가 된다.

4. 법이념들 요소 간의 관계에 대한 전통적 입장이 타당한가?

(1) 전통적 입장에 따르면 발생하는 현실적 갈등

① 악법도 법이다 대 악법은 법이 아니다.

② 어떤 기득권도 보장된다 대 부당한 기득권은 보장할 수 없다.

㉠ 친일 청산 대 친일 청산은 기득권 침해다.

㉡ 반민주주의자 처벌 소급입법은 위헌이다 대 아니다.

(2) 정의를 전제하지 않는 법적 안정성이 현대 민주법치국가에서 존재할 수 있는가?

지금은 라드부르흐가 살고 있는 시대도 아니고, 민주화 이전의 시대도 아니다. 현대 정상적인 민주법치국가에서 악법에 근거한 법적 안정성을 인정할 수는 없다. 또한, 현재 악당들의 법적 안정성을 인정할 수 없다. 현대 민주법치국가의 경우는 정의와 법적 안정성이 아니라 정의와 정의가 충돌하는 것으로 보는 것이 타당하다.

(3) 전통적 입장은 법이 따라야 할 당위와 법 현실을 구별하지 못하고 있다.

당위적 측면에서 가장 아름다운 법, 훌륭한 법, 정의로운 법은 세 가지의 요소가 유기적으로 결합되어 조화를 이룬 것이다. 당위는 법 현실의 발전을 위한 평가 기준이면서 가치가 된다.

(4) 법의 이념 세 가지 요소는 법을 법답게 만드는 유기적 관계다.

정의는 있는데 법적 안정성이 없는 법이 정상적인 법은 아니다. 법적 안정성은 있는데 정의는 없는 법도 정상적인 법이 아니다.

(5) 법의 세 가지 요소가 조화를 이루지 못한 법은 어떤 법인가?

① 하자나 흠결이 있는 법

② 위헌이나 위법

③ 악법 내지는 부당한 법

(6) 법의 세 가지 요소가 조화를 이루지 못하는 경우 법 제도적 해결방안은?

① 개헌, 헌법 제37조 제2항에 근거한 입법 및 개정

② 헌법재판소 및 법원에 의한 심판

Chapter 03 법의 유형

법의 기초에서 다루고 있는 내용은 여러 유형의 법들을 관찰하고 분석하여 평균적이며 공통적인 특성들을 개괄적으로 정리한 것이다. 이런 특성을 제공하는 법의 유형은 어떻게 체계화되어 있는지를 지금부터 살펴본다.

I 자연법과 실정법 : 정당성과 합법성

실정법은 모든 사람에게 적용되는 합법성을 강조한다. 그렇다면 합법성은 어떻게 정당성을 인정받을 수 있을까?

01 자연법 사상과 법실증주의 사상

1. 자연법 사상(이론)

(1) 의미

자연법 사상은 자연법 규범의 절대성을 인정하고, 자연법이 실정법의 기반이 되어야 한다는 법 사상이다.

(2) 자연법 사상의 전개

① 고전적 자연법 사상(고대~중세)
고전적 자연법 사상은 고대 그리스 철학과 중세 종교철학 전통을 바탕으로 한다. 고대 그리스의 플라톤, 아리스토텔레스를 거쳐 중세의 토마스 아퀴나스 등 종교철학을 기반으로 발전하였다.

② 근대적 자연법 사상(17세기~)

㉠ 주요 법철학자
근대적 자연법론은 합리주의 철학을 바탕으로 한다. 그로티우스, 홉스, 로크, 루소, 칸트 등 개인주의, 공리주의 그리고 자유주의 사상과의 결합을 통하여 발전하였다.

㉡ 주요 탐구 내용
첫째, 국가와 실정법을 초월하여 자연상태의 인간 본성이나 이성에 기초한 법 질서를 탐구하였다.
둘째, 실정법이 지향해야 하는 보편적 기준을 제시하려고 하였다.
셋째, 자연법은 실제로 존재한다.

③ 신자연법론

19세기 등장한 역사법학파 및 법실증주의가 등장하면서 자연법 사상은 위축되었다. 신자연법론은 2차 대전 이후 법실증주의에 대한 반성으로 등장하였다. 자연법 사상을 부활시킨 신자연법론은 천부인권에 근거한 자연법 질서의 불가침을 주장하였다.

(3) 자연법 사상의 핵심적 주장

① 자연법 질서는 시원적이며 실정법 질서보다 상위에 있는 천부불가침의 질서다.

② 실정법의 가치나 이념 등은 자연법에 근거를 두고 제정되어야 한다.

③ 악법은 법이 아니다.

④ 실질적 법치주의를 강조하며, 정당성을 중시한다.

2. 법실증주의 사상(이론)

(1) 의미 및 전개

① 의미

법실증주의는 법을 해석 및 적용할 때 어떤 정치적・사회적・윤리적 요소 등을 고려하지 않고, 오직 법 자체만을 형식 논리적으로 파악하는 입장을 말한다. 완전무결한 실정법 체계의 확신을 바탕으로 법관의 법 해석을 통한 법 창조 내지 자의적 판단을 배제하려는 사상이다.

② 주요 배경 및 전개

19세기 역사법학자나 한스 켈젠으로 대표되는 법실증주의는 경험적으로 증명 가능한 실정법만을 법으로 인정하려는 이론이다. 법실증주의는 19세기 독일에서 등장하였다. 법실증주의는 법을 만능의 수단으로 이해하여 형식을 갖추기만 하면 어떤 내용도 허용될 수 있다는 형식적 법치주의의 문제를 야기하였다. 그 결과 악법을 법으로 인정하고, 인권을 침해하는 등 법의 이름으로 헌법을 침해하는 불법을 법으로 정당화하였다. 대표적인 사건이 히틀러에 의한 유대인 학살, 일본의 조선 침탈 및 잔인한 식민지 통치다. 법실증주의의 부작용에 대한 반성과정에서 2차 대전 이후 신자연법 사상이 등장하였다.

(2) 주요 내용

① 실정법 체계의 완전무결성을 인정한다.

② 자연법을 부정한다.

③ 형식적 법치주의, 합법성을 중시한다.

④ 악법도 법으로 인정한다.

02 자연법과 실정법

1. 자연법의 의미

자연법은 시대와 공간을 초월한 영구불변의 초경험적·이성적 법을 말한다. 자연법은 자연법칙과 정의의 이념을 내용으로 한 초실정법적인 법규범이다. 자연법칙과 정의, 인권은 자연법의 주요 내용이다. 이런 주요 내용은 실정법을 평가하는 기준으로서 역할을 함과 동시에 실정법의 개폐를 결정하는 역할을 하기도 한다.

2. 실정법의 의미

실정법은 어느 정치적인 공동체나 사회, 국가 등에서 만들어 시행되거나 시행되고 있는 법을 총칭하는 것이다. 자연법은 이상적이고 초법규적인 것이지만 실정법은 현실적이고 존재하는 성격을 가진다.

3. 자연법과 실정법의 관계

(1) 자연법을 부인하는 법실증주의와 딜레마

자연법을 부인하는 경우는 실정법의 독자성, 자율성을 강조하는 입장이다. 즉 실정법은 자연법과 무관하게 스스로 존재할 수 있다는 것을 의미한다. 그래서 법실증주의자들은 '실정법만이 정당하다'는 주장을 한다. 그런데 법실증주의자였던 한스 켈젠에게도 딜레마는 발생했다. 그렇다면 '실정법은 왜 정당한가?'라는 질문 때문이었다. 이 질문에 대해 한스 켈젠은 '근본 규범이 헌법을 정당화시킨다'는 모호한 대답을 하였다. 그의 답변에 보이는 '근본규범'은 무엇인가? 표현도, 의미도 '자연법'과 크게 다르지 않은 것 같다. 그렇다면 자연법과 실정법은 서로를 죽이려고 노력한다고 해서 없어지지 않는다. 이들은 당위와 존재, 이상과 현실처럼 뗄 수 없는 관계이기 때문이다.

(2) 자연법과 실정법의 관련성(자연법 사상 근거)

자연법 사상에 따르면 실정법을 자연법 사상의 실현을 위한 것으로 인식한다. 그래서 자연법은 실정법을 평가하여 정당성을 제공하거나 부인하기도 하고, 실정법을 제·개정 및 폐지한다. 이상의 내용들을 간단히 정리하면 다음과 같다.

① 자연법은 실정법을 통하여 그 이념과 정신을 추구할 수 있다.

② 자연법은 실정법을 평가하여 그 변화를 가능케 한다.

  ㉠ 자연법은 실정법을 평가하는 기준이다.

  ㉡ 자연법은 실정법을 제정, 개정, 폐지하는 기준이다.

03 현실은 실정법 중심의 법체계

우리가 일상에서 접하는 것은 실정법 체계다. 법관이 재판을 하기 위해 먼저 사건에 적용한 법원(法源)을 찾게 된다. 이런 법원은 문서화된 것과 그렇지 않은 상태의 것으로 나눠지는데 전자가 성문법이고 후자가 불문법이다. 양자 모두 현존하는 것들이다. 따라서 성문법과 불문법 모두 실정법이다.

<table>
<tr><td>현실적 존재 여부</td><td colspan="3">자연법: 초법규적, 당위, 이상
⇩ 정당성 근거
실정법: 현실, 존재
성문법과 불문법(제정절차와 문서화 여부)</td></tr>
<tr><td rowspan="7">제정주체 및
법의 효력이
미치는 범위</td><td rowspan="7">국내법
⇧
국내법으로 포섭
⇧
국제법</td><td rowspan="2">법이 규율하는 내용</td><td>실체법</td></tr>
<tr><td>절차법</td></tr>
<tr><td rowspan="3">법이 규율하는 생활관계</td><td>공법</td></tr>
<tr><td>사법</td></tr>
<tr><td>사회법</td></tr>
<tr><td rowspan="2">법의 효력범위</td><td>일반법</td></tr>
<tr><td>특별법</td></tr>
</table>

II 법의 존재 형식 또는 법의 성질(법원[13])

01 구별 기준

일정한 절차에 따라 만들어 문서라는 형식으로 법이 존재하는지 여부에 따라 성문법과 불문법으로 나눠진다. 법원은 어떤 법을 근거로 재판을 할까?

02 성문법(written law)

1. 성문법의 의미

성문법이란 문서형식으로 제정되어 일정한 형식 및 절차를 거쳐 공포되는 법으로, 권한 있는 기관이 제정 공포하고 문자로 제정된 법을 말한다. 현대 국가의 대부분은 성문법 국가이며, 불문법 국가로 분류되는 영국과 미국의 경우에도 많은 성문법에 의존하고 있는 실정이다.

13) 법원을 법의 인식근거, 내지는 존재형식이라고 한다. 이 말은 헌법 제103조 “법관은 헌법과 법률에 의하여 그 양심에 따라 독립하여 심판한다”라는 규정에 따라 법관이 바로 재판의 기준이 되는 것을 의미한다.

2. 성문법의 유형 : 헌법, 법률, 조약, 명령, 자치법규, 규칙

성문법에 속하는 법원은 헌법, 법률, 조약, 명령, 자치법규, 규칙이며 기본적으로 법들 사이에 위계가 정해진다. 관련되는 원칙이 상위법 우선의 원칙이다.

(1) 헌법

헌법은 국민의 기본권과 통치구조의 관계를 규정해 놓은 국가의 최고법이자 기본법이다.

(2) 법률 : 의회가 제정한 법률과 준법률

법률은 국민의 권리 및 자유를 제한하거나 의무를 부과하는 것을 내용으로 하는 법규를 말한다. 법률은 국회에서 절차에 따라 제정한 것을 말하는 것이지만, 이외에도 국제법이나 대통령의 국가긴급권과 같은 준법률의 경우도 있다.

① 의회의 절차에 제정한 법률

법률은 국민의 권리를 제한하거나 의무를 부과하기 위해 절차에 따라 국회에서 만든 것이다.

② 조약 : 국제법이면서 국내법적 효력

조약은 문서에 의하여 국가 간에 명시적인 합의이다. 우리나라의 경우 국회의 동의를 받은 후 대통령이 비준한 경우에 법률과 동일한 효력을 지닌 것으로 본다.

③ 일반적으로 승인된 국제법규

특별한 수용절차 없이 국내법으로 편입되는 국제법이다. 여기에는 국제관습법과 일반적으로 승인된 국제조약이 있다. 국제관습법으로는 민족자결의 원칙, 외교관의 법적 지위에 관한 제 원칙, 전쟁법의 일반원칙 등이 있다. 일반적으로 승인된 국제조약으로는 UN헌장, 부전조약(1928), 집단학살금지협정, 포로에 관한 제네바협정, 국제인권규약 등이 있다.

④ 명령 및 시행규칙 : 대통령령, 부령

법률의 위임을 받아 행정부가 제정한 명령 및 시행규칙이 행정입법이다. 행정입법에는 명령과 규칙이 있다. 행정부(行政府)의 대통령이나 각부 장관이 헌법의 규정이나 법률의 위임을 받아 대통령령(大統領令)이나 부령(部令)을 만들 수 있는데, 이것을 명령이라고 한다. 명령은 법률상으로 행정권에 의하여 정립되는 규범의 총칭으로, 국회에서 제정하는 법률에 대응하는 개념이다. 한편 행정부와 동일한 지위에 있는 국회(헌법 제64조 제1항 참조)나 대법원(헌법 제108조 참조)이 제정한 규칙 등도 명령과 동일한 효력이 있다.

⑤ 자치법규 : 조례와 규칙

지방자치단체가 제정하는 법규로 조례와 규칙이 있다. 이는 지방자치단체 내에서만 효력이 있다. 지방의회에 의한 조례는 법령에 의하여 위임된 경우뿐만 아니라 지방자치단체 자체의 발의에 의한 제정도 가능하다는 점에서 지방자치단체의 장에 의해 제정되는 규칙과 구별된다.

3. 관련되는 법 원칙 : 상위법 우선의 원칙과 포괄위임입법금지의 원칙

(1) 상위법 우선의 원칙 : 법적용의 원칙

성문법 중에 상위법은 하위법에 우선한다. 따라서 하위법은 상위법에 위반되는 내용을 규정할 수가 없다. 예컨대 법률이 헌법에 위반하는 내용이 있다면 그 내용은 위헌이다.[14] 만약 명령이 법률이나 헌법을 위반한다면 위법적이거나 위헌적인 명령이다.[15]

(2) 포괄위임입법금지의 원칙 : 입법원칙, 법률 유보 실현

포괄위임입법금지의 원칙은 법률이 하위법령(대통령령, 부령 등)에 법률 내용을 위임할 경우에 위임하는 사항과 범위를 구체적으로 한정하지 않고 특정 행정기관에 입법권을 일반적・포괄적으로 위임하는 것은 금지된다는 원칙을 의미한다.

4. 성문법의 장점과 단점

(1) 장점 : 법적 안정

① 법의 통일 및 정비가 된 성문법은 법적 질서를 안정화시킨다.

② 명문화된 성문법은 법의 의미와 내용이 명확하여 법을 구체적으로 시행하기에 적합하다.

(2) 단점 : 비신축성

① 성문법은 법규범의 내용이 고정적이어서 변화하는 사회에 신축성 있게 적용되지 못한다.

② 성문법은 입법자의 의사를 반영하여 관철시키는 데는 유용하지만 입법자가 자의적으로 법을 제정 및 개정할 수 있다.

② 국민의 법적 확신과 사회적 정의를 무시하는 성문법 만능주의를 초래할 우려가 있다.

03 불문법(unwritten law)

1. 불문법의 의미

불문법은 일정한 형식 및 절차에 따라 문서 형식으로 제정되어 공포되지 않은 법이다. 성문법(成文法)에 대응하는 것으로서 그 가운데서도 관습법이나 판례법 등이 가장 중요하다.

---

14) 위헌여부를 판단하는 것이 위헌법률심판, 위헌심사형 헌법소원이다.
15) 명령의 위법성을 심사하는 권한은 법원에 있고, 이런 법원의 권한이 명령규칙처분심사권이다.

2. 불문법의 종류

(1) 관습법 : 반복되는 관행 + 관행에 대한 법적 확신

관습법[16]은 불문법의 하나로서, 국민의 전부 또는 일부 사이에서 오랫동안 계속되는 관행이 국민 일반의 법적확신 또는 법적인식에 의하여 지지되는 단계에 이른 경우에 이를 관습법이라 한다. 관습법은 입법기관에 의해 법률로 제정된 것이 아니라, 오랜 생활을 통해 관습적으로 인식되어 법률과 같은 효력을 갖는 사회규범을 말한다. 복잡한 현대사회에서 모든 현상을 성문화된 법률로 규정할 수는 없는 것이므로 관습법과 같은 불문법이 법률적 효력을 발생시킨다.

(2) 판례 : 선행재판이 후행재판을 기속하는 경우

판례는 법원이 특정 소송사건에 대하여서 법을 해석 적용하여 내린 판결이다. 당사자의 제소(提訴)에 의하여 법원이 그 구체적인 소송에서 내린 법원의 판단은 그 사건에 관하여서만 효력이 있는 것이고, 다른 사건에는 구속력이 없는 것이지만, 그러나 그 뒤에 같은 종류의 사건이 제소되어 법원이 재판을 할 때에는 먼저의 재판이 참고가 된다. 이렇게 되면 먼저의 재판이 나중의 재판의 선례가 되어 사실상 구속력을 발휘하게 된다.

(3) 조리 : 사물의 도리

조리는 일반적 상식으로 판단할 수 있는 사물의 본질적 법칙을 말하며 사물의 도리, 경험법칙, 사회통념 등으로 표현되기도 한다. 재판에 있어서 성문법이나 관습법의 결함을 보충하기 위하여 채용되는 일이 많다. 한국의 민법은 '민사에 관하여 법률에 규정이 없으면 관습법에 의하고 관습법이 없으면 조리에 의한다'고 규정하고 있다.

3. 불문법의 장점 및 단점

(1) 장점 : 사회변화에 대해 신축적으로 적용할 수 있다.

(2) 단점 : 법적 불안정

① 법의 통일 및 정비가 어렵다.

② 법이 명확하지 않다.

③ 법적 질서를 안정시키기 어렵다.

---

16) 민법에서의 관습법의 성립요건 : 첫째, 반복되는 관행이 존재해야 한다. 둘째, 대다수의 사람들의 법적 확신이 있어야 한다. 셋째, 그리고 이 관행이 공서양속에 반하지 않아야 한다. 넷째, 국가의 승인이 필요하다(네 번째 요건까지 포함시키는 주장은 소수견해이다). 따라서 다수견해가 인정하는 성립요건은 첫 번째부터 세 번째까지이다.

04 성문법과 불문법의 관계

1. 불문법은 성문법을 보충하는 역할(원칙)

민법 제1조는 "민사에 관하여 법률에 규정이 없으면 관습법에 의하고 관습법이 없으면 조리에 의한다"라고 규정하고 있다.

2. 성문법을 개폐하는 변경적 효력을 가지는 경우

예컨대 상관습법이 민법의 규정에 우선한다.

3. 성문법과 불문법의 대등적 효력을 가지는 경우

"물권은 법률 또는 관습법에 의하는 외에는 임의로 창설하지 못한다"는 민법규정이다.

Ⅲ 국내법과 국제법

01 구별 기준

제정 주체, 효력이 미치는 지역적 범위를 기준으로 국내법과 국제법으로 나눠진다. 국내법과 국제법 중 어느 법이 우위에 서야 할까?

02 국내법

1. 국내법의 의미

국내법은 국내 생활 관계를 규율하는 실정법이다. 국내법은 여러 기준에 따라 다양하게 분류될 수 있다.

2. 외국적 요소가 있는 사적인 법률관계에 어느 나라의 법을 적용할 것인가?

(1) 사례

제주도에서 중국인 갑이 일본인 을로부터 중고 카메라를 구입하는 매매계약을 체결하였다. 이 매매계약의 내용과 효력에 관하여 다툼이 발생하여 제주지방법원에 소송이 제기되었다. 제주지방법원에서는 이 소송에서 적용되어야 할 법률이 일본법인지, 중국법인지, 한국법인지 논란이 되었다. 이 경우에 법원은 국제사법(國際私法)으로 준거법을 정한다.

(2) 국제사법(國際私法)

외국적 요소가 있는 사적인 법률관계에 관하여 국제재판관할에 관한 원칙과 준거법을 정함을 목적으로 제정된 법률이 국제사법이다. 예컨대 국내 남성과 외국 여성이 결혼할 경우 결혼을 인정하는 것과 관련된 조항들이다. 이 법은 국내법이면서 공법에 속한다.

03 국제법

1. 의미

국제법은 국제사회에서 국가 간이나 국제기구 간의 관계를 규율하는 법을 말한다. 국제법은 대부분 조약의 형식인 국가 간의 합의를 통해서 이루어진다. 국제법은 국내법에 비해서 그 강제력이 약하다.

2. 국내 법체계에 포섭되는 국제법 : 국제법의 국내법적 효력 인정

우리 헌법 제6조 제1항에서는 "헌법에 의하여 체결 공포된 조약과 일반적으로 승인된 국제 법규는 국내법과 같은 효력을 갖는다"라고 하여 국제법의 국내법상의 효력을 인정하고 있다.

Ⅳ 공법, 사법, 사회법 : 법이 규율하는 생활관계

01 구별 기준

앞에서 살펴 본 바와 같이 공법은 수직적 관계이며, 사법은 수평적 관계이다. 사회법은 수평적 관계의 유지를 위해 국가가 개입하여 해결하는 것을 허용하는 법이다. 공법, 사법, 사회법의 각 영역에는 어떤 법원칙을 중시할까?

02 공법(公法) : 통치권은 법에 근거해서 행사한다.

1. 공법의 의미

공법은 국가의 조직이나 공공단체 상호 간 또는 이들과 개인의 관계를 규정하는 법률이다. 예컨대 행정법, 형법, 각종 소송법, 국제법 등이 여기에 해당한다.

2. 공법의 특성

(1) 공법관계 규율 : 명령과 복종의 관계, 권력 관계

행정법에 따르면 정부는 국민에게 조세를 부과하고 강제할 수 있다. 국민은 이 명령에 대해 거부할 수 없다. 따라서 공법은 국가적, 공익적, 수직적, 권력적, 강제적, 비대등적 관계를 규율하는 법이다. 이런 특성을 지닌 관계를 공법상의 법률관계, 즉 공법관계라고 부르며, 공법관계를 규율하는 법이 공법이다. 공법관계는 공권과 공의무, 통치권과 공의무로 이루어진다.

(2) 법치주의의 지배

공법관계는 명령과 복종의 관계로 자유나 권리를 제한하거나 의무를 부과하기 때문에 반드시 법적근거를 요한다. 예컨대 행정법의 지도 원리 중 핵심은 '법률에 따른 행정', 즉 '법률유보행정'이다. 공법 중 대표적인 법인 형법은 '죄형법정주의'를 기본원칙으로 한다.

03 사법(私法) : 사적자치가 우선이다.

1. 사법의 의미

사법은 개인 간의 관계를 규율하는 법으로 '시민법'이라고 불리기도 한다. 예컨대 민법, 상법 등이 대표적이다.

2. 사법의 특성

(1) 사법관계 규율 : 수평적 관계

사법관계는 사법상의 법률관계를 줄인 말이다. 그 내용은 사권과 사의무이다.

(2) 사적자치 및 경제적 자유 강조

사법관계는 당사자가 스스로 해결하는 것을 중시한다. 그래서 사적자치를 우선시하며, 법은 이런 사적자치를 보장해 주는 것을 주요 내용으로 한다.

3. 공법과 사법의 구별 실익 여부

과거에는 공법과 사법의 구별을 엄격하게 강조했지만, 현대사회에서는 공법과 사법의 구별이 어렵고 정부와 국민의 관계가 수직적 관계에서 수평적 관계로 변화하고 있다는 점에서 구별 실익이 없다는 주장도 있다. 예컨대 국가도 특수한 법인으로 취급해야 한다는 주장을 따를 때 그럴 수 있다. 하지만 여전히 구별 실익을 가지는 것은 구체적 법률관계에 적용할 법규나 법원칙을 결정하기 위해 또는 분쟁해결을 위한 쟁송수단의 선택과 결정을 위해 필요하다고 볼 수 있다. 예컨대 우리 재판제도는 민사재판, 형사재판, 행정재판 등으로 구분하고 있다.

04 사회법(社會法) : 사적 영역에 국가가 개입하다.

1. 사회법의 등장배경

근대 이후 자본주의 체제가 발전하면서 상대적으로 여러 가지 사회적인 모순과 문제점들이 등장하였다. 거대기업은 중소기업과 노동자를 착취하였고 그 결과 빈부의 격차나 계급대립이 심각한 사회문제로 대두하였다. 세계 여러 나라들은 새로운 입법을 통해 자본주의의 모순으로 인해 발생하는 문제점을 해결하기 위해 사법과 공법이 융합된 사회법을 제정하였다. 사회법은 사법의 공법화 경향을 보여준다.

2. 사회법의 의미 및 종류

사회법은 사법(私法)과 대립되는 개념으로 사적자치의 원리를 수정하여 사회적 관점에서의 실질적 평등이나 공공복리를 강조하는 법을 총칭하는 개념이다. 여기에는 사회복지와 관련되는 사회보장법, 노동자의 권리를 보장하는 각종 노동관계법, 공정한 경제질서 확립을 위한 공정거래법 등과 같은 경제법이 해당된다.

3. 사회법의 특성

개인 간의 관계를 둘러싸고 분쟁이 생길 경우에 민사적, 형사적, 행정적으로 해결할 수 있다. 이는 개인 간의 불평등한 현실을 완화시키기 위하여 정부가 형사나 행정 사건의 경우처럼 개입해서 강제적으로 해결할 수 있다는 점을 보여주는 것이다.

V 실체법과 절차법 : 법이 규율하는 내용

01 구별 기준

민법은 실체법이고, 대응하는 절차법의 대표적인 경우는 민사소송법이다. 이처럼 실체법과 절차법은 규율하는 내용으로 구별한다. 실체법과 절차법은 각각 어떤 역할을 할까?

02 실체법 : 법률관계를 규율한다.

실체법은 절차법에 대립되는 개념으로서 권리 의무의 종류, 효과, 귀속주체 및 그 득실변동에 관한 사항을 규정하는 법을 말한다.

03 절차법 : 법률관계를 제대로 실현하는 과정을 규율하는 법이다.

이에 대해 절차법은 실체법상의 권리 의무를 실현시키기 위한 절차를 정하는 법을 말하는 것이다.

04 실체법과 절차법의 관계

절차법은 실체법에서 규정하고 있는 법률관계의 보장을 실현하기 위한 법이다. 일반적으로 헌법, 형법, 민법, 상법 등은 실체법이고 민사소송법, 형사소송법 등은 절차법이라고 할 수 있겠지만 개개 조항을 본다면 예컨대 실체법인 민법 안에도 절차법적 조항이 있을 수 있고, 절차법인 민사소송법률 안에도 실체법적 조항이 있을 수 있다.

VI 일반법과 특별법: 법의 효력 범위

01 구별 기준: 법의 효력 범위에 따라 일반법과 특별법으로 구분된다.

민법과 상법의 관계에서 민법은 상법의 일반법이고, 상법은 민법의 특별법이다. 일반법과 특별법은 각각 어떤 법원칙을 중시할까?

02 일반법

일반법이란 법의 효력이 미치는 범위를 표준으로 한 구별로 법의 효력이 특별한 제한 없이 일반적으로 모든 사람과 사물, 장소, 혹은 행위나 사항에 대하여 적용되는 법을 말하며 원칙법이라고도 한다.

03 특별법

특별법은 정의 또는 형평의 관념에 입각하여 일반법 중에서 특수한 사항을 골라내어, 그것을 특별히 취급하려고 하는 취지에서 나온 것이다. 이는 법의 효력이 특정한 사람・사물・행위 또는 지역에 국한하여 적용되는 법이다. 일반법을 제정할 때 예상하지 못한 예외적 사항이 생기거나, 그 법을 그대로 적용하기 어려운 사정이 있게 될 경우 제정된다.

04 일반법과 특별법의 관계: 특별법 우선의 원칙

살펴본 바와 같이 특별법은 일반법과는 대치되는 개념이나 그 관계는 상대적이다. 상법은 민법에 대해 특별법이지만, 해상법 등에 대해서는 일반법이다. 한 사건에 일반법과 특별법이 모두 적용될 경우 어떤 법을 우선하여 적용할 것인지를 정해야 한다. 이 경우에는 특별법을 우선 적용한다. 이 원칙이 특별법우선의 원칙이다.

Chapter

04 법의 효력

I 법은 어떤 경우에 신뢰를 받을까? 언제, 어디에, 누구에게 영향력을 미칠까?

01 법의 효력 개관

법은 목적을 가지고 만들어진다. 이렇게 만들어진 법은 시행이 되고, 일정한 장소나 사람에게 그 힘을 발휘할 수 있다. 법이 힘을 발휘하는 것, 즉 법이 구속력과 강제력 발휘하여 적용되는 것을 법의 효력이라고 한다. 법이 효력을 발휘하기 위해서는 정치공동체 구성원들의 동의와 지지가 필요하다. 그리고 법이 언제부터, 어디에, 누구에게 적용되는지가 정해져야 한다. 법이 언제부터, 어디에 누구에게 적용되느냐는 한 국가의 주권 행사에 대한 문제이다.

02 사례

다음 사례들을 살펴보고 법의 효력에 대해 생각해 보자.

1. **갑(甲)국에서는 부정부패를 엄중하게 처벌하며 신고를 한 사람에게 큰 포상을 실시한다는 법률 공포안을 발표하였지만, 국민들은 그 법을 보고 비웃을 뿐 신고하는 사람도 없었다. 국민들의 행동에 대해 그 이유를 생각해 보자.**

2. **을(乙)국은 부정부패를 단속하기 위하여 2019년 1월 1일부터 2022년 12월 31일까지 시행될 특별법을 공포하였다.**

3. **우리나라에 파견 나온 프랑스인 A는 절도의 충동을 이기지 못하고 우리나라 사람인 B의 지갑을 훔쳤다.**

4. **우리나라에 대사로 파견 온 B국의 외교관 C는 음주 운전을 하여 지나가던 우리나라 사람 2명을 다치게 하였다.**

5. **우리나라 사람 D는 일본에 가서 절도 행각을 벌이다가 일본 경찰에 체포되었다. 일본에서 징역을 살고난 후 D는 한국에 돌아왔다.**

6. 사례 해설

법의 효력 측면에서 1의 경우는 법의 타당성과 관련되는 사례이다. 2의 경우는 시행 기간이 정해져 있는 한시법으로 시간적 효력의 문제이다. 3의 경우는 장소적 효력이 인정되는 속지주의가 적용되는 사례이다. 4의 경우는 속지주의를 제한하는 외교특권에 관한 사례이다. 5의 경우는 속인주의가 적용될 수 있는 사례이다.

II 실질적 효력

국민들의 삶에 법이 실효성을 갖기 위해서는 타당한 법이어야 한다. 법은 사회적 관계를 규율하기 위해 만든 것으로 사람들의 삶에 영향을 미치게 된다. 하지만 법이 사회를 규율하기 위해서는 타당성을 사람들로부터 인정받아야 한다. 타당성을 인정받을 때 법은 실효성을 가질 수 있다.

01 타당성과 실효성

1. 타당성과 실효성의 의미

타당성이란 법이 구속력을 가질 수 있는 정당한 자격 내지 권능을 의미하고, 실효성이란 법이 현실로 지켜지고 실현되는 것을 말한다.

2. 타당성과 실효성의 관계: 법이 실질적 효력을 갖기 위해는 타당성과 실효성 모두 필요

타당성이 없는 법은 실효성이 있다 하더라도 악법에 불과하고 반대로 실효성이 없는 법은 타당성이 있다 하더라도 실정법으로서의 임무를 다하지 못하면 하나의 공문에 불과하게 되므로, 법이 효력을 갖기 위해서는 규범적 타당성과 사실적 실효성을 동시에 갖추어야 한다.

02 법의 실질적 효력의 근거와 관련되는 대표적 학설: 사회계약설

현재 법의 실질적 효력의 근거는 여러 학설 중에서 주로 사회계약설에서 찾는다. 사회계약설에 따르면 국민은 개인의 자유를 보호하기 위해 국가와 계약을 맺고, 계약의 당사자인 국가는 위임받은 권한에 따라 국민들을 보호할 수 있는 법을 만들어 집행하는 것으로 본다.
즉 자신이 선택한 대표가 법을 만들고, 대표가 만든 법은 자신이 만든 법과 동일한 것으로 간주됨으로써 그 법에 스스로 동의와 지지를 보내고 복종하게 된다는 것이다.

III 형식적 효력: 시간적 · 장소적 · 대인적 효력

01 형식적 효력의 의의: 존재하는 법의 효력범위 문제 ⇨ 시간, 사람, 장소

법의 형식적 효력은 법이 모든 경우에 평등하게 현실적으로 영향을 미치고 규율하는 것을 의미한다. 즉 법이 현실적으로 언제, 어디에, 누구에게 적용되는지를 말한다. 그래서 법의 형식적 효력으로는 시간에 대한 효력, 사람에 대한 효력, 장소에 관한 효력이 있다.

02 시간적 효력

1. 시간적 효력의 의미

법이 언제부터 언제까지 법으로서의 효력을 가지느냐의 문제이다. 즉 법률안의 의결 제정에서부터 관보의 공포, 그리고 시행과 폐지에 이르는 과정, 즉 법의 탄생과 소멸까지의 존재 기간 동안의 강제력과 영향력을 말한다.

2. 법의 시행

법의 효력은 시행일부터 폐지일까지 지속된다. 법의 공포일부터 시행일까지의 기간을 '주지기간'이라고 하며, 시행일부터 폐지일까지를 '시행기간' 또는 '유효기간'이라고 한다. 일반적으로 시행일은 효력의 발생일을 말한다. 그렇다면 시행일은 어떻게 정할까?

3. 법은 언제부터 시간적 효력이 생길까?

시행일은 크게는 2가지, 세부적으로는 4가지 방식으로 정해진다. 우선 공포일과 시행일을 동일하게 하는 경우이다. 두 번째는 공포일과 시행일이 다른 경우이다. 이 경우에는 다시 3가지 유형으로 나눠진다. 일정 기간 경과 후 시행, 특정한 날부터 시행, 특정한 사실의 발생과 연계하여 시행하는 경우이다. 그렇다면 법의 시간적 효력은 언제 소멸할까?

4. 법의 시간적 효력의 소멸

원칙적으로 법의 시행기간이 종료되면 법의 효력이 소멸한다. 법이 시간적으로 효력이 소멸하는 경우를 보통 '폐지'라고 부르며, 명시적으로 폐지되거나 묵시적으로 폐시되는 경우로 나눠볼 수 있다.

(1) 명시적 폐지

명시적으로 폐지되는 경우는 시행기간의 종료, 법의 목적 사항의 소멸, 법의 개정, 신법의 제정 등이다.

(2) 묵시적 폐지

묵시적 폐지는 법이 쓰이지 않아 실질적으로 폐지되는 경우를 말한다. 즉 동일한 사항에 대하여 동일한 형식을 가지는 신법과 구법이 공존할 때, 구법이 자연스럽게 신법에 의해 폐기되는 것을 말한다.

5. 법의 시간적 효력과 관련 원칙 및 쟁점

(1) 행위시법주의 원칙

법은 시행되는 동안 그 법에 적용을 받는 행위나 법률관계에 대해서만 적용하는 것이 원칙이다.

(2) 소급입법금지의 원칙

행위시법주의 원칙에 따르면 새로운 법으로 과거의 법이 적용되는 행위나 법률관계를 규율하는 것은 금지된다. 주로 형법이나 재산상 불이익, 참정권과 관련해서 이 원칙은 철저하게 지켜지는 편이다.

(3) 한시법의 추급효를 인정해야 하는가?

한시법은 법 제정 시에 효력의 종기를 정하여 특정 시기에 특정 사건에 대해 규율하면서, 언제부터 효력이 상실되는지를 명시해 놓는다. 예컨대 “이 법은 시행된 날로부터 1년이 경과한 날로부터 효력을 상실한다”와 같이 규정한다. 이 법이 거의 폐지가 된다는 생각에 한시법을 위반하는 사례가 급증하게 되는데, 이때 “법 폐지 이후에도 이 법의 효력을 계속 인정할 것인가?” 하는 ‘추급효’의 문제가 발생하게 된다. 판례는 이 경우에 한시법의 폐지가 법적 반성의 결과이면 추급효를 인정하지 않지만, 법이 목적으로 하는 취지의 상황이 변경된 바가 없는 경우에는 추급효를 인정한다.

(4) 신법의 소급효는 인정되는가?

신법의 소급효를 금지하는 경우는 범죄, 재산권 제한, 참정권 제한의 경우가 대표적이다. 이외의 경우 및 신법의 소급효과 법적 이익을 부과하는 경우라면 특별히 금지하지 않는다.

① 의미: 신법의 소급효 제한

법률불소급의 원칙은 새로 제정된 법률이 그 이전에 발생한 사실에 소급하여 적용되지 아니한다는 것을 말한다. 이 원칙은 법률생활의 안정과 기득권 존중의 요구로 인정되는 것이다. 특히 죄형법정주의를 기본으로 하는 형사법에서 법률의 소급효는 엄격히 금지된다. 그러나 법률불소급의 원칙은 절대적인 것은 아니다. 사회의 실정이나 국민의 정의 및 형평의 요구가 있을 때에는 소급효를 인정하는 예외도 있다.

② 법률불소급 원칙 내용: 사후법 제정금지, 기득권 존중의 원칙

이런 법률불소급의 원칙은 다음과 같은 2가지를 내용으로 한다.

첫째, 사후법 제정금지이다. 행위 시에는 범죄로 되지 않는 것이 사후에 제정된 법률에 의하여 범죄가 될 수 없다(죄형법정주의).

둘째, 기득권 존중의 원칙이다. 구법에 의하여 취득한 기득권은 신법의 시행으로 소급하여 박탈하지 못한다. 역사적으로 사유재산의 확립에 기여하였다.

(5) 새로운 법이 제정되거나 개정되었을 때 구법의 효력을 명시적으로 규정하는 경우

신법이 만들어졌을 때 구법이 즉시 폐지되지 않고 구법의 효력을 일정 기간 동안 유지시키는 경우가 있다. 이런 규정을 두고 있는 법을 '경과법'이라고 한다. 법령의 제정 및 개폐가 있었을 때, 구법 시행 시의 사항에는 구법을 그대로 적용하고, 신법 시행 후의 사항에 대해서는 신법을 적용하는 것이 원칙이지만, 구법 시행 시에 발생한 사항이 신법 시행 뒤에도 계속 진행되고 있다면 구법, 신법 중에 어느 것을 그 사항에 적용해야 하는지 문제가 된다. 이 점을 해결하기 위해서 등장한 것이 경과법이다.

03 장소적 효력

1. 장소적 효력의 의미

장소적 효력이란 우리의 법률이 자국의 영토 내의 모든 사람, 사물, 사건 등에 적용되는 속지주의를 말한다. 우리나라는 속지주의를 기본원칙으로 하고 속인주의, 보호주의 등을 가미하고 있다. 그 이유는 우리나라 영토를 기준으로만 했을 때 자국 국민에 대한 보호나 제재, 외국인이 우리나라의 법익을 침해했을 때 처벌하기 어렵기 때문이다.

2. 장소적 효력의 한계 및 확장

(1) 형법의 속지주의

첫째, 우리나라 형법은 범죄인의 국적 여하를 불문하고, 자국 영토 안에서 발생한 일체의 범죄에 적용된다. 법적으로 북한도 우리의 영토이면서 북한 주민은 우리 국민이지만, 실질적으로는 북한에는 효력이 미치지 못한다. 우리나라 영토 밖이지만 외국에 있는 자국의 선박과 항공기는 자국의 영토 연장으로 본다(기국주의). 또한 법률은 모든 영토에 적용되는 반면에 지자체가 제정한 조례와 규칙은 지자체에만 적용된다.

(2) 형법의 속인주의

형법에서는 범죄지역 불문하고 자국민의 범죄에 대해 우리나라 법을 적용한다(속인주의).

(3) 형법의 보호주의

범죄인의 국적, 범죄지 여하를 불문하고 자국 또는 자국민의 법익을 침해하는 범죄에 대해 우리나라 법을 적용한다(보호주의).

(4) 형법의 세계주의

반인류적 범죄에 대해 우리나라의 법이 적용된다(세계주의).

(5) 치외법권지역

치외법권 지역은 우리나라의 영토 내이지만 조약이나 협정에 의하여 우리나라 법 적용이 제한된다. 예컨대 '대한민국과 미국 사이의 상호방위조약 제4조에 의한 시설과 구역 및 대한민국에서의 합중국군대의 지위에 관한 협정'에 의해 미군부대에 우리나라 법 적용은 제한된다.

04 인적 효력

1. 인적 효력의 의미

인적 효력이란 법이 우리나라의 국민에게 적용되는 속인주의를 말한다.

2. 인적 효력의 한계 및 확장

(1) 대통령의 불소추특권

대통령은 내란 또는 외환의 죄를 범한 경우가 아니고는 재직 중 형사상의 소추를 받지 않는 불소추특권을 가진다(대통령의 불소추특권).

(2) 국회의원의 불체포특권

국회의원은 현행범인 경우를 제외하고는 회기 중에 국회의 동의 없이 체포 또는 구금되지 아니하며, 회기 전에 체포 또는 구금된 때에도 현행범이 아닌 한 국회의 요구가 있으면 회기 중에는 석방되는 특권이다(국회의원의 불체포특권).

(3) 특별법

공무원법, 근로기준법, 미성년자 보호법 등과 같은 특별법이다. 이 특별법은 모든 국민이 아니라 특정한 국민에게만 적용된다.

Chapter 05 법의 적용과 해석

I 법의 해석

법은 왜 해석이 필요할까?, 법은 어떻게 해석해야 할까? 사회를 조직하고 규율하는 여러 종류의 법들을 개괄적으로 살펴보았다. 이 법들이 현실에 적용되기 위해서는 법을 해석하는 과정이 필요하다. 법을 해석하는 방법과 헌법이나 민법을 해석하는 방법은 당연히 공통점도 있지만 다른 점도 있다. 여기서 다루는 법을 해석하는 방법이나 적용의 내용도 가장 추상적인 수준에서 법을 다루는 내용이다. 좀 더 구체적인 내용들은 개별법들을 학습하는 과정에서 다룰 내용이다.

01 법 해석의 의의

1. 법 해석의 필요성 : 추상적인 법적용을 위해 필요로 하는 행위

법은 추상적으로 표현되어 있다. 법을 사건에 적용하기 위해서는 법 해석이 필요하다. 사건은 매우 다양하거나 복잡하게 나타난다. 이런 사건들에 법을 적용하기 위해서는 법의 해석을 거쳐야 한다.

2. 법 해석의 의미 : 추상적인 법의 의미를 객관화시키는 행위

법의 해석이란 법을 해석하는 사람이 추상적인 법의 의미를 객관화시키는 행위를 말한다. 법은 언어로 표현되어 있고 그 언어에는 의도, 목적, 숨은 의미 등을 포함하고 있다. 이런 내용들을 파악하려는 법의 해석은 법에 내재된 이념과 정신을 객관화하는 데 있다. 따라서 법 해석은 객관적이면서 주관적인 양면적 성격을 띤다.

3. 법 해석의 목표(가능한 범위)

법은 원칙적으로 불특정 다수인에 대하여 동일한 구속력을 갖는 사회의 보편타당한 규범이므로 이를 해석함에 있어서는 법의 표준적 의미를 밝혀 객관적 타당성이 있도록 하여야 하고, 가급적 모든 사람이 수긍할 수 있는 일관성을 유지함으로써 법적 안정성이 손상되지 않도록 하여야 한다. 그리고 실정법이란 보편적이고 전형적인 사안을 염두에 두고 규정되기 마련이므로 사회현실에서 일어나는 다양한 사안에서 그 법을 적용함에 있어서는 구체적 사안에 맞는 가장 타당한 해결이 될 수 있도록, 즉 구체적 타당성을 가지도록 해석할 것도 요구된다(대법원 2009. 4. 23. 선고 2006다81035 판결). 따라서 법 해석의 가능한 범위 내지 목표는 어디까지나 법적 안정성을 저해하지 않는 범위 내에서 구체적 타당성을 찾는 것이라고 할 수 있다.

02 유권해석과 법 해석의 한계

1. 유권해석의 의미 및 유형

(1) 의미

유권해석이란 법을 해석 또는 적용하는 권한을 가진 기관이 행하는 공적인 구속력을 가진 법 해석을 말한다. 유권해석에는 의회가 하는 입법해석, 정부가 하는 행정해석, 법원이 하는 사법해석이 있다.

(2) 유형

① 입법해석
입법해석은 민법 제18조 "생활의 근거되는 곳을 주소로 한다"와 같이 입법 자체에 의한 해석을 말하는 것이다.

② 행정해석
행정해석은 행정관청에 의해 행하여지는 해석으로, 법의 집행을 위해 이루어진다.

③ 사법해석
사법해석은 재판이나 결정을 위해 법원이 행하는 법 해석이다.

2. 법 해석의 한계 및 통제

(1) 권력분립원칙에 따를 경우 법관은 입법자가 만든 법률을 토대로 법을 해석·적용해야 한다. 즉 법관은 사법해석을 할 때 입법해석의 문언 및 그 한계를 벗어나면 안 된다.

(2) 자의적인 법 해석에 대한 통제

의회, 정부, 법원이 자의적으로 해석을 할 경우 입헌주의와 법치주의, 헌법의 기본원리 등이 침해되는 위험이 발생한다. 자의적인 입법 해석은 헌법을 침해할 수 있고, 정부와 법원의 입법 해석은 헌법에 위반되는 법률 유보 행정이나 법률에 의한 재판을 통해 국민들의 기본권을 침해할 수 있기 때문이다.

03 법 해석 방법과 순서: 법 해석은 사안에 올바른 법적 결론을 찾아가는 과정이다.

1. 법 해석 방법의 다양성

다양한 학자들에 의해 다양한 해석 방법이 제시되었고, 또한 법학 분야마다 다양한 해석 방법들이 제시되었다. 이는 어떤 사안에 대해 올바른 법적 결론을 찾아가는 과정이 다양할 수 있다는 것을 보여준다. 문리(문언) 해석, 논리/체계적 해석, 역사적 해석, 목적론적 해석 등이 있다.

2. 법 해석 방법의 순서

올바른 법적 결론을 찾아가는 과정이 다양하다면 일반적인 법 해석 순서를 만드는 것은 어려운 일이다. 대체적으로 순서를 인정하는 입장과 순서를 부정하는 입장으로 나눌 수 있다. 일반적으로 문언 해석을 출발점으로 삼아야 한다는 것에 대해서는 대부분 동의하고 있다. 문언 해석 이후에 대한 순서는 현재 상황에서는 정할 수 없다. 사건마다 법의 해석 순서가 달라질 수 있기 때문이다.

04 이론적 해석(학리해석) 방법[17]

이론적 해석 (학리해석)	문리해석		
	논리해석	방법	체계적 해석, 역사적 해석, 목적론적 해석
		기법	확장해석, 축소해석, 반대해석, 유추해석, 물론해석

1. 이론적 해석의 의미 : 추론 ⇨ 문리해석과 논리해석

이론적 해석이란 법률의 의미를 논리적인 추론을 통해 파악하는 것을 말한다. 이론적 해석은 문리해석과 논리해석으로 구분할 수 있다. 문리해석은 법률의 문자나 문장이 의미하는 바에 따라 해석하는 것으로서 문언중심적 해석을 말한다. 논리해석은 법규의 문자나 문장의 문법적 의미에만 구애되지 않고, 법전 전체에 대한 유기적·논리적 연관성에 입각하여 법 제정의 목적, 입법자의 의사, 법 적용결과의 합리성(법질서 전체의 조화)을 고려하여 법문이 가지는 통일적 의미를 논리적 방법에 의하여 확정하는 해석방법이다.

2. 문리해석과 논리해석의 관계 : 논리해석은 문리해석의 한계를 보완하는 기능

문리해석만으로 해결될 수 있는 문제가 있는 반면 그렇지 않은 문제들도 많다. 이 경우 법의 문언적 해석을 뛰어넘는 논리해석을 필요로 하게 된다. 논리해석은 보통 주어진 법률의 조문을 고립된 명제로서가 아니라, 법질서 속의 유기적인 일부로 파악하고 종합적 견지에서 그것과 관계가 있는 다른 조문과의 관계와, 그 조문이 제정된 취지 등을 고려하면서 해석하는 것을 의미한다.

3. 논리해석의 방법

(1) 체계적 해석

체계적 해석이란 법체계 전반 또는 다른 법률과의 관계를 충분히 고려하여 법 규정의 조문구조 법률과 법질서의 모순을 방지하고 법률의 의미를 이해하고자 하는 해석 방법이다.

---

17) 정해성(2009). 법령해석 실무 및 법령해석 사례, p.23-46 / 위 표를 기준으로 하면 예전에는 기법이 논리적 해석이고, 체계적 해석, 목적론적 해석, 역사적 해석 등을 구별하였다. 하지만 현재에는 법실무적 관점에서 정리된 바에 따르면 위 표의 분류방식대로 기억하는 것이 타당하다. 예컨대 목적에 따라 확장 또는 축소하는 해석을 한다는 것이 논리적으로 적절하기 때문이다.

(2) 목적론적 해석

목적론적 해석은 법문의 의미를 있는 그대로 파악하고 나아가 법의 목적 의미 등을, 언어와 체계 역사 등 모든 측면에서 파악하는 해석 방법이다. 우리나라 대법원이 형사 사건을 포함한 재판에서 자주 사용하는 방법이다.

(3) 역사적(주관적) 해석

역사적 해석은 현재 법률의 문언적 의미에 구속되지 않고 입법 당시의 맥락에서 입법자의 입법의도를 추론하고, 이에 따라 해석하는 방법을 말한다.

4. 논리해석의 기법

논리해석은 법조문의 외연과 내포를 기준으로 이루어지는 것으로 확장해석, 축소해석, 유추해석, 물론해석, 보정해석 등이 있다.

(1) 확장(대)해석: 법 규정의 외연 확대

확장해석은 법규의 자구(字句)의 의미를 그 입법취지에 비추어 보통의 일반적인 의미보다 넓게 해석하는 논리해석의 하나로서 축소해석과 대비된다. 예컨대 '개나 고양이는 지하철을 탈 수 없음'을 모든 반려동물에 해당하는 내용으로 해석하는 것이다.

(2) 축소해석: 법 규정의 외연 축소

축소해석은 법률의 문언을 문리보다 좁게 엄격히 해석하는 일로 확장해석에 대립하는 말이며, 제한해석이라고도 한다. 예컨대 '동물들은 지하철을 탈 수 있음'을 작은 반려동물에 한정되는 것으로 해석하는 경우이다.

(3) 유추해석: 법 규정의 속성 비교

이처럼 법조문의 외연과는 달리 속성을 중심으로 해석하는 방법이 유추해석이다. 유추해석은 어떤 사항을 직접 규정한 법규가 없을 때에 그와 비슷한 사항을 규정한 법규를 적용하는 법의 해석 방법이다.

(4) 물론해석

물론해석은 해당 규정이 없더라도 비슷한 규정을 적용할 수 있게 법을 해석하는 방법으로 유추해석의 하나이다. 유추 또는 확장 해석하는 것이 상식상 자명하고 당연한 것으로 생각되는 경우를 말한다.

(5) 반대해석

① 의미: 누락된 것을 배제하는 묵시적인 원칙 확인

반대해석은 어떤 사항을 특히 명시적으로 규정하는 법규가 있을 때, 그 규정에 누락된 다른 유사한 사항에 관하여는 그 법규는 적용되지 않는다고 해석하는 방법이다. 일반적으로 반대해석은 명시적인 예외규정에서 묵시적인 원칙을 추출하는 조작이라고 할 수 있다.

② 유추해석과 비교
유추해석에 대응하는 개념이다. 예컨대 '승용차량 통행금지'라는 표지가 붙은 다리를 화물차가 통과하려고 할 때, 화물차량에 대한 규정이 없으므로 통과를 허용한다고 해석하는 것이 '반대해석'이고, 화물차도 승용차와 비슷하므로 통과할 수 없다고 하는 것이 '유추해석'이다.

Ⅱ 법의 적용

법을 적용하기 위해 어떤 과정이 필요한가? 법을 적용할 때 유의해야 할 점은 무엇인가?

01 법 적용의 의미 및 논리

1. 법 적용의 의미

법을 적용한다는 것은 법이 포함하고 있는 내용과 가치로 법적인 문제를 해결하는 것을 의미한다. 우리 사회가 지키고 실현해야 할 당위적 가치를 입법부에서는 법률로 만들고, 행정부에서는 이 법률을 집행하며, 사법부에서는 이 법률을 적용(anwenden)한다. 당연히 법 적용은 재판과정에서만 일어나는 일은 아니다. 다만 일반적으로 재판과정을 전제로 해서 소개하고 있을 뿐이다. 오늘날 법규가 적용된다는 것은 재판과정에서 더욱 명확하게 나타나기 때문이다.

2. 법 적용의 논리

(1) **이론적 논리**: 삼단논법, 대전제(법) – 소전제(법적 문제) – 결론(법을 문제에 적용한 결론)

재판과정을 살펴보면 적용될 추상적 법규를 대전제로 하고, 사회에서 일어나는 구체적 사건을 소전제로 하며, 거기에서 판결이라는 결론을 이끌어내는 '삼단논법(Syllogism)'의 형식을 밟아서 법이 적용된다.

(2) **현실적 법 적용의 과정**

사건이 발생하기 전부터 대전제인 법이 존재하였고, 그리고 사건이 발생하였고, 이 사건에 법을 적용한다는 것이 삼단논법이다. 그리고 재판의 최종 선고나 판결문을 보면 삼단논법이 현실과 거리가 있다는 평가는 적절하지 않다. 다만 직관적으로 재판이 이루어지는 과정을 보았을 때 사실이 확정된 후 그 사실에 적용될 법을 찾아 결론을 내리는 방식을 취하기 때문에 삼단논법과 현실적 법 적용의 과정이 다르다고 하는 경우가 있다. 하지만 이것은 본질을 이해하지 못한 주장이다. 어떤 사람을 조사하거나 수사하는 이유가 무엇인가? 법을 위반했다고 판단하기 때문이다. 그렇다면 삼단논법에서 법이 먼저 있다는 것이 문제될 필요는 없는 것이다.

02 사실의 확정

1. 사실 확정의 의의

사실의 확정은 법을 적용할 만한 사실인지 여부를 확정하는 것이다. 사실의 확정은 법이 적용될 수 있는 것인지 여부를 판단하는 것이다. 법규를 적용하려면 먼저 소전제가 되는 사실을 확정해야 한다. 사실의 확정은 사실관계를 규명하여 객관적 진실을 발견하는 것이다. 예컨대 사실의 확정은 피고의 범죄사실을 확정하는 것이기도 하지만 피고의 행위가 범죄가 아니라는 것을 확정하는 일이기도 한다.

2. 사실 확정의 방법: 증거, 추정, 간주

사실을 확정하는 원칙은 증거를 통한 입증이 대표적이다. 그런데 입증을 하기 어려운 경우들도 있다. 이 문제를 해결하기 위한 방안이 사실의 추정 및 간주이다.

(1) 증거

① 의미

사실의 확정은 증거(Beweis)에 따른다. 재판에서 사실의 존부에 관하여 확신을 얻게 하는 자료가 증거이며, 증거는 재판관의 사실인정의 객관성을 담보한다.

② 증거재판주의

증거와 관련되는 재판원칙이 증거재판주의이다. 증거재판주의란 증거를 사실 확정의 핵심적 근거로 삼아 유무죄를 판단하는 것이다. 그렇다면 "누가 증거로 증명해야 할 책임을 가지는가?"라는 질문이 생긴다. 이 질문은 결국 누가 입증책임을 부담하는지에 관한 것이다.

③ 입증책임

입증책임 혹은 거증책임이라고 한다. 입증책임은 법원이 판결을 내릴 때 어느 일방 당사자에게 불리하게 판단하여 할 수밖에 없다는 가정을 전제로 어느 당사자가 입게 되는 위험 또는 불이익을 말한다. 간단히 말하면 입증책임이라는 것은 입증 실패로 인한 불이익을 의미한다. 예컨대 일반적으로 민사소송에서는 원고가 입증책임을 지고, 형사소송에서는 검사가 입증책임을 진다.

④ 입증책임에 따른 책임의 유형: 과실책임, 중간책임, 무과실책임

민법은 불법행위와 관련해서 고의 및 과실의 입증은 피해자, 즉 원고가 해야 하며 실패할 경우에는 불이익을 입게 된다. 이것을 과실책임이라고 한다. 그런데 민법의 특수불법행위의 경우에는 이런 입증책임을 피해자의 상대방 측에 전환시키는 경우가 있다. 이 경우는 중간책임이라고 한다. 마지막으로는 어느 쪽도 고의 및 과실을 입증할 것을 요하지 않는 경우가 있다. 이 경우가 바로 무과실책임이다.

⑵ 추정 : 반증 허용

추정은 반증에 의하여 번복 가능한 사실을 사실로 인정하는 것을 말한다. 명확하지 않은 사실을 일단 있는 것으로 정하여 법률효과를 발생시키고, 반증이 나올 경우 추정된 사실은 탄핵이 되는 방식을 말한다.

⑶ 간주(의제) : 반증만으로 간주된 사실을 번복할 수 없음

간주(의제)는 절차에 따라 반증의 여지를 두지 않고 어떤 사실을 사실로 확정하는 경우를 말한다. 예컨대 민법 제28조에서 "실종선고를 받은 자는 실종기간이 만료한 때 사망한 것으로 본다"고 규정한 것이 한 예인데, 그것은 실종자의 법률관계에 결말을 지어주기 위하여, 즉 실종선고를 사망으로 간주하여 혼인의 해소, 상속 개시 등의 효과를 생기게 하는 것이다. 간주의 경우에는 반증으로 간주된 사실을 번복할 수 없다. 간주를 취소하는 법적 절차에 따라 취소된다.

추정과 간주 비교

	추정	간주
법률적 표현	~한 것으로 추정한다.	~한 것으로 본다.
번복 여부	반증에 의하여 번복 가능	반증으로는 번복이 불가능하고, 법원의 결정을 통해 번복 가능
사례	• 인정사망 · 동시사망의 추정, 친생자 추정, 살인의 고의 추정, 등기 사실 추정, 자주 · 선의 · 평온 · 공연 · 계속 점유 추정, 점유는 권리 추정(동산), 공유자 지분 추정	• 실종선고 • 패소한 경우 악의의 점유자로 본다. • 점유개정(민법 제188조) • 목적물반환청구권의 양도(민법 제190조)

03 법 적용 시 유의해야 하는 원칙

1. 상위법 우선의 원칙 : 법 위계의 문제

상위법 우선의 원칙이란 모든 법률은 헌법을 정점으로 하나의 단계적 구조를 이루고 있으므로 둘 이상 종류의 법률이 그 내용에 있어서 상호 모순 · 저촉하는 경우에는 상위법률이 하위법률에 우선한다는 것을 의미한다. 예컨대 헌법은 법률에, 법률은 시행령에 우선하여 적용된다. 노동관계법령에 위반하는 단체협약과 취업규칙, 또 단체협약이나 취업규칙에 위반하는 근로계약 및 사용자의 업무명령 역시 그 효력을 발생할 수 없다. 또한 단체협약에 위반하는 취업규칙, 근로계약의 부분은 무효가 되어 그 부분에 대해서는 단체협약이 적용된다. 나아가서 사용자의 업무명령은 단체협약 취업규칙 및 근로계약에 저촉되어서는 아니 된다.

2. 신법 우선의 원칙: 동위의 법들 상호 간의 문제

신법 우선의 원칙이란 형식적 효력을 동등하게 가지는 동일한 종류의 법률 사이에 법률내용이 상호 모순·저촉하는 경우에는 시간적으로 나중에 제정된 것이 먼저 제정된 것보다 우선하는 효력을 가진다는 의미이다. 예컨대 적용범위가 같은 2개의 단체협약이 있는 경우 후에 성립된 단체협약이 먼저 적용된다.

3. 특별법 우선의 원칙: 동위의 법들 상호 간의 문제, 신법 적용 제한

특별법 우선의 원칙이란 동등한 법률 사이에 일반법과 특별법의 관계가 성립할 경우 특별법이 일반법에 우선한다는 원칙을 말한다. 이 경우에는 신법 우선의 원칙을 적용할 수 없다. 특별법은 특수한 사항이나 특정한 사람에게 적용되는 법을 말하는 것인데, 이에 대비되는 개념이 일반법이다. 일반법은 그 법의 적용 영역에 있어서 모든 사항과 사람에게 적용되어 영향을 미치는 반면, 특별법은 일반법에 비하여 적용 영역이 한정되어 있는 법이다. 특별법은 일반법에 비하여 우선적으로 적용되는 법이다. 특별법의 입법 목적이 특수한 사항을 규율하는 데 있으므로, 특수한 사정이 발생하였을 때에는 특별법이 우선적으로 적용되어야 한다. 예컨대 상법이나 주택임대차보호법 등은 민법에 대한 특별법이고, 군형법, 국가보안법, 특정범죄가중처벌에 관한 법률은 형법에 대한 특별법이다.

4. 법률불소급의 원칙: 동위의 법들 상호 간의 문제, 신법 적용 제한

(1) 의미: 행위시법주의 원칙, 재판시법주의 예외

법률불소급의 원칙이란 기본적으로 법률의 적용은 행위 당시의 법률을 적용해야 한다는 원칙이다. 즉 행위 시에 존재하지 않던 법률을 사후에 제정하거나 개정하여 법 제정 이전의 행위에 적용해서는 안 된다는 원칙이다. 형법 제1조 제1항도 "범죄의 성립과 처벌은 행위시 법률에 의한다"라고 규정하여 법률불소급의 원칙을 채택하고 있다. 다만 행위 시와 재판 시에 법률이 국민에게 유리하게 변경된 경우에는 신법 우선의 원칙에 따라 재판시 법률이 적용되고 불소급원칙은 배제된다.

(2) 법률불소급의 원칙이 적용되는 경우

헌법에서는 신체의 자유와 참정권에 대해서 소급박탈을 금지하고 있다. 그리고 신체의 자유와 밀접한 관련이 있는 형법과 같은 제재조항을 가진 법에서는 법률불소급의 원칙이 강조되고 있다.

(3) 소급입법이 허용되는 경우(헌법재판소의 입장)

① 주로 법적 안정성의 이익이 별로 없는 경우와 바뀐 법의 적용이 범죄자에게 더 유리한 경우에 법률불소급의 원칙을 적용하지 않는 경우가 있다. 예를 들면 민법의 경우에는 원칙적으로 소급효를 인정하면서 예외적으로 소급효를 제한하고 있다.

② 헌법재판소의 결정사례

기존의 법에 의하여 형성되어 이미 굳어진 개인의 법적 지위를 사후 입법을 통하여 박탈하는 것 등을 내용으로 하는 진정소급입법은 개인의 신뢰보호와 법적 안정성을 내용으로 하는 법치국가원리에 의하여 특단의 사정이 없는 한 헌법적으로 허용되지 아니하는 것이 원칙이고, 다만 일반적으로 과거의 상황에서 국민이 소급입법을 예상할 수 있었거나, 법적 상태가 불확실하고 혼란스러워 보호할 만한 신뢰이익이 적은 경우와 소급입법에 의한 당사자의 손실이 없거나 아주 경미한 경우, 그리고 신뢰보호의 요청에 우선하는 심히 중대한 공익상의 사유가 소급입법을 정당화하는 경우 등에는 예외적으로 진정소급입법이 허용된다.

Chapter

06 법률관계

I 법률관계 개관: 법이 규율하는 사회적 관계

법을 이해한다는 것은 법률관계를 이해한다는 말이라고 해도 과언이 아니다. 각론에 들어가기 전 법률관계를 살펴보는 것은 총론을 정리하고 총론과 각론을 매개하는 내용을 정리한다는 점에서 의의가 있다. 내용을 살펴보기 전 한 가지만 기억하자. "법은 각 법이 담당하는 법률관계가 있다."

01 법치주의와 법률관계

법치주의는 헌법의 기본원리의 핵심적 원리 중 하나이다. 법치주의는 국민이 위임한 통치권, 즉 주권을 의회, 정부, 법원에 위임한다는 권력분립을 전제로 한다. 권력분립을 전제로 의회가 만든 법, 이 법에 따른 행정과 재판에 의해 사회적 관계를 규율한다. 그리고 국민들이 자신들의 주권을 위임한 입법권(한), 집행권(한), 사법권(한)을 법치주의로 통제한다. 따라서 법치주의가 개입하는 법률적 관계는 사회적 관계, 국가와 국민의 공적 관계, 통치권 내부 및 상호 간 법적 관계이다. 법치주의는 이 모든 법률관계에 적극적으로 개입하는 것은 아니다. 예컨대 국가와 국민의 공적관계 및 통치권 관련 관계를 다루는 행정법이나 국가의 형벌권 행사를 다루는 형법은 법치주의가 적극적으로 개입을 한다. 하지만 개인과 개인의 권리 변동과 관련되는 민법의 영역에 법치주의는 사적자치가 실현되지 못할 경우에 보충적으로 개입할 수 있도록 되어 있다.

02 법률관계: 권리 대 의무, 권한 대 의무

1. 법률관계의 의미: 사회적 관계 중 하나

법률관계는 법이 규율하는 생활관계를 의미한다. 그 내용은 권리와 의무를 정하고, 권리행사와 의무이행의 내용과 실현을 강제하는 것이다. 예컨대 공권과 공의무, 사권과 사의무, 권한과 의무 등을 내용으로 하는 것이 법률관계이다. 민법의 경우는 사법이고, 채권이나 물권은 사권에 속한다. 그리고 채무는 사의무에 속하는 것이다.

2. 권리와 의무 또는 권한과 의무

권리는 법이 부여하는 법률상의 힘이며, 의무는 법이 정해놓은 법률관계에서의 구속을 의미한다. 이것은 추상적인 법이라는 용어를 기준으로 하는 설명이다. 따라서 개별적인 법의 관점에서 권리와 의무를 나누고 설명하게 되면 구체적인 모습으로 나타난다. 예컨대 공법을 중심으로 나누면 공권과 공법상의 의무, 사법을 기준으로 나누면 사권과 사법상의 의무, 그리고 사회권을 기준으로 나누면 사회권과 사회법상의 의무로 나누게 된다.

3. 법률관계의 발생원인

법률관계의 발생원인이 법률요건이며, 법률요건이 될 수 있는 것 전부를 포괄하는 법률 용어가 법률사실이다.

(1) 법률적 상호작용 : 법률행위, 위법행위, 불법행위

인간의 사회적 관계는 사회적 행위에 의해서 이루어진다. 이런 사회적 행위는 어떤 목적을 가지고 이루어지는 행위이다. 이런 점은 법률관계도 마찬가지이다. 법률관계는 일종의 법률적 행위의 상호작용에 의해서 이루어진다. 이런 법률적 상호작용의 대표적인 법률적 행위가 계약관계를 성립시키는 청약[18)]과 승낙[19)]이다. 국가와 국민의 상호작용은 크게 2가지로 나눠진다. 하나는 대등한 관계에서의 상호작용이다. 이는 일반 개인 대 개인의 상호작용과 다르지 않다. 나머지는 국민에게 위임을 받아 제정된 법률에 따라 집행할 권한을 가진 것으로 간주하고 명령적으로 이루어지는 명령적 행위이다. 이 중 대표적인 것이 행정행위이다.

이런 법률적 상호작용에서 중요한 것은 법률적 행위를 할 수 있는 능력이나 자격이 있어야 한다는 것이다. 인간은 의사능력이 있어야 하고, 국가는 자격이 있어야 한다. 세금을 거두는 행위는 국가만 할 수 있다. 그런데 건달들이 세금을 거둔다? 있을 수 없는 일이다. 건달들에게는 자격이 없기 때문이다.

(2) 사건이나 사실, 법률규정 : 사망, 유실물 습득

사건이나 사실이 발생한 이후의 상황을 정리하기 위해 법률관계를 법률이 인정해 주는 경우가 있다. 예컨대 아버지가 돌아가신 경우에 사망이라는 사건이 발생했다. 이 사건 이후의 상황을 법률이 정리해준다. 그것이 바로 상속권을 인정하는 것이다. 내가 물건을 하나 습득했다. 습득한 물건을 주웠다는 사실에 대해 법률이 법률관계를 정리해준다.

법률요건은 법률행위, 사건, 법률규정 등이 된다. 이런 측면에서 법률관계는 법률요건으로 발생하는 법률효과이다.

18) 청약 : 청약자가 피청약자와 일정한 조건으로 계약을 체결하고 싶다는 의사표시
19) 승낙 : 청약의 상대편이 계약을 성립시키기 위하여 청약자에 대하여 하는 의사표시

4. 법률관계의 주체

법률관계의 주체는 권리와 의무의 주체를 말한다. 이 주체로는 국민, 국가 등을 포함한 법인이다. 이 주체들은 권리와 의무의 주체가 될 수 있는 자격이 있어야 한다. 이런 자격을 일반적으로 권리능력[20]이라고 한다. 권리능력이 없으면 의무의 주체도 될 수가 없다.

이런 권리능력이 구체적으로 법률적 행위를 하려면 이성적 판단을 할 수 있는 의사능력이 있어야 한다. 이 능력을 우리는 행위능력[21]이라고 부른다.

II 법률관계 유형

01 국민과 국가의 법률관계: [권리 → 권한] 대 의무, 법치주의가 원칙

1. 일반권력관계: 권한 대 의무

국민은 사회계약을 통해 국가를 만들고, 다시 대표를 선출하여 통치권을 만든다. 이 통치권은 국민이 가진 주권을 위임받아 다시 국민과 사회를 통치하게 된다. 이 관계가 국민과 국가 사이에 만들어지는 일반권력관계이다. 이 일반권력관계를 규율하는 원리는 당연히 법치주의이다. 이런 일반적 권력관계를 규정하고 있는 법이 헌법, 행정법, 형법 등이다.

2. 헌법적 관계: 기본권 대 국가의 의무, 통치권 대 국민의 의무

헌법적 관계는 기본권과 통치권의 관계가 핵심이다. 기본권은 권리이며, 통치권은 권한이다. 따라서 기본권은 통치권을 기속하고 기본권 보호를 요청할 수 있다. 따라서 통치권은 오직 공적인 법에 따라 국민의 권리를 제한하고 의무를 부과할 뿐이다. 이런 행사의 목적은 오직 공공선을 위한 것이어야 한다. 만약 법을 무시하거나 자의적인 통치권을 행사한다면 당연히 국민에게 보상을 해줘야 하고 심각한 경우에는 저항권의 대상이 된다. 이런 관계의 시작은 헌법을 만드는 행위에서 시작되었고 그 결과는 기본권과 통치권의 관계이다. 이 관계는 국민의 지위와 역할, 통치권의 지위와 역할을 그 내용으로 한다.

3. 행정법적 관계: 공권 대 공의무, 권한 대 공의무, 권리 대 의무

행정법적 관계는 국민들로부터 권한을 위임받은 통치권이 국민들을 동원하고 서비스를 제공하는 관계를 말한다. 이런 관계의 시작은 행정행위라는 법률행위로 시작되며 그 결과는 역시 지배와 복종의 관계다. 만약 국민이 자발적으로 복종하거나 따르지 않을 경우 행정부는 강제적인 조치를 취할 수 있다.

---

20) 권리능력은 권리와 의무의 주체가 될 수 있는 능력을 말한다. 기본권의 경우에는 기본권 보유능력이 된다.
21) 기본권을 행사할 수 있는 경우에는 기본권 행사능력이라고 부른다.

4. 형법적 관계: 형벌권 대 자유권

형법적 관계는 국민의 범죄행위와 국가 형벌권의 관계이다. 국민들은 국가에 권리를 보호해달라고 권한을 위임했다. 이 권한에 따라 다른 이의 권리를 침해하는 사람의 권리는 형벌권으로 제한할 수 있게 된다.

02 국민 대 국민의 법률관계: 계약 및 자치적 관계, 사적자치의 원칙

1. 계약을 통한 사적자치의 구성

사회에 존재하는 모든 개인은 자유롭고 평등한 존재들이다. 하지만 이들이 다른 이와 약속을 하게 되면 역시 지배와 복종, 즉 권리와 의무의 관계가 생겨난다. 다만 이것은 스스로의 판단에 의해서 이루어졌다는 점이 봉건제나 신분제 사회와 다르다.

2. 민법상 법률관계: 개인 대 개인

사법(私法)의 대표적인 것이 민법이고, 민법이 규율하는 법률관계가 민법상 법률관계이다. 이 법률관계도 앞에서 살펴보았던 법률행위에 의해서 이루어지는 것이다. 이 법률행위는 주로 재산, 가족, 상속과 같은 사적 영역을 형성하기 위한 행위들이다. 이 행위들을 통해서 법률관계가 생기고, 이 법률관계는 권리와 의무를 그 내용으로 한다.

만약 이런 법률관계가 아무런 문제가 없으면 국가나 법은 개입하지 않는다. 하지만 갈등이 생기고 분쟁하는 순간 법은 개입해서 문제를 해결하게 된다.

3. 사회법상 법률관계: 사적 영역에 국가가 개입

살펴본 바와 같이 개인과 개인의 관계에서도 지배와 복종의 권력관계는 생긴다. 다만 정도의 문제이다. 그 정도가 심각해서 국가가 개입해야만 자유와 평등을 보장해줄 수 있는 경우가 있다. 예컨대 사용자와 노동자, 대기업과 소비자, 대기업과 중소기업과의 관계 등이다. 이런 법률관계 역시 스스로의 판단에 따라 자발적으로 한 것이다. 하지만 불평등의 정도가 심각해지는 부분이다. 그 결과 이런 법률관계에서는 국가가 개입하여 자의적으로 노동자나 중소기업을 지배하지 못하도록 한다. 이것이 사회법상 법률관계이다.

우리가 알고 있는 법 중에 최고의 법은 헌법이다. 따라서 헌법을 먼저 살펴보고, 사회과 교사의 양성안에 따른 구분인 공법 · 사법 · 사회법의 구분에 따라 살펴본 후 마지막으로 국제법 영역을 살펴보고자 한다.

법학

예비사회교사를 위한

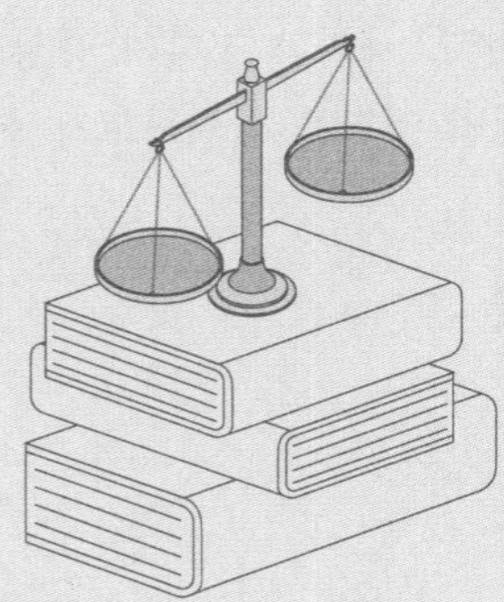

Part 02

헌법

헌법은 한 정치공동체의 운영과 생활관계를 규율하는 최고의 법이자 근본법이다. 이런 헌법이 추구하는 가장 궁극적 이념은 '인간의 존엄성 실현'이다. 헌법은 한 정치공동체에서 인간의 이상을 실현하기 위하여 국민과 통치권의 관계, 통치권 상호 간의 관계를 규율하는 법이다. 따라서 헌법에서 핵심적인 법률관계는 국민과 통치권의 관계, 통치권의 역할과 상호관계이다. 이와 같은 내용이 우리 헌법에 어떻게 명시되어 있는지는 다음 표와 같다.

⊙ 대한민국 헌법

헌법 전문		
제1장 총강 (제1조~제9조)	국민주권, 민주공화국, 영토, 통일, 국제평화질서, 국제법존중, 문화국가, 정당	
제2장 국민의 권리와 의무 (제10조~제39조)	제10조	헌법의 이념 조항, 인간의 존엄성, 행복추구권, 인격권 보장
	제11조	평등권, 평등원칙
	제12조~제25조 (자유권)	신체의 자유, 사생활의 자유, 정신적 자유, 경제적 자유
	제26조~제30조 (청구권)	청원권, 재판청구권, 형사보상, 손해배상, 손실보상, 구조청구
	제31조~제36조 (사회적 기본권)	인간다운 생활, 교육, 노동, 환경보전, 모성보호, 건강권
	제37조 (기본권 존중 및 제한)	규정되지 않은 기본권, 기본권 제한 법리
	제38조~제39조 (납세, 국방 의무)	납세, 국방(교육, 환경, 근로)
제3장 국회	제40조~제65조	국회권한, 국회운영, 국회의원
제4장 정부	제66조~제100조	대통령 권한 및 임기, 행정부, 국무회의, 감사원, 대통령 자문기구
제5장 법원	제101조~제110조	법원의 독립, 법원의 조직, 법원의 권한
제6장 헌법재판소	제111조~제113조	헌법재판소 권한
제7장 선거관리	제114조~제116조	선거관리 구성, 임기 및 역할
제8장 지방자치	제117조~제118조	지방자치 운영, 구성, 권한
제9장 경제	제119조~제127조	사회적 시장경제질서
제10장 헌법개정	제128조~제130조	헌법개정절차

Chapter 01

헌법총론

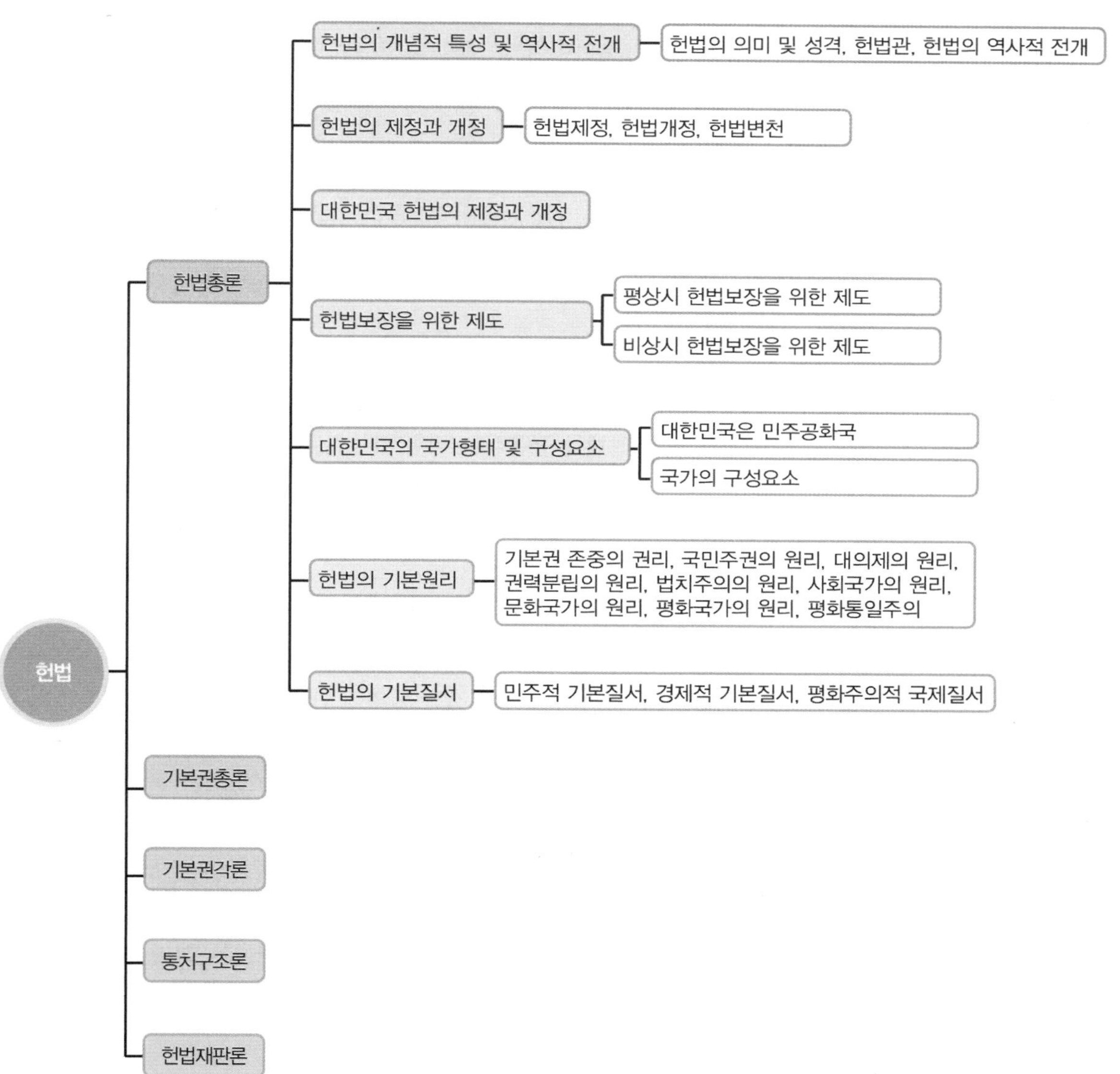

I 헌법의 개념적 특성 및 역사적 전개

헌법은 어떤 가치나 원리를 가장 핵심으로 하는가? 헌법은 어떤 법률관계를 규율하는가?

01 헌법의 의미 및 성격: 정치성과 규범성을 지닌 규범

1. 헌법의 의미: 기본권 보장 및 기본권과 통치권의 관계를 규정하고 있는 법

헌법은 국가적 공동체의 존재 형태와 기본적 가치질서에 관한 국민적 합의를 법규범적인 논리체계로 정립한 것으로, 국민의 기본권 보장과 통치원리 및 통치작용을 규정하고 있는 국가의 최고법이며 기본법이다. 그런데 헌법은 단순한 규범이 아니다. 헌법에는 현실과 당위, 즉 규범성과 역사성, 현실성 등을 반영하고 있다. 이런 헌법의 성격은 헌법관을 통해서 이해할 수 있다.

2. 헌법관: 헌법의 본질에 대한 시각

(1) 법실증주의: 국가가 만들어 낸 경험 가능한 산물이 법이다.

법실증주의는 국가라는 법인체가 그 법인 전체를 규율하는 경험 가능한 법을 헌법으로 본다. 따라서 기본권 역시 국가에 우선하는 권리가 아니라 하나의 법적 지위로 본다. 법실증주의는 정치적 역동성보다는 국가가 구체적으로 만들어 낸 산물을 헌법으로 본다는 점에서 정태적인 관점이다.

(2) 결단주의: 정치적 결단의 산물이 헌법이다.

결단주의는 헌법을 정치적 결단의 산물로 본다는 점에서 동태적인 관점이다. 예를 들어 사회계약을 통해 국가라는 것을 만들어 내듯이 헌법이란 정치적 주체의 결단에 의해 만들어진 것이다. 그리고 이 결단은 자유라는 헌법적 가치를 핵심적인 내용으로 한다. 헌법을 정치적 결과물로 보는 나머지 헌법이 제정되는 형식이나 절차에 대해서는 강조하지 않는다.

(3) 통합주의: 정치공동체 구성원들의 지속적인 합의의 결과물이 헌법이다.

통합주의는 정치적 결단이나 국가가 구체적으로 만들어 낸 것 그 자체를 헌법으로 보지 않는다. 통합주의는 정치공동체 구성원들이 자신들의 의견을 제시하고 그 의견을 통합해 나가는 과정을 국가로 보고 그 과정에서 변화하고 형성되어 가는 가치를 헌법으로 보는 입장이다. 헌법은 개방적이고 유동적인 성격을 지닌다.

3. 헌법의 성격: 정치성과 규범성

위 헌법관을 살펴보면 법실증주의는 규범성이 강조되고 있지만, 결단주의나 통합주의는 정치성이 부각되고 있다. 이 중 통합주의의 경우는 정치성과 더불어 규범성을 강조하고 있지만 정태적이기보다 동태성을 강조하고 있다. 따라서 헌법의 기본 성격은 동태성과 관련되는 정치성과 정태성과 관련되는 규범성으로 나눌 수 있다. 단순하게 정치성과 규범성으로 헌법의 성격은 각각의 내용으로 더 분류할 수 있다. 헌법은 정치적인 결과를 규범으로 정한 것이다. 이런 점에서 헌법은 정치적인 성격(Sein)과 규범적인 성격(Sollen)을 모두 가진다. 헌법에는 현실과 현실이 가야하는 상황을 제시하고 있다. 예컨대 우리 헌법에는 분단 현실이 제시되어 있다.[22] 하지만 이와 더불어 분단을 평화적으로 극복해야 한다는 당위적 조항을 명시하고 있다. 그래서 헌법은 이념성을 가지기도 한다. 이념성 때문에 헌법은 추상적이기도 하다. 그래서 헌법해석이 필요하다. 헌법해석은 헌법이 변화하는 정치적 공동체의 상황과 맥락에 영향을 주는 생활규범성을 지속할 수 있도록 한다. 그 이유는 헌법이 그만큼 유동적으로 적용할 만큼 여백이 많다는 의미이기도 하다. 사람들은 헌법을 근거로 자신의 권리를 주장하고, 헌법이 제시하고 있는 질서를 지킨다. 예컨대 노동 3권은 노동 현장에서 현실적으로 실현되고 있는 권리이다. 이와 같은 헌법의 성격을 정리하면 현실성과 규범성으로 크게 분류할 수 있다.

이와 같은 헌법의 성격을 고려할 때 헌법의 역사적인 측면을 간과할 수 없다. 헌법의 역사성 속에 어떤 상황에서 헌법이 어떤 가치와 질서를 추구했는지를 알 수 있기 때문이다. 따라서 헌법의 역사적 흐름이 어떻게 전개되었는지 살펴본다.

02 헌법의 역사적 전개

시민혁명 이후에 혁명을 주도했던 시민들은 '인간의 존엄성, 자유, 평등, 행복추구' 등을 헌법에 명시하고 통치하는 입헌주의를 선호하였다. 그 결과 18세기부터 19세기의 헌법적 경향이 근대입헌주의 헌법이었다. 하지만 20세기에 접어들면서 형식적 민주주의 및 법치주의의 폐단, 자본주의로 인한 사회문제, 인종학살, 세계대전 등의 영향으로 현대복지국가 헌법의 동향이 전개되었다.

1. 근대입헌주의 헌법

(1) 의미 및 특징: 기본권 보장과 권력분립을 핵심적 내용으로 하는 헌법

근대 입헌주의적 헌법[23]은 부르주아혁명을 통하여 등장하였다. 이 근대 입헌주의적 헌법은 국가조직에 관하여는 권력분립 그리고 기본권에 관하여는 자유와 재산 보장을 핵심으로 한다. 예컨대 1776년의 미국버지니아 헌법을 비롯하여 1787년의 미국연방헌법, 1791년의 프랑스헌법 등이 대표적인 근대입헌주의 헌법이다. 이와 같은 근대입헌주의 헌법이 필수적으로 명시해야 하는 내용은 기본권 보장과 권력분립이다. 이 2가지 영역의 내용이 명시되지 않은 경우는 사이비 근대입헌주의 헌법으로 취급했다.

---

22) 제4조 대한민국은 통일을 지향하며, 자유민주적 기본질서에 입각한 평화적 통일 정책을 수립하고 이를 추진한다.
23) 입헌주의 헌법은 시민혁명에 성공한 진정한 의미의 입헌주의 헌법과 시민혁명이 없었거나 실패한 국가의 외견적 입헌주의 헌법으로 분류할 수 있다.

(2) 근대입헌주의 헌법의 기본원리

근대 입헌주의적 헌법의 기본원리로는 기본권보장주의, 국민주권주의, 대의제, 권력분립주의, 법치주의, 성문헌법주의 등을 들 수 있다.

2. 현대복지국가의 헌법

(1) 등장배경

① 형식적 민주주의 및 법치주의에 대한 반성

근대입헌주의 헌법은 이런 기본원리의 실질적 내용보다는 형식적 절차와 제도를 강조하는 쪽으로 전개되었다. 그 이유는 시민의 자유를 극대화하기 위해서였다. 형식적 국민주권의 논리가 지배하면서 제한 선거와 차등선거가 실시되었고, 재산이나 사회적 지위가 없는 경우 대표가 될 수 없었다. 특정 계급들이 대표가 되었고, 이들은 법을 만들어 법의 이름으로 사회를 통치하였다. 그 결과는 정치적 불평등과 경제적 불평등을 초래하였다. 우선 정치적 불평등은 보통선거제의 실시와 대중이 주권을 행사할 수 있는 실질적 국민주권이 강조되기 시작하였다. 실정법 사상에 근거를 두었던 형식적 법치주의는 법치주의의 이름으로 인간의 존엄성과 같은 헌법적 가치가 훼손하는 문제를 야기하였다.

② 경제적 자유주의의 폐단에 대한 성찰

근대시민사회에서 시민들은 경제적 자유를 절대적으로 보장받고, 국가는 이 자유를 보호하는 최소국가의 역할을 담당하였다. 즉, 정치와 경제를 분리시키고, 정치는 국가의 영역으로, 경제는 시민의 영역으로 분리시켰다. 그 결과 사적자치에 기한 자유방임과 형식적 평등에 기초한 자본주의 경제질서가 발달하게 되었고, 자유방임을 전제로 한 자본주의는 빈부격차 심화, 경제공황과 실업, 제국주의 전쟁 등과 같은 사회적 모순과 갈등들을 초래하였다.

③ 사회복지국가(적극국가)의 필요성 증가

경제적 불평등을 해결하기 위해서 현대국가는 소극국가의 역할만 담당할 수 없게 되었다. 이 같은 상황을 반영한 현대국가의 헌법은 재산권에 대한 제약과 공공성을 강화하고, 경제에 대한 규제와 조정 등을 통해 사회적 약자의 실질적인 자유와 평등을 보장하는 이념을 지향하는 성격을 지니게 되었다.

④ 전쟁에 대한 성찰

정치적・경제적 불평등, 형식적 민주주의 및 법치주의, 그리고 세계대전의 경험은 자연법 사상의 부활을 가져왔다.

⑵ **현대복지국가헌법의 특징**: 자연법 사상의 부활, 공공복리 강조

위와 같은 문제들로 인해 근대입헌주의 헌법의 기본원리들은 자연법 사상 및 실질적인 의미를 모색하고 시대적 상황에 맞는 원리들을 반영하여 변화되었다. 간단히 말하면 근대입헌주의 헌법의 기본원리들이 가져야 하는 도덕성을 모색하고 반영한 것이 현대 복지국가 헌법이었다. 현대 복지국가적 의미의 헌법은 근대적·입헌주의적 의미의 헌법을 진일보시켜 국민의 인간다운 생활을 보장하는 헌법을 말한다. 1919년의 독일 바이마르 헌법이 그 최초의 형태이다. 현대복지국가의 헌법은 자본주의의 모순 극복과 함께 인권의 의미가 재부각된 헌법이다.

⑶ **현대복지국가헌법의 원리**: 기본권과 관련해서 형식과 더불어 내용 강조, 헌법 정신 부활

근대적·입헌주의적 의미의 헌법이 형식적 평등과 재산권의 절대성을 강조한 데에 대하여, 현대적·복지주의적 의미의 헌법은 실질적 평등과 재산권의 상대성을 강조하고 있으며, 실질적 법치주의와 기본권 보장 및 사회정의 실현, 권력행사의 통제와 조정, 사회적 시장경제주의, 행정국가적 경향, 국제평화주의, 헌법재판 등을 기본원리로 한다.

⊙ 근대입헌주의 헌법 및 현대사회국가(복지국가) 헌법의 특징

근대입헌주의 헌법	현대사회국가헌법
국민주권주의	국민주권주의의 실질화
기본권 보장	인권 및 자연권 사상 부활, 사회적 기본권의 헌법적 수용
대의제 원리, 자유위임	실질적 민주주의, 기속위임
권력분립의 원리	행정국가화·계획국가화 경향, 권력분립론의 위기 초래, 사회적 시장경제질서의 채택
법치주의(형식적 법치주의)	실질적 법치주의, 헌법재판제도의 확대·강화
성문헌법 및 경성헌법	국제평화주의 강조

이상에서 살펴본 것은 근대와 현대의 헌법적 경향에 대한 것이다. 지금부터는 구체적인 헌법이 어떻게 만들어지고 개정되는지에 대해 살펴보도록 한다.

Ⅱ 헌법의 제정 및 개정 그리고 헌법의 보호

헌법은 누가 만드는가? 헌법은 왜 바꿔야 하는가? 헌법은 누가 보호해야 하는가?

01 헌법제정

1. 헌법제정의 의미

헌법제정이란 헌법제정권자가 헌법제정권력을 행사하여 헌법을 창조하는 행위를 말한다. 그렇다면 헌법제정권력은 누구인지가 문제인데 현대 민주주의 사회에서는 당연히 국민이 헌법제정권력의 주체가 된다. 국민이 헌법제정권력을 가진다고 해서 부당한 내용을 헌법에 규정할 수는 없다. 그럼 어떤 방법으로 헌법을 제정하는지 살펴보자.

2. 헌법제정을 하는 방법

다양한 국가만큼이나 헌법을 제정하는 방법은 매우 다양하다. 대표적인 네 가지 방식으로 직접민주주의 방식, 대의제 민주주의 방식(제헌의회의 의결), 양자혼용방식, 연방국가의 독특한 방식 등이 있다.

이상과 같이 헌법을 만든 이후에는 2가지 문제를 고민해야 한다. 하나는 헌법의 규범력을 유지하기 위해서 헌법을 어떻게 고쳐나갈 것인지에 대한 것과 나머지는 헌법을 파괴하려는 세력으로부터 어떻게 지켜낼 것인지에 대한 헌법고민이다. 우선 헌법개정부터 살펴본다.

02 헌법개정

1. 헌법개정의 의미

헌법의 개정이란 헌법에 규정된 개정절차에 따라 기존의 헌법과 기본적 동일성을 유지하면서 헌법을 고치는 것을 의미한다. 즉 헌법의 기본적 동일성을 유지하면서 의식적으로 헌법규정을 수정, 삭제 또는 추가하는 것을 말한다. 이와 같은 헌법개정이 쉬운 헌법을 연성헌법이라고 하고, 헌법개정이 어려운 헌법을 경성헌법이라고 한다. 우리나라는 후자이다.

2. 헌법개정의 필요성

(1) 헌법의 현실적응력과 규범력 유지

(2) 폭력으로 헌법을 파괴하거나 제거하는 것을 방지

(3) 헌법제정 당시 참여하지 못한 새로운 정치집단에게 헌법형성의 기회 제공

3. 헌법개정의 방법과 절차

전 세계적으로 헌법개정의 방법은 매우 다양하다. 대표적으로 의회의 의결(우리나라 건국헌법), 국민투표, 헌법의회, 연방제 국가에서 구성주의 동의, 의회의 의결과 특별한 기관의 동의(1972년 유신헌법에서 통일주체국민회의) 등이 있다.

4. 현행 헌법의 개정절차

(1) 헌법 조문

현행 헌법에서는 제10장 제128조부터 제130조에 규정하고 있다.

> **제128조** ① 헌법개정은 국회재적의원 과반수 또는 대통령의 발의로 제안된다.
> ② 대통령의 임기연장 또는 중임변경을 위한 헌법개정은 그 헌법개정 제안 당시의 대통령에 대하여는 효력이 없다.
>
> **제129조** 제안된 헌법개정안은 대통령이 20일 이상의 기간 이를 공고하여야 한다.
>
> **제130조** ① 국회는 헌법개정안이 공고된 날로부터 60일 이내에 의결하여야 하며, 국회의 의결은 재적의원 3분의 2 이상의 찬성을 얻어야 한다.
> ② 헌법개정안은 국회가 의결한 후 30일 이내에 국민투표에 붙여 국회의원선거권자 과반수의 투표와 투표자 과반수의 찬성을 얻어야 한다.
> ③ 헌법개정안이 제2항의 찬성을 얻은 때에는 헌법개정은 확정되며, 대통령은 즉시 이를 공포하여야 한다.

(2) **특징**: 경성헌법

현행 헌법은 경성헌법의 성격을 가진다. 헌법개정에서 국회의 의결과 국민투표를 요구한다. 경성헌법이기 때문에 개정함에 있어 일반 법률보다 가중된 절차를 규정하고 있다.

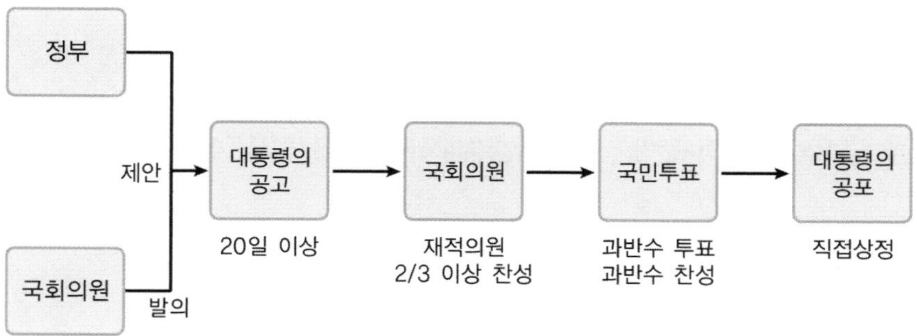

5. 헌법개정의 한계

(1) 절차적 한계

헌법개정을 할 때에는 헌법에서 규정하고 있는 절차에 따라야 한다. 앞서 살펴본 바와 같이 헌법 제128조부터 제130조에서 규정하고 있다. 그런데 헌법에서는 헌법개정 시 국민투표를 필수적인 절차로 규정하고 있다. 이와 유사한 것으로 헌법 제72조는 "대통령은 필요하다고 인정할 때에는 외교·국방·통일 기타 국가안위에 관한 중요정책을 국민투표에 붙일 수 있다"라고 규정하고 있다. 하지만 헌법 제72조에 의한 헌법개정은 할 수 없다. 헌법개정은 제128조부터 제130조의 절차에 의해서만 가능하다.

(2) 내용적 한계: 헌법개정을 할 수 없는 규정들

헌법의 기본 이념이나 원리 등은 개정을 할 수 없다. 대표적인 규정들은 다음과 같다.

① 기본원리와 질서, 제도
첫째, 기본원리와 질서, 제도들이다. 예컨대 민주공화국, 국민주권, 자유민주적 기본질서, 사유재산제, 시장경제의 원리 등의 사회적 시장경제질서, 국제평화주의, 복수정당제 등이다.

② 핵심적 가치와 기본권
둘째, 핵심적 가치와 기본권들이다. 예컨대 인간의 존엄과 가치, 행복추구권, 평등권과 평등의 원칙, 생명·신체의 자유, 양심·종교·학문의 자유, 언론·보도의 자유 등이다.

(3) 헌법개정을 통해서만 변경할 수 있는 사항

이 사항들은 법률로 변경할 수 없고 헌법개정을 통해서만 가능한 조항들은 다음과 같다. 예컨대 대통령의 간선제, 의원내각제의 전면적 채택, 지방의회의 폐지, 법관임기의 연장 등이다.

(4) 법률 개정을 통해서 가능한 내용

헌법과 관련되는 내용이지만 입법권으로 가능한 내용들도 있다. 이 내용들은 법률 개정을 통해서 가능하다. 예컨대 국회의원 수의 증가, 선거권 연령의 조정 등은 법률 개정을 통해서 가능하다.

6. 헌법개정 과정에서 발생한 문제 해결 방안

(1) 헌법개정절차에 하자가 있는 경우 해결 방안

① 대통령에 대한 탄핵소추의결과 탄핵심판청구

② 권한쟁의심판
국회의 의결절차에 하자가 있는 경우, 즉 국회의원의 심의·표결권이 침해된 경우

③ 국민투표 무효소송

(2) 위헌적인 헌법규정의 해결 방안

① 헌법재판소는 위헌적인 헌법규정에 대한 위헌심사를 부정하고 있다.[24)]

② 저항권, 시민불복종권, 청원권 등을 제외하고는 헌법개정을 다시 해야 한다.

03 헌법변천

1. 헌법변천의 의의

헌법개정은 명시적으로 헌법 내용이 변경되는 것이다. 그런데 묵시적으로 헌법이 변경되는 경우가 있다. 즉 명시적인 헌법개정절차에 의하지 않고 헌법 내용이 변경되는 경우를 헌법변천이라고 한다. 헌법변천이란 당해 조문을 변경하지 않고 그 의미나 내용이 실질적으로 변화하는 경우를 말한다. 헌법변천이 발생하는 이유는 헌법과 현실의 불일치 때문이다. 이 불일치를 해결하는 것은 헌법개정이 가장 적절한 방법이다. 하지만 헌법개정을 바로 할 수 없는 여러 장애가 있을 때 헌법변천은 주로 발생한다.

2. 헌법변천의 한계

헌법변천은 절차적 정당성이 결여되어 있다는 측면에서 헌법규정의 의미를 초월하여 무한정 허용될 수는 없다. 따라서 규범과 현실의 불일치를 해결하는 궁극적 수단은 헌법개정이 되어야 할 것이다.

24) 헌법 제29조 제2항은 위헌을 받은 법률이었으나 박정희 대통령은 오히려 유신헌법에 이 규정을 넣었다. 헌법 제29조 제2항은 "군인 · 군무원 · 경찰공무원 기타 법률이 정하는 자가 전투 · 훈련 등 직무집행과 관련하여 받은 손해에 대하여는 법률이 정하는 보상 외에 국가 또는 공공단체에 공무원의 직무상 불법행위로 인한 배상은 청구할 수 없다"라고 규정하고, 이를 근거로 한 국가배상법 제2조 제1항 단서는 "군인 · 군무원 · 경찰공무원 또는 향토예비군대원이 전투 · 훈련 등 직무 집행과 관련하여 전사(戰死) · 순직(殉職)하거나 공상(公傷)을 입은 경우에 본인이나 그 유족이 다른 법령에 따라 재해보상금 · 유족연금 · 상이연금 등의 보상을 지급받을 수 있을 때에는 이 법 및 민법에 따른 손해배상을 청구할 수 없다"라고 규정하고 있다. 이와 같이 이중배상금지 조항은 군인, 군무원과 경찰공무원이 직무 중 죽거나 다쳐도 국가에 손해배상을 할 수 없고 법정보상금만 받을 수 있는 제도이다. 두 민간인과 일반공무원은 보상금도 받고 국가에 대해 손해배상도 따로 청구할 수 있으나 군인, 군무원과 경찰은 할 수 없다.

04 대한민국 헌법의 제정과 개정

대한민국 헌법에서 어떤 특징이 발견되는가? 대한민국 헌법에서 직접 민주주의 요소는 어떻게 실현되어 왔는가?

1. 대한민국 헌법의 제정

광복 이후 제정된 대한민국 헌법(1948.7.17.)은 국민투표가 아닌 제헌의회의 의결로 제정되었다. 이렇게 제정된 대한민국 헌법은 성문헌법이며 개정절차가 까다로운 경성헌법이다. 주요 내용을 살펴보면 대통령과 부통령은 국회에서 선출되고 임기는 4년이며, 1차에 중임[25]할 수 있도록 규정하였다. 국무총리 및 국무원과 같은 의원내각제적 요소를 규정하였으며, 단원제 국회를 운영하도록 하였다. 독일의 바이마르 헌법 영향을 받아 자유권뿐만 아니라 사회권을 보장하였다. 또한 헌법위원회가 위헌법률을 심사하고, 탄핵재판소가 탄핵심판을 할 수 있도록 하였다.

2. 이승만 정권

(1) 제1차 개헌

제1공화국 당시 이승만 대통령은 제1차, 제2차에 걸쳐 헌법을 개정하였다. 발췌개헌으로 불리는 제1차 개헌(1952.7.7.)은 북한과의 전쟁 중에 이루어졌다. 이 개헌의 주요 내용은 대통령과 부통령의 선출방식을 국회 선출 방식에서 국민들의 직접 선출 방식으로 바꾸는 것이었다. 또한 국회가 국무원을 불신임할 수 있는 조항을 도입하였다. 제1차 개헌은 국회에서 대통령으로 당선되기 어렵다는 이승만 대통령의 정치적 판단이 반영된 것이었으며, 또한 공고를 통한 국민적 합의 도출이 아니라 폭력적 수단을 사용하여 이루어진 개헌이었다.

(2) 제2차 개헌

사사오입 개헌으로 불리는 제2차 개헌(1954.11.29.)은 국회의사결정원칙을 위반하고 초대 대통령에 한해 3선을 폐지하는 등 평등원칙에 위반하는 헌법개정이었다. 정부에서는 1표 부족으로 국회에서 이미 부결선언된 새로운 개헌안을 정족수 산정에 이른바 사사오입 공식을 적용하여 국회의원 정원 203명의 2/3는 135.3333이므로 135명이라고 주장하며 새로운 개헌안을 힘으로 관철하였다. 이렇게 관철된 헌법의 주요 내용은 초대 대통령에 한해 3선 폐지, 자유시장 경제요소를 강화하고, 국민발안제[26]와 국민투표제 등을 명시했다.

---

25) 중임(重任)과 연임(連任) : '중임'이라는 말은 '거듭해서 직을 맡을 수 있다'는 의미로, '한 차례에만 직을 맡을 수 있다'는 '단임'에 반대되는 말이라면, '연임'이라는 말은 '연이어서 직을 맡을 수 있다'는 의미에 한정된다. 즉 연임제는 현직 대통령이 재임중에 치러지는 다음 대선에 출마해서 당선될 경우 연이어서 대통령직을 수행할 수 있다는 의미이다. '연임'(連任)이라는 한자의 뜻풀이대로 '잇따라 임기를 수행한다'는 뜻이다. 이에 반해 중임제는 현직 대통령이 다음 임기를 연이어서 하는 방안과 더불어 차기를 건너뛰고 차차기에 출마해서 당선될 경우 대통령직을 수행할 수도 있다는 의미까지도 담고 있다. 하지만 연임은 현직 대통령이 선거에서 출마하여 당선되지 않을 경우 차차기에 출마할 수 없다는 의미를 담고 있다.

26) 1954년 제2차 개헌(또는 사사오입 개헌)에서, 헌법개정에 대하여 국회의원선거권자 50만 명 이상의 찬성으로 제안할 수 있게 하는 국민발안제가 채택되었으나 1972년 제7차 개헌(또는 유신개헌)에서 폐지되었다.

3. 장면 · 윤보선 정권

(1) 제3차 개헌

이런 개정을 통해 시행된 1960년 3월 15일 대통령 부정선거가 드러나면서 4월 19일 혁명이 일어났다. 그 결과 이승만 대통령은 하야하고 제3차 개헌(1960.6.15.)이 이루어졌다. 제3차 개헌은 우리 헌정사에서 최초로 여야 합의에 의해 이루어진 합헌적 개헌이었다. 국회주도로 이루어진 제3차 개헌은 정부형태를 의원내각제로 바꾸고, 이와 관련된 국회 양원제, 정당조항, 직업공무원제를 도입하였다. 또한 부정선거를 방지하기 위해 중앙선거관리원회를 헌법기관화하였다. 이런 통치조직뿐만 아니라 기본권을 강화하였다. 이와 같은 제3차 개헌으로 이루어진 제2공화국은 장면 총리를 중심으로 운영되었다.

(2) 제4차 개헌

제3차 개헌 이후 3.15 부정선거 등과 같은 반민주 행위자들을 처벌할 수 있는 소급입법의 근거를 마련하는 제4차 개헌(1960.11.29.)이 이루어졌다. 이 개헌은 소급입법으로 처벌 또는 참정권과 재산권 등을 제한할 수 있게 하였다.

4. 박정희 정권

(1) 제5차 개헌

장면 정권의 정치력 부재로 인한 사회경제적 혼란 속에서 1961년 5월 16일 박정희를 주축으로 군사쿠데타가 발생하였다. 군사쿠데타를 주도했던 군인들은 국가재건최고회의를 구성하여 정권을 장악하고 헌법심의위원회를 구성하여 제5차 개헌(1962.12.26.)을 하였다. 이 개헌은 기존의 헌법절차를 준수하지 않고 국민투표로 확정하였다. 주요 내용으로는 의원내각제를 대통령제로 바꾸고, 인간의 존엄과 가치를 신설하였다. 대통령은 국민 직선으로 선출하도록 하고 임기는 4년이며 1차에 한하여 중임할 수 있도록 하였다. 또한 헌법개정에 필수적 국민투표제를 도입하였다.

(2) 제6차 개헌: 3선 개헌

제5차 개헌을 계기로 시작된 박정희 정권은 제6차 개헌을 추진했다. 3선 개헌으로 불리는 제6차 개헌(1969.10.21.)은 대통령의 재임을 3기까지 가능하도록 하는 것을 주요 내용으로 하였다. 또한 대통령에 대한 탄핵소추 발의와 의결을 더욱 엄격하게 하였다. 이 개헌은 여당 의원들에 의해 기습적으로 이루어진 반민주적인 개헌이었다.

(3) 제7차 개헌: 유신헌법

유신헌법으로 불리는 제7차 개헌(1972.12.27.)은 대통령의 종신집권을 가능하도록 하는 헌법개정이었다. 이 헌법은 대통령에게 막강한 권한을 집중시키는 것이 헌법개정이었다. 그 결과 국회나 법원의 권한은 모두 약화되었으며 국회의 국정감사권이 폐지되고, 국회의 회귀도 단축되었다. 모든 법관에 대한 임면권을 대통령이 행사할 수 있도록 하였으며 통일주체국민회의를 신설하였다. 통일주체국민회의는 국가의 중요 정책을 결정할 뿐만 아니라 대통령 선출, 국회의원정수의 3분의 1을 선출, 헌법개정안의 최종 확정 등과 같은 막강한 기능을 수행하였다.

5. 전두환 정권: 제8차 개헌

1979년 10월 26일 사건을 계기로 박정희 대통령의 장기집권이 갑작스럽게 종료되었다. 그 결과 사회적 혼란을 틈타 전두환을 주축으로 하는 군인들이 정부를 장악하고, 국가보위비상대책위원회(약칭: 국보위)를 설치하여 사회를 통제하였다. 국가보위비상대책위원회 주도로 제8차 개헌이 이루어졌다. 전두환은 통일주체국민회의에서 대통령으로 선출되었다. 제8차 개헌의 주요 내용은 대통령에게 강력한 권한을 부여하는 방향으로 이루어졌다. 비록 대통령 간선제를 규정하였지만 유신헌법과는 달리 임기 7년의 단임제를 도입하고 통일주체국민회의를 폐지하였다. 또한 국회의 국정조사권을 신설하였으며 행복추구권을 신설하고, 구속적부심을 부활하는 등 유신헌법에 비해 기본권은 강화되었다.

6. 현행 헌법: 제9차 개헌

전두환 정권의 지나친 사회통제는 국민적 반감으로 이어졌고, 대통령 직선제를 요구하는 국민들의 목소리가 높아지게 되었다. 그 과정에서 1987년 4월 13일 전두환 정권이 호헌조치를 선언하자 그해 6월 항쟁이 일어났다. 그 결과 대통령 직선제를 수용한다는 6.29 선언이 나왔다. 이런 국민들의 저항과 노력으로 제9차 개헌(1987.10.27.)으로 이루어진 것이 현행 헌법이다. 현행 헌법에서는 대통령의 권한을 약화시키고, 국회의 권한과 국민의 기본권을 강화하는 방향으로 이루어졌다. 대통령 국민 직선제와 5년 단임제를 규정하였다. 또한 대통령의 비상조치권, 국회해산권을 폐지하였다. 국회의 국정감사권을 부활시키고, 헌법적 가치를 보호하기 위해 헌법재판소를 부활하였다. 또한 군의 정치적 개입으로 인한 정치 훼손을 방지하기 위해 군의 정치적 중립 조항을 명시하였다. 살펴본 바와 같이 현행 헌법을 제외하고 헌법제정권력의 핵심인 국민들의 의사가 존중되지 못한 역사를 가지고 있다. 왜냐하면 그 이전에는 대부분이 권위주의 체제였기 때문이다. 민주주의체제로 이행하면서 만들어진 헌법이 현행 헌법이다. 민주주의를 향한 노력과 희생으로 만들어진 헌법은 민주주의의 유지 및 발전을 해 나가는 상황에서 언제든지 헌법을 파괴하는 세력을 만날 수 있다. 그래서 현행 헌법에서도 헌법을 보호하기 위한 방안을 명시하고 있다.

05 헌법보호제도

1. 헌법보호의 의미 및 분류

(1) 헌법보호제도의 의의

헌법침해는 곧 기본권 침해라고 할 수 있다. 근대입헌주의 헌법의 정신과 가치는 법치주의라는 이름으로 훼손되었다. 그 결과 현대복지국가헌법에서는 헌법을 어떻게 지켜낼 것인가 하는 것이 중요한 주제가 되었다.

(2) 헌법보호제도의 의미

헌법은 한 정치공동체의 근본법이며 최고법이다. 헌법이 파괴되거나 훼손된다는 것은 정치공동체의 가치가 무너진다는 것을 말한다. 따라서 이런 파괴나 훼손을 막기 위해 헌법보호를 위한 제도들을 헌법은 두고 있다.

(3) 헌법보호제도의 분류 기준 : 평상시 방안과 비상시 방안

헌법을 보호하는 제도는 평상시의 방안과 비상시 방안으로 나눠 살펴볼 수 있다.

① 평상시 방안 분류 기준

㉠ 헌법침해 주체 중심(허영, 1988) : 상향식(국민과 집단), 하향식(통치권)

㉡ 보장제도 개입시기(권영성, 2005) : 사전예방적, 사후교정적

② 비상시 방안

㉠ 국가긴급권 : 긴급 재정 경제처분 및 명령권, 긴급명령권, 계엄선포권

㉡ 저항권

(4) 헌법보호제도가 아닌 것

헌법보호제도로는 대통령임기제, 내각불신임제, 연방제도, 직업공무원제도, 공직겸임금지 등이 있다. 이런 제도는 권력의 집중, 지속, 확장으로 부패하는 것을 견제하는 방법들이다. 하지만 국회의 단원제, 양원제, 의원내각제, 대통령제 등은 헌법보호수단이라고 할 수 없다.

2. 평상시 헌법보호를 위한 제도

(1) 사전예방적 · 사후교정적/하향식 · 상향식 방법

'평상시'를 기준으로 다시 침해의 방향과 침해 전 · 후를 반영하여 여러 헌법학자들의 견해를 종합적으로 정리해 보면 아래의 표와 같다. 침해의 방향은 누가 침해를 했느냐이다(허영, 1998). 국가기관 등이 헌법을 침해하는 경우는 하향식 헌법침해이다. 국민들이 헌법을 침해하는 경우는 상향식 침해이다. 또한 사전적인 예방방법인지, 사후적인 교정방법인지에 따라 나눌 수 있다. 사전적 예방방법은 헌법침해가 발생하기 전 방법을 말하고, 사후적 교정방법으로는 헌법침해가 발생한 이후의 수습적 방법을 말한다(권영성, 2005).

구분	사전예방적	사후교정적
하향식(국가 또는 공공단체가 헌법을 침해하는 경우)	경성헌법, 권력분립	위헌법률심판, 헌법소원심판, 권한쟁의심판, 탄핵심판
상향식(국민과 사적 집단이 헌법을 침해하는 경우)	방어적 민주주의 채택	방어적 민주주의 수단으로서 기본권실효제도 및 위헌정당해산제도

(2) 방어적 민주주의(투쟁적 민주주의)

① 등장배경: 생 쥐스트의 "자유의 적에게는 자유가 없다."

방어적 민주주의는 나치스의 경험과 같은 헌법침해적 역사적인 사건에 대한 재발을 방지하기 위해 주장된 개념이다. 독일은 역사적 경험을 통해 기본권상실제도와 위헌정당해산제도를 도입한다.

② 의미

방어적(투쟁적) 민주주의란 민주주의의 이름으로 민주주의 그 자체를 파괴하거나 자유의 이름으로 자유 그 자체를 말살하려는 민주주의 헌법질서의 적으로부터 민주주의가 자신을 효과적으로 방어하기 위한 입장을 말한다. 방어적 민주주의는 사전적이면서 사후적 헌법보장제도이다. 대표적인 제도로는 위헌정당해산제도와 기본권 상실제도가 있다. 독일은 양자를 모두 두고 있지만 우리 헌법에서는 위헌정당해산제도만을 두고 있다.

③ 방어적 민주주의 수단: 위헌정당해산제도, 기본권 실효제도

㉠ 위헌정당해산제도[27)]

헌법 제8조 제4항에 의하면 정당의 목적이나 활동이 민주적 기본질서에 위배될 때에는 헌법재판소에 그 해산을 제소할 수 있고, 정당은 헌법재판소의 심판에 의하여 해산된다. 헌법재판소는 정당의 해산에 관한 위 헌법규정은 민주주의를 파괴하는 세력으로부터 민주주의를 보호하려는 소위 '방어적 민주주의의 한 요소'이라는 점을 밝히고 있다(99헌마135).

27) 제8조 ① 정당의 설립은 자유이며, 복수정당제는 보장된다. ② 정당은 그 목적 · 조직과 활동이 민주적이어야 하며, 국민의 정치적 의사형성에 참여하는 데 필요한 조직을 가져야 한다. ③ 정당은 법률이 정하는 바에 의하여 국가의 보호를 받으며, 국가는 법률이 정하는 바에 의하여 정당운영에 필요한 자금을 보조할 수 있다. ④ 정당의 목적이나 활동이 민주적 기본질서에 위배될 때에는 정부는 헌법재판소에 그 해산을 제소할 수 있고, 정당은 헌법재판소의 심판에 의하여 해산된다.

㉡ 기본권 실효제도

기본권 행사에 의해 자유민주적 기본질서를 침해하는 자의 기본권을 실효시킴으로써 자유민주적 기본질서를 수호하려는 방어적 민주주의의 제도적 수단이다. 독일은 이 제도를 두고 있지만, 현행 우리 헌법은 위헌정당해산제도는 명시하고 있으나 기본권의 실효(상실)제도는 도입하지 않고 있다.

④ 방어적 민주주의 한계

방어적 민주주의는 제도의 본질을 생각해 볼 때 적극적으로 사용할 수 없는 것이다. 만약 적극적으로 사용할 경우는 정치적 반대 세력의 정치적 탄압으로 악용되고, 시민들의 정치적 자유를 억압하는 수단으로 남용될 수 있는 위험이 있기 때문이다. 따라서 방어적 민주주의는 다음과 같은 한계를 고려하여 시행되어야 한다.

㉠ 민주주의를 보호하기 위한 수단이어야지 민주주의의 본질을 침해해서는 안 된다.

㉡ 방어적 민주주의를 내세워 국민주권, 법치국가원리, 사회국가원리 등 헌법의 기본원리를 침해해서는 안 된다.

㉢ 정치적 기본권을 제한하기 위한 수단으로 악용되어서는 안 된다.

㉣ 방어적 민주주의는 과잉금지원칙을 준수하고 소극적, 방어적으로 행사되어야 한다.

3. 비상시 헌법보호를 위한 제도

비상시 헌법보호를 위한 제도로는 국가에 의한 것과 국민에 의한 것이 있다. 전자가 국가긴급권이고, 후자가 저항권(또는 시민불복종권)이다.

(1) 국가긴급권

① 의미 및 유형

국가긴급권이란 전쟁, 내란, 경제 공황 등과 같은 국가비상사태가 발생한 경우 정상적인 헌법보호수단으로 헌법질서를 보호하기 힘든 경우에 국가의 존립과 헌법질서 유지를 위해 동원되는 비상적 권한을 의미한다. 즉 비상사태에서는 국가적, 헌법적 위기를 극복하기 위하여 비상적 조치를 강구해야 만하고, 이런 상황에서 비상적 수단을 발동할 수 있는 권한이 대통령의 국가긴급권이다(헌법재판소, 94.6.30. 92헌가18). 대통령의 국가긴급권은 대통령의 대표적인 통치행위이다. 이런 국가긴급권의 유형으로는 계엄선포권, 긴급명령권, 긴급재정·경제처분 및 명령권이 있다.

② 긴급재정 · 경제처분 및 명령권(헌법 제76조)[28] : 처분, 행정입법, 준법률

㉠ 긴급재정 · 경제처분 및 명령권의 의미 : 환란, 중대한 재정 · 경제상 위기

대통령은 내우 · 외환 · 천재 · 지변 또는 중대한 재정 · 경제상의 위기에 있어서 국가의 안전보장 또는 공공의 안녕질서를 유지하기 위하여 긴급한 조치가 필요하고 국회의 집회를 기다릴 여유가 없을 때에 한하여 최소한으로 필요한 재정 · 경제상의 처분을 하거나 이에 관하여 법률의 효력을 가지는 명령을 발할 수 있다.

㉡ 긴급재정 · 경제처분 및 명령권의 효력 : 처분[29]적 효력 또는 법률적 효력

대통령은 이런 처분 또는 명령을 한 때에는 지체 없이 국회에 보고하여 그 승인을 얻어야 한다. 만약 이 승인을 얻지 못한 때에는 그 처분 또는 명령은 그때부터 효력을 상실한다. 이 경우 그 명령에 의하여 개정 또는 폐지되었던 법률은 그 명령이 승인을 얻지 못한 때부터 당연히 효력을 회복한다. 긴급재정 · 경제처분은 처분적 효력을 가지고, 긴급재정 · 경제 명령은 행정입법 또는 법률적 효력을 가진다.

㉢ 통제 및 견제 방안

첫째, 국회의 통제방안으로 국회의 승인이다. 둘째, 법원의 통제 방안으로는 긴급재정 · 경제처분에 대해서는 명령규칙심사권이 있다. 그리고 경우에 따라 행정소송의 대상이 될 수 있다. 셋째, 헌법재판소의 통제방안으로는 위헌법률심판, 헌법소원심판이 가능하다. 넷째, 행정내부의 통제방안으로 국무회의 심의 및 부서가 있다.

③ 긴급명령권(헌법 제76조 제2항) : 법률적 효력

㉠ 긴급명령권의 의미 : 중대한 교전상태

대통령은 국가의 안위에 관계되는 중대한 교전상태에 있어서 국가를 보위하기 위하여 긴급한 조치가 필요하고 국회의 집회가 불가능한 때에 한하여 법률의 효력을 가지는 명령을 발할 수 있다.

㉡ 긴급명령권의 효력 : 법률적 효력

대통령은 긴급명령을 한 때 지체 없이 국회에 보고하여 그 승인을 얻어야 한다. 만약 승인을 얻지 못한 때에는 그 명령은 그때부터 효력을 상실한다. 이 경우 그 명령에 의하여 개정 또는 폐지되었던 법률은 그 명령이 승인을 얻지 못한 때부터 당연히 효력을 회복한다.

---

28) 제76조 ① 대통령은 내우 · 외환 · 천재 · 지변 또는 중대한 재정 · 경제상의 위기에 있어서 국가의 안전보장 또는 공공의 안녕질서를 유지하기 위하여 긴급한 조치가 필요하고 국회의 집회를 기다릴 여유가 없을 때에 한하여 최소한으로 필요한 재정 · 경제상의 처분을 하거나 이에 관하여 법률의 효력을 가지는 명령을 발할 수 있다. ② 대통령은 국가의 안위에 관계되는 중대한 교전상태에 있어서 국가를 보위하기 위하여 긴급한 조치가 필요하고 국회의 집회가 불가능한 때에 한하여 법률의 효력을 가지는 명령을 발할 수 있다. ③ 대통령은 제1항과 제2항의 처분 또는 명령을 한 때에는 지체 없이 국회에 보고하여 그 승인을 얻어야 한다. ④ 제3항의 승인을 얻지 못한 때에는 그 처분 또는 명령은 그때부터 효력을 상실한다. 이 경우 그 명령에 의하여 개정 또는 폐지되었던 법률은 그 명령이 승인을 얻지 못한 때부터 당연히 효력을 회복한다. ⑤ 대통령은 제3항과 제4항의 사유를 지체 없이 공포하여야 한다.

29) 처분은 행정처분을 의미한다.

ⓒ 통제 및 견제 방안

첫째, 국회의 통제방안으로 국회의 승인이 있다. 둘째, 헌법재판소의 통제방안으로는 위헌법률심판, 헌법소원심판이 가능하다. 셋째, 행정내부의 통제방안으로 국무회의 심의 및 부서가 있다.

④ 계엄선포권(헌법 제77조)[30] : 계엄법

㉠ 계엄선포권의 의미 : 전시 · 사변 또는 국가비상사태

대통령은 전시 · 사변 또는 이에 준하는 국가비상사태에 있어서 병력으로써 군사상의 필요에 응하거나 공공의 안녕질서를 유지할 필요가 있을 때에는 법률이 정하는 바에 의하여 계엄을 선포할 수 있다. 이런 계엄은 비상계엄과 경비계엄으로 나뉜다.

㉡ 계엄선포권의 효력 : 신체의 자유, 표현의 자유 제한

비상계엄이 선포된 때에는 법률이 정하는 바에 의하여 영장제도, 언론 · 출판 · 집회 · 결사의 자유, 정부나 법원의 권한에 관하여 특별한 조치를 할 수 있다. 계엄을 선포한 때에는 대통령은 지체 없이 국회에 통고하여야 한다. 국회가 재적의원 과반수의 찬성으로 계엄의 해제를 요구한 때에는 대통령은 이를 해제하여야 한다.

㉦ **국가 긴급권 비교**

구분	긴급재경처분 및 명령권	긴급명령권	비상계엄권
상황	내우, 외환, 천재지변 또는 중대한 재정경제위기	중대한 교전상태 + 국회집회가 불가능	전시, 사변 또는 이에 준하는 국가비상사태
목적	국가안전보장, 공공의 안녕질서 유지	국가보위목적	군사상 필요, 공공의 안녕질서 유지 필요
국회의 통제	국회에 보고 → 국회 승인 필요	국회에 보고 → 국회 승인 필요	국회 요구 시 해제
행정내부 통제	국무회의심의, 부서	국무회의심의, 부서	국무회의심의, 부서
사법적 통제	명령규칙처분심사, 위헌법률심판, 헌법소원심판	위헌법률심판, 헌법소원심판	헌법소원심판

30) 제77조 ① 대통령은 전시 · 사변 또는 이에 준하는 국가비상사태에 있어서 병력으로써 군사상의 필요에 응하거나 공공의 안녕질서를 유지할 필요가 있을 때에는 법률이 정하는 바에 의하여 계엄을 선포할 수 있다. ② 계엄은 비상계엄과 경비계엄으로 한다. ③ 비상계엄이 선포된 때에는 법률이 정하는 바에 의하여 영장제도, 언론 · 출판 · 집회 · 결사의 자유, 정부나 법원의 권한에 관하여 특별한 조치를 할 수 있다. ④ 계엄을 선포한 때에는 대통령은 지체 없이 국회에 통고하여야 한다. ⑤ 국회가 재적의원 과반수의 찬성으로 계엄의 해제를 요구한 때에는 대통령은 이를 해제하여야 한다.

(2) **저항권**: 국가가 헌법질서를 침해하는 경우

① 의미

저항권이란 주권자인 국민이 공권력에 의해 침해된 헌법기본질서를 회복하기 위해 취할 수 있는 비상적인 최후의 헌법보호 수단이면서 기본권 보장을 위한 기본권이다. 하지만 법적인 권리로 저항권 인정 여부에 대해서는 다툼이 있다.

② 저항권의 인정 여부

㉠ 저항권 긍정 견해

저항권을 긍정하는 경우는 폭군방벌론, 역성혁명론, 알투지우스, 로크 등이다.

㉡ 저항권 부정 견해

저항권을 부정하는 경우는 루터와 칼뱅, 칸트, 홉스, 헤겔, 법실증주의 등이다. 루소의 경우는 치자와 피치자의 동일성을 주장하였다는 점을 강조해서 학설에서는 부정적으로 보고 있다. 하지만 루소의 경우는 구분해서 보는 것이 타당할 것이다. 루소가 왕정과 같은 비공화정 체제에 대해 저항권을 부정한다는 것은 논리적으로 적절하지 않다. 다만 일반의지에 대한 저항권을 부정한 것으로 보는 것이 논리적으로 적절할 것이다.

㉢ 결론: 저항권을 인정하는 것이 타당

헌법재판소는 '입법과정의 하자와 저항권사건(1997.9.25. 97헌가4)', '통합진보당 위헌정당해산심판 사건(2014.12.19. 2013헌다1)' 등에서 저항권을 인정하였지만, 대법원은 '김재규 박정희 시해사건(1980.5.20. 80도306)'과 '민청학련(1975.4.8. 74도3323)' 사건에서, 헌법 전문의 '4·19 의거'는 저항권의 근거규정이 될 수 없고 실정법에 규정이 없는 한, 저항권을 인정할 수 없다는 입장이다. 헌법재판소와 대법원이 상반된 견해를 보이고 있지만, 대법원의 판례가 모두 권위주의 시절의 견해라고 한다면 현재에서 대법원이 어떤 판결을 할지 불명확하다고 할 수 있다. 우리 헌법 전문의 '불의에 항거한 4·19 민주이념을 계승하고'는 저항권을 헌법상 권리로 인정하는 근거가 된다. 하지만 개별법에 저항권을 명문으로 명시한 경우는 없다.

③ 저항권의 법적 성질: 실정권설과 자연권설(다수견해)

저항권을 실정권으로 보는 경우는 저항권의 인정에 아무 문제가 없다. 문제가 되는 것은 저항권을 자연권으로 보는 경우에 다툼이 있을 수 있다. 헌법재판소는 저항권을 자연권으로 보면서 '입법과정의 하자와 저항권 사건'과 '통합진보당 위헌정당해산심판 사건'에서 저항권 행사의 엄격한 조건을 들어 기각함으로써 저항권을 인정하였다. 하지만 대법원은 저항권을 자연권으로 인정하지만 재판에 적용할 수 있는 규범으로 볼 수 없다는 입장이다.

④ 저항권 행사의 요건

㉠ 저항권 행사의 목적

저항권 행사의 궁극적 목적은 민주주의 헌법체제 및 법치국가적 기본질서와 기본권보장체계를 유지하고 수호하기 위한 것이어야 한다.

㉡ 저항권 행사의 대상은 무엇인가?

저항권 행사의 대상은 헌법의 기본원리를 중대하게 침해하는 국가권력(공권력)이다. 국가권력 이외에 사회세력도 포함시켜야 한다는 주장도 있다.

㉢ 저항권 행사의 주체는 누구인가?

민주주의 국가에서 저항권의 주체는 주권자인 국민이다. 국민의 범주에 정당도 허용되나 국가기관이나 지방자치단체와 같은 공법인은 저항권행사의 주체가 될 수 없다. 외국인의 경우도 포함될 수 없다.

㉣ 저항권 행사는 어떤 상황에서 할 수 있는가?

공권력의 발동으로 민주적·법치국가적 기본질서나 기본권보장체계에 중대한 침해가 발생함으로써 그 질서 또는 체계 전면적으로 부인되는 경우이어야 한다. 저항권은 헌법이나 법률에 규정된 일체의 법적 구제수단이 이미 유효한 수단이 될 수 없는 경우에 민주적·법치국가적 기본질서를 재건하기 위한 최후의 수단으로 행사가 가능하다.

㉤ 저항권 행사는 어떤 방법으로 행사하여야 하는가?

가능한 가장 평화적인 방법을 선택해야 한다. 하지만 저항권은 '비례의 원칙'을 지키는 한 폭력, 비폭력의 모든 수단이 사용 가능하다고 해석된다.

㉥ 저항권 행사가 정당한 행사가 되기 위해서 어떤 요건을 갖추어야 하는가?

세 가지 요건은 최후 수단성, 명백성, 성공 가능성이다. 성공 가능성은 맥락상 적절하지 않다.

⑤ 저항권 행사의 법적 효과

위의 조건들을 구비한 저항권 행사는 형법상 정당행위로서 위법성이 조각된다.

⑥ 저항권과 구별개념

구분	저항권	시민불복종권
발동요건	헌법침해	헌법침해뿐만 아니라 부당한 법률이나 정책에 불복종하는 경우
행사방법	폭력적 수단을 배제하지 않음	폭력적 수단 배제 원칙
보충성/최후수단성	보충적으로 행사되어야 함	보충성의 제약이 없음

㉠ 시민불복종과의 차이

시민불복종은 양심상 부정의하다고 확신하는 법률이나 정책을 개선하기 위해 의식적으로 법을 위반하고 비폭력적인 방법으로 행하는 공적이고 정치적인 집단행위이다. 이는 헌법적 질서가 부정되거나 위협받는 경우는 물론이고 단순히 정의에 반하는 내용의 개별법령이나 정책이 시행되는 경우에도 행사할 수 있다. 시민불복종은 도덕적 우위를 강조하기 때문에 원칙적으로 비폭력적 방법으로 행사하는 것을 예정하고 있고, 별다른 제약조건 없이 행사할 수 있다. 즉 저항권의 경우처럼 비상시에 할 필요도 없고, 엄격하게 요건을 갖추어야 할 필요도 없다.

ⓛ 혁명권

혁명권은 기존의 헌법적 질서를 폭력수단으로 파괴하고 새로운 헌법적 질서를 수립하려는 것을 목적으로 한다. 이런 점에서 기존의 헌법적 질서를 유지하고 회복하려는 목적으로 행사되는 보수적 의미의 저항권과 구별된다.

ⓒ 국가긴급권

국가긴급권은 국가안보와 존립 유지를 위해 국가가 행사하는 자구행위이다. 행사주체를 제외하고는 요건이나 상황 측면에서 저항권과 유사하다.

Ⅲ 헌법의 기본 원리 및 질서

대한민국 헌법은 어떤 사상을 배경으로 어떤 원리와 질서를 추구하고 있는가?

01 대한민국의 헌법 전문

1. 헌법 전문의 의의

헌법 전문은 헌법의 본문 앞에 위치하는 문장이다. 하지만 헌법을 구성하는 데 꼭 필요한 내용은 아니다. 대부분의 나라들은 헌법에 전문을 담고 있다. 이 경우 헌법 전문에는 제정권자의 근본적인 결단으로 헌법의 일부를 구성하게 된다. 헌법 전문에는 헌법제정의 역사적 의미와 제정과정, 헌법제정의 목적과 제정권자, 헌법의 지도이념과 기본적 가치질서들을 담고 있다.

2. 헌법 전문

유구한 역사와 전통에 빛나는 우리 대한국민은 3·1 운동으로 건립된 대한민국 임시정부의 법통과 불의에 항거한 4·19 민주이념을 계승하고, 조국의 민주개혁과 평화적 통일의 사명에 입각하여 정의·인도와 동포애로써 민족의 단결을 공고히 하고, 모든 사회적 폐습과 불의를 타파하며, 자율과 조화를 바탕으로 자유민주적 기본질서를 더욱 확고히 하여 정치·경제·사회·문화의 모든 영역에 있어서 각인의 기회를 균등히 하고, 능력을 최고도로 발휘하게 하며, 자유와 권리에 따르는 책임과 의무를 완수하게 하여, 안으로는 국민생활의 균등한 향상을 기하고 밖으로는 항구적인 세계평화와 인류공영에 이바지함으로써 우리들과 우리들의 자손의 안전과 자유와 행복을 영원히 확보할 것을 다짐하면서 1948년 7월 12일에 제정되고 8차에 걸쳐 개정된 헌법을 이제 국회의 의결을 거쳐 국민투표에 의하여 개정한다.

02 대한민국의 국가형태 및 구성요소: 대한민국을 구성하는 요소는 무엇인가?

1. 대한민국은 민주공화국

(1) 헌법 제1조

헌법 제1조 제1항에서 "대한민국은 민주공화국이다"라고 규정하고 있으며, 제1조 제2항은 "대한민국의 주권은 국민에게 있고, 모든 권력은 국민으로부터 나온다"라고 규정하고 있다.

(2) 민주공화국의 형식적 의미: 비군주제 국가, 군주제를 부인하는 체제

민주공화국은 국가형태적인 측면에서 군주제를 배제하는 국가라는 의미이다. 하지만 이 정의는 공화주의 의미로 부족하다. 실질적 의미는 민주주의와 공화주의가 결합된 의미를 지닌다. 지금까지 우리나라에서는 '민주'의 의미를 통해 민주공화국의 의미를 해석해 왔다. 하지만 이는 공화국의 실질적 의미와 가치를 고려하지 않는 결핍된 해석이다. 현재는 여러 연구자들이 '민주'뿐만 아니라 '공화국'의 의미를 분석하여 '민주공화국'의 의미를 제시하기 위해 노력하고 있다.

(3) 민주공화국의 실질적 의미(오승호, 2014: 15): 공공선을 지향하는 국가, 모두를 위한 나라

실질적인 의미에서 민주공화국은 주권이 국민에게 있는 모두를 위한 나라이다. 이런 나라는 공동선을 지향하며 비지배적 상호성을 규범으로 한다.

2. 국가의 구성요소

예리네크는 주권, 국민, 영토라는 국가 3요소설을 제시하였다. 현재는 주권, 국민, 영토를 정부로 보는 것이 적절하다.

(1) 주권

① 의미 및 특성: 내적으로는 최고성, 대외적으로는 독립성

주권은 국가의사를 전반적 · 최종적으로 결정할 수 있는 최고 권력을 의미하는 것이다. 따라서 주권은 대내적으로 최고성, 대외적으로 독립성을 지닌 권력이다.

② 주권과 통치권

이런 주권을 위임받아 정부가 행사하는 권한이 '통치권'이다. 과거 군주가 주권을 가지는 경우에는 주권의 주체와 통치권의 주체를 분리할 필요가 없었다. 하지만 현재 민주주의 국가에서는 당연히 구분되는 것이다. 물론 국민이 직접 통치한다면 구분할 필요가 없다.

③ 헌법 제1조 제2항

헌법 제1조 제2항에는 "대한민국의 주권은 국민에게 있고, 모든 권력은 국민으로부터 나온다"라고 규정하고 있다. 이때 주권을 가진 '국민'의 의미가 무엇인지에 대해 역사적 논쟁이 있었다.

(2) 국민

① 헌법 제2조 제1항과 제2항

> **제2조** ① 대한민국의 국민이 되는 요건은 법률로 정한다.
> ② 국가는 법률이 정하는 바에 의하여 재외국민을 보호할 의무를 진다.

② 국민의 범위는 어디까지인가?

대한민국 국민이 되는 요건을 법률로 정하고, 재외국민을 보호할 의무를 규정하고 있다(헌법 2조). 국민이란 국가의 인적 요소 내지 항구적 소속원으로 국가의 통치권에 복종할 의무를 부담하는 개개인의 전체집합을 의미한다(헌재, 97헌가12). 이런 국가와 국민의 관계를 표시하는 것이 국적이다. 재외국민은 외국에 장기체류하거나 영주하는 한국국적소지자를 말하며 재외동포는 재외국민과 외국국적동포를 포함하는 개념이다.

③ 국적은 선천적인가 후천적인가?

국적은 국가와 그의 구성원간의 법적 유대이고 보호와 복종관계를 의미한다(97헌가12). 국적은 국가의 생성과 더불어 발생하고 국가의 소멸은 바로 국적의 상실사유가 된다. 국적은 성문의 법령을 통해서가 아니라 국가의 생성과 더불어 존재하는 것이므로, 헌법의 위임에 따라 국적법이 제정되나 그 내용은 국가의 구성요소인 국민의 범위를 구체화, 현실화하는 헌법사항을 규율하는 것이다(97헌가12).

④ 국적취득 및 상실

국적취득 방법으로는 다음과 같이 선천적인 방법과 후천적인 방법이 있다.

㉠ 선천적 국적취득 방법: 속인주의 원칙(부모양계혈통주의), 속지주의 보충(영토 내 발견된 기아)

㉡ 후천적 국적취득 방법: 인지, 부모의 귀화, 수반취득, 국적회복허가

㉢ 국적 상실의 경우: 외국 국적을 취득한 자, 특정한 경우에 대한민국 국적을 보유할 의사의 뜻을 신고하지 아니한 경우 등

(3) 영역

① 영역관련 헌법조항

> **제3조** 대한민국의 영토는 한반도와 그 부속도서로 한다.
> **제4조** 대한민국은 통일을 지향하며, 자유민주적 기본질서에 입각한 평화적 통일 정책을 수립하고 이를 추진한다.

② 영역의 의미: 한반도 영토, 영해, 영공

영역이란 국가의 공간적 존립 기반으로서, 국제법의 제약이 없는 한 원칙적으로 배타적 지배를 할 수 있는 공간을 의미한다. 국가의 영역은 영토, 영해, 영공으로 구성된다.

③ 헌법 제3조(한반도와 그 부속도서가 영역)와 헌법 4조(평화적 통일조항)의 관계

㉠ 헌법 제3조와 헌법 제4조는 모순적 규정인가?

헌법에 따르면 북한지역도 우리나라의 영토에 포함된다. 그 결과 규범과 현실이 불일치한 상태가 발생하고 있다. 현행 헌법 제4조에서 분단 상황을 명시하고 있지만 북한의 영토와 주민 역시 대한민국의 영토와 국민이다.

㉡ 북한 주민의 국적은 어디인가? 탈북 주민의 국적은 어디인가?

제3조에 따르면 북한은 당연히 우리의 영토이며, 북한 주민은 대한민국의 국민이다. 따라서 남한으로 탈북한 주민은 '귀화'가 아니라 '귀순'한 것이다.

④ 북한 땅은 우리의 영토인가? 북한 정부의 법적 성격은 무엇인가?

북한 땅도 헌법으로 보면 우리의 영역이다. 따라서 북한 땅을 점거하고 있는 북한 정부가 합법적인 정부인지, 아니면 법적으로 무엇인지에 대해 논쟁이 있다. 대법원에 따르면 휴전선 이북지역은 대한민국의 주권이 미치는 지역이며, 따라서 북한은 반국가단체의 성격을 가지고 있다고 한다. 헌법재판소는 북한이 조국의 평화적 통일을 위한 대화와 협력의 동반자임과 동시에 반국가단체라는 성격도 갖고 있다고 하였다. 양자의 입장을 종합하면 북한 정부는 대한민국의 주권을 침해한 반국가단체이면서 통일을 위한 협력의 대상이다.

(4) 정부

① 좁은 의미(행정부)와 넓은 의미(입법, 집행, 사법)

이 정부는 좁은 의미로 대통령과 행정부를 의미하지만, 넓은 의미로는 입법, 집행, 사법을 포함한 의미로 사용한다. 여기에서는 넓은 의미의 정부를 말한다. 헌법에서도 의회, 대통령과 행정부, 법원의 권한과 그 행사에 대해 규정하고 있다. 이런 규정들은 헌법의 기본원리에 따라 조직된 것이다.

② 정부의 역할 : 통치권 행사 기구

정부는 국민의 자유와 평등을 실현할 의무를 부담하고 있는 정치공동체의 수단이다. 이 정부는 공동선을 실현하는 일을 할 수 있는 권한을 위임받아 일을 한다. 즉 국민들의 주권을 위임받은 정부는 통치권을 행사한다.

03 헌법의 기본원리 : 대한민국 헌법은 어떤 가치를 추구하고 있는가?

1. 관련 헌법 조문

제1장 총강

제1조 ① 대한민국은 민주공화국이다.
② 대한민국의 주권은 국민에게 있고, 모든 권력은 국민으로부터 나온다.

제4조 대한민국은 통일을 지향하며, 자유민주적 기본질서에 입각한 평화적 통일 정책을 수립하고 이를 추진한다.

제5조 ① 대한민국은 국제평화의 유지에 노력하고 침략적 전쟁을 부인한다.
② 국군은 국가의 안전보장과 국토방위의 신성한 의무를 수행함을 사명으로 하며, 그 정치적 중립성은 준수된다.

제6조 ① 헌법에 의하여 체결·공포된 조약과 일반적으로 승인된 국제법규는 국내법과 같은 효력을 가진다.
② 외국인은 국제법과 조약이 정하는 바에 의하여 그 지위가 보장된다.

제9조 국가는 전통문화의 계승·발전과 민족문화의 창달에 노력하여야 한다.

제9장 경제

제119조 ① 대한민국의 경제질서는 개인과 기업의 경제상의 자유와 창의를 존중함을 기본으로 한다.
② 국가는 균형있는 국민경제의 성장 및 안정과 적정한 소득의 분배를 유지하고, 시장의 지배와 경제력의 남용을 방지하며, 경제주체 간의 조화를 통한 경제의 민주화를 위하여 경제에 관한 규제와 조정을 할 수 있다.

제120조 ① 광물 기타 중요한 지하자원·수산자원·수력과 경제상 이용할 수 있는 자연력은 법률이 정하는 바에 의하여 일정한 기간 그 채취·개발 또는 이용을 특허할 수 있다.
② 국토와 자원은 국가의 보호를 받으며, 국가는 그 균형 있는 개발과 이용을 위하여 필요한 계획을 수립한다.

제121조 ① 국가는 농지에 관하여 경자유전의 원칙이 달성될 수 있도록 노력하여야 하며, 농지의 소작제도는 금지된다.
② 농업생산성의 제고와 농지의 합리적인 이용을 위하거나 불가피한 사정으로 발생하는 농지의 임대차와 위탁경영은 법률이 정하는 바에 의하여 인정된다.

제122조 국가는 국민 모두의 생산 및 생활의 기반이 되는 국토의 효율적이고 균형있는 이용·개발과 보전을 위하여 법률이 정하는 바에 의하여 그에 관한 필요한 제한과 의무를 과할 수 있다.

제123조 ① 국가는 농업 및 어업을 보호·육성하기 위하여 농·어촌종합개발과 그 지원등 필요한 계획을 수립·시행하여야 한다.
② 국가는 지역간의 균형있는 발전을 위하여 지역경제를 육성할 의무를 진다.
③ 국가는 중소기업을 보호·육성하여야 한다.
④ 국가는 농수산물의 수급균형과 유통구조의 개선에 노력하여 가격안정을 도모함으로써 농·어민의 이익을 보호한다.
⑤ 국가는 농·어민과 중소기업의 자조조직을 육성하여야 하며, 그 자율적 활동과 발전을 보장한다.

제124조 국가는 건전한 소비행위를 계도하고 생산품의 품질향상을 촉구하기 위한 소비자보호운동을 법률이 정하는 바에 의하여 보장한다.

제125조 국가는 대외무역을 육성하며, 이를 규제·조정할 수 있다.

제126조 국방상 또는 국민경제상 긴절한 필요로 인하여 법률이 정하는 경우를 제외하고는, 사영기업을 국유 또는 공유로 이전하거나 그 경영을 통제 또는 관리할 수 없다.

제127조 ① 국가는 과학기술의 혁신과 정보 및 인력의 개발을 통하여 국민경제의 발전에 노력하여야 한다.
② 국가는 국가표준제도를 확립한다.
③ 대통령은 제1항의 목적을 달성하기 위하여 필요한 자문기구를 둘 수 있다.

2. 기본권 존중의 원리 : 헌법의 궁극적 이념

기본권 보장은 헌법의 궁극적 이념이다. 우리 헌법은 기본권 보장주의를 그 전문[31]에서 선언하고 제2장에서 이를 개별적으로 규정하고 있다. 특히 헌법 제10조[32]의 인간의 존엄 및 가치, 행복추구권의 대원칙 아래 평등권・자유권・생존권・참정권・청구권 등으로 분화하고 있으며 제37조 제2항에서 기본권 제한의 방법과 한계를 규정함으로써 기본권 보장의 일반원칙을 선언하고 있다. 이와 같이 통치권으로부터 기본권을 보장받으려면 다수 국민들에게 통치권의 근원인 주권이 있어야 한다.

3. 국민주권의 원리 : 내 삶의 조건은 내가 결정한다.

(1) 헌법 제1조 제2항

대한민국의 주권은 국민에게 있고, 모든 권력은 국민으로부터 나온다.

(2) 의미

국민주권원리는 국가의 최고의사를 결정할 수 있는 원동력인 주권을 국민이 가지며, 모든 국가권력의 정당성 근거가 국민에게 있다는 것을 의미한다.

(3) 국민주권원리를 실현하기 위한 제도 : 정치적 자유 및 제도

이런 국민주권원리를 실현하기 위한 것으로 기본권 보장, 간접민주제, 직접민주제(국민투표), 복수정당제도, 지방자치제도(주민투표, 주민발안, 주민소환), 직업공무원제도, 권력분립제도 등이 있다.

(4) 국민주권을 둘러싼 논쟁(헌재 1989.9.8. 선고 88헌가6)

이 논쟁의 핵심은 국민이 누구이며, 국민은 주권을 실질적으로 행사할 수 있느냐, 행사할 수 있다면 현실적으로 어느 수준까지 행사할 수 있는지 여부이다. 헌법재판소는 '88헌가6' 사건을 통해 루소(Jean-Jacques Rousseau, 1712~1778)와 시이에스(Emmanuel Joseph Sieyès, 1748~1836)의 주장을 비교하고, 현행 헌법과 시대적 맥락을 고려하여 논쟁을 명료화하고 있다.

---

31) (상략) 자율과 조화를 바탕으로 자유민주적 기본질서를 더욱 확고히 하여 정치・경제・사회・문화의 모든 영역에 있어서 각인의 기회를 균등히 하고, 능력을 최고도로 발휘하게 하며, 자유와 권리에 따르는 책임과 의무를 완수하게 하여, 안으로는 국민생활의 균등한 향상을 기하고 밖으로는 항구적인 세계평화와 인류공영에 이바지함으로써 우리들과 우리들의 자손의 안전과 자유와 행복을 영원히 확보할 것을 다짐하면서…. (하략)

32) 제10조 모든 국민은 인간으로서의 존엄과 가치를 가지며, 행복을 추구할 권리를 가진다. 국가는 개인이 가지는 불가침의 기본적 인권을 확인하고 이를 보장할 의무를 진다.

① 루소와 시이예스의 주장 비교

루소는 국민을 능동적 실행자로서의 인민(Peuple)으로 보고, 주권을 직접 행사하는 주체로 보았다. 이런 인민주권에 따르면 선거제도는 다수 대중이 직접 주권을 행사하는 방식이어야 하므로 보통·평등 선거제도이며, 이 선거제도를 통한 위임의 성격은 당연히 기속위임이 되고, 대표의 성격은 대리의 성격을 가지게 된다. 한편, 시이예스는 국민을 이념적인 집단인 Nation으로 보고, 주권은 대표를 통해 행사되는 것으로 보았다. 이 경우에 선거제도는 제한 선거와 차등 선거를 정당화하게 되고, 이 선거제도를 통한 위임의 성격은 자유 위임, 즉 무기속 위임의 성격을 가지게 된다. 따라서 대표의 성격은 수탁자의 성격을 가지게 된다. 그렇다면 현재 국민을 Peuple로 보아야 할까? 아니면 Nation으로 보아야 할까?

형식적 국민주권 및 실질적 국민주권

구분	형식적 Nation 주권	실질적 Peuple 주권
국민	이념적, 추상적 국민	유권자 총체
국민주권실현방법	대의제	직접민주제
위임의 성격	자유위임(무기속위임) ⇨ 면책특권, 임기보장	기속위임 ⇨ 국민소환
권력분립 여부	권력분립	권력집중
선거제도	제한선거, 차등선거	보통선거, 평등선거
대표자의 성격	수탁자	대리

② 국민을 Peuple로 보아야 할까? 아니면 Nation으로 보아야 할까?

이 질문에 대해 헌법재판소는 보통·평등 선거제도의 보편적 실시는 Peuple의 시대임을 보여준다고 하였다. 헌법재판소는 논쟁의 내용을 비교 검토하여 현재 국민주권의 의미는 실질적 국민주권의 의미로 해석하였다. 이 주장은 대의제의 해석에 영향을 미치게 된다.

③ 현재 대의제의 대표는 어떤 성격을 가질까?

현재 대의제는 대의제 민주주의이며 혼합민주주의이다. 그래서 헌법재판소에 따르면 현대적 대표제는 구시대의 권력 독점적 순수대표제와는 달리 민의 반영을 최우선 과제로 한다고 하면서 '반대표제' 또는 '반직접제'라는 개념을 제시하였다. 이 개념이 의미하는 바는 대표가 의사결정을 할 때 절반은 대표의 의사로, 절반은 국민의 뜻을 반영해야 한다는 것이다. 이런 헌법재판소의 해석은 혼합민주주의를 의미한다. 즉 대의제가 아니라 대의제 민주주의를 의미하는 것이라고 할 수 있다. 국민주권에 따른 대의제의 원리가 구체적으로 무엇인지 살펴보도록 한다.

4. 대의제의 원리: 국민에게 기속받는 대표이다.

(1) 대의제의 의미: 주권 행사 방식 중의 하나

대의제의 원리는 국민이 대표자를 선출하여 그들로 하여금 국가의사를 결정하게 하는 원리이다. 앞서 살펴본 바와 같이 순수 대의제는 국민의 경험적 의사가 아니라 국민 전체의 이익에 부합하는 추상적 의사를 국가의사와 일치시키려고 하는 입장이다. 현재 대의제가 실질적으로 대의제 민주주의의 의미를 전제로 하고, 인민(Peuple)을 전제로 하는 것이라면 대의제는 국민 전체의 이익에 부합하는 국가의사를 대표와 국민이 함께 모색하는 것으로 해석해야 할 것이다.

(2) 혼합민주주의로서 대의제 민주주의

현재 대의제의 원리는 혼합민주주의를 전제로 한다. 혼합민주주의는 국민주권의 행사방식이다. 혼합민주주의는 직접민주주의 방식과 간접민주주의 방식이 결합된 것이다. 직접민주주의 방식과 간접민주주의 방식은 다음과 같다.

① 직접민주주의 방식[33]: 국민투표, 국민발안, 국민소환

국가의 의사결정과 관련되는 직접민주주의 방식은 국민들이 직접 정치적 의사결정을 내리는 것을 말한다. 대표적인 예로는 국민투표, 국민발안, 국민소환 등이 있다. 국민투표는 선거 이외에 국가의 중요한 정책과 사안에 대해 국민이 행하는 투표를 말한다. 국민발안은 국민이 헌법개정안이나 법률안 등을 발의할 수 있는 제도를 말한다. 국민소환은 국민들이 부적합하다고 생각하는 선출직 공직자에 대해 투표로 파면시키는 제도를 말한다.

② 간접민주주의 방식: 대의제

국가의 의사결정과 관련되는 간접민주주의 방식은 대표를 통해 주권을 행사하는 방식을 말한다. 이런 방식이 대의제이다.

(3) 우리나라의 혼합민주주의의 내용: 대의제와 국민투표

우리나라 헌법은 대의제와 직접민주주의 방식으로 국민투표를 채택하고 있다. 국민투표로는 헌법개정절차 국민투표, 중요정책 국민투표(헌법 제72조: 대통령은 필요하다고 인정할 때에는 외교·국방·통일 기타 국가안위에 관한 중요정책을 국민투표에 붙일 수 있다)가 있다. 이런 민주주의를 실현하는 대표적인 것이 다수결원리이다. 직접민주주의와 관련되는 제도가 상당히 적은 편이다. 우리 헌법에는 국민투표[34]만 규정하고 있다. 헌정사에는 제2차 개헌 때 국민발안을 도입했지만 제7차 개헌(유신헌법) 때 삭제되었다. 국민소환의 경우에는 헌정사에서 한번도 도입된 적이 없다. 다만 지방자치법상에 주민투표, 주민발안, 주민소환 제도를 두고 있다. 하지만 이 제도는 헌법상 권리가 아니라 법률상 권리로 인정된다. 이상에서 살펴본 바와 같이 국민들은 대의제를 통해 대표와 함께 국가의사를 결정한다. 하지만 대표는 분리될 필요가 있다. 권력이 집중되어 하나로 되어 있을 경우에는 대표의 힘이 막강해져 국민들의 권리를 침해하거나 위협할 수 있다. 이 지점에서 요구되는 헌법상 기본원리가 권력분립의 원리이다.

---

33) 직접민주주의와 관련되는 제도로는 배심제가 있다.
34) 중요정책 국민투표, 헌법개정 국민투표

5. 권력분립의 원리: 권력은 권력으로 통제한다.

(1) 권력분립의 의미 및 필요성

① 의미

권력분립의 원리는 국민의 자유를 확보하고 국가권력의 남용을 방지하기 위하여 입법・행정・사법의 각 작용을 분리시켜 권력을 통제하는 통치조직에 관한 원리이다. 권력분립 원칙의 기본적 내용은 입법권은 의회에, 집행권은 행정부에, 사법권은 법원에 부여한다는 것이다. 이 원리는 국가권력을 그 성질에 따라 여러 국가기관에 분산시킴으로써 권력 상호 간의 견제와 균형을 통해 국가권력의 남용을 방지하고 국민의 기본권을 보장하기 위한 통치구조상의 조직원리를 말한다. 로크(J. Locke), 몽테스키외(C. Montesquieu) 등에 의하여 이론적으로 완성된 원리로서 절대권력은 절대적으로 부패한다는 진리에 가까운 공리에 그 이념적 기초를 두고 시작되었으며, 국가권력이나 국가기능의 분리・독립을 직접적 내용으로 하지만, 궁극적 목적은 국민의 자유와 권리를 보장하는 데 있다. 예컨대 우리 헌법은 이 원리에 기초하여 법원이 행정입법을 견제할 수 있도록 명령・규칙 심사권을 규정하고 있다.

② 권력분립의 원리는 왜 필요한가?

권력분립원리는 권력 간 상호 견제와 균형을 통하여 권력집중을 통한 절대적 권력화를 예방함으로써 국민의 자유와 권리를 보장하기 위함이다.

③ 법치주의를 가능하게 하는 조건이다.

(2) 국회의 견제 권한

① 대통령과 정부 견제 권한

국회는 대통령과 정부를 상대로 견제할 수 있는 권한으로써 국무총리 임명동의, 국무총리・국무위원의 해임건의, 탄핵소추, 국정감사와 조사, 외교행위에 대한 동의, 긴급명령과 긴급재정경제처분・명령에 대한 승인, 계엄해제요구, 대통령이 제안한 헌법개정안의 의결, 대통령의 일반사면에 대한 동의 등을 통해 대통령과 정부를 통제할 수 있다.

② 법원에 대한 견제

국회는 법관에 대한 탄핵소추, 국정감사 및 조사, 예산 심의 권한 등을 통하여 법원을 견제할 수 있다. 또한 대법원장과 대법관 임명에 대한 국회의 동의권이 있다.

③ 헌법재판소에 대한 견제

국회는 헌법재판소장 임명 동의 및 헌법재판관 선출권, 탄핵소추, 국정조사 및 감사, 예산 심의 등을 통하여 견제할 수 있다.

(3) 대통령의 견제권한

① 국회 견제
대통령은 법률안 거부권 행사, 국가안위에 관한 중요정책의 국민투표회부 등으로 국회를 견제할 수 있다.

② 법원 견제
대통령은 대법원장과 대법관 임명권, 사면권, 예산작성권한으로 법원을 견제할 수 있다.

③ 헌법재판소에 대한 견제
대통령은 헌법재판소장 및 헌법재판관 임명권, 예산 편성 등을 통해 견제할 수 있다.

(4) 법원의 견제 권한

① 국회 견제
법원은 국회 규칙 심사권, 위헌법률심판 제청권 등을 통해 국회를 견제할 수 있다.

② 정부 견제
법원은 명령·규칙·처분의 위헌·위법 심사, 행정소송 등을 통해 국회를 견제할 수 있다.

③ 헌법재판소 견제
법원은 대법원장의 헌법재판관 지명권, 위헌법률심판 제청권 등을 통해 견제할 수 있다.

(5) 헌법재판소의 통제권한

① 의회 견제
헌법재판소는 위헌법률심판·헌법소원심판 등을 통해 의회를 견제할 수 있다.

② 행정부 견제
헌법재판소는 헌법소원심판, 권한쟁의심판, 탄핵심판 등을 통해 행정부를 견제할 수 있다.

③ 법원 견제
법원 규칙 등에 대한 헌법소원심판, 위헌법률심사형 헌법소원, 탄핵심판 등을 통해 법원을 견제할 수 있다. 대략적으로 권력분립원칙에 따라 통치기관 간 상호 견제권한을 살펴보았다.

(6) 전통적인 권력분립론에서 기능적 권력분립론으로의 변화

① 입법권·집행권·사법권에서 입법·집행·사법작용으로의 변화
입법은 의회, 집행은 행정, 재판은 법원의 고유 권한이라는 도식이 현대로 오면서 변화하였다. 예컨대 행정부는 집행 이외에도 행정입법과 같은 입법권, 행정상 의무이행확보수단과 같은 사법적 권한을 가진다. 법원 역시 규칙을 만들고, 결정이나 판결에 따른 집행을 하기도 한다. 이런 변화에 따라 뢰벤슈타인은 작용중심의 새로운 기능적 권력분립론을 주장하였다.

② 전통적인 권력분립론의 위기 원인

㉠ 정당국가화 현상
실제로 정당 중심의 정치가 펼쳐지면서 정당은 비판과 대안 제시를 하고, 의회와 행정부 등 통치 구조의 형성에 개입함으로써 실질적인 입법, 집행, 사법의 역할을 행사하고 있다.

㉡ 행정국가화 현상
사회국가 이념의 실현과 경제적 위기를 극복하는 과정에서 행정부의 권한이 막강해졌다. 또한 행정부의 행정입법이 크게 증가하면서 입법부의 기능까지도 수행하고 있다. 또한 행정부는 준사법적 기능도 행사하고 있다. 예컨대 행정상 의무이행확보수단, 대통령의 사면권, 위헌정당해산제소권 등이다.

㉢ 헌법재판제도의 강화
헌법재판제도의 강화로 인한 사법국가화의 경향도 권력분립의 위기를 초래하고 있다. 모든 문제의 해결은 사법적 판단에 의존하는 경향이 커졌다.

㉣ 통치권 상호 간 권한 침해 현상

6. **법치주의 원리**: 국가권력의 행사는 법에 따라 행해져야 한다.

(1) **의미**

권력분립원리는 법치주의를 가능하게 한다. 법치주의는 권력분립을 전제로 국민의 자유 및 권리를 제한하거나 의무를 부과할 때 의회가 만든 법률에 의하여 국가권력이 행사되어야 함을 의미한다. 즉 법치주의는 국민의 자유와 권리를 제한하거나 의무를 부과하는 법률을 의회가 만들고, 의회가 만든 법으로 집행하고, 재판하는 것을 말한다. 그래서 법치주의는 법의 우위, 법률에 의한 집행(행정), 법률에 의한 재판을 내용으로 한다.

(2) **법치주의의 궁극적 목적 내지는 필요성**

법치주의의 궁극적 목적은 국민의 자유와 권리보장을 위해 국가권력을 제한하는 것이다.

(3) **형식적 법치주의**: 절차와 형식을 중시하는 법치주의, 법 적용의 평등

① 형식적 법치주의의 의미 및 특징: 통치의 합법성 강조
형식적 법치주의는 법치주의를 시민의 자유와 권리를 보장하기 위한 단순한 법 기술적 성격의 것으로 이해하여 행정・재판이 의회가 제정한 법률에 형식상 적합하도록 행하여질 것만을 요청할 뿐, 법률 자체의 내용・목적은 중요시하지 않았다. 이 같은 법치주의를 근거로 하는 형식적 법치국가는 통치의 합법성만을 중시하며 통치의 정당성을 경시하였다.

② 형식적 법치주의의 한계 : 인권침해, 불평등 방치
형식적 법치주의는 처음에는 민주주의(정치)로부터 소수의 자유(부르주아의 자유)를 보호하기 위해 도입된 것이었다. 그 결과 자본주의의 모순으로 인한 불평등 심화, 나치 정권 등에 의해 자행된 대학살 등이 형식적 법치주의가 만들어 낸 비극적 상황으로 나타났다. 불평등이 심각한 상황에서 시민과 같은 권리와 자유를 노동계급이 쟁취함으로써 법의 실질적 내용(자유, 평등, 복지 등)을 고려하지 않을 수 없게 되었다.

(4) 실질적 법치주의

① 실질적 법치주의의 의미
실질적 법치주의는 법률의 형식뿐만 아니라 법률의 목적・내용도 정의에 합치될 것을 요구하는 것을 의미한다. 즉 법이 어떤 가치를 담고 있어야 하는지를 고려한 법치주의이다. 고려해야 되는 내용은 주로 자연법적 사상을 흔히 들고 있지만, 실제로는 인권적 의미와 가치로 이해하는 것이 타당하다. 그리고 이런 실질적 내용이 법에 제대로 실현되었는지를 살펴보기 위해 위헌법률심사, 위헌・위법 행위에 대한 심사, 기본권 침해에 대한 사법적 구제가 중요하게 고려되었다.

② 실질적 법치주의 특징 : 통치의 합법성뿐만 아니라 통치의 정당성을 중시하는 법치주의
실질적 법치국가는 형식적 법치국가와는 달리 통치의 정당성을 중시하는 국가를 말한다. 하지만 통치의 합법성을 경시하지 않는다.

7. 사회국가원리[35] : 복지는 권리일까? 국가의 시혜일까?

(1) 배경

실질적 법치주의는 자연법 사상, 인권 등에 대해 관심을 불러 일으켰다. 이런 상황과 맥을 같이 하는 것이 경제적 자유주의에 대한 비판으로 도입된 사회적 기본권 또는 사회국가원리 또는 복지국가원리이다.[36] 과거에는 사회국가원리에 따른 복지제도의 혜택이나 사회적 기본권의 실현이 정부나 사회의 수혜라고 여겨 재량에 맡겨졌기 때문에 법치주의의 사각지대로 취급되었다. 하지만 현대사회에서는 사회국가원리가 헌법상의 원리이고, 이 원리가 남용되었을 경우 다수의 국민들에게 큰 피해를 줄 수 있기 때문에 재량이 아니라 법적 근거에 따라 실현될 수 있도록 하고 있다.

---

35) 헌법에서 직접 명문으로 규정하고 있지는 않지만, 헌법 제31조부터 제36조까지의 사회적 기본권 및 제119조 제2항의 해석을 통해 인정하고 있다.

36) 사회국가원리와 복지국가원리를 일반적으로 구별하지 않고 쓰고 있다. 하지만 엄밀히 말하자면 구별이 필요하다. 건국헌법이 바이마르 헌법의 영향을 받았고, 사회적 시장경제질서, 사회적 기본권 등을 고려했을 때 사회국가원리라는 표현이 더 적절하다. 복지국가원리는 영미식의 표현이다. 그런데 '복지를 제공한다'로 주로 쓰인다. 그렇다면 복지는 정부가 제공하는 수혜적 의미를 가진다. 수혜는 정부의 재량이다. 하지만 사회적 기본권을 권리로 본다면 사회적 기본권에 근거한 주장에 따라 이루어지는 복지제도는 수혜로 보기 어렵다. 즉 사회국가원리는 복지를 권리를 전제로 하지만, 복지는 정부 재량의 수혜를 전제로 한다. 그렇다면 어떤 개념을 사용하는 것이 적절할까?

(2) 헌법적 근거(헌재 2002헌마52)

① 헌재의 태도

헌법재판소는 사회국가원리의 헌법적 근거와 관련하여, "우리 헌법은 사회국가원리를 명문으로 규정하고 있지는 않지만, 헌법의 전문, 사회적 기본권의 보장(헌법 제31조 내지 제36조), 경제 영역에서 적극적으로 계획하고 유도하고 재분배하여야 할 국가의 의무를 규정하는 경제에 관한 조항(헌법 제119조 제2항 이하) 등과 같이 사회국가원리의 구체화된 여러 표현을 통하여 사회국가원리를 수용하였다"라고 판시하였다.

② 관련 헌법 조문

> **전문** : 안으로는 국민 생활의 균등한 향상을 기하고…….
>
> **第34조** ① 모든 국민은 인간다운 생활을 할 권리를 가진다.
> ② 국가는 사회 보장·사회 복지의 증진에 노력할 의무를 진다.
>
> **第119조** ② 국가는 균형 있는 국민 경제의 성장 및 안정과 적정한 소득의 분배를 유지하고, 시장의 지배와 경제력의 남용을 방지하며, 경제 주체 간의 조화를 통한경제의 민주화를 위하여 경제에 관한 규제와 조정을 할 수 있다.

(3) 의미 및 주요 내용

사회국가원리는 자본주의의 모순을 해결하기 위한 과정에서 등장한 현대헌법의 기본원리이다. 인간의 존엄에 적합한 기본적 생활수요를 보장하고 국민의 생활여건을 조성하는 것이 국가의 책임이면서 그것에 대한 요구가 국민의 권리로서 인정되는 국가원리를 말한다. 사회국가원리의 대표적인 제도가 사회보험, 기초생활보장제도, 사회보장법 등이다.

이런 물질적인 최소한의 기회를 보장하는 것 이외에 정신적인 기회를 최소한 보장함과 동시에 인권 개선의 차원에서 헌법에 규정하고 있는 원리가 문화국가의 원리이다.

8. 문화국가의 원리

(1) 헌법적 근거

헌법 전문에 '유구한 역사와 전통에 빛나는…….' 및 제9조 '국가는 전통문화의 계승·발전과 민족 문화의 창달에 노력하여야 한다'는 문화국가적 원리의 근거이다.

(2) 의미 및 주요 내용

① 의미

문화국가의 원리는 자유방임에 따른 문화적 불평등을 해소하기 위해 등장한 현대헌법상 원리이다. 문화국가란 실질적인 문화평등을 실현하기 위해서 문화의 자율성을 존중하면서도 국가에 이한 적극적인 문화육성을 위해 노력하는 국가를 말한다.

② 기능

현대국가는 문화의 자율성을 최대한으로 존중하면서도 문화에 대한 자유방임정책으로 인한 문제점을 극복하기 위해 능동적으로 문화를 형성하고 보호하는 기능을 맡고 있다.

③ 주요 내용

문화국가원리는 문화적 자율성의 보장, 문화의 보호·육성·진흥·전수, 문화적 평등 보장을 의미한다. 헌법은 문화국가를 실현하기 위하여 양심과 사상의 자유, 종교의 자유, 언론, 출판의 자유, 학문과 예술의 자유 등을 규정하고 있는 바, 이들은 문화국가원리의 불가결의 조건이라고 할 수 있다(헌재 2003헌가1).

9. 평화국가의 원리 및 평화통일주의

(1) 평화국가의 원리의 의미

평화국가의 원리는 세계대전으로 인한 비극에 대한 반성에서 강조된 현대헌법상의 원리이다. 평화국가의 원리라 함은 국제적 차원에서 평화공존, 평화적 해결, 각 민족국가의 자결권존중, 국내문제불간섭 등을 그 내용으로 하는 원리를 말한다.

(2) 평화국가원리의 주요 내용

① 헌법 전문: 세계평화 추구

전문에서 "밖으로는 항구적인 세계평화에 이바지한다"라고 하여 국제평화의 유지에 노력하고 침략적 전쟁을 하지 않을 것을 선언하였다.

② 헌법 제5조 및 전문: 국제평화의 유지, 침략적 전쟁 부인

헌법 제5조에서는 "대한민국은 국제평화의 유지에 노력하고 침략적 전쟁을 부인한다"라고 규정하고 있다.

③ 헌법 제6조 제1항: 국제법 존중

"이 헌법에 의하여 체결·공포된 조약과 일반적으로 승인된 국제법규는 국내법과 같은 효력을 가진다"라고 규정하여, 국제평화주의와 국제법과 국내법의 효력관계를 규정하였다.

④ 헌법 제6조 제2항: 외국인 지위 보장

"외국인은 국제법과 조약이 정하는 바에 의하여 그 지위가 보장된다"라고 규정하고 있다.

⑤ 평화통일주의

우리 헌법은 그 전문에서 '조국의… 평화적 통일에 입각하여'라고 하고, 제4조에서 "대한민국은 통일을 지향하며, 자유민주주의적 기본질서에 입각한 평화적 통일정책을 수립하고 이를 추진한다"라고 하여 평화통일을 지향하고 있다.

04 헌법의 기본질서

헌법은 영역을 어떻게 나눌까? 나눈 각 영역에서 어떤 규칙을 만들어야 할까? 정치공동체가 평화롭고 안정적으로 살아가기 위해 정해야 하는 규칙은 무엇일까? 이런 질문에 답하는 것이 헌법의 기본질서이다. 헌법의 기본원리에 따라 만들어지는 기본질서는 정치적인 측면에서 민주적 기본질서, 경제활동영역의 경제적 기본질서, 국제사회의 일원으로서 국제법 질서 존중 등이다. 구체적인 내용은 다음과 같다.

1. 정치적 기본질서: 민주적 기본질서

(1) 민주적 기본질서의 의미: 헌법재판소는 자유민주적 기본질서로 해석

민주주의는 넓은 의미에서 국가생활과 사회생활을 함에 있어 실천해야 할 하나의 생활원리로 파악하고 있다. 민주주의는 사회민주주의와 자유민주주의를 비롯하여 모든 민주주의를 그 내용으로 포괄하는 상위개념을 의미한다. 이와 같이 구체적으로 민주주의가 무엇이냐 하는 것에 대해서는 여러 가지 다툼이 있지만, 우리나라의 헌법재판소와 다수는 자유민주적 기본질서로 해석하고 있다.

(2) 자유민주적 기본질서의 의미

자유민주적 기본질서는 국가권력의 간섭을 배제하고, 개인의 자유와 창의를 존중하며 다양성을 포용하는 자유주의와 국가권력이 국민에 귀속되고, 국민에 의한 지배가 이루어지는 것을 내용적 특징으로 하는 민주주의가 결합된 개념이다(2001.9.27. 2000헌마238).

2. 경제적 기본질서: 혼합경제질서[37)]

(1) 혼합경제질서

우리나라는 자유시장경제질서와 함께 사회적 시장경제질서를 규정함으로써 혼합경제질서를 헌법에서 명시하고 있다.

① 자유시장경제질서: 경제적 자유주의
대한민국의 경제질서는 개인과 기업의 경제상의 자유와 창의를 존중함을 기본으로 한다(헌법 제119조 제1항).

② 사회적 시장경제질서: 국민의 실질적 자유와 평등 보장
국가는 균형 있는 국민경제의 성장 및 안정과 적정한 소득의 분배를 유지하고, 시장의 지배와 경제력의 남용을 방지하며, 경제주체 간의 조화를 통한 경제의 민주화를 위하여 경제에 관한 규제와 조정을 할 수 있다(헌법 제119조 제2항).

---

37) 헌법 제119조 ① 대한민국의 경제질서는 개인과 기업의 경제상의 자유와 창의를 존중함을 기본으로 한다.
② 국가는 균형 있는 국민경제의 성장 및 안정과 적정한 소득의 분배를 유지하고, 시장의 지배와 경제력의 남용을 방지하며, 경제주체 간의 조화를 통한 경제의 민주화를 위하여 경제에 관한 규제와 조정을 할 수 있다.

(2) 주요 내용

① 소작제도 금지

㉠ 헌법 제120조 제1항에서 "국가는 농지에 관하여 경자유전의 원칙이 달성될 수 있도록 노력하여야 하며, 농지의 소작제도는 금지된다"라고 규정하고 있다.

㉡ 헌법 제121조 제2항에서 "농업생산성의 제고와 농지의 합리적인 이용을 위하거나 불가피한 사정으로 발생하는 농지의 임대차와 위탁경영은 법률이 정하는 바에 의하여 인정된다"라고 규정하고 있다.

② 균형발전: 국토의 효율적이고 균형 있는 이용과 개발 및 보전을 명시하고 있다.

③ 농어업 보호 육성을 위한 지원 및 계획을 수립하고 있다.

④ 지역경제 육성 의무를 명시하고 있다.

⑤ 중소기업 보호 육성 의무, 수급균형과 유통구조 개선, 소비자 보호운동 등을 규정하고 있다.

⑥ 사기업에 대해 국방상 또는 국민경제상 긴절한 필요시 국유 또는 공유 이전이 가능하도록 규정하고 있다.

3. 국제질서: 평화주의적 국제질서

(1) 국제평화주의 의미

① 도입배경

양차 세계대전을 경험함과 동시에 세계화가 진행되면서 각국의 헌법들은 예외 없이 평화주의와 국제질서존중주의를 핵심 내용으로 하는 규정들을 두고 있다.

② 헌법상 근거: 세계평화와 인류공영에 이바지, 국제평화 유지에 노력

우리나라의 경우 헌법 전문에 "밖으로는 항구적인 세계평화와 인류 공영에 이바지함으로써…"와 헌법 제5조 제1항에서 "대한민국은 국제평화 유지에 노력하고 침략적 전쟁을 부인한다"라고 규정하고 있다. 이는 우리 헌법이 국제평화주의를 채택하고 있음을 보여주는 것이다. 우리 헌법상의 구체적인 내용으로는 국제법 질서의 존중과 외국인의 법적 지위 보장에 관한 것이 있다.

(2) 국제법 질서의 존중

① 국제법규의 존중: 헌법에 의하여 체결·공포된 조약과 일반적으로 승인된 국제법규

헌법 제6조 제1항은 "헌법에 의하여 체결·공포된 조약과 일반적으로 승인된 국제법규는 국내법과 같은 효력을 가진다"라고 규정하여 국제법을 국내법에 수용하고 이를 존중한다는 점을 밝히고 있다. 수용된 국제법의 경우 헌법보다 하위의 법률적 효력을 지닌다.

② 조약

㉠ 조약의 의미

조약이란 2개국 이상이 그 명칭(협정, 합의서 등)과 관계없이 법률관계의 창설 및 변동에 대해서 합의·약속한 것을 의미한다.

㉡ 대통령의 조약체결·비준권과 의회의 조약체결·비준에 대한 동의권

조약의 체결·비준권은 현행 헌법상 대통령의 권한에 속하며, 조약에 대한 동의권은 국회의 권한이다. 헌법 제60조 제1항 "국회는 상호원조 또는 안전보장에 관한 조약, 중요한 국제조직에 관한 조약, 우호통상항해조약, 주권의 제약에 관한 조약, 강화조약, 국가나 국민에게 중대한 재정적 부담을 지우는 조약 또는 입법사항에 관한 조약의 체결·비준에 대한 동의권을 가진다"라고 규정하고 있다.

③ 일반적으로 승인된 국제법규의 존중(국제관습법)

㉠ 의미

일반적으로 승인된 국제법규라 함은 국제사회의 보편적 규범으로서 대다수 국가가 승인하고 있는 법규를 의미한다. 이는 성문과 불문, 우리나라의 승인 및 가입여부와는 관계가 없다.

㉡ 국내법 수용절차 없음

헌법 제6조 제1항에 의하면 일반적으로 승인된 국제법규는 국회의 동의를 요하는 조약과 달리 특별한 수용절차를 거치지 않고 국내법과 동일한 효력을 갖는다.

④ 국제법과 국내법과의 갈등

㉠ 헌법을 우위에 두는 국제법·국내법 일원론

국제법을 존중할 때 국내법과 갈등이 발생할 수 있다. 이 갈등의 문제를 해결하기 위해서 국내법과 국제법의 관계에 대한 견해가 제시되었다. 국내법과 국제법을 서로 다른 법질서로 보는 이원론과 국내법과 국제법을 동일한 법질서로 보는 일원론이 있다. 일원론의 경우는 국제법을 우위에 두는 경우도 있지만, 우리나라 다수설은 일원론의 입장에서 헌법 우위설의 입장을 견지한다.

㉡ 국제법에 대해 위헌법률심판 가능성 여부 : 이론적 가능, 현실적으로는 불가능

이 입장을 견지할 경우 국제법에 대해 위헌법률심판제청을 할 수 있는지가 문제가 된다. 법률적 효력을 가지는 것이라면 가능하다는 것이 다수설이지만, 행정협정 등에 대해서는 아직 명확한 입장이 없다. 하지만 현실적으로는 불가능한 일이라고 이해하는 것이 타당할 것이다.

⑤ 외국인의 법적 지위의 보장

우리 헌법은 외국인의 법적 지위를 호혜주의(상호주의)에 입각하여 보장하고 있다. 예컨대 헌법 제6조 제2항에서 "외국인은 국제법과 조약이 정하는 바에 의하여 그 지위가 보장된다"라고 규정하고 있다.

예비사회교사를 위한 법학

Chapter

02 기본권총론

지금까지 헌법 전문, 헌법의 기본원리, 기본질서에 대해 살펴보았다. 이제 헌법에서 가장 중요한 기본권 목록에 대해 알아보고, 각 기본권을 분석하고 어떻게 보장하는지에 관한 총론을 살펴보게 될 것이다.

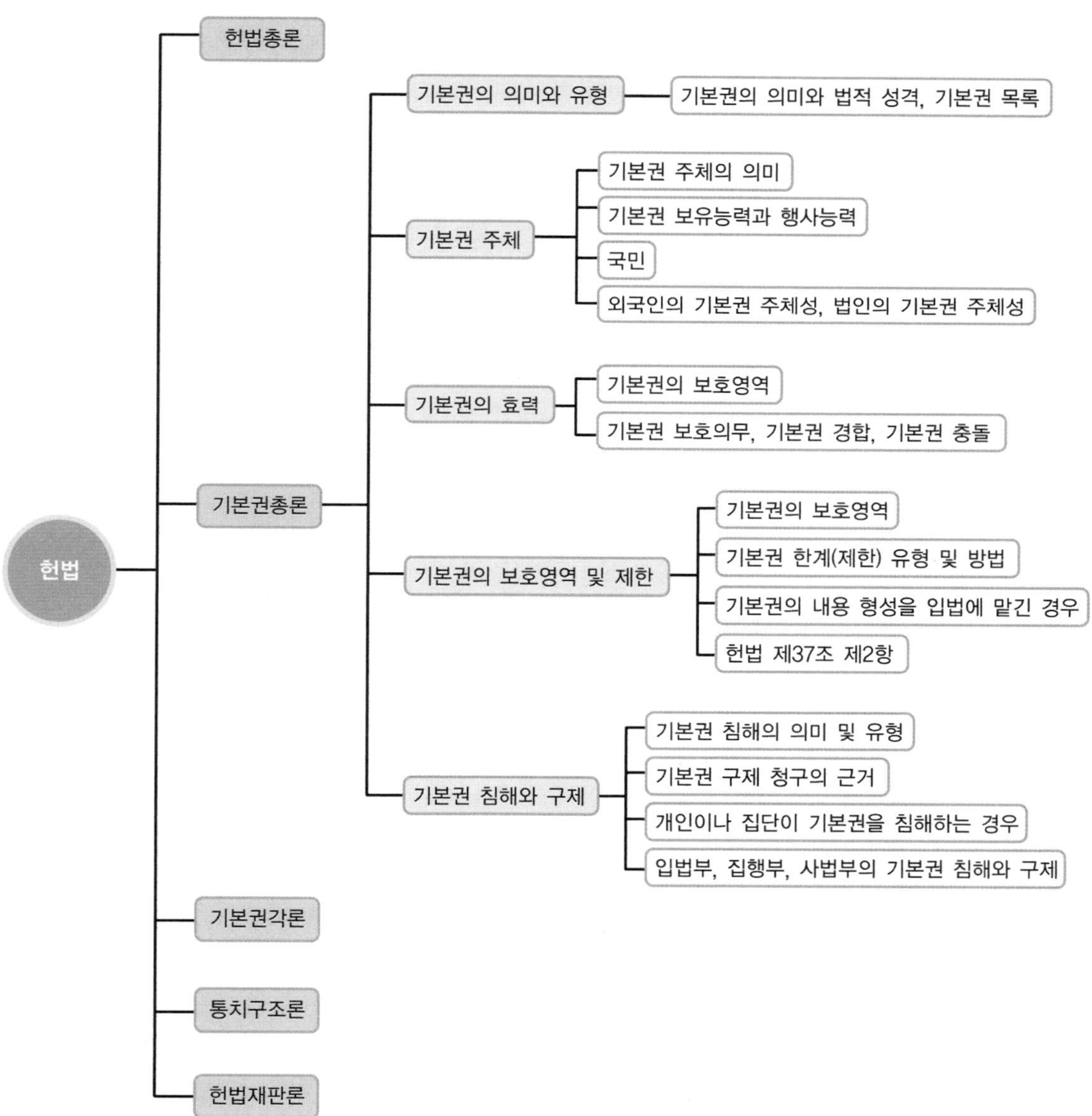

Ⅰ 기본권 의미 및 주체

01 기본권 의미와 유형

1. 기본권의 의미와 법적 성격

(1) 기본권의 유래와 의미: 천부인권 사상 ⇨ 시민혁명 ⇨ 헌법상 기본권

기본권이란 인간의 존엄과 가치를 실현하기 위해 헌법이 보장하는 국민의 가장 기본적 권리를 의미한다. 이 기본권은 인권사상에서 유래한다고 할 수 있다. 인권사상은 인류의 역사와 같이 출발하지만 계몽주의적 자연법주의와 사회계약론자들이 천부적 인권론을 주장한 18세기에 와서 구체화되었다. 이들은 이성과 자연법을 강조하였고, 인간으로서의 존엄과 가치, 자유와 평등이 천부인권임을 강조하였다. 그 결과 자유주의 인권사상이 구체화되었으며 이런 인권사상은 시민혁명에 영향을 주게 되었다. 그리고 인권사상의 주요 내용은 시민혁명을 통하여 권리장전이나 헌법에 문서화하면서부터 개인의 권리로 발전하게 되었다. 이처럼 인권이 헌법에서 실현되고 구체화된 개인의 권리를 기본권이라고 부른다. 즉 헌법에 명시됨으로 인권은 더 이상 초법규적인 도덕적 의미뿐만 아니라 실정권이 되면서 현실적 권리로 보장받을 수 있게 되었다.

(2) 기본권의 성격: 천부인권, 자연권, 주관적 공권, 이중적 성격(주관적 공권 + 가치질서)

계몽사상, 사회계약론 등을 통해 나타난 자유주의 인권사상이 시민혁명을 통해 헌법에 명시가 되고, 그 결과 현실적인 권리로 보장받게 되었다는 점을 고려할 때 기본권은 다음과 같은 성격을 가지게 된다.

① 자연권적 성격
사회계약론에서 제시된 자연권은 '천부인권'으로 불리기도 한다. 즉 기본권은 자연법적으로 인간이 인간으로서 당연히 가지는 권리를 의미한다. 이는 초법규적 의미를 가지는 것이다.

② 실정법적 권리
기본권은 헌법이라는 실정법에 명시됨으로써 현실적으로 보장되는 실정법적 권리이다.

③ 주관적 공권으로서의 성격: 대국가적 권리
봉건시대나 중세에서 특별하지 않은 한 개인이 권리를 가진다는 것은 상상할 수 없는 일이었지만, 이 상상할 수 없는 일을 가능하게 한 것이 바로 자유주의 인권사상이었다. 누구나 권리를 가질 수 있고, 권리를 침해받았을 때 구제를 청구할 수 있다는 자유주의 인권사상이 사회계약론을 통해 형성되었다. 그리고 국가를 위해 개인이 존재하는 것이 아니라 개인을 위해 국가가 존재한다는 야경국가 사상이 등장하였다. 또한 권리를 침해한 정부를 몰아낼 수 있는 저항권도 정당화되었다. 이런 생각들은 한 개인이 자신의 권리를 침해받았을 때 당당히 정부를 상대로 자신의 권리를 주장할 수 있는 근거가 되었다. 이런 의의를 지니는 것이 바로 주관적 공권이다. 주관적 공권이란 국민이 국가에 대해 요구할 수 있는 실정법적 권리를 말한다. 주관적 공권은 기본권의 주체가 국가에 대해 일정한 작위나 부작위를 요구할 수 있는 법적인 힘이라는 것이다. 이 같은 성격으로 인해 기본권은 국가권력을 기속한다.

④ 객관적 가치질서(기본권의 이중적 성격)

기본권은 기본적으로 국가에 대해 요구할 수 있는 주관적 공권이지만, 헌법이라는 실정법에 명시되는 순간부터 가치질서적 의미를 가지게 된다. 즉 헌법에 규정된 기본권 조항은 모든 사람들의 사회적 관계를 규율하며 이는 모든 사람들이 기본권을 가치질서로 수용하고 따라야 함을 의미한다. 즉 모든 사람이 자신의 기본권뿐만 아니라 모든 사람의 기본권이 지켜져야 된다는 것을 가치로 받아들이고 지킨다는 뜻이다.

2. 기본권 목록 : 자유주의 시각에서 범주화

인권의 투쟁 역사에서 지속적으로 축적되어 온 어떤 기본권들을 자유주의 시각에서 조작적으로 범주화해서 살펴보고자 한다. 근세에 개인을 발견하면서 가장 궁극적 가치로 제시된 것은 '인간의 존엄성'이다. 이 '인간의 존엄성'은 인간 삶의 가장 근원적인 목적이라고 할 수 있는 '행복'을 통해 느끼고 현실화될 수 있다. 모든 사람들에게 '행복'을 추구할 수 있는 자유가 차별받지 않고 '평등'하게 보장되어야 한다. 그렇다면 우리는 어떤 자유를 가져야 행복을 추구하고 느낄 수 있을까? 이런 개별적 자유를 도출하기 위해서는 '자유주의'의 전제조건을 생각해 보아야 한다. 자유주의는 개인을 전제로 하며, 사생활과 자유방임을 강조한다. 이를 위해서는 자유롭게 신체적 활동을 하면서, 방해받지 않는 사생활의 공간을 만들고, 자유롭게 생각하고 표현함과 동시에 사생활을 유지할 수 있는 물적 기반을 형성하는 데 방해받지 않아야 한다. 이런 자유가 보장되지 않는 정부에 대한 비판과 자유를 실현할 수 있는 정치적 자유가 필요하다. 여기까지는 모두 간섭받지 않는 것을 강조하는 소극적 자유의 내용들이다. 예컨대 산속에 어느 한 남성이 혼자 살고 있다. 거기에서는 모든 소극적 자유가 보장된다. 간섭하는 사람도, 정부도 없다. 그런데 생활 여건이 너무 열악한 나머지 이 남성은 몸이 아파 움직일 수 없게 되었다. 아픈 몸 때문에 먹을 것을 구하지 못해 먹거리도 없다. 이 상태에서 과연 이 남성에게 소극적 자유가 무슨 의미가 있을까? 모든 사람들이 소극적 자유를 누리기 위해서는 최소한의 물적 기반이 보장되어야 한다는 비판적 자유주의 목소리가 19세기에 등장하였다. 이들의 주장은 적극적 자유, 헌법적으로 말하자면 '인간다운 생활을 할 권리', 즉 '사회적 기본권'을 강조하였다. '사회적 기본권'은 모든 사람들의 소극적 자유를 실현하기 위해 뒷받침되어야 하는 권리이자 적극적 자유이다. 그런데 소극적 자유와 사회적 기본권을 열심히 보장해도 이 권리들이 침해되었을 때 구제를 받을 수 있는 방법이 없다면 자유와 권리는 언제든 중단되는 보급품이나 전시물에 불과하다. 그래서 만들어진 목록이 청구권적 기본권이다. 이상의 내용에 따라 기본권 목록의 체계를 정리해 보면 다음과 같다.

(1) 헌법이 추구하는 궁극적 이념과 목적, 기본권 보장 원칙

① 헌법이 추구하는 궁극적 이념: 인간의 존엄과 가치

헌법이 추구하는 궁극적 이념이 '인간의 존엄과 가치'를 실현하는 것이다. 고대 그리스부터 정치공동체를 만들고 우리가 함께 살아가는 이유가 바로 '인간의 존엄과 가치'를 '실현'하기 위해서이다. 이것이 현실에서 실현될 때 우리는 '유토피아'라고 부르게 될 것이다. 이런 유토피아에서 개인은 아리스토텔레스의 말처럼 '최고선(supreme good)'인 행복을 느끼게 될 것이다.

② 기본권 보장의 목적 실현을 위한 포괄적 권리: 행복추구권

인간의 존엄이라는 목적의 실현은 행복추구를 통해 가능하다. 인간이 '최고선(supreme good)'인 행복을 느끼려면 어떤 자유 또는 권리가 필요할까? 행복을 추구하는 권리가 필요하다. 행복을 느끼는 순간도, 행복이라고 부르는 것은 매우 주관적인 만큼 아주 다양하다. 그래서 '행복추구권'이라고 하는 포괄적 권리를 인정하고 있다. '행복추구권'에는 헌법에서 명시되지 않은 권리도 포함하고 있는 포괄적 권리이다. 기본적인 내용은 행복추구를 방해받지 않는 것을 핵심 내용으로 하는 만큼 자유권을 대표하는 포괄적 권리라고 할 수 있다.

③ 기본권 보장의 원칙: 평등원칙 및 평등권, 기본권 보장을 위한 원칙이자 권리

㉠ 헌법 제10조: 국가에 기본적 인권 확인 보장 의무 부과

우리 헌법 제10조에서 '인간으로서의 존엄과 가치'를 기본권 보장과 헌법질서의 핵심가치임을 선언하고 있고, 국가에게는 '인간으로서의 존엄과 가치'를 실현하기 위한 수단인 개개인의 기본적 인권을 확인·보장할 의무를 부과하고 있다.

㉡ 헌법 제11조: 국가가 기본적 인권을 확인하고 보장해 주는 과정에서 지켜야 하는 원칙

이를 위해서 우리 헌법은 제11조 제1항에서 "모든 국민은 법 앞에 평등하다. 누구든지 성별·종교 또는 사회적 신분에 의하여 정치적·경제적·사회적·문화적 생활의 모든 영역에 있어서 차별을 받지 아니한다"라고 규정하여 국가 등이 개개인의 기본적 인권을 확인·보장하는 과정에서 준수하여야 할 국가작용의 지침으로 법의 일반원칙에 해당하는 평등원칙을 선언하고 있는 동시에 국가에게 요구할 수 있는 국민 개개인의 일반적 평등권을 보장하고 있다.

㉢ 결론적으로 정부는 모든 사람들이 행복을 추구하고, 행복 추구를 위해 필요한 구체적 자유와 권리들을 평등하게 누릴 수 있도록 보장해야 한다. 이 원칙이 바로 평등원칙, 평등권의 보장이다.

(2) 자유권: 소극적·방어적 공권

① 소극적 자유의 의의

행복을 추구하는 데 첫 번째 필요한 조건이 바로 자유이다. 자유권이란 국민이 일정한 범위 안에서 국가권력의 간섭이나 침해를 받지 아니할 소극적·방어적 공권으로서 기본권 중에서 가장 기본이 되는 권리를 말한다. 자유권은 국가에 대한 개인의 방어적·소극적 공권을 의미한다. 국가와의 관계에서 자유권은 국가로부터의 자유이고 국가권력에 대한 방어적·소극적 권리인 동시에 천부적·초국가적 인간의 권리이며, 또한 포괄적 권리이면서 직접효력을 가진 권리라 할 수 있다. 자유권에 속하는 것으로는 다음과 같은 것이 있다.

② 소극적 자유의 범주 목록

㉠ 생명, 인신의 자유: 생명권, 신체의 자유

㉡ 사생활의 자유: 주거, 거주, 통신, 사생활 비밀

㉢ 정신적 자유: 종교, 사상, 표현, 예술

㉣ 경제적 자유: 직업, 재산

㉤ 정치적 자유(적극적 권리): 선거권, 피선거권, 참정권

(3) 사회적 기본권

① 의의

청구권만으로 자유는 온전하게 실현되지 못하였다. 그 이유는 자유를 누리기 이전에 기본적인 조건들이 결여되어 있었기 때문이었다. 예컨대 신체의 자유를 누리려면 신체가 건강해야 한다. 그런데 건강할 수 없는 환경에서 신체의 자유는 아무런 의미가 없는 것이 된다. 따라서 자유를 온전하게 누리기 위해 필요한 조건들을 요청할 수 있는 권리가 바로 사회적 기본권(생존권적 기본권)이다.

② 의미: 국민이 인간다운 생활을 확보하기 위하여 일정한 국가적 급부와 배려를 요구할 수 있는 적극적인 권리를 말한다.

③ 구체적 내용: 인간다운 생활, 근로 및 노동, 교육, 환경, 모성보호 및 건강

(4) 청구권: 기본권 보장을 위한 기본권

① 의의

자유권이 침해나 방해를 받게 되면 행복을 추구할 수가 없다. 따라서 자유권을 그 침해나 방해로부터 보호하기 위해서 만들어 놓은 권리가 청구권이다.

② 의미: 국가에 대하여 특정한 행위를 적극적으로 요구하거나 국가의 보호를 요구하는 국민의 주관적 공권이다. 즉, 청구권은 다른 권리나 이익을 확보하기 위하여 일정한 국가적 행위를 요구할 수 있는 적극적 성질이 있으며, 또한 기본권을 위한 기본권의 성격을 가진다.

③ 구체적 내용: 현행 우리헌법이 명문으로 규정하고 있는 청구권적 기본권으로는 청원권, 재판청구권, 형사보상청구권, 국가배상청구권, 범죄피해자구조청구권, 위헌법률심판청구권, 헌법소원심판청구권 등을 들 수 있다. 이 외에 자유권을 보장하기 위하여 구속적부심사청구권, 손실보상청구권 등이 보장되고 있다.

(5) 헌법에 열거되지 않은 기본권

① 헌법 제37조 제1항의 의의
기본권을 모두 헌법에 규정할 수 없다. 그래서 헌법 제37조 제1항은 "국민의 자유와 권리는 헌법에 열거되지 아니한 이유로 경시되지 아니한다"라고 규정하고 있다. 이 규정을 통해 헌법에 명시된 기본권과 명시되지 않은 기본권은 동등하게 보장된다.

② 헌법에 열거되지 않은 권리 인정의 필요성과 당위성
기본권의 목록에 규정되지 않은 것 중에도 인간에게 필요한 기본권은 많다. 이 모든 기본권을 헌법에 규정할 수 없다. 또한 헌법 현실에서는 새로운 권리가 생겨나고, 인정해야 할 필요성이 생겨나기도 한다. 우리 헌법에서는 이런 점을 고려하여 헌법 제37조 제1항을 근거로 헌법에 명시되지 않은 기본권을 인정하고 있다. 이 외에도 헌법 제10조에 규정하고 있는 '인간의 존엄과 가치' 및 '행복추구권'에서 헌법에 명시되지 않은 기본권을 인정하고 있다.

③ 헌법에 열거되지 않은 기본권 사례

㉠ 근거
헌법에 열거되지 않은 기본권은 헌법 제10조에 규정된 '인간의 존엄과 가치' 및 '행복추구권' 그리고 헌법 제37조 제1항을 근거로 도출된다.

㉡ 인격권
헌법재판소에 따르면 인간의 존엄과 가치로부터 도출되는 대표적인 기본권이 인격권이다. 인격권이란 개인의 고유한 인격적 가치를 형성·유지·실현하고 이에 대해 침해를 받지 않을 권리를 말한다. 이런 인격권 침해의 대표적인 사례로는 사죄광고를 명하는 경우, 판결이 확정되기 전 미결수용자에게 재소자용 수의를 착용하게 하고 재판을 받게 하는 경우, 친생부인의 소를 제기할 수 있는 제척기간을 짧게 둔 경우 등이다.

㉢ 행복추구권 내용
인간의 존엄성을 실현하기 위해 요구되는 자유가 무엇인지를 식별할 수 있도록 하는 포괄적 권리로서 행복추구권을 살펴보고자 한다. 일반적인 행동의 자유로는 배우고 싶은 것을 배울 자유, 가르치고 싶은 것을 가르칠 자유, 결혼식 하객들에게 일정한 접대를 할 자유, 성적 자기결정권, 일조권, 인격권, 초상권, 성명권, 명예권 등이 있다.

(6) 국민의 의무

이상에서 살펴본 권리는 공짜가 아니다. 그 대가가 바로 의무이다. 이 의무를 이행해야 국민들은 국가에 대해 자유와 권리를 요구할 수 있다. 대표적인 국민들의 의무로는 국방, 납세, 교육, 환경보전 등이다.

02 기본권 주체

1. 개요

이상으로 헌법에서 보장하고 있는 기본권 체계를 정리해 보았다. 다음으로 정리가 필요한 것은 헌법이 보장하고 있는 기본권을 누가 향유하는지에 관한 것이다. 기본권 향유 주체인지 여부가 명확해야 국가와 타인을 상대로 기본권을 주장할 수 있는지, 기본권을 침해받았을 때 구제를 받을 수 있는지를 판단할 수 있기 때문이다. 기본권 주체성이 인정되지 않으면 기본권 침해를 이유로 구제받을 수 없다. 예컨대 국회의원의 심의 및 표결권은 기본권이 아니라 권한이다. 따라서 권한 침해를 이유로 헌법재판소에 헌법소원심판을 청구할 수 없다. 권한을 다루고 있는 권한쟁의심판을 청구할 수 있을 뿐이다. 헌법의 기본권 보장은 '국가'와 '국민'을 중심으로 만들어진 것이다. 하지만 사회가 복잡해지면서 사회에는 법인이 등장하였고, 법적인 생활을 하고 있다. 또한 세계화가 진행되면서 '국민'이 아닌 '외국인'이 우리나라에서 생활을 하고 있다. 하지만 헌법에서 보장하는 기본권 향유의 주체는 '자연인인 국민'을 원칙으로 한다. 그리고 법인과 외국인은 기본권의 성격을 고려하여 당연히 인정할 수 없거나 제한받는 기본권이 있다.

2. 기본권 주체의 의미

기본권 주체는 기본권을 향유할 수 있는 자를 말한다. 일반적으로 자연인인 국민이 기본권을 향유할 수 있다는 것에는 이견이 없다. 논쟁이 되는 것은 법인과 외국법인의 경우 헌법이 보장하는 기본권을 어느 범위까지 향유할 수 있는지 여부이다.

3. 기본권의 보유능력과 기본권 행사능력

(1) 기본권 보유능력

기본권 보유능력이란 헌법이 보장하는 기본권의 주체가 될 수 있는 추상적 자격을 의미한다. 자연인인 국민은 당연히 기본권의 주체로서 헌법이 보장하는 모든 기본권을 향유할 수 있다. 따라서 자연인인 국민은, 일반권력관계에 있는 일반국민이든 국가 등과 특별권력관계에 있는 국민(공무원, 군인, 국공립학생, 수형자, 공공조합과 구성원의 관계)이든 모두 기본권을 향유할 수 있다고 할 것이다. 원칙상 자연인인 국민만이 헌법상 규정된 모든 기본권을 향유할 수 있다.

(2) 기본권 행사능력

기본권 행사능력이란 헌법이 보장하는 기본권을 구체적으로 행사할 수 있는 능력(자격)을 의미한다. 즉 기본권 주체가 독립적으로 자신의 책임하에 기본권을 유효하게 행사할 수 있는 능력을 말한다. 경우에 따라 기본권 행사능력은 기본권 보유능력과 달리 제한될 수 있다. 예컨대 범죄 경력이 있는 사람에게 국회의원이 될 수 있는 피선거권을 제한하는 경우이다.

⑶ 기본권 보유능력과 기본권 행사능력의 관계

기본권 보유능력이 있다고 해서 반드시 행사능력을 가지는 것은 아니다. 예컨대 대통령 피선거권 연령(40세)이 그렇다. 살펴본 바와 같이 현실에서는 기본권 행사능력을 제한하는 경우가 있다. 기본권 행사능력을 제한하는 경우에도 반드시 법률에 의해서 이루어져야 하며 비례성을 갖춰야 한다. 예컨대 음주운전으로 운전면허를 취소하는 경우에도 당연히 법률에 의해서 이루어진다. 따라서 국민의 기본권을 제한한다고 했을 때 이것은 대부분 행사 능력을 제한하는 것으로 볼 수 있다.

4. 국민(자연인)

⑴ 국민의 범위

국민이란 대한민국 국적을 가진 사람을 총칭하는 법적 개념이다. 국민의 개념을 광의로 이해하면 여기에는 자연인뿐만 아니라 법인도 포함된다.

⑵ 당연히 기본권 보유능력 및 행사능력 보유

자연인인 국민은 당연히 기본권의 주체로서 헌법이 보장하는 기본권을 향유할 수 있다. 따라서 자연인인 국민은, 일반권력관계에 있는 일반국민이든 국가 등과 특별권력관계에 있는 국민(공무원, 군인, 국공립학생, 수형자, 공공조합과 구성원의 관계)이든 모두 기본권을 향유할 수 있다.

5. 외국인(자연인)의 기본권 주체성: 자연인으로서의 권리, 상호주의

⑴ 외국인의 기본권 주체성 인정 범위

외국인의 경우는 기본권 주체성이 인정되는 경우와 상호주의(호혜원칙)에 따라 누릴 수 없거나 제한받는 경우, 성질상 인정할 수 없는 경우도 나눠볼 수 있다.

⑵ 인정되는 경우

자연인으로서 누려야 하는 인간의 존엄과 가치, 행복추구권, 자유권 등의 경우에는 기본권주체성을 인정한다.

⑶ 상호주의(호혜원칙)에 의한 경우

하지만 이외에는 대부분 '상호주의', '호혜원칙'에 따라 인정된다. 예컨대 국가배상청구권이 대표적이다.

(4) 성질상 인정할 수 없는 경우

성질상 인정할 수 없는 경우는 입국의 자유, 정치적 기본권, 근로의 권리, 인간다운 생활을 할 권리이다.

외국인에게도 인정되는 기본권	인간의 존엄과 가치, 생명권, 신체의 자유, 양심의 자유, 재판을 받을 권리
외국인에게 인정되지 않는 기본권	정치적 자유권, 집회결사의 자유, 거주이전의 자유 중 특히 입국의 자유, 직업선택의 자유
상호주의에 따라 인정되는 기본권	평등권, 사회적 기본권, 국가배상청구권 등

6. 법인의 기본권 주체성

(1) 법인의 의미

법인이란 자연인이 아닌 단체나 재산 중 법률에 의하여 권리능력이 인정된 단체 또는 재산을 말한다. 단체에 해당하는 것은 사단법인이고, 재산에 해당하는 것이 재단법인이다. 예컨대 전국 셰프 연합회는 사람들이 모여 사단법인이고, 장학재단 같은 경우는 재단법인이다. 이런 법인은 공법인(公法人)과 사법인(私法人)으로 다시 나눌 수 있다. 이 중 공법인은 기본권을 실현하기 위해 노력해야 하는 것이기 때문에 원칙적으로 기본권 주체성을 인정할 수 없다.

(2) 법인에 대한 기본권 인정 여부: 속성상 자연인만이 가능한 권리는 제외, 나머지는 인정

① 헌법재판소가 다음과 같은 판결을 한 이유를 생각해 보자.
일간신문사에 대한 법원의 사죄광고명령제도는 일간신문사의 인격권을 침해하는 위헌적인 것이다. 그리고 그것은 일간신문사의 양심의 자유를 침해하는 것이 아니라 자연인인 법인의 대표자의 양심의 자유를 침해하는 것이다(헌재 91.4.1. 89헌마160).

② 우리 헌법은 법인의 기본권향유능력을 인정하는 명문의 규정을 두고 있지 않지만, 본래 자연인에게 적용되는 기본권규정이라도 언론・출판의 자유, 재산권의 보장 등과 같이 성질상 법인이 누릴 수 있는 기본권은 당연히 법인에게도 적용된다(헌재, 90헌마56). 기본권의 성질에 따라 속성상 자연인이면서 국민만이 가질 수 있는 기본권이 아닌 한 법인의 기본권 주체성을 인정한다. 즉 자연인과 법인이 함께 누릴 수 있는 기본권만 법인에게 기본권 주체성이 인정된다.

(3) 법인이 향유할 수 있는 기본권의 범위

① 사법상 법인

㉠ 사법상 법인

사법인은 자연인만이 가질 수 있는 기본권을 향유할 수는 없다. 예컨대 법인의 경우 재산권은 누릴 수 있다. 법인에게 양심의 자유는 인정하지 않지만 인격권은 인정된다(91.4.1. 89헌마160). 단 대표자의 양심의 자유는 당연히 인정된다. 사단・재단・영리・비영리・법인격의 취득여부를 불문하고 기본권의 성질상 법인에게 적용될 수 있는 것이라면 당해 기본권의 주체가 된다.

㉡ 외국법인 : 외국인이면서 법인

외국법인의 경우에는 어떻게 될까? 인정하지 않는 나라도 있다. 그러나 이런 규정이 없는 우리 헌법에서는 성질상 법인에게 인정할 수 있는 기본권이라면 외국법인에게도 인정된다고 볼 수 있다. 하지만 인정될 수 있다고 해서 현실적으로 인정되는 것은 아니다. 외국법인은 기본적으로 외국인이다. 따라서 외국인과 외국법인이 같이 누릴 수 있는 것 중에 보장되는 것이며, 상호주의에 따라 인정할 수 없거나 제한받게 되며, 국민이 아니라는 점에서 성질상 인정할 수 없는 것이 있다.

법인에게 인정되는 기본권	행복추구권, 평등권, 거주이전의 자유, 직업선택의 자유, 언론출판의 자유, 재산권, 재판청구권, 손실보상청구권 등
법인에게 인정되지 않는 기본권	인간의 존엄과 가치, 생명권, 인신의 자유, 양심의 자유,

② 공법인

㉠ 원칙적으로 공법인의 기본권 주체성 부정

앞서 살펴본 바와 같이 공법인은 기본권의 주체가 될 수 없다. 헌법재판소도 "공법인은 헌법의 수범자이지 기본권의 주체가 될 수 없다"고 하였다. 예외적으로 국회나 국회의원은 기본권의 주체가 될 수 없다. 따라서 '기본권의 주체가 될 수 없다'는 말은 기본권 침해를 이유로 구제를 청구할 수 없다는 말이다. 하지만 예외적으로 인정하는 경우가 있다.

㉡ 예외적으로 공법인의 기본권 주체성 인정

헌법재판소는 예외적으로 공법인적 성질을 가지는 법인이 기본권의 주체가 되는 경우에도 그 공법인적 성격으로 인한 제한을 받지 않을 수 없다. 이 말은 사법인과 같이 전면적으로 공법인의 기본권 주체성을 인정할 수 없다는 취지의 말이다. 예컨대 헌법재판소는 국립대학교(공법인)에 대해 대학의 자유인 학문의 자유를 인정하였다(헌법재판소). 공영방송인 KBS나 MBC 등도 보도의 자유 등을 누릴 수 있다. 이와 같이 사법인에 비해 공법인은 기본권을 제한적으로 누릴 수 있을 뿐이다.

Ⅱ 기본권의 효력 및 보호

01 개요

이상으로 기본권의 주체를 중심으로 헌법에서 보장하는 기본권에 대해 누가 어떤 기본권을 누릴 수 있는지 살펴보았다. 기본권을 누리느냐 하는 것은 기본권이 누구를 상대로 힘을 가지는지 여부이다. 즉 누구에게 어디까지 기본권이라는 힘을 주장할 수 있느냐 하는 내용을 다루는 것이 기본권의 효력이다. 그런데 기본권의 효력은 무제한적으로 허용될 수는 없다. 기본권이 보호받는 범위 내에서 주장할 수 있다. 보호받는 범위를 정한다는 것은 기본권의 일부를 제한하는 경우도 발생한다는 의미를 내포한다. 그런데 기본권의 일부를 제한하는 것은 반드시 헌법이나 법률에 따라 이루어져야 한다. 헌법이나 법률에 따라 기본권을 제한하는 것을 '헌법유보' 또는 '법률유보'라고 한다. 기본권의 제한이 잘못된 헌법을 대상으로 국민은 다툴 수 없다. 다만 헌법개정을 위한 사회운동의 노력을 해야 한다. 하지만 기본권의 제한이 잘못된 법률은 국민들이 헌법재판소에 '위헌법률심판'이나 '헌법소원심판'을 청구하여 구제받을 수 있다. 이것은 법을 만들 때 국민의 기본권을 침해하는 경우이다. 그런데 국민의 기본권을 침해하는 경우는 법을 만들 때 뿐만 아니라 만들어진 법을 집행하거나 재판하는 과정에서도 일어날 수 있다. 기본권의 효력을 보장하기 위해서는 이런 기본권 침해에 대한 구제 방안을 마련해야 한다. 따라서 이 절에서는 기본권의 효력, 기본권 보호범위, 기본권 제한 방법, 기본권 침해 유형과 구제 방안을 다루기로 한다.

02 기본권의 효력

1. 기본권의 대국가적 효력 및 대사인적 효력

(1) 기본권의 대국가적 효력: 주관적 공권

① 의미

기본권은 국민 누구나 국가에 대하여 가지고 있는 주관적 공권이다. 따라서 기본권은 모든 국가작용을 직접 구속하는 힘을 가지는 대국가적 효력을 가진다.

② 기본권의 주장에 대응하는 국가의 기본권 보호 의무

기본권은 역사적 전개과정에서 사회계약법리를 이론적 근거로 한다. 사회계약에 따라 국민들은 기본권의 보호를 국가에 요구할 수 있다. 이런 권리에 대응하여 국가는 국민들의 기본권을 보호해야 할 의무를 가진다. 이와 같이 국가는 개인이 가지는 불가침의 기본적 인권을 확인하고 보장할 의무가 있다. 따라서 입법권·집행권·사법권을 비롯한 모든 공권력은 기본권에 기속된다.

(2) 기본권의 대사인적 효력: 기본권의 효력 확장 현상 ≪ 기본권의 제3자적 효력

① 의미

기본권은 객관적 가치질서로의 성격도 가진다. 따라서 기본권은 모든 사회적 관계를 규율하게 된다. 이런 성격이 나타난 것이 기본권의 대사인적 효력이다. 기본권의 대사인적 효력이란 사인 상호 간의 법률관계에서도 기본권이 영향을 미친다는 것을 의미한다.

② 대사인적 효력을 인정해야 하는 필요성: 사회적 권력의 부상과 갑질

기본권은 전통적으로 국가권력으로부터 개인의 자유와 권리를 보호하기 위한 대국가적 방어권으로 작용하여 왔다. 하지만 현대사회에서는 국가권력 이외에도 사인이나 사회적 권력 등에 의하여 개인의 자유와 권리가 침해되는 일이 현실적으로 증가하고 있다. 따라서 기본권의 효력범위를 국가권력에 대한 관계에서만 국한시키지 아니하고 사인 상호 간의 관계에도 확대할 필요성이 생겼다.

③ 대사인적 관계에 기본권을 어떻게 적용할 것인가

기본권이 사회적 관계를 규율한다고 했을 때 개별법이 아닌 기본권을 어떻게 적용할 수 있느냐 하는 것이 문제가 된다. 개별법은 구체적인 대상과 법적 효과가 명확하게 되어 있지만 기본권은 그 내용이 간단하게 추상적으로 기술되어 있기 때문이다. 따라서 기본권의 대사인적 관계에 적용할 때 기본권의 간접적 적용 원칙, 예외적 직접적 적용이라는 것이 일반적인 주장이다.

㉠ 기본권의 간접적 적용: 관련 법률 적용의 근거로 기능

주관적 공권인 기본권의 효력을 사인으로부터의 받은 법익침해에 대하여도 인정하게 되었다. 이렇게 대사인 간의 관계에도 적용하지만 직접적으로 기본권의 효력을 인정하는 것은 제한적이다. 보통은 사법상의 일반조항을 통해 간접적으로 적용한다.

㉡ 기본권의 직접적 적용: 헌법에 직접적으로 명시하고 있는 경우

간접적 적용 원칙에도 불구하고 헌법에 직접적으로 규정을 하고 있는 경우에는 직접 적용한다. 예컨대 인간의 존엄 및 가치, 행복추구권, 언론·출판의 자유, 여자·연소자 근로의 특별 보호, 노동 3권 등이다.

(3) 기본권의 갈등 상황

기본권의 효력은 특히 기본권의 갈등 상황에서 더욱 명확하게 확인할 수 있다. 이 갈등 상황이 바로 기본권의 경합(경쟁) 및 충돌(상충)이다. 기본권의 경합은 한 기본권 주체가 국가를 상대로 여러 가지의 기본권을 주장하면서 자신의 기본권 보장을 주장하는 상황이다. 기본권의 충돌은 여러 기본권 주체가 자신의 기본권을 주장하면서 대립하고 있는 상황에서 국가의 간섭과 개입을 통해 해결해 줄 것을 요구할 수 있는 상황이다. 이제부터 기본권의 경합(경쟁)과 충돌(상충)에 대해 살펴보도록 한다.

2. 기본권의 경합(경쟁): 대국가적 효력의 문제

(1) 기본권 경합의 의미 및 사례

① 한 기본권 주체가 여러 가지 기본권을 주장할 수 있는 경우

기본권의 경합이란 동일한 기본권 주체의 행위가 동시에 여러 기본권의 구성요건에 해당하여 여러 기본권의 적용을 주장할 수 있는 상황을 말한다. 국가는 국민의 기본권을 원칙적으로 보장하고 예외적으로 제한할 수 있다. 이 기본권을 제한할 때 단일의 기본권 주체가 제한당하는 복수의 기본권을 국가에 대하여 주장하는 경우가 기본권의 경합(경쟁)이다.

② 사례

즉 기본권의 경합이란 동일한 기본권 주체가 복수의 기본권을 국가에 대하여 주장할 수 있는 경우를 말한다. 예를 들어 성인 잡지를 출판하는 사람이 출판사 등록 취소를 받게 되자 표현의 자유와 영업의 자유의 자유를 주장하는 경우, 집회에 참석하고자 하는 자를 체포·구속한 경우에 신체의 자유와 집회의 자유를 주장하는 경우, 성직자의 설교를 제한하자 종교의 자유와 직업수행의 자유를 주장하는 경우, 신문을 배달하는 자동차를 압수하자 언론의 자유와 재산권을 주장하는 경우, 또는 노동조합에 가입하였다는 이유로 교사를 파면하자 근로 3권과 직업수행의 자유를 주장하는 경우를 말한다. 하지만 예술작품처럼 그림을 그려 상업광고를 하여 제재를 받은 사업자 병(丙)은 예술의 자유와 영업의 자유를 동시에 침해받았다고 주장할 수 없다. 상업광고를 위한 예술작품을 그린 것은 영업의 자유에 불과하고 예술의 자유에 속하지 않기 때문이다.

(2) 기본권 경합 해결방안

이 경우 어느 기본권을 우선할 것인가라는 문제가 제기된다. 이러한 기본권의 경합문제는 어디까지나 기본권의 대국가적 효력의 문제이다. 이 경우 국가의 기본권 경합 해결 원칙으로 논의되는 것은 다음과 같다.

① 일반적 기본권과 특수적 기본권이 경합하는 경우

일반적 기본권과 특수적 기본권이 경합하는 경우에는 특수적 기본권이 우선한다. 예를 들어 정치적 목적의 결사에 대하여 제21조 일반결사조항보다는 제8조 정당조항이 우선 적용된다.

② 보충관계에 있는 기본권들이 경합하는 경우

행복추구권과 개별적 기본권이 경합하는 경우에는 개별적 기본권을 우선한다.

③ 제한(효력) 정도가 다른 기본권들이 경합하는 경우(침해의 강도) : 제한 가능성 여부

국가의 기본권 제한 및 침해 가능성이 큰 기본권과 적은 기본권이 경합하는 경우에는 당연히 제한 가능성이 적은 기본권을 우선한다. 제한 가능성이 적은 기본권이 효력이 강하기 때문이다. 그런데 경우에 따라서는 반대가 되어 제한 가능성이 가장 큰, 가장 효력이 약한 기본권을 우선하기도 한다.

④ 제한(효력) 정도가 동등한 기본권들이 경합하는 경우(사안 밀접성 관련)

㉠ 직접 관련 기본권 적용의 원칙

기본권이 경쟁관계에 있는 경우 여러 기본권 중에서 문제의 사안과 직접적인 관련이 있는 기본권이 우선적으로 적용된다는 직접 관련 기본권적용의 원칙

㉡ 관련기본권 전부적용의 원칙

여러 기본권이 문제의 사안과 직접적인 관련이 있고 효력도 동일한 경우에는 모든 기본권이 적용된다는 관련기본권 전부적용의 원칙으로 해결하는 견해가 있다.

3. 기본권의 충돌(상충) : 기본권의 대사인적 효력이면서 대국가적 효력

⑴ 가본권 충돌의 의미

① 기본권 주체 간에 기본권이 충돌하는 경우

기본권의 충돌이란 서로 상이한 기본권 주체가 서로의 기본권을 행사함으로써 충돌하는 경우 국가에 대하여 자신의 기본권을 적용해 달라고 요구하는 상황을 말한다. 공동체 생활에서는 많은 기본권 주체들이 함께 살아간다. 국민들은 서로의 기본권을 존중하고 보호해 주는 노력을 해야 한다. 하지만 기본권 주체들이 서로의 기본권을 주장하고 다툼을 벌이는 것은 피할 수 없는 일이다. 이처럼 서로 기본권 주체가 자신들의 권익을 위하여 갈등을 벌이고 국가에 대해 각자의 기본권을 관철시키려고 하는 갈등 상황이 기본권의 갈등(충돌)이다.

② 대사인적 효력임과 동시에 대국가적 효력

기본권 충돌이란 복수의 기본권 주체가 서로 충돌하면서 국가에 대하여 기본권의 효력을 주장하는 경우이다. 따라서 기본권 충돌의 상황은 대사인적 효력의 문제임과 동시에 대국가적 효력의 문제이다. 즉 기본권의 충돌은 기본권의 대사인적 효력의 적용영역에서 발생하는 문제이므로 기본권의 대사인적 효력을 인정하여야 도출되는 개념이다. 뿐만 아니라 기본권의 충돌은 국가의 개입을 통해서 해결하는 문제라는 점이다.

③ 사례

기본권 충돌의 유형으로는 언론기관의 보도의 자유와 개인의 인격권이 충돌되는 경우, 기업주가 골프사업을 운영함으로써 직업의 자유와 인근 주민의 환경권이 충돌하는 경우를 들 수 있다. 하지만 국가의 형벌권과 재소자의 신체의 자유는 공권력 행사에 의한 기본권의 제한 내지 침해의 문제일 뿐 기본권의 충돌로 볼 수 없다. 또한 예술의 자유와 청소년의 보호문제는 법익의 충돌문제일 뿐 기본권의 충돌이 아니다.

⑵ 기본권 충돌 해결 방안

① 법익형량의 원칙

㉠ 의미

법익형량의 원칙은 기본권 충돌 상황에서 어느 하나를 선택할 수 있는 상황의 원칙이다. 법익형량의 원칙은 충돌하는 기본권의 법익을 비교·형량하여 결정하는 방법이다. 이러한 기본권에 대한 이익형량은 공익 대 공익뿐만 아니라 공익 대 사익 간에도 법익형량 원칙이 적용된다. 이 원칙이 적용되는 경우는 기본권 간의 위계가 있거나 가치의 차이가 있을 때이다.

㉡ 사례

예컨대 상위기본권과 하위기본권이 충돌한 경우에는 상위기본권이 우선한다. 예를 들어 태아의 생명권과 임신부의 자기결정권이 충돌한 경우에는 상위기본권인 태아의 생명권이 우선한다. 또한 동위의 기본권 간에 충돌이 일어난 경우에는 인격적 가치의 기본권이 재산적 가치의 기본권보다 우선하며, 자유와 평등이 충돌할 경우 자유가 우선하며 사익의 가치에 대해 공익우선의 원칙이 적용된다.

② 규범조화적 해석에 의한 해결

㉠ 규범조화적 해결 방법의 의의

규범조화적 해결은 기본권 충돌 상황에서 주장 당사자의 상황을 모두 고려한 방안이다. 규범조화적 해석은 기본권 간의 위계질서를 반드시 전제로 하지 않으며, 2개 이상의 기본권이 충돌한 경우 어느 하나의 기본권을 다른 기본권에 우선시키지 않고 헌법의 통일성을 유지하기 위해 충돌하는 기본권 모두가 최대한으로 기능과 효력을 나타낼 수 있도록 규범조화적으로 해석하여 헌법규범 상호 간의 통일성을 유지하려는 원칙을 말한다. 우리 헌법재판소도 언론 피해자의 정정보도청구권과 언론기관의 보도의 자유가 충돌할 경우에 규범조화적 해석 방법에 따른 해결원칙을 판시한 바 있다.

㉡ 해결 방법

규범조화적 해석에 의한 해결 방법으로는 과잉금지의 원칙(충돌하는 기본권 모두에게 일정한 제약을 가함으로서 두 기본권 효력을 양립시키되 두 기본권에 대한 제약은 필요최소한도에 그쳐야 한다는 원칙), 대안식 해결 방법(충돌하는 기본권 간의 대안을 찾아내어 해결하려는 방법), 최후수단억제의 원칙(2개의 기본권이 충돌할 경우에 어느 하나의 기본권 보호를 위해 모든 필요한 수단을 최후의 선까지 동원하는 것은 삼가야 한다는 원칙) 등이 있다.

㉢ 대안식 해결 방법의 사례

자식의 생명을 구하는 길이 수혈뿐인데 종교적 이유로 이를 부모가 거부하는 경우에 부모의 동의 없이도 법원 또는 친족회의 동의로 이를 갈음하는 경우를 그 예로 들 수 있다. 하지만 현실에서는 대안을 찾기 극히 어려워 자주 사용되지 않는 해결 방법이다.

㉣ 최후수단억제의 원칙의 사례

대안식 방법에 의하여도 해결이 어려운 경우 유리한 위치에 있는 기본권의 보호를 위하여 가능하고 필요한 수단일지라도 최후수단까지 동원하는 것은 삼가려는 방법이다. 예를 들어 독일연방헌법법원이 종교적 이유로 수혈을 거부하여 자기 부인을 사망케 한 남편에게 형법을 적용하지 않은 사례가 있었다.

03 기본권의 보호영역 및 제한

1. 개요

살펴본 바와 같이 국가는 기본권이 가지는 힘에 기속된다는 것이 기본권 효력이다. 즉 국민의 기본권을 국가에 주장함으로써 기본권을 보장받는다. 이런 국민의 기본권의 힘에 대응하는 것이 국가의 기본권 보호의무이다. 국가가 기본권 보호의무를 제대로 수행하려면 국민들이 기본권 주장을 검토하고 분석하여 기본권 보호의 범위를 확인하거나 제한하여야 한다. 이런 국가의 노력은 불가피하다. 사회에서 개인이 무제한의 기본권을 행사하거나 주장하는 것이 허용될 수 없기 때문이다.

2. 기본권 보호의무 : 기본권의 한계 내에서 보호 의무 발생

기본권이 국민이 가지는 현실적 권리이자 힘을 가진다는 것이 기본권의 효력이다. 이런 기본권의 힘 때문에 국가에 의무가 생긴다. 그 의무가 바로 기본권 보호의무이다. 따라서 국가는 개인의 기본권을 침해하지 않아야 할 뿐만 아니라 적극적으로 보호하여야 한다. 예컨대 국가에 버금가는 사회세력(기업이나 각종 이익단체)의 성장이나 새로운 사회경제적 상황으로 인하여 낙태, 아동학대, 사회복지시설에서의 피수용자의 인권침해, 환경오염 등 사인에 의한 기본권 침해의 위협이 증가하고 있는 상황에서 국가는 기본권을 보호하기 위한 대책을 수립하고 실시해야 한다.

3. 기본권의 보호영역 : 헌법해석을 통해 보호영역과 비보호영역을 정함

기본권 보호의무는 기본권에 의해 보호되는 일정한 생활영역을 말한다. 이 기본권 보호영역은 헌법해석에 의해 확정된다. 기본권 보호영역이 확정되면 보호되는 영역과 보호되지 않는 영역으로 확정된다. 보호되지 않는 영역은 국가의 보호의무 대상에서 제외되거나 때로는 처벌과 불이익을 부과하는 대상이 되기도 한다.

4. 기본권 제한 유형 및 방법[38]

(1) **내재적 제한**(한계)

① 의미 및 사례

기본권은 국가에 대하여, 제3자에 대하여 주장하고, 이를 통해서 보호받을 수 있는 권리이다. 하지만 기본권 행사는 공공선, 국가질서, 공공복리, 타인권리 등을 고려해야 하며 남용할 수 없다. 즉 기본권의 형식적 제한(즉, 헌법이나 법률에 의한 제한)이 없어도 그 자체로부터 한계를 갖는다는 것을 의미한다. 예컨대 개인의 성적 자기결정권도 국가적 · 사회적 · 공공복리 등의 존중에 의한 내재적 한계가 있는 것이며, 따라서 절대적으로 보장되는 것은 아니다(헌재 89헌마82).

② 목적

기본권의 형식적 제한이 없는 경우나 절대적 기본권에 대해 현실적으로 제한하기 위해서 만든 논리이다.

(2) **헌법적 제한**(헌법유보)

① 의미

헌법유보는 기본권의 한계에 대해서 헌법에 직접적인 규정을 두고, 헌법이 직접적으로 제한하는 경우를 말한다. 흔히 헌법유보라고 부른다. 헌법유보의 방법으로는 일반적 헌법유보와 개별적 헌법유보로 나눌 수 있다.

---

38) 우리 헌법에는 내재적 한계가 없다. 헌법유보와 관련해서는 개별적 헌법유보만 있다. 그리고 일반적 법률유보를 원칙으로 한다. 개별적 법률유보는 많이 있다.

② 일반적 헌법유보

일반적 헌법유보는 모든 기본권에 대해 직접 그 한계를 규정하는 경우를 말한다. 독일기본법 제2조 제1항에서는 "권리의 행사가 타인의 권리를 침해하는 것이어서는 아니 되고, 헌법질서에 위배되는 것이어서는 아니 되며, 도덕률에 반하는 것이어서는 아니 된다"라고 규정하고 있다. 하지만 이런 일반적 헌법유보가 우리 헌법에는 없다고 보는 것이 일반적인 주장이다. 우리 헌법에는 개별적 헌법유보만이 있다.

③ 개별적 헌법유보

개별적 헌법유보는 헌법상의 개별 기본권 조항에 직접 그 한계를 규정하는 방법을 말한다. 이 방법은 입법자의 기본권 제한 입법을 통제하고, 기본권 주체의 행사범위를 직접 제한한다.

㉠ 민주적 기본질서에 위배한 정당의 해산제도(제8조 제4항)

헌법 제8조 제4항은 "정당의 목적이나 활동이 민주적 기본질서에 위배될 때에는 정부는 헌법재판소에 그 해산을 제소할 수 있고, 정당은 헌법재판소의 심판에 의하여 해산된다"라고 규정하고 있다.

㉡ 언론·출판의 타인의 명예·권리 등의 침해금지(제21조 제4항)

헌법 제21조 제4항은 "언론, 출판은 타인의 명예나 권리 또는 공중도덕이나 사회윤리를 침해하여서는 아니 된다. 언론, 출판이 타인의 명예나 권리를 침해한 때에는 피해자는 이에 대한 피해의 배상을 청구할 수 있다"라고 규정하고 있다.

㉢ 재산권행사의 공공복리적합성(제23조 제2항)

헌법 제23조 제2항은 "재산권의 행사는 공공복리에 적합하도록 해야 한다"라고 규정하고 있다.

㉣ 군인 등의 국가배상청구권의 제한(제29조 제2항)

헌법 제29조 제2항은 "군인, 군무원, 경찰공무원, 기타 법률이 정하는 자가 전투, 훈련 등 직무집행과 관련하여 받은 손해에 대하여는 법률이 정하는 보상 외에 국가 또는 공공단체에 공무원의 직무상 불법행위로 인한 배상은 청구할 수 없다"라고 규정하고 있다.

㉤ 공무원의 근로 3권의 제한(제33조 제2항)

헌법 제33조 제2항은 "공무원인 근로자는 법률이 정하는 자에 한하여 단결권, 단체교섭권 및 단체행동권을 가진다"라고 규정하고 있다.

㉥ 주요방위산업체 근로자의 단체행동권의 제한(제33조 제3항)

헌법 제33조 제3항은 "법률이 정하는 주요방위산업체에 종사하는 근로자의 단체행동권은 법률이 정하는 바에 의하여 이를 제한하거나 인정하지 아니할 수 있다"라고 규정하고 있다.

(3) 법률적 제한

① 법률유보의 의미

법률유보는 국민의 자유와 재산권을 침해하거나 의무를 부과하는 것과 같이 기본권을 제한하거나 의무를 부과하는 경우에 의회가 만든 법률에 의해 이뤄져야 한다는 것을 말한다(기본권 제한적 법률유보). 최근에는 기본권의 내용을 정하거나 보장의 방법 등을 법률로 규정해야 한다는 의미도 법률유보에 포함시키고 있다(기본권 형성적 법률유보).

② 법률유보의 종류

㉠ 일반적 법률유보: 헌법 제37조 제2항

일반적 법률유보란 헌법이 모든 기본권의 제한을 직접 규정하지 아니하고 그 제한을 법률에 위임하고 있는 경우를 말한다. 현행 헌법 제37조 제2항은 "국민의 모든 자유와 권리는 국가안전보장, 질서유지 또는 공공복리를 위하여 필요한 경우에 한하여 법률로써 제한할 수 있으며, 제한하는 경우에도 자유와 권리의 본질적인 내용을 침해할 수 없다"라고 규정하고 있다.

㉡ 개별적 법률유보

개별적 법률유보는 개별 기본권의 제한 및 실현과 관련해서 법률에 의할 것을 제시하는 경우를 말한다. 개별(특정)헌법 제12조 제1항 후문에서 "법률과 적법한 절차에 의하지 아니하고는 처벌, 보안처분, 강제노역을 받지 아니한다"라고 규정하고 있다.

	일반적	개별적
헌법	일반적 헌법유보: 우리 헌법에는 없음	개별적 헌법유보: 공무원의 노동 3권 제한, 군인·군무원의 이중배상청구금지, 정당의 강제해산, 언론의 자유, 재산권의 제한
법률	일반적 법률유보: 헌법 제37조 제2항	개별적 법률유보: 다수 있음

5. 기본권의 내용 형성을 입법에 맡긴 경우: 기본권 형성적 법률유보

헌법 규정 자체로 기본권의 행사가 보장되지만, 법률에 의하여 구체적 내용이 형성되어야 권리로서 행사할 수 있는 기본권에 대한 법률유보를 말한다. 예컨대 청원권과 관련하여 헌법 제26조에서는 "모든 국민은 법률이 정하는 바에 의하여 국가기관에 문서로써 청원할 권리를 가진다"라고 규정하고 있다. 이것을 근거로 청원법을 만들어 구체화한다.

6. 헌법 제37조 제2항(일반적 법률유보) 분석

(1) 개요

이상으로 기본권을 제한하거나 형성하는 방법을 살펴보았다. 이 중 현재 우리 헌법에서 제일 중요한 것이 헌법 제37조 제2항 일반적 법률유보 방안이다. 헌법에 존재하는 모든 기본권을 제한할 경우에는 법률의 근거를 필요로 한다. 법이 없으면 법을 만들어 제한해야 한다. 그리고 이 경우 통치권이 자의적으로 입법을 하면 안 된다. 즉 입법의 원칙이 필요하다. 헌법 제37조 제2항이 중요한 이유는 바로 국민의 기본권을 제한하는 입법원칙을 명시하고 있기 때문이다. 입법원칙은 국회의 입법권 행사를 제한한다.

(2) 헌법 제37조 제2항의 의의

의회는 타인의 기본권 및 공동체의 존립을 보호하기 위한 헌법적 수권 내지는 위임에 의해서, 기본권을 제한하는 법률을 제정하려는 경우에도 자유로운 결정권을 갖는 것이 아니라 헌법 제37조 제2항에 의한 한계를 지켜야 한다. 헌법 제37조 제2항은 일반적 법률유보로 기본권 제한의 한계를 규정하고 있다. 헌법 제37조 제2항은 "국민의 모든 자유와 권리는 국가안전보장, 질서유지 또는 공공복리를 위하여 필요한 경우에 한하여 법률로써 제한할 수 있으며, 제한하는 경우에도 자유와 권리의 본질적인 내용을 침해할 수 없다"라고 규정하고 있다. 이 규정은 입법권을 행사함에 있어서 한계를 제시하고 있다. 이 한계로는 형식상의 한계, 목적상의 한계, 방법상의 한계, 본질적 내용 침해금지이다.

(3) 제한되는 기본권

이론적 · 철학적으로 절대적 기본권은 제한될 수 없는 기본권이다. 예컨대 생명권, 양심의 자유 등은 절대적 기본권으로 불린다. 절대적 기본권의 논리에 따르면 생명권이나 양심의 자유는 법률로써 제한할 수 없다. 하지만 헌법재판소나 다수의 헌법학자들에 따르면 헌법 제37조 제2항의 대상이 되는 기본권은 예외 없이 모든 기본권으로 보는 것이 일반적이다.

(4) 형식상의 한계: 법률로 기본권을 제한해야 한다.

① 법률유보의 형식

법률에 근거 없이 기본권을 제한하는 것은 기본권 침해에 해당한다. 국민의 기본권은 헌법 제37조 제2항에 의하여 국가안전보장, 질서유지 또는 공공복리를 위하여 필요한 경우에 한하여 이를 제한할 수 있으나 그 제한은 원칙적으로 법률로써만 가능하다.

② 법률의 성격: 형식적 법률, 일반성, 명확성

이때 법률은 국회가 제정한 형식적인 법률을 의미한다.

③ 법률에 근거를 둔 하위법령에 의해서도 기본권 제한 가능: 구체적 위임한 경우

기본권의 제한은 직접 법률에 의하거나 법률에 근거를 둔 법규명령 내지는 행정행위에 의해서만 가능하고 법률에 근거를 두지 아니한 명령 · 조례 · 관습법으로는 허용되지 아니한다. 다만 법률의 위임을 받은 경우에 가능하다. 하지만 이 경우에도 위임은 구체적으로 이루어져야 한다. 만약 포괄적으로 위임을 한 경우에 그 명령 등은 헌법에 위반된 것으로 위헌이 된다.

④ 준법률(긴급명령, 긴급재정경제명령) 및 조약과 국제법규에 의해서도 기본권 제한 가능

⑤ 헌법재판소에 따르면 "텔레비전방송수신료는 대다수 국민의 재산권 보장의 측면이나 한국방송공사에게 보장된 방송자유의 측면에서 국민의 기본권실현에 관련된 영역에 속하고, 수신료금액의 결정은 납부의무자의 범위 등과 함께 수신료에 관한 본질적인 중요한 사항이므로 한국방송공사가 스스로 수신료금액을 결정해서 문화관광부 장관의 승인을 얻도록 한 것은 헌법에 위반된다(헌재 1999.5.27. 98헌바70)"라고 하였다. 즉 수신료는 법률로 부과했어야 한다는 것이다.

(5) 목적상의 한계: 법 내용은 합목적성을 추구해야 한다.

기본권을 제한하는 목적은 국가안전보장, 질서유지, 공공복리를 위한 경우에 해당하는 것이어야 한다.

(6) 방법상의 한계: 과잉금지의 원칙, 목적 달성과 그에 맞는 수단이어야 한다.

① 헌법재판소 결정 사례

기본권 제한의 한계 가운데 방법상의 한계인 과잉금지의 원칙은 헌법 제37조 제2항의 '필요한 경우에 한하여'에서 명문의 근거를 두고 있지만, 이 규정이 없어도 불필요한 기본권을 배제하기 위한 원칙으로서 기본권의 본질 내지는 법치국가원리에서 인정되는 원리이다. 헌법재판소에 의하면 "과잉금지의 원칙이라 함은 국민의 기본권을 제한함에 있어서 국가작용의 한계를 명시한 것으로서 목적의 정당성·방법의 적절성(초기에는 수단의 상당성이라고도 함)·피해의 최소성·법익의 균형성 등을 의미하며 그 어느 하나에라도 저촉이 되면 위헌이 되는 헌법상의 원칙을 말한다(1997.3.27. 95헌가17)." 예컨대 헌법재판소는 각종 공직선거와 관련해 소액의 금품과 향응을 받은 유권자에게 받은 액수의 50배를 과태료로 부과하도록 하는 공직선거법 조항이 헌법에 위반된다고 하였다. 이 조항은 100만 원 이하의 식사나 선물, 관광, 교통편의 등을 받은 사람에게 그 액수의 50배를 과태료로 부과하도록 규정하고 있다. 반면 100만 원이 넘는 금품 향응을 받으면 벌금 500만 원 이하 또는 징역 3년 이하의 처벌을 받는다. 이 때문에 100만 원 이하 금품을 받은 사람은 최대 5000만 원의 과태료(행정처분)를 물지만, 100만 원이 넘는 금품을 받은 사람은 오히려 500만 원 이하의 벌금(형사처벌)만 받는 결과를 낳아 형평성에 문제가 있다는 지적이 잇따랐다. 이 공직선거법 제261조 제5항 제1호에 대해 부산지법이 위헌법률심판제청신청을 하였다. 헌법재판소 전원재판부는 "기부행위의 방식, 정황 등을 따지지 않고 일률적으로 50배의 과태료를 부과하는 것은 과도한 기본권 제한으로서 헌법상 과잉금지원칙에 어긋난다"며 "원칙적으로 위헌 결정을 해야 하지만 법의 공백상태를 고려해 법 개정 때까지 해당 법의 적용을 중지하는 헌법불합치 결정을 내렸다"라고 밝혔다.

② 내용

㉠ 목적의 정당성

목적의 정당성이란 국민의 기본권을 제한하는 수단은 그 목적이 헌법과 법률의 체계 내에서 정당성을 인정받을 수 있어야 함을 의미한다. 헌법 제37조 제2항은 기본권 제한의 사유로 국가안전보장, 질서유지, 공공복리 등을 열거하고 있으므로 기본권 제한이라는 수단을 통하여 달성하려는 목적이 궁극적으로 이런 기본권 제한 사유에 해당하는지의 여부가 관건이다. 예컨대 친일반민족행

위자 재산의 국가귀속에 관한 특별법 관련 사건에서 판례는 다음과 같이 목적의 정당성을 설명하고 있다. 판례에 따르면 "특별법 제1조는 일본제국주의의 식민통치에 협력하고 우리 민족을 탄압한 반민족행위자가 그 당시 친일반민족행위로 축재한 재산을 국가에 귀속시키고 선의의 제3자를 보호하여 거래의 안정을 도모함으로써 정의를 구현하고 민족의 정기를 바로 세우며 일본제국주의에 저항한 3·1운동의 헌법 이념을 구현함을 목적으로 한다고 규정하고 있는 바, 이는 3·1운동으로 건립된 대한민국임시정부의 법통을 계승한다는 헌법의 이념에 부합하면서도 선의의 제3자를 보호하여 거래의 안전을 도모하고 있으므로, 그 입법목적의 정당성이 인정된다(서울고등법원 2010.4.22. 선고 2009나103174 판결)"라고 하였다.

㉡ 수단의 적합성

적합성의 원칙은 목적과 연관하여 수단의 적합성을 판단하므로 이미 기본권 제한의 목적이 정당하다는 것은 전제되어 있다. 또한 수단이 헌법상 허용되는 것인지의 여부는 다른 단계에서 심사되므로 적합성 심사에서는 수단이 객관적으로 목적을 달성할 수 있는지의 여부만을 판단하면 된다고 생각된다. 예컨대 판례에 따르면 "입법목적을 달성하는 방법으로, 친일반민족행위자의 형사처벌, 공민권의 제한, 재산환수 등 여러 가지 방법이 있을 수 있으나, 특별법은 그중 친일재산의 국가귀속이라는 방법을 택하였다. 특히 위와 같은 입법목적을 달성하기 위하여 친일재산을 '친일반민족행위자가 국권침탈이 시작된 러·일전쟁 개전 시부터 1945년 8월 15일까지 일본제국주의에 협력한 대가로 취득하거나 이를 상속받은 재산 또는 친일재산임을 알면서 유증·증여를 받은 재산'으로 규정하고, 친일반민족행위자 또한 일제강점하 반민족행위 진상규명에 관한 특별법에서 정한 자로 명확하게 규정하고 있으므로, 수단의 적정성 및 입법목적과 입법 수단 간의 인과관계의 명확성 등의 요건을 갖추고 있어서 수단의 적정성 또한 인정된다(서울고등법원 2010.4.22 선고, 2009나103174 판결)"라고 하였다.

㉢ 피해의 최소성

피해의 최소성(최소침해의 원칙)이란 입법자는 입법목적을 실현하기에 적합한 여러 수단 중에서 되도록 국민의 기본권을 가장 존중하고 기본권을 최소로 침해하는 수단을 선택하여야 한다는 것을 의미한다. 여기에서 최소 침해성이라고 하는 의미는 덜 피해를 줄 방법이 사용될 수 있다면, 보다 강력하게 기본권을 제한하는 수단은 불필요하다는 뜻이 내포되어 있다. 하지만 반드시 피해를 최소화하는 방법이어야 하는 것은 아니다. 예컨대 고액과외교습을 금지하는 것 자체가 위헌이라는 것이 아니라, 고액과외교습을 억제하기 위한 방법의 선택이 잘못되어 고액과외교습의 위험성이 없는 과외교습까지도 광범위하게 금지함으로써 국민의 기본권을 과도하게 침해한다는 데 위헌성이 있다(헌재 00.4.27. 98헌가16, 98헌마429 병합). 입법자가 임의적 규정으로도 법의 목적을 실현할 수 있는 경우에 구체적 사안의 개별성과 특수성을 고려할 수 있는 가능성을 일체 배제하는 필요적 규정을 두는 것은 행정편의적 발상으로 위헌성이 인정된다(헌재 2000.6.1. 98헌가11·12 병합).

㉣ 법익의 균형성(비례성)

법익의 균형성은 일정한 목적을 실현하기 위한 수단과 그 목적 사이의 관계가 객관적 가치에 의한 합리적인 비례관계를 벗어나서는 아니 된다는 원칙이다. 즉 보호하려는 공익(달성하고자 하는 목적)이 침해되는 사익(기본권을 제한하는 수단)보다 더 커야 기본권 제한이 수인의 기대 가능성이 있어서 헌법에 위배되지 않는다. 예컨대 판례는 "친일반민족행위자가 친일반민족행위의 대가로 취득한 친일재산의 환수는 비록 그 시기가 늦었다고 하더라도 헌법의 이념에 부합하는 것으로서 공익적 필요성이 중대한 반면 재산을 환수당하는 상대방이 입는 불이익은 자신의 노력으로 정당하게 취득한 재산이 아닌 친일반민족행위의 대가로 형성한 재산을 환수당하는 것에 불과하여 극히 미미한 것으로 볼 수 있고 헌법의 이념에 비추어 예상할 수 있었다고 봄이 상당하므로, 특별법의 규정이 법익균형성의 원칙에 위반된다고 볼 수 없다(서울고등법원 2010.4.22. 선고 2009나103174 판결)"라고 하였다.

(7) 본질상의 한계

기본권을 제한하는 경우에도 기본권의 본질적 내용을 침해하는 법과 제도를 만들 수 없다. 본질적 내용이 무엇인지에 대해서는 여러 학설들이 있다. 인간의 존엄과 가치를 본질적 내용으로 보기도 하지만 헌법재판소는 "기본권의 본질적 내용은 만약 이를 제한하는 경우에는 기본권 그 자체가 무의미하여지는 경우에 그 본질적인 요소를 말하는 것으로서, 이는 개별 기본권마다 다를 수 있을 것이다(92헌바29)"라고 본질적 내용에 대해 설명하고 있다. 예컨대 흡연이 타인에게 큰 피해를 주기 때문에 공공장소에서 흡연을 한 자에게 과태료를 부과하는 규정을 어느 곳에서든 흡연은 금지되어 형벌을 부과하기로 법을 개정할 경우에는 본질적인 내용을 침해할 우려가 있다.

04 기본권 침해와 구제

1. 기본권 침해의 의미 및 유형

(1) 의미 및 유형

기본권 침해란 개인이나 집단이 위법한 행위로 권리를 침해하는 경우나 공권력의 행사 또는 불행사로 기본권을 침해하는 경우를 말한다. 그 유형을 살펴보면 다음과 같다.

① 위법한 행위: 범죄행위, 법률관계에서 권리를 침해하는 행위

② 공권력(국회, 정부, 법원)의 행사 또는 불행사

㉠ 기본권 제한의 한계를 벗어난 공권력 행사 또는 불행사

㉡ 사례: 위헌법률, 법률을 위반한 집행, 오판, 실수 등

⑵ 기본권 구체 청구의 근거: 기본권의 기속력과 국가의 기본권 보호의무

기본권은 주관적 공권일 뿐만 아니라 객관적 가치질서를 의미하기 때문에 국가권력의 행사는 물론 사인 상호 간의 법률관계도 기본권에 기속되어야 한다. 따라서 국민 개개인의 기본권은 국가권력에 의해서든 사인에 의해서든 침해되지 않도록 국가에 의해 보호되어야 한다.

2. 개인이나 집단이 기본권을 침해하는 경우

⑴ 침해원인

대표적인 것이 불법행위이다. 불법행위에는 형법상의 범죄행위부터 채무불이행 등이 모두 불법행위이다. 즉 위법한 행위로 타인에게 손해를 발생시키는 행위가 불법행위이다.

⑵ 민사소송, 형사소송

불법행위로 인한 구제를 받는 방안은 민사소송을 통해서 손해배상을 청구하는 경우, 범죄를 수사기관에 신고하여 범인의 처벌을 요구하는 형사고소와 형사소송이다.

3. 입법부의 기본권 침해와 구제

⑴ 위헌적 법률이 침해한 경우: 청원, 위헌법률심판[39], 헌법소원[40]

입법부에 의한 기본권 침해의 구제 방안으로는 청원과 헌법재판제도가 있다. 입법부에 의한 기본권 침해(사회적 기본권을 포함한 모든 기본권)의 전형적인 유형은 입법자가 위헌법률을 제정하는 경우다. 따라서 법률의 위헌여부를 가려 위헌법률을 제거하는 것은 기본권보호를 위한 중요한 구제수단이 된다. 따라서 적극적 입법에 의한 기본권 침해로부터 구제수단은 위헌법률심판과 헌법소원이다.

⑵ 입법의무를 이행하지 않는 경우와 단순 입법부작위

헌법이 부여한 입법의무를 이행하지 않아 국민들의 기본권을 침해하는 경우에는 권리구제형 헌법소원심판 또는 청원권을 행사할 수 있다. 하지만 입법여부가 입법부의 재량에 속하는 단순입법부작위는 헌법상 법적 통제의 대상이 아니다. 하지만 청원의 대상이 될 수는 있다.

⑶ 불충분한 입법의 경우로 인한 침해: 위헌법률심판과 헌법소원

불충분한 입법으로 인하여 기본권이 침해된 경우, 즉 입법부작위가 아닌 적극적 입법작용(불완전한 법규 자체)으로 인한 기본권 침해에 대해서는 위헌법률심판과 헌법소원 모두 가능하다.

---

39) 위헌법률심판은 재판에 적용되는 법률의 위헌여부에 대한 판단을 헌법재판소에 청구하는 경우를 말한다.

40) 헌법소원심판은 공권력에 의해 기본권을 침해당한 기본권 주체가 헌법재판소에 구제를 청구하는 경우이다. 이를 '권리구제형 헌법소원'이라고 한다. 이외에도 법원에 한 위헌법률심판 제청이 기각되어 헌법재판소에 법률의 위헌판단을 청구하는 경우를 '위헌심사형 헌법소원'이라고 한다.

4. 집행부의 기본권 침해와 구제

(1) 집행부가 침해하는 경우

집행부가 기본권을 침해하는 경우는 위헌법률의 적용, 법률의 잘못된 해석 및 적용, 행정(입법)부작위 등이다. 사전적 구제 방안과 사후적 구제 방안이 있다.

(2) 사전적 · 사후적 구제 방안

사전적 구제 방안으로는 행정절차법 등이 있다. 사후적 구제 방안은 국가작용의 효력을 상실시키는 제도와 위헌 · 위법한 국가작용으로 말미암아 발생한 손실을 전보하는 제도가 있다. 전자에는 행정쟁송제도, 헌법소원제도, 위헌법률심판제도, 후자에는 국가배상청구권,[41] 손실보상청구권 등이 있다.

5. 사법부의 기본권 침해와 구제

(1) 침해유형

사법부가 기본권을 침해하는 경우로는 재판의 지연 등 신속한 재판을 받을 권리의 침해나 대법원 규칙에 의한 기본권 침해, 오판에 의한 기본권 침해 등이 있다.

(2) 오판으로 인한 기본권 침해 구제 수단

① 3심제(항소와 상고)
재판의 경우 2번의 상소를 허용하는 3심제를 시행하고 있다. 1심(단독부/합의부)에 불복해서 상급법원(합의부/고등법원)에 제기하는 것이 항소이고, 2심에 불복하여 대법원에 상소하는 것이 상고이다. 항소나 상고는 오판(誤判)으로 인한 불이익을 받는 당사자를 구제하는 것을 주목적으로 하며 결정이나 명령에 대해서는 항소나 상고를 할 수 없다. 상고는 원칙적으로 제2심 판결에 대하여 허용되는 것이다.

② 결정이나 명령에 대한 항고 및 재항고
판결이 아닌 법원의 결정이나 명령에 대해서는 2차적으로 항고를 할 수 있다. 이 항고에 불복하는 경우에는 대법원에 재항고할 수 있다.

③ 판결이 확정된 경우: 재심과 비상상고
판결이 확정된 경우에는 재심과 비상상고[42]를 통한 구제 방안이 있다. 형사소송법 제441조(비상상고 이유)에 "검찰총장은 판결이 확정한 후 그 사건의 심판이 법령에 위반한 것을 발견한 때에는 대법원에 비상상고를 할 수 있다"라고 되어 있다.

41) 본문에는 따로 언급하지 않았지만, 이론적으로 국가배상청구의 상대방은 국회, 법원도 포함된다.
42) 비상상고는 판결이 확정된 후 그 사건의 심판이 법령에 위반된 것을 발견했을 때 검찰총장이 대법원에 하는 것을 말한다. 이 점에서 재심과 다르다.

㉠ 재심

재심이란 확정된 종국판결에 대하여 판결절차 또는 소송자료에 중대한 흠이 있음을 이유로 당사자가 소의 형식으로 그 판결의 취소를 구함과 아울러 소송을 흠 있는 판결 전의 상태로 복구시켜 다시 변론과 재판을 해 줄 것을 구하는 불복신청방법이다.

㉡ 비상상고

비상상고는 형사소송법상의 확정 판결에 대하여 그 심판의 법령을 위반한 경우에 행해지는 비상구제절차를 말한다. 예컨대 공소시효 완성을 간과한 재판, 사면된 것을 간과한 재판 등이 있다. 신청권자는 검찰총장에 국한되며, 관할법원은 대법원이다.

④ 비약상고

다만 형사재판의 경우 예외적으로 1심 판결에 대해 할 수 있는 비약상고(飛躍上告)[43]가 있다. 또한 민사사건에서 '비약상고'를 해 대법원에서 최종 승소한 판결이 나온 적이 있다. 원칙적으로 상고는 고등법원과 지방법원 합의부가 제2심으로 선고한 종국판결에 대해서만 할 수 있다. 다만 민사소송법 제390조는 양쪽 당사자가 상고할 권리를 유보하고 항소를 하지 않기로 합의한 때에는 예외적으로 1심 종국판결에 대해 상고할 수 있는 길을 열어놓고 있다. 하지만 실무에서 비약상고를 하는 경우는 매우 희귀하다.

⊙ 심급제도

민사 · 형사재판		행정재판
대법원		대법원
⇧ 상고/재항고	⇧ 상고/재항고	⇧ 상고
고등법원	지방법원 합의부	고등법원
⇧ 항소/항고	⇧ 항소/항고	⇧ 항소
판결/결정명령	판결/결정명령	판결
지방법원 합의부	지방법원 단독부	행정법원

(3) 대법원의 규칙이 침해한 경우

대법원의 규칙이 침해한 경우는 권리구제형 헌법소원심판을 청구할 수 있다. 대표적인 사건이 '법무사법 시험시행규칙 사건'이다.

43) 상고요건의 엄격성을 완화하고 소송경제를 위해 1심에서 바로 상고를 할 수 있는 제도를 말한다. 민사에서는 주로 사실관계가 모두 확인된 경우에 주로 허용되고, 형사의 경우에는 법령 적용에 문제가 있거나 원심판결 이후 형의 폐지, 변경, 사면이 있을 때 주로 허용된다.

Chapter 03 기본권각론

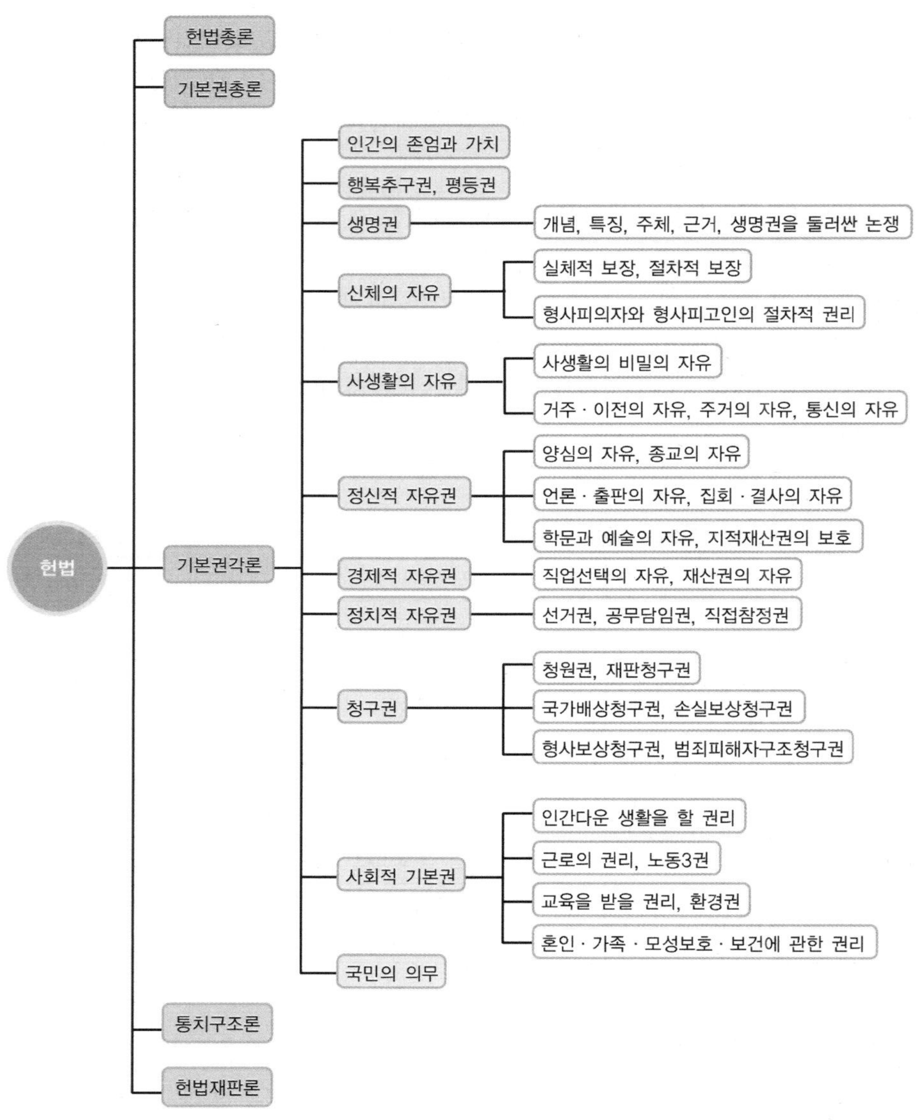

I 기본권의 궁극적 이념 및 보장원칙

01 인간의 존엄과 가치

1. 생각 열기

(1) 사례

① 한 집회에 참석했던 A가 체포되었다. 체포된 A는 업무방해죄로 벌금 70만 원 형을 받았다. A는 판결이 부당하다며 벌금 납부를 거부해 구치소 노역장에 12일간 수용되었다. 수감 당시 A는 7.42m²(2.24평) 크기의 방에 다른 5명의 수용자와 함께 수용되었는데 성인 남성이 발을 펴거나 뻗기도 어려울 만큼 비좁은 상태였다. 여러분이 A라면 어떤 느낌이 들까?

② 아파트 경비원인 B는 화장실에서 숙식을 해결하고, 관리사무소와 아파트 주민들로부터 모욕적인 발언을 듣는 상황이다. 여러분이 B라면 어떤 느낌이 들까?

③ 보상금을 더 많이 받기 위해 집회를 한다는 야유를 받았을 때 세월호 가족들은 어떤 마음이었을까?

(2) 해설

우리가 본 사례들은 모두 '인간의 존엄성'이 훼손되는 상황이다. 인간의 역사에서 가장 오래된 꿈 중의 하나가 인간의 해방, 자유이다. 이런 맥락에서 본다면 인간이 인간을 지배하는 것을 만들어 도구 내지는 수단화시켜 비인간적인 대우를 한 것은 아주 오래 전부터의 일이다. 그래서 시민혁명 이후 만들어진 헌법에서는 '인간의 존엄과 가치'를 선언하는 것이 필요한 일이었다. 이 선언을 계기로 특정한 신분과 계급에 속하는 일부의 인간이 아니라 '모든 인간이 존엄하다'는 것이 정치공동체의 가장 핵심적인 헌법원리가 되었다. '인간의 존엄성'이라는 기본 가치는 우리 사회에서 가장 중시되는 가치가 되고 있을까? 우리 사회를 지배하는 가치가 무엇이라고 생각하나? 사람일까? 돈일까? 돈이라고 한다면 그것은 물신주의가 우리 사회를 지배하는 것을 보여준다. 물신주의가 지배하면 인간의 존엄성은 위축된다. 과거로 돌아가 보자. 신분제 사회에서 한 인간은 노비나 신분이 낮다는 이유로 짐승처럼 대우를 받는 경우를 허다하게 영화, 드라마 등에서 볼 수 있다. 이런 모든 상황들은 인간이 인간 이하의 대우로 인한 모멸감이나 불쾌감 등을 초래하고 있다. 인간의 존엄성은 현대 사회에서 인류가 추구하는 기본 가치이다. 인간의 존엄성을 보장받는 수준은 정해진 바가 없다. 인간의 존엄성 수준을 발견하고 투쟁하는 역사를 통해 그 수준은 향상되어 왔다. 지금도 인간다운 대우를 받지 못하는 상황은 벌어지고 있다. 이 상황을 느낄 때 인간의 가치를 다시 생각해 볼 수 있다. 결론적으로 인간의 존엄성은 사회나 국가, 사람들이 공유하는 인간의 가치라고 할 수 있다. 지금부터 우리 헌법이 명시하고 있는 인간의 존엄성에 대해 알아보자.

2. 인간의 존엄과 가치의 의미 및 성격

⑴ 의미 및 헌법 조문: 인간은 존엄하며 매우 중요하다.

① 의미

헌법 제10조는 "모든 국민은 인간으로서 존엄과 가치를 가지며. 행복을 추구할 권리를 가진다. 국가는 개인이 가지는 불가침의 기본적 인권을 확인하고 이를 보장할 의무를 진다"라고 규정하여 인간의 존엄과 가치를 규정하고 있다. '인간의 존엄과 가치'는 인간이 어떤 인물이나 지위, 집단, 조직, 제도 등이 감히 범할 수 없는 존재이며 세상에 존재하는 그 어느 것보다 중요성을 가진다는 의미이다. '인간의 존엄과 가치'는 '인간이 존엄할 대우를 받을 권리'가 있다는 천부인권을 가지고 있다는 것을 전제로 한다. 또한 사람들이 서로를 존엄하게 대우해야 하며, 국가를 포함한 어떤 집단이나 제도 역시 존엄을 준수해야 한다는 의미를 가지고 있다. 예컨대 사람이 사람을 객체나 도구로 삼을 수 없다. 갑(甲)의 지위를 이용하여 을(乙)의 인격을 모욕할 수 없다. 집단이나 조직이 사람을 부품이나 물건으로 여길 수 없다. 제도의 이름으로 인간의 존엄을 훼손할 수 없다. 인간을 대상으로 생체 실험이나 거래를 할 수 없다. 인간은 인간 그 자체로 존엄하기 때문이다.

② 헌법 조문

> **제10조** 모든 국민은 인간으로서의 존엄과 가치를 가지며, 행복을 추구할 권리를 가진다. 국가는 개인이 가지는 불가침의 기본적 인권을 확인하고 이를 보장할 의무를 진다.

⑵ 특성: 최고성과 절대성

인간의 존엄성은 헌법의 최고가치, 헌법의 최고 구성원리, 기본권의 기본이념, 공공복리의 근본원칙으로의 성격을 가진다. 인간의 존엄성은 기본권을 구체화하는 기본권의 근원이며, 통치권을 기속하는 최고원리이다. 헌법을 근거로 하는 제도, 법률, 정책 등도 인간의 존엄성을 제한할 수 없다. 인간의 존엄성은 이들을 구성하는 원리이자 제한하는 원리가 된다. 이상과 같이 인간의 존엄성은 최고성과 절대성을 가지는 객관적이면서 초법규적인 가치라고 할 수 있다.

⑶ 법적 성격

① 기본권의 이념이면서 개별 기본권과는 다른 주관적 권리

헌법학자들에 따르면 '인간의 존엄과 가치'가 헌법 원리라는 점에 대해서는 모두 일치한다. 다만 주관적 권리를 인정할 것인지 여부에 대한 다툼이 있다. '인간의 존엄과 가치'는 '인간이 존엄할 대우를 받을 권리'가 있다는 것을 전제로 인정되는 원리이다. 이런 이유로 헌법재판소도 "유죄가 확정되지 아니한 미결수용자에게 재소자용 의류를 입게 하는 것은 … 인간으로서의 존엄과 가치에서 유래하는 인격권과 행복추구권, 공정한 재판을 받을 권리를 침해하는 것이다(헌재결 1999.5.27. 97헌마137)"라고 하여 주관적 기본권의 성격을 가지고 있음을 명시한 바 있다. 하지만 '인간의 존엄과 가치'는 이를 실현하기 위한 개별 기본권의 보호영역과 제한 논리가 적용되지 않는 것이다. 예컨대 수형자의 경우에는 신체의 자유의 보호 범위가 실질적으로 정해지고, 그 제한이 이루어진다. 하지만 수형자에게

인간의 존엄과 가치가 없다고 할 수는 없다. 이와 같이 인간의 존엄과 가치에 대해서는 그 보호범위나 제한 여부가 이루어질 수 없다. 결론적으로 '인간의 존엄과 가치'는 헌법상 기본권 보장의 이념 내지 목적규정으로서 객관적인 헌법원리의 성질을 가지면서 개별 기본권과는 다른 주관적 권리로서의 성질을 가진다. 이런 특성으로 '인간의 존엄과 가치'는 헌법이 추구하는 목적이 되고, 나머지는 이를 실현하기 위한 도구적 · 수단적 의미를 가진다.

② 인간의 존엄성 조항과 개별적 기본권은 목적과 수단의 관계이다.

인간의 존엄성 실현을 위해 기본권 목록과 통치권이 구성된다. 즉 인간의 존엄성은 개별 기본권 보장을 통해서 실현하고자 하는 궁극적 가치이자 이념인 것이다. 그렇다면 여러 개별 기본권은 궁극적으로 인간으로서의 존엄과 가치를 실현하기 위한 수단적 성격을 가진다. 또한 통치권은 인간의 존엄성 실현을 목적으로 행사되고 제한을 받게 된다. 이와 같은 목적과 수단의 관계는 인간의 존엄성이 어떤 효력을 발휘할 수 있는지의 전제가 된다.

3. 인간의 존엄성의 효력

(1) 국가작용 및 헌법개정의 한계

① 국가작용의 한계가 된다.

인간의 존엄성은 모든 국가작용의 한계로서 기능한다. 즉 입법작용, 집행작용, 사법작용의 한계가 된다. 또한 헌법 제37조 제2항의 기본권제한입법의 한계인 '기본권의 본질적 내용'을 판단하는 기준이 된다.

② 헌법개정을 통해서 변경할 수 없는 것이다.

인간의 존엄과 가치는 헌법개정을 통해서 폐지, 삭제 및 변경할 수 없는 조항이다. 즉 헌법개정의 한계조항이다.

(2) 헌법에 열거되지 아니한 권리 도출 근거

헌법 제37조 제1항은 "국민의 자유와 권리는 헌법에 열거되지 아니한 이유로 경시되지 아니한다"라고 규정하고 있다. 이 조항과 더불어 인간의 존엄과 가치는 헌법에 명시되지 않은 권리를 도출하는 근거가 된다. 이제 인간의 존엄성을 실현하기 위해 요구되는 자유가 무엇인지를 식별할 수 있도록 하는 포괄적 권리로서 행복추구권을 살펴보고자 한다.

02 행복추구권

1. 생각 열기

(1) 사례

① A는 동성동본인 B를 만나 사랑하게 되었고, 결혼을 결정하였다. 그런데 법으로 이 혼인은 금지되어 있었다. 그래서 A와 B는 헤어지거나 외국으로 이민을 가 결혼할 것을 고민하고 있다.

② C는 생수를 사 먹고, 자신이 원하는 꿈을 실현하기 위해 당구장에 가서 당구를 연습하고 싶다. 그런데 생수 판매를 금지하고 있고, 미성년자라는 이유로 당구장에서 당구를 연습할 수 없다.

③ 건물을 가지고 있는 D는 화재가 걱정되었지만 보험에 가입하고 싶지는 않았다. 그런데 법은 강제가입을 규정하고 있었다. 어쩔 수 없이 D는 보험에 강제가입하였다.

(2) 해설

위 사례들은 모두 공통적으로 행복추구권을 침해하는 사례로 해당법률이 위헌이나 헌법불합치결정을 받았다. 결론적으로 A, B, C, D는 자신이 원하는 결정과 행동을 할 수 있게 된 것이다. 그런데 왜 이들은 헌법재판소에까지 갔을까? 그 이유를 헌법적으로 설명하면 행복추구권을 보장받기 위해서였다.

2. 행복추구권의 의의

(1) 현행 헌법에서 신설

① 연혁

행복추구권은 1776년 미국 독립선언서에 처음으로 등장하였다. 우리나라의 경우 현행 헌법(제9차 개정헌법)에서 행복추구권을 신설하였다. 헌법 제10조는 "모든 국민은 인간으로서 존엄과 가치를 가지며. 행복을 추구할 권리를 가진다. 국가는 개인이 가지는 불가침의 기본적 인권을 확인하고 이를 보장할 의무를 진다"라고 규정하여 인간의 존엄과 가치와 행복추구권을 보장하고 있다. 그런데 왜 '행복보장'이 아니고 '행복추구권'이라고 했을까?

② 헌법 조문

> **제10조** 모든 국민은 인간으로서의 존엄과 가치를 가지며, 행복을 추구할 권리를 가진다. 국가는 개인이 가지는 불가침의 기본적 인권을 확인하고 이를 보장할 의무를 진다.

(2) 행복추구권이라고 명시한 이유

행복이라는 의미가 매우 주관적이다. 따라서 '행복 보장'을 규정할 경우 기본권 경합이나 상충 문제 등 헌법적 해석이 필요한 사안이나 정책 수립 및 집행 과정에서 어려운 상황이 발생할 수밖에 없다. 만약 특정 행복을 국가가 정해준다는 것도 헌법이 추구하는 원리에 반한다. 헌법 원리에 따르면 행복이 무엇이냐는 개인의 자율적 판단으로 결정해야 하는 것이다. 따라서 각자가 지향하는 행복에 도달할 수 있는 기회를 보장하는 행복추구권을 규정했다고 볼 수 있다. 그렇다면 행복추구권은 어떤 성격을 가지고 있을까?

3. 행복추구권의 성격

(1) 자연권이면서 실정권

행복추구권은 자연권이면서 헌법 제10조에 명시된 실정권이다.

(2) 포괄적 자유

헌법재판소는 행복추구권에 대해 국민이 행복을 추구하기 위한 활동을 국가권력의 간섭 없이 자유롭게 할 수 있다는 포괄적인 의미의 자유권으로서의 성격을 가진다고 하였다. 사회적 기본권을 포함한다는 주장도 있지만, 헌법재판소는 그렇지 않은 경우로 해석된다.

4. 행복추구권의 구체적 내용

(1) 자기결정권

자기의 사적 영역의 사안에 대해 국가 등 외부의 간섭 없이 스스로 자유롭게 결정할 수 있는 권리를 말한다. 구체적인 예로는 생명·신체의 처분에 대한 자기결정권, 성적 자기결정권, 생활양식의 자기결정권, 자기정보통제에 대한 자기결정권, 자기책임의 원리 등이 있다.

(2) 일반적 행동 자유권

자신이 하고 싶은 일을 적극적으로 할 수 있는 자유는 물론 자신이 원하지 않는 행위를 하지 않을 부작위의 자유를 포함하는 권리를 말한다. 구체적인 예로는 계약의 자유, 하기 싫은 일을 강요당하지 아니할 권리, 18세 미만자의 당구장 출입, 결혼식 하객들에게 일정한 접대를 할 자유 등이 있다.

(3) 개성의 자유로운 발현권, 계약의 자유, 소비자의 선택권, 형사피해자 평등권과 행복추구권

개성의 자유로운 발현권, 더 나아가 계약의 자유, 소비자의 상품선택권(자기결정권) 등은 행복추구권에서 파생하는 기본권이라고 이해한다. 그리고 범죄혐의를 부인하는 피의자에 대해서 검사가 범죄혐의의 유무를 확인하기 위한 충분한 수사를 하지 않고 안이하게 타협적으로 기소유예처분을 하는 경우에 형사피해자의 평등권과 행복추구권이 침해되었다고 판시하였다.

(4) 신체불훼손권, 평화적 생존권, 휴식·수면권, 일조권, 스포츠권 등

이상에서 살펴본 행복추구권에서 도출된 권리는 헌법에 명시된 기본권과 동등하게 보장된다. 헌법에 명시된 기본권과 명시되지 않은 권리도 당연히 평등하게 보장되어야 한다. 즉 모든 사람은 평등하게 기본권을 누릴 수 있어야 하고, 통치기관은 평등하게 기본권을 보장해 주어야 한다. 따라서 평등권은 평등원칙이기도 하다.

03 평등권이면서 평등원칙

1. 생각 열기

(1) 헌법 제11조

> **제11조** ① 모든 국민은 법 앞에 평등하다. 누구든지 성별·종교 또는 사회적 신분에 의하여 정치적·경제적·사회적·문화적 생활의 모든 영역에 있어서 차별을 받지 아니한다.
> ② 사회적 특수계급의 제도는 인정되지 아니하며, 어떠한 형태로도 이를 창설할 수 없다.
> ③ 훈장 등의 영전은 이를 받은 자에게만 효력이 있고, 어떠한 특권도 이에 따르지 아니한다.

(2) 사례

몇 년 전 프랑스 정부는 모든 공공장소에서 '부르카' 착용 금지 법안을 발표하였다. 이 법은 종교에 따른 차별 없이 모든 시민이 법률 앞에서 평등함을 보장한다는 프랑스의 헌법에 반하는 것인지에 대해 생각해 보자.

(3) 해설

프랑스는 사적인 영역에서는 모든 사람의 종교의 자유를 인정한다. 하지만 공적·정치적 영역에서는 종교의 분파를 인정하지 않고 하나의 시민을 강조한다. 이런 관점에서 프랑스는 정치적·공적 영역에서 부르카 착용을 금지하였다. 비슷한 이유로 프랑스는 '시온의 별'이라는 유대교의 종교상징물 착용 금지를 시행하기도 하였다. 이와 같이 평등의 문제는 '모든 사람을 평등하게 대우하는 것'과 '평등을 위해 특별하게 대우해야 하는 것'을 둘러싸고 논쟁이 일어날 수 있다.

2. 평등권 및 평등원칙

헌법 제11조는 평등권과 평등원칙의 2가지 의미를 내포하고 있다.

(1) 평등권의 의미 및 성격

① 의미

평등권이란 국가에 대하여 합리적 이유 없이 불평등한 대우를 하지 말 것과 동시에 국가에 대해서 평등한 처우를 요구할 수 있는 개인의 주관적 공권을 말한다. 헌법에서 의미하는 평등은 합리적 차별을 허용하는 상대적 평등과 실질적 평등을 의미한다. 즉 '같은 것은 같게, 다른 것은 다르게' 대우하는 것을 말한다.

② 성격

평등권은 천부인권임과 동시에 주관적 공권이다. 기능적이면서 수단적 권리성을 지닌다. 자유권과 평등권이 결합되는 경우에는 소극적이지만, 정치적 기본권·청구권·사회적 기본권을 염두에 둔 경우에는 적극적 권리성을 가진다. 또한 모든 개인 및 통치권이 기본권 주체를 평등하게 대우해야 한다는 측면에서 객관적 법질서로서의 성격을 가진다. 그래서 모든 생활 영역에서 평등을 실현할 국가의 의무가 포함되어 있다. 이 성격에서 도출되는 것이 평등원칙이라고 할 수 있다.

(2) 평등원칙의 의미 및 성격

① 의미

평등원칙은 누구나 모든 생활 영역에서 불합리한 차별을 받지 아니한다는 의미이다. 이 원칙은 '같은 것은 같게, 다른 것은 다르게' 다룸으로써 사회정의를 실현하려는 원리이다. 이 원칙은 객관적 가치 질서로서 통치권과 사적 영역에 적용된다. 예컨대 행정법의 일반원칙 중 하나가 평등원칙이다. 또한 근로기준법에서도 평등한 대우를 명시하고 있다. 헌법에서 규정하고 있는 '평등원칙'은 일체의 차별적 대우를 부정하는 절대적 평등을 의미하는 것이 아니라 입법과 법의 적용에 있어서 합리적인 근거가 없는 차별을 하여서는 아니 된다는 상대적 평등을 의미한다(97헌마372).

② 성격: 집행 및 입법원칙

평등원칙은 이런 측면에서 기본권 보장을 위한 그리고 기본권 보장에 관한 최고의 헌법원리이다. 이런 측면에서 인간의 존엄과 가치와 마찬가지로 헌법개정 금지사항이다. 민주국가의 법질서를 구성하는 요소이기도 하며 헌법 및 법률 해석의 지침이 된다. 예컨대 법이나 정책을 만들 때 평등원칙을 준수해야 한다. 만약 이 원칙을 준수하지 않은 경우 법은 위헌이 되거나 정책은 당연 무효가 될 수 있다. 이런 위헌 결정이나 당연 무효의 판단은 평등원칙에 입각한 헌법 및 법률 해석을 통해서 이루어지기도 한다.

3. 법 앞의 평등

(1) 법의 의미

'법 앞의 평등'에서 '법'은 모든 법규범을 의미한다. 따라서 성문법은 물론 불문법도 포함되며, 실정법 모두 포함하는 의미이다. 그렇다면 '법 앞에'라는 의미는 무엇일까?

(2) '법 앞에'의 의미

헌법재판소는 "우리 헌법이 선언하고 있는 '인간의 존엄성'과 '법 앞에 평등'이란 행정부나 사법부에 의한 법적용상의 평등을 뜻하는 것 외에도 입법권자에게 정의와 평등의 원칙에 합당하게 합헌적으로 법률을 제정하도록 하는 것을 명령하는 이른바 법 내용상의 평등을 의미한다(99헌마494)"고 판시하고 있다. 즉 헌법재판소에 따르면 '법 앞의 평등'은 '법 적용의 평등'뿐만 아니라 '법 내용의 평등'을 그 내용으로 한다는 것이다. 이 의미는 평등원칙은 행정 및 사법뿐만 아니라 입법도 구속한다는 것이다. 결론적으로 입법·사법·행정 모두 국민을 평등하게 대우해야 한다는 것이다. 그렇다면 '평등원칙'의 구체적 내용은 무엇일까?

4. 평등원칙의 주요 내용

(1) 합리적 차별 인정: 같은 것은 같게, 다른 것은 다르게

평등원칙은 '같은 것은 같게, 다른 것은 다르게' 다루는 것을 의미하고, 합리적 근거에 따른 차별은 허용한다. 예컨대 국가유공자 가산점 제도에 대해 헌법재판소는 "국가유공자 가산점제도의 주된 목적은 신체의 상이(傷痍) 또는 가족의 사망 등으로 정신적·재정적으로 어려움을 겪어 통상적으로 일반인에 견주어 수험준비가 상대적으로 미흡한 국가유공자와 그 유족 등에게 가산점의 부여를 통해 「대한민국헌법」

제32조 제6항이 규정하고 있는 우선적 근로의 기회를 제공함으로써 이들의 생활안정을 도모하고, 다시 한 번 국가사회에 봉사할 수 있는 기회를 부여하는 데 있고, 이러한 입법목적은 「대한민국헌법」 제32조 제6항에 근거한 것으로서 정당하다”라고 하여 합리적 차별을 인정하고 있다(헌재 2006.2.23. 선고 2004헌마675).

(2) 평등원칙의 중심 내용은 기회균등과 자의의 금지이다.

① 기회균등원칙

기회균등은 획일적인 평등을 의미하는 것이 아니라 합리적 근거 없는 자의적 차별 내지 차등만을 금지하는 것이다(96헌마94). 예컨대 선거 기회의 균등, 선거 운동의 기회균등, 교육의 기회균등 등이 있다. 따라서 차별에 대해 ‘합리적 근거’가 있는지는 곧 그 차별이 평등권을 침해하는지 아닌지를 재는 핵심 판단 기준이 된다.

② 자의금지원칙

헌법재판소는 “헌법 제11조 제1항의 평등의 원칙은 … 법의 적용인 입법에 있어서 불합리한 조건에 의한 차별을 하여서는 안 된다는 상대적 · 실질적 평등을 뜻하는 것이므로, 합리적 근거 없이 차별하는 경우에 한하여 평등의 원칙에 반한다(1999.7.22. 98헌바14)”라고 하였다. 이런 기준을 놓고 ‘자의금지의 원칙’이라고 한다. 즉 합리적인 근거가 없다는 건 곧 자의적인 차별이다.[44] 그렇다면 ‘합리성’을 갖추었는지, 합리적 이유가 없는지에 대한 판단은 어떻게 할 수 있을까?

5. 평등원칙의 적용

(1) 헌법상 근거

헌법 전문은 “정치 · 경제 · 사회 · 문화의 모든 영역에 있어서 각인의 기회를 균등히 하고…… 국민생활의 균등한 향상을 기할 것”을 규정하면서, 헌법 제11조 제1항 제1문에서 “모든 국민은 법 앞에 평등하다”라고 하여 ‘일반적 평등규정’을 선언하고 있다. 헌법 제11조 제1항 제2문에서는 “누구든지 성별 종교 또는 사회적 신분에 의하여 정치적 · 경제적 · 사회적 · 문화적 생활의 모든 영역에 있어서 차별을 받지 아니한다”라고 하여 차별금지사유와 차별금지영역을 제시하고 있다.[45] 헌법 제11조 제2항은 사회적 특수계급을 금지하고, 헌법 제11조 제3항은 영전일대의 원칙을 규정하고 있다. 제31조 제1항은 교육의 기회균등을, 제32조 제4항은 여자의 근로에 대한 차별금지를, 제36조 제1항은 혼인과 가족생활에 있어서 양성의 평등을, 제41조 제1항과 제67조 제1항 및 제116조 제1항은 선거와 선거운동에 있어서의 기회균등을, 제119조 제2항은 균형 있는 국민경제의 발전을 그리고 제123조 제2항은 지역 간의 균형 있는 발전을 규정하고 있다. 우리 헌법은 이처럼 많은 조문에서 평등을 규정하고 있다.

44) 여기서 끝이 아니다. 합리적 이유가 없다는 것, 즉 자의금지원칙에 위반된다는 그 내용에 대해서는 다양한 학설이 있다.
45) 이 조문에 열거된 영역에 대해서는 예시설과 열거설이 있다. 이 중 예시설이 더 많은 지지를 받고 있다. 평등이 한정된 영역에서만 인정되는 권리로 볼 수 없다는 것을 고려할 때 예시설이 더 타당한 것으로 보인다.

(2) 차별금지 사유 및 영역

헌법 제11조 제1항에서는 차별금지사유로 성별, 종교, 사회적 신분을 예시하고 있고, 차별금지영역으로는 정치적 생활영역, 경제적 생활영역, 사회적 생활영역, 문화적 생활영역을 규정하고 있다.

(3) 국가인권위원회법 제2조

'평등권침해의 차별행위'라 함은 합리적인 이유 없이 성별, 종교, 장애, 나이, 사회적 신분, 출신지역(출생지, 원적지, 본적지, 성년이 되기 전의 주된 거주지역 등을 말한다), 출신국가, 출신민족, 용모 등 신체조건, 기혼·미혼·별거·이혼·사별·재혼·사실혼 등 혼인 여부, 임신 또는 출산, 가족형태 또는 가족상황, 인종, 피부색, 사상 또는 정치적 의견, 형의 효력이 실효된 전과, 성적(性的) 지향, 학력, 병력(病歷) 등을 이유로 한 다음 각 목의 어느 하나에 해당하는 행위를 말한다. 다만, 현존하는 차별을 해소하기 위하여 특정한 사람(특정한 사람들의 집단을 포함한다.)을 잠정적으로 우대하는 행위와 이를 내용으로 하는 법령의 제·개정 및 정책의 수립·집행은 평등권 침해의 차별행위로 보지 아니한다.

(4) 차별 사례

차별 사유	사건
성차별	간호사 모집 시 성차별(인권위 2008.1.28. 07진차654)
	무형문화재 전승자 선정 시 성차별(인권위 2007.10.30. 07진차350).
	공군 사관후보생 조종장교 모집 시 성차별(인권위 2010.5.25. 09진차773).
연령	국가정보원 직원 채용 시 연령 차별[인권위 2009.9.30. 09진차275·09진차912·09진차937·09진차957(병합)].
	아파트 경비원 채용 시 연령 차별(인권위 2010.8.20. 10진정0235000).
학력	예비 장교후보생 모집 시 전문대학 출신자 차별(인권위 2010.7.29. 10진정242400).
	행정인턴 모집 시 학력차별(인권위 2009.3.9. 08진차1326)

6. 합리적 차별 여부에 대한 판단 기준

(1) 자의금지원칙

자의금지원칙은 본질적으로 서로 같은 것을 자의적으로 다르게 취급하거나 본질적으로 서로 다른 것을 자의적으로 같게 취급하는 것은 금지된다고 하는 법리이다. 여기서 자의란 법률에 의한 차별에 있어서 어떠한 합리적인 이유도 찾아 볼 수 없기 때문에 차별의 불합리성이 명백한 경우를 말한다. 다시 말하면 자의적이라는 것은 객관적으로 명백한 근거가 없는 것, 즉 불평등을 인정할 만한 합리적인 이유가 없는 것을 의미한다. 여기서 차별의 합리성을 인정하기 위한 요건은 다음과 같다. 첫째, 사실상 차이가 존재해야 한다. 둘째, 이러한 차이에 차별적 대우가 정당한 입법 목적에 기초한 것이어야 한다. 셋째, 그러한 입법목적을 달성하기 위해 차별적 대우가 필요해야 한다. 넷째, 차별대우의 정도와 태양이 적정한 범위 내의 것이어야 한다. 이런 자의금지원칙은 의회의 입법권 행사에 대하여 명확한 한계를 제시하는 역할을 한다. 따라서 자의금지원칙을 위반한 법률은 위헌이 된다.

(2) 엄격한 심사척도로서 비례원칙

① 의미

자의금지원칙에 따른 심사(합리적 이유의 유무를 심사)하는 것에 그치지 아니하고 차별취급의 목적과 수단 간에 엄격한 비례관계가 성립하는지를 기준으로 하는 심사를 의미한다. 엄격한 심사척도로서 비례원칙을 헌법재판소는 제시하고 있다. 그렇다면 언제 이 원칙이 적용될 것인가?

② 엄격한 심사척도 원칙은 언제 적용되는가?

㉠ 헌재 입장

헌법재판소에 따르면 헌법에서 특별히 평등을 요구하고 있는 경우, 헌법해석을 통하여 평등원칙을 도출할 수 있는 경우, 차별적 취급으로 인하여 관련 기본권에 대한 중대한 제한을 초래하는 경우 등에 적용된다고 한다.

㉡ 특별 조항

헌법에서 특별히 평등을 요구하고 있는 경우는 특별평등조항을 의미한다. 헌법 제11조 제1항은 '무엇을 같게 또는 다르게 취급해야 하는지'에 관하여 아무런 기준을 제시하지 않는 일반적 평등 조항이다. 특별평등조항은 특수한 방법으로 차별을 금지한다든지 아니면 평등을 요청함으로써 일반적 평등원칙의 내용을 구체화하고 입법을 통하여 평등원칙을 실현하는 입법자의 형성권을 제한하는 헌법상의 규정을 말한다(한수용, 2015)[46]. 예컨대 헌법 제31조 제1항에서 규정하고 있는 교육의 평등, 헌법 제32조 제4항에서 규정하고 있는 성별에 근로 차별 금지, 헌법 제36조 제1항에서 규정하고 있는 혼인과 가족생활에서 성별에 의한 차별 금지 등이다. 만약 헌법적 사안이 헌법이 특별한 평등을 요구하고 있거나 해석에 의하여 특별한 평등으로 볼 수 있다면 이 경우는 일반 평등조항이 아니라 특별 평등 조항의 법리에 따라 판단하게 된다. 마치 행복추구권과 자유권이 경합할 경우 개별 자유권을 우선시하여 판단하는 것과 유사한 논리다.

㉢ 중대한 제한

또한 차별적 취급으로 인하여 관련 기본권에 대한 중대한 제한을 초래되는 경우는 차별 대우를 할 경우 개인의 자유로운 인격 형성 및 발전에 중대한 영향을 미칠 수 있는 핵심적 자유 영역에 대한 것이다. 예컨대 정신적 자유 중 언론의 자유를 제한하는 법률과 광고의 자유를 제한하는 법률 중 어느 쪽을 더 엄격하게 심사해야 할까라고 했을 때 개인의 인격 형성에 더 영향을 미치는 언론의 자유를 제한하는 법률은 엄격하게, 상업광고를 제한하는 법률은 완화해서 판단한다는 것이다.

46) 한수용(2015), 평등권에 관한 최근 헌법재판소결정의 문제점, 헌법논총 제26집.

7. 잠정적 우대조치는 위헌인가?

⑴ 의미 및 특징

헌법재판소에 의하면 적극적 조치(Affirmative Action)란 종래 사회로부터 차별을 받아 온 일정 집단에 대해 그동안의 불이익을 보장하기 위하여 그 집단의 구성원이라는 이유로 취업이나 입학 등의 영역에서 직·간접적으로 이익을 부여하는 조치를 말한다. 따라서 적극적 조치는 다음과 같은 특징이 있다. 첫째, 개인의 자격이나 실적보다는 집단의 일원이라는 것을 근거로 혜택을 준다. 둘째, 기회의 평등보다는 결과의 평등을 추구한다. 셋째, 항구적 정책이 아니라 구제 목적이 실현되면 종료하는 잠정적 조치이다. 그런데 이 잠정적 우대조치가 역차별의 문제를 야기하는지 여부가 논쟁이 되기도 한다.

⑵ 잠정적 우대조치와 역차별의 문제

① 역차별 현상
사회적 약자를 특별히 우대하는 잠정적 우대조치는 결과적으로 잠정적 우대조치의 대상이 아닌 집단에 불평등을 초래하는 역차별 현상을 초래하게 된다.

② 위헌 여부
잠정적 우대조치 자체는 실질적 평등의 실현이라는 관점에서 긍정하는 것이 타당할 것이다. 하지만 그 실현하는 방법 역시 헌법재판소의 심사대상이 된다. 사안에 따라 자의금지원칙이 적용될 수 있고, 비례원칙이 적용된다.

Ⅱ 생명권

01 생각 열기

⑴ 태아의 생명권과 여성의 자기결정권 중 어느 것을 우선할 것인가?

여성 A씨는 B와 외도를 하던 중 임신을 하게 되었다. 여성 A씨는 임신 사실을 알고 갑(甲) 산부인과에서 낙태 시술을 받았다. 이 낙태 시술로 여성 A씨는 기소가 되었다. 1심 법원에서는 징역 6월, 집행유예 2년을 A에게 선고하였다. A는 이 선고에 대해 항소를 하였는데, 항소법원은 벌금 200만 원으로 형을 낮췄다. 항소 법원은 징역형을 선고하는 것이 남편의 복수심을 충족시키는 것 외에 실익이 없다고 하였다.

⑵ 죽음을 선택할 권리와 생명권 중 어느 것을 존중할 것인가?

C는 교통사고로 현재 식물인간 상태로 10년 동안 생명 연장 치료를 받고 있는 중이다. C의 가족은 병원 측에 연장치료 중단을 요구하였다. 이 요구에 대해 병원 측이 거절하자, C의 가족들은 법원에 병원을 상대로 소송을 제기하였다. 최종 대법원에서는 이 사건에 대해 인공호흡기를 제거하라고 원심 판결을 확정하였다. 그리고 이에 대해 환자는 진료 여부에 대한 결정권한이 있고 사망할 것이 명백할 경우 의료상 무의미한 치료 행위는 인간의 존엄을 해친다고 그 근거를 밝혔다(2009다17417).

(3) 배아에게도 생명권을 인정할 수 있는가?

D씨 부부는 2004년 P씨의 병원에서 인공수정으로 배아 개체 3개를 얻었다. 이 가운데 하나는 D씨 부인의 몸에 착상되었고, 나머지 2개는 임신에 실패하면 추가 착상에 사용되거나 생명공학 연구에 쓰기로 하였다. 「생명윤리법」에서는 만들어진 지 5년이 지난 배아 가운데 연구용으로 쓰지 않는 것은 폐기하도록 규정하고 있기 때문이다. D씨 부부와 법학자, 윤리학자, 의사 등은 청구인단을 구성하여 헌법재판소에 "'배아를 연구목적으로 사용할 수 있다'는 「생명윤리법」이 배아가 갖는 인간으로서의 존엄과 가치를 침해한다"면서 헌법소원을 제기하였다. 이에 대해 헌법재판소는 "어머니 몸속에 착상되지 않고 수정 14일 후 생기는 원시선도 나타나지 않은 초기 배아를 인간으로 봐야 할 필요성이나 사회적 인식이 있다고 보기 어렵다"라고 하면서 "냉동 상태에 있는 초기 배아인 해당 배아는 헌법소원을 낼 수 있는 자격이 없다"라고 하였다(2005헌마346).

02 생명권의 의미 및 법적 성격: 인간의 존엄성을 실현하기 위한 근본적인 전제

1. 생명권의 의미

생명권이란 생명에 대한 모든 형태의 공권력 침해를 거부할 수 있는 방어적·소극적 권리이며 자연권이다. 생명권은 헌법에 명시되지 않은 권리이지만 인간의 존엄과 가치를 가장 중요한 본질로 여기는 권리이다.

2. 생명권의 법적 성격

(1) 선험적인 자연권, 기본권 중의 기본권: 헌법재판소

인간의 존엄성 규정, 신체의 자유, 헌법에 열거되지 아니한 권리 등에서 생명권의 헌법적 근거를 구할 수 있다. 인간의 생명은 고귀하고, 이 세상에서 무엇과도 바꿀 수 없는 존엄한 인간존재의 근원이다. 이러한 생명에 대한 권리는 비록 헌법에 명문의 규정이 없다 하더라도 인간의 생존본능과 존재목적에 바탕을 둔 선험적이고 자연법적인 권리로서 헌법에 규정된 모든 기본권의 전제로서 기능하는 기본권 중의 기본권이다. 생명권은 인간의 존엄과 가치라는 근본이념에서 도출될 수 있는 권리로서 인간의 본질적 가치에 해당하며, 생명을 박탈당하는 것은 인간의 존엄과 가치를 침해하는 것이다. [47]

(2) 생명권에 대한 가치 평가는 허용되지 않음

모든 생명은 법적으로 등가성을 가지며, 원칙적으로 가치에 대한 평가가 허용되지 않는다. 예컨대 100명의 생명이 더 중하고 1명의 생명은 상대적으로 가볍다는 평가를 하는 경우이다.

47) 생명의 종기에 관하여는 세포기능 정지설, 맥박정지설, 호흡정지설, 뇌사설 등이 있다. 이 중 맥박이 정지한 때를 생명의 종기로 보는 것이 통설이다.

(3) 죽음을 선택할 권리 포함 여부

헌법재판소는 자살, 연명 치료 중단 등과 같은 생명단축에 관한 자기결정권은 생명권 보호라는 헌법적 가치와 충돌하지만, 연명치료 중단에 관한 환자의 자기결정권을 명시적으로 인정하기도 하면서 국회가 연명의료결정법과 관련된 입법을 추진할 것을 권고하였다(2008헌마385). 존엄사법으로 오해받기도 하는 연명의료결정법은 2018년부터 시행되고 있다.

03 생명권의 주체

1. 생명의 개념

(1) 생명의 의미

생명이란 일반적으로 살아있는 존재, 즉 인간의 인격적·육체적 존재형태를 말하며, 육체 이외에 정신도 포함한다. 문제는 생명의 존재 여부에 대한 판단, 즉 생명의 시기와 종기를 언제부터 보느냐 하는 것이다.

(2) 생명의 시기

① 생명시기의 기준

생명의 시기와 관련해서 많은 논쟁들이 제기되고 있다. 예컨대 수정시설, 착상시설, 배아의 원시선설, 출생시설 등이다. 일반적으로 생명의 시기는 수태한 때를 기준으로 하고 있다.

② 태아

헌법재판소는 생명의 시기는 수정과 착상의 과정을 거치면서 시작되고, 형성 중인 생명도 생명이라는 점에서 태아도 생명권의 주체가 된다고 보았다.

③ 배아

인간의 존재형식으로서의 생명의 권리는 배아 중인 생명도 포함되는 것으로 볼 수 있다. 배아는 자궁 내에 착상 후부터 7주까지의 유기체를 배아라고 부른다. 단 헌법재판소에 따르면 2주가 안 된 초기 배아는 인간이 아니다(2005헌마346).

(3) 생명의 종기

생명이 종기에 관하여는 세포기능 정지설, 맥박정지설, 호흡정지설, 뇌사설 등이 있다. 이 중 맥박이 정지한 때를 생명의 종기로 보는 것이 통설이다

2. 생명권의 주체 : 자연인, 태아와 배아

생명권은 성질상 인간의 권리이므로 자연인에게만 인정된다. 또한 살펴본 대로 태아와 배아의 경우에도 생명권의 주체로 볼 수 있다. 따라서 법인은 생명권의 주체가 되지 못한다.

04 생명권을 둘러싼 주요 논쟁

생명권을 둘러싼 문제들에는 사형, 낙태, 안락사 등이 있다. 생명권의 침해는 불법행위를 구성하기 때문에 형사상의 처벌을 받거나 형사보상 또는 손해배상의 책임이 발생한다.

1. 사형제도: 헌법재판소 합헌의견과 위헌 의견

(1) 생명권은 제한 가능한가?

① 사형제도를 둘러싼 논쟁: 생명권 제한 가능성 여부, 생명권 침해 여부

㉠ 합헌의견: 생명권은 상대적 기본권, 생명권 제한 가능
생명권은 상대적 기본권으로서 헌법 제37조 제2항에 의해 제한이 가능하므로 사형제도는 합헌이라는 견해가 대립하고 있다. 헌법 제110조 제4항에서도 사형제도를 간접적으로 인정하고 있다.

㉡ 위헌의견: 생명권은 절대적 기본권, 생명권 제한 불가
생명권은 절대적 기본권이라는 이유로 또는 사형제도는 생명권의 본질적 내용을 침해하는 것이므로 사형제도는 위헌이라는 견해이다. 과잉금지원칙에 따라 분석하면 다음과 같다.

② 사형제도의 목적은 정당한가?

㉠ 합헌의견: 범죄 일반예방, 일반인 대상, 사형 효과 인정
합헌의견에 따르면 사형제도의 입법목적은 범죄에 대한 응보, 일반예방, 사회방위 등이다. 이런 입법목적은 질서유지나 공공복리를 위해 필요한 경우에 해당하기 때문에 목적의 정당성이 인정된다.

㉡ 위헌의견: 범죄 특별예방, 범죄자 대상, 사형 효과 부정
위헌의견은 일반예방효과는 있지만 사형수를 국가행위의 수단으로 전락시키는 것이며, 사형수의 인간의 존엄과 가치를 침해하는 것으로 목적 정당성이 인정되지 않는다고 한다. 또한 국민주권주의와 모순되며, 형벌의 특별예방목적을 전적으로 배제하기 때문에 헌법적으로 정당화될 수 없다고 한다.

③ 사형제도라는 방법은 적정한가?

㉠ 합헌의견: 일반적 범죄예방효과가 큼
합헌의견에 따르면 사형은 인간의 죽음에 대한 공포본능을 이용한 가장 냉엄한 궁극의 형벌로서 그 위하력이 강한 만큼 이를 통한 일반적 범죄예방효과도 더 클 것이라고 추정된다. 또한 이런 추정이 논리적으로나 소박한 국민일반의 법 감정에 비추어 볼 때 타당하기 때문에 사형제도라는 방법의 적절성이 인정된다고 본다.

㉡ 위헌의견: 특별 범죄예방관점에서 볼 때 범죄예방효과 없음
위헌의견에 따르면 사형은 범죄자에 대한 개선·교화의 가능성을 포기하는 형벌이므로 적합성을 갖추지 못했다. 또한 오판의 시정가능성이 없으며, 사형의 일반예방적 효과에 대해서도 부정적인 연구결과가 많다고 주장한다.

④ 사형제도는 피해를 최소화하는 수단인가?

㉠ 합헌의견: 종신형은 사형을 대체할 수 없으며 정의 관념에 부적합, 여론적 지지

합헌의견은 무기징역형만으로도 사형의 일반예방적 효과를 대체할 수 있다는 주장을 받아들일 수 없다는 입장이다. 이 말은 적절한 방법이 오직 사형제도인 이상 대체할 수 있는 수단이 없는 상황에서 피해의 최소성도 문제가 될 것이 없다는 주장이다.

㉡ 위헌의견: 무기징역이란 피해를 최소화할 수 있는 대체 수단 존재

위헌의견은 무기징역은 사형과 동등한 그 이상의 예방효과를 가지기 때문에 사형이 아니라 무기징역으로도 입법목적을 달성할 수 있다는 점에서 사형은 피해의 최소성 원칙에 반한다고 주장한다.

⑤ 법익의 균형성에 대한 합헌과 위헌 의견

㉠ 합헌의견: 타인의 생명을 부정하는 생명 박탈 가능, 공리주의적 관점

합헌의견은 현실적인 측면에서 볼 때 정당한 이유 없이 타인의 생명을 부정하거나 그에 못지 아니한 중대한 공공이익을 침해한 경우에 국법은 그중에서 타인의 생명이나 공공의 이익을 우선하여 보호할 것인가의 규준을 제시하지 않을 수 없게 되고, 이러한 경우에는 비록 생명이 이념적으로 절대적 가치를 지닌 것이라 하더라도 생명에 대한 법적 평가가 예외적으로 허용될 수 있다고 본다.

㉡ 위헌의견: 생명과 비교할 수 있는 법익은 존재하지 않음, 윤리적 관점

위헌의견은 인간의 생명은 고귀하고, 이 세상에서 무엇과도 바꿀 수 없는 존엄한 인간존재의 근원이므로 어떠한 공익보다 우월한 것이므로 인간의 생명을 박탈하는 사형제도는 법익의 균형성을 갖추지 못했다고 주장한다.

2. 낙태 논쟁

(1) 각 주장에 대해 생각해 보고 평가해 보자.

① 갑의 주장

"낙태는 태아의 생명을 빼앗는 일입니다. 아직 태어나지 않았다고 해서 태아의 생명을 마음대로 빼앗을 권리는 누구에게도 없습니다. 어떤 경우에도, 어떤 이유로도 낙태는 정당화될 수 없습니다."

② 을의 주장

"낙태를 무조건 허용한다면 안 되겠지만, 아직 생명이라고 볼 수 없는 임신기간, 가령 한 달 이내의 낙태까지도 금지하는 것은 임신부에 대해 다른 사람들이 지나치게 간섭하는 것 아닐까요? 일정한 기간 내의 낙태는 허용해야 한다고 봅니다."

(2) 기본권 충돌 문제

낙태 문제는 임산부의 낙태의 자유(자기결정권)와 태아의 생명권 보호라는 헌법상의 양 법익이 충돌하고 있다. 문제가 된 것은 태아는 생명권의 주체로서 인정되고, 국가는 태아의 생명을 보호할 적극적 의무가 인정된다는 점에서 전면적인 낙태의 허용을 수용할 수 없다는 것에 대해 여성들이 문제를 제기하였다. 그 결과 태아의 생명권과 여성의 자기결정권의 충돌하게 되었고, 이에 대한 합리적인 해결 방안을 모색할 필요성이 제기되었다.

(3) 해결 방안 이론

① 적응모델
이 모델은 우리나라의 모자보건법 제14조처럼 일정한 사유가 있는 경우에 한하여 낙태를 허용하는 것을 말한다. 모자보건법 제14조는 낙태수술을 허용할 정당화사유로서, ㉠ 본인 또는 배우자가 대통령령이 정하는 우생학적 또는 유전학적 정신장애나 신체질환이 있는 경우, ㉡ 본인 또는 배우자가 대통령령이 정하는 전염성질환이 있는 경우, ㉢ 강간 또는 준강간에 의하여 임신된 경우, ㉣ 법률상 혼인할 수 없는 혈족 또는 인척 간에 임신된 경우, ㉤ 임신의 지속이 보건의학적 이유로 모체의 건강을 심히 해하고 있거나 해할 우려가 있는 경우 등 5가지를 들고 있다. 그런데 성폭력에 의한 임신의 경우에도 임신 24주 이내가 아니면 낙태가 허용되지 않는 제한이 있다.

② 상담모델 및 기간모델
상담모델은 의사와의 상담을 통해 낙태의 허부를 결정하는 것을 말한다. 기간모델은 일정 기간 내에서는 임신 여성의 낙태가 원칙적으로 허용되는 경우이다. 미국의 경우는 상담모델과 기간모델을 결합해서 사용되기도 한다. 미국은 Roe v. Wade 사건에서 태아의 생명권보다 임신부의 프라이버시권을 우월하게 보아 임신 초기 3개월 이내의 낙태는 주정부가 개입할 수 없고 오로지 임신부와 의사의 자율에 맡겨져 있다고 판시하였다. 이후 연방대법원은 Planed Parenthood of Southeastern Pennsylvania v. Casey 사건에서는 임산부의 선택권에 중대한 부담을 주지 않는 한 주정부가 낙태를 규제할 수 있다고 하여 Roe 판결의 견해를 사실상 변경한 것으로 평가된다. 하지만 현재 미국도 기간과 상관없이 태아의 생명권 우선을 원칙으로 중시하고 있다.

③ 독일의 해결 방안: 태아의 생명권 우선을 원칙으로 함
독일연방헌법재판소는 1975년 제1차 낙태판결에서 태아의 생명은 수태된 때부터라고 하고, 태아의 보호는 전 임신 기간에 걸쳐 이루어져야 한다고 보았다. 이런 독일의 입장은 현재까지도 거의 고수되고 있다.

(4) **낙태죄에 대한 헌법불합치 결정**: 형법 제269조 제1항 등 위헌소원(2017헌바127)

① 주요 쟁점
부녀의 낙태를 처벌하는 자기낙태죄 조항 및 의사가 부녀의 촉탁 또는 승낙을 받아 낙태하게 한 경우 2년 이하의 징역에 처하도록 규정한 의사낙태죄 조항이, 각각 임부의 자기결정권 등을 침해하여 헌법에 위반되는지 여부

② 결정문 주요 내용

㉠ 헌법불합치 결정 및 취지

헌법재판소 전원재판부는 임신한 여성의 자기낙태를 처벌하는 형법 제269조 제1항, 의사가 임신한 여성의 촉탁 또는 승낙을 받아 낙태하게 한 의사낙태죄를 처벌하는 형법 제270조 제1항에 대해 헌법불합치 결정(2017헌바127)을 내리고, 2020년 12월 31일까지 개정하라고 명했다. 이때까지 개정되지 않으면 두 조항은 2021년 1월 1일부터 효력을 잃게 된다. 헌법재판소는 “자기낙태죄 조항과 의사낙태죄 조항에 대하여 각각 단순위헌 결정을 할 경우, 임신기간 전체에 걸쳐 행해진 모든 낙태를 처벌할 수 없게 됨으로써 용인하기 어려운 법적 공백이 생기게 된다”며 “자기낙태죄 조항과 의사낙태죄 조항에 대하여 단순위헌 결정을 하는 대신 각각 헌법불합치 결정을 선고하되, 다만 입법자의 개선입법이 이루어질 때까지 계속적용을 명하기로 한 것”이라고 하였다.

㉡ 낙태의 최대 허용기간은 24주, 허용 내용은 입법재량으로 결정

헌법재판소의 헌법불합치 의견은 “결정가능기간까지의 낙태에 대해서는 국가가 생명보호의 수단 및 정도를 달리 정할 수 있다고 봄이 타당하다”고 하였다. 결정가능기간이란 태아가 모체를 떠난 상태에서 독자적으로 생존할 수 있는 시점인 임신 24주 내외에 도달하기 전이면서 동시에 임부가 임신 유지와 출산 여부에 관한 자기결정권을 행사하기에 충분한 시간이 보장되는 착상시부터의 기간을 말한다. 따라서 임신 24주가 낙태 허용 최대 기간으로, 이 시기를 지나면 낙태를 허용할 수 없다. 헌법재판소는 “태아의 생명 보호와 임신한 여성의 자기결정권의 실현을 최적화할 수 있는 해법을 마련하기 위해 결정가능기간 중 일정한 시기까지는 사회적 · 경제적 사유에 대한 확인을 요구하지 않을 것인지 여부까지를 포함하여 결정가능기간과 사회적 · 경제적 사유를 구체적으로 어떻게 조합할 것인지, 상담요건이나 숙려기간 등과 같은 일정한 절차적 요건을 추가할 것인지 여부 등에 관하여 헌법재판소가 설시한 한계 내에서 입법재량을 가진다”고 하였다.

㉢ 과잉금지원칙 위반

헌재는 “모자보건법상의 정당화 사유에는 다양하고 광범위한 사회적 · 경제적 사유에 의한 낙태갈등 상황이 전혀 포섭되지 않는다. 모자보건법에서 정한 사유에 해당하지 않는다면 결정가능기간 중에 다양하고 광범위한 사회적 · 경제적 사유를 이유로 낙태갈등 상황을 겪고 있는 경우까지도 예외 없이 전면적 · 일률적으로 임신의 유지 및 출산을 강제하고, 이를 위반한 경우 형사처벌하고 있는 자기낙태죄 조항은 입법목적을 달성하기 위하여 필요한 최소한의 정도를 넘어 임신한 여성의 자기결정권을 제한하고 있어 침해의 최소성을 갖추지 못하였고, 태아의 생명 보호라는 공익에 대하여만 일방적이고 절대적인 우위를 부여함으로써 법익균형성의 원칙도 위반하였다고 할 것이므로, 과잉금지원칙을 위반하여 임신한 여성의 자기결정권을 침해하는 위헌적인 규정”이라고 하였다. 또한 헌재는 “동일한 목표를 실현하기 위하여 임신한 여성의 촉탁 또는 승낙을 받아 낙태하게 한 의사를 처벌하는 의사낙태죄 조항도 같은 이유에서 위헌”이라고 하였다.

3. 안락사 및 연명치료 중단 여부

(1) 안락사의 의미 및 유형: 적극적 안락사, 소극적 안락사, 도태적 안락사

안락사에는 의사가 직접적으로 생의 단절을 야기하는 적극적 안락사와 생명을 연장할 수 있는 조치를 취하지 않음으로써 사망으로 이어지는 소극적 안락사가 있다. 이외에 사회적으로 생존할 가치가 없다고 인정되는 자에 대한 인위적인 생명단절행위인 도태적 안락사를 포함시키기도 한다.

(2) 생명연명치료 중단 문제

① 생명연명치료를 둘러싼 논쟁
적극적 안락사나 도태적 안락사는 인간의 생명권을 침해하는 점에서 인정여부와 관련하여 헌법상 논의의 대상이 될 수 없다. 왜냐하면 이 경우들은 생명을 보호하는 헌법적 가치로 인해 불법이나 범죄가 될 뿐이다. 헌법상 논쟁이 실질적으로 이루어지는 부분은 바로 소극적 안락사(존엄사)이다.

② 찬성 및 반대 의견
헌법적으로 볼 때 생명권을 주관적 공권으로 본다면 생명처분의 권리도 인정할 수 있다. 환자의 인격권을 존중한다면 그 생명을 단절할 자유를 주는 소극적 안락사는 허용될 수 있다. 하지만 생명권을 헌법의 객관적 가치질서로 볼 경우에 생명처분의 권리는 인정할 수 없다. 또한 자살방조를 처벌하는 법 이론에 의하면 이것도 허용되지 않는다.[48)]

③ 환자의 자기결정권을 인정할 수 있는지 여부
법적 문제에게 가장 핵심적인 쟁점은 환자의 자기결정권에 기한 연명치료 중단 인지여부이다. 대부분 연명치료 중단은 환자 본인이 아닌 가족들의 요구로 이루어지는 경우가 많기 때문이다. 현재는 연명치료 중단을 통한 사망을 인정하되 법률상에 엄격한 요건을 정하고 있다.

(3) 연명의료결정법[49)] 도입

이 법은 호스피스·완화의료와 임종과정에 있는 환자의 연명의료와 연명의료중단 등 결정 및 그 이행에 필요한 사항을 규정함으로써 환자의 최선의 이익을 보장하고 자기결정을 존중하여 인간으로서의 존엄과 가치를 보호하는 것을 목적으로 한다. 이 법을 통해 '환자가 스스로 결정한 의사'인지 여부를 둘러 싼 다툼은 해결하였지만, 우리사회에서 존엄사나 소극적 안락사를 전면적으로 허용하고 있는 것은 아니다.

(4) 존엄사나 소극적 안락사가 허용될 수 있는 요건[50)]

형법 영역에서 주장되고 있는 내용 중 정당행위로 위법성이 조각될 수 있는 요건은 다음과 같다. ① 불치의 질병에 의한 사기 임박, ② 극심한 육체적 고통, ③ 고통완화의 목적성, ④ 환자의 자발적 동의, ⑤ 의사에 의한 시술, ⑥ 시술방법의 윤리성 등을 구비해야 한다.

---

48) 허용할 경우의 문제점으로 환자 의사 확인 어려움, 미끄러운 경사길 논리 등이 있다. 하지만 문제는 소극적 안락사의 경우에 대부분 죽음을 선택하는 환자의 의사를 확인할 수가 없다는 것이다. 대부분 주변 가족들의 증언에 의해서 확인된다는 것이다. 또한 환자의 존엄하게 죽을 권리도 중요하지만 이를 허용할 경우에 야기되는 사회적 문제도 고려해야 할 것이다. 따라서 그 허용에는 '미끄러운 경사길 논리(slippery slope argument)'를 고려하여 엄격한 요건과 신중함이 필요하다.
49) 일명 '존엄사법'으로 불리기도 하였지만 적절하지 않다. 실질적으로 존엄사를 허용하고 있는 것은 아니다.
50) 이는 현재 예외적 상황이다. 즉 존엄사나 소극적 안락사를 인정하는 나라와 관련되는 것이다.

4. 배아복제

(1) 배아복제의 의미

배아복제란 체세포이식기술을 이용하여 배아를 생성시키는 것을 말한다. 배아복제연구는 현재 생식의 목적(개체복제 또는 인간복제), 치료 및 연구 목적(배아복제)으로 진행되고 있다.

(2) 배아복제를 둘러싼 갈등

배아복제기술은 난치병의 치료 등에 긍정적으로 사용될 수도 있지만, 한편으로는 생명경시를 불러일으키고 인간복제에 이용될 수 있다는 위험성도 존재한다. 배아복제 관련 기술은 매우 빠르게 발전하는데 비해, 이에 따른 윤리적 · 법적인 입장의 정리는 미처 이루어지지 않아 배아복제 자체를 둘러싼 논쟁은 더욱 부각되고 있다.

① 생명경시 풍조 확산 가능성

② 학문의 자유 및 과학기술의 발전, 산업 발전(국익) 측면
체세포복제연구 자체를 금지하면 국익에 해가 되고, 생명과학기술의 발전을 가로막을 수도 있다. 또한 체세포복제연구는 헌법상 보장된 학문의 자유를 무조건 제약할 수도 없고, 실용적인 측면을 무시할 수도 없는 딜레마를 제공하고 있다. 즉 우리는 생명보호와 연구의 자유가 충돌하는 상황에 직면하고 있다.

③ 여러 인권들과의 갈등
이런 충돌 상황 이외에도 불치병 환자의 건강권, 난임부부의 생식결정권, 난자제공 여성의 인권 등이 모두 배아복제를 둘러싼 인권들이다.

(3) 배아복제에 대한 찬반논쟁의 핵심

① 배아도 생명권을 가지느냐
배아를 이용하는 어떠한 실험이나 연구도 인간 생명의 존엄성과 신성함을 침해하는 행위이므로 체세포복제연구의 합법화는 중단되어야 한다는 의견과 각종 줄기세포연구 중 체세포복제는 이론적으로 가장 이상적인 방법이며, 환자 맞춤형 치료제의 개발이 가능하고, 다른 방식에 비해 치료제 개발기간을 단축할 수 있으며, 산업적인 파급 효과도 크기 때문에 더 이상 체세포복제연구를 제한해서는 안 된다는 의견이 서로 맞서고 있다.

② 배아의 생명권은 제한 가능하냐
이 경우는 어떤 경우를 허용할 것이냐의 논쟁문제로 이어진다. 즉 연구 목적, 연구범위, 수단 등을 둘러싼 논쟁 등이 될 것이다.

Ⅲ 신체의 자유

01 생각 열기

1. 헌법 규정

제12조 ① 모든 국민은 신체의 자유를 가진다. 누구든지 법률에 의하지 아니하고는 체포·구속·압수·수색 또는 심문을 받지 아니하며, 법률과 적법한 절차에 의하지 아니하고는 처벌·보안처분 또는 강제노역을 받지 아니한다.

② 모든 국민은 고문을 받지 아니하며, 형사상 자기에게 불리한 진술을 강요당하지 아니한다.

③ 체포·구속·압수 또는 수색을 할 때에는 적법한 절차에 따라 검사의 신청에 의하여 법관이 발부한 영장을 제시하여야 한다. 다만, 현행범인인 경우와 장기 3년 이상의 형에 해당하는 죄를 범하고 도피 또는 증거인멸의 염려가 있을 때에는 사후에 영장을 청구할 수 있다.

④ 누구든지 체포 또는 구속을 당한 때에는 즉시 변호인의 조력을 받을 권리를 가진다. 다만, 형사피고인이 스스로 변호인을 구할 수 없을 때에는 법률이 정하는 바에 의하여 국가가 변호인을 붙인다.

⑤ 누구든지 체포 또는 구속의 이유와 변호인의 조력을 받을 권리가 있음을 고지받지 아니하고는 체포 또는 구속을 당하지 아니한다. 체포 또는 구속을 당한 자의 가족 등 법률이 정하는 자에게는 그 이유와 일시·장소가 지체 없이 통지되어야 한다.

⑥ 누구든지 체포 또는 구속을 당한 때에는 적부의 심사를 법원에 청구할 권리를 가진다.

⑦ 피고인의 자백이 고문·폭행·협박·구속의 부당한 장기화 또는 기망 기타의 방법에 의하여 자의로 진술된 것이 아니라고 인정될 때 또는 정식재판에 있어서 피고인의 자백이 그에게 불리한 유일한 증거일 때에는 이를 유죄의 증거로 삼거나 이를 이유로 처벌할 수 없다.

제13조 ① 모든 국민은 행위 시의 법률에 의하여 범죄를 구성하지 아니하는 행위로 소추되지 아니하며, 동일한 범죄에 대하여 거듭 처벌받지 아니한다.

② 모든 국민은 소급입법에 의하여 참정권의 제한을 받거나 재산권을 박탈당하지 아니한다.

③ 모든 국민은 자기의 행위가 아닌 친족의 행위로 인하여 불이익한 처우를 받지 아니한다.

제16조 모든 국민은 주거의 자유를 침해받지 아니한다. 주거에 대한 압수나 수색을 할 때에는 검사의 신청에 의하여 법관이 발부한 영장을 제시하여야 한다.

제27조 ① 모든 국민은 헌법과 법률이 정한 법관에 의하여 법률에 의한 재판을 받을 권리를 가진다.

② 군인 또는 군무원이 아닌 국민은 대한민국의 영역 안에서는 중대한 군사상 기밀·초병·초소·유독음식물공급·포로·군용물에 관한 죄중 법률이 정한 경우와 비상계엄이 선포된 경우를 제외하고는 군사법원의 재판을 받지 아니한다.

③ 모든 국민은 신속한 재판을 받을 권리를 가진다. 형사피고인은 상당한 이유가 없는 한 지체 없이 공개재판을 받을 권리를 가진다.

④ 형사피고인은 유죄의 판결이 확정될 때까지는 무죄로 추정된다.

⑤ 형사피해자는 법률이 정하는 바에 의하여 당해 사건의 재판절차에서 진술할 수 있다.

제28조 형사피의자 또는 형사피고인으로서 구금되었던 자가 법률이 정하는 불기소처분을 받거나 무죄판결을 받은 때에는 법률이 정하는 바에 의하여 국가에 정당한 보상을 청구할 수 있다.

2. 사례

학생운동을 하던 A는 집으로 돌아오던 중 사복 수사관들에 의해 강제로 체포되었다. 사복 수사관들은 A에게 이름만 묻고 확인이 되자 다짜고짜 A를 붙들고 강제로 차에 태웠다. 경찰서에 도착한 A는 바로 조사실로 끌려갔다. 수사관들은 A를 의자에 묶어두고 고문, 폭행, 협박을 동원하여 그들이 원하는 바를 진술하게 하였다. A는 국가보안법 위반죄로 기소되었고, 법정에서 그는 징역 10년의 형을 받았다. 법정에서 그는 자신의 진술이 폭력과 협박에 의한 것임을 주장하였으나 재판부에 받아들여지지 않았고, 죄를 뉘우치지 않는다는 이유로 가중 처벌을 받게 된 것이다. 이제 그는 다니던 학교로 돌아가서 학업을 계속할 수도 없었고, 취업준비도 할 수 없었다. 친구들과 부모님을 만날 수도 없게 되었다. 그의 모든 삶은 중단되었다.

3. 해설

권위주의 정부 시절에 사례와 같이 한 젊은이의 인생이 중단되거나 사라진 일들이 있었다. 봉건제 사회나 신분제 사회에서는 이런 인신 구속이 더 심각하였다. 이처럼 인신구속이 국가권력에 의해 자의적으로 이루어질 경우 한 개인의 삶은 중단된다. 예컨대 현재 다니고 있던 직장을 그만두어야 하며, 자기가 꿈꾸던 미래를 위한 취미생활, 학업 등을 모두 그만두어야 한다. 그로 인해 가족 해체가 생길 수도 있다. 따라서 인신구속을 마음대로 당하지 않을 권리가 필요하고, 인신구속을 당하더라도 폭력이나 강제적인 방법이 아닌 합법적인 절차에 따라 이루어질 필요가 있다. 그래서 헌법에서는 신체의 자유를 실체법적으로 보장하고, 또한 절차적으로 보장하는 방안을 마련하여 인신 구속이 불법・부당하게 이루어지지 않도록 하고 있다.

02 신체의 자유의 의의

1. 신체의 자유의 의미: 신체의 안정성 보장, 자유로운 신체활동 보장

신체의 자유란 외부로부터 물리적인 힘이나 정신적인 위험으로부터 신체의 안정성을 침해당하지 아니할 자유와 신체활동을 임의적이고 자율적으로 할 수 있는 자유를 말한다. 헌법 제12조 제1항에서는 “모든 국민은 신체의 자유를 가진다. 누구든지 법률에 의하지 아니하고는 체포, 구속, 압수, 수색 또는 심문을 받지 아니하며, 법률과 적법한 절차에 의하지 아니하고는 처벌, 보안처분 또는 강제노역을 받지 아니한다”라고 신체의 자유를 규정하고 있다.

2. 법적 성격: 자연권, 상대적 기본권, 소극적・방어적 공권

신체의 자유의 법적 성격은 첫째, 인간으로서 당연히 누리는 천부적・초국가적 자연권이며, 둘째, 국가적 안전과 질서유지를 위해 최소한의 범위 안에서 제한이 가능한 상대적 기본권이고, 셋째, 국가에 대한 개인의 소극적・방어적 공권이다.

3. 신체의 자유의 주체

신체의 자유에 대한 향유주체는 인간의 권리이므로 외국인도 그 주체가 될 수 있다.

4. 신체의 자유의 보장 방법

신체의 자유를 보장하는 방법은 실체적 보장, 절차적 보장 형사피의자 · 피고인의 형사절차상의 인권보장 등으로 나누어 볼 수 있다.

03 신체의 자유의 실체적 보장

신체의 자유를 실체적으로 보장하는 방법으로는 죄형법정주의, 일사부재리의 원칙(이중처벌의 금지), 연좌제 금지 등이 있다.

1. 죄형법정주의

(1) 의미

헌법 제13조 제1항에서는 "모든 국민은 행위시의 법률에 의하여 범죄를 구성하지 아니하는 행위로 소추되지 아니하며, 동일한 범죄에 대하여 거듭 처벌받지 아니한다"라고 일사부재리의 원칙과 더불어 죄형법정주의 원칙을 규정하고 있다. 죄형법정주의란 법률 없으면 범죄 없고, 형벌도 없다는 의미이다. 즉 죄형법정주의란 어떤 행위가 범죄로 되고, 그 범죄에 대하여 어떤 종류와 범위의 형벌을 부과할 것인지에 대해 범죄행위 이전에 미리 성문의 법률로 규정되어야 함을 의미한다. 죄형법정주의는 자유주의, 권력분립, 법치주의 및 국민주권의 원리에 입각한 것으로서 무엇이 범죄이며 그에 대한 형벌이 어떠한 것인가를 반드시 입법부가 법률로써 정하여야 한다는 원칙을 말한다. 죄형법정주의는 헌법원칙이면서 형법의 핵심원칙이다. 이런 죄형법정주의의 파생원칙은 다음과 같다.

(2) 파생원칙

① 법률주의: 관습형법금지의 원칙
법률주의는 범죄와 형벌이 형식적 의미의 법률로 규정되어 있어야 함을 의미한다. 하지만 범죄자에게 유리한 경우에는 관습법의 적용이 가능하다.

② 명확성의 원칙
명확성의 원칙은 일반 국민이면 누구나 법률이 규정하고 있는 범죄의 구성요건과 형사제재에 대해서 판단할 수 있을 정도로 명확해야 한다는 것을 의미한다. 이것은 법관의 자의적 해석을 방지하기 위함이다.

③ 유추해석금지의 원칙

유추해석은 사건에 적용할 법률이 없는 경우 유사한 규정을 두고 있는 법률을 근거로 해석 적용하는 경우를 말한다. 일종의 법관의 자의적인 해석과 법의 적용이라고 할 수 있다. 죄형법정주의에 따르면 이런 유추해석은 금지된다.

④ 형벌법규 불소급의 원칙

㉠ 의미

형벌법규 불소급의 원칙(형벌불소급의 원칙 = 소급효금지의 원칙)은 형벌법규는 법률이 시행된 이후의 행위에 대해서만 적용되고 시행 이전의 행위에까지 소급하여 적용할 수 없다는 원칙을 말한다. 바로 법적 안정성을 보호하고자 하는 것이다. 하지만 범죄자에게 유리한 경우에는 소급효가 가능하다. 헌법 제13조 제1항에서는 모든 국민은 행위시의 법률에 의하여 범죄를 구성하지 아니하는 행위로 소추되지 아니하며, 동일한 범죄에 대하여 거듭 처벌받지 아니한다고 규정하고 있다. 또한 헌법 제13조 제2항에서 "모든 국민은 소급입법에 의하여 참정권의 제한을 받거나 재산권을 박탈당하지 아니한다"라고 소급효금지의 원칙을 규정하고 있다.

㉡ 적용이 제한되는 경우

이 원칙이 관철되지 않는 경우도 있다. 기존의 법에 의하여 형성되어진 개인의 법적 지위를 사후입법을 통하여 박탈당하는 것 등을 내용으로 하는 진정소급입법은 법치국가원리에 의하여 헌법적으로 허용되지 않는 것이 원칙이지만 특단의 사정이 있는 경우 즉 기존의 법을 변경하여야 할 필요가 상대적으로 정당화될 수 없는 경우에는 예외적으로 허용될 수 있다. 진정소급입법이 허용되는 경우는 구법에 의하여 보장된 국민의 법적 지위에 대한 신뢰가 보호할 만한 가치가 없거나 지극히 적은 경우와 소급입법을 통하여 달성하려는 공익이 매우 중대하여 예외적으로 구법에 이한 법적 상태의 존속을 요구하는 국민의 신뢰보호이익에 현저히 우선하는 경우로 크게 나누어 볼 수 있다.

⑤ 적정성의 원칙

적정성의 원칙은 범죄와 형벌을 규정하는 법률의 내용이 기본권을 실질적으로 보장할 수 있도록 적정해야 한다는 원칙이다. 이것은 입법자의 자의를 방지하기 위한 것이다.

2. 일사부재리의 원칙(이중처벌의 금지)

(1) 의미

헌법 제13조 제1항에서는 "모든 국민은 행위시의 법률에 의하여 범죄를 구성하지 아니하는 행위로 소추되지 아니하며, 동일한 범죄에 대하여 거듭 처벌받지 아니한다"라는 죄형법정주의와 더불어 일사부재리 원칙(이중처벌금지[51])을 규정하고 있다. 일사부재리의 원칙은 실제 판결이 확정되어 판결의 기판력이 발생하면, 그 후 동일한 사건에 대해서 거듭 심판해서 처벌할 수 없다는 것을 의미한다. 이 원칙은 이중기소금지의 원칙[52]과 다르다. 일사부재리의 원칙은 형사법상의 대표적인 원칙이다. 일사부재리의 원칙은 로마 시민법에서 유래되었으며, 대다수 국가에서 채택하고 있다. 우리나라의 경우 헌법 제13조와 형사소송법 제326조에 규정되어 있다. 일사부재리의 원칙은 국가가 무죄 판결을 받은 범죄 혐의자에 대해 여러 차례 반복 처벌함으로써 그 권리를 침해하고 괴롭히는 행위를 원천적으로 차단하기 위해 도입됐다. 영미법계 국가들은'이중 위험 금지'라고 부른다. 우리나라를 포함한 대륙법계 국가에서는 '최종 확정 판결'이 이루어진 후에는 다시 처벌할 수 없다는 뜻으로 받아들였다.

(2) 처벌의 의미

이때 처벌이란 원칙적으로 범죄에 대한 국가의 형벌권 행사로 부과되는 과벌, 즉 형벌만을 의미한다. 따라서 국가의 모든 제재나 불이익처분을 의미하는 것이 아니다. 예컨대 형벌을 부과받은 자가 다시 보호감호를 받게 되는 경우, 형벌을 부과받은 자가 보안처분을 받은 경우, 외국에서 확정판결을 받고 다시 국내법원에서 판결을 받는 경우, 누범과 상습범 가중처벌 하는 경우 등은 일사부재리의 원칙에 반하지 않는다.

(3) 형법 제7조 위헌소원사건(2013헌바129)

외국에서 형의 전부 또는 일부의 집행을 받은 자에 대하여 형을 감경 또는 면제할 수 있도록 규정한 형법(1953.9.18. 법률 제293호로 제정된 것) 제7조(이하 '이 사건 법률조항'이라 한다)가 이중처벌금지원칙에 위배되지는 않는다. 하지만 이 사건 법률조항은 신체의 자유를 침해한다. 그래서 이 사건 법률조항에 대하여 헌법불합치 결정을 한다.

---

51) 일사부재리의 원칙과 구별해야 하는 것으로 이중위험금지의 원칙이 있다. 이중위험금지의 원칙은 미국연방헌법 수정조항 제5조에서 규정하고 있다. "누구라도 동일한 범행으로 생명이나 신체에 대한 위협을 재차 받지 아니하며, 어떠한 형사사건에 있어서도 자기에게 불리한 증언을 강요당하지 아니하며, 누구라도 정당한 법의 절차에 의하지 아니하고는 생명, 자유 또는 재산을 박탈당하지 아니한다." 일사부재리의 원칙은 확정된 판결의 효력으로 발생하는 것이지만 이중위험금지의 원칙은 일정한 절차에 이르게 된 경웨 동일한 절차를 반복할 수 없다는 절차법상의 원칙이라고 할 수 있다.

52) 이중기소금지 원칙이란 동일한 공소사실에 대하여 이미 기소가 되어 공판계속 중일 경우 해당 공소 사실에 대하여 다시 기소할 수 없다는 것이다. 하지만 동일한 공소사실에 대하여 이미 판결이 확정될 경우에는 해당 공소사실에 대하여 다시 기소하더라도 면소로 처리된다. 이런 효과가 일사부재리의 원칙이다. 일사부재리의 원칙은 기판력에 의한 효과이다.

3. 연좌제의 금지

헌법 제13조 제3항에서는 "모든 국민은 자기의 행위가 아닌 친족의 행위로 인하여 불이익한 처우를 받지 아니한다"라고 자기책임의 원칙과 형사책임개별화원칙에 반하는 연좌제 금지를 규정하고 있다. 이 규정은 자신의 행위가 아닌 친족의 행위를 이유로 형사처벌 등 불리한 처우를 받는 것을 금지하는 규정이다. 이때 불리한 처우란 해외여행의 제한이나 공무담임권의 제한 등 기타 모든 사회생활 영역에서 국가기관에 의한 불이익한 대우를 포함하는 개념이다.

04 신체의 자유의 절차적 보장

신체의 자유를 절차적인 측면에서 보장하는 방법으로는 적법절차원리, 영장주의, 체포, 구속이유 등 고지 및 통지제도, 체포, 구속적부심사제 등이 있다.

1. 적법절차의 원칙 : 절차적 보장의 대원칙

(1) 의미

적법절차의 원칙이란 모든 국가작용(입법, 사법, 행정)은 정당한 법률에 근거하여 정당한 절차에 따라 행사되어야 한다는 헌법 원리를 의미한다. 즉 적법한 절차에 의해서만 신체적 · 정신적 및 재산적으로 불이익이 되는 일체의 제재를 가해야 한다는 의미를 내포하는 것이다. '적법절차' 조항의 내용은 절차의 적법성뿐만 아니라 합리성 내지는 정당성을 구비해야 하는 것을 요구하는 것으로 해석된다. 또한 적법절차는 권리의 실질적인 내용을 보장해주기 위하여 수단적 · 기술적 순서나 방법만이 아니라 방어기회의 제공절차도 포함한다.

(2) 근거조항

이 원칙의 근거조항으로는 헌법 제12조 제1항 및 제3항이 있다. 헌법 제12조 제1항은 "모든 국민은 신체의 자유를 가진다. 누구든지 법률에 의하지 아니하고는 체포, 구속, 압수, 수색 또는 심문을 받지 아니하며, 법률과 적법한 절차에 의하지 아니하고는 처벌, 보안처분 또는 강제노역을 받지 아니한다"라고 규정하고 있다. 헌법 제12조 제3항은 "체포, 구속, 압수 또는 수색을 할 때에는 적법한 절차에 따라 검사의 신청에 의하여 법관이 발부한 영장을 제시하여야 한다. 다만, 현행범인 경우와 장기 3년 이상의 형에 해당하는 죄를 범하고 도피 또는 증거인멸의 염려가 있을 때에는 사후에 영장을 청구할 수 있다"라고 규정하고 있다.

(3) 적용범위 : 모든 불이익을 주는 제재에 적용

적법한 절차에 의하지 아니하고는 개인의 신체적 · 정신적 · 재산적 불이익이 되는 일체의 제재를 가할 수 없다. '일체의 제재'에는 처벌, 보안처분, 강제노역 등과 같은 형사처분뿐만 아니라 징계 등과 같은 불이익을 주는 처분도 포함된다. 따라서 적법절차의 적용범위는 형사절차뿐만 아니라 입법, 행정 등 국가의 모든 공권력의 작용에는 절차상의 적법성뿐만 아니라 법률의 실체적 내용도 합리성과 정당성을 갖춘 실체적인 적법성이 있어야 한다는 것을 규정한 것이다. 이런 적법절차원칙을 구현하고 있는 가장 핵심적인 제도가 영장제도이다.

2. 영장주의 : 불법체포 · 구속을 방지하기 위한 사전예방책

(1) 영장주의(영장제도)의 취지

이 같은 제도의 취지는 불법 · 부당한 범죄수사로 인한 인권침해의 방지를 목적으로 한다. 즉 강제처분의 남용으로부터 국민의 기본권을 보장하기 위한 최소한의 통제 장치이다. 영장에는 체포영장, 구속영장, 압수수색영장 등이 있다.

(2) 의미 : 사전영장주의 원칙

헌법 제12조 제3항에서는 영장주의를 제시하고 있다. 또한 헌법 제16조 "모든 국민은 주거의 자유를 침해받지 아니한다. 주거에 대한 압수나 수색을 할 때에는 검사의 신청에 의하여 법관이 발부한 영장을 제시하여야 한다"라고 명시하고 있다. 영장주의는 체포, 구속, 압수, 수색 등의 강제처분을 하는 경우 검사가 신청하고 법관이 발부한 영장에 의해 집행되어야 한다는 원칙을 의미한다.

(3) 체포영장주의의 예외(무영장 체포시 사후영장 청구원칙)

피의자가 죄를 범했다고 의심할 상당한 이유가 있고, 정당한 이유 없이 수사기관의 출석 요구에 응하지 않거나 그럴 우려가 있을 때 사법경찰이나 검찰은 법원에 피의자를 체포하기 위한 '체포영장'을 청구하게 된다. 헌법은 "다만, 현행범인 경우와 장기 3년 이상의 형에 해당하는 죄를 범하고 도피 또는 증거인멸의 우려가 있을 때에는 사후에 영장을 청구할 수 있다"고 하여(헌법 제12조 제3항 단서) 현행범인체포에 대한 근거를 마련하고 있으며, 이에 따라 형사소송법에서는 현행범인을 고유한 의미의 현행범인과 준현행범인으로 나누어 긴급체포와 함께 체포에 있어서의 영장주의 원칙의 예외를 인정하고 있는 것이다(형사소송법 제211조). 그래서 현행범(준현행범)[53]이나 긴급체포[54]의 경우에는 체포영장 없이 체포할 수 있다. 현행범인체포란 피의자가 현행범인 또는 준현행범인으로 특정범죄의 범인임이 명백하고 체포의 필요성이 인정되어 누구든지 영장없이 체포하는 것을 말한다(형사소송법 제212조). 현행범인체포는 범행과 체포 사이의 시간적 근접성으로 범죄가 명백하고 긴급한 체포의 필요성이 인정되므로 영장주의 원칙의 예외임에도 긴급체포에 비하여 인권침해의 우려가 적다고 말할 수 있다.

(4) 예외 없는 사전구속영장

구속의 경우에는 반드시 사전영장에 의해서 해야만 한다. 구속영장의 경우에는 예외가 없다. 현행범으로 체포가 되든, 체포 영장에 의해 체포가 되든 구속을 하려면 검사는 48시간 이내에 법원에 구속영장을 청구해야 한다. 만약 48시간 내에 청구하지 않은 경우에는 형사피의자를 석방하여야 한다.

---

53) 현행범은 범죄가 실행 중이거나 실행 직후인 자를 말한다. 준현행범은 현행범은 아니지만 형사소송법에 의해 현행범인으로 간주되는 자, 범인으로 호창되어 추적되고 있는 자, 장물이나 범죄에 사용되었다고 인정함에 충분한 흉기 기타의 물건을 소지하고 있는 자, 신체 또는 의복류에 현저한 증적이 있는 자, 누구인지 물음에 도망하려 하는 자는 현행범은 아니지만 현행범인으로 간주한다.

54) 긴급체포란 중대한 범죄혐의가 있고, 법관의 체포영장을 발부받을 여유가 없는 경우에 먼저 체포를 한 후 사후에 영장을 발부받는 제도를 말한다.

48시간 이내에 검사는 구속영장을 법원에 청구해야 하고, 체포가 되지 않은 피의자의 경우에는 검사가 구속 심문의 필요성이 있다고 판단할 때 법원에 구속영장을 법원에 청구한 후 구인하여 수사한다. 검사가 법원에 구속영장을 청구할 경우 법원은 반드시 영장실질심사를 해야 한다.

3. 영장실질심사

(1) 의미

영장실질심사제도는 피의자의 인권을 보장하기 위한 제도이다. 구속영장실질심사는 구속영장이 청구된 피의자에 대하여 법관이 수사기록에만 의지하지 아니하고 구속여부를 판단하기 위하여 필요한 사항에 대하여 직접 피의자를 심문하고, 필요한 때에는 심문 장소에 출석한 피해자, 고소인 등 제3자를 심문하거나 그 의견을 듣고 이를 종합하여 구속 여부를 결정하는 제도이다.

(2) 목적(취지)

피의자의 방어권 및 법관대면권을 최대한 보장하기 위해 법관이 영장에 관한 실질심사를 하도록 한 것이다.

(3) 절차

체포된 피의자에 대하여 구속영장을 청구받은 판사는 지체 없이 피의자를 심문하여야 한다. 이 경우 특별한 사정이 없는 한 구속영장이 청구된 날의 다음 날까지 심문하여야 한다. 이 심문의 과정에서도 피의자의 진술거부권도 보장된다. 영장실질심사로 인한 결정에 대해 항고할 수 없다.[55)]

4. 체포, 구속이유 등 고지 및 통지제도

체포나 구속을 할 때 체포·구속 이유를 형사피의자(범죄용의자)에게 해야 한다. 헌법 제12조 제5항에서는 "누구든지 체포 또는 구속의 이유와 변호인의 조력을 받을 권리가 있음을 고지받지 아니하고는 체포 또는 구속을 당하지 아니한다. 체포 또는 구속을 당한 자의 가족 등 법률이 정하는 자에게는 그 이유와 일시, 장소가 지체 없이 통지되어야 한다"라고 체포·구속 이유 등 고지제도를 규정하고 있다. 이 원칙은 미란다 원칙[56)]의 주요 내용이기도 한다.

55) 검찰은 이 부분에 대하여 '영장항고제' 도입을 주장하고 있다. 형사피의자는 구속적부심이 있지만 검찰에게는 이의 제기를 할 수 있는 방법이 없다는 이유 때문이다. 하지만 법원은 이에 대해 반대하고 있다.

56) 미란다 원칙은 수사기관이 범죄용의자(형사피의자)를 체포할 때 체포의 이유와 변호인의 도움을 받을 수 있는 권리, 진술을 거부할 수 있는 권리 등이 있음을 알려 주어야 한다는 것이다.

5. 체포 · 구속적부심사제도 : 불법체포 · 구속을 방지하기 위한 사후 구제책

(1) 체포 · 구속적부심사제도의 의미

체포 · 구속적부심사제도는 체포나 구속을 받은 피의자 또는 그 변호인 등이 그 적법성과 타당성의 심사를 법원에 청구하고, 법관이 즉시 피의자와 변호인이 출석한 공개법정에서 체포 또는 구속의 이유를 밝히도록 하고 만약 체포 또는 구속의 이유가 부당하거나 부적법할 때 법관이 직권으로 피의자를 석방하는 제도를 말한다.

(2) 체포 · 구속적부심사제도의 목적

체포 · 구속적부심사제도는 수사권 남용의 방지, 인신의 자유 보장, 불법체포 및 구속의 방지를 목적으로 하는 것이다.

(3) 근거

헌법 제12조 제6항에서는 "누구든지 체포 또는 구속을 당한 때에는 적부의 심사를 법원에 청구할 권리를 가진다"라고 체포 · 구속의 적부심사청구권을 규정하고 있다.

(4) 내용

① 영장발부 후 적부 심사 청구
즉 일단 영장에 의하여 수사기관에 체포 또는 구속되었다고 하더라도 피의자는 법원으로부터 체포 또는 구속의 적부를 다시 심사받을 수가 있다.

② 청구인
체포 또는 구속적부심의 청구는 피의자 본인이나 변호인은 물론 배우자, 직계친족, 형제자매나 가족 나아가 동거인이나 고용주도 피의자를 위하여 청구할 수 있다.

③ 영장발부 후 기소하기 전
체포 또는 구속적부심은 사건이 경찰에 있는가 검찰에 있는가를 가리지 아니하고 검사가 법원에 기소를 하기 전이면 청구할 수 있다는 점에서 기소 후 피고인에 대하여 인정되는 보석제도와 다르다.

④ 석방
이 절차에서 체포 또는 구속이 부당하다고 하여 법원이 석방을 명하면 피의자는 즉시 석방된다. 이 경우 법원은 '피의자 석방 보석금'을 조건으로 석방하기도 한다. 보석금을 조건으로 하는 것은 법원의 재량이다.

⑤ 체포 또는 구속적부심이 기각되는 경우
체포 또는 구속적부심을 청구 받은 법원은 지체 없이 구속된 피의자를 심문하고 증거를 조사하여 결정을 하여야 하는데 청구권자 아닌 자가 청구하거나 동일한 영장에 대하여 재청구한 때, 수사방해의 목적이 분명한 때 등에는 청구를 기각할 수 있다. 법원의 체포 · 구속 적부심 결정에 대해 항고할 수 없다.

05 형사피의자 및 형사피고인의 절차적 권리

1. 개요

앞서 살펴본 영장주의, 영장실질심사, 체포・구속이유 등을 고지받을 권리, 체포・구속적부심사청구권을 포함한 형사피의자 및 형사피고인의 절차적 권리로는 무죄추정의 원칙, 진술거부권, 변호인의 조력을 받을 권리, 고문을 당하지 않을 권리, 자백의 증거능력 및 증명력 제한의 원칙, 형사기록 열람 및 복사 요구권, 신속한 공개재판을 받을 권리, 형사보상청구권 등이다. 앞서 살펴본 영장주의, 영장실질심사, 체포・구속이유 등을 고지받을 권리, 체포・구속적부심사청구권을 제외하고 나머지 내용들을 형사절차를 고려하여 순서대로 살펴보고자 한다.

2. 무죄추정의 원칙

(1) 생각 열기

갑(甲) 지방자치단체의 장이었던 A는 금고 이상의 형을 선고받고 그 형이 확정되지 아니하였다. 하지만 지방자치법 제111조 제1항 제3호에 따라 부단체장인 B가 그 권한을 대행하게 되었다. A는 지방자치법 조항이 무죄추정의 원칙 및 과잉금지의 원칙을 위반하여 공무담임권을 침해하고 평등권을 침해하는 것으로서 헌법에 위반된다고 헌법재판소에 헌법소원을 제기하였다. 헌법재판소는 A의 주장을 인용하면서 합헌적인 부분과 위헌적인 부분이 공존하여 입법자가 가려서 개정할 것을 명하고 그때까지는 위 조항의 적용을 중지하도록 하였다.

(2) 무죄추정의 원칙의 의미

헌법 제27조 제4항은 "형사피고인은 유죄의 판결이 확정될 때까지는 무죄로 추정된다"라고 하여 무죄추정의 원칙을 규정하고 있다. 무죄추정의 원칙은 형사절차와 관련하여 아직 공소가 제기되지 아니한 피의자는 물론 비록 공소가 제기된 피고인이라 할지라도 유죄의 판결이 확정될 때까지는 원칙적으로 죄가 없는 자로 다루어져야 하고, 그 불이익은 필요최소한에 그쳐야 한다는 원칙을 말한다(헌재 1997.5.29. 96헌가17). 무죄추정의 원칙은 증거법에 국한된 원칙이 아니라 수사절차에서 공판절차에 이르기까지 형사절차의 전과정을 지배하는 지도원리로서 인신의 구속 자체를 제한하는 원리로 작용한다(2002헌마193).

(3) 무죄추정의 원칙의 내용

① 형사피의자 및 형사피고인은 무죄추정을 받는다. 그렇다면 추정을 깨뜨리는 것은 검사의 몫이다. 형사절차에서는 피고인에게 증명책임을 부담시킬 수 없다. 또한 관련되는 증거법상 원칙이 '의심스러운 때에는 피고인에게 유리하게'라는 것이다.

② 무죄로 추정되기 때문에 형사절차에서 불이익을 줄 수는 없다. 즉 형사절차에서의 불이익처우는 원칙적으로 금지된다. 검찰과 같은 수사기관은 직무상 지득한 피의사실을 공판청구 전에 공표하면 형법상 피의사실공표죄로 처벌된다. 또한 신체의 자유를 최대한으로 보장하려는 헌법정신, 특히 무죄추정의 원칙으로 인하여 수사와 재판은 불구속을 원칙으로 한다. 그러므로 구속은 예외적으로 구속

이외의 방법으로는 범죄에 대한 효과적인 투쟁이 불가능하여 형사소송의 목적을 달성할 수 없다고 인정되는 경우에 한하여 최후의 수단으로만 사용되어야 하며 구속수사 또는 구속재판이 허용될 경우라도 그 구속기간은 가능한 한 최소한에 그쳐야 한다(2002헌마193).

③ 형사절차 외에도 불이익 처우는 금지된다. 따라서 형사절차에서만이 아니라 그 밖의 영역에서의 기본권제한과 같은 불이익 처우도 원칙적으로 금지된다.

3. 진술거부권(묵비권)

(1) 진술거부권 의미

헌법 제12조 제2항은 "모든 국민은 고문을 받지 아니하며, 형사상 자기에게 불리한 진술을 강요당하지 아니한다"라고 하여 진술거부권을 규정하고 있다. 진술거부권은 형사피의자나 피고인이 수사절차나 공판절차에서 수사기관 또는 법원의 심문에 대하여 진술을 거부할 수 있는 권리를 말한다. 이는 고문 등 폭행에 의한 진술의 강요는 물론 법률로써도 진술을 강요당하지 아니함을 의미한다.

(2) 진술거부권 보장의 취지

우리 헌법이 진술거부권을 국민의 기본적 권리로 보장하는 이유는 첫째, 피고인 또는 피의자의 인권을 실체적 진실발견이나 사회정의의 실현이라는 국가이익보다 우선적으로 보호함으로써 인간의 존엄성과 가치를 보장하고, 나아가 비인간적인 자백의 강요와 고문을 근절하려는 데 있고, 둘째, 피고인 또는 피의자와 검사 사이에 무기평등을 도모하여 공정한 재판의 이념을 실현하려는 데 있다(헌재 1997.3.27. 96헌가11).

(3) 진술거부권의 주체 및 행사

모든 국민은 진술거부권을 가지며 피의자와 피고인은 물론 피의자의 대리인, 외국인도 포함된다. 또한 진술거부권은 피의자나 피고인으로서 수사 또는 공판절차에 계속 중인 자뿐만 아니라 장차 피의자나 피고인이 될 자에게도 보장된다.

(4) 진술거부권 행사 범위: 형사절차뿐만 아니라 행정절차 및 국회 조사절차에서도 인정

진술거부권은 형사절차뿐 아니라 행정절차나 국회에서의 조사절차 등에서도 보장된다(헌재96헌가11). 즉 진술거부권에서 진술은 형사상 불리한 진술이기만 하면 형사절차만이 아니라 행정절차나 국회에서의 조사절차 등 모든 절차에서도 인정된다.

4. 고문을 당하지 아니할 권리

헌법 제12조 제2항에서는 "모든 국민은 고문을 받지 아니하며, 형사상 자기에게 불리한 진술을 강요당하지 아니한다"라고 하여 고문금지 규정을 두고 있다. 고문에 의한 자백의 경우에는 증거능력이 없다. '고문을 당하지 아니할 권리'는 자백의 증거능력 및 증명력을 부여하는 중요한 근거가 된다.

5. 자백의 증거능력 및 증명력 제한의 원칙

(1) 헌법상 근거

헌법 제12조 제7항은 "피고인의 자백이 고문 · 폭행 · 협박 · 구속의 부당한 장기화 또는 기망 기타의 방법에 의하여 자의로 진술된 것이 아니라고 인정될 때 또는 정식재판에 있어서 피고인의 자백이 그에게 불리한 유일한 증거일 때에는 이를 유죄의 증거로 삼거나 이를 이유로 처벌할 수 없다"라고 하여 자백의 증거능력과 증명력을 제한하고 있다.

(2) 의미

자백이란 범죄사실의 전부 또는 일부에 관하여 자신에게 불리한 진술을 하는 것을 말한다. 증거능력이란 증명의 자료로 사용될 수 있는 자격으로서 고문 · 폭행 · 협박 · 구속의 부당한 장기화 또는 기망에 의한 자백은 임의성이 없기 때문에 증거능력이 제한된다. 임의성 없는 자백은 증거능력을, 형사피고인에게 자백을 뒷받침하는 증거는 없이 임의성 있는 자백만이 유일한 증거일 때 이 자백은 정식판결에서 증명력을 가질 수 없다.

(3) 취지

자백의 증거능력 및 증명력 인정과 관련된 규정을 둔 취지는 직접적으로는 자백강요로부터 인신의 침해를 막을 수 있고, 간접적으로는 실체적 진실을 발견하여 형벌권에 의한 정의를 실현하기 위함이다. 나아가서는 형사보상청구권의 권한행사도 줄여 국가의 재정에도 기여하게 된다.

6. 변호인의 조력을 받을 권리

(1) 의미

헌법 제12조 제4항은 "누구든지 체포 또는 구속을 당한 때에는 즉시 변호인의 조력을 받을 권리를 가진다. 다만, 형사피고인이 스스로 변호인을 구할 수 없을 때에는 법률이 정하는 바에 의하여 국가가 변호인을 붙인다"라고 하여 변호인의 도움을 받을 권리를 규정하고 있다. 즉 변호인의 도움을 받을 권리는 형사절차에서 피의자나 피고인이 검사 등 수사기관 및 공소기관 등이 제시한 피의사실 또는 공소사실에 관하여 자신을 충분히 방어하기 위해 변호인을 선임하고 변호인과 접견 · 교통 등으로 변호인의 도움을 받을 수 있는 권리를 의미한다.

(2) 인정취지

'변호인의 조력을 받을 권리'는 정부의 형사소추와 재판에 의한 신체의 자유 박탈의 위협으로부터 국민을 보호하기 위해 인정되는 권리이다. 이는 '무기평등'의 관점에서 공정한 재판과 형사절차에서의 적법절차원리 실현을 위한 헌법적 요청이다.

(3) 내용

① 변호인 선임권

변호인 조력권으로 누구든지 체포·구속을 당한 때에는 즉시 변호인을 선임할 수 있다.

② 변호인 접견 및 교통권, 형사절차 참여권, 소송기록 열람 및 등사권

변호인 조력권의 '조력'은 충분한 조력을 의미한다. 따라서 변호인과 자유로운 접견·교통을 할 수 있으며, 변호인은 형사절차(피의자 심문 및 재판)에 참여할 수 있다. 또한 변호인을 통해 소송기록을 열람·등사할 수 있는 권리도 그 내용이 된다. 그런데 구속을 받지 않은 피의자의 경우 '변호인의 조력을 받을 권리'를 가질 수 있을까? 이 질문을 하는 이유는 헌법 제12조 제4항에는 구속된 피의자만 명시되어 있기 때문이다. 헌법재판소의 다수견해에 따르면 구속되지 않은 피의자에게 인정하는 것이 당연하다는 입장이다(헌재 2004.9.23. 2000헌마138).

③ 국선변호인의 조력권

피고인의 이익을 위해 법원이 직권으로 선임하는 국선변호인의 조력을 받을 수 있는 경우로는 첫째, 구속적부심사에 있어서 구속된 피의자에게 변호인이 없는 때 둘째, 형사피고인이 미성년자, 70세 이상의 자, 농아자, 심신장애자, 빈곤 기타 사유로 변호인을 선임할 수 없는 때 셋째, 사형, 무기 또는 3년 이상의 징역이나 금고에 해당하는 사건에 변호인이 없는 때 등이다.

7. 형사기록의 열람·등사청구권

(1) 의미

형사피의자와 형사피고인은 자신의 피의사실과 공판절차 등 형사절차에 관하여 알 권리와 기록 및 증거서류에 대한 열람·복사청구권을 가진다. 이는 헌법상의 알 권리의 일환이다.

(2) 열람·등사 거부처분취소사건(2009헌마257): 의의 및 취지

피고인의 신속·공정한 재판을 받을 권리 및 변호인의 조력을 받을 권리는 헌법이 보장하고 있는 기본권이고, 변호인의 수사서류 열람·등사권은 피고인의 신속·공정한 재판을 받을 권리 및 변호인의 조력을 받을 권리라는 헌법상 기본권의 중요한 내용이자 구성요소이며 이를 실현하는 구체적인 수단이 된다. 따라서 변호인의 수사서류 열람·등사를 제한함으로 인하여 결과적으로 피고인의 신속·공정한 재판을 받을 권리 또는 변호인의 충분한 조력을 받을 권리가 침해된다면 이는 헌법에 위반되는 것이다.

헌법재판소는 "변호인의 조력을 받을 권리는 변호인과의 자유로운 접견교통권에 그치지 않고 더 나아가 변호인을 통해 수사서류를 포함한 소송관계 서류를 열람·등사하고, 이에 대한 검토결과를 토대로 공격과 방어의 준비를 할 수 있는 권리도 포함된다고 보아야 할 것이므로 변호인의 수사기록 열람·등사에 대한 지나친 제한은 결국 피고인에게 보장된 변호인의 조력을 받을 권리를 침해하는 것이다"라고 판시하였다(헌재 1997.11.27. 94헌마60).

8. 신속한 (공정한) 공개재판을 받을 권리

헌법 제27조 제3항은 "모든 국민은 신속한 재판을 받을 권리를 가진다. 형사피고인은 상당한 이유가 없는 한 지체 없이 공개재판을 받을 권리를 가진다"라고 규정하였다. 이는 형사피고인의 인권보장을 위하여 신속한 공개재판을 받을 권리를 인정하는 것이다. 신속하고 공정한 공개재판을 받을 권리에 따라 재판이 개시되는 경우도 있지만 그렇지 않은 경우도 있다. 즉 검사가 불기소처분[57]을 한 경우이다. 한편 재판이 개시되어 무죄판결이 나올 수도 있다. 만약에 이런 경우에 형사피의자나 형사피고인이 구금된 상태였다면 구제할 수 있는 방안을 헌법은 제시하고 있다. 이 방안이 '형사보상청구권'이다.

9. 형사보상청구권: 불법체포·구속 등에 대한 사후구제책

헌법 제28조는 "형사피의자 또는 형사피고인으로서 구금되었던 자가 법률이 정하는 불기소처분을 받거나 무죄판결을 받은 때에는 법률이 정하는 바에 의하여 국가에 정당한 보상을 청구할 수 있다"라고 규정하고 있다.

Ⅳ 사생활의 자유: 비밀보장, 거주·이전, 주거, 통신

01 생각 열기

1. 개관

생명권, 신체의 자유를 바탕으로 인간은 성장을 도모하게 되는데 그 성장이 이루어지려면 '사적 공간과 생활'이 외부로부터 간섭받지 않아야 한다. 만약 외부의 간섭을 받을 경우 '자신다운 인간'이 아니라 '외부가 원하는 수동적인 인간'이 되기 때문이다. 지금부터는 이런 '사적 공간과 생활'을 영위하는 것을 소극적으로 보장하는 '사생활의 자유' 영역을 살펴보고자 한다. 생명과 신체의 자유를 보장받은 개인이 자신을 실현하기 위해서는 사적 공간에서의 자아실현이 보장되어야 한다. 이런 점에서 필요한 권리가 사생활의 자유이다. 사생활이 침해당하거나 공개되어 버리면 고통을 겪게 되고 그로 인해 자신의 행복과 자아실현을 할 수 없기 때문이다. 사생활의 자유 영역에는 사생활의 비밀 보장, 사생활에 불가침, 거주·이전의 자유, 주거의 자유, 통신의 자유 등을 내용으로 한다.

57) 범죄 혐의 없음 불기소처분을 의미한다.

2. 헌법 조항

> **제14조** 모든 국민은 거주 이전의 자유를 가진다.
>
> **제16조** 모든 국민은 주거의 자유를 침해받지 아니한다. 주거에 대한 압수나 수색을 할 때에는 검사의 신청에 의하여 법관이 발부한 영장을 제시하여야 한다.
>
> **제17조** 모든 국민은 사생활의 비밀과 자유를 침해받지 아니한다.
>
> **제18조** 모든 국민은 통신의 비밀을 침해받지 아니한다.

02 사생활의 비밀의 자유

1. 의미

헌법 제17조는 "모든 국민은 사생활의 비밀과 자유를 침해받지 아니한다"라고 하여 사생활의 비밀과 자유를 보장하고 있다. 이는 소극적으로는 사생활의 내용, 명예, 신용 등을 침해받지 아니하고, 적극적으로는 자신이 원하는 자유로운 사생활과 사적 활동을 영위할 수 있는 권리를 의미하는 것이다.

2. 성격

사생활의 비밀의 자유는 인격권의 일종이며, 소극적·방어적 성격을 가진 자유권이다.

3. 내용

헌법 제17조의 사생활의 비밀과 자유의 불가침은 사생활의 내용을 공개당하지 않을 권리, 사생활의 자유로운 형성과 전개를 방해받지 않을 권리 그리고 자기에 대한 정보를 스스로 관리, 통제할 수 있는 권리 등을 그 내용으로 하는 복합적 성격의 권리이다. 또한 미국에서는 주(州)에 따라서 개인의 성명이나 초상 또는 동일인으로 인식할 수 있는 자료들을 본인의 승낙없이 상업적으로 사용하는 것을 방지할 수 있는 퍼블리시티권을 보장하고 있다.

4. 사생활의 자유와 보도의 자유가 충돌하는 경우 조화로운 해결방안은 무엇인가?

(1) **권리포기의 이론**: 자살인의 권리 포기

일정한 사정이 있는 경우 예컨대 자살자의 경우는 사생활의 비밀과 자유를 포기한 것으로 간주한다는 이론이다. 이 주장에 따르면 자살자의 경우 권리를 포기한 것으로 보고 언론사의 보도행위는 위법성이 조각된다.

(2) **공익의 이론**: 보도의 공익성 > 명예

매일 저녁 사건 및 사고와 관련된 뉴스를 보게 된다. 그리고 뉴스의 내용에는 인물과 관련된 내용들이 있다. 누가 잔인한 범죄를 저질렀는지, 누가 사기행위로 피해를 입혔는지 등 개인과 관련된 내용이다. 그런데 언론은 이 내용들을 어떤 법적 힘을 근거로 보도할 수 있을까? 이 질문에 대한 답 중 하나가 공익의 이론이다. 공익 이론이란 국민의 알 권리의 대상이 되는 사항은 국민에게 알리는 것이 공공의 이익이 된다는 주장이다. 예컨대 정치인·연예인 등과 관련된 발언이나 행동에 대한 공정한 해설, 범죄인의 체포·구금 기사, 보건과 안전과 관련된 개인의 신상보도, 사이비 종교 관련 보도, 범죄피해자의 공개 등과 같은 보도는 국민의 알 권리의 대상이라고 할 수 있다. 이 주장은 우리나라 헌법재판소나 법원이 주로 취하는 이론이다. 진실하지 않은 사실이라도 언론사가 진실한 것으로 믿고 보도를 한 경우에 '정당한 이유'가 있다면 명예훼손죄의 위법성이 조각된다는 입장이다. 이때 '정당한 이유'는 바로 개인의 명예보다 공적이익이 더 큰 경우를 말한다.

(3) **공적인물의 이론**: 공적인물의 사생활의 공개 범위가 넓음

공적인물이론이란 공적인물의 경우 일반인보다 감수해야 하는 사생활 공개영역이 더 넓기 때문에 일반인보다 더 감수할 수 있어야 한다는 주장이다.

(4) **이익형량의 방법이나 규범조화적인 해결방법**

이익형량의 방법이나 규범조화적인 해결방법을 이용한다.

(5) **해결방안 정리**: 판례는 주로 공익이론을 많이 활용

판례가 주로 '공익이론'을 근거로 보도의 자유를 우선하는 경우가 많다. 하지만 모든 경우가 그런 것은 아니다. 사생활의 자유가 보도로 인해 현저하게 침해한 경우라고 한다면 이익형량의 원칙을 적용하여 해결할 수도 있다. 따라서 사실 관계를 정확하게 판단하고 피해의 정도를 판단하여 사생활의 자유와 언론의 자유가 충돌하는 경우를 해결하는 것이 바람직할 것이다.

03 거주·이전의 자유

1. 의미

헌법 제14조는 "모든 국민은 거주·이전의 자유를 가진다"라고 하여 거주. 이전의 자유를 보장하고 있다. 거주·이전의 자유란 자신이 원하는 곳에 주소나 거소를 설정하고, 또 그것을 이전할 자유 및 일단 정한 주소·거소를 그의 의사에 반하여 옮기지 아니할 자유를 의미한다. 또한 직업을 위해 이전할 자유가 보장된다는 점을 고려할 때 '거주·이전의 자유'는 경제적 자유의 성격도 가진다.

2. 주체

거주·이전의 자유는 대한민국의 국적을 가진 모든 자연인과 국내법인이 그 주체이다. 외국인은 원칙적으로 거주·이전의 자유가 인정되지 아니하며, 특히 입국의 자유는 제한되나 출국의 자유는 허용된다고 보는 것이 다수의 견해이다.

3. 내용

거주·이전의 자유의 내용은 대한민국 영역 내에서 체류지와 거주지를 자유롭게 설정하고 변경할 수 있는 자유, 국외이주와 해외여행의 자유(입국 및 출국의 자유), 국적이탈의 자유 등을 포함한다. 하지만 무국적의 자유까지 포함하는 것은 아니라고 해석된다.

04 통신의 자유

1. 의미 : 통신비밀의 불가침

헌법 제18조는 "모든 국민은 통신의 자유를 침해하지 아니한다"라고 하여 통신비밀의 불가침을 의미하는 통신의 자유를 보장하고 있다. 통신의 자유는 개인이 그 의사나 정보를 우편물이나 전기통신 등의 수단에 의하여 전달 또는 교환하는 경우에 그 내용 등이 본인의 의사에 반하여 공개되지 아니할 자유를 말한다. 이는 통신비밀의 불가침을 보장하기 위한 것이지 통신에 의한 표현의 자유를 보장하는 것이 아니다. 통신의 비밀을 보장하고 있는 것은 개인의 사생활의 비밀을 보장하며 개인의 인격을 보호하는 것이다.

2. 내용 : 개봉, 도청, 검열 등 금지

통신이라 함은 격지자 간의 의사 전달로서 서신, 전화, 전신, 텔렉스, 팩스, 기타의 우편물과 같은 체신기관에 의하여 다루어지는 격지자 간의 의사의 전달은 물론 물품의 수수까지 포함한다. 통신비밀의 불가침이란 신서뿐만 아니라 전신·전화·텔렉스·팩스·이메일 등의 검열이나 도청을 금지하고 발신에서 수신에 이르기까지 비밀이 침해되는 것을 금지하는 것을 말한다. 감청을 위해서는 영장을 필요로 한다. 따라서 불법감청은 영장주의 원칙에 반한다. 감청영장에 의하지 않고 타인 간의 대화나 전화통화 내용을 녹음한 녹음테이프는 증거능력이 없다.

3. 미결수용자와 변호인과의 서신을 교도소가 검열한 사건(헌재 1995.7.21. 92헌마144)

(1) 서신발송의뢰거부행위[58] : 보충성 원칙에 따라 각하

서신발송의뢰를 교도소장이 거부한 행위에 대하여는 행정심판법 및 행정소송법에 의한 심판이나 소송이 가능하므로, 이 절차를 거치지 아니한 채 제기된 심판청구 부분은 부적법하다.

---

58) 서신발송 허가의 권한을 교도소장이 가진다는 전제가 있다.

(2) 서신검열, 서신지연교부발송행위: 보충성원칙 예외, 기각[59)]

서신지연발송·지연교부행위에 관하여 보면 서신의 발송과 교부에 수일이 소요되긴 하였으나 이는 교도소 내의 업무처리과정에서 불가피하게 소요되는 기간일 뿐 피청구인이 고의로 발송이나 교부를 지연시킨 것이라거나 또는 업무를 태만히 한 것이라고 볼 수 없으므로 그로 인하여 청구인들의 통신의 자유, 청구인 갑의 변호인의 조력을 받을 권리가 침해되었다고 할 수 없다.

(3) 미결수용자와 변호인과의 서신검열: 변호인의 조력을 받을 권리, 통신의 비밀 침해

① 서신검열행위 필요성

서신검열행위와 헌법 제18조의 통신비밀의 자유와 관련해서 보면 구속제도가 헌법과 법률에 의하여 용인되어 있는 이상 구속의 요건에 해당하여 구금된 미결수용자는 구속제도의 목적에 비추어 일정한 정도 통신비밀의 자유를 제약받을 수밖에 없다. 즉 미결수용자가 외부에 서신을 제한없이 발송할 수 있게 한다면 증거인멸의 부탁, 출소 후의 보복 협박, 교도소 등에 있는 동안의 뒷바라지 강요 등 각양각색의 협박편지가 그대로 발송될 수 있고, 이와 같은 사례들이 사회에 전파될 때 많은 사람이 수사 및 재판과정에서의 증언 또는 진술을 기피할 것이고 보복이 두려워서라도 각종 불법행위를 외면하게 되어 공정한 사법제도가 운영될 수 없게 될 위험이 있다. 따라서 증거의 인멸이나 도망을 예방하고 교도소 내의 질서를 유지하여 미결구금제도를 실효성 있게 운영하고 일반사회의 불안을 방지하기 위한 미결수용자의 서신에 대한 검열은 그 필요성이 인정된다고 할 것이다. 그리고 교도관집무규칙 제78조와 재소자계호근무준칙 제284조 등이 서신검열의 기준 및 검열자의 비밀준수의무 등을 규정하고 있어 통신비밀의 자유의 침해가 최소화될 수 있는 장치가 마련되어 있기 때문에 헌법위반이라고 할 수 없다.

② 변호인의 조력을 받을 권리, 통신의 자유 침해 여부

서신검열행위와 헌법 제12조 제4항의 변호인의 조력을 받을 권리에 관련하여 보면 미결수용자의 변호인의 조력을 받을 권리에 비추어 미결수용자와 변호인 사이의 서신의 비밀은 다른 서신에 비하여 특별한 보호를 받아야 한다. 구속된 피의자·피고인의 변호인과의 자유로운 접견교통권은 변호인의 조력을 받을 권리의 가장 중요한 내용으로서 어떠한 명분으로도 제한될 수 없으며(헌재 1992.1.28. 91헌마111), 변호인의 조력을 받을 권리의 기본적인 취지는 접견의 경우뿐만 아니라 변호인 또는 변호인이 되려는 자와 피의자 또는 피고인 사이의 서신의 경우에도 적용되어 비밀이 보장되어야 한다. 다만 변호인과의 서신비밀의 자유가 무제한적인 것은 아니고 그 서신에 마약 등 소지금지품이 포함되어 있거나 그 내용에 도주·증거인멸·수용시설의 규율과 질서의 파괴 기타 형벌법령에 저촉되는 내용이 기재되어 있다고 의심할 만한 합리적인 이유가 있는 경우에는 변호인과의 서신비밀의 자유가 제한될 수 있다고 할 것이다. 따라서 이 사건의 경우에는 변호인과의 서신에 이러한 제한사유가 없음에도 피청구인이 서신을 검열하여 청구인 갑의 변호인의 조력을 받을 권리를 침해하였다.

---

59) 서신검열 및 지연교부발송행위는 권력적 사실행위로 행정쟁송의 대상이 될지 여부가 불확실하다. 이에 관하여 피청구인은 사전구제절차를 거치지 아니하였다거나 또는 이미 청구인 이○호가 출소하여 권리보호이익이 소멸하였다고 주장한다. 그러나 위 각 행위는 이른바 권력적 사실행위로서 행정심판이나 행정소송의 대상이 된다고 단정하기도 어려울 뿐 아니라 설사 그 대상이 된다고 하더라도 이미 종료된 행위로서 소의 이익이 부정될 가능성이 많아 헌법소원심판을 청구하는 외에 달리 효과적인 구제방법이 있다고 보기 어려우므로 보충성의 원칙에 대한 예외에 해당한다고 할 것이다(헌법재판소).

(4) **미결수용자와 일반인과의 서신검열**: 통신의 비밀 침해 아님

위 내용을 간단히 정리하면 미결수용자의 서신에 대한 검열은 미결구금제도의 실효성 있는 운영을 위해 그 필요성이 인정된다. 이로 인해서 미결수용자의 통신의 비밀이 일부 제한되는 것은 위헌이라고 할 수 없다. 그러나 헌법이 보장하는 변호인의 조력을 받을 권리의 실효성을 높이기 위해서는 미결수용자의 서신 중 변호인과의 서신은 다른 서신에 비해 특별한 보호를 받아야 한다는 것이다. 이 취지에 비춰 볼 때 일반인과의 서신검열은 구금제도의 실효성 있는 운영을 위해 수용해야 하는 것으로 볼 수 있다.

4. **수형자**(재소자)**와 변호사와의 서신을 교도소가 검열한 사건**(헌재 1998.8.27. 96헌마398)

위 판례를 잘 이해했다면 이 판례의 결론은 충분히 예측 가능하다.

(1) **서신발송의뢰거부행위**: 보충성원칙 적용, 각하

(2) **서신검열행위**: 보충성원칙 예외, 기각

(3) **수형자와 변호사와의 서신검열**: 통신의 자유 제한이지만 침해는 아님

수형자와 변호사의 서신은 변호인의 조력권 차원이 아닌 이상 미결수용자와 동일하게 보호받을 수 없다.

05 **주거의 자유**: 주거의 불가침, 영장주의

헌법 제16조는 “모든 국민은 주거의 자유를 침해받지 아니한다. 주거에 대한 압수나 수색을 할 때에는 검사의 신청에 의하여 법관이 발부한 영장을 제시하여야 한다”라고 하여 주거의 자유를 보장하고 있다. 주거란 사람의 현재 거주 여부를 불문하고 사람이 거주하기 위한 모든 건조물 및 시설을 말한다.

V 정신적 자유권

01 생각 열기

1. 개요

지금까지 사적 공간에서 개인이 자유롭게 성장하기 위해 보장되는 '사생활의 자유' 영역을 살펴보았다. 사생활 영역에서 개인의 자아를 실현하기 위해서는 정신적 자유가 역시 소극적으로 보장되어야 한다. 국가가 한 개인의 정신을 지배한다면 그 개인은 자유주의가 생각하는 주체성을 지닌 인간으로서 성장할 수 없다. 개인의 생명, 신체, 사적 공간을 보장받은 개인에게 또 필요한 권리는 자신의 가치를 스스로 형성하고 의견을 제시할 수 있어야 한다. 주체적인 삶을 위해서는 가치를 스스로 형성해야 하고, 자신을 보호할 수 있는 의견을 제시할 수 있어야 한다. 이런 점에서 스스로 종교를 선택하고, 학문을 할 수 있는 자유가 보장되어야 한다. 또한 올바른 의견을 형성하여 자신을 보호할 수 있는 의견을 제시할 수 있는 자유가 보장되어야 한다. 정신적 자유권의 논의가 촉발된 것은 종교개혁 때문이었다. 종교개혁은 종교의 자유 주장으로 이어졌으며, 종교의 자유는 정신적 자유의 선구적 역할을 담당하게 되었다. 이와 함께 근대시민사회에서 정신적 자유권을 확립하는 데 결정적으로 기여한 것은 자유주의적 사상관이다. 이때부터 정신적 자유는 가장 중요한 자유로 최대한 보장되어야 한다는 것이 강조되었다. 현행헌법은 양심의 자유(제19조), 종교의 자유(제20조), 언론・출판・집회・결사의 자유(제21조), 학문과 예술의 자유(제22조) 등 일련의 정신적 자유권을 규정하고 있다.

2. 헌법 조문

제19조 모든 국민은 양심의 자유를 가진다.
제20조 ① 모든 국민은 종교의 자유를 가진다.
② 국교는 인정되지 아니하며, 종교와 정치는 분리된다.
제21조 ① 모든 국민은 언론・출판의 자유와 집회・결사의 자유를 가진다.
② 언론・출판에 대한 허가나 검열과 집회・결사에 대한 허가는 인정되지 아니한다.
③ 통신・방송의 시설기준과 신문의 기능을 보장하기 위하여 필요한 사항은 법률로 정한다.
④ 언론・출판은 타인의 명예나 권리 또는 공중도덕이나 사회윤리를 침해하여서는 아니 된다. 언론・출판이 타인의 명예나 권리를 침해한 때에는 피해자는 이에 대한 피해의 배상을 청구할 수 있다.
제22조 ① 모든 국민은 학문과 예술의 자유를 가진다.
② 저작자・발명가・과학기술자와 예술가의 권리는 법률로써 보호한다.

02 양심의 자유

1. 양심의 자유의 의미 : 윤리의식과 사상

헌법 제19조는 "모든 국민은 양심의 자유를 가진다"라고 하여 양심의 자유를 보장하고 있다. 헌법재판소에 의하면 헌법 제19조의 '양심'은 세계관 · 인생관 · 주의 · 신조 등은 물론 널리 개인의 인격형성에 관계되는 내심에 있어서의 가치적 · 윤리적 판단까지도 포함하는 것으로 보고 있다(헌재결 1998.7.16. 96헌바35). 양심의 자유라 함은 인간의 존엄과 가치의 내면적 기초가 되는 각자의 윤리의식과 사상을 외부에 표명하도록 강제당하지 아니할 자유와 그 윤리의식 또는 사상에 반하는 행위를 강요당하지 아니할 자유를 말한다.

2. 양심의 자유의 내용 : 양심형성, 양심유지, 양심표현(학설대립)

양심의 자유의 내용으로는 양심형성의 자유, 양심유지의 자유, 그리고 양심실현의 자유가 제시된다. 이 중 양심실현의 자유에 대해 양심의 자유라는 주장(헌법재판소)과 표현의 자유라는 주장(다수설)이 나눠져 있다.

(1) 양심형성의 자유

양심형성의 자유는 어떠한 경우에도 제한될 수 없는 절대적 자유이다. 이는 구체적인 사항에 관한 양심의 형성 내지 결정과정에서 어떠한 외부적인 간섭이나 압력 · 강제도 받지 않고 오로지 자신의 내면적인 소리에만 따를 수 있는 자유이다. 예컨대 자신이 원하는 가치를 외부의 강요 없이 스스로 형성한다는 것이다. 외부에서 특정 사상을 강요한다면 그것은 양심형성의 자유를 침해하는 것이 된다.

(2) 양심유지의 자유

양심유지의 자유는 인간이 내면세계에서 결정되거나 형성된 양심을 언어 등으로 외부에 표명하도록 강제 받지 아니하는 자유인 침묵의 자유가 인정된다. 또한 직접적으로 양심의 표명이 강제되는 것은 당연히 양심의 자유를 침해하는 것이다. 예컨대 충성하려는 마음이 없는 사람에게 충성선서나 기독교인에게 십자가 밟기 같은 외부적 행위를 통하여 간접적으로 내면의 양심을 추지하는 것도 역시 양심의 자유를 침해하는 것이다. 즉 어떤 사람이 어떤 사상과 가치를 지향하는지 알아보기 위한 강요적 행위는 양심유지의 자유를 침해하는 것이 된다.

(3) 양심실현의 자유(학설대립) : 다수설은 표현의 자유, 헌법재판소는 양심의 자유

양심실현의 자유란 양심상의 결정을 행동으로 옮겨서 실현할 수 있는 자유를 말한다. 예컨대 자신이 가진 사상이나 가치를 실현하기 위하여 집회를 한다거나 시위를 하는 것, 또는 조직을 결성하는 것 등이다. 사례에서 보듯이 양심실현의 자유를 양심의 자유로 취급할 경우 집회나 시위에 관한 법률, 그리고 정당이나 단체를 규율하는 법률 등에 의해 제한을 받게 된다. 양심의 자유를 제한받지 않는 절대적 기본권의 성격을 유지하려면 양심실현의 자유는 양심의 자유에 포함시키지 않고, 집단적 표현의 자유나 결사의 자유 문제로 다루는 것이 적절하다. 학설의 다수설은 이 점을 고려하여 양심실현의 자유를 표현의 자유 문제로 다루고자 한다. 하지만 헌법재판소는 양심실현의 자유를 양심의 자유로 다룬다.

3. 사죄광고 관련 판례(89헌마160, 한정위헌결정)

(1) 사건 내용

미스코리아 출신 여성에 관한 <여성동아> 1988년 6월호에 게재된 기사가 발단이 된 것으로, 문제의 여성은 이 기사가 자신의 명예를 훼손하였다는 이유로 청구인들인 주식회사 동아일보사와 그 대표이사, 여성동아의 주간 등을 상대로 서울민사지방법원에 손해배상 및 사죄광고를 청구하는 민사소송을 제기하였다. 이에 청구인들은 위 소송사건에서 민법 제764조가 명예훼손의 경우에 사죄광고를 명할 수 있도록 한 것이라면 이는 헌법에 위반된다는 이유로 위 법원에 위헌법률심판제청을 신청하였으나 기각되자 헌법재판소에 헌법소원심판을 청구하였다.

(2) 사죄광고의 위헌성

사죄광고제도란 타인의 명예를 훼손하여 비행을 저질렀다고 믿지 않는 자에게 본심에 반하여 깊이 사과한다고 하면서 죄악을 자인하는 의미의 사죄의 의사표시를 강요하는 것이므로 이는 양심도 아닌 것을 양심인 것처럼 표현할 것의 강제로 인간양심의 왜곡・굴절이고 겉과 속이 다른 이중인격 형성의 강요인 것으로서 침묵의 자유의 파생인 양심에 반하는 행위의 강제금지에 저촉되는 것이며 따라서 우리 헌법이 보호하고자 하는 정신적 기본권의 하나인 양심의 자유의 제약(법인의 경우라면 그 대표자에게 양심표명의 강제를 요구하는 결과가 된다.)이라고 보지 않을 수 없다. 또한 사죄광고 과정에서 자연인이든 법인이든 인격의 자유로운 발현을 위해 보호받아야 할 인격권이 무시되고 국가에 의한 인격의 외형적 변형이 초래되어 인격형성에 분열이 필연적으로 수반된다.

03 종교의 자유

1. 의미 : 국교부인과 정교 분리

정신적 자유의 가장 대표적인 것이 종교의 자유이고, 우리나라와 달리 서구의 경우에는 절대적 기본권으로 취급되기도 한다. 헌법 제20조 제1항은 “모든 국민은 종교의 자유를 가진다”라고 하여 종교의 자유를 보장하고 있다. 그리고 제2항은 “국교는 인정되지 아니하며, 종교와 정치는 분리된다”라고 하여 국교부인과 정교분리의 원칙을 규정하고 있다. 종교의 자유는 인간의 권리이므로 자국민만이 아니라 외국인에게도 그 주체성이 인정된다.

2. 내용 : 신앙, 종교적 행사, 종교적 집회・결사, 선교(종교교육)

종교의 자유의 내용으로는 신앙의 자유, 종교적 행사의 자유, 종교적 집회・결사의 자유, 선교의 자유 등이 있다.

04 언론 · 출판의 자유

1. 언론표현의 자유: 의견의 자유로운 표명과 전파

언론출판의 자유란 표현의 자유를 의미한다. 그런데 언론·출판의 자유를 언론사 등이 주장하는 보도의 자유와 혼동하는 경우가 많다. 언론·출판의 자유는 언론사의 자유가 아니라 국민이 보유하고 있는 표현의 자유를 의미한다. 표현의 자유란 사상 또는 의견의 자유로운 표명과 그것을 전파할 자유를 의미한다. 헌법 제21조에서는 개인적 표현의 자유와 집단적 표현의 자유로 집회·결사의 자유를 보장하고 있다.

2. 언론출판의 자유의 의미 및 내용

(1) 헌법상 근거: 헌법 제21조

헌법 제21조는 "① 모든 국민은 언론·출판의 자유를 가진다. ② 언론 출판에 대한 허가나 검열은 인정되지 아니한다. ③ 통신·방송의 시설기준과 신문의 기능을 보장하기 위하여 필요한 사항은 법률로 정한다. ④ 언론·출판은 타인의 명예나 권익 또는 공중도덕이나 사회윤리를 침해하여서는 아니 된다. 언론·출판이 타인의 명예나 권리를 침해한 때에는 피해자는 이에 대한 피해의 배상을 청구할 수 있다"라고 하여 언론·출판의 자유에 대하여 규정하고 있다.

(2) 의미 및 내용

언론·출판의 자유라 함은 사상 또는 의견을 언어문자 등으로 불특정다수인에게 발표하는 자유를 말하며 나아가 ① 알 권리, ② 액세스권(반론권, 추후보도청구권, 정정보도청구권), ③ 언론기관 설립권은 물론이고 ④ 언론기관 취재의 자유와 편집·편성권 및 그 내부적 자유까지 포괄하는 의미로 사용된다.

3. 의사표현의 자유

의사표현의 자유란 사상 또는 의견의 자유로운 표명과 그것을 전파할 자유를 말한다.

4. 알 권리: 정보수집 권리

(1) 의의

사상 또는 의견의 자유로운 표현을 위해서는 합리적이고 건설적인 사상 또는 의견의 형성이 필요하며 그러한 사상 또는 의견의 형성이 가능하려면 국가나 사회로부터 필요한 정보를 광범위하게 수집할 수 있어야 한다. 이 같은 차원에서 인정되는 권리가 알 권리이다. 알 권리는 일반적으로 접근 가능한 모든 정보원으로부터 정보를 수집하고 또 수집된 정보를 취사, 선택할 수 있는 자유를 말한다. 알 권리는 타인에게 정보를 제공하는 자유가 아니라 자신이 정보를 수집할 수 있는 권리이다. 예컨대 헌법재판소는 피고사건의 확정된 형사소송기록의 일부인 서울지방검찰청 수사기록에 대한 복사신청에 대하여 이를 거부한 행위는 청구인의 알 권리를 침해한 것이라고 하였다.

(2) 알 권리의 대상은 어디까지인가?

국민의 알 권리의 대상이 되는 사항은 국민에게 알리는 것이 공공의 이익이 된다. 따라서 공적인물의 사생활 보도와 관련하여 보도적 가치, 교육적 가치, 계몽적 가치 등 공익적 가치가 있는 사실을 국민에게 알리는 것은 사생활의 비밀과 자유에 우선하므로 그러한 사항을 공개하더라도 위법한 행위가 아니다.

(3) 헌법재판소 판례

이 사건 규정의 태아 성별 고지 금지는 성별을 이유로 한 낙태를 방지함으로써 성비의 불균형을 해소하고 태아의 생명권을 보호하기 위해 입법된 것이다. 그런데 임신 기간이 통상 40주라고 할 때, 낙태가 비교적 자유롭게 행해질 수 있는 시기가 있는 반면, 낙태를 할 경우 태아는 물론, 산모의 생명이나 건강에 중대한 위험을 초래하여 낙태가 거의 불가능하게 되는 시기도 있는데, 성별을 이유로 하는 낙태가 임신 기간의 전 기간에 걸쳐 이루어질 것이라는 전제하에, 이 사건 규정이 낙태가 사실상 불가능하게 되는 임신 후반기에 이르러서도 태아에 대한 성별 정보를 태아의 부모에게 알려 주지 못하게 하는 것은 최소 침해성 원칙을 위반하는 것이고, 이와 같이 임신 후반기 공익에 대한 보호의 필요성이 거의 제기되지 않는 낙태 불가능 시기 이후에도 의사가 자유롭게 직업 수행을 하는 자유를 제한하고, 임부나 그 가족의 태아 성별 정보에 대한 접근을 방해하는 것은 기본권 제한의 법익 균형성 요건도 갖추지 못한 것이다. 따라서 이 사건 규정은 헌법에 위반된다 할 것이다.

5. 액세스(Access)권

(1) 의미

액세스권이라 함은 일반국민이 자신의 사상이나 의견을 발표하기 위하여 언론매체에 자유로이 접근하여 그것을 이용할 수 있는 권리를 말한다. 액세스권의 내용으로는 반론권과 추후보도청구권이 대표적이다.

(2) 반론권

반론권은 간단히 말하면 보도 내용에 대하여 반박할 수 있는 권리이다. 즉, 정기간행물이나 방송 등에서 공표된 사실적 주장에 의해 피해를 입은 자가 발행인이나 방송사업자에게 서면으로 반론보도문을 게재해주거나 반론보도를 방송해 줄 것을 청구할 수 있는 권리를 말한다.

(3) 추후보도청구권

추후보도청구권은 언론매체에 의하여 범죄혐의와 형사상의 조치를 받았다고 보도된 자가 무죄판결과 동등한 형태로 사건이 마무리된 경우 최초 보도를 한 언론매체에 대하여 추후보도를 청구할 수 있는 권리를 말한다.

(4) 정정보도청구권

정정보도청구권이란 오보나 허위 기사에 대해 수정을 요구할 수 있는 권리를 말한다.

6. 언론사 등의 보도의 자유

언론・출판의 자유에는 특히 신문・잡지・방송・텔레비전 등의 매스미디어를 통해 뉴스 등을 보도할 자유인 보도의 자유도 포함된다. 언론기관의 보도는 민주주의 사회에서 국민의 알 권리에 봉사함과 동시에 여론을 형성하여 사회의 통합을 촉진하고 국가권력의 행사를 감시하는 주요 기능을 수행한다. 보도의 자유의 내용에는 일반적으로 취재의 자유, 언론기관설립 및 편집의 자유, 방송의 자유 등이 있다. 이 외에도 보도의 자유와 관련해서는 취재원 보호와 관련해서 '취재원비익권'의 인정 여부가 문제된다. 예컨대 취재원 비익권은 '취재원을 보호할 수 있는 권리'를 말한다. 이 부분에 대해 논란이 있지만 언론사의 남용 여부가 항상 지적된다.

7. 사전 허가제 금지

언론에 대한 허가제란 원래 자연적 자유에 속하는 언론의 자유를 일반적으로 금지한 후에 특정한 경우에 한하여 그 금지를 해제하여 주는 행정처분을 말한다. 사전허가제의 경우에는 헌법에 위반된다. 다만 헌법재판소는 방송사업허가제, 옥외광고물 설치허가제, 등록제 등은 허가제가 아니라고 하였다.

8. 사전검열 금지

헌법상 금지되는 검열이란 '행정권이 주체가 되어 사상이나 의견 등이 발표되기 이전에 예방적 조치'로서 그 내용을 심사・선별하여 발표를 사전에 억제하는, 즉 허가받지 아니한 것의 발표를 금지하는 제도를 말한다. 영화・음반・게임물 등에 대해 사전검열을 하게 되면 위헌이 된다. 사전검열이란 ① 행정청이 검열의 주체가 되고, ② 허가를 받기 위해서는 표현물을 제출하도록 의무를 부과하고, ③ 제출된 표현물의 내용을 심사・선별하도록 마련되어 있는 사전적 통제제도를 의미한다. 헌법재판소에 따르면 모든 형태의 사전적 규제를 금지하는 것이 아니고 의사표현의 발표 여부가 오로지 행정청의 허가에 달려 있는 사전심사만을 금지한다고 하였다(2004헌가8).

9. 언론의 자유 침해 여부 판단 방안

(1) 언론의 자유 제한 가능성

특별한 경우가 아니면 언론의 자유는 함부로 제한할 수 없다. 따라서 언론의 자유를 제한할 때는 엄격한 기준에 따라야 한다.

(2) 표현의 자유를 제한할 수 있는 특별한 경우란 무엇인가? 즉 기준이 무엇인가?

표현의 자유를 제한하는 입법은 엄격한 기준을 적용받는다. 이런 기준으로 제시되는 것은 여러 가지가 있다. 예컨대 ① 명확성(법률의 명확성)의 원칙, ② 법익형량이론, ③ 보다 덜 제한적인 대체조치, ④ '명백현존위험의 원칙', ⑤ '과잉금지의 원칙' 등이 있다.

(3) 가장 일반적 기준: 과잉금지의 원칙

가장 일반적으로 사용되는 기준은 '과잉금지의 원칙'이다.

(4) 유명한 기준: 명백하고 현존하는 위험의 원칙

이 외에 유명한 기준 중의 하나가 '명백하고 현존하는 위험의 원칙'이다. 1919년 미 연방대법원 판결에서 대법관 올리버 홈스는 표현의 자유는 절대적이지 않으며 "표현이 '명백하고 현존'하는 위험을 만들어 낼 때" 표현의 자유는 제한될 수 있다고 하였다. 명백・현존・위험의 원칙은 표현의 자유가 공익에 대하여 중대한 해악을 발생하게 했다는 인과관계와 개연성이 존재하고, 표현으로 인한 해악발생이 절박한 경우에 표현의 자유를 제한할 수 있다는 이론이다. 하지만 이런 위험이 없음에도 불구하고 보도를 막는 것은 언론의 자유를 침해하는 것이다.

10. 보도로 인해 기본권이 침해당한 경우 구제 방안 사례

사실적 주장에 관한 언론보도가 진실하지 아니함으로 인하여 피해를 입은 자는 언론중재위원회에 정정보도 청구를 할 수 있고, 사실적 주장에 관한 언론보도에 의하여 피해를 입은 자는 반론보도청구를 할 수 있다. 이런 청구 등과 관련하여 분쟁이 있는 경우 피해자 또는 언론사는 중재위원회에 조정을 신청할 수 있다. 또한 명예를 침해받은 경우에는 법원에 손해배상을 청구하거나 손해배상과 함께 명예회복에 적당한 처분을 청구할 수 있다. 만약 명예를 침해하는 것이 출판물인 경우에는 재판 개시와 함께 출판정지를 요청하는 출판물 출간 가처분신청을 할 수 있다. 또한 형사재판을 통해 명예훼손죄 등을 다툴 수 있다.

05 집회 및 결사의 자유

1. 집회 및 결사의 자유의 근거

헌법 제21조는 "① 모든 국민은 언론・출판의 자유와 집회・결사의 자유를 가진다. ② 언론・출판에 대한 허가나 검열과 집회・결사에 대한 허가는 인정되지 아니한다"라고 하여 집회와 결사의 자유를 보장하고, 집회・결사의 허가제를 금지하고 있다.

2. 집회의 자유

(1) 의미: 다수인이 일정한 장소에서 일시적으로 회합

집회의 자유에 있어서 '집회'라 함은 다수인이 공동의 목적을 가지고 일정한 장소에서 일시적으로 회합하는 행위를 말한다. 따라서 집회의 자유란 다수인이 공동의 목적을 가지고, 일정한 장소에 모여서 의사를 교환하고 집단적인 의사를 표현하는 자유를 말한다.

⑵ 기능

집회의 자유는 ㉠ 개인의 인격실현과 개성신장을 촉진시키며 의사표현의 실효성을 증대시키고, ㉡ 대의 기능이 약화된 경우에 직접민주주의의 수단이 될 수 있다. 또한 ㉢ 소수의 의견을 국정에 반영함으로써 소수를 보호하는 기능 등을 수행한다.

⑶ 주요 내용: 집회 개최 · 진행 · 참가의 자유

집회의 자유는 적극적으로 집회를 개최하는 자유, 집회를 진행하는 자유, 집회에 참가하는 자유를 내용으로 하며, 소극적으로 집회를 개최하지 아니할 자유와 집회에 참가하지 아니할 자유가 포함된다. 또한 집회를 하기 위해 공공시설의 사용을 관리자인 공권력에 대하여 요구할 수 있는 권리도 포함된다.

⑷ 개인적 표현의 자유와 집회의 자유 중 어느 쪽이 더 큰 제한을 받을까?

집회의 자유가 개인적 표현의 자유보다 더 큰 제한을 받게 된다. 그 이유는 집회의 자유가 가지고 있는 폭력적인 성격 때문이다. 즉 집회의 자유가 개인적 표현의 자유보다 공공의 안녕질서를 직접적으로 위협을 가할 위험성이 더 크기 때문이다.

3. 결사의 자유

⑴ 의미: 단체 결성

'결사'라 함은 다수의 자연인 또는 법인이 공동의 목적을 위하여 계속적인 단체를 결성하는 것을 말한다. 따라서 결사의 자유는 다수의 자연인 또는 법인이 공동의 목적을 위하여 단체를 결성할 수 있는 자유를 말한다.

⑵ 주요 내용: 단체결성 · 존속 · 활동 · 가입 · 잔류의 자유

결사의 자유의 내용으로는 적극적 측면에서 단체결성의 자유, 단체존속의 자유, 단체 활동의 자유, 결사에의 가입 · 잔류의 자유 등을 들 수 있으며, 소극적 측면으로는 단체로부터 탈퇴할 자유와 결사에 가입하지 아니할 자유를 들 수 있다.

4. 집회 · 결사의 자유 제한

⑴ 헌법 제37조 제2항

국민의 모든 자유와 권리는 국가안전보장 · 질서유지 또는 공공복리를 위하여 필요한 경우에 한하여 법률로써 제한할 수 있으며, 제한하는 경우에도 자유와 권리의 본질적인 내용을 침해할 수 없다.

(2) 긴급명령이나 비상계엄에 의한 제한

대통령의 긴급명령(제76조[60])이나 비상계엄(제77조 제3항[61])으로도 제한될 수 있다. 집회·결사는 민주주의에 있어서 불가결하고 매우 빈번히 이용되며 공공질서에 영향이 크기 때문에 언론·출판의 자유보다 더 규제 가능성이 높다.

(3) 사전허가 금지, 신고제 가능

사전허가는 인정되지 않으며(제21조 제2항), 행정참조를 위한 신고나 등록은 가능하다고 본다. 그러나 신고·등록이 사전허가제와 마찬가지로 운용된다면 위헌이다.

06 학문과 예술의 자유

1. 헌법상 근거

헌법 제22조 제1항은 "모든 국민은 학문과 예술의 자유를 가진다"라고 하여 학문과 예술의 자유를 보장하고 있다.

2. 학문의 자유

학문의 자유라 함은 학문적 활동에 관하여 공권력의 간섭이나 방해를 받지 아니하는 자유를 말한다. 학문의 자유의 내용에는 ① 연구(硏究)의 자유, ② 연구결과를 발표할 자유, ③ 교수(敎授)의 자유, ④ 학문활동을 위한 집회·결사의 자유, ⑤ 대학의 자치 등이 포함된다.

3. 예술의 자유

예술 활동은 인간의 창조적 정신활동이다. 이 같은 활동을 보장하는 예술의 자유란 예술의 창작 등 예술 활동을 함에 있어 국가기관에 의한 예술의 침체·왜곡·창조성의 억압이 허용되지 않는 자유를 말한다. 예술의 자유 내용에는 ① 예술창작의 자유, ② 예술표현의 자유, ③ 예술적 집회·결사의 자유가 있다.

---

60) 제76조 ① 대통령은 내우·외환·천재·지변 또는 중대한 재정·경제상의 위기에 있어서 국가의 안전보장 또는 공공의 안녕질서를 유지하기 위하여 긴급한 조치가 필요하고 국회의 집회를 기다릴 여유가 없을 때에 한하여 최소한으로 필요한 재정·경제상의 처분을 하거나 이에 관하여 법률의 효력을 가지는 명령을 발할 수 있다. ② 대통령은 국가의 안위에 관계되는 중대한 교전상태에 있어서 국가를 보위하기 위하여 긴급한 조치가 필요하고 국회의 집회가 불가능한 때에 한하여 법률의 효력을 가지는 명령을 발할 수 있다. ③ 대통령은 제1항과 제2항의 처분 또는 명령을 한 때에는 지체 없이 국회에 보고하여 그 승인을 얻어야 한다. ④ 제3항의 승인을 얻지 못한 때에는 그 처분 또는 명령은 그때부터 효력을 상실한다. 이 경우 그 명령에 의하여 개정 또는 폐지되었던 법률은 그 명령이 승인을 얻지 못한 때부터 당연히 효력을 회복한다. ⑤ 대통령은 제3항과 제4항의 사유를 지체없 이 공포하여야 한다.

61) 비상계엄이 선포된 때에는 법률이 정하는 바에 의하여 영장제도, 언론·출판·집회·결사의 자유, 정부나 법원의 권한에 관하여 특별한 조치를 할 수 있다.

07 지적재산권의 보호

헌법 제22조 제2항은 "저작자·발명가·과학기술자와 예술가의 권리는 법률로써 보호된다"라고 하여 지적재산권을 보호하고 있다. 지적재산권은 학술, 문학, 예술, 과학, 기술 등 인간의 정신적·지능적 창조물에 대한 직접적·배타적인 권리를 의미한다. 지적재산권은 성질상 자유권은 아니나 학문과 예술의 연구 및 발전을 도모하고 문화적인 창작을 장려하기 위하여 보호된다.

VI 경제적 자유권

01 생각 열기

1. 개요

지금까지 개인의 자아실현 및 성장과 관련된 핵심적 자유인 정신적 자유에 대해 살펴보았다. 개인의 성장과 자아실현을 위해서는 정신적 자유 이외에도 물적 토대가 필요하다. 그 물적 토대와 관련된 소극적 자유가 경제적 자유이다. 지금부터 경제적 자유를 살펴보도록 한다. 정신적 만족 이외에도 물질적 만족 역시 중요한 행복의 조건이다. 근대시민사회에서는 재산권의 보장을 중요한 천부인권으로 인정하였다. 하지만 세계 각국의 수정자본주의 경제질서를 채택하는 경향에 따라 우리 헌법도 헌법 제23조에서 재산권의 상대화 경향을 보이고 있다. 성취지위가 보편화된 현대 사회에서 재산권은 직업의 자유 보장을 통해 선택한 직업과 그 소득으로 형성된다. 따라서 직업의 자유는 재산권을 누릴 수 있는 전제가 된다. 사회가 급변함에 따라 새로운 직업들이 생겨나고 갈등들이 야기되고 있다. 예컨대 차량 호출 서비스 '타다'를 둘러싼 논쟁이 대표적이다.

2. 헌법 조문

제15조 모든 국민은 직업선택의 자유를 가진다.

제23조 ① 모든 국민의 재산권은 보장된다. 그 내용과 한계는 법률로 정한다.
② 재산권의 행사는 공공복리에 적합하도록 하여야 한다.
③ 공공필요에 의한 재산권의 수용·사용 또는 제한 및 그에 대한 보상은 법률로써 하되, 정당한 보상을 지급하여야 한다.

02 직업선택의 자유

1. 의미

헌법 제15조는 직업선택의 자유를 보장하고 있다. 직업선택의 자유는 개인으로 하여금 경제생활에서 개성 신장을 발현할 수 있게 할 뿐 아니라, 생계유지를 위한 전제조건의 성격을 갖는 기본권이기도 하다. 비록 헌법이 명시적으로는 직업을 선택할 자유만을 규정하고 있지만, 여기에는 선택한 직업을 행사할 자유도 포함된다.

2. 주요 내용: 선택, 수행, 겸직, 경쟁, 영업, 무직

직업이란 개인의 생활수단으로서의 성격을 갖는 활동을 말한다. 직업선택의 자유는 특정 직업을 수행할 것을 결정하고 개시하는 것을 보장할 뿐만 아니라, 선택한 직업을 행사하는 것을 보장하는 내용을 갖는다. 직업선택의 자유는 기업에게는 영업의 자유를 의미한다. 직업선택의 자유에는 직업을 바꿀 자유가 포함된다. 또 소극적으로는 직업을 택하지 않을 자유, 즉 무직업의 자유도 보장된다. 또한 겸직의 자유, 경쟁의 자유 그리고 영업의 자유 등이 포함된다.

3. 직업선택의 자유의 제한: 단계이론(수행부터 선택까지)

직업의 자유를 제한하는 경우에 그 제한이 구체적으로 어느 정도까지 가능한가? 누구에게나 직업을 선택할 수 있는 기회는 보장되어 있다. 그런데 직업의 자유 역시 제한될 수 있다. 그 이유는 직업이 가지고 있는 사회적 기능과 역할 때문이다. 이것은 직업의 귀천을 말하는 것이 아니다. 예컨대 청소하는 일과 자동차를 수리하는 일은 숙련기간의 차이를 인정해야 하고, 사회 안전을 고려했을 때 일정한 자격을 요구할 수밖에 없다. 이처럼 직업의 자유를 제한하는 이유는 일이 가지고 있는 사회적 성격과 그 기능과 관련되었다고 볼 수 있다. 잘 알려진 제한이론은 독일의 '단계이론'이다. '단계이론'에 따라 직업의 자유가 제한되는 양상과 그 이유를 살펴보도록 하겠다.

(1) 1단계 제한: 직업행사(수행)의 자유 제한

① 경미한 수행의 자유 제한
주로 직업 수행의 자유를 제한하는 것을 말한다.

② 사례
백화점의 바겐세일 연중횟수와 기간의 제한, 택시의 합승행위 금지, 유흥업소 및 식당의 영업시간 제한

(2) 2단계 제한: 주관적 사유에 의한 직업선택의 자유 제한

① 직업이 요구하는 일정한 자격과 결부시켜 제한하는 방법
주관적 사유로 직업선택의 자유가 제한되는 경우이다.

② 사례
의사, 변호사, 교사, 공무원이 되기 위해 시험을 통과해야 하는 경우를 말한다.

(3) **3단계 제한**: 객관적 사유에 의한 직업선택의 자유의 제한

① 공공의 이익에 대한 명백하고 현존하는 위험을 방지하기 위하여 불가피한 경우에만 제한
객관적 사유로 직업선택의 자유가 제한되는 경우이다. 예컨대 이것은 일종의 영업허가와 관련되는 것이다. 특정 사업의 경우에는 국가가 아무에게나 맡기지 않고 특별한 객관적 조건을 구비하고 있는 경우에만 허용하는 경우이다.

② 사례: 예컨대 총포 판매, 화약류의 제조 판매 운송업 등이다.
각자는 자신이 선택한 직업을 통해 소득을 형성하고, 이 소득으로 재산을 형성할 자유를 가지고 있다. 그리고 이렇게 형성된 재산권은 헌법을 통해 보장받는다. 이제 '재산권'에 대해 살펴본다.

03 재산권의 보장

1. **헌법규정**: 재산권, 공공복리에 적합한 재산권 행사, 재산권 제한 시 보상

우리 헌법 제23조는 "① 모든 국민의 재산권은 보장된다. 그 내용과 한계는 법률로 정한다. ② 재산권의 행사는 공공복리에 적합하도록 하여야 한다. ③ 공공필요에 의한 재산권의 수용·사용 또는 제한 및 그에 대한 보상은 법률로써 하되, 정당한 보상을 지급하여야 한다"는 규정을 두고 있다. 헌법 제23조의 재산권이라 함은 경제적 가치가 있는 모든 권리를 뜻한다.

2. 재산권 보장의 의미 및 내용

(1) **의미**: 재산권과 사유재산제도 보장

헌법에서의 재산권 보장은 사유재산에 대한 자유로운 처분권을 인정하고, 재산권 침해에 대한 주관적 공권을 인정함과 동시에 사유재산을 제도로서 보장하고 있으므로, 재산권에 관한 권리와 제도를 동시에 보장하고 있는 것이라고 볼 수 있다.

(2) **내용**

① 사유재산제도 인정
재산권 보장의 내용은 사유재산제도와 사유재산권을 보장한다는 것을 말한다. 따라서 현행헌법하에서는 모든 생산수단을 국유화·공유화한다거나 보상을 조건으로 할지라도 모든 사기업을 국유화·공유화하는 조치는 허용되지 아니한다.

② 재산권 보장
헌법이 재산권을 보장한다는 것은 재산을 소유하고 상속할 수 있을 뿐만 아니라 재산을 이용·수익·처분할 수 있는 권능을 보장한다는 뜻이며, 이에 재산권은 국가에 대한 소극적 권리로서의 성격을 가진다.

3. 재산권 행사의 공공복리 적합 의무 : 재산권의 공공성

근대초기에는 재산권을 자유권과 같은 천부적 인권이라고 생각하여 재산권에 대한 아무런 제한을 인정하지 않았다. 그 결과 생산 수단을 소유한 자들의 횡포가 갈수록 심화되어 가진 자와 가지지 못한 자 간의 대립과 갈등이 빈번히 일어났고, 수많은 사람들이 기본적인 삶조차 영위할 수 없는 지경에 이르렀기 때문에 소유권 절대성은 수정되지 않을 수 없게 되었다. 헌법 제23조 제2항은 "② 재산권의 행사는 공공복리에 적합하도록 하여야 한다"라고 규정함으로써 재산권의 사회적 구속성(공공복리를 위하여서는 재산권의 주체가 그 재산에 관하여 무보상으로 일반적인 · 적절한 그리고 기대 가능한 갖가지 제한을 받게 되고 또 받게 될 수 있음을 인정하는 것)을 강조하고 있다.

4. 재산권의 제한 시 정당한 보상

(1) 제한 사유 : 수용 · 사용 또는 제한 ⇨ 정당한 보상

헌법 제23조 제3항에서는 제한사유와 보상규정을 두고 있다. 따라서 재산권을 법으로 제한할 때 헌법 제37조 제2항과 함께 고려해야 한다. 헌법 제23조 제3항은 "공공필요에 의한 재산권의 수용 · 사용 또는 제한 및 그에 대한 보상은 법률로써 하되, 정당한 보상을 지급하여야 한다"라고 하여 손실보상청구권을 보장하고 있다.

(2) 손실보상청구권

손실보상청구권은 공용수용 · 공용사용 · 공용제한 등 적법한 공권력의 행사로 말미암아 재산상 특별한 희생을 당한 자가 국가에 대하여 재산적 손실의 전보를 청구할 수 있는 권리를 말한다. 헌법 제29조의 국가배상청구권과 마찬가지로 국가에 대한 청구권적 기본권의 성질을 갖지만, 적법한 공권력의 행사로 말미암아 발생한 재산적 손실을 구제받기 위하여 행사할 수 있는 권리라는 점에서 위법한 공권력의 행사로 인한 손해에 대한 국가배상청구권과는 차이가 있다.

(3) 조세법률주의

헌법에 따르면 국가가 과세권을 행사하는 경우에도 법률의 근거와 합리적 이유 없이 국민의 재산권을 함부로 침해할 수 없도록 하고 있다(헌재). 따라서 국가는 조세법률주의(과세요건법정주의, 과세요건명확주의, 소급과세금지의 원칙, 실질과세의 원칙, 납세자권리보호의 원칙 등)를 준수하여 과세권을 행사하여야 한다. 이를 어기는 것은 국민의 재산권을 침해하는 것이 된다. 또한 소급입법에 의한 재산권의 박탈을 금지하고 있다.

Ⅶ 정치적 자유권

01 생각 열기

1. 개요

지금부터는 소극적 자유를 보장하고 개인의 행복과 성장을 도모할 수 있는 적극적 자유로서의 정치적 자유에 대해 살펴보고자 한다. 사적인 영역에서 자유를 보장받기 위하여 필요한 권리가 정치적 기본권이다. 자유를 보장받으려면 국가의 주요 의사결정, 즉 희소한 가치의 배분에 참여하거나 관여할 수 있는 자유가 보장되어야 한다. 이런 측면에서 구체적으로 정치적 기본권(참정권)은 국민이 국가 기관의 구성원으로서 공적인 일에 참여하는 권리를 말한다. 정치적 기본권은 오늘날의 민주 정치에 있어서 국민이 국가 의사의 형성과정에 참여하나 국가 기관을 구성하며, 국가 권력 행사를 통제 또는 견제하는 등 필수적인 제도적 장치를 가지고 있는 국민의 적극적인 자유이다. 정치적 기본권에는 정치적 자유 및 활동(표현의 자유, 정당활동의 자유, 선거운동의 자유), 참정권(선거권, 공무담임권, 직접참정권) 등이 있다.

2. 헌법 조문

제24조 모든 국민은 법률이 정하는 바에 의하여 선거권을 가진다.
제25조 모든 국민은 법률이 정하는 바에 의하여 공무담임권을 가진다.
제41조 ① 국회는 국민의 보통·평등·직접·비밀선거에 의하여 선출된 국회의원으로 구성한다.
제67조 ① 대통령은 국민의 보통·평등·직접·비밀선거에 의하여 선출한다.

제72조 대통령은 필요하다고 인정할 때에는 외교·국방·통일 기타 국가안위에 관한 중요정책을 국민투표에 붙일 수 있다.

제7장 선거관리
제114조 ① 선거와 국민투표의 공정한 관리 및 정당에 관한 사무를 처리하기 위하여 선거관리위원회를 둔다.
② 중앙선거관리위원회는 대통령이 임명하는 3인, 국회에서 선출하는 3인과 대법원장이 지명하는 3인의 위원으로 구성한다. 위원장은 위원 중에서 호선한다.
③ 위원의 임기는 6년으로 한다.
④ 위원은 정당에 가입하거나 정치에 관여할 수 없다.
⑤ 위원은 탄핵 또는 금고 이상의 형의 선고에 의하지 아니하고는 파면되지 아니한다.
⑥ 중앙선거관리위원회는 법령의 범위안에서 선거관리·국민투표관리 또는 정당사무에 관한 규칙을 제정할 수 있으며, 법률에 저촉되지 아니하는 범위안에서 내부규율에 관한 규칙을 제정할 수 있다.
⑦ 각급 선거관리위원회의 조직·직무범위 기타 필요한 사항은 법률로 정한다.

제115조 ① 각급 선거관리위원회는 선거인명부의 작성 등 선거사무와 국민투표사무에 관하여 관계 행정기관에 필요한 지시를 할 수 있다.
② 제1항의 지시를 받은 당해 행정기관은 이에 응하여야 한다.

제116조 ① 선거운동은 각급 선거관리위원회의 관리하에 법률이 정하는 범위 안에서 하되, 균등한 기회가 보장되어야 한다.
② 선거에 관한 경비는 법률이 정하는 경우를 제외하고는 정당 또는 후보자에게 부담시킬 수 없다.

제130조 ② 헌법개정안은 국회가 의결한 후 30일 이내에 국민투표에 붙여 국회의원선거권자 과반수의 투표와 투표자 과반수의 찬성을 얻어야 한다.

02 선거권

1. 선거권의 의미와 보장

(1) 선거권의 의미

'선거권'이라 함은 선거인단의 구성원으로서 국민이 통치권 내지 국정의 담당자를 결정하는 권리로서 대의제국가에서 선거권은 중요한 자유이다. 헌법 제24조는 "모든 국민은 법률이 정하는 바에 의하여 선거권을 가진다"라고 참정권으로서의 선거권을 규정하고 있다.

(2) 헌법상 선거권

① 공무원 선거권

참정권 중에서 기본적인 것이 공무원선거권이다. 여기서 '공무원'은 가장 넓은 의미의 공무원을 의미하므로 일반직공무원은 물론 대통령 · 국회의원 · 지방자치단체장 · 지방의회의원 · 법관 등 국가기관과 지방자치단체를 구성하는 모든 자를 말한다.

② 헌법상 규정

헌법은 대통령선거권 · 국회의원선거권 · 지방의회의원선거권 · 지방자치단체장선거권만을 규정하고 있다.

③ 선거권과 선거제도와의 관계

이러한 선거권은 국민주권의 이념과 불가분의 관계에 있다. 이런 선거권을 실현하기 위해 선거제도가 만들어졌다. 우리 헌법은 선거제도의 기본원칙으로 보통 · 평등 · 직접 · 비밀선거의 원칙을 명시하고 있으며 선거권의 행사에 관한 구체적 사항은 법률에 위임하고 있다. 법률에 의해 만들어진 선거를 관리 감독하는 '선거관리위원회'를 헌법에서 명시하고 있다.

2. 선거원칙의 의의

선거원칙들은 대의기관들이 온전하게 민주적 정당성을 획득하도록 하는 한편, 대의기관들이 국민의 의사를 존중하도록 보장한다. 국민주권의 이념은 통치권의 행사로 인해 영향을 받는 모든 사람들이 이 지배권의 결정과 정당화 과정에 참여하여야 한다는 것이다. 즉 국민 전체(보통선거의 원칙)가 스스로(직접선거의 원칙) 현실적으로 존재하는 구체적인 차이에도 불구하고 평등하게(평등선거의 원칙) 정치적 결정권을 자유롭게, 즉 국가권력이나 다른 세력의 강요나 간섭을 받지 않고(자유선거의 원칙) 또 비밀리에(비밀선거의 원칙) 행사할 수 있어야 한다.[62] 따라서 선거의 원칙들은 국민주권이념의 구체적 실현수단이다.

---

62) 정태호, 선거권 및 피선거권의 보장과 발전, 헌법논총 19집, 헌법재판소, 2008, M. Morlok, in : H. Dreier(Hrsg.), GG, Art. 38 Rn 55.

3. 선거원칙의 내용

(1) 보통선거원칙

① 의미
보통선거원칙은 사회적 신분, 교육, 재산, 인종, 신앙, 성별 등에 의한 자격요건의 제한 없이 일정한 연령에 달한 모든 국민에게 원칙적으로 선거권을 인정하는 것으로서 제한선거에 반대되는 말이다.

② 집행유예자 및 수형자의 선거권을 법률로 제한할 수 있는가(2012헌마409)
집행유예자와 수형자의 선거권을 제한하는 조항인 공직선거법 제18조 제1항 제2호와 형법 제43조 제2항 중 '집행유예기간 중인 자'와 '수형자'에 관한 부분은 청구인들의 선거권을 침해하고 헌법 제41조 제1항 및 제67조 제1항이 규정한 보통선거원칙에 위반하여 집행유예자와 수형자를 차별 취급하는 것이므로 평등의 원칙에도 어긋난다.

(2) 평등선거원칙 : 1인 1표, 표의 등가성

① 의미
평등선거원칙은 선거인의 투표가치를 평등하게 취급하는 것으로 모든 유권자에게 동등하게 1인 1표의 투표권을 인정하는 원칙을 의미하는 것으로 차등선거에 반대되는 말이다. 평등선거는 개인마다 능력이나 정치의식의 차이가 있음에도 불구하고 각 개인의 정치의사를 1표로 환원시키는 것으로 선거권의 실질적 평등을 보장하기 위하여 각 선거구의 선거인수와 그 선거구의 의원정수의 비례를 선거구 조정을 통하여 균형 있게 할 것이 요구된다. 또한, 정당의 득표수와 그 정당의 당선의원의 수가 정당 간에 균형을 이룰 수 있어야 한다.

② 선거구 획정에 있어 위헌 판단의 근거는 무엇인가
국회가 결정한 구체적인 선거제도의 구조 아래에서 발생한 투표가치(投票價値)의 불평등이 헌법이 요구하는 투표가치 평등의 원칙에 반하는지의 여부를 판단할 때, 이러한 불평등이 위에서 본 바와 같은 헌법적 요청에 의한 한계 내의 재량권 행사로서 그 합리성을 시인할 수 있는지의 여부를 검토하여, 국회가 통상 고려할 수 있는 제반 사정, 즉 여러 가지 비인구적(非人口的) 요소를 모두 참작한다고 하더라도 일반적으로 합리성이 있다고는 도저히 볼 수 없을 정도로 투표가치의 불평등이 생긴 경우에는 헌법에 위반된다고 하여야 한다(95헌마224).

(3) 직접선거의 원칙

① 의미
직접선거원칙은 선거인이 중간선거인을 선정하지 않고 직접 대표자를 선출하는 원칙으로서 간접선거(대리선거)[63]에 대비된다. 직접선거원칙은 유권자가 중간에 다른 중개인을 매개하지 않고 직접 지지할

63) 다음에 기회가 있으면 밝히겠지만 기준도 없이 오개념이 등장한다. 프랑스의 대리선거 및 미국의 간접선거는 합법이다. 다른 선거원칙은 대비되는 개념이 모두 위헌이거나 위법적인 것인 반면 직접선거원칙만 대비되지 않는다. 어처구니없는 일인데 이 개념에 대해서는 실질적인 의미의 검토가 필요하다. 유권자의 의사가 왜곡되는 것인지 여부가 핵심인데, 이는 다음에 기회가 될 때 자세하게 논의해 보겠다.

후보자를 선출함으로써 직접적 신임관계가 성립하게 되며 대표자는 국민에게 직접 정치적 책임을 지게 된다. 예컨대 미국의 간접선거는 유권자가 특정 수의 중간선거인을 선출하고, 중간선거인이 대표를 선출하는 방식을 말한다. 이 중간선거인이 유권자의 의사를 왜곡할 가능성이 높다. 또한 프랑스와 같이 일정한 요건을 갖춘 경우에 유권자 대신에 후견인 등이 행하는 대리 선거가 있다. 이와 같은 대리선거 등은 예외적으로 시행될 수 있다.

② 직접선거원칙을 위반하는 위헌적인 사례

간접선거원칙이나 대리선거만으로 위헌이 되지는 않는다. 대비되는 것과 위헌은 별개의 문제가 된다. 만약에 위헌의 의미를 생각하고 대비되는 개념을 사용하였다면 그 앞에 조건이 필요하다. 유권자의 의사가 왜곡되는 간접선거나 대리선거가 되어야 위헌적인 선거제도가 된다. 독재 정부나 권위주의 국가의 대리선거는 대부분 간접선거 방식의 대리였다. 예컨대 유신헌법 당시 통일주체국민회의에서 대통령을 선출하는 방식이 그렇다. 그런데 통일주체 국민회의의 의원들이 고분고분 국민들의 말을 들었나? 부정투표 방식의 대리선거가 행해졌다. 허위 부재자 신고를 가능하게 하여 대리선거를 하는 경우, 본인의 의사표시를 확인할 수 없는 사람을 대리하여 선거를 할 수 있도록 하는 경우 등이 직접 선거원칙에 위반되는 것이라고 할 수 있다. 이 사례들의 공통점은 유권자의 의사를 왜곡하고 있는 것이다.

(4) 비밀선거의 원칙

① 의미

비밀선거원칙은 선거인이 결정한 투표내용이 공개되지 않는 원칙으로서 공개선거에 대비되는 개념이다. 투표가 공개되는 경우 유권자의 자유로운 의사결정을 방해할 우려가 있기 때문에 비밀이 보장되고 있으며, 비밀투표는 주로 투표권의 행사로 인하여 불이익을 받게 되는 경우를 예방하는 효과가 있다.

② 망망대해의 선상에서 부재자 투표를 팩스 등의 방법을 통해 전송하는 경우, 인증샷 투표를 하는 경우 등은 비밀선거의 원칙을 침해하는가?

비밀선거의 원칙은 단순히 내가 어떤 투표를 했는지 노출되는 것을 의미하는 것이 아니다. 앞에서 말한 실질적 의미를 생각해 보아야 한다. 헌법재판소의 판결도 이 실질적 의미를 모색하면서 결정을 내리기 때문이다. 비밀선거원칙을 헌법에 규정한 것은 다른 사람이 내가 누구를 찍었는지를 묻거나 밝히도록 강요하지 못하도록 하는 것이지 스스로 자신의 선택을 밝히는 것을 막는 것은 아니다. 따라서 제시된 질문은 비밀선거원칙을 침해하는 것으로 볼 수 없다.

⑸ 자유선거의 원칙

① 의미
자유선거원칙은 선거인의 외부의 간섭이나 강제를 받지 않고 자신의 선거권을 자유롭게 행사할 수 있는 원칙으로서 강제선거에 대비된다. 자유선거원칙은 비록 우리 헌법에 명문으로 규정되어 있지 않지만, 민주국가의 선거제도에 내재하는 법 원리로서 국민주권의 원리, 의회민주주의의 원리 및 참정권에 관한 규정에서 그 근거를 찾을 수 있다. 이러한 자유선거원칙은 선거의 전 과정에 요구되는 선거권자의 의사형성의 자유와 의사실현의 자유를 말하고, 구체적으로는 투표의 자유, 입후보의 자유 나아가 선거 운동의 자유를 뜻한다.

② 대선에서 국가기관인 국가정보원, 국군사이버사령부의 선거 개입은 어떤 선거원칙을 침해하는 것으로 볼 수 있는가?
질문에 대한 답은 자유선거의 원칙이다. 자유선거의 원칙이란 선거인이 외부의 어떠한 강제나 간섭 없이 자유롭게 자신의 선거권을 행사할 수 있어야 한다는 것이기 때문이다.

4. 1인 1표제하에서 지역구 국회의원 총선거에서 얻은 득표비율에 따라 비례대표국회의원 의석을 배분하는 공선법 제189조 헌법소원사건(2000헌마91)

⑴ 문제 확인

A지역구에 갑(甲) 정당 소속의 을(乙) 후보가 출마했다고 가정하자. 유권자 김 씨는 강 후보에게 투표를 하고 싶은데 그가 속한 갑(甲) 정당을 싫어한다. 그러나 선거법에 따라 김 씨는 선거에서 이 2가지 의사를 다 반영할 수 없으며 을(乙) 후보를 찍든지, 안 찍든지 1가지만 선택해야 한다. 결국 김 씨가 강 후보의 인물됨을 생각해 을(乙) 후보를 찍었다고 하자. 이렇게 해서 지역구 국회의원 227명이 뽑혔다.
다음은 46석의 비례대표의석 배분방법이다. 선거법에 따르면 각 정당이 지역구에서 얻은 득표비율을 기준으로 비례대표의석을 배분하도록 하였다. 심각한 문제는 비례대표의석의 배분에서 유권자 김 씨의 의사가 정반대로 나타난다는 점이다. 갑(甲) 정당이 싫은데도 을(乙) 후보를 선택했기 때문에 김 씨는 갑(甲) 정당의 비례대표의석을 늘리는 데 기여한 셈이 되었다 이런 선거방식은 유권자의 의사를 절반밖에 반영할 수 없어 '절반의 선택권'을 빼앗긴 것이다.

⑵ 민주주의원리의 위반여부

① 국민의사의 정확한 반영 여부: 정당에 대한 국민의 지지의사를 적극적으로 왜곡한다.

② 국민의 자유로운 선택 여부: 유권자로는 후보자든, 정당이든 절반의 선택권을 박탈당할 수밖에 없다.

⑶ 직접선거의 원칙 위반 여부

① 고정명부식 정당투표제
고정명부식을 채택하는 것은 전국선거인단의 거대한 숫자로 불가피한 일이다. 따라서 고정명부식을 채택하는 것 자체가 직접선거원칙에 위반되는 것은 아니다.

② 현행 1인 1표제

지역구 후보자에 대한 투표를 정당에 대한 지지로 환산하여 비례대표의석을 배분하는 것은 유권자의 투표행위가 아니라 정당의 명부작성행위로 비례대표의원의 당선여부가 결정되는 것은 직접선거원칙에 위반된다. 지역구후보자에 대한 지지는 정당에 대한 지지로 의제할 수 없는데도 이를 의제하는 것이기 때문이다.

(4) 평등선거의 원칙 위반 여부

현행 비례대표의석 배분방식은 어떤 선거권자가 무소속 후보자를 지지하여 그에 대하여 투표할 경우 그 투표는 그 무소속후보자의 선출에만 기여할 뿐 비례대표의원의 선출에는 전혀 기여하지 못하므로 투표가치의 불평등이 발생하였다.

(5) 자유선거 원칙 위반 여부(보충의견)

1인 1표제하에서 유권자가 지지하는 후보자와 지지하는 정당이 다를 경우 유권자는 후보자와 정당 중 어느 한쪽에 대한 지지를 포기하지 않을 수 없다. 이는 유권자의 의사형성의 자유 내지 결심의 자유를 부당하게 축소하고 그 결과로 투표의 자유를 침해하는 것이 되므로 자유선거의 원칙에도 어긋난다.

03 공무담임권: 피선거권, 공채 응시, 공직취임권

공무담임권은 각종 선거에 입후보하여 당선될 수 있는 피선거권과 입법부・집행부・사법부는 물론 지방자치단체 등 국가・공공단체의 구성원으로서 그 직무를 담당하는 것을 말한다. 헌법 제25조는 "모든 국민은 법률이 정하는 바에 의하여 공무담임권을 가진다"라고 하여 국민에게 공무담임권을 보장하고 있다. 공무담임권에 관해서는 일정한 연령・거주기간 등을 요건으로 하고 있을 뿐 아니라 여러 가지 결격사유를 규정하고 있다.

04 직접참정권[64)]

1. 의의

직접참정권은 직접민주제를 위한 수단으로서 간접민주제를 보완하는 기능을 하며 국민이 국가의 의사형성이나 정책결정에 직접 참여할 수 있는 권리를 말한다. 직접참정권 유형으로는 국민발안권・국민투표권・국민소환권 등이 있다.

---

64) 우리 헌법은 법률이 정하는 바에 따른 '선거권'과 '공무담임권' 및 국가안위에 관한 중요정책과 헌법개정에 대한 '국민투표권'만을 헌법상의 참정권으로 보장하고 있으므로, 지방자치법 제13조의2에서 규정한 주민투표권은 그 성질상 선거권, 공무담임권, 국민투표권과 전혀 다른 것이어서 이를 법률이 보장하는 참정권이라고 할 수 있을지언정 헌법이 보장하는 참정권이라고 할 수는 없다(2000헌마735).

2. 국민발안[65]

국민발안권은 국민이 국가정책이나 법률안 등에 직접 관여할 수 있는 권리를 말한다. 국민발안제는 미국의 주헌법 · 스위스헌법 · 독일기본법 등에서 인정되고 있다.

3. 헌법 제72조(중요정책국민투표) 및 제130조(헌법개정국민투표)의 국민투표

국민투표권이라 함은 국민이 헌법안이나 법률안 또는 국가정책을 국민투표로써 결정하는 권리를 말한다. 우리 헌법 제72조에서는 외교 · 국방 · 통일 기타 국가안위에 관한 중요정책에 관하여 대통령이 필요하다고 인정할 때 실시할 수 있는 국민투표와 헌법 제130조 제2항의 헌법개정에 관한 국민투표를 규정하고 있다.

4. 래퍼랜덤과 플레비지트

국민투표의 유형으로는 래퍼랜덤과 플레비지트가 있다.

(1) 래퍼랜덤

래퍼랜덤은 대체로 헌법상 제도화되어 있는 헌법규범적인 것으로, 국민이 헌법안이나 법률안 등 일정한 중요사항을 직접투표로써 최종적으로 확정하는 방식이다.

(2) 플레비지트

플레비지트는 대체로 헌법상 제도화되어 있지 아니한 헌법현실적인 것으로, 통치권자가 새로운 통치 질서의 정당성이나 집권자의 계속집권여부에 관하여 신임을 묻거나 국민투표로써 영토의 귀속이나 집권자에 대한 신임을 확인하는 등 특정한 사안에 대하여 국민의 의사를 묻는 방식이다.

5. 국민소환제

국민소환권이란 공직자에 대하여 일정한 절차에 따라 일정수의 유권자가 소환청구를 하면 직접파면의 효과를 발생시키는 것으로 공직자를 임기만료 전에 해직시킬 수 있는 권리를 말하는데 우리나라에서는 이 제도를 도입한 적도 없고 현재 채택하지 않고 있다.

---

65) 1954년 제2차 개헌(또는 사사오입 개헌)에서, 헌법개정에 대하여 국회의원선거권자 50만 인 이상의 찬성으로 제안할 수 있게 하는 국민발안제가 채택되었으나 1972년 제7차 개헌(또는 유신 개헌)에서 폐지되었다.

VIII 청구권

01 생각 열기

1. 개요

지금까지 국가로부터 보장받아야 하는 자유에 대해 살펴보았다. 그런데 이 자유가 침해받는다면 각 개인은 어떻게 해야 할까? 상식적으로 생각해 보면 당연히 보상 내지는 회복이 될 것이다. 그런데 이 당연한 보상 내지는 회복도 근대 및 현대 헌법 시대에 와서야 가능했다. 봉건시대나 우리나라의 조선시대를 생각해 보라. 이런 시대에는 보상과 회복을 주장할 수 있는 청구권이 없었다. 지금부터 청구권에 대해 살펴보도록 한다. 청구권적 기본권이란 국민이 국가를 상대로 일정한 행위를 적극적으로 요구한다든가, 국가의 보호를 요청한다든가 하는 주관적 공권을 말한다. 청구권적 기본권은 고전적 기본권 중의 하나로 수단적 성질의 기본권이면서, 적극적 성질의 기본권이다. 이런 성질은 자유를 실질적으로 보장하기 위해 인정된다는 측면에서 기본권 보장을 위한 기본권으로 불리기도 한다. 청구권은 자유의 침해를 구제하거나 피해를 회복하는 것을 보장하는 권리이기 때문이다. 이런 청구권에는 청원권, 재판청구권, 국가배상청구권, 형사보상청구권, 범죄피해자구조청구권 등이 있다.

2. 헌법 조문

제26조 ① 모든 국민은 법률이 정하는 바에 의하여 국가기관에 문서로 청원할 권리를 가진다.
② 국가는 청원에 대하여 심사할 의무를 진다.

제27조 ① 모든 국민은 헌법과 법률이 정한 법관에 의하여 법률에 의한 재판을 받을 권리를 가진다.
② 군인 또는 군무원이 아닌 국민은 대한민국의 영역 안에서는 중대한 군사상 기밀 · 초병 · 초소 · 유독음식물공급 · 포로 · 군용물에 관한 죄중 법률이 정한 경우와 비상계엄이 선포된 경우를 제외하고는 군사법원의 재판을 받지 아니한다.
③ 모든 국민은 신속한 재판을 받을 권리를 가진다. 형사피고인은 상당한 이유가 없는 한 지체 없이 공개재판을 받을 권리를 가진다.
④ 형사피고인은 유죄의 판결이 확정될 때까지는 무죄로 추정된다.
⑤ 형사피해자는 법률이 정하는 바에 의하여 당해 사건의 재판절차에서 진술할 수 있다.

제28조 형사피의자 또는 형사피고인으로서 구금되었던 자가 법률이 정하는 불기소처분을 받거나 무죄판결을 받은 때에는 법률이 정하는 바에 의하여 국가에 정당한 보상을 청구할 수 있다.

제29조 ① 공무원의 직무상 불법행위로 손해를 받은 국민은 법률이 정하는 바에 의하여 국가 또는 공공단체에 정당한 배상을 청구할 수 있다. 이 경우 공무원 자신의 책임은 면제되지 아니한다.
② 군인 · 군무원 · 경찰공무원 기타 법률이 정하는 자가 전투 · 훈련 등 직무집행과 관련하여 받은 손해에 대하여는 법률이 정하는 보상 외에 국가 또는 공공단체에 공무원의 직무상 불법행위로 인한 배상은 청구할 수 없다.

제30조 타인의 범죄행위로 인하여 생명 · 신체에 대한 피해를 받은 국민은 법률이 정하는 바에 의하여 국가로부터 구조를 받을 수 있다.

02 청원권

1. 의미 : 청원 ⇨ 정부의 청원심사 의무

헌법 제26조는 "① 모든 국민은 법률이 정하는 바에 의하여 국가기관에 문서로 청원할 권리를 가진다. ② 국가는 청원에 대하여 심사할 의무를 진다"라고 하여 청원권을 보장하고 있다. 청원권이란 공권력과의 관계에서 일어나는 여러 가지 이해관계, 의견, 희망 등에 관하여 적법한 청원을 한 모든 국민에게, 국가기관이 청원을 수리할 뿐만 아니라, 이를 심사하여 청원자에게 적어도 그 처리결과를 통지할 것을 요구할 수 있는 권리를 말한다. 국가는 국민이 제출한 청원을 수리하여 성실하게 처리하고 그 결과를 통지할 의무까지 지고 있기 때문에 청원권은 국가기관에 대해 일정한 행위를 요구할 수 있는 청구권적 기본권의 하나이다.

2. 청원의 형식과 방법

문서로 국가기관 등에 청원해야 한다. 의회에 청원하는 경우 의원의 소개를 얻어 청원서를 제출해야 한다. 그런데 관계없는 기관에 청원한 경우 그 기관은 접수거부는 못하고 접수 후에 관계기관으로 이송한다.

3. 청원사항

청원법 제4조에 ① 피해의 구제, ② 공무원의 비위의 시정 또는 공무원에 대한 징계와 처벌의 요구, ③ 법률, 명령, 규칙의 제정, 개정, 또는 폐지, ④ 공공의 제도 또는 시설의 운영, ⑤ 기타 공공기관의 권한에 속하는 사항 등과 같은 청원사항을 명시하고 있다.

4. 청원금지사항

청원금지사항으로는 ① 국가원수모독청원, ② 재판간섭청원, ③ 수사 중인 사건에 대한 청원, ④ 이중청원, ⑤ 타인 모해목적의 허위사실적시 등이 있다.

5. 청원의 효력

청원에 대해 국가기관은 수리하여 심사처리하고 결과를 청원인에게 통지할 의무는 있다. 하지만 청원권은 청원내용대로 결과 실현을 강제할 수는 없다. 결과 실현을 강제하는 것은 재판을 통해서 가능하다. 그래서 재판청구권은 근대입헌주의 헌법에서 등장한 아주 중요한 의미를 가지는 권리이다.

03 재판청구권

1. 재판청구권의 의의

재판청구권은 재판을 받을 권리를 말한다. 재판을 받을 권리란 집행부의 자의적인 판단을 배제하고 사법권의 독립이 보장된 법원에서 신분이 보장된 자격 있는 법관에 의하여 재판을 받을 권리와 적법한 절차에 따르는 공정한 심판을 받을 권리를 포함하는 것이다. 즉, 재판청구권은 재판절차를 규율하는 법률과 재판에서 적용될 실체적 법률이 모두 합헌적이어야 한다는 의미에서 법률에 의한 재판을 받을 권리뿐만 아니라 비밀재판을 배제하고 일반국민의 감시하에 심리와 판결을 받음으로써 공정한 재판을 받을 권리를 포함한다(헌재 94헌마46). 근대입헌주의 헌법 이전에는 재판은 있었지만 재판청구권이 없었다. 재판청구권의 취지에 맞는 재판제도의 시행은 근대에 와서야 실현된 것이다. 근대 이전에는 억울함을 재판을 통해서 다툴 수 없었다. 오직 왕이나 관리들의 자의와 시혜에 의해 재판이 열렸다. 이런 점을 생각해 보면 재판청구권은 자신의 권리를 확보하기 위해 공정한 재판을 당당하게 요구할 수 있는 권리라는 점에 매우 중요한 의의를 가진다.

2. 재판청구권의 내용

(1) 헌법과 법률이 정한 법관에 의한 재판을 받을 권리

헌법과 법률이 정한 법관에 의하여 재판을 받을 권리라 함은 헌법과 법률이 정한 자격과 절차에 의하여 임명되고(헌법 제104조), 물적 독립(헌법 제103조)과 인적 독립(헌법 제106조)이 보장된 법관에 의한 재판을 받을 권리를 의미한다(헌법재판소). 그렇다면 미국과 같이 시민들이 직접 법적 판단을 하는 배심재판제도를 우리나라에서는 도입할 수 없는 것인가? 여기에 대해 도입할 수 없다는 견해가 다수설이다. 이 주장은 직업 법관에 의한 재판을 받도록 한 헌법규정을 근거로 한다.[66]

(2) 법률에 의한 재판을 받을 권리

법률에 의한 재판이라 함은 실체법과 절차법이 합헌적 법률로써 정해진 재판을 말한다. 법률에는 준법률(긴급명령, 긴급재정경제명령, 대법원규칙, 헌법재판소 규칙)도 포함한다.

(3) 재판을 받을 권리

'재판'이라 함은 당사자 간에 권리·의무에 관한 구체적인 분쟁이 발생한 경우에 당사자의 청구에 따라 독립적인 지위에 있는 법원이 사실을 확인하여 당사자가 주장하는 권리·의무의 당부를 종국적으로 확정하는 작용을 말한다. 재판을 청구하는 자에게 소를 제기할 이익이 있어야 한다. 쉽게 말해서 실익이 없는 소송은 낭비일 뿐만 아니라 권리남용이 될 가능성이 크기 때문이다. 재판에는 민사재판·형사재판·

---

66) 저자가 개인적으로 반박하고 싶은 것은 다음과 같다. 재판청구권은 말 그대로 권리이다. 그것도 자신의 권리 침해를 이유로 가장 효과적인 수단을 선택할 수 있는 청구권이다. 그렇다면 선택하느냐 하지 않느냐는 권리주체가 하는 것이다. 따라서 오히려 배심제를 도입하거나 국민참여재판의 배심원단의 평결에 기속력을 부과하는 것이 위헌이라는 주장은 타당하지 않은 것 같다.

행정재판 · 헌법재판 등이 있으므로 재판을 받을 권리라 함은 구체적으로 민사재판청구권 · 형사재판청구권 · 행정재판청구권 등을 말한다. 이 재판에 헌법재판소의 심판을 포함시킬 수 있는지에 대해 해석상 다툼이 있다. 또 다른 다툼에는 대법원의 재판을 받을 권리가 포함되는지 여부이다.

(4) 군사재판을 받지 않을 권리 : 원칙은 일반재판, 예외적으로 군사재판

일반국민은 당연히 군사법원의 재판을 받지 아니할 권리를 가진다. 그러나 대한민국 영역 안에서 중대한 군사상 기밀 · 초병 · 초소 · 유독음식물공급 · 포로 및 군용물에 관한 죄 중 법률이 정한 경우와 비상계엄이 선포된 경우에는 예외적으로 군사법원의 재판을 받게 할 수 있다.

(5) 신속하고 (공정한) 공개재판을 받을 권리

"재판의 지연은 재판의 거부와도 같다"는 법언이 있다. 따라서 재판의 신속성은 국민의 권리구제를 위한 전제요건이다. 이런 신속한 재판은 공정한 재판과 함께 법치국가의 사법질서를 형성하는 중요한 요소가 된다. 이에 따라 우리 헌법도 제27조 제3항에서 "모든 국민은 신속한 재판을 받을 권리를 가진다. 형사피고인은 상당한 이유가 없는 한 지체 없이 공개재판을 받을 권리를 가진다"라고 규정하여 신속한 재판을 받을 권리를 보장하고 있다. 재판의 공개는 재판의 공정을 보장하기 위하여 재판의 심리와 판결을 공개하는 것을 말한다. 다만, 심리는 국가의 안전보장 또는 안녕질서를 방해하거나 선량한 풍속을 해할 염려가 있을 때에는 법원의 결정으로 공개하지 아니할 수 있다.

(6) 공정한 재판을 받을 권리

권리구제의 실효성을 확보하기 위해서는 공정한 재판을 받을 권리도 재판청구권의 내용으로 보장되어야 한다. 공정한 재판을 받을 권리는 공개된 법정의 법관 앞에서 모든 증거자료가 조사되고 검사와 피고인이 서로 공격 · 방어할 수 있는 공평한 기회가 보장되는 재판을 받을 권리를 포함한다(헌재 99헌마496).

(7) 형사피해자의 재판절차진술권

① 의의
형사피해자란 범죄행위로 말미암아 법률상 불이익을 받은 자를 말한다. 이러한 형사피해자는 당해사건의 재판절차에 증인으로 출석하여 자신이 입은 피해의 내용과 사건에 관하여 의견을 진술할 수 있다. 헌법 제27조 제5항에서 형사피해자의 재판절차진술권을 독립된 기본권으로 보장한 취지는 피해자 등에 의한 사인소추를 전면 배제하고 형사소추권을 검사에게 독점시키고 있는 현행 기소독점주의의 형사소송체계 아래에서 형사피해자로 하여금 당해 사건의 형사재판절차에 참여할 수 있는 청문의 기회를 부여함으로써 형사사법의 절차적 적정성을 확보하기 위한 것이다(2002헌마453).

② 헌법재판소는 검사의 자의적인 불기소처분에 의해 형사피해자가 재판진술을 하지 못하는 경우 평등권과 재판절차진술권을 침해한다고 판시하였다. 예컨대 위증죄나 위증교사죄에 있어서 그 보호법익은 국가의 심판 작용의 공정이라 하더라도 위증으로 인하여 불이익한 재판을 받게 되는 소송사건의 당사자는 재판절차진술권의 주체인 형사피해자가 된다. 한편 그러한 형사피해자가 비록 자기 명의로 고소를 한 바 없어 위증에 대한 불기소처분에 대하여 헌법소원을 청구하는 수단 이외에 달리 검찰

청법에 정한 항고 및 재항고에 의한 구제를 받을 방법이 없다면 그 피해자는 피의사건에 대하여 고소를 제기하거나 불기소처분에 대하여 헌법소원심판을 청구할 수 있다.

04 국가배상청구권

1. 개관 및 사례

(1) 개관

이상으로 재판을 통해 권리 침해에 대한 다툼을 할 수 있는 재판청구권의 내용을 살펴보았다. 이 경우는 개인 및 집단, 국가기관 등으로 인한 기본권 침해를 재판이나 심판으로 다툴 수 있는 경우이다. 이 중 국가기관이 불법행위를 한 경우 손해배상을 청구할 수 있는 권리가 보장되어 있다. 이 권리가 국가배상청구권이다. 지금부터 국가배상청구권을 살펴보도록 한다.

(2) 사례

갑은 △△하천의 물이 유입되는 인근 호수에서 양식업을 하는 자로서 고급 어종을 양식하고 있었다. 도지사는 공공의 이익과 양식업자의 이익을 보호하기 위하여 △△하천구역을 야영 및 취사가 금지되는 지역으로 지정하였다. 그러나 △△하천의 관리자인 도지사가 하천관리의무를 태만히 하여 △△하천구역에 취사객이 늘어 △△하천이 오염되었고, △△하천의 오염으로 인하여 갑이 양식하는 양식어종이 폐사하고 더 이상 양식업을 할 수 없게 되었다.

2. 국가배상청구권의 개념적 특성

(1) 헌법 제29조: 국가배상청구권, 군인 · 군무원 · 경찰공무원 등의 이중배상청구 금지

헌법 제29조에는 "① 공무원의 직무상 불법행위로 손해를 받은 국민은 법률이 정하는 바에 의하여 국가 또는 공공단체에 정당한 배상을 청구할 수 있다. 이 경우 공무원 자신의 책임은 면제되지 아니한다. ② 군인 · 군무원 · 경찰공무원 기타 법률이 정하는 자가 전투 · 훈련 등 직무집행과 관련하여 받은 손해에 대해서는 법률이 정하는 보상 외에 국가 또는 공공단체에 공무원의 직무상 불법행위로 인한 배상은 청구할 수 없다"라고 규정하여 국가배상청구권 보장과 공법상 특수관계를 맺고 있는 자에 대한 이중배상금지규정을 두고 있다.

(2) 의미와 법적성격

① 재산권적 성질과 청구권적 성질

국가배상청구권이란 국민이 공무원의 직무상 불법행위로 말미암아 손해를 입은 때에는 국가 또는 공공단체에 대하여 손해의 배상을 청구할 수 있는 권리를 말한다. 이 같은 국가배상청구권은 재산권적 성질과 청구권적 성질을 가지고 있다(헌법재판소).

② 행정법상 내용: 공무원 불법행위 또는 영조물 설치 관리상 하자 피해 ⇨ 국가배상

현행 국가배상법에는 헌법이 규정한 '공무원의 직무상 불법행위로 인한' 국가배상 외에 일종의 무과실책임인 '영조물의 설치·관리상의 하자로 인한 피해'에 대한 국가배상도 인정하고 있다.

3. 국가배상청구권의 요건

(1) 공무원의 불법행위에 기한 손해배상청구권

국가배상청구권이 발생하기 위해서는 '공무원'의 '직무상', '불법행위'로 인한 '손해의 발생'을 요한다.

① 공무원

여기서 '공무원'이라 함은 국가공무원법 또는 지방공무원법에서 말하는 신분상의 공무원에 한하지 않고 널리 국가 또는 공공단체를 위하여 공무를 집행하는 일체의 사람을 말한다. 판례는 미군부대의 카투사, 전입신고서에 도장을 찍는 통장, 소집 중인 예비군, 시청청소차 운전수, 소방관, 집달과 등으로 보고 있고, 시영버스 운전사, 의용소방대원은 공무원이 아니라고 한다.

② 직무상

'직무상'이란 직무행위 자체보다는 넓은 개념으로서 직무행위와 외형상 관련된 것으로 인정되는 행위까지 포함된다는 외형설이 통설과 판례의 입장이다.

③ 불법행위

'불법행위'란 공무원과 그의 직무상의 위법행위에 가세한 자 이외의 타인에게 발생한 것이어야 한다.

④ 인과관계

손해의 발생과 불법행위 간에는 상당인과관계가 있어야 한다.

(2) 영조물의 설치·관리상의 하자로 인한 손해배상 청구

① 사례

겨울, 잦은 폭설과 한파로 인하여 제설작업을 하지 못한 도로 위에서 차들이 미끄러져 서로 충돌하는 사고가 빈번하게 발생하고, 최근에는 블랙홀과 도로 곳곳에 생긴 '포트홀(Pothole)' 때문에 차량이 파손되거나 심한 경우 교통사고로 이어지고 있다. 소양강댐 인근에서 발생한 산사태로 펜션이 매몰되어 이곳에서 봉사활동 중이던 대학교 학생 10명이 사망하고 25명이 부상한 사건이 있었다. 또한 서울 우면산 산사태로 인해 사망자가 발생하였으며, 그 밖에도 서울 시내 곳곳에서 도로와 주택이 침수되는 일이 있었다.

② 요건

「국가배상법」 제5조는 도로·하천, 그 밖의 공공의 영조물(營造物)의 설치나 관리에 하자(瑕疵)가 있기 때문에 타인에게 손해를 발생하게 하였을 경우에는 국가나 지방자치단체가 그 손해를 배상하도록 하고 있다.

4. 군인 · 군무원 · 경찰공무원 등의 이중배상청구 금지

(1) 사례

직무 수행을 위해 군인 A가 몰던 자동차와 민간인 B가 몰던 트럭이 군인 C가 직무수행 중에 타고 가던 군용차를 추돌하였다. 그 결과 군인 C가 크게 다쳤다.

(2) 근거 조항

위 사례에서 문제가 되는 것은 군인 A가 군인 C가 몰던 군용차를 추돌하여 C가 입은 피해가 이중배상청구 금지의 문제이다. 당연히 청구인은 C가 된다. 이 경우 헌법 제29조 제2항은 군인 · 군무원 등에 대해 법률이 정하는 보상외의 국가배상청구를 금지하고 있다.

05 손실보상청구권

1. 사례

갑(甲)과 을(乙) 등은 A지역에서 농업과 목축업을 하며 살아가던 중 정부로부터 농작지와 목축지가 공익사업을 위하여 수용될 수 있음을 고지받았다. 갑(甲)과 을(乙)은 공익사업으로 인하여 자신들의 농작지 및 목축지에 대한 보상은 물론 농업 손실과 축산 손실을 청구하기로 하였다.

2. 의미 : 공용수용 · 공용사용 · 공용제한 + 특별한 희생 ⇨ 재산적 손실 전보

손실보상청구권은 공용수용 · 공용사용 · 공용제한 등 적법한 공권력의 행사로 말미암아 재산상 특별한 희생을 당한 자가 공평부담의 견지에서 국가에 대하여 재산적 손실의 전보를 청구할 수 있는 권리로서 청구권적 기본권에 속한다.

3. 헌법 제23조 제3항 : 재산권의 수용 · 사용 또는 제한 ⇨ 정당한 보상 ⇨ 손실보상청구

헌법 제23조 제3항은 "공공필요에 의한 재산권의 수용 · 사용 또는 제한 및 그에 대한 보상은 법률로써 하되 정당한 보상을 지급하여야 한다"라고 하여 손실보상청구권을 보장하고 있다. 국가배상청구권이 위법한 공권력의 행사로 인한 재산적 손해를 구제하기 위한 권리라면 손실보상청구권은 적법한 공권력의 행사로 말미암은 손실을 구제하기 위한 권리란 점에서 구별된다.

4. 내용 : 수용 · 사용 · 제한 ⇨ 정당한 보상(완전보상)

공공필요에 의한 국민의 재산권을 수용 · 사용 · 제한하는 경우 보상의 기준에 관하여 현행헌법은 정당한 보상을 지급하도록 규정하고 있는데, '정당한 보상'은 완전보상을 의미한다고 볼 수 있다(헌법재판소). 손실보상은 현금보상을 원칙으로 하나 현물보상이나 매수보상 등이 인정되는 경우도 있다.

06 형사보상청구권

1. 의미

(1) 형사피의자 보상, 형사피고인 보상

형사보상청구권은 형사피의자 또는 형사피고인으로 구금되었던 자가 법률이 정하는 불기소처분을 받거나 무죄판결을 받은 경우에 그가 입은 물질적 · 정신적 손실을 보상하여 주도록 국가에 대하여 청구할 수 있는 권리를 말한다.

(2) 헌법 제28조

헌법 제28조는 "형사피의자 또는 형사피고인으로서 구금되었던 자가 법률이 정하는 불기소처분을 받거나 무죄판결을 받은 때에는 법률이 정하는 바에 의하여 국가에 정당한 보상을 청구할 수 있다"라고 하여 형사보상청구권을 보장하고 있다.

2. 주요 내용: 형사피의자 보상, 형사피고인 보상

(1) 형사피의자 보상

형사피의자로서 구금되었던 자가 법률이 정하는 (협의의) 불기소처분[67]을 받은 경우

(2) 형사피고인 보상

① 형사피고인으로서 구금되었던 자가 무죄판결을 받은 경우 청구

② 면소판결
면소판결이란 피고사건에 확정판결이 있은 때, 사면이 있은 때, 공소시효가 완성되었을 때, 범죄 후의 법령개폐로 형이 폐지되었을 때에 선고하는 종국재판

③ 공소기각 판결
피고사건에서 관할권 이외의 형식적 소송조건이 결여된 경우, 절차상의 하자를 이유로 공소를 적법하지 않다고 인정하여 사건의 실체에 대한 심리를 하지 않고 소송을 종결시키는 형식재판(피고인에 대하여 재판권이 없는 때, 공고가 제기된 사건에 대하여 다시 공소가 제기되었을 때 등)

(3) 국가배상책임과 구별

국가기관의 고의 · 과실을 불문한다는 점에서 국가배상책임과 구별된다.

---

67) 일반적으로 검사의 불기소처분은 혐의없음의 불기소처분을 말한다. 그런데 넓의 의미의 불기소처분에는 혐의없음 불기소 처분과 기소유예처분(범죄의 혐의가 인정되고 소송조건이 구비되었음에도 불구하고, 범인의 연령, 지능, 환경과 범행의 동기를 고려하여 공소를 제기하지 않는 경우), 기소중지처분(형사피의자나 중요한 증인의 소재파악이 불명확한 경우 등의 사유로 수사를 중지하는 처분) 등이 있다.

07 범죄피해자구조청구권

1. 의미 : 생명 · 신체에 대한 피해

범죄피해자구조청구권이라 함은 본인에게 귀책사유가 없는 타인의 범죄행위로 말미암아 생명을 잃거나 신체상 피해를 입은 국민이나 그 유족이 가해자로부터 충분한 피해보상을 받지 못한 경우에 국가에 대하여 일정한 보상을 청구할 수 있는 권리를 말한다. 이 권리는 국가의 가장 기본적인 '야경국가'로서의 기능을 수행하지 못한 점에 대한 책임을 묻는 권리라고 할 수 있다.

2. 헌법적 근거

우리 헌법은 제30조에서 "타인의 범죄행위로 인하여 생명 · 신체에 대한 피해를 받은 국민은 법률이 정하는 바에 의하여 국가로부터 구조를 받을 수 있다"라고 범죄피해자구조청구권을 보장하고 있다. 재산에 대한 피해는 포함되지 않는다.

Ⅸ 사회적 기본권

01 생각 열기

1. 개관

근대 시민혁명을 통해 선언된 자유권과 청구권의 내용을 살펴보았다. 하지만 근대의 맥락이 바뀌면서 자유권과 청구권만으로 인간의 존엄과 가치를 달성할 수 있으리라는 기대와는 다른 양상이 전개되었다. 국가로부터, 정치적으로, 제도적으로 인간은 모두 평등하고 자유를 누릴 수 있는 기회를 보장받고, 피해를 입었을 때 구제받을 수 있는 권리를 가지게 되었다. 하지만 사회에서 생각하지 못한 양상이 벌어졌다. 정치적으로 평등하지만, 경제적인 불평등으로 노동자들은 부당한 대우를 받고, 열악한 산업 현장에서 안전을 보장받지 못하였다. 노동자들은 일상에서도 삶을 즐긴다는 것을 기대할 수 없었다. 질병과 건강에 문제가 생겨도 제대로 치료받지 못했다. 이처럼 시장과 사회에서 경제적 불평등으로 벌어지는 문제를 해결하기 위해 도입된 것이 '사회적 기본권'이다. '사회적 기본권' 보장을 통해 시장과 사회의 문제를 해결하는 데 있어서 국가의 적극적인 개입이 요구되었다. 그래서 '사회적 기본권'은 적극적 자유의 성격을 가진다. 사회적 기본권은 자유의 실질적 보장을 위해 국가의 개입과 노력을 요하는 권리이다. 사회적 기본권이 실정헌법에 등장한 것은 제1차 세계대전 후인 20세기 초의 일이다.

자본주의의 진전과 더불어 부의 일방적 편재와 빈곤의 확대, 실업자의 범람, 그 결과 나타난 노사 간의 계급적 대립의 격화 등이 심각한 사회문제로 제기되었다. 이에 따라 소극적 자유에서 적극적 자유의 의미가 강조되었다. 모든 사회구성원의 최저한도의 생존을 보장하고 실질적 평등이라고 하는 사회정의 구현이 강조되었고, 고전적인 청구권적 기본권 외에 사회적 기본권이 전개되었다. 이런 사회적 기본권은 시민적 자유권의 보완 내지 수정으로서 대두된 것이다. 이와 같은 사회적 기본권은 1919년에 드디어 독일의 바이마르 헌법에 의해서 실정되었다.

자유를 향유하기 위해서는 기본적으로 인간은 교육을 받고 일해서 소득을 얻어야 하고, 환경 및 건강보호가 뒷받침되어야 한다. 그래서 우리나라의 헌법도 제34조에서 인간다운 생활권을 선언하고 있다. 그리고 제31조에서 교육을 받을 권리, 제32조에서 근로의 권리, 제33조에서 노동 3권, 제35조에서 환경권, 제36조 제3항에서 보건에 관하여 국가의 보호를 받을 권리 등 일련의 사회적 기본권을 규정하고 있다. 그런데 헌법재판소에 의해 해석과 그 성격이 달라진 2개의 권리가 있다. 헌법재판소는 현재 제31조의 교육을 받을 권리는 자유권적 성격을, 제33조의 노동 3권 중 단결권도 자유권적 성격을 가진 것으로 판시하였다. 이런 사회적 기본권은 자유권과 달리 국가가 기본권을 형성하기 위한 노력을 필요로 한다. 자유권은 현재 누리고 있는 자유를 국가가 불법・부당하게 간섭하지 않으면 보장받는 것이다. 그런데 사회적 기본권은 국가의 형편 및 사정의 제한을 받는다. 그래서 국가는 자유에 손을 대는 것이 조심스러울 수밖에 없다. 한편 사회적 기본권은 통치기관의 계획과 실천에 따라 실현된다. 즉 자유권에 대해서는 국가의 재량이 인정될 여지가 적지만, 사회적 기본권에 대해서는 국가의 재량이 넓게 인정된다.

⊙ 자유권적 기본권과 사회적 기본권 비교

구분	자유권적 기본권	사회적 기본권
바탕 원리(이념)	자유주의, 개인주의	사회국가원리
주체	자연인(인간)	국민
성격	국가의 침해를 배제하는 방어적, 소극적 성격의 권리	국가에게 급부와 보장을 요구하는 적극적인 기본권
효력	국가에 대해 강한 효력	국가에 대해 약한 효력
국가에 대한 관계	국가로부터의 자유	국가를 향한 자유
실정법적 권리	전 국가적인 인간의 권리	국가내적・실정법적 국민권리
입법권의 재량	상대적으로 좁다.	상대적으로 넓다.
위헌 심사 정도	상대적으로 엄격하다.	상대적으로 완화된다.

2. 헌법 조문

제31조 ① 모든 국민은 능력에 따라 균등하게 교육을 받을 권리를 가진다.
② 모든 국민은 그 보호하는 자녀에게 적어도 초등교육과 법률이 정하는 교육을 받게 할 의무를 진다.
③ 의무교육은 무상으로 한다.
④ 교육의 자주성·전문성·정치적 중립성 및 대학의 자율성은 법률이 정하는 바에 의하여 보장된다.
⑤ 국가는 평생교육을 진흥하여야 한다.
⑥ 학교교육 및 평생교육을 포함한 교육제도와 그 운영, 교육재정 및 교원의 지위에 관한 기본적인 사항은 법률로 정한다.

제32조 ① 모든 국민은 근로의 권리를 가진다. 국가는 사회적·경제적 방법으로 근로자의 고용의 증진과 적정임금의 보장에 노력하여야 하며, 법률이 정하는 바에 의하여 최저임금제를 시행하여야 한다.
② 모든 국민은 근로의 의무를 진다. 국가는 근로의 의무의 내용과 조건을 민주주의원칙에 따라 법률로 정한다.
③ 근로조건의 기준은 인간의 존엄성을 보장하도록 법률로 정한다.
④ 여자의 근로는 특별한 보호를 받으며, 고용·임금 및 근로조건에 있어서 부당한 차별을 받지 아니한다.
⑤ 연소자의 근로는 특별한 보호를 받는다.
⑥ 국가유공자·상이군경 및 전몰군경의 유가족은 법률이 정하는 바에 의하여 우선적으로 근로의 기회를 부여받는다.

제33조 ① 근로자는 근로조건의 향상을 위하여 자주적인 단결권·단체교섭권 및 단체행동권을 가진다.
② 공무원인 근로자는 법률이 정하는 자에 한하여 단결권·단체교섭권 및 단체행동권을 가진다.
③ 법률이 정하는 주요방위산업체에 종사하는 근로자의 단체행동권은 법률이 정하는 바에 의하여 이를 제한하거나 인정하지 아니할 수 있다.

제34조 ① 모든 국민은 인간다운 생활을 할 권리를 가진다.
② 국가는 사회보장·사회복지의 증진에 노력할 의무를 진다.
③ 국가는 여자의 복지와 권익의 향상을 위하여 노력하여야 한다.
④ 국가는 노인과 청소년의 복지향상을 위한 정책을 실시할 의무를 진다.
⑤ 신체장애자 및 질병·노령 기타의 사유로 생활능력이 없는 국민은 법률이 정하는 바에 의하여 국가의 보호를 받는다.
⑥ 국가는 재해를 예방하고 그 위험으로부터 국민을 보호하기 위하여 노력하여야 한다.

제35조 ① 모든 국민은 건강하고 쾌적한 환경에서 생활할 권리를 가지며, 국가와 국민은 환경보전을 위하여 노력하여야 한다.
② 환경권의 내용과 행사에 관하여는 법률로 정한다.
③ 국가는 주택개발정책 등을 통하여 모든 국민이 쾌적한 주거생활을 할 수 있도록 노력하여야 한다.

제36조 ① 혼인과 가족생활은 개인의 존엄과 양성의 평등을 기초로 성립되고 유지되어야 하며, 국가는 이를 보장한다.
② 국가는 모성의 보호를 위하여 노력하여야 한다.
③ 모든 국민은 보건에 관하여 국가의 보호를 받는다.

02 인간다운 생활을 할 권리

1. 의의

(1) 사회적 기본권의 이념적·총칙적 규정

헌법 제34조 제1항은 "모든 국민은 인간다운 생활을 할 권리를 가진다"라고 하여 인간다운 생활권을 보장하고 있다. 인간다운 생활을 할 권리라 함은 생존권적 기본권 중에서 가장 핵심적인 권리로서 인간의 존엄성에 상응하는 건강하고 문화적인 최저한도의 생활을 영위할 권리를 말하며 사회적 기본권의 이념적·총칙적 규정이라고 할 수 있다. 또한 이 권리는 인간의 존엄성 실현을 위한 최소한의 방법적 기초이고 우리나라 경제 질서의 가치지표이며 사회국가실현의 국가적 의무를 제시하는 헌법상의 기능을 수행하는 규정이다.

(2) 최소한의 복지를 청구할 수 있는 근거

헌법재판소(93헌가14)는 인간다운 생활을 할 권리로부터 최소한의 물질적 생활의 유지에 필요한 급부 이상을 요구할 수 있는 권리가 법률 없이 직접 인정된다고는 보기 어려우나, 인간의 존엄성에 상응하는 최소한의 물질적인 생활의 유지에 필요한 급부는 상황에 따라서 법률 없이도 국가에 직접 요구할 수 있는 구체적인 권리가 도출될 수 있다고 하였다.

(3) 수단적 권리 : 사회보험수급, 공적부조청구, 사회보상청구, 사회복지청구

인간다운 생활을 보장하기 위한 수단적인 권리로는 사회보험수급권, 공적부조청구권, 사회보상청구권, 사회복지청구권 등 여러 종류의 사회보장수급권이 인정되고 있다.

2. 주요 내용

(1) 인간다운 생활의 보장수준 : 최저생존수준 보상

인간다운 생활의 보장수준이 무엇인지에 대해 여러 가지 의견이 있지만 육체적・정신적 통일체로서의 인간이 정상적인 사회생활을 할 수 있는 정도의 인간다운 최저생존수준을 보장수준으로 보는 것이 적절할 것이다.

(2) 사회보장을 받을 권리

모든 국민이 인간다운 생활권을 보장받기 위해서는 국가에 의한 사회보장제도와 사회복지제도의 확립이 요청된다. 헌법 제34조 제2항은 "국가는 사회보장・사회복지의 증진에 노력할 의무를 진다"라고 규정하고 있다. 사회보장과 사회복지란 일반적으로 국가가 국민의 생활보장을 위하여 급부하는 것을 모두 지칭한다. 가장 대표적인 것으로는 사회보험제도가 있다.

(3) 생활보호를 받을 권리

헌법 제34조 제5항은 "국가는 노인과 청소년의 복지향상을 위한 정책을 실시할 의무를 진다"라고 규정하고 있다. 이 규정의 의미는 생활능력이 없는 국민은 생활보호를 받을 권리를 가진다는 것이다. 생활무능력자에게는 생활보호청구권이 인간다운 생활의 실현을 위한 최소한의 조건이다.

(4) 재해예방과 위험으로부터의 보호에 관한 권리

헌법 제34조 제6항은 "국가는 재해를 예방하고 그 위험으로부터 국민을 보호하기 위하여 노력하여야 한다"라고 규정하고 있다.

03 교육을 받을 권리

1. 법적 성격 및 주요 내용

헌법 제31조 제1항은 "모든 국민은 능력에 따라 균등하게 교육을 받을 권리를 가진다"라고 하여 교육을 받을 권리를 규정하고 있다. 이 중 '능력에 따라 균등하게'의 의미는 헌법재판소가 학생의 수준에 따른 교육을 선택할 수 있다는 취지의 판결을 함으로써 사회적 기본권이 아니라 자유권적 성격을 가지는 것으로 변경되었다. 동조 제2항 이하에서는 보호하는 자녀에게 교육을 받게 할 의무, 무상의무교육제, 교육의 자주성·전문성·정치적 중립성, 대학의 자율성, 국가의 평생교육진흥의무, 교육제도법정주의 등을 규정[68]하고 있다.

2. 주요 내용

(1) 능력에 따라 교육을 받을 권리

헌법 제31조 제1항에서의 능력이란 일신전속적인 정신적·육체적인 능력을 의미하며, 재산·가정·환경·성별·인종 기타에 의한 불합리한 차별은 허용되지 않는다. 따라서 능력에 따른 교육이라 함은 정신적·육체적 능력에 상응하는 적절한 교육을 말한다. 즉 '능력에 따라 균등하게 교육을 받을 권리'란 법률이 정하는 일정한 교육을 받을 전제조건으로서의 능력을 갖추었을 경우 차별 없이 균등하게 교육을 받을 기회가 보장된다는 것이지 일정한 능력, 예컨대 지능이나 수학능력 등이 있다고 하여 제한 없이 다른 사람과 차별하여 어떠한 내용과 종류와 기간의 교육을 받을 권리가 보장된다는 것은 아니다(헌법재판소, 93헌마192). 이 판례 이후에 헌법재판소는 학생 수준에 따라 다른 교육을 선택할 수 있다는 것을 밝힘으로써 사회적 기본권이 아니라 자유권적 성격을 가지고 있음을 판시하였다.

(2) 균등하게 교육을 받을 권리

교육의 기회균등이란 소극적 측면에서는 능력 이외의 성별, 종교, 사회적 신분 등에 의하여 교육을 받을 기회를 차별하지 아니할 것을 의미하며, 적극적 측면에서는 모든 국민이 균등하게 교육을 받을 수 있도록 학교교육 등 시설을 확장하고 의무교육을 시행하며 경제적 이유로 진학을 포기하지 않도록 하는 정책 등을 시행하는 것과 같은 교육의 외적 조건을 갖추도록 요구할 수 있음을 의미한다.

(3) 교육을 받을 권리: 의무교육, 평생교육

① 교육의 범위

교육 받을 권리의 대상이 되는 교육은 학교교육·사회교육·공민교육·가정교육 등을 포함하는 광의의 교육을 의미하지만, 헌법 제31조에서는 학교교육이 가장 중요한 의미를 가진다.

---

68) 헌법 제31조 ① 모든 국민은 능력에 따라 균등하게 교육을 받을 권리를 가진다. ② 모든 국민은 그 보호하는 자녀에게 적어도 초등교육과 법률이 정하는 교육을 받게 할 의무를 진다. ③ 의무교육은 무상으로 한다. ④ 교육의 자주성·전문성·정치적 중립성 및 대학의 자율성은 법률이 정하는 바에 의하여 보장된다. ⑤ 국가는 평생교육을 진흥하여야 한다. ⑥ 학교교육 및 평생교육을 포함한 교육제도와 그 운영, 교육재정 및 교원의 지위에 관한 기본적인 사항은 법률로 정한다.

② 평생교육

헌법 제31조 제1항의 교육에는 평생교육이 포함되지만, 동조 제5항에서는 "국가는 평생교육을 진흥하여야 한다"라고 하여 국가의 평생교육진흥의무를 따로 규정하고 있다. 이는 시대적 요청에 부응하고, 개인의 능력계발과 국가발전에 기여하기 위하여 평생교육을 강조한 조항이다.

③ 의무교육

헌법 제31조 제2항은 "모든 국민은 그 보호하는 자녀에게 적어도 초등교육과 법률이 정하는 교육을 받게 할 의무를 진다"라고 규정하고 있다. '초등교육과 법률이 정하는 교육'은 의무적인 것이다. 또한 제3항에서 "의무교육은 무상으로 한다"라고 의무교육 무상을 규정하고 있다.

3. 교육을 받을 권리의 실현

(1) 교육제도의 의의

교육을 받을 권리는 교육제도를 통하여 실질적으로 구현된다.

(2) 교육제도의 기본원칙과 법정주의

① 교육의 기본원칙

헌법 제31조 제4항은 "교육의 자주성·전문성·정치적 중립성 및 대학의 자율성은 법률이 정하는 바에 의하여 보장된다"라고 교육의 기본원칙을 규정하고 있다. 예컨대 헌법재판소는 국정교과서 사건 소수의견(헌재 1992.11.12. 선고 89헌마88)에서 "초·중·고등학교의 교과서에 관하여 교사의 저작 및 선택권을 완전히 배제하고 중앙정부가 이를 독점하도록 한 교육법 제157조의 규정은, 교육의 자주성·전문성·정치적 중립성을 선언한 헌법 제31조 제4항에 반하고 교육자유권의 본질적 내용을 침해하는 것이며, 교과서의 저작·출판·선택 등에 대한 구체적 기준과 방법 및 절차 등의 사항을 포괄적으로 백지위임하고 있으므로 교육제도 법정주의 원리에도 위배된다(판례집 4, 739, 770-775)"라고 하였다.

② 교육제도 법정주의

또한 헌법 제31조 제6항은 "학교교육 및 평생교육을 포함한 교육제도와 그 운영, 교육재정 및 교원의 지위에 관한 기본적인 사항은 법률로 정한다"라고 하여 교육제도 법정주의를 규정하고 있다. 이는 교육에 대한 자의적 규제를 배제하기 위함이다.

04 근로의 권리

1. 근로의 권리의 의미

(1) 근로의 자유 + 근로의 기회 제공 요구 + 국가의 고용증진 노력

근로의 권리라 함은 개인이 특별한 법률의 규정이 없는 한 근로의 종류, 내용, 장소 등에 대해 근로자가 자신의 의사, 능력, 취미에 따라 선택하여 근로관계를 형성하고 타인의 방해를 받음이 없이 근로관계를 계속 유지하며, 근로의 기회를 얻지 못한 경우에는 국가에 대하여 근로의 기회를 제공하여 줄 것을 요구할 수 있는 권리를 말한다.

(2) 헌법 제32조 제1항 근거

헌법 제32조 제1항은 '모든 국민은 근로의 권리를 가진다. 국가는 사회적 · 경제적 방법으로 근로자의 고용의 증진을 위해 노력하여야 하며'라고 하여 근로의 권리를 보장하고 있다. 일반적으로는 근로의 권리를 가장 좁은 의미의 근로기회제공청구권으로 이해하고 있다.

2. 근로의 권리의 의의

(1) 근로 ⇨ 일상생활 수요 충족, 인간성 제고

근로의 권리는 국민으로 하여금 노동을 통하여 생활의 기본적 수요를 스스로 충족하게 하고 노동을 통하여 개성과 자주적 인간성을 제고 · 함양시킨다.

(2) 국가의 생활 무능력자 보호 의무 경감

근로기회의 제공을 통하여 생활무능력자에 대한 국가의 보호의무를 경감시킨다.

(3) 자본주의 경제의 이념적 기초 제공

노동의 상품화를 허용함으로써 자본주의 경제의 이념적 기초를 제공하는 기능 등을 한다.

3. 헌법 제32조

(1) 제1항 : 최저임금제

모든 국민은 근로의 권리를 가진다. 국가는 사회적 · 경제적 방법으로 근로자의 고용의 증진과 적정임금의 보장에 노력하여야 하며, 법률이 정하는 바에 의하여 최저임금제를 시행하여야 한다. 관련되는 법률이 최저임금법이다.

(2) 제2항 : 근로의 의무

모든 국민은 근로의 의무를 진다. 국가는 근로의 의무의 내용과 조건을 민주주의원칙에 따라 법률로 정한다.

⑶ 제3항: 근로조건의 기준

근로조건의 기준은 인간의 존엄성을 보장하도록 법률로 정한다. 이를 실현하기 위한 법으로 근로기준법, 단체협약, 노동조합 및 조정에 관한 법률이 있다.

⑷ 제4항: 여성의 특별 보호

여자의 근로는 특별한 보호를 받으며, 고용·임금 및 근로조건에 있어서 부당한 차별을 받지 아니한다. 근로기준법 등에서 구체화하고 있다.

⑸ 제5항: 연소자 특별 보호

연소자의 근로는 특별한 보호를 받는다. 근로기준법 등에서 구체화하고 있다.

⑹ 제6항: 국가유공자 등 우선적 기회

국가유공자·상이군경 및 전몰군경의 유가족은 법률이 정하는 바에 의하여 우선적으로 근로의 기회를 부여받는다.

05 노동 3권

1. 요지

헌법 제33조는 제1항에서 "근로자는 근로조건의 향상을 위하여 자주적인 단결권·단체교섭권 및 단체행동권을 가진다"라고 규정하여 근로자의 노동 3권을 보장하고 있다. 근로 3권 내지 노동 3권이라 함은 단결권, 단체교섭권, 단체행동권을 의미하는 것으로 노동자들이 인간다운 생활을 확보하기 위한 현실적인 방책으로서, 근로조건의 향상을 위해 자주적 조직체를 결성하고, 그 조직체의 이름으로 교섭을 하며, 그 교섭이 원만하게 이루어지지 아니할 경우에 단체행동을 할 수 있는 권리를 총칭하는 것을 말한다. 그러나 헌법 제33조 제2항과 제3항에서 "② 공무원인 근로자는 법률이 정하는 자에 한하여 단결권·단체교섭권 및 단체행동권을 가진다. ③ 법률이 정하는 주요방위산업체에 종사하는 근로자의 단체행동권은 법률이 정하는 바에 의하여 이를 제한하거나 인정하지 아니할 수 있다"라고 규정함으로써 공무원과 법률이 정하는 주요방위산업체에 종사하는 근로자에 대하여서는 일정 부분 근로 3권을 제한하고 있다.

2. 단결권

(1) 단결권의 의미

① 의미

단결권이란 근로자가 근로조건의 향상을 위하여 사용자와 대등한 교섭력을 가질 목적으로 자주적으로 단체를 조직하고 이에 가입하여 활용할 수 있는 권리를 말한다.

② 단체

단체는 일시적인 단체인 쟁의단체도 포함되나 주로 계속적인 단체인 노동조합을 의미한다.

③ 근로자

여기서 근로자란 직업의 종류를 불문하고 자신의 노동력을 제공하고 그 대가인 임금·급료 기타 이에 준하는 수입으로 생활을 하는 자를 말한다.

④ 사용자

사용자라 함은 사업주, 사업의 경영담당자 또는 그 사업의 근로자에 관한 사항에 대하여 사업주를 위하여 행동하는 자를 말한다.

(2) 개인적 단결권과 집단적 단결권

단결권은 그 주체에 따라 개인적 단결권과 집단적 단결권으로 나누어진다.

① 개인적 단결권

개인적 단결권은 각 근로자가 노동조합과 같은 단체를 결성하거나 이에 가입함에 있어 국가나 사용자의 부당한 개입 또는 간섭을 받지 아니할 권리를 말한다.

② 집단적 단결권

집단적 단결권은 근로자 집단이 그 조직을 유지·확대하고 그 목적을 달성하기 위하여 단결체를 구성할 수 있는 권리를 말한다.

(3) 적극적 단결권과 소극적 단결권

단결권을 성격에 따라 분류하는 경우에는 적극적 단결권과 소극적 단결권으로 나눌 수 있다.

① 적극적 단결권

적극적 단결권은 노동조합을 결성하고 이에 가입하여 그 노동조합구성원으로서 활동할 수 있는 것을 의미한다.

② 소극적 단결권

반면에 소극적 단결권은 단결하지 아니할 자유 또는 단체불가입의 자유를 말한다.

3. 단체교섭권

(1) 단체교섭권의 의미

단체교섭권이라 함은 근로자 단체인 노동조합이 그 대표자 또는 조합이 위임하는 자를 통하여 사용자 또는 사용자단체와 근로조건에 관한 교섭을 할 수 있는 권리를 말한다.

(2) 단체교섭권의 주체 : 노동자 집단

단체교섭권은 근로자를 위한 근로기본권의 하나이지만 근로자가 개별적으로 행사할 수 있는 권리가 아니다. 단체교섭권의 주체는 노동조합이다. 이때 교섭을 행하는 근로자는 단체교섭의 담당자일 뿐이고, 사용자 측은 단체교섭의 의무자로서의 상대방일 뿐이다.

(3) 단체교섭의 내용

단체교섭은 근로조건과 무관한 사항이나 경영권·인사권 및 이윤취득권 등 사용자가 독점적으로 보유하는 사항은 원칙적으로 단체교섭의 대상이 될 수 없다. 단체교섭권의 정당한 행사에 대해서는 민사상·형사상의 책임이 면제된다.

4. 단체행동권

(1) 단체행동권의 의미

단체행동권이란 노동쟁의가 발생한 경우 사용자에 대하여 쟁의행위를 할 수 있는 권리를 말한다. 단체행동권은 근로자가 그의 주장을 관철하기 위하여 업무의 정상적인 운영을 저해하는 행위를 할 수 있는 권리를 의미한다. 이 권리의 주체는 근로자 개인뿐만이 아니라 단체도 주체가 될 수 있는 것으로 본다.

(2) 노동쟁의

'노동쟁의'라 함은 노동 당사자 간의 임금, 근로시간, 복지, 해고, 기타 대우 등 근로조건의 결정에 관한 주장의 불일치로 인하여 발생한 분쟁상태를 말한다.

(3) 쟁의행위

'쟁의행위'라 함은 파업, 직장폐쇄 기타 노동관계의 당사자가 그 주장을 관철할 목적으로 행하는 행위와 이에 대항하는 행위로서 업무의 정상적인 운영을 저해하는 행위를 말한다. 쟁의행위에 사용자 측의 대응 행위 중 대표적인 것이 '직장폐쇄'이다.

06 환경권

환경권이란 인간다운 환경에서 생존하고 생활할 수 있는 권리를 말한다. 헌법 제35조 제1항에서는 "모든 국민은 건강하고 쾌적한 환경에서 생활할 권리를 가지며 국가와 국민은 환경보전을 위하여 노력하여야 한다"라고 하여 환경권의 보장과 더불어 국민의 환경보전의무를 규정하고 있다.

07 혼인 · 가족 · 모성보호 · 보건에 관한 권리: 혼인과 가족제도 보장

헌법 제36조는 "① 혼인과 가족생활은 개인의 존엄과 양성의 평등을 기초로 성립되고 유지되어야 하며, 국가는 이를 보장한다(혼인과 가족제도 보장). ② 국가는 모성의 보호를 위하여 노력하여야 한다(모성보호). ③ 모든 국민은 보건에 관하여 국가의 보호를 받는다(보건권)."라고 혼인 · 가족에 관한 내용, 모성을 보호받을 권리, 보건에 관한 권리를 규정하고 있다.

X 국민의 의무

01 생각 열기: 헌법 조문

제31조 ② 모든 국민은 그 보호하는 자녀에게 적어도 초등교육과 법률이 정하는 교육을 받게 할 의무를 진다.

제32조 ② 모든 국민은 근로의 의무를 진다. 국가는 근로의 의무의 내용과 조건을 민주주의원칙에 따라 법률로 정한다.

제35조 ① 모든 국민은 건강하고 쾌적한 환경에서 생활할 권리를 가지며, 국가와 국민은 환경보전을 위하여 노력하여야 한다.

제38조 모든 국민은 법률이 정하는 바에 의하여 납세의 의무를 진다.

제39조 ① 모든 국민은 법률이 정하는 바에 의하여 국방의 의무를 진다.
② 누구든지 병역의무의 이행으로 인하여 불이익한 처우를 받지 아니한다.

02 주요 내용

국민의 기본적 의무라 함은 국민이 국가구성원으로서 부담하는 갖가지 의무 중에서 특히 헌법이 규정하고 있는 의무를 말한다. 현행 헌법은 납세의무(제38조), 국방의 의무(제39조 제1항), 교육을 받게 할 의무(헌법 제31조 제2항), 근로의 의무(제32조 제2항), 환경보전의 의무(제35조 제1항) 등을 규정하고 있다.

Chapter 04 통치구조론

국가의 핵심적인 규범 목적은 '인간의 존엄과 가치'를 실현하여 유토피아를 만드는 것이다. 이 목적을 달성하기 위한 국가의 주요 통치수단이 '정부'이다. 이런 정부의 주요형태는 '대통령제, 의원내각제, 이원정부제'로 나눌 수 있다. 대통령제와 의원내각제는 민주적 정당성, 행정권과 입법권의 관계를 중심으로 그 특징이 구별된다. 역사적 경험을 통해 대통령제와 의원내각제 모두 완벽한 제도는 아니라는 사실이 밝혀졌다. 이런 점을 고려하여 대통령제와 의원내각제의 장점들을 모두 수용하여 만들어진 '이원(집)정부제'는 입법, 집행, 사법 3개의 통치권으로 구성된다. 이런 통치권은 기본권에 기속되며, 기본권을 보호해야 할 의무를 지고 있다. 이런 규범적 내용을 달성하기 위해서 일단 통치권은 민주적 정당성을 가져야 한다. 또한 민주적 정당성을 갖춘 통치권력일지라도 현실적인 통치권의 행사가 악용 혹은 남용되지 않도록 적절한 통제장치가 마련되어야 한다는 통치권의 절차적 정당성이 요구된다. 이런 요구사항을 충족시키기 위해 통치구조는 국민주권의 원리, 대의제의 원리, 권력분립의 원리, 법치주의의 원리, 책임정치의 원리에 따라 구성된다. 이렇게 구성된 통치구조를 포함하는 것이 정부형태이다.

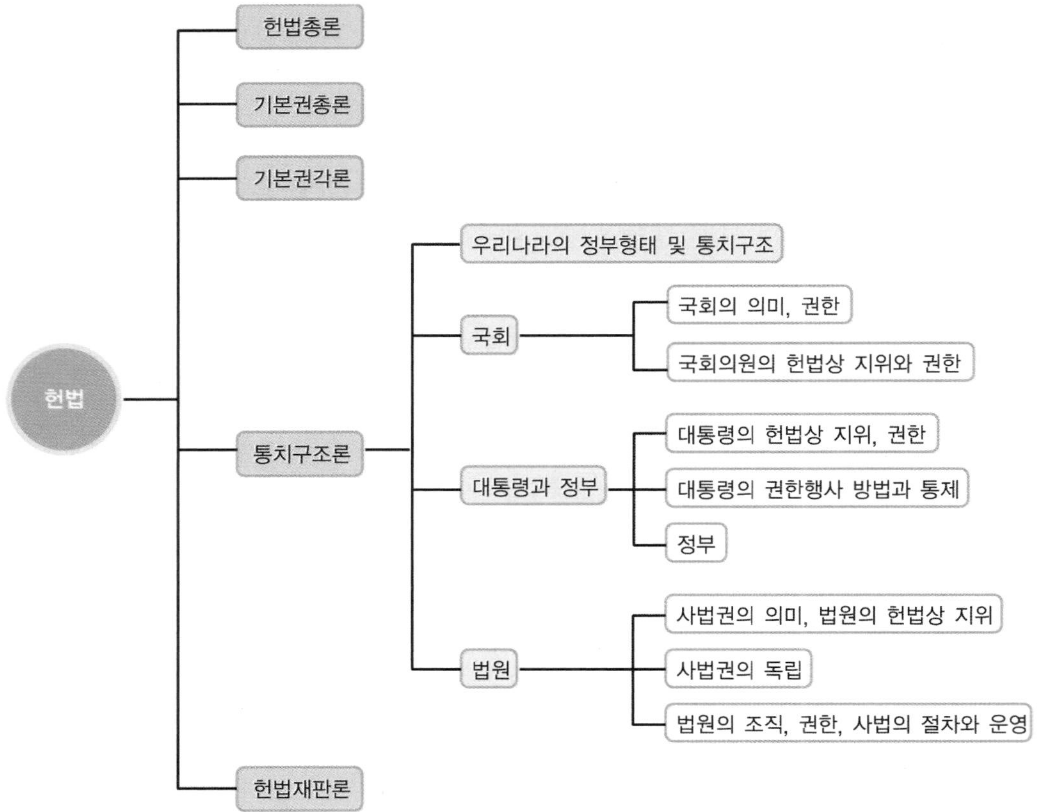

I 우리나라의 정부형태 및 통치구조

01 생각 열기

1. 권력은 권력으로 견제한다.

국민의 기본권을 보호하고 국가를 질서 있게 운영하기 위해서는 통치기관이 필요하다. 이런 필요성으로 국민들은 가지고 있는 주권을 대표에게 위임하고 통치권을 행사하도록 한다. 이것이 국민주권의 원리와 대의제의 원리이다. 하지만 통치권을 맡은 기구가 권력을 독점할 경우에는 국민의 기본권은 위협받게 된다. 이런 고민 끝에 나온 것이 바로 권력분립의 원리이다. 즉 권력은 권력으로 견제한다는 것이다. 최근 「고위공직자범죄수사처 설치 및 운영에 관한 법률」(이른바 '공수처법')을 둘러싼 논쟁이 치열하였다. 논쟁을 제쳐두고, 공수처법의 도입의 취지만 생각해 본다면 다른 권력에 의해 견제받지 않은 권력은 부패한다는 일반화에 기인하고 있다는 것이다.

2. 헌법 조문

제1조 ① 대한민국은 민주공화국이다.
② 대한민국의 주권은 국민에게 있고, 모든 권력은 국민으로부터 나온다.

제10조 모든 국민은 인간으로서의 존엄과 가치를 가지며, 행복을 추구할 권리를 가진다. 국가는 개인이 가지는 불가침의 기본적 인권을 확인하고 이를 보장할 의무를 진다.

제40조 입법권은 국회에 속한다.

제41조 ① 국회는 국민의 보통·평등·직접·비밀선거에 의하여 선출된 국회의원으로 구성한다.
② 국회의원의 수는 법률로 정하되, 200인 이상으로 한다.
③ 국회의원의 선거구와 비례대표제 기타 선거에 관한 사항은 법률로 정한다.

제66조 ① 대통령은 국가의 원수이며, 외국에 대하여 국가를 대표한다.
② 대통령은 국가의 독립·영토의 보전·국가의 계속성과 헌법을 수호할 책무를 진다.
③ 대통령은 조국의 평화적 통일을 위한 성실한 의무를 진다.
④ 행정권은 대통령을 수반으로 하는 정부에 속한다.

제101조 ① 사법권은 법관으로 구성된 법원에 속한다.

제111조 ① 헌법재판소는 다음 사항을 관장한다.
1. 법원의 제청에 의한 법률의 위헌여부 심판
2. 탄핵의 심판
3. 정당의 해산 심판
4. 국가기관 상호 간, 국가기관과 지방자치단체간 및 지방자치단체 상호 간의 권한쟁의에 관한 심판
5. 법률이 정하는 헌법소원에 관한 심판

02 통치구조 원리

앞에서 이미 살펴본 내용이다. 여기에서는 대표적인 원리들만 간단히 열거하도록 한다.

1. 국민주권의 원리
2. 대의제의 원리
3. 권력분립의 원리
4. 책임정치의 원리

03 우리나라의 정부형태[69)]

1. 정부형태

(1) **의원내각제**: 민주적 정당성의 일원화

① 의미

의원내각제란 의회에서 선출되고 의회에 대하여 책임을 지는 내각 중심으로 국정이 운영되는 정부형태이다. 이 정부형태는 민주적 정당성이 일원화되어 있다. 입법부와 행정부의 조직과 활동이 '의존성의 원칙'에 의하여 지배된다.

② 의원내각제의 본질적 요소: 기능성 의존

㉠ 집행부의 2원화(대통령/군주 대 내각)

일반적으로 국가원수는 대통령 또는 군주이며 행정수반은 수상 또는 총리이다.

㉡ 내각의 성립과 존속이 의회에 의존된다는 것

㉢ 내각불신임권과 의회해산권

㉣ 입법부와 집행부 간의 공화와 협조 등이다.

③ 장점: 임기의 유연성

권력 상호 간의 책임정치를 구현할 수 있다. 의회와 정부의 협력으로 신속하고 능률적인 국정 수행을 기대할 수 있다. 내각 불신임과 의회해산권이 있어 정쟁을 신속하게 해결할 수 있다.

④ 단점: 임기의 유연성

내각 불신임과 의회해산권의 남용으로 정국이 불안정해질 수 있다. 의회 다수파의 횡포가 우려되며 약한 정부가 우려된다.

---

69) 여기에서는 헌법을 이해하는 데 필요한 만큼만 살펴본다. 보다 더 자세한 사항은 '예비사회교사를 위한 정치학'에서 살펴보도록 한다.

(2) 대통령제

① 의미: 민주적 정당성의 이원화

대통령제는 의회로부터 독립되고, 의회에 정치적 책임을 지지 않는 대통령 중심으로 국정이 운영되는 정부형태를 말한다. 또한 대통령에 대해서만 정치적 책임을 지는 국무위원에 의해 구체적인 집행이 이루어지는 정부형태이다. 이 정부형태는 입법부와 행정부의 조직 및 활동이 '독립의 원칙'에 의하여 지배된다.

② 대통령제의 본질적 요소: 기능상 독립

㉠ 행정부의 국회에 대한 정치적 무책임

㉡ 대통령과 의회의 상호독립성

㉢ 집행부의 일원적 구조

㉣ 입법부와 집행부의 상호견제와 균형 등

③ 장점: 임기의 보장

임기가 보장됨으로써 정책의 계속성 보장, 신속하고 강력한 집행력을 실행할 수 있어 결과적으로 정국의 안정을 기대할 수 있다. 또한 대통령의 법률안 거부권을 통해 다수당의 횡포 및 입법부의 졸속입법을 방지할 수 있다.

④ 단점: 임기의 보장

임기가 보장되면서 독재화의 가능성이 높아지고, 다른 대의 기관에 대한 책임정치를 하기 어렵다. 또한 정쟁에 대한 해결방안이 없기 때문에 정국의 불안을 초래할 수 있다.

(3) 제3유형의 정부형태

① 이원정부제

의원내각제 장점과 대통령제 장점을 결합한 정부형태로 대통령과 수상의 권한이 분리된 정부형태를 말한다. 수상은 평상시에 내정을 담당하고, 대통령은 군사, 외교, 비상시 권한을 행사한다.

② 회의정부제

집행부의 성립과 존속이 전적으로 의회에 종속되지만 집행부는 의회를 해산하여 통제할 수 없는 정부형태이다. 뢰벤슈타인은 야누스의 머리와 같이 민주주의와 전체주의 체제 모두의 성질을 가질 수 있다고 하였다. 회의정부제는 권력체제가 의회에 일원화되고, 집행부는 의회에서 선출된다. 다만 의회 통제를 위해 사법부의 위헌법률심사를 허용하고 있다.

2. 대한민국 정부형태: 의원내각제 요소를 포함한 대통령제

(1) 대통령제

① 민주적 정당성의 이원화

대통령제란 엄격한 권력분립주의에 입각하여 행정부의 수반인 대통령이 국민에 의하여 선출되고, 임기동안 의회에 대하여 전혀 책임을 지지 아니하며, 의회로부터 완전히 독립한 지위를 유지한다. 민주적 정당성이 이원화된 정부가 대통령제이다.

② 대통령과 의회 상호 간에 책임을 물을 수 없는 정부: 독립의 원칙

대통령제(大統領制)는 의회와 다른 별도의 선거를 통해 선출된 대통령을 중심으로 국정이 운영되고, 대통령은 의회로부터 독립해 정치적 책임을 지지 않는 정부 형태이다. 또한 집행부의 구성원도 대통령에 대하여만 책임을 진다.

(2) 의원내각제 요소

우리나라는 대통령제를 기본으로 하고 의원내각제적 요소가 가미되어 있다. 의원내각제의 요소로는 국무회의, 국무총리임명의 국회동의, 국무총리의 행정각부통할과 국무위원에 대한 임면 건의, 국회의 국무총리 및 국무위원에 대한 해임건의, 부서제도, 국무총리의 제청을 통한 행정각부장관 임명, 정부의 법률안제출권, 국무총리 및 국무위원의 국회 출석·발언권, 국무위원은 국회의원 겸직 등이 있다.

3. 우리나라 대통령제와 미국 대통령제 비교

구분	우리나라 대통령제	미국 대통령제
행정부의 법률안 제출권	○	×
국무위원의 의회 발언권	○	×
의원의 국무위원 겸임	○	×
부통령제	×	○
대통령의 법률안거부권	○	○
부서제도	○	×
국무회의 성격	심의기관, 필수기관	자문기관, 임의기관

PART 02

Ⅱ 국회

01 생각 열기

1. 개관

우리나라의 정부형태는 대통령제이다. 대통령제는 '독립의 원칙'을 전제로 한다. 이 원칙에 따라 국회는 탄핵소추의결권(제65조), 재정에 관한 권한(제54조~제59조), 긴급명령 승인권과 긴급재정・경제명령 승인권(제76조), 계엄해제요구권(제77조), 국정감사・조사권(제61조)를 행사한다. 하지만 무엇보다 입법권 행사가 국회의 가장 중요한 역할이다.

2. 헌법 조문

제3장 국회

제40조 입법권은 국회에 속한다.

제41조 ① 국회는 국민의 보통・평등・직접・비밀선거에 의하여 선출된 국회의원으로 구성한다.
② 국회의원의 수는 법률로 정하되, 200인 이상으로 한다.
③ 국회의원의 선거구와 비례대표제 기타 선거에 관한 사항은 법률로 정한다.

제42조 국회의원의 임기는 4년으로 한다.

제43조 국회의원은 법률이 정하는 직을 겸할 수 없다.

제44조 ① 국회의원은 현행범인인 경우를 제외하고는 회기 중 국회의 동의없이 체포 또는 구금되지 아니한다.
② 국회의원이 회기 전에 체포 또는 구금된 때에는 현행범인이 아닌 한 국회의 요구가 있으면 회기 중 석방된다.

제45조 국회의원은 국회에서 직무상 행한 발언과 표결에 관하여 국회 외에서 책임을 지지 아니한다.

제46조 ① 국회의원은 청렴의 의무가 있다.
② 국회의원은 국가이익을 우선하여 양심에 따라 직무를 행한다.
③ 국회의원은 그 지위를 남용하여 국가・공공단체 또는 기업체와의 계약이나 그 처분에 의하여 재산상의 권리・이익 또는 직위를 취득하거나 타인을 위하여 그 취득을 알선할 수 없다.

제47조 ① 국회의 정기회는 법률이 정하는 바에 의하여 매년 1회 집회되며, 국회의 임시회는 대통령 또는 국회재적의원 4분의 1 이상의 요구에 의하여 집회된다.
② 정기회의 회기는 100일을, 임시회의 회기는 30일을 초과할 수 없다.
③ 대통령이 임시회의 집회를 요구할 때에는 기간과 집회요구의 이유를 명시하여야 한다.

제48조 국회는 의장 1인과 부의장 2인을 선출한다.

제49조 국회는 헌법 또는 법률에 특별한 규정이 없는 한 재적의원 과반수의 출석과 출석의원 과반수의 찬성으로 의결한다. 가부동수인 때에는 부결된 것으로 본다.

제50조 ① 국회의 회의는 공개한다. 다만, 출석의원 과반수의 찬성이 있거나 의장이 국가의 안전보장을 위하여 필요하다고 인정할 때에는 공개하지 아니할 수 있다.
② 공개하지 아니한 회의내용의 공표에 관하여는 법률이 정하는 바에 의한다.

제51조 국회에 제출된 법률안 기타의 의안은 회기중에 의결되지 못한 이유로 폐기되지 아니한다. 다만, 국회의원의 임기가 만료된 때에는 그러하지 아니하다.

제52조 국회의원과 정부는 법률안을 제출할 수 있다.

제53조 ① 국회에서 의결된 법률안은 정부에 이송되어 15일 이내에 대통령이 공포한다.

② 법률안에 이의가 있을 때에는 대통령은 제1항의 기간 내에 이의서를 붙여 국회로 환부하고, 그 재의를 요구할 수 있다. 국회의 폐회 중에도 또한 같다.

③ 대통령은 법률안의 일부에 대하여 또는 법률안을 수정하여 재의를 요구할 수 없다.

④ 재의의 요구가 있을 때에는 국회는 재의에 붙이고, 재적의원과반수의 출석과 출석의원 3분의 2 이상의 찬성으로 전과 같은 의결을 하면 그 법률안은 법률로서 확정된다.

⑤ 대통령이 제1항의 기간 내에 공포나 재의의 요구를 하지 아니한 때에도 그 법률안은 법률로서 확정된다.

⑥ 대통령은 제4항과 제5항의 규정에 의하여 확정된 법률을 지체 없이 공포하여야 한다. 제5항에 의하여 법률이 확정된 후 또는 제4항에 의한 확정법률이 정부에 이송된 후 5일 이내에 대통령이 공포하지 아니할 때에는 국회의장이 이를 공포한다.

⑦ 법률은 특별한 규정이 없는 한 공포한 날로부터 20일을 경과함으로써 효력을 발생한다.

제54조 ① 국회는 국가의 예산안을 심의·확정한다.

② 정부는 회계연도마다 예산안을 편성하여 회계연도 개시 90일 전까지 국회에 제출하고, 국회는 회계연도 개시 30일전까지 이를 의결하여야 한다.

③ 새로운 회계연도가 개시될 때까지 예산안이 의결되지 못한 때에는 정부는 국회에서 예산안이 의결될 때까지 다음의 목적을 위한 경비는 전년도 예산에 준하여 집행할 수 있다.

1. 헌법이나 법률에 의하여 설치된 기관 또는 시설의 유지·운영
2. 법률상 지출의무의 이행
3. 이미 예산으로 승인된 사업의 계속

제55조 ① 한 회계연도를 넘어 계속하여 지출할 필요가 있을 때에는 정부는 연한을 정하여 계속비로서 국회의 의결을 얻어야 한다.

② 예비비는 총액으로 국회의 의결을 얻어야 한다. 예비비의 지출은 차기국회의 승인을 얻어야 한다.

제56조 정부는 예산에 변경을 가할 필요가 있을 때에는 추가경정예산안을 편성하여 국회에 제출할 수 있다.

제57조 국회는 정부의 동의없이 정부가 제출한 지출예산 각항의 금액을 증가하거나 새 비목을 설치할 수 없다.

제58조 국채를 모집하거나 예산외에 국가의 부담이 될 계약을 체결하려 할 때에는 정부는 미리 국회의 의결을 얻어야 한다.

제59조 조세의 종목과 세율은 법률로 정한다.

제60조 ① 국회는 상호원조 또는 안전보장에 관한 조약, 중요한 국제조직에 관한 조약, 우호통상항해조약, 주권의 제약에 관한 조약, 강화조약, 국가나 국민에게 중대한 재정적 부담을 지우는 조약 또는 입법사항에 관한 조약의 체결·비준에 대한 동의권을 가진다.

② 국회는 선전포고, 국군의 외국에의 파견 또는 외국군대의 대한민국 영역 안에서의 주류에 대한 동의권을 가진다.

제61조 ① 국회는 국정을 감사하거나 특정한 국정사안에 대하여 조사할 수 있으며, 이에 필요한 서류의 제출 또는 증인의 출석과 증언이나 의견의 진술을 요구할 수 있다.

② 국정감사 및 조사에 관한 절차 기타 필요한 사항은 법률로 정한다.

제62조 ① 국무총리·국무위원 또는 정부위원은 국회나 그 위원회에 출석하여 국정처리상황을 보고하거나 의견을 진술하고 질문에 응답할 수 있다.

② 국회나 그 위원회의 요구가 있을 때에는 국무총리·국무위원 또는 정부위원은 출석·답변하여야 하며, 국무총리 또는 국무위원이 출석요구를 받은 때에는 국무위원 또는 정부위원으로 하여금 출석·답변하게 할 수 있다.

제63조 ① 국회는 국무총리 또는 국무위원의 해임을 대통령에게 건의할 수 있다.

② 제1항의 해임건의는 국회재적의원 3분의 1 이상의 발의에 의하여 국회재적의원 과반수의 찬성이 있어야 한다.

제64조 ① 국회는 법률에 저촉되지 아니하는 범위 안에서 의사와 내부규율에 관한 규칙을 제정할 수 있다.

② 국회는 의원의 자격을 심사하며, 의원을 징계할 수 있다.

③ 의원을 제명하려면 국회재적의원 3분의 2 이상의 찬성이 있어야 한다.

④ 제2항과 제3항의 처분에 대하여는 법원에 제소할 수 없다.

> **제65조** ① 대통령 · 국무총리 · 국무위원 · 행정각부의 장 · 헌법재판소 재판관 · 법관 · 중앙선거관리위원회 위원 · 감사원장 · 감사위원 기타 법률이 정한 공무원이 그 직무집행에 있어서 헌법이나 법률을 위배한 때에는 국회는 탄핵의 소추를 의결할 수 있다.
> ② 제1항의 탄핵소추는 국회재적의원 3분의 1 이상의 발의가 있어야 하며, 그 의결은 국회재적의원 과반수의 찬성이 있어야 한다. 다만, 대통령에 대한 탄핵소추는 국회재적의원 과반수의 발의와 국회재적의원 3분의 2 이상의 찬성이 있어야 한다.
> ③ 탄핵소추의 의결을 받은 자는 탄핵심판이 있을 때까지 그 권한행사가 정지된다.
> ④ 탄핵결정은 공직으로부터 파면함에 그친다. 그러나, 이에 의하여 민사상이나 형사상의 책임이 면제되지는 아니한다.

02 국회의 의의: 국회의 헌법상 지위

1. 헌법 제40조

헌법 제40조는 “입법권은 국회에 속한다”라는 규정을 두어 국회가 입법기관임을 명확히 하고 있고, 본래 국민들이 가지고 있었던 입법권을 부여받은 국회는 국민의 대표기관으로 인정받고 있다. 국정통제기관이라는 것은 국회가 그 밖의 국가기관들을 감시하고 비판하고 견제할 수 있는 권한을 가진 기관이다. 이런 내용들을 통해 국회의 지위를 정리해 보면 다음과 같다.

2. 국회의 헌법상 지위

(1) 국민대표기관으로서의 지위

(2) 입법기관으로서의 지위

(3) 국정통제기관으로서의 지위

(4) 국가 최고기관성

03 국회의 권한

국회의 권한은 그 성질이나 내용을 기준으로 할 때, 입법에 관한 권한 · 재정에 관한 권한 · 헌법기관구성에 관한 권한 · 국정통제에 관한 권한 · 국회내부사항에 관한 권한 등으로 분류할 수 있다.

1. 입법에 관한 권한

(1) 헌법개정에 관한 권한

헌법개정안의 의결에 있어 국회는 수정의결을 할 수 없으며 기명투표로 표결한다. 헌법 제128조 제1항은 헌법개정은 국회재적의원 과반수 또는 대통령의 발의로 제안된다고 규정하고 있다. 헌법 제130조 제1항은 국회는 헌법개정안이 공고된 날로부터 60일 이내에 의결하여야 하며, 국회의 의결은 재적의원 3분의 2 이상의 찬성을 얻어야 한다고 규정하고 있다.

(2) 법률제정권한(⇔ 대통령의 법률안거부권)

① 의미

법률제정권은 입법에 관한 권한 중에서 본질적이고 핵심적인 권한이다. 이때 '법률'이라 함은 국회가 제정하는 법률은 헌법이 정하는 입법절차에 따라 심의 및 의결하고 대통령이 서명하고 공포함으로써 효력이 발생하는 법 규범을 말한다. 이런 법률제정절차는 법률안의 제안(정부, 국회의원) ⇨ 법률안의 심의 · 의결(국회) ⇨ 공포(대통령) 등으로 이루어진다. 아래 그림은 법률제정 과정을 정리한 것이다.

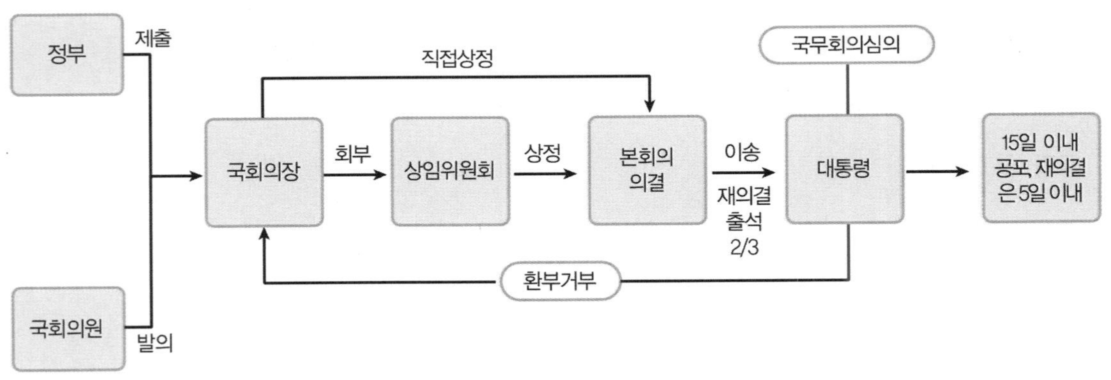

② 어떻게 통제할 것인가?

㉠ 대통령의 법률안 거부권 및 국회의 재의요구

대통령은 법률안 거부권으로 국회의 입법권을 견제할 수 있다. 법률안거부권은 의회의 다수파의 횡포를 견제하고, 신중한 입법을 촉구하는 최후 수단적 의의를 가진다. 이런 법률안 거부권을 통제할 수 있는 것이 국회의 재의요구이다.

㉡ 법원의 위헌법률심판제청권 및 헌법재판소의 위헌법률심판권

(3) 조약의 체결 · 비준에 대한 동의 권한

조약의 체결 · 비준에 대한 동의권은 첫째, 대통령이 외교에 관한 권한을 자의적으로 행사하지 못하도록 사전적 통제를 가하는 것이며, 둘째, 조약이 국내법으로 수용되는 것에 대한 동의를 의미하며, 셋째, 국민의 권리 · 의무 및 국가개정에 중대한 영향을 미친다는 점을 고려하여 볼 때, 이에 관한 국민적 합의를 형성할 필요가 있다는 점에 그 의의가 있다(권영성, 2005 : 879).

(4) 국회규칙제정 권한 등이 있다.

헌법 제64조에서는 "국회는 법률에 저촉되지 아니하는 범위 안에서 의사와 내부규율에 관한 규칙을 제정할 수 있다"라고 규정하고 있다. 이는 국회의 자율권에 속하는 것이다.

2. 재정에 관한 권한

(1) 재정에 관한 권한 의미 : 조세법률주의, 국가재정 감시 통제, 재정의 민주화

국회의 재정에 관한 권한은 납세의무의 내용과 한계를 법률로 정하고, 조세의 부과 및 징수의 절차도 법률로서 규정하며, 국가재정을 민주적으로 통제하고 감시하는 것 등이다. 우리 헌법은 재정민주화를 위하여 국회에서 의결하는 것을 헌법원칙으로 선언하고 있다. 이 권한들은 정부의 예산 계획 및 운영 등에 대한 주요 견제 권한이다.

(2) 구체적인 내용들을 살펴보면 다음과 같다.

재정에 관한 권한으로는 ① 조세법률제정권한, ② 결산심사권, ③ 재정부담과 관련된 정부행위에 대한 동의권, ④ 긴급재정경제처분명령에 대한 승인권, ⑤ 예산심의 및 확정권 등이 있다.

(3) 예산비법률주의

우리나라는 예산비법률주의를 채택하고 있다. 그 결과 예산작성권한은 행정부가 가지고 있다. 예산의 유형으로는 계속비, 예비비(총액은 국회의 의결을 얻고 구체적 지출은 차기국회 승인), 추가경정예산, 수정예산안, 준예산 등이 있다. 예산은 '행정부 예산안 제출 → 의회의 예산안의 심의 및 수정 → 국회의결(대통령 거부권 없음) → 확정'과 같은 과정을 통해 확정된다.

3. 헌법기관구성에 관한 권한[70)]

헌법기관구성에 관한 권한으로는 ① 대통령 선출권[71)], ② 헌법재판소 재판관이나 중앙선거관리위원의 선출권(9인 중 3인), ③ 국무총리·대법원장과 대법관·헌법재판소장·감사원장 등의 임명에 대한 동의권 등이 있다. 이 권한은 대통령의 인사권에 관한 주요 견제수단이다.

4. 국정통제에 관한 권한

국정통제에 관한 권한으로는 ① 탄핵소추권, ② 국무총리와 국무위원의 해임건의권, ③ 국정감사·조사권, ④ 감사원에 대한 감사청구권, ⑤ 국가긴급권에 대한 승인권과 요구권, ⑥ 중요정책에 대한 동의권, ⑦ 일반사면에 대한 동의권, 국무총리·국무위원 등의 국회출석요구 및 질문권 등이 있다. 이 권한들은 대통령과 정부의 국정 운영에 관한 주요 통제권한이다.

5. 국회내부사항에 관한 권한

(1) **국회의 자율권**: 일종의 통치행위

국회의 자율권이라 함은 국회가 그 밖의 다른 국가기관의 간섭을 받지 아니하고, 헌법과 법률 그리고 국회규칙에 따라 의사와 내부사항을 독자적으로 결정할 수 있는 권한을 말한다. 이는 권력분립의 원칙을 근거로 하는 권한이다.

(2) **주요 내용**

국회내부사상에 관한 자율권으로는 ① 국회규칙제정, ② 집회의 자유, ③ 내부조직에 관한 자율권, ④ 질서유지, ⑤ 의원에 대한 자격심사·사직허가·징계권 등이다.
이와 같은 국회의 권한을 국회의원들이 소신껏 행사할 수 있도록 국회의원의 특권을 부여하고 있다.

04 국회의원의 헌법상 지위와 권한

1. 헌법상 지위 및 특권

(1) **헌법상 지위**: 국민의 대표기관, 정당 대표

국회의 구성원으로서의 국회의원은 국회의 기관은 아니며 기관을 구성하는 지위와 국민을 대표하는 지위를 가진다. 또한 정당을 대표하는 지위를 가진다.

---

70) 헌법에는 없지만 이 외에도 국회는 '인사청문회' 제도를 운영하고 있다.
71) 대통령은 국민의 보통·평등·직접·비밀 선거를 통해 가장 많은 득표를 얻은 사람으로 정하며, 선거에서 최고득표자가 두 명 이상일 때에는 국회의 재적인원 과반수가 출석한 공개회의에서 다수표를 얻은 자를 당선자로 한다. 따라서 득표율의 제한 없이 최다수득표자가 당선자가 된다. 대통령 후보자가 한 사람일 때에는 그 득표자가 총 선거권자의 3분의 1 이상을 득표하지 않으면 대통령으로 당선될 수 없다.

(2) 국회의원의 특권

이와 같은 지위를 가진 국회의원이 그 직무를 효과적으로 수행할 수 있도록 하기 위한 제도적 장치로서 우리 헌법에서는 면책특권과 불체포특권을 보장하고 있다.

2. 면책특권

(1) 면책특권의 의의

면책 특권이란 헌법 제45조에서 보장되는 것으로 국회의원은 국회에서 직무상 행한 발언과 표결에 관하여 국회 밖에서 책임을 지지 아니한다는 것이다. 이를 국회의원의 발언·표결의 자유라고도 한다.

(2) 면책특권 요건

① 국회에서 직무상 행한 발언과 표결
면책특권이 주어지기 위해서는 첫째, 국회에서 직무상 행한 발언과 표결이어야 하고, 의원이 국회 밖에서 한 발언에 대해서는 적용되지 않는다. 여기서 국회라 함은 본회의와 위원회를 모두 포함한다. 그리고 직무와 관계없는 것은 특권에서 제외된다.

② 국회 밖에서 민·형사상의 책임 면제
둘째, 이 특권은 국회 밖에서 민·형사상의 책임을 추궁당하지 않는 것을 말한다. 그러므로 의원의 발언에 대하여 국회 내에서 책임을 추궁 당함은 별론으로 한다. 예컨대 국회에서 징계를 당하거나 소속 정당에서 징계당하는 것은 이 특권과는 관계없다.

3. 불체포특권

(1) 불체포특권의 의미

불체포특권이란 헌법 제44조에 의하여 보장되는 것으로 국회의원이 현행범인이 아닌 한 회기 중 국회의 동의 없이 체포 또는 구금되지 않으며, 회기 전에 체포 또는 구금된 경우라도 국회의 요구에 의해 석방될 수 있는 권리를 뜻한다.

(2) 현행범인에게 인정되지 않음

현행범인에게 불체포특권이 인정되지 않는 것은 현행범인에 대하여는 형사정의의 실현이 보다 중요하기 때문이다.

(3) 범죄수사와 공소제기 가능

불체포특권은 범법행위(犯法行爲)를 한 국회의원에 대하여 소를 제기할 수 있는 권리 자체를 제한하지는 않으므로 범죄수사와 공소제기 등은 진행될 수 있다.

(4) 일시적으로 체포 또는 구금을 유예받는 특권

일시적으로 체포·구금을 유예 받는 특권이라는 점에서 영원히 책임이 면제되는 면책특권과 다르다.

Ⅲ 대통령과 정부

01 생각 열기

1. 개관

대통령의 권한은 의원내각제 정부형태와 대통령제 정부형태에서 서로 다르다. 의원내각제에서는 원칙적으로 대통령이 의례적 · 형식적 권한만을 가진다. 하지만 대통령제에서는 원칙적으로 실질적 권한을 가지고 있다. 우리나라는 기본적으로 대통령제를 채택하고 있으므로 대통령이 실질적인 권한을 가지고 있다. 대통령의 권한을 분류하는 방법은 매우 다양하다. 여기에서는 일반적으로 분류하는 방법을 살펴보도록 하겠다. 헌법상의 지위를 기준으로 분류할 경우에는 대통령의 권한은 국가원수로서의 권한(대내 · 외적 국가대표권, 국가 및 헌법 수호권, 국정의 통합 및 조정권, 헌법기관 구성권 등)과 집행부수반으로서의 권한(행정부 최고 지휘권, 행정부 구성원, 국무회의 의장으로서의 권한 등)으로 분류할 수 있다. 그 권한의 성질에 따라 국가긴급권, 헌법기관구성에 관한 권한, 입법에 관한 권한, 집행에 관한 권한, 사법에 관한 권한 등으로 분류할 수도 있다.[72)]

2. 헌법 조문

제4장 정부
제1절 대통령
제66조 ① 대통령은 국가의 원수이며, 외국에 대하여 국가를 대표한다.
② 대통령은 국가의 독립 · 영토의 보전 · 국가의 계속성과 헌법을 수호할 책무를 진다.
③ 대통령은 조국의 평화적 통일을 위한 성실한 의무를 진다.
④ 행정권은 대통령을 수반으로 하는 정부에 속한다.
제67조 ① 대통령은 국민의 보통 · 평등 · 직접 · 비밀선거에 의하여 선출한다.
② 제1항의 선거에 있어서 최고득표자가 2인 이상인 때에는 국회의 재적의원 과반수가 출석한 공개회의에서 다수표를 얻은 자를 당선자로 한다.
③ 대통령후보자가 1인일 때에는 그 득표수가 선거권자 총수의 3분의 1 이상이 아니면 대통령으로 당선될 수 없다.
④ 대통령으로 선거될 수 있는 자는 국회의원의 피선거권이 있고 선거일 현재 40세에 달하여야 한다.
⑤ 대통령의 선거에 관한 사항은 법률로 정한다.
제68조 ① 대통령의 임기가 만료되는 때에는 임기만료 70일 내지 40일전에 후임자를 선거한다.
② 대통령이 궐위된 때 또는 대통령 당선자가 사망하거나 판결 기타의 사유로 그 자격을 상실한 때에는 60일 이내에 후임자를 선거한다.

---

72) 권영성(2005) 및 김철수(2005)는 헌법개정과 국민투표에 관한 권한, 헌법기관구성에 관한 권한, 국회에 관한 권한, 입법에 관한 권한, 사법에 관한 권한, 행정에 관한 권한, 국가긴급권에 관한 권한으로 나누고 있다.

제69조 대통령은 취임에 즈음하여 다음의 선서를 한다.
"나는 헌법을 준수하고 국가를 보위하며 조국의 평화적 통일과 국민의 자유와 복리의 증진 및 민족문화의 창달에 노력하여 대통령으로서의 직책을 성실히 수행할 것을 국민 앞에 엄숙히 선서합니다."

제70조 대통령의 임기는 5년으로 하며, 중임할 수 없다.

제71조 대통령이 궐위되거나 사고로 인하여 직무를 수행할 수 없을 때에는 국무총리, 법률이 정한 국무위원의 순서로 그 권한을 대행한다.

제72조 대통령은 필요하다고 인정할 때에는 외교·국방·통일 기타 국가안위에 관한 중요정책을 국민투표에 붙일 수 있다.

제73조 대통령은 조약을 체결·비준하고, 외교사절을 신임·접수 또는 파견하며, 선전포고와 강화를 한다.

제74조 ① 대통령은 헌법과 법률이 정하는 바에 의하여 국군을 통수한다.
② 국군의 조직과 편성은 법률로 정한다.

제75조 대통령은 법률에서 구체적으로 범위를 정하여 위임받은 사항과 법률을 집행하기 위하여 필요한 사항에 관하여 대통령령을 발할 수 있다.

제76조 ① 대통령은 내우·외환·천재·지변 또는 중대한 재정·경제상의 위기에 있어서 국가의 안전보장 또는 공공의 안녕질서를 유지하기 위하여 긴급한 조치가 필요하고 국회의 집회를 기다릴 여유가 없을 때에 한하여 최소한으로 필요한 재정·경제상의 처분을 하거나 이에 관하여 법률의 효력을 가지는 명령을 발할 수 있다.
② 대통령은 국가의 안위에 관계되는 중대한 교전상태에 있어서 국가를 보위하기 위하여 긴급한 조치가 필요하고 국회의 집회가 불가능한 때에 한하여 법률의 효력을 가지는 명령을 발할 수 있다.
③ 대통령은 제1항과 제2항의 처분 또는 명령을 한 때에는 지체 없이 국회에 보고하여 그 승인을 얻어야 한다.
④ 제3항의 승인을 얻지 못한 때에는 그 처분 또는 명령은 그때부터 효력을 상실한다. 이 경우 그 명령에 의하여 개정 또는 폐지되었던 법률은 그 명령이 승인을 얻지 못한 때부터 당연히 효력을 회복한다.
⑤ 대통령은 제3항과 제4항의 사유를 지체 없이 공포하여야 한다.

제77조 ① 대통령은 전시·사변 또는 이에 준하는 국가비상사태에 있어서 병력으로써 군사상의 필요에 응하거나 공공의 안녕질서를 유지할 필요가 있을 때에는 법률이 정하는 바에 의하여 계엄을 선포할 수 있다.
② 계엄은 비상계엄과 경비계엄으로 한다.
③ 비상계엄이 선포된 때에는 법률이 정하는 바에 의하여 영장제도, 언론·출판·집회·결사의 자유, 정부나 법원의 권한에 관하여 특별한 조치를 할 수 있다.
④ 계엄을 선포한 때에는 대통령은 지체 없이 국회에 통고하여야 한다.
⑤ 국회가 재적의원 과반수의 찬성으로 계엄의 해제를 요구한 때에는 대통령은 이를 해제하여야 한다.

제78조 대통령은 헌법과 법률이 정하는 바에 의하여 공무원을 임면한다.

제79조 ① 대통령은 법률이 정하는 바에 의하여 사면·감형 또는 복권을 명할 수 있다.
② 일반사면을 명하려면 국회의 동의를 얻어야 한다.
③ 사면·감형 및 복권에 관한 사항은 법률로 정한다.

제80조 대통령은 법률이 정하는 바에 의하여 훈장 기타의 영전을 수여한다.

제81조 대통령은 국회에 출석하여 발언하거나 서한으로 의견을 표시할 수 있다.

제82조 대통령의 국법상 행위는 문서로써 하며, 이 문서에는 국무총리와 관계 국무위원이 부서한다. 군사에 관한 것도 또한 같다.

제83조 대통령은 국무총리·국무위원·행정각부의 장 기타 법률이 정하는 공사의 직을 겸할 수 없다.

제84조 대통령은 내란 또는 외환의 죄를 범한 경우를 제외하고는 재직중 형사상의 소추를 받지 아니한다.

제85조 전직대통령의 신분과 예우에 관하여는 법률로 정한다.

제2절 행정부

제1관 국무총리와 국무위원

제86조 ① 국무총리는 국회의 동의를 얻어 대통령이 임명한다.
② 국무총리는 대통령을 보좌하며, 행정에 관하여 대통령의 명을 받아 행정각부를 통할한다.
③ 군인은 현역을 면한 후가 아니면 국무총리로 임명될 수 없다.

제87조 ① 국무위원은 국무총리의 제청으로 대통령이 임명한다.
② 국무위원은 국정에 관하여 대통령을 보좌하며, 국무회의의 구성원으로서 국정을 심의한다.
③ 국무총리는 국무위원의 해임을 대통령에게 건의할 수 있다.
④ 군인은 현역을 면한 후가 아니면 국무위원으로 임명될 수 없다.

제2관 국무회의

제88조 ① 국무회의는 정부의 권한에 속하는 중요한 정책을 심의한다.
② 국무회의는 대통령·국무총리와 15인 이상 30인 이하의 국무위원으로 구성한다.
③ 대통령은 국무회의의 의장이 되고, 국무총리는 부의장이 된다.

제89조 다음 사항은 국무회의의 심의를 거쳐야 한다.
1. 국정의 기본계획과 정부의 일반정책
2. 선전·강화 기타 중요한 대외정책
3. 헌법개정안·국민투표안·조약안·법률안 및 대통령령안
4. 예산안·결산·국유재산처분의 기본계획·국가의 부담이 될 계약 기타 재정에 관한 중요사항
5. 대통령의 긴급명령·긴급재정경제처분 및 명령 또는 계엄과 그 해제
6. 군사에 관한 중요사항
7. 국회의 임시회 집회의 요구
8. 영전수여
9. 사면·감형과 복권
10. 행정각부간의 권한의 획정
11. 정부안의 권한의 위임 또는 배정에 관한 기본계획
12. 국정처리상황의 평가·분석
13. 행정각부의 중요한 정책의 수립과 조정
14. 정당해산의 제소
15. 정부에 제출 또는 회부된 정부의 정책에 관계되는 청원의 심사
16. 검찰총장·합동참모의장·각군참모총장·국립대학교총장·대사 기타 법률이 정한 공무원과 국영기업체관리자의 임명
17. 기타 대통령·국무총리 또는 국무위원이 제출한 사항

제90조 ① 국정의 중요한 사항에 관한 대통령의 자문에 응하기 위하여 국가원로로 구성되는 국가원로자문회의를 둘 수 있다.
② 국가원로자문회의의 의장은 직전대통령이 된다. 다만, 직전대통령이 없을 때에는 대통령이 지명한다.
③ 국가원로자문회의의 조직·직무범위 기타 필요한 사항은 법률로 정한다.

제91조 ① 국가안전보장에 관련되는 대외정책·군사정책과 국내정책의 수립에 관하여 국무회의의 심의에 앞서 대통령의 자문에 응하기 위하여 국가안전보장회의를 둔다.
② 국가안전보장회의는 대통령이 주재한다.
③ 국가안전보장회의의 조직·직무범위 기타 필요한 사항은 법률로 정한다.

제92조 ① 평화통일정책의 수립에 관한 대통령의 자문에 응하기 위하여 민주평화통일자문회의를 둘 수 있다.
② 민주평화통일자문회의의 조직·직무범위 기타 필요한 사항은 법률로 정한다.

제93조 ① 국민경제의 발전을 위한 중요정책의 수립에 관하여 대통령의 자문에 응하기 위하여 국민경제자문회의를 둘 수 있다.
② 국민경제자문회의의 조직·직무범위 기타 필요한 사항은 법률로 정한다.

제3관 행정각부

제94조 행정각부의 장은 국무위원 중에서 국무총리의 제청으로 대통령이 임명한다.

제95조 국무총리 또는 행정각부의 장은 소관사무에 관하여 법률이나 대통령령의 위임 또는 직권으로 총리령 또는 부령을 발할 수 있다.

제96조 행정각부의 설치·조직과 직무범위는 법률로 정한다.

제4관 감사원

제97조 국가의 세입·세출의 결산, 국가 및 법률이 정한 단체의 회계검사와 행정기관 및 공무원의 직무에 관한 감찰을 하기 위하여 대통령 소속하에 감사원을 둔다.

제98조 ① 감사원은 원장을 포함한 5인 이상 11인 이하의 감사위원으로 구성한다.
② 원장은 국회의 동의를 얻어 대통령이 임명하고, 그 임기는 4년으로 하며, 1차에 한하여 중임할 수 있다.
③ 감사위원은 원장의 제청으로 대통령이 임명하고, 그 임기는 4년으로 하며, 1차에 한하여 중임할 수 있다.

제99조 감사원은 세입·세출의 결산을 매년 검사하여 대통령과 차년도국회에 그 결과를 보고하여야 한다.

제100조 감사원의 조직·직무범위·감사위원의 자격·감사대상공무원의 범위 기타 필요한 사항은 법률로 정한다.

02 대통령의 헌법상 지위

현행 헌법상 대통령은 국민을 대표하는 기관이면서, 국가원수로서의 지위와 행정부 수반으로서의 지위를 모두 겸하도록 되어 있다.

1. 국민대표기관으로서의 지위

대통령은 국민에 의하여 직접 선출되는 것이므로 의회와 더불어 국민을 대표하는 기관이다.

2. 국가원수로서의 지위

"대통령은 국가의 원수이며, 외국에 대하여 국가를 대표한다"라는 헌법 제66조 제1항의 규정에 따라 대통령을 국가원수인 동시에 외국에 대한 국가대표이다. 국가의 원수라 함은 대외적으로는 국가를 대표하고 대내적으로는 국민의 전체성을 대표할 자격을 가진 국가기관을 의미한다. 여기에는 외교, 군사, 비상권한 등이 포함되고 주로 통치행위[73]가 된다.

73) 통치행위란 국가최고기관의 행위로서 입법·사법·행정의 어느 것에도 속하지 아니하는 제4의 국가작용이며, 법적 판단이 가능함에도 불구하고 고도의 정치성 때문에 사법심사의 대상에서 제외되는 행위이다. 하지만 국민의 권리와 의무와 관련되는 통치행위라면 사법심사의 대상이 될 수 있다. 통치행위는 일반적으로 행정부(대통령 또는 내각)에 의해 이루어지며, 국회에 의해 이루어질 수도 있다. 하지만 사법부에 의한 통치행위는 예상하기 어렵다.

3. 행정부수반으로서의 지위

또한 “행정권은 대통령을 수반으로 하는 정부에 속한다”라는 헌법 제66조 제4항의 규정에 따라 집행부 최고책임자로서의 지위를 갖는다.

03 대통령의 권한

대통령의 권한은 국가긴급권, 헌법기관구성에 관한 권한, 국회와 입법에 관한 권한, 집행에 관한 권한, 사법에 관한 권한 등으로 분류할 수 있다.

1. 국가긴급권(준법률적 성격)

(1) 국가긴급권 의의

국가긴급권으로는 긴급명령권, 긴급재정경제처분권, 긴급재정경제명령권, 계엄선포권, 국민투표부의권 등이 있다. 대통령에게 이와 같은 국가긴급권을 부여한 것은 헌법 제66조 제2항, 3항이 대통령에게 국가의 독립과 영토의 보전, 국가의 계속성과 헌법 수호의 책임, 조국의 평화적 통일을 위한 사명과 위기적 상황을 극복할 책임 등을 부과하고 있기 때문이다.

(2) 긴급재정경제처분 · 명령권(⇔ 국회의 승인)

① 의미
대통령은 내우 · 외환 · 천재 · 지변 또는 중대한 재정 · 경제상의 위기에 있어서 국가의 안전보장 또는 공공의 안녕질서를 유지하기 위하여 긴급한 조치가 필요하고 국회의 집회를 기다릴 여유가 없을 때에 한하여 최소한으로 필요한 재정 · 경제상의 처분을 하거나 이에 관하여 법률의 효력을 가지는 명령을 발할 수 있다.

② 어떤 방법으로 통제할 수 있나?

㉠ 국회에 의한 통제: 국회의 승인권으로 통제할 수 있다.

㉡ 법원에 의한 통제: 처분의 경우에는 행정처분이므로 사법심사가 가능하다.

㉢ 헌법재판소에 의한 통제: 헌법소원심판을 통해 통제할 수 있다.

(3) 긴급명령권(⇔ 국회의 승인)

① 의미
국가의 안위에 관계되는 중대한 교전상태에 있어서 국가를 보위하기 위하여 긴급한 조치가 필요하고 국회의 집회가 불가능한 때에 한하여 법률의 효력을 가지는 명령을 발할 수 있는 권한이 있는데 이를 국가긴급권이라고 한다.

② 어떤 방법으로 통제할 수 있나?

㉠ 국회에 의한 통제: 국회에의 보고와 승인

㉡ 법원에 의한 통제: 재판의 전제가 된 경우 위헌법률심판제청권

㉢ 헌법재판소에 의한 통제: 위헌법률심판

(4) 계엄선포권(⇔ 국회의 계엄해제요구)

① 의미

대통령은 전시·사변 또는 이에 준하는 국가비상사태에 있어서 병력으로써 군사상의 필요에 응하거나 공공의 안녕질서를 유지할 필요가 있을 때에는 법률이 정하는 바에 의하여 계엄을 선포할 수 있다.

② 어떤 방법으로 통제할 수 있나?

㉠ 국회에 의한 통제: 계엄해제요구, 국정감사·조사권, 탄핵소추권, 국무총리 및 국무위원에 대한 출석 요구 및 해임 건의권

㉡ 법원에 의한 통제: 통치행위인 경우에는 사법심사는 불가하다. 예외적인 경우는 가능하다.

㉢ 헌법재판소에 의한 통제: 헌법소원심판

2. 국민투표부의권

대통령은 필요하다고 인정할 때에는 외교·국방·통일 기타 국가안위에 관한 중요정책을 국민투표에 붙일 수 있다. 이는 대의제 원칙의 예외이다.

3. 국회와 입법에 관한 권한

(1) 국회에 관한 권한

국회에 관한 권한으로는 임시회의 집회요구권, 국회출석 및 발언권 등이 있다.

(2) 입법에 관한 권한

헌법개정에 관한 권한, 법률안 제출권, 법률안 거부권, 행정입법[74](명령, 규칙)에 관한 권한 등이 있다.

① 헌법개정 제안권

헌법개정과 관련해서 대통령은 헌법개정 제안권을 가진다. 또한 헌법개정안 공고권과 헌법개정이 확정되면 이를 즉시 공포하여야 한다. 헌법개정안에 대한 국회의 의결에 대해서는 거부권을 행사할 수 없다.

74) 제정주체에 따라 대통령령, 총리령, 부령 등으로 분류할 수 있다. 성질상 분류는 법규명령과 행정명령(행정규칙)으로 나눌 수 있다.

② 법률안 제출권과 법률안 거부권

대통령은 법률안 제출권과 법률안 거부권을 가진다. 일반적으로 대통령제에서는 대통령의 법률안 제출권이 인정되지 않는 것이 원칙이다. 하지만 우리 헌법은 국회와 행정부의 긴밀한 유대관계를 도모하기 위하여 정부의 법률안 제출권을 인정하고 있다. 법률안거부권이라 함은 국회가 의결하여 정부에 이송한 법률안에 대하여 대통령이 이의를 가질 경우에, 법률안의 확정을 저지하기 위하여 이의서를 붙여 이 법률안을 국회의 재의에 붙일 수 있는 권한을 말한다. 이 같은 법률안 거부권 남용을 방지하기 위한 제도적 장치로서 국회의 재의결과 국회의장의 법률 공포권을 규정하고 있다.

③ 행정입법은 어떻게 통제할 것인가?

㉠ 국회의 통제

입법권, 국정감사・조사, 국무총리 또는 장관에 대한 질의 및 해임 건의, 탄핵소추

㉡ 사법부에 의한 통제

명령규칙에 대한 심사

4. 사법에 관한 권한: 위헌정당해산제소권, 사면권

(1) 위헌정당해산제소권

정당의 목적이나 활동이 민주적 기본질서에 위배될 때에는 정부는 헌법재판소에 그 해산을 제소할 수 있다.

(2) 사면권

① 사면제도의 유래

사면제도는 역사적으로 절대군주인 국왕의 은사권에서 유래하였으며, 대부분의 근대국가에서도 유지되어 왔다. 대통령제 국가에서는 미국을 효시로 대통령에게 사면권이 부여되어 있다. 사면권은 전통적으로 국가원수에게 부여된 고유한 은사권이며, 국가원수가 이를 시혜적으로 행사한다. 현대에 이르러서는 법 이념과 다른 이념과의 갈등을 조정하고, 법의 이념인 정의와 합목적성을 조화시키기 위한 제도로 파악되고 있다(97헌바74).

② 사면권의 의미

사면권은 협의와 광의로 나눠 살펴볼 수 있다. 협의의 사면권이란 형사소송법이나 그 밖의 형사법규의 절차에 의하지 아니하고 형의 선고의 효과 또는 공소권을 소멸시키거나 형집행을 면제시키는 국가원수의 특권을 말한다. 광의의 사면에는 협의의 사면 이외에 감형과 복권까지 포함된다.

③ 사면 절차상 분류: 일반사면과 특별사면

사면절차와 관련해서는 일반사면과 특별사면이 있다. 일반사면이라 함은 범죄의 종류를 지정하여, 이에 해당하는 모든 범죄인에 대하여 형의 선고의 효과를 전부 또는 일부 소멸시키거나, 형의 선고를 받지 아니한 자에 대하여 공소권을 소멸시키는 것을 말한다. 이에 대하여 특별사면이라 함은 이미 형의 선고를 받은 특정인에 대하여 형의 집행을 면제하는 것을 말한다. 일반사면은 대통령령으로써 국무회의의 심의를 거치고 국회의 동의를 얻어야 한다. 특별사면은 대통령의 명으로써 한다.

④ 사면권의 헌법상 문제점: 권력분립 훼손

이 권한은 사법부의 판단을 변경하는 권한으로 권력분립의 예외이기도 하며, 사법권을 침해하는 의미를 가지기도 한다. 대통령이 자의적인 사면권을 행사할 수도 있다. 이 경우에 사면권을 사법심사의 대상으로 삼을 수 있는지가 문제된다.

5. 헌법기관구성에 관한 권한

헌법기관구성에 관한 권한으로는 대법원구성권, 헌법재판소구성권, 중앙선거관리위원회구성권, 감사원구성권 등이 있다.

(1) 대법원구성권

헌법 제104조의 제1항과 제2항은 "제104조 ① 대법원장은 국회의 동의를 얻어 대통령이 임명한다. ② 대법관은 대법원장의 제청으로 국회의 동의를 얻어 대통령이 임명한다"라고 규정하고 있다.

(2) 헌법재판소구성권

헌법 제111조 제2항부터 제4항은 "② 헌법재판소는 법관의 자격을 가진 9인의 재판관으로 구성하며, 재판관은 대통령이 임명한다. ③ 제2항의 재판관중 3인은 국회에서 선출하는 자를, 3인은 대법원장이 지명하는 자를 임명한다. ④ 헌법재판소의 장은 국회의 동의를 얻어 재판관 중에서 대통령이 임명한다"라고 규정하고 있다.

(3) 중앙선거관리위원회구성권

헌법 제114조 제2항은 "② 중앙선거관리위원회는 대통령이 임명하는 3인, 국회에서 선출하는 3인과 대법원장이 지명하는 3인의 위원으로 구성한다. 위원장은 위원 중에서 호선한다"라고 규정하고 있다.

(4) 감사원구성권

헌법 제98조 제2항과 제3항은 "② 원장은 국회의 동의를 얻어 대통령이 임명하고, 그 임기는 4년으로 하며, 1차에 한하여 중임할 수 있다. ③ 감사위원은 원장의 제청으로 대통령이 임명하고, 그 임기는 4년으로 하며, 1차에 한하여 중임할 수 있다"라고 규정하고 있다.

6. 집행에 관한 권한

집행에 관한 권한으로는 집행에 관한 최고결정권과 최고지휘권, 법률집행권, 국가의 대표 및 외교에 관한 권한, 정부구성권과 공무원임면권, 재정에 관한 권한, 영전수여권 등이 있다.

04 대통령의 권한행사의 방법과 통제

1. 대통령의 권한행사 원칙

대통령은 그 권한을 독자적으로 행사하는 것이 원칙이다. 그러나 그 권한행사는 헌법과 법률에 규정된 절차와 방법에 따라야 하고, 다른 국가기관에 의한 통제를 받게 된다. 이 같은 통제는 대통령의 권한행사가 절차적 정당성을 확보하도록 하고, 또 대통령의 전제를 방지하기 위한 것이다.

2. 대통령의 권한행사방법

대통령의 권한행사방법을 정하는 이유는 대통령의 전제방지와 대통령 권한행사의 신중성을 확보하기 위함이다. 이 행사방법의 유형은 독자적으로 행사할 수 있는 것과 다른 기관의 자문이나 승인 등을 요구하는 경우로 구분할 수 있다.

(1) 자문기관의 자문

대통령은 자문기관[75]의 자문결과에 구속되지 아니하며, 그 자문을 거치지 아니하고 국무회의 심의에 부친 경우에도 위헌은 아니다.

(2) 국무회의의 심의

대통령이 헌법 제89조[76]에 열거된 사항(대통령의 대부분 권한과 관련된 내용)에 관한 권한을 행사할 때는 사전에 국무회의의 심의를 거쳐야 한다.

(3) 국회의 동의 또는 승인[77]

(4) 문서주의와 부서제도

헌법 제82조는 "대통령의 국법상 행위는 문서로써 하며, 이 문서에는 국무총리와 관계 국무위원이 부서한다"라고 규정하고 있다. 이와 같은 문서주의 취지는 대통령의 권한행사의 내용을 명확하게 하여 국민에게 예측 가능성과 법적 안정성을 보장하는 것, 증거를 남기는 것, 권한행사에 있어 즉흥성을 피하고 신중을 기하게 하려는 것이다. 또한 부서제도의 취지는 대통령의 전제를 방지하고 국무총리와 관계국무위원의 책임소재를 명백히 하려는 것이다.

---

75) 자문기관 : 국가원로자문회의, 국가안정보장회의, 민주평화통일자문회의, 국민경제자문회의, 국가과학기술자문회의 등

76) 다음 사항은 국무회의의 심의를 거쳐야 한다. 1. 국정의 기본계획과 정부의 일반정책 2. 선전・강화 기타 중요한 대외정책 3. 헌법개정안・국민투표안・조약안・법률안 및 대통령령안 4. 예산안・결산・국유재산처분의 기본계획・국가의 부담이 될 계약 기타 재정에 관한 중요사항 5. 대통령의 긴급명령・긴급재정경제처분 및 명령 또는 계엄과 그 해제 6. 군사에 관한 중요사항 7. 국회의 임시회 집회의 요구 8. 영전수여 9. 사면・감형과 복권 10. 행정각부간의 권한의 획정 11. 정부안의 권한의 위임 또는 배정에 관한 기본계획 12. 국정처리상황의 평가・분석 13. 행정각부의 중요한 정책의 수립과 조정 14. 정당해산의 제소 15. 정부에 제출 또는 회부된 정부의 정책에 관계되는 청원의 심사 16. 검찰총장・합동참모의장・각군참모총장・국립대학교총장・대사 기타 법률이 정한 공무원과 국영기업체관리자의 임명 17. 기타 대통령・국무총리 또는 국무위원이 제출한 사항

77) 조약체결 비준동의, 국무총리・감사원장・대법원장・대법관・헌법재판소장의 임명동의, 긴급명령과 긴급재정경제처분 명령권・예비비지출에 대한 차기국회의 승인

3. 대통령의 권한 행사에 대한 통제

대통령의 막강한 권한 행사에 대해 견제가 제대로 이루어지지 않을 경우 독재나 권위주의로 흐를 위험이 크다. 따라서 헌법에서는 여러 가지 방안을 제시하고 있다. 기관내부, 국민, 정당, 국회, 법원, 헌법재판소 등에 의한 통제가 가능하다. 이 내용들을 정리해 보면 다음과 같다.

(1) 기관 내부적 통제

대통령의 권한행사에 대한 기관 내부적 통제에는 국무회의 심의, 국무총리・국무위원의 부서, 국무총리의 국무위원임명제청권과 해임건의 그리고 각종 자문기관들의 자문, 행정심판 등

(2) 국회에 의한 통제

각종 동의 및 승인, 탄핵소추권, 국정감사・조사권, 계엄해제요구, 해임건의

(3) 법원에 의한 통제

행정입법에 대한 명령규칙처분심사권, 행정소송

(4) 헌법재판소에 의한 통제

탄핵심판권, 정당해산심판, 권한쟁의심판, 행정처분에 대한 헌법소원심판 등

(5) 국민의 의한 통제

여론, 저항권 행사, 국민투표

(6) 정당에 의한 통제

05 정부: 국무총리, 행정각부, 국무회의, 감사원 등

1. 개관

정부는 대통령을 정점으로 하여 국무총리・국무위원・행정각부・감사원으로 구성되고, 집행에 관한 주요 정책을 심의하는 기구로 국무회의가 설치되어 있으며, 대통령의 자문에 응하기 위한 각종 자문회의를 두고 있다.

2. 국무총리

(1) 국회의원의 국무총리 겸직

국회법 제29조[78]에 따라 국무총리는 국회의원을 겸직할 수 있다

(2) 국무총리의 권한

① 국무총리의 권한대행(정부조직법 제22조[79])
대통령이 궐위되거나 사고로 인하여 직무를 수행할 수 없을 때 국무총리는 대통령 권한을 1순위로 대행한다.

② 국무위원의 임명제청권

③ 국무위원의 해임건의권

④ 국정심의권

⑤ 부서권

⑥ 행정각부의 통할관할권

⑦ 국회출석발언권

3. 국무위원

(1) 국무위원의 임면

국무위원은 국무총리 제청으로 대통령이 임명한다. 국무총리는 국무위원의 해임을 건의할 수 있다.

(2) 국무위원의 헌법상 지위

① 대통령을 보좌하고 국무회의 구성원으로서 국정을 심의한다.

② 국무회의 심의와 부서를 통해 대통령의 권한 남용을 통제한다.

(3) 국무위원의 권한

① 국무회의 소집을 요구권, 의안제출권, 국무회의 출석발언권

② 부서권

③ 국회 출석 발언권

---

78) 국회법 제29조(겸직 금지) ① 의원은 국무총리 또는 국무위원직 외의 다른 직을 겸할 수 없다.
79) 제22조(국무총리의 직무대행) 국무총리가 사고로 직무를 수행할 수 없는 경우에는 기획재정부장관이 겸임하는 부총리, 교육부장관이 겸임하는 부총리의 순으로 직무를 대행하고, 국무총리와 부총리가 모두 사고로 직무를 수행할 수 없는 경우에는 대통령의 지명이 있으면 그 지명을 받은 국무위원이, 지명이 없는 경우에는 제26조 제1항에 규정된 순서에 따른 국무위원이 그 직무를 대행한다. 〈개정 2014.11.19.〉

4. 행정각부의 장

(1) 지위

행정각부의 장은 국무위원 중에서 임명한다. 국무위원이 아닌 자는 행정각부의 장이 될 수 없다.

(2) 행정각부의 장의 권한

① 행정관청으로서 그 소관사무에 대하여 결정 및 집행 권한

② 소속직원들을 지휘 및 감독할 권한

③ 부령(행정입법) 발포권

5. 국무회의

(1) 헌법상 지위

국무회의는 헌법상 필수기관이면서, 심의기관, 대통령으로부터 독립된 합의제 기관이다.

(2) 국무회의의 구성(헌법 제88조 제2항, 제3항)

국무회의는 대통령 · 국무총리와 15인 이상 30인 이하의 국무위원으로 구성한다. 대통령은 국무회의의 의장이 되고, 국무총리는 부의장이 된다.

(3) 국무회의 심의권(헌법 제88조 제1항, 제89조)

국무회의는 정부의 권한에 속하는 중요한 정책을 심의한다.

Ⅳ 법원

01 생각 열기

1. 개관

최고기관 중 하나로서 사법권은 원칙적으로 법원의 권한이지만, 예외적으로 헌법재판소의 심판권한, 행정심판, 대통령의 사면권이 있다. 사법권은 독립되어 있고 정치적으로 중립적인 권력이어야 한다. 헌법재판소와 함께 법원은 헌법을 수호하는 역할을 하는데, 대표적으로 명령・규칙・처분의 위헌・위법심사, 위헌법률심판제청권, 선거소송 등이다. 또한 법원은 구체적 소송사건의 심리를 통하여 국민의 권리와 이익을 보장한다.

2. 헌법 조문

제5장 법원

제101조 ① 사법권은 법관으로 구성된 법원에 속한다.
② 법원은 최고법원인 대법원과 각급법원으로 조직된다.
③ 법관의 자격은 법률로 정한다.

제102조 ① 대법원에 부를 둘 수 있다.
② 대법원에 대법관을 둔다. 다만, 법률이 정하는 바에 의하여 대법관이 아닌 법관을 둘 수 있다.
③ 대법원과 각급법원의 조직은 법률로 정한다.

제103조 법관은 헌법과 법률에 의하여 그 양심에 따라 독립하여 심판한다.

제104조 ① 대법원장은 국회의 동의를 얻어 대통령이 임명한다.
② 대법관은 대법원장의 제청으로 국회의 동의를 얻어 대통령이 임명한다.
③ 대법원장과 대법관이 아닌 법관은 대법관회의의 동의를 얻어 대법원장이 임명한다.

제105조 ① 대법원장의 임기는 6년으로 하며, 중임할 수 없다.
② 대법관의 임기는 6년으로 하며, 법률이 정하는 바에 의하여 연임할 수 있다.
③ 대법원장과 대법관이 아닌 법관의 임기는 10년으로 하며, 법률이 정하는 바에 의하여 연임할 수 있다.
④ 법관의 정년은 법률로 정한다.

제106조 ① 법관은 탄핵 또는 금고 이상의 형의 선고에 의하지 아니하고는 파면되지 아니하며, 징계처분에 의하지 아니하고는 정직・감봉 기타 불리한 처분을 받지 아니한다.
② 법관이 중대한 심신상의 장해로 직무를 수행할 수 없을 때에는 법률이 정하는 바에 의하여 퇴직하게 할 수 있다.

제107조 ① 법률이 헌법에 위반되는 여부가 재판의 전제가 된 경우에는 법원은 헌법재판소에 제청하여 그 심판에 의하여 재판한다.
② 명령・규칙 또는 처분이 헌법이나 법률에 위반되는 여부가 재판의 전제가 된 경우에는 대법원은 이를 최종적으로 심사할 권한을 가진다.
③ 재판의 전심절차로서 행정심판을 할 수 있다. 행정심판의 절차는 법률로 정하되, 사법절차가 준용되어야 한다.

제108조 대법원은 법률에서 저촉되지 아니하는 범위안에서 소송에 관한 절차, 법원의 내부규율과 사무처리에 관한 규칙을 제정할 수 있다.

제109조 재판의 심리와 판결은 공개한다. 다만, 심리는 국가의 안전보장 또는 안녕질서를 방해하거나 선량한 풍속을 해할 염려가 있을 때에는 법원의 결정으로 공개하지 아니할 수 있다.

제110조 ① 군사재판을 관할하기 위하여 특별법원으로서 군사법원을 둘 수 있다.
② 군사법원의 상고심은 대법원에서 관할한다.
③ 군사법원의 조직・권한 및 재판관의 자격은 법률로 정한다.
④ 비상계엄하의 군사재판은 군인・군무원의 범죄나 군사에 관한 간첩죄의 경우와 초병・초소・유독음식물공급・포로에 관한 죄중 법률이 정한 경우에 한하여 단심으로 할 수 있다. 다만, 사형을 선고한 경우에는 그러하지 아니하다.

02 사법권의 의미

1. 사법권의 역할 및 기능

사법권이란 구체적인 법적 분쟁이 발생해서 당사자로부터 쟁송이 제기되면, 독립적 지위를 가진 기관이 제3자적 입장에서 무엇이 법인가를 판단하고 선언하여 법질서를 유지하기 위한 작용이다. 이런 사법은 법질서를 유지하고, 사회 질서를 확립시켜 국민의 기본권을 보호하며. 법의 이념을 실현하는 기능을 한다.

2. 법률에 의한 재판

권력분립의 원리, 법치주의의 원리 등과 같은 통치구성 원리에 따라 법률에 의한 재판을 담당하는 것은 법원이다. 이와 같은 법원의 주요 권한이 사법권이다. 헌법 제101조 제1항은 "사법권은 법관으로 구성된 법원에 속한다"라고 하여 사법권은 원칙적으로 법원의 권한임을 규정하고 있다.

03 법원의 헌법상 지위

1. 사법기관으로서의 지위

사법권은 헌법 제101조 제1항에 따라 헌법에 다른 규정이 없는 한 원칙적으로 법원이 행사한다.

2. 중립적 권력으로서의 지위

헌법 제101조 제1항은 "사법권은 법관으로 구성된 법원에 속한다"라고 하고 있을 뿐만 아니라, 제103조에서 "법관은 헌법과 법률에 의하여 그 양심에 따라 독립하여 심판한다"라고 함으로써, 사법권의 독립과 법원의 정치적 중립성을 강조하고 있다.

3. 헌법 수호기관으로서의 지위

법원은 헌법재판소와 함께 헌법재판을 통하여 헌법을 수호하는 역할을 담당한다. 예컨대 명령규칙처분에 대한 심사, 헌법재판소에의 위헌법률심판제청, 선거소송심판 등이다.

4. 기본권 보장기관으로서의 지위

법원은 구체적 소송사건의 심리를 통하여 국민의 권리와 이익을 보장한다.

04 사법권의 독립

1. 의미

사법권의 독립이란 권력분립의 원리에 따라 다른 국가권력(입법권, 행정권)으로부터 독립되어, 법관이 다른 권력으로부터 간섭이나 지시를 받지 않고 자주적, 독립적으로 공정한 재판을 하는 것을 의미한다. 그리고 사법권의 독립의 내용은 법원의 독립, 법관의 독립(인적 독립), 재판의 독립(물적 독립)이 있다.

2. 법원의 독립: 입법부와 행정부로부터의 독립

법원의 독립은 공정한 재판을 법원이 수행하기 위하여, 법원의 조직과 운영 및 기능이 입법부와 행정부로부터 독립해야 하는 것을 의미한다. 헌법 101조 1항에서 "사법권은 법관으로 구성된 법원에 속한다"라고 법원의 독립을 보장하고 있다. 법원의 독립은 행정부로부터의 독립, 입법부로부터의 독립, 법원의 조직상 자율을 위하여 규칙제정권 인정을 내용으로 한다.

3. 재판의 독립

(1) 독립된 재판

헌법 제103조에서 "법관은 헌법과 법률에 의하여 그 양심에 따라 독립하여 심판한다"라고 재판의 독립을 보장하고 있다. 재판은 행정부와 국회, 여론, 상급법원으로부터 간섭을 받지 않고 이루어져야 한다.

(2) 재판의 원칙

재판은 공개재판주의와 증거재판주의원칙에 따라 공정한 재판을 해야 한다.

① 신속 공정한 공개 재판주의: 심리와 판결은 공개한다는 원칙
⇨ 다만, 심리의 경우에는 법원의 결정으로 비공개 가능
※ 비공개 사유: 국가 안전 보장 또는 안녕 질서 방해, 선량한 풍속을 해할 경우

② 증거 재판주의: 재판의 사실 인정은 증거에 의한다는 원칙
⇨ 법관의 자의에 의해서나 증거 없이 자백만으로 유죄 판결을 할 수 없음

4. 법관의 인적 독립

법관인사의 독립이라 함은 재판의 독립을 확보하기 위하여 법관의 인사와 자격, 임기 등과 같은 법관의 신분을 법률로 보장하는 것을 의미한다.

(1) 법관인사의 독립: 헌법 제104조

① 대법원장은 국회의 동의를 얻어 대통령이 임명한다.

② 대법관은 대법원장의 제청으로 국회의 동의를 얻어 대통령이 임명한다.

③ 대법원장과 대법관이 아닌 법관은 대법관회의의 동의를 얻어 대법원장이 임명한다.

(2) **법관자격법정주의**

헌법 제101조 제3항은 “법관의 자격은 법률로 정한다”라고 규정하고 있다.

(3) **법관의 임기제와 정년제**: 헌법 105조

① 대법원장의 임기는 6년으로 하며, 중임할 수 없다.

② 대법관의 임기는 6년으로 하며, 법률이 정하는 바에 의하여 연임할 수 있다.

③ 대법원장과 대법관이 아닌 법관의 임기는 10년으로 하며, 법률이 정하는 바에 의하여 연임할 수 있다.

④ 법관의 정년은 법률로 정한다.

(4) **법관의 신분보장**: 헌법 제106조

① 법관은 탄핵 또는 금고 이상의 형의 선고에 의하지 아니하고는 파면되지 아니하며, 징계처분에 의하지 아니하고는 정직·감봉 및 기타 불리한 처분을 받지 아니한다.

② 법관이 중대한 심신상의 장해로 직무를 수행할 수 없을 때에는 법률이 정하는 바에 의하여 퇴직하게 할 수 있다.

05 법원의 조직

1. 대법원과 각급법원으로 조직

헌법 제101조 제2항은 “법원은 최고법원인 대법원과 각급법원으로 조직된다”라고 하고, 제102조 제3항은 “대법원과 각급법원의 조직은 법률로 정한다”라고 규정하고 있다.

2. 법원의 종류: 법원조직법 제3조 제1항

법원은 다음의 7종류로 한다. <개정 2016. 12. 27.>
대법원, 고등법원, 특허법원, 지방법원, 가정법원, 행정법원, 회생법원 ⇨ 특별법원으로 군사법원이 있다.

06 법원의 권한

법원은 쟁송재판권, 명령・규칙・처분 심사권, 대법원의 규칙제정권, 법정질서유지권, 사법행정권, 헌법재판소 재판관 및 중앙선거관리위원회 위원 지명권 등을 가진다.

1. 쟁송재판권: 민사, 형사, 행정, 선거재판

법원의 쟁송 재판권으로는 민사, 형사, 행정, 선거재판 등이 있다. 이 중 행정 소송은 국민의 기본권을 구제함과 동시에 정부의 집행에 대한 주요 견제 수단이다.

2. 명령・규칙・처분 심사권

헌법 제107조 제2항은 "명령・규칙 또는 처분이 헌법이나 법률에 위반되는 여부가 재판의 전제가 된 경우에는 대법원은 이를 최종적으로 심사할 권한을 가진다"라고 명령・규칙・처분 심사권을 규정하고 있다. 이는 법원이 재판의 대상이 되고 있는 구체적 사건에 적용할 명령・규칙의 효력을 심사하여 위헌・위법이라고 인정한 명령・규칙을 그 사건에 적용할 것을 거부하는 권한을 말한다. 이 권한은 행정입법의 주요 견제 수단이다.

3. 위헌법률심판 제청권

헌법 제107조 제1항은 "법률이 헌법에 위반되는 여부가 재판의 전제가 된 경우에는 법원은 헌법재판소에 제청하여 그 심판에 의하여 재판한다"라고 위헌법률심판 제청권을 규정하고 있다. 이는 법률의 위헌 여부가 재판의 전제가 되는 경우에, 당해 사건을 담당하는 법원이 직권으로 또는 소송당사자의 신청에 따른 결정으로 헌법재판소에 위헌법률심판을 제청할 수 있는 권한을 말한다. 이 권한은 의회의 입법권에 대한 주요 견제수단이다.

4. 법정질서유지권

법정에서 질서를 유지하고, 심판을 방해하는 행위를 배제하거나 제지하기 위하여 법원이 가지는 권한을 말한다.

5. 대법원의 규칙제정권

헌법 제108조는 "대법원은 법률에서 저촉되지 아니하는 범위 안에서 소송에 관한 절차, 법원의 내부규율과 사무 처리에 관한 규칙을 제정할 수 있다"라고 하여 대법원의 규칙제정권을 규정하고 있다.

07 사법의 절차와 운영

1. 재판의 심급제

헌법 제101조 제2항은 "법원은 최고법원인 대법원과 각급법원으로 조직된다"라고 심급제를 규정하고 있으며, 법원조직법은 3심제를 규정하고 있다. 이같이 한 이유는 소송절차를 신중하게 함으로서 공정한 재판을 확보하려는데 그 목적이 있다.

2. 3심제의 원칙

헌법은 상하의 심급제만을 규정하고 있을 뿐 반드시 3심제를 요구하고 있는 것이 아니지만, 법원조직법은 3심제의 원칙을 규정하고 있다.

구분	상소심 절차	
	법원의 판결에 대한 불복	법원의 결정이나 명령에 대한 불복
내용	항소(상급법원) ⇨ 상고(대법원)	항고(상급법원) ⇨ 재항고(대법원)

3. 3심제의 예외

(1) 2심제

구분	특허재판	지방의회의원선거와 구, 시, 군의 장 선거소송
1심	특허법원	고등법원
2심	대법원	대법원

(2) 단심제

구분	관할법원
대통령, 국회의원, 시도지사 선거소송	대법원
비상계엄하의 군사재판	군사법원
지방자치법상의 기관소송	대법원

4. 신속 공정한 공개재판

헌법 제109조는 "재판의 심리와 판결은 공개한다. 다만, 심리는 국가의 안전보장 또는 안녕질서를 방해하거나 선량한 풍속을 해할 염려가 있을 때에는 법원의 결정으로 공개하지 아니할 수 있다"라고 재판공개원칙과 예외를 규정하고 있다.

Chapter 05 헌법재판론

살펴본 바와 같이 헌법은 국민의 기본권과 통치권의 관계를 중심으로 구성되어 있다. 이 관계가 헌법에 따라 충실하게 조직되고 운영된다면 문제가 없겠지만 현실은 그렇지 않다. 그 결과 헌법적 문제들을 둘러싼 갈등들이 생긴다. 즉, 국민과 의회, 국민과 대통령, 국민과 법원, 의회와 대통령, 대통령과 법원, 법원과 대통령 사이에 권리와 권한, 권한과 권한이 갈등하는 양상이 벌어질 수밖에 없다. 이런 갈등들을 제도적으로 해결하지 못한다면 그 정치공동체는 불안정해지고, 그 결과 존속의 위기를 경험하게 된다. 이런 정치적 문제를 해결하고, 국민의 권리를 수호하려고 만든 것이 헌법재판제도이다.

우리나라에서 헌법재판을 담당하는 기관은 헌법재판소이다. 각 나라마다 헌법적 분쟁을 일반법원이 담당하는 유형과 독립된 헌법재판소가 담당하도록 하는 유형으로 나눌 수 있는데, 미국과 일본 등은 헌법에 관한 재판까지 일반법원에서 담당하고, 독일과 오스트리아 등지에서는 헌법재판소가 따로 설치되어 있으며 우리나라도 1988년 헌법재판소가 최초로 구성되어 지금에 이르고 있다. 헌법재판소는 법적 분쟁을 사법적으로 해결한다는 점에서는 일반법원과 같지만 정치적 파급효과가 큰 헌법적 분쟁을 대상으로 하며, 헌법을 최종적으로 해석하는 위치에 있다는 점에서 일반법원과 구별된다. 이런 점은 우리 헌법에서도 확인가능하다. 헌법재판소와 대법원은 사법의 장에서 함께 다루지 않고 장을 따로 두고 있다. 따라서 대법원과 헌법재판소는 헌법체계 아래서 실질적인 역할이 다르다고 할 것이다.

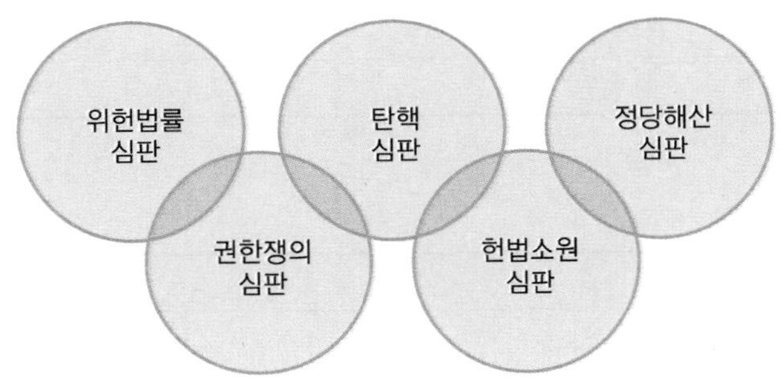

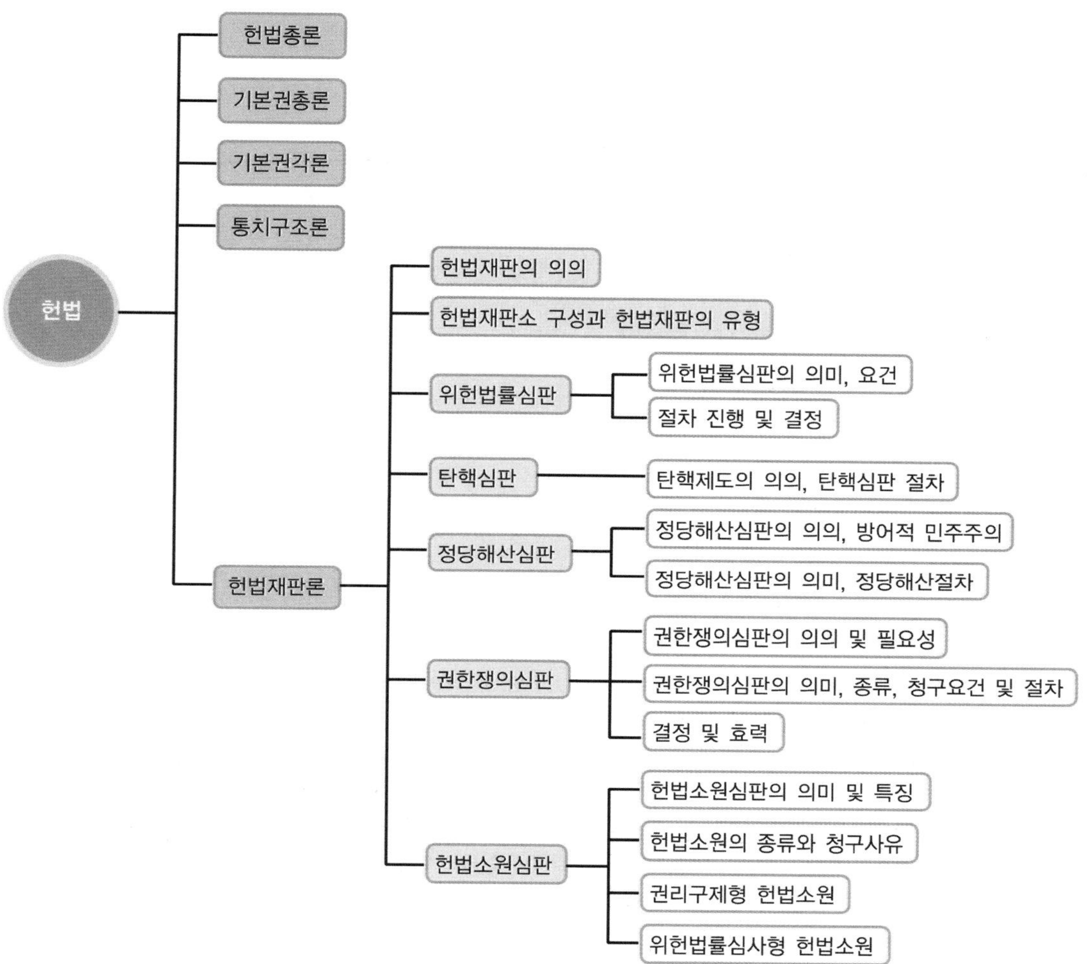
헌법
헌법총론
기본권총론
기본권각론
통치구조론
헌법재판론
헌법재판의 의의
헌법재판소 구성과 헌법재판의 유형
위헌법률심판
위헌법률심판의 의미, 요건
절차 진행 및 결정
탄핵심판
탄핵제도의 의의, 탄핵심판 절차
정당해산심판
정당해산심판의 의의, 방어적 민주주의
정당해산심판의 의미, 정당해산절차
권한쟁의심판
권한쟁의심판의 의의 및 필요성
권한쟁의심판의 의미, 종류, 청구요건 및 절차
결정 및 효력
헌법소원심판
헌법소원심판의 의미 및 특징
헌법소원의 종류와 청구사유
권리구제형 헌법소원
위헌법률심사형 헌법소원

I 헌법재판의 의의 및 헌법재판소의 역할

01 생각 열기

1. 개관

헌법재판소는 헌법의 규범력과 실효성을 보장하고, 헌법에서 보장하고 있는 기본권을 실현하며, 국가작용의 합헌성을 보장하여 모든 국가작용이 헌법질서 속에서 행해지도록 함으로써 헌법을 보호하고 실현하는 것을 목표로 그 역할을 충실하게 수행해 왔다는 평가를 받고 있다. 그러나 이러한 긍정적인 평가와는 달리 심판대상에서 법원의 재판을 제외하고 있기 때문에, 재판이라는 이름으로 국민의 기본권이 침해되는 사태에 대해서는 효과적으로 대응할 수 없다는 비판도 있다.

2. 헌법 조문

제6장 헌법재판소

제111조 ① 헌법재판소는 다음 사항을 관장한다.

1. 법원의 제청에 의한 법률의 위헌여부 심판
2. 탄핵의 심판
3. 정당의 해산 심판
4. 국가기관 상호 간, 국가기관과 지방자치단체 간 및 지방자치단체 상호 간의 권한쟁의에 관한 심판
5. 법률이 정하는 헌법소원에 관한 심판

② 헌법재판소는 법관의 자격을 가진 9인의 재판관으로 구성하며, 재판관은 대통령이 임명한다.
③ 제2항의 재판관 중 3인은 국회에서 선출하는 자를, 3인은 대법원장이 지명하는 자를 임명한다.
④ 헌법재판소의 장은 국회의 동의를 얻어 재판관중에서 대통령이 임명한다.

제112조 ① 헌법재판소 재판관의 임기는 6년으로 하며, 법률이 정하는 바에 의하여 연임할 수 있다.
② 헌법재판소 재판관은 정당에 가입하거나 정치에 관여할 수 없다.
③ 헌법재판소 재판관은 탄핵 또는 금고 이상의 형의 선고에 의하지 아니하고는 파면되지 아니한다.

제113조 ① 헌법재판소에서 법률의 위헌결정, 탄핵의 결정, 정당해산의 결정 또는 헌법소원에 관한 인용결정을 할 때에는 재판관 6인 이상의 찬성이 있어야 한다.
② 헌법재판소는 법률에 저촉되지 아니하는 범위 안에서 심판에 관한 절차, 내부규율과 사무처리에 관한 규칙을 제정할 수 있다.
③ 헌법재판소의 조직과 운영 기타 필요한 사항은 법률로 정한다.

02 헌법재판의 개념

1. 의미

(1) 헌법분쟁 해결을 통한 헌법 실현

헌법재판이라 함은 헌법재판청구에 의해 헌법분쟁 또는 헌법침해의 문제를 헌법을 기준으로 유권적으로 결정함으로써 헌법질서를 유지하고 헌법을 실현하는 국가작용을 말한다.

(2) 통치권의 헌법 준수 여부 심판

헌법은 국가의 기본적이고 으뜸가는 법으로서 모든 하위 법령, 즉 법률, 명령, 규칙 등의 내용은 헌법에 위반되어서는 아니 되며 대통령, 입법부, 행정부, 사법부 등 모든 국가기관은 모든 통치권의 행사에서 헌법을 준수하여야 한다.

(3) 통치권은 헌법을 준수하게 하고 기본권 보호

그런데 구체적인 문제에서는 어떻게 하는 것이 헌법에 부합하는 것인지에 관하여 국가기관 사이, 또는 국가기관과 국민 사이에서 의견의 차이와 분쟁이 발생할 수 있다. 이러한 다툼을 해결하여 국가 공권력 작용이 헌법을 준수하게 하고 국민의 기본권을 보호하게 하는 재판이 바로 헌법재판인 것이다.

(4) 아래로부터의 헌법 보호

대표적인 경우가 정당해산심판이다. 정당은 법적으로 권리능력이 없는 사단으로 형식적인 국가기관이 아니다. 이런 정당이 헌법원리 및 헌법질서를 파괴하려고 할 때 정당해산심판을 통해서 헌법을 보호하게 된다.

2. 기능

(1) 헌법수호기능

헌법재판은 헌법을 수호하는 것을 일차적 기능으로 한다.

(2) 기본권을 보호하는 기능 및 권력을 통제하는 기능

수호해야 할 헌법의 핵심적인 내용은 기본권 보호이다. 이런 기본권 보호를 위해서는 권력 남용을 통제해야 한다. 이런 측면에서 헌법재판은 기본권을 보호하는 기능 및 권력을 통제하는 기능을 한다.

(3) 정치적 평화보장기능

또한 정치공동체 내의 갈등과 투쟁을 해소하여 헌법적 가치를 실현하기 위한 정치적 평화보장기능을 한다.

(4) 교육적 기능

마지막으로 헌법의 가치를 명확하게 국가기관과 국민에게 제시하는 교육적 기능을 한다.

3. 헌법재판과 일반재판의 차이(헌법재판소)

(1) 법률의 적용(일반재판) 대 법률에 대한 규범통제(헌법재판)

민사상 분쟁, 즉 개인 사이에 금전대여관계나 임대차관계, 혼인이나 상속에 관한 관계에서 분쟁이 발생한 경우, 예컨대 어떤 사람이 다른 사람에게 돈을 빌려 주었는데 돈을 빌린 사람이 제때 돈을 갚지 않거나 갚은 금액에 다툼이 있는 대여금 관계인 경우에 민사소송에서는 당사자 간에 돈을 빌려 준 사실이 정말 있는지, 돈을 빌려 준 사실이 있다면 아직 갚지 않은 금액과 제때 갚지 않음으로써 발생한 손해에 대하여 지연이자를 정하고 있는 법률규정을 적용하여 배상할 금액을 확정하게 된다. 그러나 이때에 지연이자에 대한 법률규정에 문제가 있다고 하더라도 민사소송 과정에서는 그 법률규정의 잘못을 주장하여 적용을 회피할 수 없다. 이때 그 민사소송에서 적용되는 법률규정의 문제점을 다투어서 그 적용을 벗어나기 위해서는 그 법률규정이 헌법에 위반된다는 판단이 필요하며, 바로 이와 같이 일반 소송에서 적용되는 근거 법률규정의 문제점을 다툴 수 있는 것이 헌법재판의 하나인 위헌법률심판절차이다. 이러한 과정은 형사재판이나 행정재판도 기본적으로 동일하다. 즉 헌법재판이란 일반 소송과정에서는 당연히 적용하게 되는 법률조항 자체에 대하여 그 위헌 여부까지를 판단하게 되므로 일반 소송으로는 해결할 수 없는 문제점을 근본적으로 해결하게 되는 것이다.

(2) 소송 결과의 영향력 : 소송 당사자 기속력(일반재판) 대 일반적인 기속력(헌법재판)

일반 민사나 형사, 행정소송에서는 재판의 결과가 원칙적으로 그 소송의 당사자에게만 미치지만, 위와 같이 위헌법률심판절차에서 그 법률이 위헌이라고 선고되는 경우에는 그 법률조항의 효력이 상실되어 그 법률조항의 적용을 받고 있던 사람들은 그 소송의 당사자가 아니어도 재판 결과의 적용을 받게 된다.

(3) 재판결과의 강제력의 유무 : 일반 재판 가능, 헌법재판 불가

헌법재판은 일반 소송과 달리 국가기관이 그 재판의 결과에 따르지 아니하여도 이를 강제적으로 따르게 할 수 없는 한계가 있다. 예를 들면, 대여금 지급소송에서 돈을 빌려 준 사람이 이긴 경우, 돈을 빌린 사람이 계속해서 돈을 갚지 않을 때에는 돈을 빌려 준 사람은 법원의 도움을 얻어 돈을 빌린 사람이 가지고 있는 재산을 강제로 팔아 빌린 돈을 받을 수 있다. 하지만 헌법재판의 경우에는 예컨대 어떠한 법률조항에 대하여 헌법에 합치하지 아니한다며 입법자에게 개선입법을 촉구하여도 입법부가 이를 따르지 않을 경우 헌법재판소가 입법부로 하여금 강제로 지키게 할 수 있는 수단이 따로 없다.

03 헌법재판소의 구성과 조직

1. 헌법재판소의 구성

헌법재판소는 대통령이 임명하는 법관의 자격을 가진 9인의 재판관으로 구성된다. 그중 3인은 국회에서 선출하고, 3인은 대법원장이 지명하며, 나머지 3명은 대통령이 직접 임명한다.

2. 헌법재판소장

헌법재판소장은 국회의 동의를 얻어 재판관 중에서 대통령이 임명한다(헌법 제111조 제4항, 법 제12조 제2항). 헌법재판소장은 헌법재판소를 대표하고, 헌법재판소의 사무를 통리하며, 소속공무원을 지휘・감독한다(법 제12조 제3항). 헌법재판소장의 대우와 보수는 대법원장의 예에 의한다(법 제15조).

3. 헌법재판관

재판관의 임기는 6년으로 하며, 연임할 수 있다(헌법 제112조 제1항, 법 제7조 제1항). 재판관의 정년은 65세이며, 다만 헌법재판소장인 재판관의 정년은 70세이다(법 제7조 제2항).

4. 재판관회의 및 사무처

헌법재판소는 재판관 전원으로 구성되는 재판관 회의를 두며, 보조기관으로서 행정사무를 처리하기 위하여 사무처를 둔다.

04 헌법재판의 유형

헌법 제111조 제1항에 따르면 헌법재판소는 다음 사항을 관장한다.

(1) 법원의 제청에 의한 법률의 위헌여부 심판

(2) 탄핵의 심판

(3) 정당의 해산 심판

(4) 국가기관 상호 간, 국가기관과 지방자치단체 간 및 지방자치단체 상호 간의 권한쟁의에 관한 심판

(5) 법률이 정하는 헌법소원에 관한 심판

구분	당사자	심판대상	심리방식	사전 심사	공개 여부	정족수	
						특별/일반 정족수	
헌가 (위헌법률심판)	법원	법률	서면	×	×	위헌 결정	특별정족수 (7인 이상의 재판관 참여와 6인 이상의 찬성)
헌나 (탄핵심판)	국회: 피소추자	탄핵소추받은 공직자	구두변론	×	○	탄핵 결정	
헌다 (정당해산심판)	정부: 정당	위헌정당	구두변론	×	○	해산 결정	
헌라 (권한쟁의심판)	피해기관: 가해기관	권한의 존부나 다툼	구두변론	×	○	존부 확인	일반정족수 심리관여 재판관 중 과반수 찬성
헌마 (권리구제형 헌법소원)	청구인	공권력 행사 및 불행사	서면	○ (지정 재판부)	×	인용 결정	특별정족수
헌바 (위헌심사형 헌법소원)	청구인	법률	서면	○ (지정 재판부)	×	위헌 결정	

Ⅱ 위헌법률심판 및 위헌심사형 헌법소원

01 생각 열기

(1) 갑은 사기죄로 벌금 500만 원 및 벌금을 납입하지 아니하는 경우 5만 원을 1일로 환산한 기간 동안 노역장에 유치한다는 약식명령을 법원으로부터 고지받자, 법원에 정식재판을 청구하여 소송을 제기하였다. 소송이 진행되던 중, 갑은 노역장 유치에 관해 규정하고 있는 형법상의 법률조항들이 벌금을 납부할 경제적 능력이 없는 자들을 벌금을 납부할 경제 능력이 있는 자들과 차별하고, 노역장 유치장 사이에 있어서도 벌금액의 다과에 따라 1일 환산금액을 다르게 하여 차별하며, 벌금미납자들을 자유형을 선고받은 자들과 동일하게 처우하여 평등원칙에 위반된다고 판단하였다. 이에 갑은 헌법재소에 위헌법률심판을 제기하기로 하였다.

(2) A사 모바일 콘텐츠 팀장인 갑은 B사가 운영하는 이동 전화망 내 이동 통신 서비스에 음란한 영상을 배포한 행위로 기소되었다. 갑은 형사재판에 적용되는 법률의 조항이 헌법에 위반된다면서 법원에 위헌법률제청신청을 하였으나 기각되어 위헌심사형 헌법소원을 청구하고자 한다.

02 위헌법률심판 및 위헌심사형 헌법소원 의의

1. 위헌법률심판 의의

위헌법률심판은 법원에서 재판 중인 구체적인 소송사건에서, 그 사건에 적용될 법률이 위헌인지 아닌지가 문제되어 법원이 직권으로 혹은 소송당사자의 신청을 받아들여 법률의 위헌여부를 심판하여 줄 것을 헌법재판소에 제청하면, 헌법재판소가 그 법률이 위헌인지 아닌지를 결정하는 심판을 말한다. 헌법재판소가 위헌결정을 할 경우 당해 법률은 그 효력을 상실하고, 소송당사자는 재판에서 위헌법률의 적용을 받지 않게 된다. 이와 같이 위헌법률심판이란 헌법재판소가 법률이 헌법에 합치하는가의 여부를 심판하여 위반된다고 판단되는 경우에 그 효력을 상실케 하는 제도이다. 입법부의 자의적 입법에 대한 헌법보장기능으로서 헌법재판의 핵심이다.

2. 위헌심사형 헌법소원 심판 의의

위헌심사형 헌법소원심판은 소송당사자가 법원에 재판의 전제가 되는 법률에 대하여 위헌법률심판의 제청신청을 하였음에도 법원이 이를 받아들이지 않은 경우(기각 또는 각하) 헌법재판소에 직접 문제된 법률의 위헌 여부에 대한 헌법소원심판을 청구할 수 있는 방안이다.

3. 위헌법률심판과 위헌심사형 헌법소원심판 절차

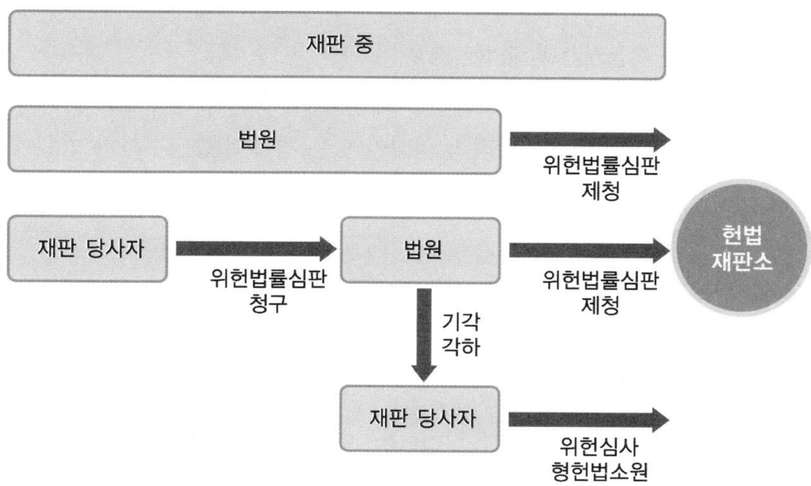

03 위헌법률심판의 특성

1. 요건 : 법률, 재판의 전제성, 법원의 위헌법률심판제청

위헌법률심판이 행하여지려면 우선 법원에서 재판 중인 구체적인 어떤 사건에 적용되는 법률이 위헌인지 여부가 문제되고(이를 법률이 '재판의 전제'가 된다고 한다), 법원이 당사자의 신청에 의하거나 스스로 그 법률이 위헌인지 여부를 심판하여 줄 것을 헌법재판소에 제청하여야 한다.

(1) 재판의 전제성(재판의 전제가 되는 법률)

① 재판에 적용되는 법률에 합리적 위헌의 의심이 드는 경우

법률이 헌법에 위반되는 여부가 재판의 전제가 된 때에는 당해 사건을 담당하는 법원은 직권 또는 당사자의 신청에 의한 결정으로 헌법재판소에 위헌법률심판을 제청한다.

② 심판대상 : 재판에 적용되는 법률

심판대상이 되는 법률은 국회가 제정한 형식적 의미의 법률 외에도 법률과 동일한 효력을 가지는 대통령 긴급명령, 조약과 일반적으로 승인된 국제법규를 포함한다고 해석된다.

③ 명령규칙처분심사권과의 차이

법률이 아닌 명령·규칙이 헌법이나 법률에 위반되는지 여부가 재판의 전제가 되는 경우에는 법률의 경우와 달리 헌법재판소에 위헌법률심판의 제청을 하지 않고 그 사건을 담당하는 법원이 이를 심사할 수 있으며 최종적으로는 대법원이 심사하게 된다.[80)]

(2) 법원의 위헌법률심판제청

① 각급법원의 위헌법률심판제청권한과 대법원 경유

㉠ 소송당사자의 신청 + 법원의 위헌법률심판 제청 또는 법원이 단독으로 위헌법률심판 제청재판에 적용될 법률에 대해 위헌이라는 합리적 의심이 있는 경우 소송당사자가 법원에 청구를 해서 법원이 청구를 하는 경우가 있고, 소송당사자의 청구 없이도 법원이 직권으로 판단해서 위헌 심판 청구를 하는 경우도 있다.

㉡ 위헌법률심판제청은 각급법원의 권한 + 대법원 경유

이와 같이 어떤 경우이든 위헌법률심판을 청구하는 권한은 각급 법원에 있다. 이처럼 위헌법률심판의 제청은 각급 법원이 독립적으로 할 수 있으나 대법원을 거쳐야 한다. 당사자의 위헌심판제청의 신청은 사건 및 당사자, 위헌이라고 해석되는 법률 또는 법률의 조항, 위헌이라고 해석되는 이유, 기타 필요한 사항을 기재한 신청서를 법원에 제출하여야 한다.

80) 법원의 명령규칙처분심사권 : 명령규칙 또는 처분이 헌법이나 법률에 위반되는 여부가 재판의 전제가 된 경우에 이를 심사하는 것을 말한다.

② 소송당사자의 위헌법률심판제청 청구에 대해 법원이 기각이나 각하를 한 경우

㉠ 위헌심사형 헌법소원 제기
소송당사자가 법원에 위헌법률심판제청을 청구하였는데 법원이 이 청구에 대해 각하나 기각을 하는 경우가 있다. 이 경우에 위헌법률심판제청 청구를 한 당사자는 '위헌심사형 헌법소원'을 제기할 수 있다.

㉡ 법원의 제청 판단 여부에 대해 항고할 수 없음
법원의 제청결정이나 제청신청 기각결정에 대하여는 어느 당사자도 항고할 수 없다. 법원이 심판제청을 함에는 제청법원의 표시, 사건 및 당사자의 표시, 위헌이라고 해석되는 법률 또는 법률의 조항, 위헌이라고 해석되는 이유, 기타 필요한 사항을 기재한 제청결정서를 헌법재판소에 제출하여야 한다.

2. 위헌법률심판 절차 진행 및 결정

(1) 재판의 정지

법원이 위헌법률심판을 헌법재판소에 제청한 때에는 당해 소송사건의 재판은 헌법재판소의 종국결정이 있을 때까지 정지된다. 다만, 법원이 긴급하다고 인정하는 경우에는 종국재판 외의 소송절차를 진행할 수 있다. 하지만 위헌법률심사형 헌법소원의 경우에는 재판이 정지되지 않는다.

(2) 결정유형

① 위헌 결정 : 전부위헌, 일부위헌

㉠ 위헌결정 선고
위헌심판제청이 이유 있을 때에는 헌법재판소는 심판의 대상이 된 법률 또는 법률조항이 위헌임을 선언하는 결정을 선고한다. 다만, 법률조항의 위헌결정으로 인하여 당해 법률 전부를 시행할 수 없다고 인정될 때에는 그 전부에 대하여 위헌결정을 할 수 있다.

㉡ 변형결정
법률의 내용에 따라서는 단순 위헌 결정 외에 헌법불합치, 한정위헌, 한정합헌 등의 결정도 할 수 있다.

㉢ 변형결정의 취지
이와 같은 여러 유형으로 결정 선고하는 이유는 법률의 위헌을 선언하게 되면 모든 국가기관은 그 법률을 적용할 수 없게 되어 법률이 없는 것과 같은 결과가 되므로 경우에 따라서는 큰 사회적 혼란이 일어날 수도 있고, 또 법률의 일부 내용만이 헌법에 위반되는데 그 부분을 헌법에 위반되지 않는 방향으로 개정하는 방법이 여러 가지일 경우 이에 대하여 헌법재판소가 판단을 할 경우에는 자칫하면 입법자인 국회의 권한을 침해함으로써 권력분립원리에 어긋날 수도 있어 이러한 점들을 고려하여 결정을 하여야 하기 때문이다.

㉣ 한정합헌결정

한정합헌결정이라 함은 해석여하에 따라서 위헌이 되는 부분을 포함하고 있는 법령의 의미를 헌법의 정신에 합치하도록 합헌적으로 해석하여 위헌판결을 회피하는 것으로 헌법합치적 법률해석이라고 한다. 이와 같은 결정형식은 법률의 합헌성추정의 원리를 근거로 하고 있다. 한정합헌결정은 당해법률이 다양한 해석가능성을 가지고 있고 그중에서 최소한 하나의 해석방법이 헌법에 합치하는 경우, 법조문의 문언범위나 입법목적을 벗어나지 아니하는 범위 내에서 가능하다. 한정합헌해석을 하는 경우, 당해 법률은 합헌으로 선언되어 법률이나 법조문은 그대로 유지된다. 헌법재판소는 「군사기밀보호법」 제6조 · 제7조 · 제10조, 「국가보안법」 제7조 제1항 및 제5항, 「도로교통법」 제50조 제2항 및 동법 제111조 제3호에 대하여 한정합헌결정을 한 바 있다.

㉤ 한정위헌결정

한정위헌 결정은 법률의 문언 의미 목적 등으로 살펴볼 때 한편에선 합헌으로, 다른 한편에선 위헌으로 판단될 수 있을 때 내려진다. 즉 법 조항이 여러 가지로 해석 가능한 경우 법 조항 자체는 그대로 둔 채 헌법에 어긋나지 않는 의미와 내용의 해석 범위를 정해 이 범위를 넘으면 위헌으로 보는 것이 '한정위헌결정'이다.

② 헌법불합치결정[81]

㉠ 의미

헌법불합치결정은 「헌법재판소법」 제47조 제1항에 정한 위헌결정의 일종으로서 심판대상이 된 법률(조항)이 실질적으로는 위헌이라 할지라도 그 법률(조항)에 대하여 단순위헌결정을 선고하지 아니하고 헌법에 합치하지 아니한다는 선언에 그침으로써 법 제47조 제2항 본문의 효력 상실을 제한적으로 적용하는 변형위헌결정의 주문형식이다.

㉡ 취지: 법적 생활의 안정, 권력분립 정신 존중

헌법불합치결정은 대상 법률의 위헌성을 확인하되 그 형식적 존속을 유지시키면서 입법자로 하여금 위헌성의 제거를 명하고, 입법자의 입법개선이 있기까지 국가기관으로 하여금 그 적용을 유보하게 하고, 개선된 신법의 적용을 명하는 원칙적 효력을 가진다. 법률이 헌법과 합치되지 아니한다고 선언된 경우 그와 같은 헌법불합치 상태는 하루빨리 법개정을 통하여 제거되어야 할 것이며, 불합치상태를 제거하기 위한 여러 가지 가능한 방법 중 어느 것을 선택할 것인가는 입법권자의 재량에 속하는 것이다.

㉢ 유형

헌법불합치결정의 핵심은 입법개선촉구이다. 하지만 헌법불합치 결정을 할 때 나타나는 유형은 다양하다. 아무 조건이 없이 효력을 중지시키는 단순 헌법불합치, 입법 개선이 이뤄질 때까지인 잠정적 적용 헌법불합치, 입법개선을 촉구하면서 입법기간 경과 시 효력 상실을 선고한 헌법불합치 등이 있다.

81) 해당 법률이 위헌 선고 즉시 무효화되면 법의 공백으로 사회적 혼란이 발생하거나 입법자의 입법형성권이 침해되는 부작용을 방지하기 위하여 위헌성이 확인된 법규범을 즉시 실효시키지 않고 일정 시한을 정해놓고 개정할 것을 결정하는 위헌심판을 말한다. 즉, 헌법불합치성을 선언함과 동시에 개선 입법이 시행될 때까지 형식적으로 존속시키면서 관련절차를 정지시키거나 잠정적으로 계속 적용하도록 하는 결정을 말한다(헌법재판소 홈페이지).

(3) 결정 효력

① 효력상실

헌법재판소는 결정일부터 14일 이내에 결정서 정본을 제청법원에 송달하여야 한다. 위헌으로 결정된 법률 또는 법률의 조항은 그 결정이 있는 날부터 효력을 상실한다. 다만, 형벌에 관한 법률 또는 법률의 조항은 소급하여 효력을 상실한다.

② 재심청구

위헌으로 결정된 법률 또는 법률의 조항에 의하여 유죄의 확정판결을 받은 자는 법원에 재심을 청구할 수 있다.

③ 기속력

헌법재판소의 법률에 대한 위헌결정은 법원 기타 국가기관 및 지방자치단체를 기속한다.

04 헌법재판소법 제68조 제2항에 의한 헌법소원: 위헌심사형 헌법소원

1. 의미

법률이 헌법에 위반되는 여부가 소송사건에서 재판의 전제가 되어 당사자가 법원에 그 법률의 위헌심판 제청을 신청하였으나 그 신청이 기각된 때에는 헌법재판소에 헌법소원심판을 청구할 수 있다. 이 경우 그 당사자는 당해 사건의 소송 절차에서 동일한 사유를 이유로 다시 위헌여부 심판의 제청을 신청할 수 없다.

2. 절차

(1) 위헌법률심판 신청의 기각(또는 각하)

소송계속 중 소송 당사자(청구인)가 법률이 헌법에 위반된다는 내용으로 법원에 대하여 위헌법률심판을 헌법재판소에 제청하여 줄 것을 신청하였으나 법원이 이를 받아들이지 않는 경우(기각 또는 각하), 청구인은 직접 헌법재판소에 위 조항의 위헌여부에 대한 헌법소원심판을 청구할 수 있다.

(2) 위헌법률심판절차에 따라 심리

이러한 헌법소원은 그 형식과 이름만이 헌법소원일 뿐이지 그 실질은 위헌법률심판과 마찬가지로 규범통제에 그 목적이 있는 것이기 때문에 원칙적으로 위헌법률심판절차에 따라 심판하게 된다. 따라서 문제된 법률이 법원의 재판의 전제가 되기만 하면 헌법소원을 청구할 수 있으며, 이 경우에는 그 법률에 의하여 당사자의 기본권이 침해되었는지 여부가 문제되지 않는다.

3. 요건

(1) 심판대상: 법률

(2) 재판의 전제성

(3) 법원의 위헌법률심판제청신청의 기각

(4) 헌법소원심판이지만 권리구제형 헌법소원심판 요건인 기본권 침해의 자기관련성, 직접성, 현재성, 보충성 원칙을 요하지 않는다.

4. 심판의 효력

(1) 헌법재판소법 제68조 제2항에 의한 헌법소원에 있어서 심판청구가 이유 있는 때

헌법재판소법 제68조 제2항에 의한 헌법소원에 있어서 심판청구가 이유 있는 때에는 헌법재판소는 심판의 대상이 된 법률 또는 법률조항이 위헌임을 선언하는 결정을 선고한다. 다만, 법률조항의 위헌결정으로 인하여 당해 법률 전부를 시행할 수 없다고 인정하는 때에는 그 법률 전부에 대하여 위헌결정을 할 수 있다.

(2) 결정효력

헌법재판소법 제68조 제2항에 의한 헌법소원심판에 있어서 헌법재판소의 인용결정은 법원을 포함한 모든 국가기관과 지방자치단체를 기속한다. 위헌으로 결정된 법률 또는 법률조항은 그 결정이 있는 날부터 효력을 상실한다. 다만, 형벌에 관한 법률 또는 법률조항은 소급하여 그 효력을 상실한다. 헌법재판소법 제68조 제2항에 의한 헌법소원이 인용된 경우에 그 헌법소원과 관련된 소송사건이 이미 확정된 때에는 당사자는 민사·형사·행정 등 사건 의 종류를 불문하고 재심을 청구할 수 있다. 또한 형벌법규에 대한 위헌결정은 소급효가 있으므로 그 헌법소원과 관련이 없는 형사사건일지라도 위헌으로 결정된 법률 또는 법률조항에 근거한 유죄의 확정판결에 대하여는 재심을 청구할 수 있다.

III 탄핵심판

01 생각 열기: 탄핵소추 + 탄핵심판

1. 민주적 파면제도

탄핵제도는 형벌 또는 징계절차로는 처벌하기 곤란한 정부 고위직 또는 특수직 공무원의 위법행위에 대한 민주적 파면제도이다. 일반적으로 탄핵소추는 국회가 하고 탄핵심판은 양원제 국가에서는 상원이 하며, 기타 국가에서는 탄핵심판소를 별도로 가지는 경우가 있으나 우리나라는 헌법재판소에 탄핵심판권을 부여하였다.

2. 탄핵소추 대상

현행 헌법에 의하면, 대통령 · 국무총리 · 국무위원 · 행정각부의 장 · 헌법재판소 재판관 · 법관 · 중앙선거관리위원회 위원 · 감사원장 · 감사위원 기타 법률이 정한 공무원이 그 직무집행에 있어서 헌법이나 법률을 위배한 때에는 국회는 탄핵소추를 행사할 수 있고 헌법재판소는 탄핵심판을 행사할 수 있다.

02 탄핵제도의 의미

탄핵제도는 형벌 또는 보통의 징계절차로는 처벌하기 곤란한 고위 공무원이나 특수한 직위에 있는 공무원(국회의원을 제외한 대부분의 고위공무원)이 맡은 직무와 관련하여 헌법이나 법률에 어긋나는 행위를 하였을 경우 국회가 그 공무원을 탄핵하기로 의결하면(탄핵소추), 헌법재판소가 재판을 통하여 그 공무원을 해당 공직에서 파면하는 제도로서, 이때 헌법재판소가 국회의 탄핵소추에 따라 그 공무원을 탄핵할 것인지 여부를 재판하는 것이 바로 탄핵심판이다.

03 탄핵심판 절차

1. 소추의결과 소추절차

(1) 탄핵소추 대상

대통령, 국무총리, 국무위원, 행정각부의 장, 헌법재판소 재판관, 법관, 중앙선거관리위원회 위원, 감사원장, 감사위원 기타 법률이 규정하는 공무원이 직무를 수행함에 있어서 헌법이나 법률을 위반하면 국회는 탄핵의 소추를 의결할 수 있다.

(2) 대통령 탄핵소추

대통령을 탄핵하고자 할 경우에는 국회재적의원 과반수의 발의와 재적의원 2/3 이상의 찬성으로 한다.

(3) 대통령 이외의 탄핵소추

대통령 이외의 자를 탄핵하고자 할 경우에는 국회재적의원 1/3 이상의 발의와 재적의원 과반수의 찬성으로 의결한다.

(4) 탄핵소추의 효과: 권한 정지

국회에서 탄핵소추의 의결이 있는 때에는 국회의장은 지체 없이 소추의결서 정본을 소추위원인 국회법제사법위원장에게 송달하고, 소추위원은 그 정본을 헌법재판소에 제출하여 심판을 청구한다. 탄핵소추의 의결을 받은 자는 헌법재판소의 심판이 있을 때까지 그 권한행사가 정지된다. 탄핵소추의결서는 본인에게도 보내지는데 본인이 의결서를 받은 때부터 헌법재판소의 탄핵심판결정이 있을 때까지 그는 권한을 행사할 수 없다.

2. 심판절차

탄핵심판은 변론을 열어 심리한다. 당사자가 변론기일에 출석하지 아니한 때에는 다시 기일을 정해야 하고, 다시 정한 기일에도 당사자가 출석하지 않으면 당사자의 출석 없이 심리할 수 있다.

3. 결정의 내용과 효력: 파면

탄핵심판청구가 이유 있는 때에는 헌법재판소는 당해 공직에서 파면하는 결정을 선고한다. 그러나 탄핵결정이 민사상 또는 형사상의 책임을 면해주는 것은 아니다. 탄핵결정으로 파면된 자는 결정선고일부터 5년간 공무원이 될 수 없다.

Ⅳ 정당해산심판

01 생각 열기

2013년 11월 박근혜 정부는 이석기 옛 통합진보당 의원 등의 내란음모 파문과 관련하여 통진당 해산심판 청구서 및 정당활동정지 가처분 신청서를 헌법재판소에 제출했다. 변론 기일이 2번째 열렸을 때 재판부는 증거조사 진행 방법으로 민사소송법을 준용키로 하였다. 이에 대해 통진당은 적법한 증거조사를 거친 증거만 증거능력이 인정되는 형사소송법을 준용해 증거를 엄격하게 제한해 달라는 요청을 했지만 법원은 이를 받아들이지 않았다.

02 정당해산심판제도의 의의

1. 의미

정당은 국민의 정치적 의사형성에 커다란 영향을 주기 때문에 그 목적·조직과 활동이 민주적이어야 하며, 헌법의 기본질서를 파괴하는 위헌정당은 해산되어야 한다. 정당해산심판은 어떤 정당의 목적이나 활동이 헌법이 정하는 민주적 기본질서, 예컨대 기본권의 존중, 권력분립, 의회제도, 복수정당제, 선거제도, 사유재산제도 등을 인정하지 아니하는 경우 정부의 청구에 의하여 그 정당을 해산할 것인지 여부를 심판하는 것이다.

2. 목적(취지)

정당해산심판권한을 헌법재판소에 부여한 취지는 헌법보장기능을 수행한다는 측면뿐만 아니라 정부의 자의적 판단으로부터 정당을 보호하기 위함이다. 정당해산심판제도가 올바른 정당을 보호·육성하는 것은 대의제민주주의를 뿌리내리게 하는 지름길이지만, 자유민주주의체제를 파괴하려는 정당까지 국가가 보호할 수는 없다. 정당을 보호하면서 동시에 이러한 위헌정당으로부터 자유민주주의를 지키기 위하여 정당을 오직 헌법재판에 의해서만 해산시킬 수 있도록 한 것이 정당해산심판제도이다

03 정당제도와 방어적 민주주의

1. 헌법의 기본제도

(1) 제도적 보장 의미: 헌법수준에서 제도를 보장하는 것, 입법부가 법률로 제도를 없앨 수가 없음

국가를 유지하기 위해 기반이 되는 법적, 정치, 경제, 사회, 문화적 제도를 헌법의 수준에서 보장하여 제도의 본질을 유지하는 것을 말한다. 헌법에 의하여 일정한 제도가 보장되면 입법자는 그 제도를 설정하고 유지할 입법의무를 지게될 뿐만 아니라 헌법에 규정되어 있기 때문에 법률로써 이를 폐지할 수 없고, 비록 내용을 제한한다고 하더라도 그 본질적 내용은 침해할 수 없다(95헌바48). 즉 헌법이 보장하는 제도이기 때문에 입법권으로는 제도를 삭제할 수가 없다.

(2) 제도보장의 유형

현행헌법이 보장하는 기본적 제도로는 구체적으로 어떠한 것이 있는가에 관해서는 견해가 대립하고 있다. 정당제도(복수정당제), 선거제도, 직업공무원제도, 지방자치제도, 교육제도, 군사제도, 혼인제도와 가족제도, 사유 재산제도 등이 있다.

① 기본권 보장 자체가 특정한 제도 보장이 되는 경우

예 재산권 보장과 사유재산제도 보장

② 기본권 보장을 위한 제도

㉠ 참정권을 보장하기 위한 선거제도

㉡ 교육을 받을 권리를 보장하기 위한 교육제도

③ 제도로 인해서 보장되는 기본권

예 복수정당제와 정당의 자유

2. 정당제도 : 헌법 제8조

오늘날 대의민주주의의 필수적 제도 중의 하나가 정당제도이다. 그 결과 현대국가를 정당국가로 부르기도 한다. 이런 경향을 반영하여 헌법 제8조는 "① 정당의 설립은 자유이며, 복수정당제는 보장된다. ② 정당은 그 목적・조직과 활동이 민주적이어야 하며, 국민의 정치적 의사 형성에 참여하는 데 필요한 조직을 가져야 한다. ③ 정당은 법률이 정하는 바에 의하여 국가의 보호를 받으며, 국가는 법률이 정하는 바에 의하여 정당운영에 필요한 자금을 보조할 수 있다. ④ 정당의 목적이나 활동이 민주적 기본질서에 위배될 때에는 정부는 헌법재판소에 그 해산을 제소할 수 있고, 정당은 헌법재판소의 심판에 의하여 해산된다"라고 규정하여 정당을 특별히 보호하고 있다.

04 정당해산절차

1. 정당의 목적이나 활동이 민주적 기본질서에 위배되는 경우 정부는 정당해산심판 청구

정부는 정당의 목적이나 활동이 민주적 기본질서에 위배되는 경우에는 국무회의의 심의를 거쳐 헌법재판소에 그 정당의 해산심판을 청구할 수 있다. 정당해산심판은 정부를 대표하는 법무부장관이 헌법재판소에 이러한 정당을 해산시켜 줄 것을 청구함으로써 시작된다. 정당해산심판청구에는 해산을 요구하는 정당의 표시와 청구의 이유를 기재한 청구서를 헌법재판소에 제출하여야 한다. 헌법재판소가 정당해산심판의 청구를 받은 때에는 그 사실을 국회와 중앙선거관리위원회에 통지하고 그 청구서의 등본을 피청구인에게 송달하여야 한다.

2. 가처분 : 정당활동 정지

청구를 받은 헌법재판소는 그 정당의 목적이나 활동에 비추어 헌법재판소의 심리기간 동안 그 정당이 활동하도록 놓아두는 것이 적당하지 않다고 판단하는 경우에는 청구인(정부)의 신청에 의하거나 스스로 종국결정이 선고될 때까지 그 정당의 활동을 정지하는 결정을 할 수 있다.

3. 결정의 효력

전원재판부에서 사건을 심리하며, 정당해산심판청구가 이유있는 때에는 헌법재판소는 정당의 해산을 명하는 결정을 선고한다. 정당의 해산을 명하는 결정이 선고된 때에는 그 정당은 해산된다. 정당의 해산을 명하는 헌법재판소의 결정은 중앙선거관리위원회가 정당법에 따라 집행한다. 중앙선거관리위원회는 그 정당의 등록을 말소하고 지체 없이 그 뜻을 공고하여야 한다. 해산된 정당의 재산은 국고에 귀속하며, 그 정당의 강령 또는 기본정책과 동일 또는 유사한 대체정당을 새로 만들지 못함은 물론, 다른 어느 정당도 해산된 정당과 같은 명칭을 사용하지 못한다.

V 권한쟁의심판

01 생각 열기

1. 국회의원의 법률안 심의 · 표결권은 헌법상의 권한으로서 국회의원 개개인에게 모두 보장된다. 그런데 이 사건 본회의의 개의절차에는 국회법 위반의 흠이 있어 청구인들은 이 사건 본회의에 출석할 기회를 잃었고, 이 사건 법률안의 심의 · 표결에도 참여하지 못했다. 따라서 피청구인의 행위로 인하여 청구인들의 법률안 심의 · 의결권이 침해되었음이 명백하다.

2. A 지방자치단체와 B 지방자치단체 사이에서 공유수면(바다) 중 일부 해역에 대한 관할권의 귀속에 대하여 다툼이 발생하였다. 이에 대하여 헌법재판소는 지방자치단체의 자치권이 미치는 관할구역의 범위에는 육지는 물론 바다도 포함되고, 국토지리정보원 발행의 국가기본도상의 해상경계선에 비추어 볼 때 이 사건 쟁송해역에 대한 관할권은 청구인 A 지방자치단체에게 있음을 확인하는 결정을 선고하였다.

02 권한쟁의심판의 개념: 권한의 존부 또는 범위에 관한 다툼을 해결

1. 권한쟁의심판 의의 및 필요성

헌법과 법률에 따라 일정한 권한과 의무를 가지고 있는 국가기관 상호 간에 그 권한과 의무의 내용에 대하여 다툼이 생기는 경우에는 국가기능이 마비될 염려가 있을 뿐만 아니라 국가권력 상호 간의 견제와 균형이 파괴될 위험성이 있으며, 이는 결과적으로 국민의 기본권 보장에도 중대한 위협이 될 수 있으므로 원활한 조정기능을 갖는 제도적 장치가 필요하다. 우리 헌법은 헌법재판소에 기관간의 권한쟁의심판권을 부여하여 헌법보장적 기능의 일부로서 국가기관 및 지방자치단체 상호 간의 권한의 존부 또는 범위에 관한 다툼을 해결토록 하고 있다.

2. 의미

권한쟁의심판이란 “국가기관 상호 간, 국가기관과 지방자치단체 간 및 지방자치단체 상호 간에 헌법상 또는 법률상 부여된 권한의 존부 · 범위 기타 권한을 둘러싸고 발생한 분쟁을 헌법재판소가 사법적 절차에 따라 유권적으로 판단 · 해결하는 심판”이라 개념 정의할 수 있다.

03 권한쟁의심판의 종류

1. 국가기관 상호 간의 권한쟁의심판

(1) **의미**: 국회, 정부, 법원 및 중앙선거관리위원회 상호 간의 권한쟁의

(2) **헌법재판소의 해석**: 열거규정(한정)이냐? 예시규정이냐?

① 열거규정의 입장
헌법재판소(90헌라1)는 헌법 제111조 제1항 제4호 및 헌법재판소법 제62조 제1한 제1호는 헌법재판소가 관장하는 국가기관 상호 간의 권한쟁의심판을 국회, 정부, 법원 및 중앙선거관리위원회 상호 간의 권한쟁의심판으로 한정하고 있으므로, 그에 열거되지 아니한 기관이나 또는 열거된 국가기관 내의 각급 기관은 비록 그들이 공권적 처분을 할 수 있는 지위에 있을지라도 권한쟁의심판의 당사자가 될 수 없으며 또 위에 열거된 국가기관 내부의 권한에 관한 다툼은 권한쟁의심판의 대상이 되지 않는다고 하였다. 따라서 국회의 경우 현행 권한쟁의심판제도에서는 국가기관으로서의 국회가 정부, 법원 또는 중앙선거관리위원회와 사이에 권한의 존부 또는 범위에 관하여 다툼이 있을 때 국회만이 당사자가 되어 권한쟁의심판을 수행할 수 있을 뿐이다.

② 열거규정의 입장에서 예시규정의 입장으로 변경
'국회의원과 국회의장간의 권한쟁의' 심판청구사건(96헌라2)에서 헌법재판소법 제62조 제1항 제1호가 국가기관 상호 간의 권한쟁의심판을 '국회, 정부, 법원 및 중앙선거관리위원회 상호 간의 권한쟁의 심판'이라고 규정하고 있더라도 이는 한정적 · 열거적인 조항이 아니라 예시적(例示的)인 조항이라고 해석하는 것이 헌법에 합치되므로 이들 기관 외에는 권한쟁의심판의 당사자가 될 수 없다고 단정할 수 없다. 헌법 제111조 제1항 제4호 소정의 '국가기관'에 해당하는지 여부는 그 국가기관이 헌법에 의하여 설치되고 헌법과 법률에 의하여 독자적인 권한을 부여받고 있는지 헌법에 의하여 설치된 국가기관 상호 간의 권한쟁의를 해결할 수 있는 적당한 기관이나 방법이 있는지 등을 종합적으로 고려해야 할 것이다. 이러한 의미에서 국회의원과 국회의장은 위 헌법조항 소정의 '국가기관'에 해당하므로 권한쟁의심판의 당사자가 될 수 있다.

2. 국가기관과 지방자치단체 간의 권한쟁의심판

(1) **정부와 특별시 · 광역시 또는 도 간의 권한쟁의**

(2) **정부와 시 · 군 또는 지방자치단체인 구**(이하 '자치구'라 한다) **간의 권한쟁의**

예 강남구청 공무원 월급 결정권한을 둘러싼 정부와 강남구 간의 권한쟁의

3. 지방자치단체 상호 간의 권한쟁의심판

(1) 특별시 · 광역시 또는 도 상호 간의 권한쟁의

예 서울시와 인천시 간 쓰레기 매립장 관리권한 유무 권한쟁의

(2) 시 · 군 또는 자치구 상호 간의 권한쟁의

(3) 특별시 · 광역시 또는 도와 시 · 군 또는 자치구 간의 권한쟁의

(4) 지방자치단체 내부적 분쟁은 권한쟁의 심판 불가

내부적 분쟁은 권한쟁의 심판대상이 될 수 없다. 즉 지방자치단체의 의결기관인 지방의회와 지방자치단체의 집행기관인 지방자치단체장 간의 내부적 분쟁은 지방자치단체 상호 간의 권한쟁의심판의 범위에 속하지 아니하고, 달리 국가기관 상호 간의 권한쟁의심판이나 국가기관과 지방자치단체 상호 간의 권한쟁의심판에 해당하지 않는다(2018헌라1). 예컨대 거제시 의회와 거제시장 간의 권한쟁의심판 청구는 각하된다. 또한 교육감과 해당 지방자치단체 상호 간의 권한쟁의심판은 '서로 상이한 권리주체' 간의 권한쟁의심판청구로 볼 수 없다(2014헌라1). 기관에 속한 개인은 위와 같은 청구를 할 수 없다.

04 권한쟁의심판 청구요건 및 절차

권한쟁의심판은 어느 국가기관 또는 지방자치단체(청구인)가 다른 국가기관 또는 지방자치단체(피청구인)에 의하여 행하여진 처분 또는 부작위(어떤 행위를 하여야 하는데도 불구하고 아무런 처분을 하지 아니하는 경우를 말한다)에 의하여 헌법 또는 법률에 따라 주어진 자기의 권한이 침해되었거나 침해의 위험이 대단히 크다는 사실을 주장하면서 헌법재판소에 그 권한이 누구에게 어느 정도 있는지 가려줄 것을 청구함으로써 시작된다. 즉 권한의 존부 또는 범위에 관하여 다툼이 있는 피청구인의 처분 또는 부작위가 헌법 또는 법률에 의하여 부여받은 청구인의 권한을 침해하였거나 침해할 현저한 위험이 있는 때에 한하여 청구할 수 있다.

05 결정 및 효력

결정의 내용은 심판대상인 관계기관의 권한의 존부 또는 범위에 관한 것이며, 결정선고 시 권한침해의 원인이 된 피청구인의 처분을 취소하거나 그 무효를 확인할 수 있고, 헌법재판소가 부작위에 대한 심판청구를 인용하는 결정을 한 때에는 피청구인은 결정취지에 따른 처분을 하여야 한다. 헌법재판소의 권한쟁의심판의 결정은 모든 국가기관과 지방자치단체를 기속한다. 그러나 국가기관 또는 지방자치단체의 처분을 취소하는 결정은 그 처분의 상대방에 대하여 이미 생긴 효력에는 영향을 미치지 아니한다. 처분의 취소로 인한 법적 혼란을 방지하려는 취지이다. 즉 이 경우에도 헌법재판소는 법적 안정성과 합목적성에 대해 고려한다.

VI 헌법소원심판

01 생각 열기

1. 시행규칙(행정입법)에 대한 헌법소원

갑은 찜질시설 목욕장을 운영하는 자이다. 보건복지가족부장관이 공중위생관리법 시행규칙을 통하여 22：00부터 05：00까지는 보호자를 동행하지 않은 청소년의 출입을 제한하자, 갑은 공중위생관리법 시행규칙이 자신의 기본권을 침해한다고 생각하면서 헌법재판소에 헌법소원심판을 청구하였다.

2. 처분에 대한 헌법소원

「공공기관의 정보공개에 한 법률」 제6조, 제9조, 제18조에 의하여 국민에게 불기소사건기록의 열람, 등사를 청구할 권리 내지 법에 정하여진 절차에 따라 그 허가 여부의 처분을 행할 것을 요구할 수 있는 법규상의 지위가 부여되었다. 그러므로 경찰서장의 수사기록사본 교부 거부처분은 행정소송의 대상이 된다 할 것이므로 직접 헌법소원심판의 대상으로 삼을 수 없다.

3. 시행령에 대한 헌법소원

을은 우안의 시력이 상실되었으나 좌안은 1.0의 시력을 가지고 있다. 취업을 위해 을이 제1종 운전면허를 취득하려 하였으나 도로교통법시행령 제45조에서 제1종 운전면허 적성 기준으로 양쪽 눈의 시력이 각각 0.5 이상일 것을 규정하고 있어서 운전면허를 취득할 수 없게 되자 해당 조항이 헌법에 위반된다면서 헌법소원을 청구하고자 한다.

4. 판결에 대한 헌법소원

C 사와의 부동산 관련 소송에서 패소한 병은 재판장이 자신의 변론 기회를 제대로 주지 않아 패소하게 되었다고 판단하고, 법원의 패소 판결로 인하여 자신의 기본권이 침해되었다면서 헌법소원을 청구하고자 한다. 하지만 우리나라는 법원의 판결에 대한 헌법소원은 위헌인 법률에 따라 재판을 하지 않은 이상 허용하지 않고 있다.

02 헌법소원심판의 의미 및 특징

1. 의미

헌법소원이란 공권력에 의하여 헌법상 보장된 국민의 기본권이 침해된 경우에 헌법재판소에 제소하여 그 침해된 기본권의 구제를 청구하는 제도이다.

2. 헌법소원심판제도의 역할

공권력의 남용으로부터 기본권을 구제함과 더불어 헌법질서 유지·수호적 기능[82]을 수행한다.

3. 변호사강제주의

헌법소원을 청구할 경우엔 반드시 변호사 자격을 갖춘 사람을 대리인으로 선임해야 한다.

4. 최후수단성(보충성)

헌법소원심판은 기본권을 침해받은 국민들을 구제해 주는 심판이기 때문에, 일반 국민이 헌법재판소에 헌법소원심판을 청구할 수 있음은 물론이다. 다만, 헌법소원을 청구함에 있어 유의하여야 할 것은, 최후의 권리구제수단이라는 헌법소원의 성격으로 인하여 헌법소원을 청구하기 전에 반드시 법률에 정해진 다른 구제절차를 밟아야 한다는 점이다. 따라서 헌법소원심판을 청구하기 전 다른 구제 방안이 있다면 그 방법을 먼저 거쳐야 되는 것을 '보충성'이라고 한다. 예컨대 검사의 불기소처분에 대하여 헌법소원을 청구하려면 먼저 검찰청법에서 규정하고 있는 대로 항고와 재항고의 절차를 밟아야 한다.

5. 헌법소원의 유형

(1) 헌법재판소법 제68조 제1항에 의한 헌법소원: 권리구제형 헌법소원

공권력의 행사 또는 불행사로 인하여 헌법상 보장된 기본권을 침해받은 자는 법원의 재판을 제외하고는 헌법재판소에 헌법소원심판을 청구할 수 있다. 다만, 다른 법률에 구제절차가 있는 경우에는 그 절차를 모두 거친 후가 아니면 청구할 수 없다. 국회의 입법권도 공권력 중의 하나이므로, 법률 그 자체가 직접적으로 기본권을 침해하고 있는 경우나 국회가 당연히 입법하여야 할 사항을 입법하지 않음으로써 기본권을 침해하고 있는 경우도 헌법소원의 대상이 된다.

(2) 헌법재판소법 제68조 제2항 헌법소원: 위헌심사형 헌법소원

두 번째 유형은 앞에서 이미 살펴본 위헌법률심사형 헌법소원이다. 헌법재판소법은 위와 같은 헌법소원 외에도 소송당사자가 법원에 재판의 전제가 되는 법률에 대하여 위헌법률심판의 제청신청을 하였음에도 법원이 이를 받아들이지 않은 경우 헌법재판소에 직접 문제된 법률의 위헌 여부에 대한 헌법소원심판을 청구할 수 있는 길을 열어 놓았다.

---

82) 위헌확인결정의 의미 : 헌법소원이 이유 있으나, 심판대상인 공권력 행사가 이미 종료되어 취소할 대상이 없을 때 당해 공권력의 위헌성을 확인하는 결정이다. 이미 종료된 공권력 행사의 위헌성을 명백히 선언하는 한편, 장차 동일·유사한 기본권 침해의 반복을 방지하는 의미가 있다.

⊙ 권리구제형 헌법소원과 위헌심사형 헌법소원의 절차 비교

절차		
법원 소송 중인 당사자 ⇨ 재판의 전제가 되는 위헌법률심판제청 ⇨ 법원 ⇨ 기각 또는 각하 ⇨ 위헌법률심사형 헌법소원	⇨	헌법재판소
누구나 ⇨ 공권력의 작위 또는 부작위로 인해 본인의 기본권의 '현재', '직접'적으로 침해가 되었을 때 ⇨ 다른 구제절차를 모두 거친 후 ⇨ 권리구제형 헌법소원		

⊙ 권리구제형 헌법소원과 위헌심사형 헌법소원 비교

구분	권리구제형 헌법소원	위헌심사형 헌법소원
심판의 본질 및 목적	권리구제, 예외적 규범통제	규범통제
기본권 침해 전제 여부	○	×
청구인	기본권 주체	기본권 주체, 공법인도 가능
대상	공권력 행사, 불행사	법률
요건	보충성, 현재성, 직접성, 자기관련성, 권리보호이익	재판의 전제성, 위헌법률심판제청신청 기각, 권리보호이익
결정 유형	각하, 기각, 인용	위헌법률심판과 동일

03 헌법재판소법 제68조 제1항: 권리구제형 헌법소원

1. 헌법재판소법 제68조 제1항

공권력의 행사 또는 불행사(不行使)로 인하여 헌법상 보장된 기본권을 침해받은 자는 법원의 재판을 제외하고는 헌법재판소에 헌법소원심판을 청구할 수 있다. 다만, 다른 법률에 구제절차가 있는 경우에는 그 절차를 모두 거친 후에 청구할 수 있다.

2. 심판대상: 공권력의 행사 또는 불행사

(1) 공권력의 행사 또는 불행사의 의미

청구의 대상이 되는 공권력(입법 · 사법 · 행정)의 행사 또는 불행사(국가기관이 어떤 행위를 하여야 하는데도 불구하고 이를 하지 아니하는 경우를 말한다)는 다음과 같다. 단 행정소송의 대상이 되는 행정처분에 대한 헌법소원은 받아들여지지 않는다. 또한 법원의 재판은 헌법소원의 대상이 되지 않는다. 다만 헌법재판소가 이미 위헌이라고 선언한 법령을 적용한 재판에 대하여서만 예외적으로 헌법소원이 허용된다.

(2) 보충성을 요하는 제도

헌법소원을 청구함에 있어 유의하여야 할 것은, 최후의 권리구제수단이라는 헌법소원의 성격으로 인하여 헌법소원을 청구하기 전에 반드시 법률에 정해진 다른 구제절차를 밟아야 한다.

3. 심판청구의 주체는 기본권 주체: 자연인, 사법인, 공법인은 예외

자연인은 물론 법인도 헌법소원을 청구할 수 있다. 헌법재판소의 다른 심판사항은 국회·정부·법원 또는 지방자치단체 등이 그 청구 주체가 됨에 비하여 헌법소원은 국민이 직접 심판청구의 주체가 되고 기본권 침해에 대한 직접적인 구제를 목적으로 하므로, 우리 헌법이 마련한 기본권 보장의 제도적 장치 중 핵심적인 것이다. 외국인은 제한되며, 공법인은 원칙적으로 권리구제형 헌법소원심판의 청구 주체가 될 수 없다. 그런데 외국인이나 공법인도 위헌법률심판이나 위헌법률심사형 헌법소원심판을 청구하는 데 있어서는 제한을 받지 않는다.

4. 청구 요건

공권력의 작위 또는 부작위로 인해 본인의 기본권이 '현재', '직접'적으로 침해가 되었을 때

(1) 헌법이 국민에게 보장하고 있는 기본적인 자유와 권리를 침해당하는 경우에 청구 '자기의' 기본권을 '직접' 침해당하고 있는 사람만이 청구할 수 있다.

① 자기관련성

공권력에 의하여 자기 자신의 기본권이 침해되어야 한다. 따라서 타인의 기본권이 침해되었다는 이유로는 헌법소원을 청구할 수 없다.

② 현재성

기본권이 현재 침해받고 있어야 한다. 그러므로 가까운 장래에 기본권이 침해될 우려가 거의 확실한 경우를 제외하고는 장래에 기본권의 침해가 있을 것으로 막연히 예상된다는 이유만으로 곧바로 헌법소원을 청구할 수 없다. 그리고 과거에는 기본권의 침해가 있었으나 현재에는 그 침해가 없어진 경우에도 원칙적으로 헌법소원을 청구할 수 없다.

③ 침해의 직접성: 법률인 경우

공권력에 의하여 기본권이 직접 침해되어야 한다. 이는 특히 국회가 만든 법률이나 하위 법령인 행정부의 명령·규칙에 의하여 기본권을 침해받았다고 하여 헌법소원을 청구하려는 경우 중요한 요건이다.

(2) 헌법소원의 보충성

① 보충성의 원칙 의미

㉠ 보충성의 원칙 적용 및 예외

보충성의 원칙이란 다른 법률에 구제절차가 있는 경우에는 헌법소원을 청구하기 전에 그 절차를 모두 거치고 난 이후에 권리구제형 헌법소원심판을 청구할 수 있다는 것을 말한다. 단, 사전에 구제절차를 거칠 것을 기대하기 어려운 사정이 있는 경우에는 예외적으로 곧바로 헌법소원을 청구하는 것이 허용되는 경우도 있다.

㉡ '다른 법률에 의한 구제절차'의 의미

'다른 법률에 의한 구제절차'란 행정심판, 법원의 재판뿐만 아니라 재판에 준하는 법원의 결정, 검찰의 결정 등이 여기에 모두 포함된다.

② 보충성의 원칙과 입법 작용

법령 자체로 인하여 직접 기본권을 침해당하고 있는 때에는 그 법령을 대상으로 곧바로 헌법소원을 청구할 수 있다. 실질적으로 보충성의 원칙을 고려할 여지가 없다.

③ 보충성의 원칙과 사법 작용

재판 자체로 인하여 기본권을 침해당한 경우에는 재판에 대한 권리구제형 헌법소원이 원칙적으로 금지되어 있다. 보충성의 원칙을 고려할 여지가 없다.

④ 보충성의 원칙과 행정처분

㉠ 보충성의 원칙을 엄격하게 요구함

보충성 원칙이 실질적으로 의미를 가지는 것은 행정처분이다. 하지만 행정처분은 행정쟁송제도라는 다른 구제절차가 있다. 이 구제절차를 거친 다음 권리구제형 헌법소원심판을 청구할 수 있다. 즉 행정처분의 경우에는 보충성의 원칙이 엄격하게 요구된다. 다만 보충성을 충족한 경우에는 재판이 권리구제형 헌법소원심판의 대상이 되기 때문에 행정처분에 대한 권리구제형 헌법소원심판을 청구할 수 없다.

㉡ 보충성의 예외로 대부분 인정

보충성의 원칙의 예외로 인정되는 행정처분이 권리구제형 헌법소원심판의 대상이 될 수 있는 가능성이 높다.

5. 심판의 효력

(1) 종국결정의 유형

헌법소원심판의 종국결정에는 심판청구가 부적법한 경우에 하는 각하결정, 심판청구가 이유없는 경우에 하는 기각결정, 심판청구가 이유 있는 경우에 하는 인용결정 3가지가 있다. 헌법재판소법 제68조 제1항에 의한 헌법소원심판에 있어서 심판청구가 이유 있는 때에는 헌법재판소는 침해된 기본권과 침해의 원인이 된 공권력의 행사 또는 불행사를 특정하고, 그 공권력의 행사를 취소하거나 그 불행사가 위헌임을 확인하는 결정을 선고한다. 이 경우에 헌법재판소는 그 공권력의 행사 또는 불행사가 위헌인 법률 또는 법률조항에 기인한 것이라고 인정될 때에는 당해 법률 또는 법률조항이 위헌임을 선언할 수 있다.

(2) 헌법재판소의 인용결정의 효력

헌법재판소법 제68조 제1항에 의한 헌법소원심판에 있어서 헌법재판소의 인용결정은 모든 국가기관과 지방자치단체를 기속한다. 특히 공권력의 불행사에 대하여 헌법재판소가 헌법소원을 인용하는 결정을 한 때에는 피청구인은 그 결정의 취지에 따라 새로운 처분을 하여야 한다.

MEMO

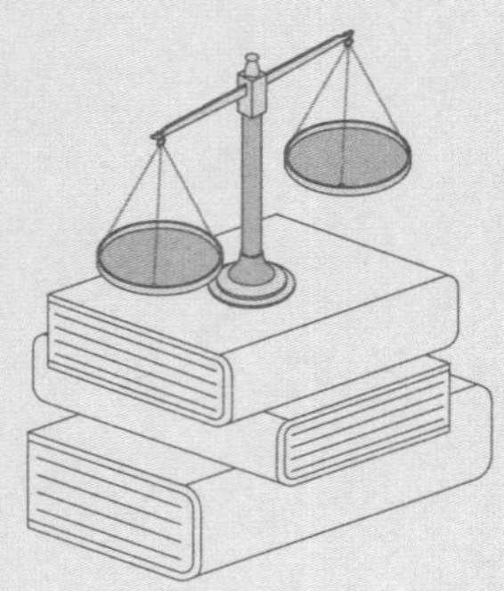

Part

03

행정법

Part 03 행정법 한눈에 살펴보기

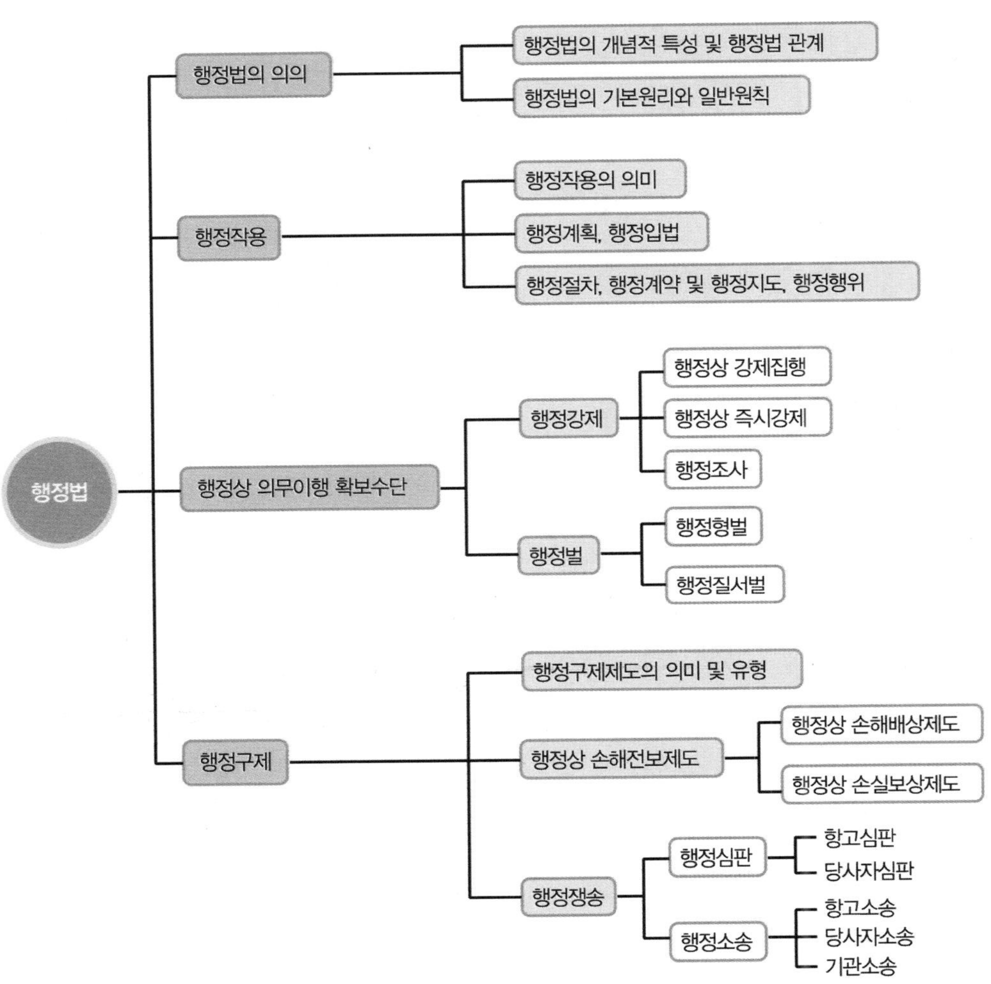

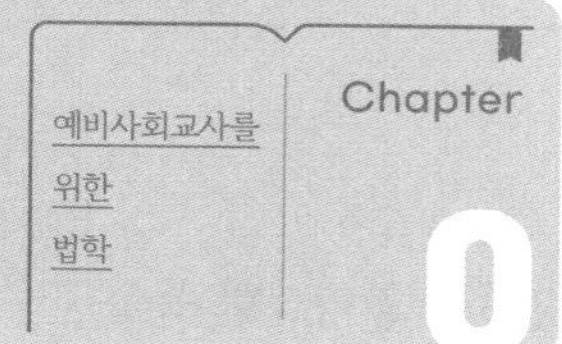

01 행정법 의의

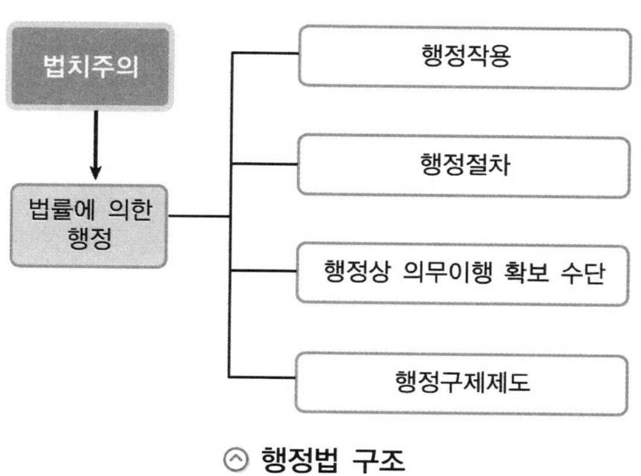

⊙ 행정법 구조

I 행정법의 특성

01 생각 열기

1. 법치행정: 법률에 의한 행정

통치권한 중 하나인 행정권의 역할은 국가의 공적인 업무를 광범위하게 수행한다. 이 업무를 수행할 때 스스로 규칙과 계획을 만들어 집행하지만, 국민의 권리를 제한하고, 의무를 부과하는 경우에는 국회가 만든 법률에 따라 행해져야 한다. 예컨대 의료복지사업, 도로 및 도시계획, 교육정책, 경제정책, 국방, 치안 등 무수히 많은 행위를 한다.

2. 행정목적 달성을 위해 국민의 협력 필요 ⇨ 법에 따른 행정작용 등으로 기본권의 제한(법률유보), **협력 확보를 위한 의무이행 확보 및 행정상 강제**

이런 행위를 하기 위해서 국가는 국민의 협조를 필요로 하게 된다. 국민으로부터 각종 세금을 거두고, 4대 보험 등에 가입하도록 하며, 특허나 허가 등을 통해서 일을 하도록 한다. 이와 같은 국민으로부터의 협조는 국민의 재산과 자유를 제한할 수 있다는 점에서 법률에 따라 집행해야 한다. 또한 이런 집행은 국민들이 신뢰할 수 있도록 권한을 남용하지 말아야 하며 평등하게 이루어져야 한다.

3. 통치권 행사 ⇨ 통치권 남용 ⇨ 국가배상 및 손실보상, 행정쟁송제도

이런 집행과정에서 국민들의 협조가 제대로 이루어지지 않을 때에는 민주적 정당성과 공익실현 등을 근거로 국민들의 협력을 강제할 수 있다. 이와 같은 힘이 남용되거나 위법한 경우에는 국민의 자유와 권리를 침해할 수도 있다. 또한 의도하지 않았음에도 국민의 자유와 권리를 침해할 수 있다. 이런 경우를 위해 국가배상 및 손실보상, 행정쟁송제도 등을 두고 있다.

4. 행정법 구조

행정법은 민주주의 원리, 복지주의 원리, 법치주의 원리 등에 근거하고 있다. 행정법에 담겨 있는 각종 원리들은 법치주의 원리에 따라 구현되고 있는데, 예컨대 경찰관 직무집행법이 있다. 이 법은 행정법 구조에 토대를 두고 만들어졌다.

5. 행정법은 행정법률들을 총칭하는 것이고, 행정법 구조는 개별 행정법들의 틀이다.

행정법은 행정에 관한 통일된 실정법의 이름이 아니다. 대한민국 부속법령에 행정법이라는 이름은 없다. 행정법은 다양하고 많은 개별 행정법규들을 총칭해서 부르는 용어다. 행정법 구조는 학문적으로 행정법 총론에 해당한다. 개별 행정법규들을 관찰해 보았더니 공통된 기본적인 골격을 발견하였다. 그 골격이 바로 행정법의 구조이고, 법학적으로는 행정법 총론이라는 표현을 쓴다. 따라서 행정법 총론은 개별 행정법률들의 공통된 기본 구조를 그 내용으로 한다. 주의할 것은 이론적으로 총론이 있어도 행정법 총칙은 법전 상에 존재하지 않는다. 예컨대 민법은 민법총칙이 있지만, 행정법이라는 제목의 법이 없고 총칙도 없다.

02 행정법의 개념적 특성 및 행정법 관계

1. 행정법의 의미

(1) 행정에 관한 조직, 작용 및 구제 등에 관한 국내 공법

행정법이란 행정상 법률관계의 변동을 중심으로 행정에 관한 조직, 작용, 구제 등을 다루는 국내 공법을 말한다.

① 행정조직(국가, 지방자치단체)

② 행정작용(행정주체의 대외적 활동)

③ 행정상 법률관계

④ 행정상 의무이행 확보

⑤ 행정구제(행정쟁송, 행정상 손해배상 · 손실 보상 청구)

(2) 공법으로서 행정법

공법이라는 것은 사법과 성질을 달리하는 것으로 공법과 사법의 구별에 관해서는 많은 학설들이 있지만 대체적으로 공법은 공익실현에 관한 법인 점에서 사법과 기본적으로 구별된다. 즉, 공법은 공익추구라는 차원에서 공익과 공익, 사익과 사익, 사익과 공익을 조절하는 것을 내용으로 한다면 사법은 분쟁이 생긴 사익 상호 간의 조절을 그 내용으로 한다.

2. 행정법의 특성

살펴본 바와 같이 행정법은 단일의 법제로 나타나지 않고 무수히 많은 개별법으로 구성되어 있음에도 불구하고 그 전체를 특징짓는 공통의 원리가 인정됨으로서 통일적인 법체계를 갖는다. 이 같은 통일적인 법체계로서의 행정법은 다른 법과 구별되는 특성을 갖는다. 행정법의 특성은 행정법의 형식, 성질, 내용적인 측면에서 살펴볼 수 있다.

(1) 형식상의 특성

① 성문성
행정법은 행정작용의 공공성으로 인해 다수의 개인에 대한 획일적 · 강행적인 규율을 원칙으로 한다. 따라서 개인의 권리 · 의무에 대한 일방적인 규율의 내용을 명확히 하여 장래를 예측가능하게 하고, 법적 생활의 안정성을 도모하기 위하여 성문법주의를 원칙으로 하고 있다.

② 다양성: 다양한 내용 및 형식으로 존재
행정법을 이루는 성문법은 권력분립의 원칙에 입각하여 국회에서 제정되는 법률의 형식을 취하는 것이 원칙이다. 하지만 그 법률은 행정 분야마다 개별법으로 만들어진다. 그리고 행정법은 현대 복지국가의 복잡 다양한 행정현상을 규율하기 위하여 법률 · 명령 · 국제법규 · 규칙 · 조례 · 규칙 등 다양한 형식으로 존재한다.

(2) 성질상의 특성

① 획일성 · 강행성: 평등하게 적용되고, 강제적이다.
행정법은 보통 다수의 국민을 대상으로 하여 일정한 행정목적의 실현을 위하여 개개인의 의사 여하를 불문하고 획일적 · 강행적으로 규율한다. 이 같은 점에서 행정법의 규율내용은 정형화되는 경향이 있다. 이러한 점에서 사적자치의 원칙에 따라 당사자의 자유의사를 존중하게 다루는 사법에 비하여 특색을 나타낸다. 행정법의 획일성 · 강행성은 행정주체에게도 똑같이 적용된다.

② 기술성 · 수단성: 행정목적을 달성하기 위한 합목적적 내용 기술
행정법은 공익의 실현이라는 행정목적을 실현하기 위하여 그 수행과정에서 나타날 수 있는 충돌 또는 그에 대한 피해를 최소화하기 위하여 기술적 · 절차적 규정을 그 구성요소로 많이 가진다.

(3) 내용상의 특성

① 행정주체의 우월성
행정법은 행정주체(국가 · 지방자치단체 등)에게 국민 · 주민에 대하여 일방적으로 명령 · 강제를 행하고 여러 가지의 법률관계를 발생 · 변경하는 힘을 승인하고 있는데 이를 공권력이라 한다. 행정법은 이러한 공권력의 행사를 행정주체가 자의적으로 하지 못하도록 함과 동시에 공권력의 행사에 우월한 효력을 부여함으로써 행정주체의 우월적 지위를 인정하고 있다.

② 공익우선성
행정법은 사인간의 이해 · 조절을 목적으로 하는 것이 아니라 국가, 사회, 국민(주민) 등의 이익 증진을 목적으로 하는 것이기 때문에 내용적으로 공익을 당연히 우선하게 된다.

③ 집단성 · 평등성
행정법은 일반적으로 불특정 다수인을 그 규율대상으로 하며, 이들에게 법적 평등을 보장해주어야 한다.

3. 행정법관계: 행정법에 의해 규율되는 관계

(1) 행정법관계의 의미[83)]

행정법관계는 행정법에 의해 규율되는 관계로, 행정주체를 일방당사자로 하는 모든 법률관계를 말한다. 광의로는 행정조직법적 관계와 행정작용법적 관계를 포함하나, 협의로는 행정작용법적 관계만을 의미한다.

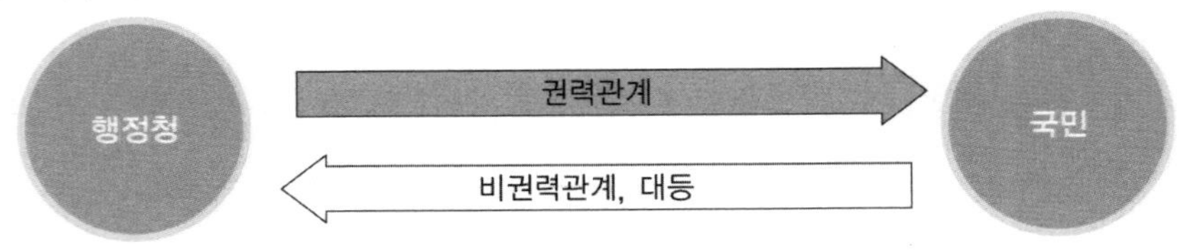

⊙ 행정법 관계

(2) 공법관계와 사법관계

행정법관계에서 중심은 공법관계이지만, 사법관계의 양상도 나타난다. 이 경우에 사법을 준용해서 문제를 해결하게 된다.

구분	공법관계	사법관계
사적자치적용 여부	부적용, 법치주의	적용
재판관할	행정소송	민사소송
제소기간의 제한	제척기간의 제한이 있음	기간제한이 없음
강제력	자력집행력	법원을 통한 타력강제

83) 공법상 사실행위란 일정한 법적 효과의 발생을 목적으로 하는 것이 아니라 교량의 건설, 도로의 청소와 같이 직접 어떠한 사실상의 효과, 결과의 실현을 목적으로 하는 행정작용을 말한다. 공법상 사실행위는 아무런 직접적인 법효과를 갖지 않으나 무의미한 것은 아니다. 공법상 사실행위는 법질서에 부합해야 하고 위법한 경우에는 행정소송을 통한 제거 내지 손해배상청구권의 문제를 발생시킨다.

(3) 행정법관계(권력관계 · 공법관계)의 특징

① 원인

법률에 근거한 행정처분(행정행위)에 의해 행정법관계(권력관계 · 공법관계)가 성립한다.

② 특징(효력)

㉠ 법적합성: 법률에 의한 행정

공익적 요구에 부응해야 하는 행정은 원칙적으로 엄격한 법적 기속을 받는다. 즉 법치행정원리상 행정의사는 법에 적합하여야 한다.

㉡ 공정력

행정행위에 성립상의 하자가 있어도 그 하자가 중대 · 명백하여 당연 무효가 되는 경우를 제외하고는 권한 있는 기관이 취소하기까지는 일응 유효한 것으로 잠정적인 추정을 받아 행정기관 및 법원, 당사자와 제3자를 구속하여 그 효력을 부인할 수 없는 효력을 말한다.

㉢ 확정력: 신속하게 확정함으로써 다툼을 제한

행정행위가 유효하게 성립하여 발하여진 경우에 행정행위를 존속시키게 되는데 이를 확정력이라고 하고, 불가쟁력과 불가변력으로 구분한다. 불가쟁력은 행정행위에 대하여 쟁송기간이 경과하거나, 쟁송수단을 모두 거친 경우에는 그 행정행위의 효력을 다툴 수 없다는 것을 의미한다. 불가변력은 행정행위에 하자가 있거나 사후에 사정변경을 이유로 행정행위를 취소 및 변경할 수 없는 효력을 말한다.

㉣ 강제력: 의무이행확보

강제력은 행정행위에 의하여 부과된 의무를 상대방이 이행하지 않는 경우에 행정청이 스스로의 힘에 의해 강제로 의무이행을 실현시키는 힘인 자력집행력과 행정법상 부과된 의무위반에 대하여 행정벌을 부과할 수 있는 제재력을 말한다.

㉤ 권리의무 특수성: 변동이 제한 받는 공권이자 의무

행정법관계에서 있어서 권리와 의무는 사법적 관계와 같이 대립적인 것은 아니다. 행정법관계의 권리인 공권은 개인적 이익뿐만 아니라 공익에 합치되도록 행사할 의무가 있다. 이런 의미에서 공권은 동시에 의무가 된다. 공권은 사권과 달리 이전이나 양도의 제한 및 금지, 포기 등이 금지된다.

(4) 권리구제수단의 특수성

① 행정상 손해전보

행정작용으로 인하여 피해가 발생한 때에는 행정상 손해배상 또는 손실보상의 방법을 통해 구제받을 수 있다.

② 행정쟁송: 행정심판, 행정소송

(5) 행정작용법적 관계

행정주체와 국민간에 형성된 권리 · 의무관계를 말하며, 이는 행정상의 공법관계와 행정상의 사법관계로 구별된다.

① 권력관계: 행정주체의 우월성 전제
행정주체가 우월한 공권력의 주체로서 행하는 법률관계를 말한다. 행정주체의 우월성으로 인하여 공정성 · 강제성 · 확정성 등과 같은 특수한 효력이 인정된다. 그리고 권력관계는 집행에 있어서 반드시 법적 기속을 요구한다는 점에서 사법관계와 구별된다.

② 관리관계: 공익적 사업, 실질적으로 사법관계이지만 공법관계
관리관계는 행정주체가 공권력의 주체가 아닌 사업 또는 재산의 관리주체로서 특정한 공공복리의 실현을 위하여 공적 재산 · 사업을 관리 · 경영하는 관계를 말한다. 예컨대 공공사업(철도, 우편, 수도 등), 공공시설(학교, 병원, 요양원) 등의 경영 등이다.

③ 행정상 사법관계(국고관계): 사법적 거래
행정상 사법관계에는 공공성과 무관한 물품계약등과 같은 활동과 행정주체가 행정목적을 달성하기 위하여 사법(私法)형식을 빌어 수행하는 경우로 나눠볼 수있다. 전자는 물품계약, 공사도급계약 같은 것이 있다. 후자에는 쓰레기처리사업, 보조금 지급과 같은 급부행정과 관련된 것이다.

(6) 행정조직법적 관계: 권력관계

① 행정조직 내부관계
주로 권한에 관한 관계이다. 예컨대 상급관청과 하급관청간의 위임 · 지휘 · 감독 등의 관계, 대등관청간의 협의 및 사무위탁 등의 관계, 기관위임사무에 관한 중앙기관과 지방자치단체의 관계 등이다.

② 행정주체 상호 간의 관계
독립된 기관간의 관계이다. 국가와 지방자치단체간의 인 · 허가 등의 감독관계, 지방자치단체 상호 간의 협의 · 사무위탁, 조합설립 등의 관계이다.

이상의 행정상 법률관계를 표로 정리하면 다음과 같다.

⊙ 행정법관계

<table>
<tr><td rowspan="6">행정법 관계</td><td rowspan="2">행정상 법률관계</td><td rowspan="4">공법관계</td><td>행정조직 내부관계</td><td rowspan="2">권력관계
(공무원과 정부)</td></tr>
<tr><td>행정주체 상호 간의 관계</td></tr>
<tr><td rowspan="4">행정작용법적 관계</td><td colspan="2">권력관계(국민과 정부)</td></tr>
<tr><td>관리관계(공기업)</td><td rowspan="3">비권력관계</td></tr>
<tr><td rowspan="2">사법관계</td><td>협의의 사법관계</td></tr>
<tr><td>행정사법관계</td></tr>
</table>

Ⅱ 행정법의 기본원리 및 일반원칙

01 행정법의 기본원리

1. 행정법의 기본원리 의의: 헌법을 구현하는 것이 행정법

행정법은 헌법이 정해놓은 기본 틀에 부합해야만 한다. 행정법의 기본원리란 헌법이 정하는 원리와 질서를 바탕으로 도출된다. 행정법은 헌법 이념과 사상을 바탕으로 국가행정을 집행하는 것을 목적으로 하고 있기 때문에 헌법상 기본원리인 법치국가의 원리, 민주국가원리, 사회국가원리가 행정법의 주요 원리가 된다. 이 외에도 학자들에 따라 다양한 원리를 제시하고 있지만 여기에서는 앞서 언급한 원리들만을 살펴본다.

2. 민주국가원리

민주국가원리란 자유와 평등, 치자와 피치자의 동일성을 내용으로 하며, 국민 개개인의 자유 위에 모든 국민의 평등을 전제로 하여 국민 개개인이 자기의 가치를 실현해 나가는 것을 보장하고 지원하는 국가원리를 의미한다.

3. 권력분립의 원리

행정부는 집행권을 담당한다. 원칙적으로 입법권과 사법권은 행사할 수 없다. 따라서 법률에 의한 집행을 담당한다. 다만 현대사회가 복잡해지면서 효율적인 집행을 위해 행정입법과 같은 입법작용을, 행정벌과 같은 사법작용을 할 수 있게 되었다.

4. 법치국가의 원리

법치국가의 원리란 모든 국가적 활동과 국가공동체 생활은 의회가 제정한 법률에 근거를 두고 법률에 따라 이루어지며 국민이 모든 국가권력의 행사가 법률로써 예측할 수 있고 정의의 이념에 근거하고 정의의 실현을 추구하는 국가원리를 뜻한다.

5. 사회국가원리(복지국가원리)

사회국가원리란 모든 국민에게 인간의 존엄에 적합한 기본적 생활 수요를 충족시킴으로써, 이를 바탕으로 문화적인 생활을 영위할 수 있도록 하는 것이 국가의 책임일 뿐만 아니라, 이를 국가에 요구할 수 있는 국민의 권리가 인정되어 있는 사회국가를 실현하려는 국가적 원리를 뜻한다.

6. 법치행정의 원리

행정법을 규율하는 핵심적인 가치는 '법치행정'이다. 행정법은 이런 '법치행정의 원리'를 근간으로 구성된다.

(1) 취지(목적)

이는 권력분립주의를 전제로 하여 자유민주주의사상을 기반으로 성립하는 법치국가에서의 행정에 관한 기초 원리이다. 즉, 국회에서 제정하는 법률을 근거로 하여 행정을 하게 함으로써 국회가 행정에 대하여 우월적 지위를 갖게 하여 행정의 자의(恣意)를 방지하고 국민의 자유와 권리를 보장하려는 데 그 취지가 있다.

(2) 의미

법치행정의 원칙이란 국민의 대표 기관인 의회가 제정하는 법률에 따라 행정작용이 이루어져야 하며, 아울러 행정작용에 의해 침해된 국민의 권리를 구제하기 위한 사법심사 제도가 보장되어야 한다는 것을 의미한다. 법치행정의 원칙은 법률우위의 원칙 및 법률유보의 원칙 등을 포함하고 있다. 법률우위의 원칙이란 모든 행정작용은 그를 규율하는 법률에 위배되어서는 안 되는 것을 의미한다. 그 예로 자치사무에 대한 조례제정권의 범위를 규정한 지방자치법 제22조 본문을 들 수 있다. 법률유보의 원칙이란 행정권의 발동에는 법적 근거가 있어야만 한다는 것을 의미한다. 그 예로 주민에게 부담이 되는 조례제정권을 규정한 지방자치법 제22조 단서, 즉 "주민의 권리제한 또는 의무부과에 관한 사항이나 벌칙을 정할 때에는 법률의 위임이 있어야 한다"를 들 수 있다. 헌법 제37조에서도 국민의 모든 자유와 권리는 법률로써 제한할 수 있다고 하여 기본권을 제한하는 경우에는 중요 사항으로 인정하여 일반적으로 이 원칙이 적용됨을 규정하고 있다.

02 행정법의 일반원칙[84)]

개별 규정(특별법)으로만 사안을 처리할 수 없는 경우에는 일반원칙(일반법)을 적용하여 문제가 되는 사안을 해결한다.

1. 신의성실과 권리남용금지의 원칙

민법 제2조에는 "권리행사와 의무이행은 신의에 좇아 성실히 하여야 한다. 권리는 남용하지 못한다"라고 규정하여 신의성실 및 권리남용금지의 원칙을 규정하고 있다. 이는 거의 대부분의 법에서 일반원칙으로 인정되고 있다. 행정절차법 제4조에서는 "행정청은 직무를 수행함에 있어서 신의에 따라 성실히 하여야 한다"라고 '신의성실의 원칙'을 규정하고 있다.

84) 일반법과 특별법의 관계를 생각해 보기 바란다.

2. 평등원칙(= 자기구속의 법리)

(1) 평등원칙의 의미

헌법 제11조를 근거로 하는 평등의 원칙은 행정작용에 있어서 특별한 합리적 사유가 없는 한 행정객체인 국민을 공평하게 처우하여야 한다는 원칙을 말한다.

(2) 평등원칙을 근거로 한 행정의 자기구속의 법리

행정의 자기구속이란 행정청이 상대방과의 관계에서 동종사안에 대해 제 3자에게 행하였던 결정의 기준에 구속되는 법리를 말한다. 즉, 동종사안에 있어서는 동일한 판단을 하여야 한다는 것을 말한다.

(3) 평등원칙 위반효과

행정청이 평등원칙을 위반했을 때 그 행위나 처분은 위헌, 위법, 취소가능한 것이 된다.

3. 비례원칙

행정법상의 비례원칙은 헌법상 법치국가의 원리에서 나오는 헌법원칙이며, 헌법 제37조 제2항은 그 근거가 된다. 비례원칙은 광의로는 행정작용에 있어서 그 목적 실현과 수단 사이에 합리적인 비례관계가 유지되어야한다는 것을 의미한다. 협의로는 공익상 필요와, 권리나 자유의 침해 사이에 적정한 비례가 유지되어야 한다는 원칙을 말한다.

4. 신뢰보호의 원칙

신뢰보호의 원칙이란 행정기관의 어떤 행위의 정당성이나 존재에 대하여 국민이 신뢰한 경우 그 신뢰가 보호할만한 가치가 있다면 그 신뢰를 보호해 주어야 한다는 원칙을 말한다.

5. 부당결부금지의 원칙

부당결부금지의 원칙이란 행정기관이 행정작용을 함에 있어 그 행정작용을 실질적인 관련이 없는 반대급부와 결부시켜서는 안 된다는 것을 말한다.

Chapter 02 행정작용

⊙ 행정작용

협의의 행정작용	권력적 행정작용	행정행위	권력관계, 공정, 강제, 확정
	비권력적 행정작용	행정계약	정부의 경제적 활동
		행정지도	비권력적 행위, 물가지도, 생활지도
행정계획			행정재량
행정입법			법규명령(기속), 행정규칙(재량)
행정절차			청문회

I 행정작용의 의의

01 생각 열기

행정작용은 행정주체가 국민에 대한 대외적인 활동을 말한다. 즉 국가 · 지방자치단체 · 정부투자기관(영조물법인 · 특수법인) · 공공조합 등의 행정주체가 행정목적을 달성하기 위하여 행하는 모든 법률적 작용과 사실적 작용을 의미하는 것이다. 행정작용은 이루어지는 행위형식에 따라 행정입법, 행정행위, 행정계획, 행정계약, 행정지도 등으로 나눌 수 있다. 또한 행정작용의 목적 내지 행정작용이 규율하는 사항에 따라 경찰행정, 급부행정, 규제행정, 공용부담, 재무행정, 군사행정 등으로 분류할 수 있다. 행정작용에는 법률에 따라 대국민을 상대로 강제적 동원을 하는 행위도 있고, 또 일을 하기 위해서 스스로 필요한 물품을 구입하는 행위도 있다. 또한 법률을 구체화하여 시행하고, 내부의 규칙을 만들어 공무를 수행하도록 하기도 한다. 민간의 다양한 영역에서 감독과 지도를 하기도 한다. 행정부가 하는 다양한 행위들을 행정작용이라고 하는 것이다. 최소 국가에서는 국민의 사회 · 경제생활에 대한 행정권의 개입은 필요한 최소한도에 그쳤기 때문에 치안유지와 질서유지 등에 한정되었다. 그러나 현대 복지국가에서는 행정권은 사회 · 경제 · 문화의 모든 영역에 적극적으로 개입하고 있기 때문에 질서유지, 지역개발, 생활환경의 정비, 교통 · 통신수단의 정비, 공익사업의 경영, 경제활동의 규제 · 조성 · 조정, 사회보장, 문화적 역무의 제공 등 다양한 분야에 걸쳐 작용하고 있다.

02 행정작용 의미: 집행작용(법규와 계획을 만들어 법률에 따라 집행)

행정작용을 순서대로 살펴보면 행정청이 무엇인가를 하기 위해서 계획을 세우고(행정계획), 근거를 만들고(행정입법), 절차를 만들어(행정절차), 행위(행정행위, 계약이나 지도)를 하게 되는 것이 일반적이다. 여기서 행정작용은 이런 과정을 모두 포괄하는 의미로 제시되었다. 즉, 포괄적 의미로 행정작용을 정의하면 행정부가 행하는 집행작용이다. 이와 같은 행정작용은 집행부의 기본적 행위인 집행행위, 즉 행정행위를 하고, 그 이외에도 법률에 따른 구체적인 집행을 위해 행정입법을 제정하고, 국가발전을 위한 다양한 집행계획에 해당하는 행정계획을 수립하고, 공적인 업무를 위해 다양한 행정계약을 체결하고, 공적인 목적 달성과 사회 안정을 위해 행정지도 등을 내용으로 한다. 이와 같은 각종 작용은 일정한 행정절차에 따라 이루어지도록 한다.

PART 03

II 행정작용의 유형

01 행정계획

행정계획이란 행정주체가 일정한 행정활동을 위한 목표를 설정하고, 서로 관련되는 행정 수단의 종합·조정을 통하여 목표로 설정된 장래의 일정한 시점에 있어서의 일정한 질서를 구현하기 위한 구상 또는 활동기준 설정행위를 말한다. 예 국토종합계획, 도시 관리 계획, 주택계획, 교육계획 등

02 행정입법

행정입법이란 행정주체가 일반적·추상적인 규범을 정립하는 작용을 의미한다. 행정입법으로는 법규명령과 행정규칙이 있다.

1. 법규명령: 법률로부터 위임을 받은 규범

법규명령은 법률상 수권에 의하여 행정권이 정립하는 일반적·추상적 규범으로 일반국민 및 법원에 대하여 법규로서의 효력을 갖는다. 이는 법률이나 상위 법규명령에 근거에 따라서 만들어지는 것으로, 만약 법률이 법규명령에 포괄적으로 위임하는 것은 헌법위반이 된다. 법규명령의 내용은 주로 국민의 권리 및 의무와 관련되는 것들이다. 따라서 법규명령을 제정할 때 국민의 안정된 법 생활을 충분히 고려해야 한다. 법규명령에는 위임명령과 집행명령이 있다. ⇨ 대통령령, 국무총리령, 부령, 규칙, 조례 등

2. 행정규칙 : 공무원의 직무 준칙

법규명령이 행정주체와 국민 간의 관계를 규율하는 법인 반면에 행정규칙은 행정 조직 내부에서 적용되기 위하여 제정된 것이다. 행정규칙이란 행정조직 내부를 통제하거나 특별행정법관계 내부에서의 사무처리의 지침을 정하거나 공무원의 근무에 관한 규칙을 정하기 위하여 법령상 근거와 무관하게 발해지는 일반적 · 추상적 명령을 말한다. 법령상 근거를 필요로 하지 않는 점, 국민이나 법원을 구속하지 않는 점에서 법규명령과 구분된다. 따라서 행정규칙을 위반한 행정작용의 경우에는 대외적으로 위법한 것이 되지 않고, 다만 행정조직 내부에서만 문제가 될 뿐이다. ⇨ 현실적으로는 행정규칙 중 국민의 권리와 의무에 관한 사항을 규율하는 경우가 많아 법적인 문제가 된다.

3. 행정입법에 대한 견제

(1) 권력분립의 원칙

권력분립 원리는 국가권력을 그 성질에 따라 여러 국가기관에 분산시킴으로써 권력 상호 간의 견제와 균형을 통해 국가권력의 남용을 방지하고 국민의 기본권을 보장하기 위한 통치구조상의 조직원리를 말한다. 로크(J. Locke), 몽테스키외(C. Montesquieu) 등에 의하여 이론적으로 완성된 원리로서 절대 권력은 절대적으로 부패한다는 진리에 가까운 공리에 그 이념적 기초를 두고 시작되었으며, 국가권력이나 국가기능의 분리 · 독립을 직접적 내용으로 하지만, 궁극적 목적은 국민의 자유와 권리를 보장하는 데 있다. 우리 헌법은 이 원리에 기초하여 법원이 행정입법을 견제할 수 있도록 명령 · 규칙을 심사할 권한이 있다. 또한 명령이 처분적 성격을 가질 경우 행정소송 중 항고소송의 대상이 될 수 있다.

(2) 법원의 심사권한의 근거

헌법 제107조 제2항은 "명령 · 규칙 또는 처분이 헌법이나 법률에 위반되는 여부가 재판의 전제가 된 경우에는 대법원은 이를 최종적으로 심사할 권한을 가진다"라고 규정하고 있다. 동 규정에 따르면 일반적인 재판절차에 의하여 구체적 규범통제의 방법을 하도록 명시하고 있으므로, 당사자는 구체적 사건의 심판을 위한 선결문제로서 위 규정의 위법성을 주장하여 법원에 대하여 당해 사건에 대한 적용 여부의 판단을 구할 수 있을 뿐이다.

03 행정절차

1. 행정절차의 의미 및 기능

행정절차법 제1조에는 "행정절차에 관한 공통적인 사항을 규정하여 국민의 행정 참여를 도모함으로써 행정의 공정성 · 투명성 및 신뢰성을 확보하고 국민의 권익을 보호함을 목적으로 한다"라고 규정하고 있다. 행정절차는 행정을 하는 데 거치는 모든 절차를 의미하는 것이지만 좁은 의미로는 행정의사결정을 위한 1차적 결정절차를 의미한다. 이와 같은 행정절차는 국민주권의 내실화, 행정의 민주화, 합리화, 효율화, 예측 가능성의 확보와 법적 분쟁의 사전 예방의 측면에서 법치주의의 실현 등의 기능을 한다. 또한 행정의 정당성을 확보하는 기능을 수행한다.

2. 행정절차법의 주요 내용

(1) **사전통지**

당사자에게 의무를 부과하거나 권리를 제한할 경우 미리 당사자에게 그 내용을 통지한다.

(2) **의견청취**

행정을 하기 전에 당사자나 이해관계인의 의견을 청취하는 것으로 청문, 공청회, 의견제출의 방법 등이 있다.

(3) **기록열람 및 이유부기**

(4) **행정절차의 하자**: 절차상의 하자가 발생한 경우 위법하다.

04 행정계약 및 행정지도

1. 행정계약

행정계약이란 행정주체가 직접 또는 간접으로 행정목적을 수행하기 위하여 사인 또는 다른 행정주체와 체결하는 계약을 의미한다. 예 시·도 간의 도로 건설 및 유지비용에 관한 합의, 지방 전문직 공무원의 채용계약 등

2. 행정지도

행정지도란 행정주체가 일정한 행정목적을 실현하기 위하여 사인 등 행정의 상대방에 대하여 일정한 행위를 하게 하거나 하지 말도록 임의적 협력을 유도하는 비권력적 사실행위를 의미한다. 행정지도는 비권력적인 행위이므로 행정지도에 따르지 않는다고 하여도 행정지도가 강제되거나 그것만을 근거로 불이익이 주어지지는 않는다. 예 물가 단속, 영농 지도, 쓰레기 처리물 지도

05 행정처분(행정행위)

1. 행정처분(행정행위)의 의미 및 특질

(1) **의미**

일반적으로 행정행위[85]란 행정청이 법률을 근거로 구체적 사실에 관해서 행하는 권력적·단독적 공법행위를 말한다. 행정행위란 학문상의 개념이고 실무상으로는 처분, 행정처분이라는 개념이 사용되고 있다. 즉 행정처분이란 행정청이 공익을 위하는 우월한 지위에서 권력적이고 단독적으로 법률에 따라 구체적인 사실에 관해서 법적 의사표시를 하는 것을 의미한다.

---

85) 대부분의 행정행위, 즉 행정처분은 행정소송의 대상이 되고, 헌법소원의 보충성으로 인해 행정소송을 통한 권리구제절차를 거치지 아니하면 헌법소원을 제기할 수 없다.

이와 같이 행정처분은 권력관계를 형성하는 행위라는 점에서 엄격하게 법치주의에 따라 이루어져야 한다. 또한 행정처분은 다른 법률관계와 다른 특수한 효력(공정력, 구속력, 강제력)을 가진다.

(2) 행정처분의 유형

행정처분의 유형은 여러 가지 기준에 따라 나눌 수 있다. 하지만 여기에서는 이해의 편의를 고려하여 내용에 따라 살펴보도록 하겠다.

① 하명
하명이란 행정청이 일반국민에게 작위, 부작위, 수인, 급부 등을 명하는 것을 말한다. 예컨대 위법건축물철거명령, 야간통행금지, 전염병 예방접종, 세금부과처분 등이 있다.

② 허가
허가란 행정청이 법률에 의해 일반적으로 금지(부작위의무)를 특정한 경우에 해제하여 적법하게 일정한 행위를 할 수 있도록 자유를 회복시켜 주는 행정처분을 말한다. 예컨대 건축허가, 음식점 영업허가 등이 있다.

③ 면제
면제란 국민에게 가해진 일반적인 작위・수인・급부의무 등을 특정한 경우에 해제하는 행위를 말한다. 예컨대 병역면제, 조세감면 등이다.

④ 특허
특허란 특정의 상대방에게 권리와 능력들에 대해서 포괄적으로 설정해 주는 행위를 말한다.

(3) 특질

① 법률적합성
행정처분은 공권력의 발동으로 행정청의 권력적 단독행위이다. 따라서 법적 근거가 있어야 하고, 그 내용도 법에 적합하여야 한다.

② 공정성
행정처분은 그 성립에 비록 하자[86]가 있더라도 그것이 중대・명백하여 당연무효가 되지 않는 한 잠정적인 효력이 인정된다. 따라서 권한 있는 기관이 취소하기 전까지는 유효한 행위로 그 상대방은 물론이고 다른 국가기관이나 제3자를 구속하는 효력을 가진다.

③ 확정성(존속성)
행정처분이 집행에 미치는 영향을 고려하여 쉽게 행정처분을 변경시키지 못하도록 하는 것이 확정력이다. 확정력에 따라 쟁송기간이 경과했거나 심급을 모두 거친 경우에는 행정처분에 대해 더 이상 다툴 수 없게 되고(불가쟁력), 처분청일지라도 행정처분을 임의로 취소・변경하지 못하는 효력(불가변력)을 내용으로 한다.

---

86) 행정처분이 성립하기 위한 적법・유효요건을 갖추지 못한 것을 의미한다.

④ 자력강제성(실효성)

자력강제성은 행정행위에 의해 부과된 의무를 이행하지 않는 경우 실효성을 담보하기 위하여 행정주체가 법원이 힘을 빌리지 않고 자력으로 그 이행을 강제시키거나 제재를 가하는 속성을 말한다.

⑤ 권리구제의 특수성

위법·부당한 행정처분으로 인해 권리·이익을 침해받은 자는 민사소송과는 다른 행정쟁송에 의하여 구제를 받는다. 또한 적법한 공권력의 행사를 통해 재산권을 침해받은 자를 구제하기 위한 손실보상제도와, 위법한 행정활동을 통해 손해를 받은 자를 구제하기 위한 국가배상제도가 있다.

2. 행정처분의 적법요건

행정처분이 적법한 것으로서 사인에 대하여 효력을 갖기 위해서는 성립과 효력발생에 필요한 일정한 요건을 갖추어야 한다.

첫째, 주체에 관한 요건으로 정당한 권한을 가진 행정청이 그 권한 내의 사항에 관하여 정상적인 의사에 따라 행해야 한다.

둘째, 내용에 관한 요건으로 법률상·사실상 실현 가능하고, 객관적으로 명확히 확정되고, 적법 타당하여야 한다.

셋째, 절차에 관한 요건으로 법령이 소정의 절차를 규정하고 있을 때에는 이를 이행하여야 한다.

넷째, 형식에 관한 요건으로 행정처분이 요식행위인 경우에는 소정의 형식을 갖추어 행해져야 한다.

다섯째, 외부적 성립요건으로 외부에 표시되어야 한다.

3. 행정처분의 효력

행정처분으로 행정상 법률관계(권력관계)가 만들어진다.

Chapter 03 행정상 의무이행확보수단

<table>
<tr><th>구분</th><th colspan="3">행정목적의 실현을 위한 목적</th></tr>
<tr><td rowspan="8">전통적 수단</td><td rowspan="6">〈행정강제〉
• 직접적 수단
• 장래의무이행
• 이행상태조성</td><td rowspan="4">행정상 강제집행
(의무불이행)</td><td>대집행: 대체적 작위의무</td></tr>
<tr><td>집행벌: 비대체적 작위·부작위 의무</td></tr>
<tr><td>직접강제: 모든 의무</td></tr>
<tr><td>행정상 강제징수: 금전급부의무</td></tr>
<tr><td colspan="2">행정상 즉시강제: 의무 전제 ×, 긴박성, 결과실현목적</td></tr>
<tr><td colspan="2">행정조사: 의무 전제 ×, 긴박성 ×, 보조수단</td></tr>
<tr><td rowspan="2">〈행정벌〉
• 간접적 수단
• 과거의무위반 제재</td><td colspan="2">행정형벌: 형법의 형벌</td></tr>
<tr><td colspan="2">행정질서벌: 과태료</td></tr>
<tr><td rowspan="2">새로운 수단</td><td colspan="3">비금전적 제재: 공급거부, 공표, 관허사업의 제한 등</td></tr>
<tr><td colspan="3">금전적 제재: 과징금, 가산세, 부당이득세, 가산금 등</td></tr>
</table>

I 행정상 의무이행확보수단의 의의

01 생각 열기

정해진 곳에 주차를 자발적으로 하지 않아 도로가 혼잡해진 경우 행정청은 어떻게 해야 할까? 세금을 내지 않는 사람들에 대해서 행정청은 어떤 조치를 취해야 할까? 불법적으로 영업을 하거나 건축물을 개조하는 경우에 행정청은 어떻게 해야 할까? 당연히 행정청은 도로를 단속하고, 세금을 강제로 징수하고, 영업을 폐쇄하고, 건축물을 불법적으로 개조한 사람들에 대한 일정한 조치를 취해야 할 것이다. 이와 같이 행정법에서 정해 놓은 것을 자발적으로 지키지 않는 경우에 대해 행정청이 강제할 수 있는 힘이 없다면 공익을 위한 각종 활동을 실현할 수 없다. 행정목적을 달성하기 위해서는 국민에게 명령·금지 등과 같은 행정처분 등을 통해 일정한 의무가 행정객체에게 부과된다. 이런 의무가 부과될 경우 행정객체가 적극적으로 협력을 하지 않으면 행정목적을 달성하기 어려울 것이다. 이런 이유로 마련해 놓은 제도가 행정상 의무이행확보수단이다. 이 수단에는 일단 의무를 이행하도록 하는 방법, 이행하지 않은 것에 대한 처벌적 방법 등이 있다. 즉 그 의무를 스스로 이행하지 아니하거나 위반하는 경우에 행정주체가 국민의 신체·재산 등에 직접·간접으로 실력을 행사하여 행정목적을 달성하는 것이 행정상 의무이행확보수단이다.

02 행정상 의무이행확보수단 의미 및 유형

1. 행정상 의무이행확보수단의 의미

행정상 의무이행확보수단 혹은 행정의 실효성 확보수단이란 행정목적의 달성을 위해서 국민이 그 의무를 스스로 이행하지 아니하거나 위반하는 경우, 행정주체가 국민의 신체·재산 등에 직·간접적으로 실력을 행사하여 행정목적을 달성하는 것을 말한다.

2. 행정상 의무이행확보수단의 유형

전통적으로 행정상 의무이행확보수단은 직접적인 의무이행확보수단인 행정강제와 간접적인 의무이행확보수단인 행정벌로 구분하고, 행정강제는 의무불이행에 대한 의무이행확보수단으로서의 강제집행과 의무불이행과는 관계없이 목전의 급박한 장해제거를 목적으로 하는 즉시강제로 구분하는 것이 일반적이었다. 이와 같은 전통적인 수단 이외에도 과징금부과, 공급거부, 명단공표 등과 같은 새로운 제재수단이 등장하였다.

II 행정강제

01 행정강제의 의미 : 행정상 강제집행, 즉시강제, 행정조사

행정강제라 함은 행정목적을 달성하기 위하여 개인의 신체 또는 재산에 실력을 가함으로써 행정상 필요한 상태를 실현시키는 행정청의 작용을 말한다. 이는 행정상 강제집행과 행정상 즉시강제, 행정조사로 다시 나눌 수 있다. 행정상 강제집행은 '의무의 존재와 그 불이행'을 전제로 한다. 하지만 행정상 즉시강제는 '의무의 존재와 그 불이행'을 전제로 하지 않는다. 행정상 강제집행은 장래에 향하여 의무의 이행을 강제하는 것이다. 하지만 행정벌은 과거의 의무위반에 대한 제재를 말한다.

02 행정상 강제집행 : 의무불이행을 전제로 함

1. 의미

행정상 강제집행이란 행정법상 개별·구체적인 의무의 불이행이 있는 경우에 행정권이 의무자의 신체 또는 재산에 직접 실력을 가하여 그 의무를 이행하거나 또는 그 의무가 이행된 것과 같은 상태를 실현하는 작용을 의미한다. 행정상 강제집행은 대집행, 집행벌, 행정상 강제징수, 직접강제 등으로 구분된다.

2. 대집행 : 대체집행과 비용청구

대집행이란 타인이 대신하여 행할 수 있는 의무의 불이행이 있는 경우 다른 수단으로써 그 이행을 확보하기 곤란하고 그 불이익을 방치함이 심히 공익을 해할 때, 당해 행정청이 불이행된 의무를 스스로 행하거나 제3자로 하여금 이행하게 하고 그 비용을 의무자로부터 징수하는 것을 말한다. 대체적 작위 의무를 위반하는 경우에 부과된다. ⇨ 무허가건물철거의무

3. 집행벌 : 의무이행 확보를 위한 심리적 강제 방안

집행벌이란 의무불이행시 일정 금액의 금전적 불이익을 부과함으로써 의무자의 의무이행을 확보하기 위한 강제수단이다. 비대체적 작위의무 및 부작위 의무를 위반한 경우에 부과된다. ⇨ 이행강제금

4. 행정상 강제징수

행정상 강제징수란 사인이 국가 또는 지방자치단체에 대해 부담하고 있는 공법상 금전급부의무를 불이행한 경우에 행정청이 강제적으로 그 의무가 이행된 것과 같은 상태를 실현하는 작용을 말한다. 급부의무를 위반한 경우에 부과된다. ⇨ 독촉, 재산압류

5. 직접강제 : 실력 행사

직접강제란 행정상 의무의 불이행에 대해 직접 의무자의 신체나 재산에 실력을 행사하여 의무이행을 확보하는 수단을 말한다. 모든 유형의 의무 위반에 대해 부과할 수 있다. ⇨ 무허가영업소 강제폐쇄

03 행정상 즉시강제 : 긴박성, 의무불이행을 전제로 하지 않음

행정상 즉시강제란 목전에 급박한 행정상 장애를 제거하기 위해서는 미리 의무를 명할 시간적 여유가 없는 경우나 그 성질상 의무를 명하여서는 행정목적을 달성하는 것이 곤란한 때에 행정기관이 직접 개인의 신체나 재산에 실력을 가해 행정상 필요한 상태를 실현시키는 작용을 말한다. ⇨ 경고, 억류, 피난, 강제건강진단, 강제격리, 흉기나 위험물 영치, 수색 및 검사

04 행정조사 : 행정을 위한 정보 수집

행정조사는 적정하고도 효과적인 행정을 위해 행정기관이 행정에 관한 자료 · 정보를 수집하기 위하여 행하는 사실행위로서의 조사 작용을 말한다. 이런 행정조사는 즉시강제와 같은 긴급성을 요하지 않는다.
⇨ 불심검문(다수설), 식품검사, 질문

III 행정벌

01 행정벌의 의미: 의무위반, 행정형벌 및 행정질서벌

행정벌이란 행정청이 명한 각종 의무를 위반한 자에 대한 제재로서의 벌을 말하며, 상대방인 국민에게 미리 심리적 압박을 가함으로써 간접적으로 의무 이행을 확보하는 수단으로서의 의미를 가진다. 행정벌은 '과거의무위반'에 대해 가해지는 수단이다. 행정벌에는 행정형벌과 행정질서벌이 있다.

02 행정형벌

행정형벌은 직접적으로 행정목적을 현실적으로 침해한 행위에 대해서 형벌을 부과하는 수단이다.

03 행정질서벌

행정질서벌은 보고・신고・서류비치・장부기재의무위반 등 '간접적'으로 행정상 질서에 장해를 줄 위험성이 있는 행위에 대하여 부과하는 수단이다. 행정형벌은 형벌을 부과하지만 행정질서벌은 과태료를 부과한다.

⊙ 행정형벌과 행정질서벌의 비교

구분	행정형벌	행정질서벌
대상문제	직접적이고 현실적인 침해행위	간접적으로 행정질서에 장해를 줄 위험성이 있는 행위
적용되는 벌	형법총칙상 9종의 형	과태료
형법총칙 적용 여부	적용	적용 안 됨
고의 및 과실	고의과실에 대한 처벌	고의 및 과실 불문
처벌절차문제	형사소송법	비송사건절차법

Chapter 04 행정구제

수단	구제제도	
사전적 구제제도	행정절차	
	옴부즈맨 제도: 사전적 · 사후적 성격 ⇨ 국민권익위원회	
	청원: 사전적 · 사후적 성격	
	기타: 정당방위(사전적 · 직접적 구제제도), 직권시정	
사후적 구제제도	손해전보 (실체법적 구제)	손해배상: 위법한 행정작용 구제, 공무원의 불법행위, 영조물 설치관리하자로 인한 손해배상
		손실보상: 적법한 행정작용으로 인한 손실
	행정쟁송 • 절차법적 구제 • 원상회복 목적 • 공권력을 다툼	행정심판: 항고심판(취소, 무효 등 확인, 의무이행), 당사자심판
		행정소송: 항고소송(취소, 무효 등 확인, 부작위위법), 당사자소송, 민중소송, 기관소송
	기타	형사책임, 공무원의 징계책임, 헌법소원

I 행정구제의 의의

01 생각 열기: 공권력 침해로부터 구제

행정구제는 행정주체의 행정작용으로 자신의 권리나 이익을 침해당한 자가 행정기관이나 법원에 대하여 원상회복 · 손해전보 또는 당해 행정작용의 시정을 요구하는 사후구제절차와 위법 · 부당한 행정작용을 예방하기 위하여 행하는 행정작용에 대한 사전구제를 말한다.

02 행정구제제도의 의미 및 유형

1. 의미

행정구제란 행정권의 행사에 의해 침해된 국민의 권익에 대한 구제해 주는 것을 말한다. 이에 관한 법이 행정구제법이며, 이에 관한 제도가 행정구제제도이다.

2. 사전 · 사후 구제제도 : 사후구제제도가 중요

행정절차, 옴부즈맨 제도, 청원 등과 같이 공권력의 침해, 손해 및 손실 발생을 예방하는 사전적 구제제도가 있다. 하지만 무엇보다 중요한 것은 사후구제제도이다. 사후구제제도에는 원상회복을 목적으로 공권력을 대상으로 하는 행정쟁송제도와 손해를 전보를 손해배상 및 손실보상 제도를 두고 있다.

II 사전적 구제제도

01 의미

사전적 구제제도는 공권력의 침해, 손해 및 손실 발생을 예방하기 위한 것이다. 사전적 구제제도로는 행정절차, 옴부즈맨 제도, 청원 등이 있다.

02 청원

청원은 국민이 국가나 지방자치단체에 대해 불만 또는 희망을 진술하고 시정을 구하는 것을 말한다. 청원을 수리한 기관은 심사 · 처리의무와 결과의 통지의무를 지닌다. 하지만 청원을 반드시 실현해줘야 할 의무는 행정청에 없다.

03 옴부즈맨 제도

옴부즈맨 제도는 스웨덴에서 채택되어 세계 각국으로 일반화된 제도이지만 우리나라는 옴부즈맨 제도를 인정하고 있지 않다. 옴부즈맨 제도는 의회에서 옴부즈맨을 임명하여 직권이나 국민의 신청에 의해 공공기관의 활동을 감시 · 감독함으로써 국민의 자유와 권리를 보호하려는 제도이다. 비록 우리나라의 경우 옴부즈맨 제도를 인정하고 있지는 않지만 민원처리제도나 고충민원처리제도와 같이 비슷한 기능을 하는 제도를 두고 있다.

04 행정절차

행정절차는 이해관계인을 행정과정에 참여시켜 행정의 투명성과 행정운영의 민주적 통제를 기하며, 행정처분에 관한 의견이나 참고자료제출을 인정함으로써 행정의 적정성 · 타당성 · 신중성을 확보한다는 점에서 사전구제절차로서의 의의를 지닌다.

III 행정쟁송제도

01 생각 열기

1. 행정심판과 행정소송 중 어느 쪽이 구제에 신속할까?

우리나라의 현행 행정쟁송제도에 따르면, 행정청의 위법한 부작위로 인해 권리나 이익을 침해당한 국민은 '행정심판'을 제기할 수도 있고 '행정소송'을 제기할 수도 있다. 그런데 행정심판에서는 일정한 처분을 하도록 할 수 있지만, 행정소송에서는 그 부작위가 위법하다는 것을 확인할 수 있을 뿐이다. 일반적으로 소송은 권리 구제의 최후 수단이자 가장 강력한 수단이지만, 행정청의 부작위에 대한 행정소송은 행정심판에 견주어 권리 구제를 충분히 하지 못한다는 면이 있는데, 이는 행정소송 제도가 헌법상 국가통치기관들 간의 관계를 규제하는 권력분립의 원칙(원리)의 제약을 받기 때문이다. 이 원칙은 헌법이 추구하는 최고의 궁극적 목적인 기본권 보장을 위한 수단으로서 필수적인 제도적 장치라고 여겨지므로, 이 원칙의 제약으로 말미암아 행정소송의 권리 구제 기능이 어느 정도 제한되는 것도 그 나름대로 정당화될 수 있다. 그러나 행정청의 위법한 부작위에 대한 소송상의 구제가 위법 확인에 그치지만은 않는다. 행정청의 부작위 자체를 소송으로써 문제 삼는다면 그 위법성을 확인받을 수 있지만, 그 부작위로 말미암아 생긴 손해는 따로 국가배상소송(손해배상)을 제기해서 배상받을 수 있다.

2. 다음 사례를 읽고 행정청의 불허처분을 다툴 수 있는 행정심판 및 행정소송 유형을 생각해 보자.

(1) 사례

갑(甲)은 주유소 건축을 위한 요건을 갖추고 허가를 신청하였는데, 인근 주민의 반대 시위가 잇따르자 관할 행정청은 갑(甲)에게 지역 주민의 동의서를 제출할 것을 요구하였다. 갑(甲)은 주민의 동의서를 받고자 화해를 시도하였지만 주민의 완강한 반대로 인하여 동의서를 받는데 실패하였다. 이에 행정청은 주민의 동의서를 제출하지 않았다는 이유로 불허가처분을 하였다.

(2) 해설

당연히 항고심판이나 항고소송이다. 구체적으로 말하면 불허처분에 대해 취소심판 및 의무이행 심판, 취소소송 등을 제기할 수 있다. 허가는 기속행위이므로 신청인이 요건을 갖추고 있는 경우에는 행정청은 허가를 해주어야 하며 법이 정한 사유 이외의 사유를 들어 허가를 거부하는 것은 위법이다.

02 행정쟁송의 의의: 공권력 대상, 원상회복

행정쟁송은 행정법관계에 있어서 공권력을 대상으로 당사자의 청구에 의하여 심리, 판정하는 심판절차를 말한다. 이런 행정소송은 행정구제의 의미도 있지만, 법치행정과 권력분립 실현과 관련되어 있다는 점에서 행정통제기능을 지니고 있다. 행정쟁송은 공권력을 대상으로 원상회복을 다투는 것이다. 이런 원상회복이 불충분할 경우에 손해전보제도를 통해 보완된다.

03 행정심판

1. 행정심판의 의의

(1) 행정심판의 의미 : 위법 또는 부당한 행정처분

행정심판은 위법 또는 부당한 행정처분 기타 공권력의 행사, 불행사로 인하여 권리 또는 이익을 침해당한 자가 원칙적으로 처분 행정청의 상급행정청에 대하여 문제가 되는 행정처분과 공권력의 행사에 대하여 취소, 변경, 무효 등을 확인 또는 일정한 처분을 구하는 쟁송절차를 말한다(행정심판법 제3조).

(2) 행정심판의 의의 : 반성기회, 전문지식 활용, 간단함

이런 행정심판은 행정청에 스스로 반성의 기회를 제공한다. 또한 행정심판은 행정소송에 비해 전문적 지식을 활용하여 짧은 시간에 구제를 할 수 있다는 장점이 있다.

2. 행정심판의 유형

행정심판에는 크게 항고심판(취소, 무효 등 확인, 의무이행)과 당사자심판으로 나눌 수 있다.

(1) 취소심판

행정청의 위법 또는 부당한 처분의 취소 또는 변경을 구하는 심판을 말한다.

예 영업정지처분취소청구심판, 과징금부과처분취소청구심판

(2) 무효 등 확인심판

행정청의 처분의 효력 유무 또는 존재 여부에 대한 확인을 하는 심판을 말한다.

예 운전면허 취소처분 무효 확인 청구심판, 건축허가처분무효 확인청구심판

(3) 의무이행심판

행정청의 위법 또는 부당한 거부처분이나 부작위에 대하여 일정한 처분을 하도록 하는 심판을 말한다. 의무이행심판은 항고소송에는 인정되지 않는 쟁송유형이다. 그 이유는 권력분립 정신 때문이다.

예 영업허가이행청구심판

(4) 당사자 심판

당사자 심판이란 행정법관계의 형성 또는 존부에 관하여 분쟁이 있는 경우에 일방당사자가 타방당사자를 상대방으로 행정기관에 그 재결을 구하는 행정심판을 말한다. 예 토지수용성립의 확인재결

3. 과정 및 절차

절차는 '재결청(행정기관)에 접수 → 행정심판위원회에 회부 → 재결'이라는 과정을 거친다.

04 행정소송

1. 행정소송의 의미 및 종류: 항고소송, 당사자소송, 기관소송, 민중소송

행정청의 위법한 처분이나 부작위로 인한 국민의 권리나 이익구제를 위해 제기되는 소송을 말한다. 행정소송은 항고소송, 당사자소송, 기관소송, 민중소송의 4가지로 규정되어 있다.

2. 항고소송

항고소송이란 행정청의 위법한 처분이나 부작위에 의하여 권리・이익을 침해당한 자가 그 위법을 다투기 위하여 제기하는 소송을 말한다. 항고소송은 취소소송, 무효 등 확인소송, 부작위 위법확인소송 등을 포함한다.

(1) 취소소송

취소소송이란 행정청의 위법한 처분을 취소 또는 변경하는 소송을 말한다. 예 영업정치처분취소청구소송

(2) 무효 등 확인소송

무효 등 확인소송이란 행정청의 처분 등의 효력유무 또는 존재 여부를 확인하는 소송을 말한다.
예 과세처분무효확인소송

(3) 부작위 위법확인소송

부작위 위법확인소송이란 행정청이 당사자의 신청에 대해 상당한 기간 내에 일정한 처분을 하여야 할 법률상의 의무가 있음에도 불구하고 이를 행하지 않는 경우, 그 부작위가 위법함의 확인을 구하는 소송을 말한다.

3. 당사자소송

당사자소송은 행정청의 처분 등을 원인으로 하는 법률관계에 관한 소송과 그 밖에 공법상 법률관계에 관한 소송으로서 그 법률관계의 한쪽 당사자를 피고로 하는 소송을 말한다. 예컨대 국가공무원인 갑은 비위사실로 면직처분을 받자 면직이 무효라고 주장하면서 여전히 공무원으로서의 권리와 의무를 지니고 있다는 공무원의 지위 확인을 구하는 행정소송을 제기하고자 한다. 예 연금자격 확인, 주거이전비 보상청구소송

4. 민중소송

민중소송은 국가 또는 공공단체 등이 법률에 위반되는 행위를 한 경우에 직접 자기의 법률상 이익과 상관없이 그 시정을 구하기 위하여 제기하는 소송을 말한다. 예 선거소송, 환경소송

⊙ 선거소송과 당선소송

구분	선거소송	당선소송
제소 사유	선거의 효력(전부나 일부무효)에 관하여 이의가 있을 때	당선의 효력(개표부정이나 착오 등)에 관하여 이의가 있을 때
제소자	선거인, 정당, 후보자	정당, 후보자
제소 법원	• 대법원: 대통령, 국회의원, 시도지사 선거, 비례대표 시도의원 선거 • 관할고등법원: 지역구 시도의원 선거, 자치구 시군의원 선거, 자치구·시·군의 장 선거	

* 재정신청[87]: 검사가 신속하게 선거사범을 기소하지 않을 때를 위한 대책

PART 03

5. 기관소송

기관소송이란 국가 또는 공공단체의 기관 상호 간에 있어서의 권한의 존부 또는 그 행사에 관한 충돌이 있을 때에 제기하는 소송을 말한다.

예 재의를 거부한 지방의회의 의결이나 시·도 의회의 의결 또는 교육위원회의 의결을 대상으로 지방자치 단체장이나 교육감이 대법원에 소송을 제기하는 경우를 의미한다.

⊙ 행정심판과 행정소송

비교		행정심판	행정소송
차이점	성질	준사법작용, 약식쟁송	사법작용, 정식작용
	종류	항고쟁송만 인정 (취소심판, 무효 등 확인심판, 의무이행심판)	• 항고소송(취소소송, 무효 등 확인소송, 송·부작위 위법확인소송) • 당사자소송 • 객관소송(민중소송, 기관소송)
	취소쟁송대상	위법, 부당한 처분	위법한 처분
	제소기간	처분이 있음을 안 날로부터 90일 이내, 처분이 있은 날로부터 180일 이내	처분이 있음을 안 날로부터(행정심판을 거친 경우에는 재결서의 정본이 송달된 날로부터) 90일 이내, 처분이 있은 날로부터 1년 이내
	심리절차	구술심리 또는 서면 심리	구두변론, 공개의 원칙
	판단기관	행정부 소속의 재결청	법원

87) 고소나 고발이 있는 특정범죄사건을 검사가 불기소처분하였을 때, 고등법원이 고소인 또는 고발인의 재정신청(裁定申請)에 의하여 그 사건을 관할지방법원의 심판에 회부하는 결정을 하면 그 사건에 대하여 공소가 제기된 것으로 보는 절차

Ⅳ 행정상 손해전보제도(사후구제제도)

01 행정상 손배전보제도의 개요

행정상 손해전보제도는 행정구제의 하나로 행정기관의 위법한 직무집행으로 말미암아 개인에게 손해를 주거나 또는 적법한 직무집행으로 말미암아 개인에게 특별한 손해를 주는 경우, 그 손해을 전보하여 주는 행정구제제도로서, 이에는 '행정상 손해배상제도'와 '행정상 손실보상제도'가 있다. 행정상 손해배상은 공무원이 직무상 불법행위를 하거나 또는 영조물 설치 · 관리상의 하자가 발생한 경우에 국가 또는 지방자치단체가 배상하는 것을 말하며, 행정상 손실보상이란 공공의 이익을 위한 적법한 행위로 인하여 특별한 희생이 발생한 경우에 공평하게 부담한다는 원칙에 근거하여 조절적으로 전보하는 것을 의미한다.

02 행정상 손해배상제도

1. 의미

행정상의 손해배상이란 공무원의 직무상의 불법행위나 영조물 설치 · 관리 하자로 인하여 손해가 발생한 경우에 국가 또는 지방자치단체가 배상하는 것을 의미한다.

2. 공무원의 직무상 불법행위로 인한 손해배상(국가배상법 제2조)

(1) **의미 및 성격**: 과실책임 성격

「헌법」 제29조 제1항에서 공무원의 직무상 불법행위로 손해를 받은 국민은 법률이 정하는 바에 의하여 국가 또는 공공단체에 정당한 배상을 청구할 수 있고, 이 경우 공무원 자신의 책임은 면제되지 아니한다고 규정하고 있고, 「국가배상법」 제2조 제1항 본문에서 국가나 지방자치단체는 공무원 또는 공무를 위탁받은 사인이 직무를 집행하면서 고의 또는 과실로 법령을 위반하여 타인에게 손해를 입히거나, 「자동차손해배상 보장법」에 따라 손해배상의 책임이 있을 때에는 이 법에 따라 그 손해를 배상하여야 한다고 규정하고 있다. 이 손해배상책임의 성격은 '과실책임'이다.

(2) **국가배상청구권의 주체**: 손해를 입은 국민

손해배상청구권은 위법한 공무집행으로 인해 손해를 입은 국민이 그 주체가 된다. 이때 국민은 한국국적을 갖는 자연인과 법인이 포함된다. 외국인과 외국법인의 경우에는 상호주의에 따라 손해배상을 청구할 수 있다.

(3) **국가배상청구권 요건**: 위법 · 유책한 공무원의 직무상 행위(과실책임)로 손해 발생

국가배상법 제2조 제1항에 따르면 "국가나 지방자치단체는 공무원 또는 공무를 위탁받은 사인(이하 '공무원'이라 한다)이 직무를 집행하면서 고의 또는 과실로 법령을 위반하여 타인에게 손해를 입히거나, 「자동차손해배상 보장법」에 따라 손해배상의 책임이 있을 때에는 이 법에 따라 그 손해를 배상하여야 한다"라고 규정하고 있다. 따라서 요건은 위법 · 유책(고의 · 과실)한 공무원의 직무상 행위(과실책임)가 손해를 발생시킨 경우이다.

(4) 배상 책임 및 내용

① 배상 책임자: 국가 또는 지방자치단체, 국가 또는 공공단체
국가배상법상의 배상책임자는 국가 또는 지방자치단체이다. 그러나 헌법 제29조에서는 배상책임자로 국가 또는 공공단체를 규정하고 있다. 국가 또는 자치단체가 공무원의 공권력행사로 인한 손해배상을 한 경우에, 국가 또는 자치단체는 '공무원의 고의 또는 중과실'에 대해서 당해 공무원에게 구상할 수 있다.

② 정당한 배상
국가배상의 배상액은 헌법이 규정한 '정당한 배상'이어야 한다. 이는 가해행위와 상당인과관계에 있는 모든 손해(재산적 · 정신적 손해)를 배상의 범위에 포함시키는 것을 의미한다.

(5) 사례

① 갑은 △△하천의 물이 유입되는 인근 호수에서 양식업을 하는 자로서 고급 어종을 양식하고 있었다. 도지사는 공공의 이익과 양식업자의 이익을 보호하기 위하여 △△하천구역을 야영 및 취사가 금지되는 지역으로 지정하였다. 그러나 △△하천의 관리자인 도지사가 하천관리의무를 태만히 하여 △△하천구역에 취사객이 늘어 △△하천이 오염되었고, △△하천의 오염으로 인하여 갑이 양식하는 양식어종이 폐사하고 더 이상 양식업을 할 수 없게 되었다.

② 수질오염으로 인하여 어업활동 등에 장애를 입은 어민은 배상책임자에게 손해배상을 청구할 수 있는데, 「수산업법」 제82조에서는 "산업시설이나 그 밖의 사업장의 건설 또는 조업, 「해양환경관리법」 제2조 제17호에 따른 선박 또는 해양시설, 해저광구의 개발 등에 의한 수질오염으로 인하여 면허받은 어업에 피해가 발생한 때에는 그 오염발생시설의 경영자는 관계 법령이 정하는 바에 따라 피해자에게 정당한 배상을 하여야 한다"라고 하여 수질오염으로 인한 손해배상을 규정하고 있다. 이 경우 배상의 부담주체는 오염발생시설의 경영자가 행정청인 경우에는 행정청이 손해배상의 주체가 될 것이며, 행정청이 아닌 경우에는 손해를 입힌 오염발생시설의 경영자가 배상주체가 될 것이며, 또한 적용되는 법률도 다를 것이다. 즉, 부담주체가 국가 및 지방자치단체인 경우에는 국가배상의 논리가 적용될 것이고, 부담주체가 행정청이 아닌 경우에는 민법의 불법행위의 논리가 적용될 것이다.

3. 영조물 설치 · 관리하자로 인한 책임(국가배상법 제5조)

(1) 의미 및 성격: 무과실 책임

도로 · 하천, 그 밖의 공공의 영조물의 설치나 관리에 하자가 있기 때문에 타인에게 손해를 발생하게 하였을 때에는 국가나 지방자치단체는 그 손해를 배상하여야 한다(국가배상법 제5조). 이러한 배상책임은 과실책임이 아니라 무과실책임이다. 국가배상법 제5조 제1항에 규정된 '영조물의 설치 또는 관리의 하자'의 의미 및 그 판단 기준은 다음과 같다. 국가배상법 제5조 제1항에 정해진 영조물의 설치 또는 관리의 하자라 함은 영조물이 그 용도에 따라 통상 갖추어야 할 안전성을 갖추지 못한 상태에 있음을 말하는 것인데, 위와 같은 안전성의 구비 여부를 판단함에 있어서는 당해 영조물의 용도, 그 설치장소의 현황 및 이용 상황 등 제반 사정을 종합적으로 고려하여 설치 · 관리자가 그 영조물의 위험성에 비례하여 사회통념상 일반적으로 요구되는 정도의 방호조치의무를 다하였는지 여부를 그 기준으로 삼아야 한다.

(2) 요건

영조물 설치・관리하자 책임의 요건으로는, 공공의 영조물이 존재해야 하고, 이러한 시설 등의 설치・관리상의 하자 발생, 그리고 이로 인하여 손해가 발생해야 한다.

(3) 배상책임

사무의 귀속주체(국가, 지방자치단체)와 비용부담자가 책임을 진다. 다만 손해의 원인에 대하여 책임을 질 자(영조물을 불완전하게 건조한 공사수급인 또는 영조물 관리자인 공무원)가 따로 있으면 그 자에게 구상할 수 있다.

(4) 사례

A시 어느 주택가 내에는 어린이들의 놀이터로 사용되어 온 33m^2(약 10평) 정도의 공터가 있고, 공터의 뒤편에는 암벽이 있다. 그런데 암벽의 일부 중 상층부가 하단부보다 약 1m 정도 앞으로 튀어나와 있었다. 주민들은 이 암벽이 붕괴의 위험이 있으므로 조치를 해 달라는 민원을 수차례 제기하였으나, A시는 아무런 이유 없이 민원수리를 지체하고 있었다. 그런데 폭우가 쏟아진 다음날 암벽에 균열이 생기면서 상층부가 붕괴되어 놀이터에서 놀고 있던 갑(甲) 군이 사망하였다.

03 행정상 손실보상제도

1. 의미 : 특별한 희생에 대한 보상 ⇨ 공평부담

행정상의 손실보상이란 적법한 공익사업으로 인하여 개인의 재산에 특별한 희생이 가해진 경우, 공평부담의 원칙상 손해전보를 하는 것을 말한다. 행정상 손실보상청구권은 공권력행사로 인한 특별한 희생에 대한 보상이다.

2. 요건

행정상 손실보상이란 행정상의 적법한 공권력 행사로 인하여 개인의 재산권에 특별한 희생을 가한 경우, 공평부담의 원칙상 조절적으로 전보하는 것을 의미한다. 행정상 손실보상청구를 하기 위한 요건은 다음과 같다.

(1) 공권력 행사 ⇨ 손실 발생

행정상 손실보상이 인정되기 위해서는 공권력의 행사에 의한 손실이 발생하여야 한다.

(2) 공공필요에 의한 적법한 행위로 인한 손실

행정상의 손실보상은 손해배상과는 달리 공공의 필요에 의한 적법한 행위로 인한 손실을 전보하는 것이다.

(3) 재산권에 대한 손실 전보

행정상의 손실보상은 공권력의 행사로 인한 재산권의 제한에 대한 손실전보를 의미함이 원칙이다. 재산권의 제한은 재산의 수용, 사용제한 등을 말한다.

(4) 특별한 희생 발생

재산권 침해로 특별한 희생이 발생해야 한다. 이때 말하는 특별한 희생은 공익적 목적을 달성하기 위해 자신의 재산권 제한을 감수하는 것을 말한다.

3. 보상기준

헌법 제23조 제3항은 "공공필요에 의한 재산권의 수용·사용 또는 제한 및 그에 대한 보상은 법률로써 하되, 정당한 보상을 지급하여야 한다"고 규정하고 있다.

손해배상제도와 손실보상제도 비교

구분	손해배상	손실보상
개념	위법한 행정활동 ⇨ 손해를 전보	적법한 행정활동 ⇨ 특별한 손실전보
기본이념	개인주의적 도의책임	단체주의적 사회공평부담
정의	보상적 정의	배분적 정의
발생원인	위법한 행정작용	개인의 특별한 희생
성립요건	위법성+고의·과실+손해의 발생	공공필요+특별한 희생+재산상 손해발생
헌법적 근거	헌법 제29조	헌법 제23조 제3항
적용법규	일반법으로 존재(국가배상법)	개별법으로 존재(개별법상 보상규정)
주관적 책임	고의·과실 필요	고의·과실 불요
전보의 내용	재산상 손해, 비재산적 손해	원칙적으로 재산상 손해

Part

04

형사법

1. 형사법은 야경국가의 기능을 규율하는 대표적인 법이다.

이상에서 살펴본 행정법은 정부가 국민의 모든 생활 영역(정치, 경제, 사회, 문화, 의료, 식품, 교육, 예술, 가족 모든 영역)에 미치는 행위를 규율하는 법이다. 이제 살펴보려고 한 형사법은 국가가 최초로 등장할 당시의 야경국가로서의 국가의 기능과 관련된 법이다.

2. 형사법은 국가의 사법권(司法權), 형벌권 등과 관련된 법이다.

형사법은 형법, 형사소송법, 행형법 등 국가의 사법권(司法權), 형벌권 등과 관련된 법이다. 이 법은 국민의 신체, 재산, 생명, 명예 등을 제한하는 것이기 때문에 엄격한 실체법과 절차법에 따라 이루어져야 한다. 예컨대 한 범죄자가 형사처벌을 받는 과정은 "범죄 발생 → 수사 개시 → 기소 → 재판 → 형 집행"이다. 이 전체 절차를 규율하는 것은 형사소송법이다. 그리고 이 절차 중 재판단계에서 범죄를 확정하고, 형벌을 부과하는 기준이 되는 것은 형법이다.

3. 형사법은 형법 및 형사소송법이 내용이다.

이런 형사법의 실체법으로 대표적인 것이 형법이고, 절차법으로 대표적인 것이 형사소송법이다. 따라서 이 장은 형법과 형사소송법과 관련되는 절차조항을 중심으로 전개된다. 형법은 형사소송법을 적용하기 위한 조건을 규정한 실체법이다. 따라서 형법의 주요 내용은 언제 형사소송법을 적용해서 국가의 사법권과 형벌권이 실현되는지를 규정하고 있는 법이다.

4. 형법(실체법)과 형사소송법(절차법)은 국가의 사법권과 형벌권 실현에 기여한다.

그렇다면 언제 국가의 사법권과 형벌권은 행사되는가? 먼저 범죄성립 여부가 결정되어야 한다. 그럼 국가는 범죄성립 여부를 수사하고 재판을 개시한다. 재판의 결과에 따라 범죄가 성립하면 범죄에 대한 책임, 형벌이 결정된다. 이 형벌 역시 실체법적 내용이다. 국가가 절차요건만을 충족했다고 해서 자의적으로 형벌의 정도(형량)를 결정할 수는 없다. 이것 역시 형사피의자[88]나 형사피고인[89]의 법익과 관련되는 것이기 때문이다. 따라서 형법은 범죄와 형벌을 규정해 놓은 실체법이라고 할 수 있다. 그리고 형사소송법은 이 실체적 내용을 실현하기 위한 절차법인 것이다.

---

88) 형사피의자는 수사 개시 후 공소제기 전 범죄의 혐의가 있는 사람을 말한다.
89) 형사피고인은 공소제기 후 재판이 확정될 때까지 범죄의 혐의가 있는 사람을 말한다.

Chapter 01 형법

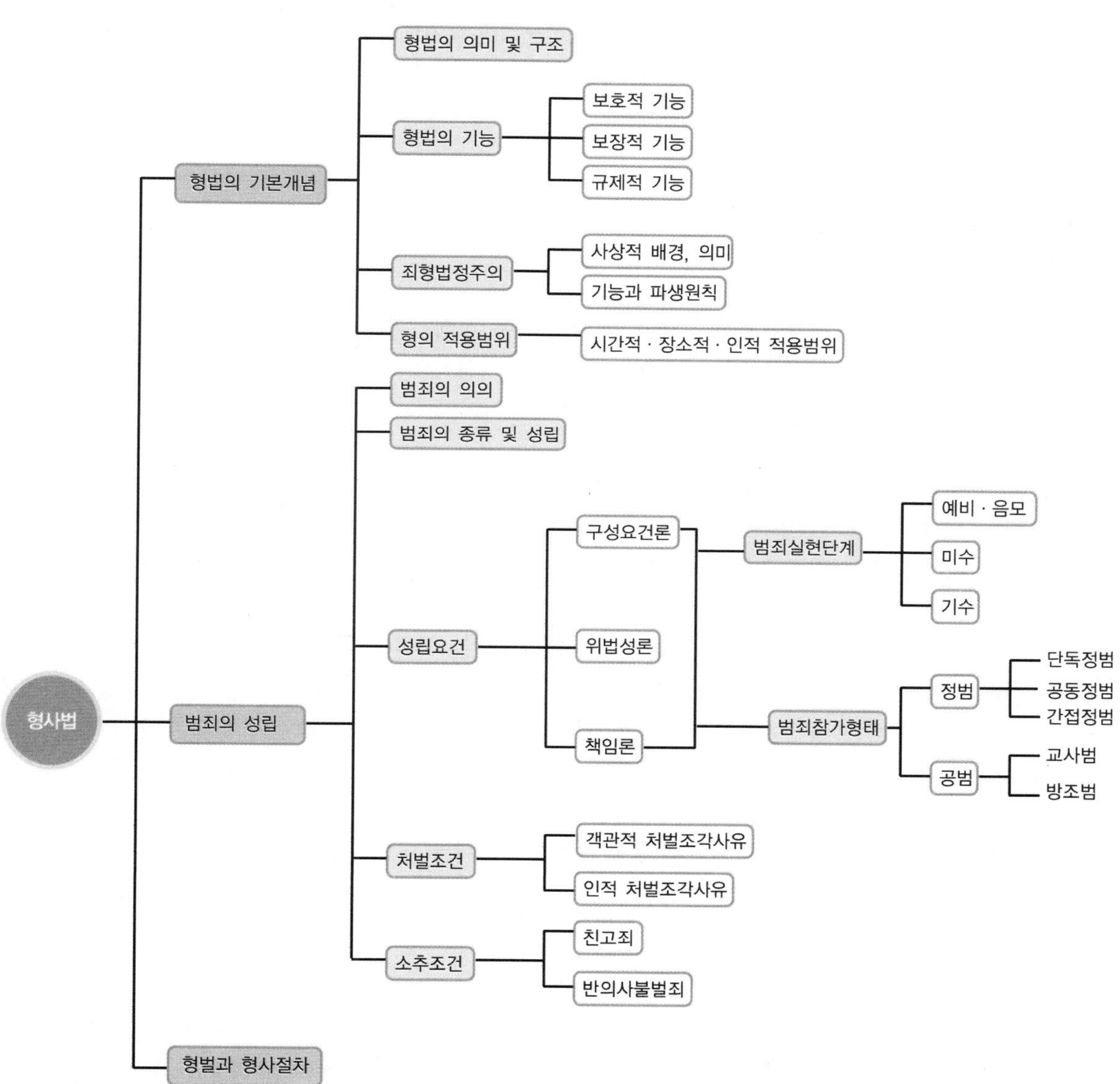

Ⅰ 형법의 의의

01 형법의 의미 및 구조

1. 형법의 의미 : 범죄와 형벌, 그리고 보안처분의 관계를 규정

형법[90]이란 범죄와 형벌, 그리고 보안처분의 관계를 규정한 국가법규범의 총체, 즉 어떤 행위가 범죄이고 그 범죄에 대하여 어떤 형벌을 과할 것인가를 규정하는 법규범을 말한다고 정의되고 있다. 즉, 범죄행위를 법률요건으로 하고 형벌과 보안처분이라는 법률효과로 하는 법규범의 총체라고도 표현할 수 있다.

2. 형법의 구조

(1) 죄형법정주의 : 형법의 대원칙

형법은 형사피의자나 피고인의 법익을 제한할 수 있다는 점에서 엄격하게 "법률이 있는 경우에만 범죄가 되고 형벌을 집행할 수 있다"라는 죄형법정주의를 대원칙으로 한다.

(2) 범죄성립

① 범죄성립요건 : 구성요건, 위법성, 책임

죄형법정주의에 따라 형법은 개인에게 해악을 끼친 범죄, 사회에 해악을 끼친 범죄, 국가나 국가의 기능에 해악을 끼친 범죄 등을 규정하고 있다. 형법이 정한 범죄가 되기 위해서는 형법에서 정하고 있는 범죄의 구성요건에 해당해야 하고, 그것이 위법해야 하며, 책임을 물을 수 있는 것이어야 한다. 이런 범죄의 성립요건이 갖춰지지 않은 행위에 대해서는 처벌하지 않는다. 예컨대 구성요건 자체가 성립하지 않거나, 구성요건에는 해당되는데 위법성이 없거나, 구성요건에 해당하고 위법성은 있는데 책임이 없거나 하는 경우이다. 따라서 범죄의 성립요건을 모두 갖출 경우에 형법이 정한 범죄가 성립한다. 이런 범죄 성립은 각 단계의 성립조건과 조각사유들(구성요건불해당성, 위법성 조각사유, 책임조각사유)에 대한 엄격한 검토를 통해 이루어진다.

그렇다면 이런 범죄는 구체적으로 어떻게 실현될까? 이를 검토해야 한다. 책임의 크기만큼 형벌과 보안처분을 부과해야 하기 때문이다.

② 범죄의 실현 정도 : 예비 및 음모, 미수, 기수

우선 범죄의 실현과정을 보면 범죄를 준비하고 모의하는 단계(예비 · 음모죄), 범죄에 착수했으나 자의나 타의에 의해 중단된 미수 단계(미수범), 범죄행위가 모두 이루어진 단계(기수범), 범죄행위가 모두 이루어진 후 종료된 단계 등으로 나눌 수 있다. 형법은 각 실현내용에 따라 적절한 책임을 물어 형벌을 부과하고 있다. 즉 범죄의 진행과 관련된 것이다. 범죄를 준비하고 음모만 하였는지, 착수했는데 범죄의 결과를 달성하지 못했는지, 범죄의 결과를 달성했는지 등이다.

---

90) 형법에는 형식적 의미의 형법과 실질적 의미의 형법이 있다. 형식이라는 '법의 이름'으로 결정하는 의미이다. 실질이라는 말은 '내용'에 주목하는 것이다. 따라서 형식적 의미의 형법은 '형법전'을 의미하는 것이고, 실질적 의미의 형법은 이름과 상관없이 범죄, 형벌, 보안처분을 규정하고 있으면 실질적 의미의 형법이라고 한다.

③ 범죄의 가담형태: 정범(단독, 공동, 간접)과 공범(교사, 방조)

범죄참여자와 관련된 것이다. 혼자한 것인지, 누군가 교사(범죄유발)하거나 방조(도움 제공)한 것인지, 아니면 여러 명이 공동으로 범죄를 저지른 것인지(공동정범)를 검토해야 한다. 범죄의 구체적 실현 모습은 범죄의 실현 정도와 가담자 유무에 따라 달라진다. 범죄의 실현 정도는 범죄 실행을 준비하다가 끝난 경우, 범죄 실행은 했으나 완성하지 못한 경우, 범죄 실행을 완성한 경우 등을 말한다. 이런 실현과정에 타인이 가담할 수 있다.

(3) 형벌 규정: 형벌과 보안처분

◎ 형법의 구조

<table>
<tr><td colspan="3">죄형법정주의: 법률 없으면 범죄도 없고 형벌도 없다.</td></tr>
<tr><td colspan="3">⇩</td></tr>
<tr><td colspan="3">범죄: 성립 여부, 고의범 또는 과실범, 기수 또는 미수, 정범이냐 공범</td></tr>
<tr><td rowspan="3">범죄성립요건</td><td>구성요건 해당성</td><td>주관적 요건(고의,과실), 객관적 요건(객체, 결과), 인과관계</td></tr>
<tr><td>위법성(성립 또는 조각)</td><td>정당방위, 긴급피난, 자구행위, 피의자 승낙, 정당행위</td></tr>
<tr><td>책임(성립 또는 조각)</td><td>책임무능력, 기대 가능성, 법률의 착오</td></tr>
<tr><td rowspan="2">범죄실현</td><td rowspan="2">예비 → 음모 → 실행 →</td><td>기수</td></tr>
<tr><td>미수: 장애, 불능, 중지</td></tr>
<tr><td rowspan="2">정범여부</td><td>정범</td><td>단독, 공동, 간접</td></tr>
<tr><td>공범</td><td>교사, 방조</td></tr>
<tr><td colspan="3">⇩</td></tr>
<tr><td colspan="3">• 형벌: 사형, 무기/유기징역, 무기/유기금고, 구류, 자격장지/자격상실, 벌금/과료, 몰수
• 보안처분: 재범방지 처분</td></tr>
</table>

02 형법의 기능: 형법의 본질

1. 보호적 기능

(1) 의미: 각종 법익(개인적 · 사회적 · 국가적 법익) 및 사회 윤리적 행위 가치 보호

보호적 기능이란 사회질서의 근본적 가치, 즉 법익과 사회 윤리적 행위가치를 보호하는 형법의 기능을 말한다. 다시 말하면 형법은 일정한 행위를 범죄로 하고 이에 대하여 형벌을 과할 것을 규정함으로써 범죄로부터 일정한 법익(개인의 법익, 사회적 법익, 국가적 법익) 및 사회공동체의 일원으로서 개인이 실천해야 할 행위의 가치를 보호하는 기능을 한다. 예컨대 개인의 생명, 재산 등은 헌법에서 보장되는 고유의 법익이다.

(2) 형벌권의 행사를 통한 형벌과 보안처분으로 법익 보호

이를 보호하기 위하여 형법에 형벌 혹은 보안처분이라는 보호수단을 규정하고 있다. 또한 법익의 보호뿐만 아니라 어떠한 행위에 대한 사회 윤리적 가치판단도 보호하고 있다. 예컨대 형법은 제250조에 살인죄를 규정함으로써 살인은 나쁜 것이라는 일반 가치판단을 보호하고 있다.

2. 보장적 기능

(1) 의의: 국가형벌권의 자의적인 행사로부터 국민의 자유와 권리를 보장

형법은 국가형벌권의 발동한계를 명확히 하여 국가형벌권의 자의적인 행사로부터 국민의 자유와 권리를 보장하는 기능을 갖는다. 이를 형법의 인권보장적 기능이라고 한다. 보장적 기능이란 형법이 국가의 형벌권의 한계를 명백히 하여 자의적인 형벌로부터 국민의 자유와 권리를 보장하는 기능을 말한다.

(2) 죄형법정주의와 보장적 기능

일반국민에 대하여는 형법에 규정되어 있는 범죄 외에 어떤 행위를 하더라도 처벌받지 아니함을 보장하는 것이고, 범죄인에 대해서도 형법에 정해진 범위 내에서만 처벌되고 형법에 규정되지 않은 처벌은 받지 않는다는 점에서 보장적 기능을 가진다.

(3) 보호적 기능과 보장적 기능의 긴장관계

보호적 기능은 법익과 사회를 방어 기능을 핵심으로 하는 데 반해 보장적 기능은 형사피의자나 피고인의 인권을 강조한다. 예컨대 범죄자의 신상공개를 규정하는 것은 보호적 기능차원이다. 하지만 형사피의자나 피고인의 인권을 고려하여 공개하지 않는 것은 보장적 기능 차원이다. 여기에서 갈등과 논쟁이 발생한다. 따라서 보호적 기능과 보장적 기능은 긴장 관계가 발생할 수 있다.

3. 규제적 기능: 행위규범과 재판규범의 성격

규제적 기능은 형법의 규범적 기능을 의미하는 것으로, 행위규범과 재판규범의 성격을 말한다. 즉 국민들에게 어떤 행위를 할 수 있고, 할 수 없는지를 규율한다. 또한 재판은 재판관의 자의가 아닌 형법에 의해 판단해야 한다는 것이다.

Ⅱ 죄형법정주의

01 생각 열기

형법의 기능 중 죄형법정주의와 가장 밀접한 관련성이 있는 것이 '보장적 기능'이다. 죄형법정주의는 형사피의자나 피고인의 자유를 보장하기 위해 도입된 것이다.

02 죄형법정주의의 사상적 배경: 자유주의, 권력분립, 법치주의 등

죄형법정주의가 등장하게 된 사상적 배경으로는 자유주의, 권력분립, 법치주의 등이다. 근대 이전에는 왕이나 귀족 등에 의해 자의적인 형벌권 행사가 빈번하게 이루어졌다. 즉 생명과 재산을 부당하게 빼앗기는 일들이 일어났다. 이런 부당함에 대해 '인간의 자유'를 주장하는 자유주의가 확산되었다. 그리고 자유주의는 의회가 만든 법에 따라, 왕이나 귀족이 아닌 법원의 공정한 재판을 받기를 주장했다. 이런 자유주의의 주장에 담겨진 사상의 배경을 보면 '법은 의회가', '재판은 법원이'라는 권력분립 정신이 담겨 있고, 이렇게 권력을 분리시켜 운영하는 것은 '법치주의' 정신이 담겨져 있음을 알 수 있다.

03 죄형법정주의 의미: 법률 없으면 범죄 없고 형벌도 없다.

"법률 없으면 범죄 없고 형벌도 없다"는 근대 형법의 기본원리를 죄형법정주의라고 한다. 즉 어떤 행위가 범죄로 되고 그 범죄에 대하여 어떤 처벌을 할 것인가는 미리 성문의 법률에 규정되어 있어야 한다는 원칙을 의미한다.

04 죄형법정주의 기능: 자유와 권리의 보장, 보장적 기능

1. 의미

죄형법정주의는 국가형벌권의 확장과 자의적 행사로부터 국민의 자유와 권리를 보장하기 위한 형법의 최고원리이다. 형법의 기능 중 보장적 기능과 밀접한 관련성이 있다.

2. 취지

죄형법정주의를 둔 취지는 형사피의자나 피고인의 인권을 보장하기 위한 것이다. 따라서 이 원칙을 고수하는 것이 형사피의자나 피고인에게 불리한 것이라면 지키지 않아도 되는 것이다. 즉 죄형법정주의 원칙을 지키지 않는 것이 형사피의자나 피고인에게 유리하다면 이 원칙의 적용은 배제된다. 예컨대 관습법에 따라 위법성 조각사유를 인정하는 것은 가능하다. 이것은 죄형법정주의 원칙의 취지에 반하지 않는다.

05 죄형법정주의의 파생원칙(내용)

1. 법률주의(관습형법금지의 원칙)

법률주의 원칙은 범죄와 형벌은 성문의 법률에 규정되어야 하고, 관습법에 의하여 가벌성을 인정하거나 형을 가중해서는 안 된다는 원칙을 말한다. 즉, 관습법은 형법의 법원이 될 수 없다는 원칙이다. 그러나 피고인(행위자)에게 유리한 경우에는 관습법을 적용할 수 있다.

2. 소급효금지의 원칙 : 행위 당시의 법 적용, 행위 이후 만들어진 법으로 처벌 불가

소급효금지의 원칙은 형벌법규는 그 시행 이후에 이루어진 행위에 대해서만 적용되고, 시행 이전의 행위에까지 소급하여 적용될 수 없다는 원칙을 말한다. 형법 제1조 제1항에 "범죄의 성립과 처벌은 행위 시의 법률에 의한다"라고 소급효금지의 원칙을 규정하고 있다(행위시법주의). 하지만 소급효도 행위자에게 유리한 경우에는 허용된다. 즉 소급효금지의 원칙은 행위자에게 불리한 사후법의 소급을 금지하는 것이다.

3. 유추(확장)해석금지의 원칙

유추해석금지의 원칙은 법규 문언의 해석 가능한 한계를 넘어 유사한 사례에 적용함으로써 형사피고인이나 피고인에게 불리하게 형벌을 과하거나 가중하는 유추해석을 금지하는 원칙을 말한다. 예컨대 형법 제225조의 공문서변조나 위조죄의 주체인 공무원 또는 공무소에는 형법 기타 특별법에 의하여 공무원 등으로 의제되는 경우뿐만 아니라 계약 등에 의하여 공무와 관련되는 업무를 일부 대행하는 경우도 포함된다고 해석하는 것은 죄형법정주의 원칙에 반한다. 즉, 법률에 규정이 없는 사항에 대하여 그것과 유사한 성질을 가지는 사항에 관한 법률을 적용하는 것(유추해석)을 금지하는 원칙을 말한다. 예컨대 하지만 피고인에게 유리한 유추해석은 허용된다. 이와 같이 형법에서는 죄형법정주의 원칙에 따라 유추해석이 금지된다. 하지만 사적자치의 원칙이 지배하는 사법(私法)에서는 일반적으로 유추해석이 인정되고 있다.

4. 명확성의 원칙 : 구성요건, 형벌이 명확

명확성의 원칙은 형벌권의 자의적 행사로부터 국민의 자유와 권리를 보장하려면 범죄의 구성요건과 형벌을 명확하게 규정해야 한다는 원칙을 말한다(구성요건 및 형벌의 명확성). 법규의 명확성 판단 기준은 개별적인 행위자가 아니라 통상의 판단능력을 가진 일반인이다. 형벌의 장기와 단기가 전혀 특정되지 않은 절대적 부정기형(~한 자는 징역에 처한다)은 금지되나, 장기와 단기 또는 장기만 특정되어 있는 상대적 부정기형(~한 자는 단기1년, 장기 3년에 처한다)은 허용된다(소년법 제60조).

5. 적정성의 원칙

적정성의 원칙은 처벌을 할 필요성 및 합리성이 있어야 한다는 것을 의미한다. 즉 범죄와 형벌을 규정하는 법률의 내용은 기본적 인권을 실질적으로 보장할 수 있도록 적정해야 한다는 원칙을 말한다(실질적 의미의 죄형법정주의). 적정성의 원칙은 죄형법정주의의 현대적 원칙으로서, 형벌법규의 필요성과 죄형의 균형을 그 내용으로 한다.

Ⅲ 형법의 적용범위

01 관련 형법 조문

제1편 총칙
제1장 형법의 적용범위
제1조 【범죄의 성립과 처벌】 ① 범죄의 성립과 처벌은 행위 시의 법률에 의한다.
② 범죄 후 법률의 변경에 의하여 그 행위가 범죄를 구성하지 아니하거나 형이 구법보다 경한 때에는 신법에 의한다.
③ 재판확정 후 법률의 변경에 의하여 그 행위가 범죄를 구성하지 아니하는 때에는 형의 집행을 면제한다.

제2조 【국내범】 본법은 대한민국 영역 내에서 죄를 범한 내국인과 외국인에게 적용한다.

제3조 【내국인의 국외범】 본법은 대한민국영역외에서 죄를 범한 내국인에게 적용한다.

제4조 【국외에 있는 내국선박 등에서 외국인이 범한 죄】 본법은 대한민국 영역 외에 있는 대한민국의 선박 또는 항공기내에서 죄를 범한 외국인에게 적용한다.

제5조 【외국인의 국외범】 본법은 대한민국영역 외에서 다음에 기재한 죄를 범한 외국인에게 적용한다.
1. 내란의 죄
2. 외환의 죄
3. 국기에 관한 죄
4. 통화에 관한 죄
5. 유가증권, 우표와 인지에 관한 죄
6. 문서에 관한 죄중 제225조 내지 제230조
7. 인장에 관한 죄중 제238조

제6조 【대한민국과 대한민국국민에 대한 국외범】 본법은 대한민국 영역 외에서 대한민국 또는 대한민국국민에 대하여 전조에 기재한 이외의 죄를 범한 외국인에게 적용한다. 단 행위지의 법률에 의하여 범죄를 구성하지 아니하거나 소추 또는 형의 집행을 면제할 경우에는 예외로 한다.

제7조 【외국에서 받은 형의 집행】 범죄에 의하여 외국에서 형의 전부 또는 일부가 집행된 사람에 대해서는 그 집행된 형의 전부 또는 일부를 선고하는 형에 산입한다.

제8조 【총칙의 적용】 본법 총칙은 타 법령에 정한 죄에 적용한다. 단, 그 법령에 특별한 규정이 있는 때에는 예외로 한다.

02 시간적 적용범위

1. 의의

앞서 본 바와 같이 법률은 그 시행 시부터 폐지될 때까지의 유효기간 내에서만 효력이 있다. 이때 법률이란 하나의 법 전체를 말하기도 하지만 개별 규정이 되기도 한다. A가 범죄행위를 했다. 그리고 범죄행위 당시에 형법규정을 적용해서 처벌한다. 그런데 A의 범죄행위시와 재판시 사이에 형법에 개정이 있는 경우 행위시법(구법)[91]과 재판시법(신법)[92] 중 어느 법을 적용할 것인지가 문제이다. 어느 시점의 법을 적용할 것인가에 대한 원칙과 예외를 다루는 것이 시간적 적용의 문제이다.

<table>
<tr><td rowspan="3">구법
행위시법</td><td>⇦ (소급효)</td><td rowspan="3">신법
재판시법</td></tr>
<tr><td>→ 법률개정 →</td></tr>
<tr><td>(추급효) ⇨</td></tr>
</table>

2. 형법의 시간적 적용의 원칙: 행위시법주의

(1) 소급효금지

형법은 제1조 제1항에서 "범죄의 성립과 처벌은 행위시의 법률에 의한다"라는 행위시법주의를 규정하고 있다. 행위시법주의는 사후입법에 의한 처벌 및 형의 가중을 금지하는 죄형법정주의의 핵심적 내용인 소급효금지원칙을 의미한다.

(2) 행위시 = 범죄의 실행행위 종료시

형법의 시간적 적용범위를 결정하기 위해서는 행위시점을 확정해야 하는데, 범죄의 실행행위 종료시를 행위시로 본다. 실행행위 이후의 결과는 행위시 결정기준이 아니다.

3. 형법의 시간적 적용의 원칙의 예외: 재판시법주의, 소급효 인정

(1) 형법 제1조 제2항: 범죄 후 법률의 변경 ⇨ 범죄구성 × 또는 형 ↓ ⇨ 면소 또는 가벼운 형

① 법률의 변경은 어떤 이유로 이루어진다고 해석해야 할까? 왜 변경된 법을 적용해야 할까?
법률의 변경을 형법의 이념이나 가치가 변함에 따라 과거에 범죄로 보았던 행위에 대하여 그 평가가 달라져, 이를 범죄로 인정하여 처벌한다면 그 자체가 부당하다거나 또는 과형이 지나치게 무겁다는 반성적 고려에서 이루어지는 것으로 해석하는 것이 판례의 입장이다. 한편 피고인에게 유리하게 변경된 경우라면 인권보장적 차원에서 볼 때에도 변경된 신법을 적용하는 것이 죄형법정주의 정신에 부합하기 때문이다.

---

91) 행위시법주의는 소급효금지의 원칙과 죄형법정주의의 원칙을 근거로 구법의 추급효를 인정하는 입장이다.
92) 재판시법주의는 구법보다 신법이 진보적이며, 재판규범이라는 점을 근거로 신법의 소급효를 인정하는 입장이다.

② 형법 제1조 제2항: 유리한 신법적용

형법 제1조 제2항은 "범죄 후 법률의 변경에 의하여 그 행위가 범죄를 구성하지 아니하거나 형이 구법보다 경한 때에는 신법에 의한다"라고 행위시법주의의 예외, 재판시법주의를 인정하고 있다. 여기서 '법률의 변경'은 신법의 형이 구법보다 경하거나 처벌규정이 없어진 때는 행위자에게 유리한 신법을 소급적용해야 한다는 원칙이다. 형법 제1조 제2항은 행위자에게 유리한 신법소급적용원칙을 인정한다. 소급효금지의 원칙은 행위자를 위한 보호규범이다. 따라서 만약 변경된 법률이 형사피의자 및 피고인의 인권보장에 유리하다면 신법 소급적용은 죄형법정주의에 반하지 않는다.

③ 범죄를 구성하지 아니하게 된 경우 ⇨ 면소

④ 형이 가벼워진 경우 ⇨ 가벼운 형 부과

(2) 형법 제1조 제3항: 재판확정 후 법률변경으로 범죄 × ⇨ 형 집행 면제, 소급효 인정

① 형법 제1조 제3항: 행위자에게 유리한 신법소급적용원칙을 인정

형법 제1조 제3항은 "재판 확정 후 법률의 변경에 의하여 그 행위가 범죄를 구성하지 아니하는 때에는 형의 집행을 면제한다"라고 하여 재판시법주의의 적용을 규정하고 있다. 형법 제1조 제3항은 행위자에게 유리한 신법소급적용원칙을 인정한다.

② 형 집행에 관한 특칙: 형 집행만을 면제하는 것

이 규정은 형 선고의 판결이 확정되면 판결내용대로 형을 집행하는 것이 원칙이지만, 제1조 제3항은 형이 확정되지 않은 자와의 공평을 기하기 위해 형 집행만을 면제하는 것이다. 따라서 제1조 제3항은 형법의 적용범위에 관한 특칙이 아니라 형 집행에 관한 특칙으로 볼 수 있다. 재판이 확정되지 않은 자와의 공평을 기하기 위해 형 집행을 면제한다.

③ 전과는 반영

다만 유죄판결 그 자체는 유효하므로 누범[93]전과가 된다.

④ 형량이 가벼워진 경우에는 적용없음

재판확정 후 형량이 경하게 변경된 경우는 제1조 제2항, 제3항의 반대해석상 종전 형을 그대로 집행한다.

형법의 시간적 적용 정리

행위시법주의	제1조 제1항: 범죄의 성립과 처벌은 행위시의 법률 적용
재판시법주의 (행위시법주의의 예외, 경한법 소급의 원칙)	제1조 제2항: 범죄 후 법률의 변경 → 범죄구성 × 또는 감형 → 면소 또는 가벼운 형 부과
	제1조 제3항: 재판확정 후 법률변경으로 범죄 × → 형 집행 면제

93) 누범은 금고 이상의 형을 받아 그 집행을 종료하거나 면제를 받은 후, 3년 내에 금고 이상에 해당하는 죄를 범한 자를 말한다.

03 형법의 장소적 적용범위

1. 의의: 속지주의(기국주의), 속인주의, 보호주의, 세계주의

형법의 장소적 적용범위란 어떤 장소에서 발생한 범죄에 대해서 형법을 적용할 것인가 하는 문제이다. 문제가 되는 것은 외국(외국 영토/외국인)과 관련된 범죄사건에서 어느 나라 형법을 적용할 것인지 여부이다. 그 유형을 살펴본다면 국내범(한국인 + 외국인, 속지주의), 외국에서 범죄를 저지른 한국인(속인주의), 외국인이 국내법익을 침해한 경우, 외국인이 외국에서 우리의 법익을 침해한 경우이다. 형법은 속지주의를 원칙으로 하고 있다. 하지만 외국과의 관계를 고려하여 속지주의의 연장인 기국주의도 따르고 있다. 이와 같이 속지주의를 원칙으로 하고 있지만 형법은 속인주의, 보호주의,[94] 그리고 세계주의에 의해 보충하고 있다.

2. 형법 제2조: 속지주의(내국인 + 외국인 모두)

형법 제2조는 대한민국 영역 내에서 죄를 범한 내국인과 외국인 모두에게 우리 형법이 적용된다는 속지주의 원칙을 규정하고 있다.

3. 형법 제3조: 속인주의, 외국 + 내국인

대한민국 영역 외에서 죄를 범한 내국인에게 우리나라 형법을 적용한다고 규정하고 있다. 이런 속인주의적 태도는 범죄지의 속지주의와 중복되어 이중처벌의 위험이 발생할 수 있다. 이런 점을 감안하여 형법 제7조에서는 "범죄에 의하여 외국에서 형의 전부 또는 일부의 집행을 받은 자에 대하여는 형을 감경 또는 면제할 수 있다"라고 규정하고 있다.

4. 형법 제4조: 외국 + 대한민국의 선박 또는 항공기 내에서 죄를 범한 외국인

속지주의의 연장선에서 형법 제4조는 대한민국 영역 외에 있는 대한민국의 선박 또는 항공기 내에서 죄를 범한 외국인에게 형법을 적용하도록 규정하고 있다.

5. 형법 제5조 및 제6조: 보호주의, 우리의 사회적 · 국가적 법익을 침해한 외국인

(1) 형법 제5조: 대한민국 영역 외 + 외국인

형법 제5조는 국가보호주의를 채택한 것으로, "대한민국 영역 외에서 다음에 기재한 죄를 범한 외국인에게 적용한다"라고 규정한다. 대상 범죄는 내란 외환 국기 통화 유가증권우표인지죄, 문서, 인장죄이다.

---

94) 보호주의는 자국 또는 자국민의 법익을 침해하는 범죄에 대하여 범인의 국적과 범죄지 여하를 불문하고 자국형법을 적용하는 실질주의적 입장이다. 이런 입장은 현실적으로 자국과 관련된 법익은 자국형법에 의하여 보호되어야 한다는 이념을 기초로 한다.

(2) 형법 제6조: 대한민국 영역 외 + 외국인

형법 제6조는 국민보호주의, 상호주의를 채택한 것으로 "대한민국 영역 외에서 대한민국 또는 대한민국 국민에 대해 전조에 기재한 외의 죄를 범한 외국인에게 적용한다. 단, 행위지의 법률에 의해 범죄를 구성하지 않거나 소추 또는 형의 집행을 면제할 경우는 예외로 한다"고 규정하고 있다. 이는 제5조의 범죄유형 외에도 우리나라와 우리나라 국민의 이익을 침해하는 외국인 범죄에 대한 처벌을 가능하도록 하고 있다.

6. 세계주의: 범인의 국적과 범죄지를 불문, 반인륜적 범죄, 인류 공동이익을 해치는 범죄

범인의 국적과 범죄지를 불문하고 자국형법을 적용하는 경우를 말한다. 이 경우에 해당하는 경우로는 해적, 국제적 인신매매, 선박이나 항공기 납치, 테러, 통화위조, 마약 밀매, 원자력 폭발 등 반인류적 범죄나 인류의 공동이익을 해치는 범죄이다.

세계주의의 인정 여부와 관련해서 다툼이 있는데 세계주의를 긍정하는 것이 다수설이다.

04 형법의 인적 효력

1. 의의

형법의 인적적용범위란 형법이 어떤 사람에게 적용되는지의 문제이다. 형법은 원칙적으로 형법의 시간적 장소적 적용범위 내에 있는 모든 사람에게 적용된다.

2. 국내법상 제한

(1) 대통령 형사소추 특권

대통령은 내란외환죄를 범한 경우를 제외하고는 재직 중 형사소추를 받지 않는다(헌법 제84조). 이 경우를 형법의 인적적용범위에 대한 예외로 볼 것인지, 소추조건이 결여된 것으로 볼 것인지 여부에 대해 학설상 다툼이 있다. 소추조건[95]이 결여된 것이므로 예외로 보지 않는 것이 타당할 것이다. 왜냐하면 퇴직 후의 형사소추가 가능하기 때문이다.

(2) 국회의원 면책 특권

국회의원은 국회에서 직무상 행한 발언과 표결에 관해 국회 밖에서 책임을 지지 않는다(헌법 제45조). 이 경우에도 인적적용범위의 예외인지, 아니면 인적처벌조각사유[96]인지 여부에 대한 학설상의 다툼이 있다. 이 경우에도 인적처벌조각사유로 보고 예외로 보지 않는 것이 타당할 것이다. 왜냐하면 면책을 내용으로 하고 있기 때문이다.

---

95) 소추조건: 범죄성립요건 및 처벌조건이 구비된 다음 그 범죄를 소추하기 위하여 형사소송법상 필요한 조건으로 소송조건이라고도 한다.

96) 인적처벌조각사유는 범죄가 일단 성립한 후에 처벌조건이 결여되어 처벌할수 없는것을 말한다. 예컨대 친족상도례 같은 경우이다. 친족상도례는 친족간의 절도죄 등에 대해 면책되는 경우를 말한다.

3. 국제법상 제한

(1) 치외법권자

치외법권을 가진 자(외국의 원수와 그 가족 및 내국인이 아닌 종자, 신임외국대사, 공사 수행원 그 가족 및 내국인이 아닌 종자 등)를 형법의 인적적용범위에 대한 예외로 둘 것인지에 대해 학설상의 대립이 있다. 오늘날의 국제법 이론에 따르면 치외법권이란 개념을 인정하지 않는 경향이 있다. 따라서 인적처벌조각사유인 면책특권으로 보는 것이 타당할 것이다.

(2) 외국군대

한・미 간의 군대지위협정(SOFA)은 일정 범위 미군범죄에 대해 미군당국이 제1차적 재판 관할권을 갖는 경우를 규정하고 있는데, 이것이 형법의 인적적용범위에 대한 예외인지 여부에 대해 학설상의 대립이 있다. 이 조항을 충실하게 해석할 경우 재판권이 배제될 뿐이라는 점을 본다면 인적적용범위의 예외로 보지 않는 것이 타당할 것이다.

Ⅳ 범죄의 의미 및 종류

01 형법 조문

제2장 죄
제1절 죄의 성립과 형의 감면
제9조 【형사미성년자】 14세 되지 아니한 자의 행위는 벌하지 아니한다.

제10조 【심신장애자】 ① 심신장애로 인하여 사물을 변별할 능력이 없거나 의사를 결정할 능력이 없는 자의 행위는 벌하지 아니한다.
② 심신장애로 인하여 전항의 능력이 미약한 자의 행위는 형을 감경할 수 있다.
③ 위험의 발생을 예견하고 자의로 심신장애를 야기한 자의 행위에는 전2항의 규정을 적용하지 아니한다.

제11조 【농아자】 농아자의 행위는 형을 감경한다.

제12조 【강요된 행위】 저항할 수 없는 폭력이나 자기 또는 친족의 생명, 신체에 대한 위해를 방어할 방법이 없는 협박에 의하여 강요된 행위는 벌하지 아니한다.

제13조 【범의】 죄의 성립요소인 사실을 인식하지 못한 행위는 벌하지 아니한다. 단, 법률에 특별한 규정이 있는 경우에는 예외로 한다.

제14조 【과실】 정상의 주의를 태만함으로 인하여 죄의 성립요소인 사실을 인식하지 못한 행위는 법률에 특별한 규정이 있는 경우에 한하여 처벌한다.

제15조 【사실의 착오】 ① 특별히 중한 죄가 되는 사실을 인식하지 못한 행위는 중한 죄로 벌하지 아니한다.
② 결과로 인하여 형이 중할 죄에 있어서 그 결과의 발생을 예견할 수 없었을 때에는 중한 죄로 벌하지 아니한다.

> 제16조 【법률의 착오】 자기의 행위가 법령에 의하여 죄가 되지 아니하는 것으로 오인한 행위는 그 오인에 정당한 이유가 있는 때에 한하여 벌하지 아니한다.
>
> 제17조 【인과관계】 어떤 행위라도 죄의 요소되는 위험발생에 연결되지 아니한 때에는 그 결과로 인하여 벌하지 아니한다.
>
> 제18조 【부작위범】 위험의 발생을 방지할 의무가 있거나 자기의 행위로 인하여 위험발생의 원인을 야기한 자가 그 위험발생을 방지하지 아니한 때에는 그 발생된 결과에 의하여 처벌한다.

02 범죄의 의의

범죄의 성립 여부를 살펴보기 전에 먼저 '범죄가 무엇이냐'에 관해 질문해야 한다. 형법에서 다루고자 하는 범죄 개념은 형식적 범죄개념, 상대적 범죄개념을 원칙으로 한다.

1. 절대적 범죄 개념과 상대적 범죄 개념 : 자연법적 개념 대 실정법적 개념

(1) 절대적 범죄 : 자연적 범죄 개념

절대적 범죄란 특정한 국가의 법질서와 무관하게 시간과 공간을 초월해서 누구나 당연히 범죄라고 인정할 수밖에 없는 범죄를 말한다.

(2) 상대적 범죄

특정한 국가의 법질서에 범죄로 규정된 범죄를 상대적 범죄라고 한다.

2. 형식적 범죄개념과 실질적 범죄개념

범죄에 대한 형식적 분석과 체계화를 가능하게 하는 것이 형식적 범죄개념이며, 범죄의 실질적 내용을 보충해 주는 것이 실질적 범죄개념이므로 범죄의 개념은 형식적·실질적 범죄개념의 양면에서 보완적으로 검토하여야 한다.

(1) 형식적 범죄개념 : 형벌법규에 의하여 형벌이 과해지는 행위, 불법적인 행위

형식적 의미의 범죄란 형벌법규에 의하여 형벌이 과해지는 행위, 즉 구성요건에 해당하는 위법하고 책임 있는 행위를 의미한다. 따라서 어떤 행위가 형법상의 범죄로 되기 위해서는 구성요건 해당성, 위법성, 책임(유책성)의 범죄성립요건을 모두 갖추어야 하며 어느 하나라도 결여되면 범죄는 성립하지 않게 된다.

(2) 실질적 범죄개념 : 반사회적 행위, 부당한 행위와 불법적인 행위를 모두 포함

실질적 의미의 범죄란 사회에 유해하거나 법익을 침해하는 반사회적 행위를 의미한다. 이는 어떤 행위를 범죄로 할 것인가에 대한 입법의 기준과 한계를 제시한다는 점에서 범죄의 형사정책적 의미의 범죄라고도 한다.

(3) 실질적 범죄개념과 형식적 범죄개념의 관계

형식적 범죄는 반사회적 행위 중 형벌법규에 규정된 것에 한정되므로(죄형법정주의) 범죄는 모두 반사회적 행위에 해당하나 반사회적 행위가 모두 범죄인 것은 아니다.

03 범죄의 성립요건 · 처벌조건 · 소추조건

1. 의의

형식적 범죄개념의 3가지 요소인 구성요건 해당성 · 위법성 · 책임을 범죄의 성립요건이라고 한다. 범죄가 성립한다고 해서 반드시 처벌하거나 소추할 수 있는 것은 아니다. 그래서 범죄의 성립요건, 처벌조건, 소추조건을 살펴볼 필요가 있다.

2. 범죄의 성립요건

(1) 구성요건 해당성

구성요건 해당성이란 구체적인 행위가 법률에 규정되어 있는 범죄의 구성요건에 합치하는 것을 의미한다.

(2) 위법성

위법성이란 구성요건에 해당하는 행위가 법질서 전체의 입장에 반한다는 부정적인 가치판단을 말한다.

(3) 책임

책임이란 위법행위를 한 행위자에 대한 비난 가능성을 의미한다.

3. 처벌조건

이와 같이 범죄가 성립하면 국가에 의해 형벌이 부가되는 것이 일반적이다. 그런데 가벌과 관련되어서 고려되는 2가지 조건이 있다. 이것들이 범죄의 처벌조건과 소추조건이다.

(1) 의미

범죄의 처벌조건이란 일단 성립된 범죄의 가벌성을 좌우하는 조건을 말한다. 즉 범죄가 성립한 경우에도 다시 형벌권을 발생시키는 조건을 말한다.

(2) 종류 : 객관적 처벌조건, 인적처벌조각사유

① 외부적 · 객관적 사유인 객관적 처벌조건

객관적 처벌조건이란 범죄가 성립되었다고 하더라도 형벌을 부과하기 위해서는 외부적이고 객관적인 사유가 존재하여야 한다는 것을 말한다. 예컨대 형법 제129조(수뢰, 사전수뢰) 제1항에는 "공무원 또는 중재인이 그 직무에 관하여 뇌물을 수수, 요구 또는 약속한 때에는 5년 이하의 징역 또는 10년 이하의 자격정지에 처한다"라고 규정하고 있다. 제2항에는 "공무원 또는 중재인이 될 자가 그 담당할 직무에 관하여 청탁을 받고 뇌물을 수수, 요구 또는 약속한 후 공무원 또는 중재인이 된 때에는 3년 이하의 징역 또는 7년 이하의 자격정지에 처한다"라고 규정하고 있다. 제2항에서 뇌물죄가 성립하여도 뇌물을 받은 사람이 '공무원 또는 중재인이 된 사실'이 있어야만 처벌을 제2항에서 규정하고 있는 '사전수뢰죄'로 벌을 받게 된다.

② 인적처벌조각사유 : 친족상도례(형면제, 친고죄)

인적처벌조각사유란 범죄는 이미 성립했으나 그 행위자와 피해자의 특수한 신분관계로 형벌을 받지 않는 것을 말한다. 대표적인 사례가 '친족상도례(親族相盜例)'이다. 친족상도례란 친족 간의 재산죄(강도죄, 손괴죄, 점유강취죄는 제외)에 대하여 그 형을 면제하거나 친고죄로 정한 형법상의 특례를 말한다. 이에 따라 직계혈족, 배우자, 동거친족, 동거가족 또는 그 배우자 사이의 절도죄 · 사기죄 · 공갈죄 · 횡령죄 · 배임죄 · 권리행사방해죄나 장물죄는 그 형을 면제하고, 그 밖의 친족 사이에서 이러한 죄가 범하여진 경우에는 피해자의 고소가 있어야 기소할 수 있다. 전근대적 가족관이 반영된 규정이다. 따라서 친고죄 규정을 삭제해야 한다는 주장도 제기되고 있다.

4. 소추조건

(1) 의의 : 공소제기의 유효조건

소추조건이란 범죄가 성립하고 형벌권이 발생한 경우라도 그 범죄에 대해서 형사소송법상의 소추를 하기 위하여 필요한 조건을 말한다. 즉 이 조건은 공소제기의 유효조건이다. 따라서 조건이 흠결된 경우 공소기각 등으로 형사재판은 종결된다. 이는 형사처벌에 있어서 피해자의 의사존중의 필요성을 고려하여 인정되는 것이다.

(2) 소추조건과 관련되는 범죄 : 친고죄와 반의사불벌죄

소추조건과 관련되는 것이 친고죄와 반의사불벌죄이다. 검사의 기소권보다 우선하는 범죄이다.

① 친고죄 : 정지조건부 범죄, 고소라는 조건이 있어야만 소추 가능

친고죄란 공소제기를 위해서는 피해자나 기타 고소권자의 고소가 있을 것을 요하는 범죄를 말한다.[97] 친고죄를 인정하는 경우는 범죄에 대한 공소제기를 허용하는 것이 오히려 피해자에게 불이익을 초래할 우려가 있는 경우와 경미한 범죄인 경우(모욕죄)가 있다.

---

97) 친고죄는 형법상의 성범죄(간통, 추행, 강간, 간음), 결혼목적 약취 · 유인죄, 추행 · 간음목적 약취 · 유인죄, 사자명예훼손죄, 모욕죄, 비밀침해죄, 업무상비밀누설죄 등이 있다.

② 반의사불벌죄: 해제조건부 범죄, 불법의 의사표시가 있으면 소추권 소멸

반의사불벌죄란 피해자의 명시한 의사에 반하여 공소를 제기할 수 없는 범죄를 뜻한다.[98] 피해자의 의사와 관계없이 공소를 제기할 수는 있으나 피해자가 처벌을 희망하지 않는다는 의사를 명백히 한 때에는 처벌할 수 없게 된다. 폭행죄나 명예훼손죄가 여기에 해당한다.

친고죄와 반의사불벌죄

구분	친고죄	반의사불벌죄
의미	피해자나 기타 고소권자의 고소가 있어야 공소제기를 할 수 있는 범죄를 말한다.	피해자의 의사에 반하여 공소제기가 가능하지만, 피해자가 처벌을 원치 않는다는 의사를 명백하게 표시한 경우에는 소추할 수 없는 범죄를 말한다.
성질	고소권자의 고소가 있을 때까지 공소를 제기할 수 없다.	피해자가 처벌을 원하지 않는다는 의사표시를 하게 되면 공소제기가 부적법하게 된다.
종류	친족 간 재산죄, 사자명예훼손죄, 모욕죄, 비밀침해죄	폭행죄, 과실치상죄, 협박죄, 명예훼손죄

04 범죄의 종류 및 성립

1. 범죄의 종류

형법에 규정하고 있는 범죄의 종류를 개관하면 다음과 같다.

구분		기준	종류
공익	국가적 법익에 대한 죄	공무원의 직무에 관한 죄	공무원의 직무 위배, 직권남용, 뇌물죄
		공무방해에 관한 죄	공무집행방해죄, 범인은닉의 죄, 위증과 증거인멸의 죄, 무고의 죄
		국가의 존립과 권위에 관한 죄	내란죄, 외환죄, 국기에 관한 죄, 국교에 관한 죄
	사회적 법익에 대한 죄	공공의 안전과 평온에 대한 죄	공안을 해하는 죄, 폭발물에 관한 죄, 방화와 실화의 죄, 일수와 수리에 관한 죄, 교통방해의 죄
		공공의 신용에 대한 죄	통화, 유가증권, 문서 또는 인장의 진정에 관한 죄
		공중의 건강에 대한 죄	음용수에 대한 죄, 아편에 관한 죄
		사회의 도덕에 대한 죄	성풍속에 관한 죄, 도박과 복표에 관한 죄, 신앙에 관한 죄
사익	개인적 법익에 대한 죄	생명과 신체에 대한 죄	살인, 상해와 폭행, 과실치사상, 낙태죄, 유기와 학대의 죄
		자유에 대한 죄	협박죄, 강요죄, 체포감금죄, 약취유인죄, 강간과 추행의 죄
		명예와 신용에 대한 죄	명예훼손죄, 신용·업무와 경매에 관한 죄
		사생활의 평온에 대한 죄	비밀침해죄, 주거침입죄
		재산에 대한 죄	절도, 강도, 사기, 공갈, 횡령, 배임, 장물에 관한 죄, 손괴죄, 권리행사를 방해하는 죄

98) 반의사불벌죄는 여러 폭행 및 협박죄, 명예훼손죄, 과실치상죄 등이 있다.

2. 범죄의 성립 여부 검토

위에서 제시된 범죄의 성립 여부는 범죄성립요건의 검토에 의해서 이루어진다. 범죄성립은 크게 3가지 관문을 통과해야 한다. 첫 번째 관문은 구성요건 해당성이다. 두 번째 관문은 위법성 인정 여부이다. 세 번째 관문은 책임 인정 여부이다. 이 세 단계의 성립을 모두 통과해야 범죄가 성립한다.

V 구성요건론

01 생각 열기

1. 개요

구성요건론은 바로 범죄성립 여부를 검토하는 첫 번째 관문이다. 범죄가 성립하려면 가장 먼저 구성요건에 해당해야 한다. 형법의 구성요건은 형벌을 과하는 근거가 되는 행위유형을 추상적·정형적으로 규정한 것이다. 대부분의 형법 규정에서 '사람의 신체를 상해한 자', '사람을 살해한 자', '영리의 목적으로 도박을 개장한 자' 등과 같이 추상적이고 정형적으로 행위 유형을 정해놓고 있다. 구성요건 해당성이란 구체적인 사건이 법률에 규정되어 있는 구성요건을 실현하여 그 가벌성의 조건을 충족한 경우를 말한다. 예를 들어 사람을 죽인 A의 행위가 형법 제250조의 '사람을 살해한 자'라는 요건에 해당하게 되면 구성요건 해당성이 인정된다. 만약 해당하지 않는 경우에는 범죄가 성립하지 않으며, 범죄성립 여부에 대한 검토는 중단된다.

2. 형법 조문

제13조 【범의】 죄의 성립요소인 사실을 인식하지 못한 행위는 벌하지 아니한다. 단, 법률에 특별한 규정이 있는 경우에는 예외로 한다.

제14조 【과실】 정상의 주의를 태만함으로 인하여 죄의 성립요소인 사실을 인식하지 못한 행위는 법률에 특별한 규정이 있는 경우에 한하여 처벌한다.

제15조 【사실의 착오】
① 특별히 중한 죄가 되는 사실을 인식하지 못한 행위는 중한 죄로 벌하지 아니한다.
② 결과로 인하여 형이 중할 죄에 있어서 그 결과의 발생을 예견할 수 없었을 때에는 중한 죄로 벌하지 아니한다.

제17조 【인과관계】 어떤 행위라도 죄의 요소되는 위험발생에 연결되지 아니한 때에는 그 결과로 인하여 벌하지 아니한다.

제18조 【부작위범】 위험의 발생을 방지할 의무가 있거나 자기의 행위로 인하여 위험발생의 원인을 야기한 자가 그 위험발생을 방지하지 아니한 때에는 그 발생된 결과에 의하여 처벌한다.

02 구성요건과 구성요건 해당성

1. 구성요건

구성요건이란 형법상 금지 또는 요구되는 행위가 무엇인가를 추상적 · 일반적으로 기술해 놓은 것을 말한다. 여러 가지 분류방법이 있지만 이 교재에서는 원칙적으로 객관적 요건과 주관적 요건에 따라 살펴본다.

2. 구성요건 해당성

구성요건 해당성은 어떤 구체적인 행위가 법률에 규정된 구성요건의 전부 또는 일부를 실현하는 성질을 의미한다. 이런 판단은 법률에 규정된 구성요건 각 요소들이 범죄사실에 해당하는지를 검토함으로써 이루어진다.

03 구성요건의 요소: 구성요건 해당성 검토

구성요건의 요소는 객관적 요건과 주관적 요건인 행위의 주체, 객체, 보호법익, 범죄행위, 인과관계 등이 있다. 그런데 요건 중에 기술되어 있지 않아 확인하기 어려운 객관적 귀속과 같은 요건도 있다. 예컨대 고속도로를 달리고 있던 A의 차가 고속도로를 횡단하던 B를 치여 사망에 이르게 하였다. A의 차가 B를 친 행위에 대해 사망의 결과를 귀속시킬 수 있느냐 하는 것이다.

1. 행위의 주체 및 객체

(1) 행위의 주체: 범죄행위 주체, 사람이 원칙, 법인은 예외적으로 인정

① 사람

행위의 주체(범죄의 주체)란 누가 범죄를 범할 수 있는가의 문제로, '자연인'은 연령 · 정신상태 여하에 관계없이 행위의 주체가 된다.

② 법인

'법인'이 범죄행위의 주체가 될 수 있느냐의 여부는 다툼이 있다. 범죄의 주체가 될 수 있는 능력을 '범죄능력'이라고 한다. 법인은 사람이 아니기 때문에 범죄능력을 인정할 수 없다는 주장도 있다. 또한 법인의 범죄능력이 있다고 해도 법인에게 사형과 같은 생명형과 징역 · 금고 같은 자유형을 내릴 수 없다는 점에서 '형벌능력'이 있는지에 대해서 반대하는 의견도 있다. 하지만 법인에 대한 형벌은 생명형이나 자유형이 아닌 명예형 및 재산형을 부과할 수 있다는 점에서 법인의 형벌능력을 인정하는 주장도 있다.

(2) 행위의 객체: 범죄행위의 대상, 개인적 · 사회적 · 국가적 법익

범죄의 객체란 범죄행위의 대상(살인죄의 '사람', 절도죄의 '타인의 재물', 방화죄의 '건조물', 공무집행방해죄의 '공무원' 등)을 말한다. 범죄의 객체는 객관적 구성요건요소로서 고의의 인식대상이 된다. 범죄의 객체가 없는 범죄도 있다. 즉 어떤 금지 행위를 한 것만으로도 처벌되는 경우이다. 예컨대 퇴거불응죄, 위증죄 등이다.

2. 범죄행위: 주관적 요건(고의/과실) + 객관적 요건(고의 · 과실 행위로 인한 결과)

(1) 고의와 과실의 문제

① 고의(인식과 의지)와 과실(주의의무 위반) 의미

범죄행위가 고의에 의해서 이루어졌는지, 과실에 의해서 이루어졌는지에 따라 고의에 의한 범죄행위, 과실에 의한 범죄행위를 나눌 수 있다. 고의는 범죄에 대한 인식과 의지를 말하는 것이고, 과실은 주의 의무를 위반하여 범죄를 인식하지 못하는 경우를 말한다. 우리가 흔히 말하는 실수 행위가 과실에 의한 범죄이다.

② 고의와 과실의 관계: 고의범 처벌 원칙, 과실범 예외적 처벌

형법상의 범죄는 고의범을 원칙으로 하고(제13조) 과실범은 예외적으로 법률에 특별한 규정이 있는 경우에 한하여 처벌된다(제14조). 예외적으로 처벌하는 과실범은 주로 중대한 문제를 야기한 경우(상해, 사망, 화재, 홍수 등)에만 예외적으로 처벌한다.

(2) 고의: 범죄에 대한 인식과 행동의지

고의란 자기의 행위가 불법구성요건을 실현함을 인식 · 인용하는 행위자의 심적 태도를 말한다. 고의는 범죄행위에 대한 인식(지적요소)와 의사(의지적 요소)를 포함한다. 고의에 기한 범죄행위를 고의범이라 한다.

(3) 과실: 주의의무 위반

① 과실의 의미

'과실'이란 사회생활에서 요구되는 주의의무를 위반하거나 게을리함으로써 구성요건적 결과 발생을 예견하지 못하거나 회피하지 못한 경우를 말한다.

② 과실범은 예외적 처벌

과실범은 고의범과 달리 부주의에 의해 범법한 것이므로 고의범보다 처벌이 가벼워야 하는 것이 원칙이며, 특별한 규정, 즉 과실범을 처벌한다는 규정이 없으면 처벌할 수 없다. 과실범의 법정형은 고의범에 비하여 당연히 가볍다.

③ 업무상 과실: 일반과실보다 더 높은 주의의무를 요함에도 주의하지 않은 경우

과실범의 처벌 규정에서는 과실을 '과실' · '중대한 과실' · '업무상 과실' 등으로 구분하여 표시한다. 업무상 과실은 주의의무는 동일하지만 더 높은 예견의무가 요구되므로 책임이 가중된다.

④ 중과실: 약간의 주의를 하면 범죄를 예방할 수 있음에도 하지 않은 경우
중과실은 현저히 주의의무를 게을리한 경우로서 극히 작은 주의만 기울였다면 결과 발생을 방지할 수 있었던 경우의 과실을 말한다.

형법상 과실범 처벌규정

일반과실범	업무상 과실	중과실
실화죄(제170조)	업무상 실화죄(제171조)	중실화죄(제171조)
과실일수죄(제181조)	무	무
과실폭발성물건파열죄 (제173조의2)	업무상 과실폭발성물건파열죄 (제173조의2)	중과실 폭발성물건파열죄 (제173조의2)
과실가스·전기 등 방류죄 (제173조의2)	업무상 과실 가스·전기 등 방류죄 (제173조의2)	중과실 가스·전기 등 방류죄 (제173조의2)
과실가스·전기 등 공급방화죄 (제173조의2)	업무상 과실 가스·전기 등 공급방해죄(제173조의2)	중과실 가스·전기 등 공급방해죄 (제173조의2)
과실교통방해죄(제189조 제1항)	업무상 과실교통방해죄(제189조 제2항)	중과실 교통방해죄(제189조 제2항)
과실치상죄(제266조)	업무상 과실치상죄(제268조)	중과실 치상죄(제268조)
과실치사죄(제267조)	업무상 과실치사죄(제268조)	중과실 치사죄(제268조)
무	업무상 과실치사죄(제364조)	중과실 장물죄(제364조)

(4) 미필적 고의와 인식있는 과실의 문제

① 문제 제기
확실한 고의는 범죄에 대한 명백한 인식과 실현 의지가 명확하게 드러나야 한다. 그런데 어떤 사안은 형사피의자(형사피고인)의 범죄에 대한 인식은 있는데 실현 의지가 불명확한 경우가 있다. 명백하게 인식했는지는 불확정적인데 실현 의지가 보이는 경우가 있다. 이와 같이 흐릿한 고의 또는 적극성이 떨어지는 고의를 고의로 보아야 할까? 아니면 과실로 보아야 할까? 이런 의사결정의 딜레마를 해결하기 위해 만들어진 개념이 미필적 고의와 인식 있는 과실이다.

② 미필적 고의: 인식 + 결과 수용
미필적 고의는 행위자가 구성요건적 결과의 발생을 확실하게 인식한 것이 아니라 그 가능성을 예견하고 행위한 경우를 말한다. 예컨대 음주운전으로 사람을 사망에 이르게 한 경우에 '원인으로부터 자유로운 행위(형법 제10조 제3항)'이 문제가 된다. 술을 먹고 사람을 사망에 이르게 한 자는 범죄에 대한 인식과 의지가 있을까? 아니면 없을까? 이런 경우에 미필적 고의를 인정하여 처벌하는 것이 형법의 기본적 입장이다. 책임능력 부분에서 다시 자세하게 후술하도록 한다.

③ 인식 있는 과실: 결과 수용 ×
인식 있는 과실은 행위자가 구성요건의 실현 가능성을 인식하였으나 주의의무에 위반하여 자기의 경우에 구성요건이 실현되지 아니할 것으로 신뢰한 경우를 말한다. 즉 범죄 결과에 대해 수용하지 않는 경우를 말한다.

④ 미필적 고의 사례

지방신문기자 갑(甲)은 평소 자신에게 제보를 잘 해오던 친구로부터 시청 공무원 을(乙)이 건설업자들로부터 뇌물을 받았다는 제보를 받고서, 마침 그날 기삿거리도 없던 차라 사실 확인도 하지 않은 채 기사화하여 보도하였다. 그런데 그 제보내용은 전혀 사실 무근이었다. 법원은 을(乙)에 대해 허위사실 적시에 의한 명예훼손행위가 된다고 판결하였다. 법원은 비록 허위 사실 인지에 대해 을(乙)이 명백하게 인식하는 부분에 대한 확정적 고의는 없다고 인정할 수 있으나, 제보 내용이 허위이더라도 보도는 해야겠다는 생각을 했다는 점에서 미필적 고의가 인정된다고 보았다. 또한 허위이든 진실한 사실이든 보도를 하겠다고 생각하였으므로 을(乙)의 명예를 훼손할 확정적 고의가 있다고 하였다.

(5) **행위**: 작위와 부작위

행위는 작위, 부작위를 모두 포함한다. 그래서 형법은 작위범과 부작위범 모두를 규율한다. 작위는 금지된 행위를 적극적으로 하는 경우를 말한다. 예컨대 살인을 하지 말라고 했음에도 불구하고 살인을 한 경우이다. 부작위는 단순히 아무런 행위도 하지 않는 것을 의미하는 것이 아니라 기대되거나 요구되는 행위를 소극적으로 하지 않는 경우를 말한다. 예컨대 퇴거불응죄가 대표적이다. 그런데 작위범을 부작위로 실현하는 경우도 있다. 이것을 '부진정부작위범'이라고 부른다. 예컨대 구조를 해야 할 부모가 죽일 의도를 가지고 강물에 빠진 자식을 구하지 않는 경우이다. 이런 행위로 인해 결과가 발생하지 않으면 인과관계가 성립하지 않아 구성요건 해당성이 없게 된다.

3. **인과관계**: 범죄행위 ⇨ 결과

(1) **인과관계의 의의**: 행위와 결과 사이의 연관관계

형법 제17조에는 "어떤 행위라도 죄의 요소되는 위험발생에 연결되지 아니한 때에는 그 결과로 인하여 벌하지 아니한다"라고 하여 인과관계를 규정하고 있다. 인과관계란 발생결과에 대해 행위자에게 책임을 과하기 위해서 요구되는 행위와 결과 사이의 연관관계를 말한다. 예컨대 '갑'이 '을'을 폭행하였고 그 결과 '을'이 사망하였다면 폭행과 사망 사이에 인과관계가 있다는 말은 폭행이 사망의 원인 또는 사망이 폭행의 결과라는 의미이다. 형법에서 인과관계를 중요시하는 가장 큰 이유는 어떤 행위로 인해 발생한 모든 책임을 져야 한다는 결과책임주의의 제한 때문이다.

(2) 인과관계를 논하는 실익

① 거동범과 결과범의 구별

결과 없이도 행위만으로 처벌하는 범죄가 있다. 이 범죄의 경우에는 인과관계를 따질 필요가 없다. 이 범죄를 거동범이라고 부른다. 따라서 인과관계는 거동범(擧動犯)[99]에서는 문제가 되지 않고 결과범(結果犯)[100]에서만 문제된다. 거동범에서는 구성요건적 행위만 있으면 기수(旣遂)가 될 수 있고 결과범에서는 구성요건적 행위 이외에 결과발생을 요하고, 여기에 더하여 행위와 결과 사이에 인과관계가 있어야 기수가 되거나 범죄가 성립될 수 있다.

② 미수와 기수의 구별문제: 결과범

거동범의 경우에는 원칙적으로 미수가 성립할 여지가 없다. 다만 예외적으로 퇴거불응죄, 집합명령위반죄에 처벌규정을 두고 있다. 미수와 기수의 구별은 결과범에서 중요한 의미를 가진다.

(3) 인과관계를 인정하는 기준

① 조건설

조건설은 결과발생에 필요한 '모든 조건'들을 결과발생의 '원인'으로 파악하는 것이다. 이때 무수히 많은 조건들의 우위를 따지지 않고 모든 조건을 동일하게 결과발생의 원인으로 파악한다는 점에서 등가설이라고도 한다. 조건설은 인과관계의 범위가 너무 넓어 결과책임을 제한하지 못하는 단점이 있다. 과거 우리나라 판례가 취한 입장이다.

② 상당인과관계설

상당인과관계설은 귀책의 범위가 지나치게 넓은 조건설의 문제점을 해결하기 위하여 제기된 이론이다. 상당인과관계설은 행위와 결과사이에 경험칙상 상당성이 있을 때에만 인과관계를 인정한다. 여기서 상당성(相當性)이란 '고도의 가능성' 즉 '개연성(蓋然性)'을 의미한다. 따라서 일정한 행위가 있으면 일정한 결과가 발생할 개연성이 있는 경우에만 인과관계를 인정하고 일정한 행위에서 일정한 결과가 발생할 가능성만 있는 경우에는 인과관계를 인정하지 않는다. 상당인과관계설은 인과관계를 원인과 결과의 관련성으로만 파악하는 것이 아니라 형법상 귀책(歸責)의 근거로 파악한다. 그 결과 조건설에 의해 인정되는 인과관계 중 경험칙상 상당성이 있는 인과관계만을 형법상의 인과관계로 파악하고, 경험칙상 단순한 가능성만 있는 인과관계는 형법상의 인과관계에서 제외함으로서 결과책임을 제한하는 효과가 있다.

---

99) 무고죄, 명예훼손죄, 주거침입죄 등과 같이 구성요건이 일정한 결과발생을 내용으로 하지 않았어도 규정되어 있는 행위를 하게 되면 저절로 성립되는 범죄를 의미한다. 형식범이라고도 한다. 폭행죄는 결과범이 아니라 거동범에 해당한다.

100) 살인죄, 절도죄 등과 같이 구성요건이 일정한 결과발생을 내용으로 범죄를 의미한다. 실질범이라고도 한다.

③ 합법칙적 조건설

합법칙적 조건설은 행위와 결과를 자연법칙 또는 경험법칙에 부합할 때 인과관계를 인정한다. 이 이론은 행위와 결과 사이에 연관성을 인정하기 어려운 사안에 대해 그 기준을 제시하고 있다는 점에 유용성을 가진다. 예컨대 오염물질로 피해를 입은 주민들이 있는데, 이 오염물질을 배출한 갑(甲)회사는 허용 기준치 이하의 오염물질을 배출하고 있다고 주장을 하고 있다. 하지만 합법칙적 조건설에 따르면 허용 기준치 이하의 오염물질을 배출하는 것도 위험을 창출한 것이기 때문에 갑(甲)회사가 오염물질을 배출한 행위와 주민들의 피해라는 결과 사이에 인과관계가 있다고 주장할 수 있다.

④ 정리 : 합법칙적 조건설이 다수설, 상당인과관계설이 판례

정리해 보면 합법칙적 조건설이 상당인과관계설에 비해 뛰어난 점은 '경험적 · 과학적'이라는 근거가 될 것이다. 하지만 특수한 경우를 제외하고는 인과관계를 인정하는 결론에서는 큰 차이가 없다. 과학이 필연성을 보장해 주는 것은 아니다. 결국 과학적인 결과 역시 '확률적'일 수밖에 없다. 법률적 논증의 지평을 넓혔다는 점에서 의의가 있으나 결국 인과관계의 문제는 경험칙 및 논리적인 문제라고 할 수 있다.

4. 객관적 귀속 : 기술되지 않은 구성요소

객관적 귀속은 합법칙적 조건설에 따라 강조되는 기술되지 않은 구성요성이다. 객관적 귀속은 인과관계가 인정되는 결과를 행위자의 행위에 객관적으로 귀속시킬 수 있는지 여부를 검토하는 것이다. 일반적으로 객관적 귀속은 기술되지 않은 구성요소로 본다.

VI 위법성론

01 생각 열기

1. 개요

이상에서 살펴본 구성요건 요소들을 검토한 결과 구성요건에 해당하면 일반적으로 위법성이 징표되는 것으로 본다. 따라서 두 번째 관문인 위법성 단계에서 검토해야 할 것은 위법성을 조각하는 사유가 있는지 여부를 검토하는 것이 핵심이다. 만약 위법성 조각사유가 존재할 경우에는 위법성이 조각되어 범죄는 성립하지 않는 결론을 내려야 한다.

2. 형법 조문

제20조 【정당행위】 법령에 의한 행위 또는 업무로 인한 행위 기타 사회상규에 위배되지 아니하는 행위는 벌하지 아니한다.

제21조 【정당방위】 ① 자기 또는 타인의 법익에 대한 현재의 부당한 침해를 방위하기 위한 행위는 상당한 이유가 있는 때에는 벌하지 아니한다.
② 방위행위가 그 정도를 초과한 때에는 정황에 의하여 그 형을 감경 또는 면제할 수 있다.
③ 전항의 경우에 그 행위가 야간 기타 불안스러운 상태하에서 공포, 경악, 흥분 또는 당황으로 인한 때에는 벌하지 아니한다.

제22조 【긴급피난】 ① 자기 또는 타인의 법익에 대한 현재의 위난을 피하기 위한 행위는 상당한 이유가 있는 때에는 벌하지 아니한다.
② 위난을 피하지 못할 책임이 있는 자에 대하여는 전항의 규정을 적용하지 아니한다.
③ 전조 제2항과 제3항의 규정은 본조에 준용한다.

제23조 【자구행위】 ① 법정절차에 의하여 청구권을 보전하기 불능한 경우에 그 청구권의 실행불능 또는 현저한 실행곤란을 피하기 위한 행위는 상당한 이유가 있는 때에는 벌하지 아니한다.
② 전항의 행위가 그 정도를 초과한 때에는 정황에 의하여 형을 감경 또는 면제할 수 있다.

제24조 【피해자의 승낙】 처분할 수 있는 자의 승낙에 의하여 그 법익을 훼손한 행위는 법률에 특별한 규정이 없는 한 벌하지 아니한다.

제310조 【위법성의 조각】 제307조 제1항의 행위가 진실한 사실로서 오로지 공공의 이익에 관한 때에는 처벌하지 아니한다.

02 위법성의 의의

1. 위법성의 의미 : 법질서 전체의 입장에서 내려지는 행위에 대한 부정적 가치판단

위법성이란 범죄성립요건의 하나로서 구성요건에 해당하는 행위가 법적 견지에서 허용되지 아니하는 성질을 말한다. 즉, 법질서 전체(실정법 · 사회상규 전체)의 입장에서 내려지는 행위에 대한 부정적 가치판단을 말한다. 불법은 어떤 행위가 특정 법규를 위반하는 상태를 말한다.

2. 위법성과 구성요건 해당성의 관계

(1) 구성요건에 해당할 경우 위법성이 추정됨

구성요건에 해당하는 행위는 위법성이 있는 것으로 추정 · 징표된다. 위법성이 있다는 것은 구성요건에 합치한 행위가 법질서 전체의 입장에서 허용되지 않음을 말하고, 만일 위법성 조각사유가 있게 되면 위법하지 않고 적법한 것으로 평가하게 된다.

(2) 위법성 조각사유 검토 : 위법성 추정을 깨뜨리는 사유

형법은 위법성을 적극적으로 규정하지 않고, 다만 위법성이 조각되는 경우를 소극적 · 예외적으로 규정하고 있을 뿐이다.

3. 위법성과 책임의 관계 : 법질서 차원의 부정적 판단 대 비난 가능성

위법성은 법질서 전체의 입장에서 내리는 행위에 대한 객관적 판단이지만 책임은 행위자에 대한 비난 가능성 유무에 대한 판단이다.

4. 위법성 조각사유의 법적 효과

위법성 조각사유가 존재하면 행위자의 행위가 적법행위가 되어 국가는 형벌권을 행사할 수 없다. 또한 위법성 조각사유가 성립하는 행위에 대해서 상대방은 정당방위를 행사할 수 없다.

03 위법성 조각사유의 의미와 종류

1. 위법성 조각사유의 의미 : 위법성 조각사유 ⇨ 징표되는 위법성을 깨뜨려 범죄 불성립

위법성 조각사유란 어떤 행위가 구성요건에 해당하나 특별한 사정에 의해 위법성을 배제시켜 주는 사유를 말한다. 만일에 위법성 조각사유가 없으면 구성요건에 해당하는 행위는 확정적으로 위법하게 되고, 위법성 조각사유가 있으면 구성요건에 해당하는 행위에서 징표되는 위법성을 깨뜨려 적법하게 된다.

2. 위법성 조각사유의 종류

형법상의 위법성 조각사유로는 ① 정당행위(제20조), ② 정당방위(제21조), ③ 긴급피난(제22조), ④ 자구행위(제23조), ⑤ 피해자의 승낙(제24조), ⑥ 명예훼손죄에서 진실한 사실로서 오로지 공공의 이익을 위한 경우(제310조) 등이 있다.

04 정당방위

1. 정당방위 개념

(1) 의미 : 부당한 침해(부정) ⇨ 부당한 침해에 대한 방어행위(정) ⇨ 피해 및 침해

정당방위란 자기 또는 타인의 법익에 대한 현재의 부당한 침해를 방위하기 위한 상당한 이유가 있는 행위를 말한다. 이런 정당방위는 부정 대 정의 관계이다.

① 절도범을 쫓아가 장물을 탈환하였다.

② 나는 지난주 일요일에 집에서 '단지 그대가 여자라는 이유만으로'라는 영화를 보았어. 영화 내용 중, 심야에 혼자 귀가 중인 여자 B에게 C와 D가 함께 뒤에서 달려들어 어두운 골목길로 끌고 들어가서 반항하는 B의 옆구리를 무릎으로 차고 억지로 키스를 하려고 했어. 그러자 B가 자신을 지키려는 일념에서 엉겁결에 C의 혀를 깨물어 설절단상을 입히는 장면이 나왔어.

③ 경찰관이 적법한 공무집행을 벗어나 불법하게 체포하려 한 경우 그 체포를 면하려고 반항하는 과정에서 경찰관에게 상해를 가하였다.

(2) 과잉방위: 상당성을 초과한 행위, 형법 제21조 제2항 및 제3항

과잉방위는 상당성을 초과한 방위행위이다. 이 과잉방위는 위법한 행위이다. 하지만 과잉방위는 상황에 따라서 그 책임이 줄어들거나 또는 면제될 수 있다. 예컨대 야간이나 기타 불안한 상황에서 공포·경악·흥분 또는 당황 등 특별한 주변 상황으로 인해 방위 행위를 한 경우에는 형벌이 면제된다. 이것은 위법 행위이기는 하지만, 이런 상황에서는 적법한 행위를 할 것을 기대할 수 없기 때문이다.

(3) 오상방위: 정당방위 요건 잘못 인식 ⇨ 방위행위, 과실범 처벌(다수설)

오상방위란 우편배달부를 강도로 알고 정당방위를 할 의사로서 상해를 가한 경우이다. 객관적으로 정당방위의 요건을 갖추지 않았음에도 불구하고 잘못 인식하고 방위 행위를 하는 것이다. 오상방위는 과잉방위와 같이 위법성이 인정된다.

(4) 오상과잉방위: 오상방위로 보는 것이 다수설

오상과잉방위란 오상방위와 과잉방위가 결합된 것이다. 현재의 부당한 침해가 없음에도 불구하고 존재한다고 잘못 인식하고 상당성(相當性)을 넘어 방위 행위를 한 경우를 의미한다. 오상과잉방위의 위법성이 인정된다.

2. 정당방위 성립요건

(1) 자기 또는 타인의 법익에 대한 현재의 부당한 침해가 있을 것

① 부당한 침해: 사람 및 사람이 사용한 도구(개)에 의한 침해
현재의 부당한 침해란 3가지 의미를 포함하고 있다. 우선 침해란 사람에 의한 침해, 사람의 사주를 받은 동물의 침해를 의미한다. 즉 사람의 침해를 의미한다.

② 현재의 침해
현재의 침해란 법익에 대한 침해가 급박한 상태에 있거나, 바로 발생하였거나, 아직 계속되고 있는 것을 말한다. 따라서 과거의 침해나 장래 예상되는 침해에 대해서는 정당방위를 할 수 없다.

③ 위법한 침해
마지막으로 부당한 침해란 위법한 침해를 말한다. 따라서 책임무능력자의 침해행위에 대해서도 정당방위가 가능하다.

④ 정당방위로 보호되는 법익: 자기 또는 타인의 법익
자기란 방위자 자신을 말하고 타인에는 자연인은 물론 법인, 법인격 없는 단체, 국가도 포함된다. 따라서 제3자를 위한 정당방위도 가능하다. 법익이란 법에 의하여 보호되는 모든 이익으로서 형법상의 개인적 법익(생명, 신체, 명예, 재산, 자유, 비밀 등)은 물론 가족관계, 애정관계 등과 같은 형법에 의하여 보호되지 않는 법익도 포함된다. 하지만 국가적·사회적 법익을 위한 정당방위는 원칙적으로 부정되고 예외적으로 허용된다.

(2) 방위하기 위한 행위일 것

부당한 침해를 인식하고 이를 배제할 의사(방위의사)를 가지고 현재의 부당한 침해 그 자체를 배제하기 위한 반격행위(방위행위)를 말한다. 방위행위의 상대방은 침해자나 그 도구에 대하여 행하여야 하며, 침해와 무관한 제3자에게 행할 수는 없다.

(3) 상당한 이유가 있을 것

방위행위의 상당한 이유에는 방위행위의 필요성과 사회윤리적 적합성을 내용으로 한다.

① 방위행위의 필요성
방위행위는 침해를 즉시 효과적으로 제거할 수 있는 사실상 방어에 필요한 행위여야 한다. 또한 방위행위가 방어를 위한 적합한 수단이어야 하고 여러 가지 가능한 수단 중에서 상대방에게 경미한 손해를 주는 수단을 택해야 한다.

② 사회윤리적 적합성
또한 방위행위의 상당성이 인정되기 위해서는 정당방위가 사회윤리적으로 용인되는 방위행위이어야 한다.

3. 효과 : 위법성 조각 ⇨ 범죄불성립

정당방위의 요건을 구비한 경우에는 방위행위가 비록 범죄의 구성요건에는 해당하더라도 위법성이 조각되어 범죄가 성립하지 않는다.

05 긴급피난

1. 긴급피난과 구별개념

(1) 긴급피난 의미 : 위난(정) ⇨ 현재의 위난을 피하기 위한 행위(정) ⇨ 피해 및 손해

긴급피난이란 자기 또는 타인의 법익에 대한 현재의 위난을 피하기 위한 행위로서 상당한 이유가 있는 행위를 말한다. 예컨대 태풍을 피하기 위해 정박하다가 어장을 파손한 행위, 화재 시 사람을 구하기 위하여 아래층으로 던져 부상을 입힌 경우, 자살을 막기 위해 자살을 기도하는 사람을 강제로 감금한 경우 등이다. 이와 같이 긴급피난은 정 대 정의 관계이다.

① 창고에 갇혀 굶어죽기 직전인 사람을 구하기 위하여 문을 부수었다.

② 길에서 광견병에 걸린 개를 만나 이를 피하기 위하여 다른 사람의 집에 뛰어 들었다.

③ 의사가 위급한 환자를 자기 차에 싣고 가다가 정지신호를 위반하였다.

④ 자기를 죽이려고 쏜 총탄을 피하기 위하여 타인의 자동차를 들이받았다.

(2) **과잉피난**: 상당한 정도를 초과한 경우, 형법 제22조 제2항과 제3항

과잉피난이란 피난행위가 상당한 정도를 초과한 경우를 말한다. 이는 위법성이 조각되지 않는다. 다만 책임이 감경·소멸되어 정황에 따라 형을 감경 또는 면제할 수 있다. 예컨대 야간, 기타 불안스러운 상태 하에서 공포·경악·흥분 또는 당황으로 인한 때에는 기대 가능성이 없어 책임이 조각되므로 벌하지 아니한다.

(3) **오상피난**: 피난 상황 오인, 과실범 처벌

오상피난이란 객관적으로 긴급피난의 요건인 사실이 존재하지 아니하는데도 주관적으로 그것이 존재한다고 오인하고 피난행위를 한 경우를 말한다. 즉, 긴급피난의 요건이 구비되어 있다고 잘못 생각하여 행하는 피난행위를 말한다. 이는 피난행위가 아니므로 위법성이 조각되지 아니한다.

(4) **의무의 충돌**: 긴급피난의 특수한 경우

① 의미: 2개 이상의 법적 의무 충돌 ⇨ 1가지 의무 이행 ⇨ 방치된 경우에서 피해 발생

의무의 충돌은 2개 또는 그 이상의 의무를 동시에 행할 수 없는 긴급상태에서 그중 어느 한 의무를 이행하고 다른 의무를 방치한 결과 그 방치한 의무불이행이 구성요건에 해당하는 가벌적 행위가 되는 경우를 말한다. 예컨대 구조요원이 물에 빠진 두 중학생 중 어느 한 명을 구하다보니 다른 학생이 익사한 경우를 말한다.

② 독립된 위법성 조각사유로 보는 견해와 긴급피난의 특수한 경우로 보는 견해

의무의 충돌에 대해 사회상규에 반하지 않는 정당행위로서 독립된 위법성 조각사유로 보는 견해와 긴급피난의 특수한 경우로 보는 견해(다수설)가 있다.

2. 긴급피난의 성립요건

(1) 자기 또는 타인의 법익에 대한 현재의 위난

① 현재의 위난: 사람의 행위에 의한 것은 물론 자연현상이건 동물의 침해이건 불문

현재의 위난이란 위난이 임박하였거나, 이미 시작되었거나 계속 중인 것을 말한다. 정당방위와는 달리 사람의 행위에 의한 것은 물론, 자연현상이건 동물의 침해이건 불문하며, 위난이 위법하거나 부당할 것을 요하지 않는다. 따라서 위법·부당한 위난에 대해서는 정당방위는 물론 긴급피난도 가능하다.

② 긴급피난으로 인한 보호법익: 개인적 법익은 물론 사회적 법익·국가적 법익

피난행위로 보호될 수 있는 법익은 법에 의하여 보호되는 자가 또는 타인의 모든 법익이다. 개인적 법익은 물론 사회적 법익·국가적 법익을 위한 긴급피난이 가능하다는 점에서 정당방위와 구별된다.

(2) 그 위난을 피하기 위한 행위(피난행위)

위난 상황을 인식하고 제거하겠다는 피난의사에 따라 현재의 위난을 모면하기 위한 일체의 피난행위를 말한다. 침해자만을 대상으로 하는 정당방위와는 달리 위난을 유발한 자에 대해서는 물론 그 위난과 관계없는 제3자에 대하여도 피난행위가 행하여질 수 있다.

(3) 피난행위는 상당한 이유가 있어야 한다.

① 사회상규에 비추어 적합한 수단
상당한 이유란 피난행위가 사회상규에 비추어 적합한 수단이어야 한다.

② 보충성의 원칙
또한 긴급피난은 '정 대 정'의 관계이므로 '부정 대 정'의 관계인 정당방위에서는 필요 없는 보충성의 원칙(피난행위는 위난에 처한 법익을 보호하기 위한 유일한 수단이어야 한다)이다.

③ 법익균형성
법익균형성(긴급피난에 의하여 보호되는 법익이 침해되는 법익보다 본질적으로 우월하여야 한다)의 원칙이 긴급피난에서는 엄격하게 요구된다. 예컨대 피난시키는 법익이 생명이고, 피난으로 인해 피해를 입는 법익이 생명인 경우에는 법익 균형을 인정할 수 없다. 이 경우에는 책임이 조각되는 면책적 긴급피난 성립여부가 문제될 뿐이다.

3. 긴급피난의 효과 : 위법성 조각 ⇨ 범죄불성립

위법성이 조각되어 범죄가 성립하지 않는다.

06 자구행위

1. 의미 : 청구권 보전 불가능 또는 실행곤란 ⇨ 자구행위

자구행위란 법정절차에 의하여 청구권을 보전하기가 불가능하거나 현저히 실행곤란을 겪게 되는 것이 예상되는 경우, 그 실행곤란을 피하기 위해 스스로 한 행위에 상당성이 있는 때에는 예외적으로 위법성을 조각시켜 주는 것을 말한다. 예컨대 며칠 전 길을 가다 지갑을 훔쳐간 절도범을 우연히 다시 만나, 쫓아가서 지갑을 탈환하는 경우이다.

2. 요건

(1) 법정절차에 의하여 청구권을 보전하기 불가능한 경우 또는 현저한 실행곤란

① 청구권
청구권이란 타인에게 일정한 작위 또는 부작위를 요구할 수 있는 사법상의 권리를 말하며 재산상의 청구권은 물론 친족권·상속권에 기한 청구권도 포함한다.

② 청구권을 보전하기 불가능한 경우 또는 현저한 실행곤란
법정절차에 의하여 자신의 청구권(타인에게 일정한 작위 또는 부작위를 요구할 수 있는 사법상의 권리를 말하며 재산상의 청구권은 물론 친족권·상속권에 기한 청구권도 포함)이 불법하게 침해를 당한 후 법정절차(통상 민사소송법상의 가압류·가처분 등의 보전절차를 의미)에 의한 청구권의 보전이 불가능한 경우를 말한다. 법정절차에 의한 청구권의 보전불가능이란 장소·시간 관계상 공적구제를 기다릴 여유가 없고, 나중에 공적수단에 의하더라도 그 실효를 거두지 못할 긴급한 사정이 있는 경우를 말한다.

(2) 자구행위: 청구권의 실행불능 또는 현저한 실행곤란을 피하기 위한 행위일 것

자구행위가 성립하기 위해서는 법정절차에 의한 청구권 보전이 불가능한 긴급사정 이외에 즉시 자력으로 구제하지 않으면 나중에 청구권의 실행이 불가능하거나 현저하게 곤란한 긴급 사정이 있어야 한다. 자구행위는 청구권의 실행불능 또는 실행곤란을 피하기 위한 행위이어야 한다. 따라서 자구행위는 자구의사(청구권의 실행불능 또는 현저하게 곤란한 실행곤란의 상황을 피하기 위한 의사)를 가지고 행한 청구권 보전행위이지 권리실행행위가 아니다.

(3) 상당한 이유가 있을 것

상당한 이유란 자구행위가 객관적으로 사회상규에 비추어 적합해야 하고, 보충성 및 법익균형성을 갖추어야 한다.

① 적합성
우선 정당한 목적을 위한 상당한 수단을 요한다는 점에서 사회윤리적으로 용인될 수 있어야 한다(적합성).

② 보충성
다음으로 법정절차에 의하여 청구권을 보전할 수 없는 경우에만 허용된다(보충성).

③ 최소 침해성
상대방에게 가장 경미한 피해를 주는 방법을 사용하여야 한다(최소 침해).

④ 엄격한 법익균형성 불요
자구행위는 '부정 대 정'의 관계이므로 긴급피난('정 대 정')과 같은 엄격한 법익균형성을 요하지 않는다.

3. 자구행위의 효과: 위법성 조각 ⇨ 범죄불성립

자구행위는 위법성을 조각하므로 구성요건에 해당하는 행위가 있더라도 범죄가 성립되지 않아 처벌되지 않는다.

07 피해자의 승낙

1. 의미: 승낙 ⇨ 승낙에 따른 피해나 침해

피해자의 승낙이란 피해자가 가해자(타인)에게 자기의 처분할 수 있는 법익을 침해하는 것을 허락하는 것을 말하며, 구성요건에 해당하는 행위의 위법성을 조각시키는 사유에 해당한다.

2. 요건

(1) 법익을 처분할 수 있는 자의 유효한 승낙이 있을 것

① 피해자의 승낙
법익을 처분할 수 있는 자(피해자)가 승낙해야 한다.

② 처분가능한 법익
승낙의 대상이 되는 것은 법익주체가 자유로이 처분 가능한 개인적 법익에 한한다.

③ 진지한 승낙
승낙은 행위 전이나 행위 시에 승낙의 의미와 내용을 이해할 수 있는 자의 자유롭고 진지한 승낙이어야 한다.

(2) 행위자가 승낙사실을 인식하고 법익침해행위를 하였을 것: 처벌 규정 없는 피해

행위자(가해자)는 사전에 승낙사실을 인식하고 이에 따라 행동해야 한다. 이런 승낙에 의한 행위는 법질서 전체의 정신이나 사회윤리적으로 용인될 수 있는 것이어야 한다.

(3) 법률에 특별한 규정이 없을 것: 처벌 규정 없는 경우

피해자의 승낙 유무를 불문하고 범죄가 성립하는 법률 규정이 있거나, 피해자의 승낙이 형의 감경사유로 되는 경우에는 피해자의 승낙이 위법성을 조각하지 않고 범죄가 성립된다.

3. 효과: 위법성 조각 ⇨ 범죄불성립

피해자의 승낙의 요건을 구비한 행위는 범죄의 구성요건에는 해당하나 위법성이 조각되어 범죄가 성립하지 않는다.

4. 추정적 승낙

(1) 의미

추정적 승낙이란 피해자의 현실적인 승낙은 없지만 행위 당시의 사정을 객관적으로 판단할 때 피해자의 승낙이 있었을 것이라고 기대될 수 있는 경우를 말한다. 예컨대 옆집에 살던 수의사 정(丁)은 A가 즉시 수술을 받지 않으면 생명이 위급해질 수 있는 상태인 것을 발견하였다. 정(丁)은 A의 동의 없이 A의 배를 절개하여 맹장염이 발생한 부분을 제거하였으며, A는 수술 부위에 흉터가 남았으나 생명은 건졌다.

(2) 성질: 긴급피난설, 승낙의 대용물이라는 설, 사회상당성설, 사무관리설 등

추정적 승낙은 긴급피난과 피해자의 승낙의 중간에 위치하는 독자적 구조를 가진 위법성 조각사유라는 견해가 다수설이다. 하지만 긴급피난설, 승낙의 대용물이라는 설, 사회상당성설, 사무관리설 등 여러 견해가 있다.

(3) 성립요건

① 양심에 따른 인식
첫째, 행위자가 모든 사정에 대하여 양심에 어긋나지 않는 인식을 하여야 한다.

② 처분가능 법익
둘째, 추정적 승낙도 처분할 수 있는 법익에 대해서만 가능하고, 피해자(법익주체)에게 처분능력이 있어야 한다.

③ 현실적인 승낙을 얻을 수 없는 경우
셋째, 추정적 승낙은 현실적인 승낙을 얻을 수 없는 경우에만 가능하다.

④ 피해자 승낙에 대한 확실한 기대 가능성 존재
넷째, 추정적 승낙이 되기 위해서는 모든 사정을 종합하여 객관적으로 판단했을 때 피해자의 승낙이 확실히 기대될 수 있어야 한다.

(4) 효과: 위법성 조각 ⇨ 범죄불성립

① 피해자의 현실적 승낙이 있는 경우와 동이하게 위법성이 조각되어 범죄로 되지 않는다.

② 상당한 시일을 경과한 이후에 도품을 탈환한 경우는 과거의 침해로 자구행위가 된다.

08 정당행위

1. 의미 : 피해나 침해 행위가 정당시되는 경우

정당행위란 사회상규에 위배되지 아니하여 국가적・사회적으로 정당시되는 행위를 말한다. 형법 제20조는 "법령에 의한 행위 또는 업무로 인한 행위 기타 사회상규[101]에 위배되지 아니하는 행위는 벌하지 아니한다"라고 하여 정당행위를 위법성 조각사유로 규정하고 있다. 여자중학교 체육교사 겸 태권도 지도교사인 피고인은 1999년 3월 자신이 체육교사로 근무하는 충남 모 여자중학교 운동장에서 피해 여학생들이 "무질서하게 구보한다"는 이유로 손이나 주먹으로 두 차례 머리 부분을 때리고, 자신이 신고 있는 슬리퍼로 피해 여학생의 양손을 때렸으며, 같은 달 태권도 대회 출전과 관련해 질문하는 유 모양 등 2명에게 낯모르는 학생들이 보는 가운데 "싸가지 없는 년"이라고 욕설하여 폭행・모욕혐의로 기소되었다. 제1심과 항소심은 유죄를 인정하고 벌금 100만 원을 선고하였다. 피고인은 '자신의 행위가 교육목적상 정당한 징계행위이므로 정당행위'임을 주장하며 상고하였다. 이에 대법원은 피고인이 행한 체벌이 정당행위에 해당하지 않는다며 상고를 기각하였다(조국, 2007.3.17.).[102]

2. 정당행위의 유형

(1) 법령에 의한 정당행위

법령에 의한 행위란 법령에 근거하여 권리 또는 위무로서 행해지는 행위를 말하며, 이에는 공무원의 직무집행행위(법령 근거/상관명령), 징계행위, 사인의 현행범체포, 노동쟁의행위 등이 있다.

① 공무원의 직무집행행위(법령 근거/상관명령)

㉠ 법령상 직무집행행위

법령상 직무집행행위는 법령에 정한 직무 범위의 요건과 절차에 따라 이루어진 행위를 말한다. 예컨대 교도관의 사형 집행, 집달관의 강제집행행위(민소법 제496조), 세무 공무원의 압류처분, 검사의 긴급체포(형소법 제200조의3), 경찰관 직무집행법에 의한 강제처분 등이다.

㉡ 적법한 상관의 명령에 의한 행위

법률에 따라 부하의 직무에 대해 감독권한을 가진 상관의 명령에 복종한 행위는 정당행위로 위법성이 조각된다. 따라서 위법한 명령에 따른 행위는 직무상의 지시 명령이 아니기 때문에 위법성이 조각되지 않는다.

㉢ 위법한 상관의 구속력 있는 명령에 의한 행위(대법원 1961.4.15. 선고 4290형상201 판결)

위법한 상관의 구속력 있는 명령에 의한 행위에서 '구속력'은 법적 절차에 반하지 않고 법질서에 명백하게 위반되지 않는 경우를 말한다. 위법하지만 상관의 구속력 있는 명령에 복종한 행위는 위법성이 조각된다는 견해도 있지만 일반적으로 기대 가능성이 없는 경우에만 책임이 조각되는 것으로 본다.

101) 초법규적 사유에 해당하며 형법은 이를 규정하고 있다.
102) 판례평석, 교사의 체벌과 정당행위, 대상판결 : 대법원 2004.6.10. 선고 2001도5380 판결

㉣ 위법한 상관의 구속력 없는 명령에 의한 행위(대법원 1988.2.23. 선고 87도2358 판결)
명령에 복종하여 참고인을 고문치사한 행위는 정당행위가 될 수 없어서 위법하고 또한 책임이 인정된다. 여기서 대공수사단 직원은 상관의 명령에 절대 복종하여야 한다는 것이 불문율처럼 되어 있다 할지라도 국민의 기본권인 신체의 자유를 침해하는 고문행위 등이 금지되어 있는 우리의 법질서에 비추어 강요된 행위로서 적법한 행위에 대한 기대 가능성이 없는 경우가 아니기 때문에 면책적 긴급피난도 아니며, 따라서 책임이 인정된다.

② 징계행위
법령에 의한 징계행위로는 친권자의 자녀 징계권(민법 제915조), 학교장의 학생 징계권(초중등교육법 제76조), 소년원장의 수용 소년에 대한 징계(보호소년 등의 처우에 관한법률 제15조) 등이 있다. 하지만 모든 징계행위의 위법성이 조각되는 것은 아니다. 징계의 목적이 타당해야 하고, 징계수준이 사회상규를 벗어나지 않는 정도가 되어야 징계행위는 위법성이 조각된다.

③ 일반인의 현행범체포
형사소송법 제212조는 “현행 범인은 누구든지 영장 없이 체포할 수 있다”라고 규정하고 있다.

④ 노동쟁의행위
헌법 제33조 제1항에서 규정하고 있는 단체행동권에 의해 보장된다. 하지만 노동쟁의 행위는 근로조건 향상을 목적으로 평화롭게 이루어진 경우에 위법성이 조각된다.

⑤ 기타: 모자보건법 제14조 낙태행위, 정신질환자의 강제입원행위, 집회 및 시위에 관한 법률에 의한 집회나 시위 등이 있다.

(2) 업무로 인한 정당행위

업무란 사람이 그의 사회생활상의 지위에 의하여 계속・반복의 의사로서 행하는 사무를 말하며, 이러한 업무로 인한 행위는 사회상규에 위배되지 아니하는 한 위법성이 조각된다.

① 변호사의 변호활동 중 명예훼손 및 비밀누설행위
변호를 위해 상대측의 명예를 훼손하거나 비밀을 누설하는 것은 위법성이 조각되는 것으로 본다.

② 성직자의 업무행위(대법원 82도3248 판결)
성직자라 하여 초법규적인 존재일 수는 없다. 성직자의 직무상 행위가 사회상규에 반하지 아니한다 하여 그에 적법성이 부여되는 것은 그것이 성직자의 행위이기 때문이 아니라 그 직무로 인한 행위에 정당, 적법성을 인정하기 때문이다. 따라서 사제가 죄 지은 자를 능동적으로 고발하지 않는 것에 그치지 아니하고 은신처 마련, 도피자금 제공 등 범인을 적극적으로 은닉・도피하게 하는 행위는 사제의 정당한 직무에 속하는 것이라고 할 수 없다.

(3) 기타 사회상규에 반하지 않아 위법성이 조각되는 행위

사회상규에 위배되지 않는 행위란 법질서 전체의 정신이나 사회윤리에 비추어 용인될 수 있는 행위를 말한다. 이에는 소극적 방어행위 등이 있다.

① 소극적 저항행위나 방어행위는 사회상규에 반하지 않는다.

㉠ 남성 A는 같은 건물 위층에서 큰 소리로 떠들고 있는 여성 B에게 조용히 해달라고 하다가 말다툼을 벌였다. A가 B에게 밖으로 나가서 얘기하자면서 B의 손목을 잡아 끌자, B는 A의 팔을 물었다.

㉡ C가 회사 동료들과 함께 술을 마시다가 먼저 귀가하려고 밖으로 나와 걸어가던 중 같이 술을 마시던 D가 뒤따라 나와 피고인에게 먼저 간다는 이유로 욕설을 하면서 앞가슴을 잡고 귀가하지 못하도록 제지하였다. C는 왼손으로 자신을 잡고 있던 D의 오른손을 확 뿌리쳤다. 이때 D는 얼굴을 맞고 중심을 잃어 넘어지면서 도로연석선에 부딪혀 사망하였다.

② 폭행을 했지만 그것이 자신을 보호하기 위한 소극적인 방어행위였다면 위법성이 조각된다.
피고인이 피고인의 앞가슴을 잡고 있는 피해자의 손을 떼어내기 위하여 피해자의 손을 뿌리친 것에 불과하다면 그와 같은 행위는 피해자의 불법적인 공격으로부터 벗어나기 위한 본능적인 소극적 방어행위에 지나지 아니하여 사회통념상 허용될 상당성이 있는 위법성이 결여된 행위라고 볼 여지가 있다. 따라서 위 행위가 사회상규에 위배되지 않는 행위로서 위법성이 결여된 행위로 인정된다면 그 행위의 결과로 피해자가 사망하게 되었다 하더라도 피고인을 폭행치사죄로 처벌할 수는 없다(대법원 1987.10.26. 선고 87도464 판결).

③ 기자 등의 직무수행행위(대법원 2011도639 판결)
판례는 "신문기자인 피고인이 피해자에게 공소사실과 같이 취재에 응해줄 것을 요구하고 이에 응하지 않을 경우 자신이 조사한 바대로 보도하겠다고 한 것이 협박죄에서의 해악의 고지에 해당한다고 하더라도, 그것은 신문기자로서의 일상적인 업무 범위 내에 속하는 것이어서 사회상규에 반하지 않는다"라고 하였다.

Ⅶ 책임론

01 생각 열기

1. 개요

범죄를 저지른 A는 왜 합법적으로 행동할 수 있었는데 불법적으로 행동을 했을까? 앞서 살펴본 위법성 조각사유를 검토한 결과 해당 조각사유가 없는 경우에 검토해야 하는 다음 단계는 책임에 관한 것이다. 책임은 간단히 말하면 '비난 가능성'이 있는지 여부이다. 비난 가능성에 대한 판단은 생물학적 · 법적 관점에서 이루어진다.

2. 형법 조문

제9조 【형사미성년자】 14세 되지 아니한 자의 행위는 벌하지 아니한다. ('13세'로 변경 예정) **제10조 【심신장애자】** ① 심신장애로 인하여 사물을 변별할 능력이 없거나 의사를 결정할 능력이 없는 자의 행위는 벌하지 아니한다. ② 심신장애로 인하여 전항의 능력이 미약한 자의 행위는 형을 감경할 수 있다. ③ 위험의 발생을 예견하고 자의로 심신장애를 야기한 자의 행위에는 전2항의 규정을 적용하지 아니한다. **제11조 【농아자】** 농아자의 행위는 형을 감경한다. **제12조 【강요된 행위】** 저항할 수 없는 폭력이나 자기 또는 친족의 생명, 신체에 대한 위해를 방어할 방법이 없는 협박에 의하여 강요된 행위는 벌하지 아니한다. **제13조 【범의】** 죄의 성립요소인 사실을 인식하지 못한 행위는 벌하지 아니한다. 단, 법률에 특별한 규정이 있는 경우에는 예외로 한다. **제14조 【과실】** 정상의 주의를 태만함으로 인하여 죄의 성립요소인 사실을 인식하지 못한 행위는 법률에 특별한 규정이 있는 경우에 한하여 처벌한다.

02 책임주의(원칙)

1. 책임주의

(1) 의미

책임주의란 '책임 없으면 형벌 없다'는 법언과 같이 책임 없으면 범죄 역시 성립하지 않고 책임의 크기에 따라 범죄 형량도 결정해야 한다는 원칙을 말한다.

(2) 목적(취지)

책임주의의 목적은 형벌권 행사를 책임의 범위 내로 제한함으로써 국가의 자의적인 형벌권으로부터 개인의 자유를 보장하고자 하는 것이다.

2. 책임 의미

책임이란 합법을 결의하고 이에 따라 행동할 수 있었음에도 불구하고 그러한 불법을 결의하고 위법하게 행위를 하였다는 것에 대하여 불법행위를 한 자에게 가해지는 비난 가능성을 말한다. 이런 비난 가능성이 인정될 때 책임이 성립하여 범죄가 성립할 수 있다. 이와 같이 책임은 범죄성립과 형벌에 영향을 준다.

3. 책임요소(표지)

책임의 성립 및 조각여부를 판단하기 위해서 고의와 과실, 책임능력, 위법성의 인식, 기대 가능성 등을 검토하게 된다.

(1) **고의와 과실**

(2) **책임능력**: 책임무능력자, 한정책임능력자, 원인에 있어서 자유로운 행위

(3) **위법성의 인식**: 법률의 착오

(4) **기대 가능성**: 강요된 행위

03 책임능력

1. 의미: 사물변별능력 + 의사결정능력, 생물학적 측면

책임능력이란 행위자가 자신의 행위가 법에 의하여 허용 또는 금지되어 있는지를 알고(사물변별능력), 이에 따라 자신의 의사를 자유로이 결정할 수 있는 능력(의사결정능력)을 말한다. 책임능력이 없는 경우에는 비난 가능성이 없다.

2. 책임무능력자: 책임능력이 없으면 책임이 조각된다.

(1) **형사미성년자**: 14세 미만자('13세'로 변경 예정), 책임 조각 ⇨ 범죄불성립

① 형사미성년자 의미

형사미성년자는 '14세 미만자('13세'로 변경 예정)'를 말한다. 따라서 14세 미만자('13세'로 변경 예정)는 개인적 지적·도덕적·성격적인 발육상태를 불문하고 생물학적 차원에서 모두 절대적 책임무능력자이다.

② 법적 효과: 책임 조각 ⇨ 범죄불성립

형사미성년자의 행위는 책임이 조각되므로 책임 없는 위법행위로서 범죄가 성립되지 않아 벌하지 아니한다(형법 제9조).

(2) **심신상실자**

① 심신상실자 의미: 사물을 변별할 능력 또는 의사를 결정할 능력이 없는 자

심신상실자란 심신장애로 인하여 사물을 변별할 능력 또는 의사를 결정할 능력이 없는 자를 말한다(생물학적·심리학적 측면 고려). 형법 제10조 제1항에서 "심신장애로 인하여 사물을 변별할 능력이 없거나 의사를 결정할 능력이 없는 자의 행위는 벌하지 아니한다"라고 규정하고 있다.

② 심신상실 여부의 판단: 의학적 판단을 고려하여 법적으로 판단한다.
심신상실 여부의 판단은 사실문제가 아니고 법률문제이므로 반드시 감정인의 의견에 따라야 하는 것은 아니고 법관이 법적·규범적으로 평가한다.

③ 법적효과: 책임 조각 ⇨ 범죄불성립
심신상실자의 행위는 책임능력이 없으므로 책임이 조각되어 벌하지 아니한다.

3. 한정책임능력자

한정책임능력자에는 심신미약자와 농아자가 있다.

(1) 심신미약자: 사물변별능력 또는 의사결정능력이 미약한 자(임의적 감경)

심신미약자란 심신장애로 인하여 사물변별능력 또는 의사결정능력이 미약한 자를 말한다. 즉, 심신상실의 정도에 이르지 않는 자를 말한다.

(2) 농아자: 농자인 동시에 아자(필요적 감경)

농아자란 청각 및 발음기능에 모두 장애가 있는 자, 즉 농자(귀머거리)인 동시에 아자(벙어리)인 자를 말한다. 농아자 역시 한정책임능력자로서 그의 행위에 대한 형이 감경된다.

4. 원인에 있어서 자유로운 행위

(1) 사례: 다음 두 사례를 읽고 책임 여부를 생각해 보자

① 사람을 살해할 의사로 술을 마신 상태에서 사람을 죽인 A

② 술을 먹으면 포악해지는 습성을 가지고 있으면서 술에 취해 후배를 칼로 찔러 죽인 B

(2) 문제 제기

① 위 두 사례에 책임주의 원칙을 엄격하게 적용하면 처벌할 수 없다.
책임주의 원칙을 엄격하게 적용하면 범죄 행위 당시에 비난할 수 있는 고의와 과실이 없기 때문이다. 이런 행위를 '원인에 있어서 자유로운 행위'라고 부른다.

② 음주운전 및 약물 중독에 의한 살인 등과 '원인에 있어서 자유로운 행위' 책임주의 적용의 수정(책임주의 예외)이 필요하다.
범죄 행위 당시의 고의와 과실이 아니라 범죄 행위의 원인이 되는 행위 당시의 고의 및 과실을 판단 대상으로 삼아야 한다.

③ '원인에 있어서 자유로운 행위'를 만든 시점의 고의 및 과실로 책임을 평가한다.

(3) 원인에 있어서 자유로운 행위 의미 : 스스로 심신상실 야기 ⇨ 범행

원인에 있어서 자유로운 행위란 책임능력자가 고의 또는 과실로 자기 자신을 책임능력 결함상태(책임무능력 또는 한정책임능력상태)에 빠뜨리고 범행 시에 그러한 상태에서 범죄를 실행하는 것을 말한다. 이런 경우 형법 제10조 제3항에서는 "위험의 발생을 예견하고 자의로 심신장애를 야기한 자의 행위에는 전 2항의 규정을 적용하지 아니한다"라고 규정하고 있다.

(4) 법적효과 : 고의 또는 과실범으로 처벌

① 사람을 살해할 의사로 술을 먹고 심신 상태에서 사람을 죽인 A의 경우
A에게는 살인죄가 성립한다.

② 술을 먹으면 포악해지는 습성을 가지고 있으면서 술에 취해 후배를 칼로 찔러 죽인 B의 경우
B에게는 과실치사죄가 성립한다.

③ 과실로 처벌할 수 없는 범죄의 경우에는 책임이 조각된다.

04 위법성의 인식과 법률의 착오

1. 위법성의 인식 : 행위자가 자기의 행위가 법적으로 허용되지 않는다는 인식

위법성의 인식이란 행위자가 자기의 행위가 법적으로 허용되지 않는다는 인식, 즉 자기의 행위가 법규범에 반한다는 인식을 의미한다. 자신의 행위가 법규범에 반하여 허용되지 않는다는 것을 알면서도 범죄를 결의하였다는 점에 대해 비난이 가능하기 때문에 위법성의 인식은 책임을 묻는 것이 핵심이 된다. 판례는 "범죄의 성립에 있어서 위법의 인식은 그 범죄사실이 사회정의와 조리에 어긋난다는 것을 인식하는 것으로서 족하고 구체적인 해당 법조문까지 인식할 것을 요하는 것은 아니므로 설사 형법상의 허위공문서작성죄에 해당되는 줄 몰랐다고 가정하더라도 그와 같은 사유만으로는 위법성의 인식이 없었다고 할 수 없다(대법원 1987.3.24. 선고 86도2673 판결)"라고 하였다.

2. 법률의 착오

(1) 의미 : 착오로 자신이 행하는 범죄행위의 위법성을 인식하지 못한 경우

법률의 착오라 함은 행위자가 구성요건적 사실(범죄사실)에 대한 인식은 있었으나 착오로 그 위법성을 인식하지 못한 경우, 즉 책임비난에 필요한 위법성의 인식이 없는 경우를 말한다. 법률의 착오를 위법성의 착오 또는 금지의 착오라고도 한다.

(2) 법률의 착오의 유형

법률의 부(무)지	형벌법규의 존재 자체를 알지 못하여 자기행위의 위법성을 인식하지 못한 경우
효력의 착오	일반적 구속력이 있는 법규범을 잘못 판단하여 그 규정이 무효라고 오인한 경우
포섭의 착오	구성요건적 사실은 인식하고 있었으나 행위자가 그 금지규범의 법적 의미에 대해 착오를 일으켜 자신의 행위가 법적으로 허용된다고 믿은 경우

(3) 법률의 착오의 요건 및 효과

① 형법 제16조

형법 제16조는 "자기의 행위가 법령에 의하여 죄가 되지 아니한 것으로 오인한 행위는 그 오인에 정당한 이유가 있는 때에 한하여 벌하지 아니한다"라고 규정하고 있다. 판례에 따르면 형법 제16조의 취지는 "자기가 행한 행위가 법령에 의하여 죄가 되지 아니한 것으로 오인한 행위는 그 오인에 정당한 이유가 있는 때에 한하여 벌하지 아니한다고 규정하고 있는 것은 단순히 법률의 부지를 말하는 것이 아니고, 일반적으로 범죄가 되는 경우이지만 자기의 특수한 경우에는 법령에 의하여 허용된 행위로서 죄가 되지 아니한다고 그릇 인식하고 그와 같이 그릇 인식함에 정당한 이유가 있는 경우에는 벌하지 않는다는 취지이다(대법원 2002.1.25. 선고 2000도1696 판결)"라고 하였다.

② 정당한 이유: 법률 착오의 회피 가능성이 없는 때

책임이 조각되기 위해서는 착오로 인하여 위법성을 인식하지 못해야 하며(판례는 법률의 부지는 제외), 착오를 피할 수가 없는 정당한 이유가 있어야 한다. 즉, 정당한 이유가 있는 때란 착오의 회피 가능성이 없는 때를 의미한다. 주로 자의적인 판단이 아니라 객관적인 판단(국가기관 지시·명령·회신, 상식)에 따랐음에도 착오가 발생한 경우를 말한다.

③ 법적효과: 법률의 착오가 그 착오에 정당한 이유가 있다면 책임이 조각된다. 그 결과 범죄가 성립하지 않는다.

05 기대 가능성

1. 기대 가능성의 의미 : 적법행위에 대한 기대 가능성

행위시의 구체적 사정으로 보아 행위자가 범죄행위를 하지 않고 적법행위를 할 것을 기대할 수 있는 가능성, 즉 적법행위에 대한 기대 가능성을 말한다. 이런 적법행위의 기대 가능성이 없으면 책임이 조각된다. 기대 가능성이 조각되는 대표적인 사례가 '강요된 행위'이다.

2. 강요된 행위(형법 제12조) : 강요된 행위는 기대 가능성이 없어 책임이 조각된다.

강요된 행위란 저항할 수 없는 폭력이나 자기 또는 친족의 생명·신체에 대한 위해를 방어할 방법이 없는 협박에 의하여 강요된 행위를 말한다. 이러한 강요된 행위는 적법행위에 대한 기대 가능성이 없다는 이유로 책임이 조각되어 벌하지 아니한다.

예컨대 갑은 회사에서 출납을 담당하고 있었다. 갑의 5살 아들을 납치한 을은, 갑이 관리하고 있는 회사의 50억 원을 빼돌려 자신에게 달라고 하고 이를 따르지 않을 경우 갑의 아들을 해치겠다고 협박하였다. 갑은 고민 끝에 회사의 50억 원을 횡령하여 건네주었다. 을은 외국에서 귀국하려는 갑에게 마약을 반입하지 않으면 인질로 잡고 있는 갑의 가족을 살해하겠다고 협박하였다. 갑은 어쩔 수 없이 마약을 반입했다. 이 사례에서 갑의 행위는 우리 형법에 규정된 '강요된 행위'에 해당하기 때문에 벌하지 않는다. 이와 같이 강요된 행위를 벌하지 않는 이유는 적법 행위에 대한 기대 가능성이 없어 책임이 조각되기 때문이다.

3. 기대 가능성의 판단기준

(1) 사회적 평균인의 판단 기준

피고인에게 적법행위를 기대할 가능성이 있는지 여부를 판단하기 위해서는 행위 당시의 구체적인 상황하에 행위자 대신에 사회적 평균인을 두고 이 평균인의 관점에서 그 기대 가능성 유무를 판단하여야 한다(대법원 2008.10.23. 선고 2005도10101 판결).

(2) 대법원 2018도9828 판결

담배제조업 허가제 및 허가 기준을 둔 취지에 비추어 보면, 담배사업법의 위임을 받은 기획재정부가 전자담배제조업에 관한 허가기준을 마련하지 않고 있으나, 정부는 전자담배제조업의 허가와 관련하여 자본금, 시설, 기술인력, 담배 제조 기술의 연구·개발 및 국민 건강보호를 위한 품질관리 등에 관한 적정한 기준을 마련함에 있어 법률이 위임한 정책적 판단 재량이 존재하고, 궐련담배제조업에 관한 허가기준은 이미 마련되어 있다. 이러한 상황에서 담배제조업 관련 법령의 허가 기준을 준수하거나 허가 기준이 새롭게 마련될 때까지 법 준수를 요구하는 것이, 피고인 갑(甲)이 아닌 사회적 평균인의 입장에서도 불가능하거나 현저히 곤란한 것을 요구하여 죄형법정주의 원칙에 위반된다거나 기대 가능성이 없는 행위를 처벌하는 것이어서 위법하다고 보기는 어렵다.

4. 사례

(1) 자신의 강도상해 범행을 일관되게 부인하였으나 유죄판결이 확정된 피고인이 별건으로 기소된 공범의 형사사건에서 자신의 범행사실을 부인하는 증언을 한 사안에서, 피고인에게 사실대로 진술할 것이라는 기대 가능성이 있으므로 위증죄가 성립한다(대법원 2008.10.23. 선고 2005도10101 판결).

(2) 입학시험에 응시한 수험생으로서 자기 자신이 부정한 방법으로 탐지한 것이 아니고 우연한 기회에 미리 출제될 시험문제를 알게 되어 그에 대한 답을 암기하였을 경우 그 암기한 답에 해당된 문제가 출제되었다 하여도 위와 같은 경위로서 암기한 답을 그 입학시험 답안지에 기재하여서는 아니 된다는 것을 그 일반 수험생에게 기대한다는 것은 보통의 경우 도저히 불가능하다 할 것이다(대법원 1966.3.22. 선고 65도1164 판결).

(3) 동해 방면에서 명태잡이를 하다가 기관 고장과 풍랑으로 표류 중 북한괴뢰집단 함정에 납치되어 북괴지역으로 납북된 후 북괴를 찬양, 고무 또는 이에 동조하고 우리나라로 송환됨에 있어 여러 가지 지령을 받아 수락한 소위는 살기 위한 부득이한 행위로서 기대 가능성이 없다고 할 것이다(대법원 1967.10.4. 선고 67도1115 판결).

Ⅷ 범죄의 실현단계

01 생각 열기

1. 개요

범죄의 성립 여부는 범죄의 실현 정도와 가담형태, 범죄의 성립요건을 합해서 확정된다. 예컨대 절도 미수 공동정범이 성립하였다고 한다. 여기서 절도는 범죄의 종류이고, 미수는 범죄의 실현정도이고, 공동정범은 범죄의 가담형태이다. 실무적으로는 절도 미수 공동정범으로 의심받는 형사피고인이 구성요건에 해당하는지, 위법성이 있는지, 책임이 있는지를 검토하여 범죄성립이 확정된다. 여기서는 범죄를 확정하는 데 필요한 범죄의 실현 정도에 대해 알아보자.

⊙ **범죄 실현단계**

구분		내용
1단계: 범행 결의		범죄를 실현하려는 의사를 내심에서 확정하는 단계
2단계: 예비와 음모		범죄의사의 실현을 위한 준비행위이다. 또한 범죄 실현을 위하여 서로 의사를 교환하고 합의하는 것이다. ⇨ 예비, 음모는 법률에 특별한 규정이 있는 경우에 한하여 예외적으로 처벌된다.
3단계: 범죄의 실행에 착수		범죄와 직접 관련되는 행위를 개시한 경우를 말한다.
4단계	미수	행위를 종료하지 못하였거나 결과가 발생하지 않은 경우 ⇨ 미수는 원칙적으로 처벌되지 않으나, 법률에 특별한 규정이 있는 경우에 한하여 예외적으로 처벌된다.
	기수	실행에 착수한 행위가 구성요건의 모든 것을 충족시킨 경우
5단계: 종료		기수 이후에 보호법익에 대한 침해가 실질적으로 끝난 경우

2. 형법 조문

> **제19조【독립행위의 경합】** 동시 또는 이시의 독립행위가 경합한 경우에 그 결과발생의 원인된 행위가 판명되지 아니한 때에는 각 행위를 미수범으로 처벌한다.
>
> **제2절 미수범**
>
> **제25조【미수범】** ① 범죄의 실행에 착수하여 행위를 종료하지 못하였거나 결과가 발생하지 아니한 때에는 미수범으로 처벌한다.
> ② 미수범의 형은 기수범보다 감경할 수 있다.
>
> **제26조【중지범】** 범인이 자의로 실행에 착수한 행위를 중지하거나 그 행위로 인한 결과의 발생을 방지한 때에는 형을 감경 또는 면제한다.
>
> **제27조【불능범】** 실행의 수단 또는 대상의 착오로 인하여 결과의 발생이 불가능하더라도 위험성이 있는 때에는 처벌한다. 단, 형을 감경 또는 면제할 수 있다.
>
> **제28조【음모, 예비】** 범죄의 음모 또는 예비행위가 실행의 착수에 이르지 아니한 때에는 법률에 특별한 규정이 없는 한 벌하지 아니한다.
>
> **제29조【미수범의 처벌】** 미수범을 처벌할 죄는 각 본조에 정한다.

02 예비 · 음모: 실행 착수 전 행위

1. 예비 · 음모 개념

(1) 예비

'예비'란 특정 범죄를 실현할 목적으로 행하여지는 준비행위로서 아직 실행에 착수하지 않은 일체의 행위를 말한다. 예컨대 대통령령이 정하는 특별한 사유가 없는 한 사전심사서의 내용에 따라 과세가격을 결정하도록 규정하고 있으므로, 관세를 포탈할 목적으로 수입할 물품의 수량과 가격이 낮게 기재된 계약서를 첨부하여 수입예정 물량 전부에 대한 과세가격 사전심사를 신청함으로써 과세가격을 허위로 신고하고 이에 따른 과세가격 사전심사서를 미리 받아 두는 행위는 관세포탈죄의 실현을 위한 외부적인 준비행위에 해당한다(대법원 1999.4.9. 선고 99도424 판결).

(2) 음모

'음모'는 예비에 선행하는 범죄 발전 단계에 해당하는 것이다. 판례는 "형법상 음모죄가 성립하는 경우의 음모란 2인 이상의 자 사이에 성립한 범죄 실행의 합의를 말하는 것으로, 범죄 실행의 합의가 있다고 하기 위하여는 단순히 범죄결심을 외부에 표시 · 전달하는 것만으로는 부족하고, 객관적으로 보아 특정한 범죄의 실행을 위한 준비행위라는 것이 명백히 인식되고, 그 합의에 실질적인 위험성이 인정될 때에 비로소 음모죄가 성립한다(대법원 1999.11.12. 선고, 99도3801 판결)"라고 하였다.

(3) 예비 · 음모 구별 실익 적음

우리나라 법제상 예비 · 음모를 구별하여 규정하기 보다는 병렬적으로 규정하고 있으므로 이를 구별할 실익은 적다.

2. 규정 방식

(1) 특별한 규정이 있으면 처벌

예비 · 음모는 원칙적으로 특별한 규정이 있으면 처벌된다.

(2) 감경 규정이 없음

미수와 달리 감경 규정이 없으므로 예비 · 음모를 벌하려면 처벌 규정과 형량을 따로 규정해야 한다.

(3) 기수형보다 가벼움

예비 · 음모는 실행의 착수에 나아가지 않은 행위이므로 기수의 형보다 가볍게 정하는 것이 일반적이다. 그러나 미수범의 경우처럼 기수범과 동일한 형에 처한다는 방식의 특별 규정을 둘 수도 있다.

03 미수: 착수 ⇨ 결과 ×

1. 미수의 개념적 특성

(1) 미수의 의미

'미수범'이란 범죄의 실행에 착수하여 행위를 마치지 못했거나 마쳤더라도 결과가 발생하지 않은 경우를 말한다. 실행의 착수가 있는지 여부는 구체적 사건에 있어서 범행의 방법, 태양, 주변상황 등을 종합 판단하여 결정하여야 한다(대법원 1983.3.8. 선고 82도2944 판결). 예컨대 절도죄의 실행의 착수 시기는 재물에 대한 타인의 사실상의 지배를 침해하는 데 밀접한 행위를 개시한 때이다(대법원 1986.12.23. 선고 86도2256 판결; 대법원 1999.9.17. 선고 98도3077 판결 등 참조). 주거침입죄의 실행의 착수는 주거자, 관리자, 점유자 등의 의사에 반하여 주거나 관리하는 건조물 등에 들어가는 행위 즉 구성요건의 일부를 실현하는 행위까지 요구하는 것은 아니지만, 주거침입의 범의로 예컨대 주거로 들어가는 문의 시정장치를 부수거나 문을 여는 등 침입을 위한 구체적 행위를 시작함으로써 범죄구성요건의 실현에 이르는 현실적 위험성을 포함하는 행위를 개시할 것을 요한다(대법원 2003.10.24. 선고 2003도4417 판결 등 참조).

(2) 예비 · 음모 및 기수와 다른 점: 실행의 착수, 결과의 발생 여부

① 미수는 실행에 착수했다는 점에서 예비 · 음모와 구별되고 결과가 발생하지 않았다는 점에서 기수와 구별된다.

② 범죄수익 등의 은닉에 관한 죄의 미수범으로 처벌하려면 그 실행에 착수한 것으로 인정되어야 하고, 위와 같은 은닉행위의 실행에 착수하는 것은 범죄수익 등이 생겼을 때 비로소 가능하므로, 아직 범죄수익 등이 생기지 않은 상태에서는 범죄수익 등의 은닉에 관한 죄의 실행에 착수하였다고 인정하기 어렵다(대법원 2007.1.11. 선고 2006도5288 판결).

③ 노상에 세워 놓은 자동차 안에 있는 물건을 훔칠 생각으로 자동차의 유리창을 통하여 그 내부를 손전등으로 비추어 본 것에 불과하다면 비록 유리창을 따기 위해 면장갑을 끼고 있었고 칼을 소지하고 있었다 하더라도 절도의 예비행위로 볼 수는 있겠으나 타인의 재물에 대한 지배를 침해하는 데 밀접한 행위를 한 것이라고는 볼 수 없어 절취행위의 착수에 이른 것이었다고 볼 수 없다(대법원 1985.4.23. 선고 85도464 판결).

(3) 각 범죄의 처벌 규정에 따라 적용(형법 제29조)

미수범은 각조가 정한 범죄의 미수 처벌 규정에 따른다. 처벌의 범위는 원칙적으로 기수와 같고, 정상에 따라 감경이나 감면이 가능하다.

2. 미수의 유형 및 처벌

좁은 의미의 미수로만 규정할 경우에는 통상 임의적 감경 대상인 장애미수(형법 제25조)만을 의미한다. 넓은 의미의 미수에는 임의적 감면 대상인 불능미수(형법 제27조)와 필요적 감면 대상인 중지미수(형법 제26조)까지 포함된다.

(1) 장애미수: 외부적 장애 ⇨ 미수, 임의적 감경

장애미수란 행위자의 의사에 반하여 외부적 장애로 범죄를 완성하지 못한 경우를 말한다. 일반적으로 미수라고 할 때는 장애미수를 의미한다. 예컨대 乙이 B를 살해하려고 흉기를 휘둘렀으나, 급소를 빗나가 B가 죽지 않은 경우이다. 처벌의 범위는 원칙적으로 기수와 같고, 정상을 참작하여 감경이 가능할 뿐이다. 또한 임의적이기 때문에 감경할 것인가 여부는 법관의 재량에 의한다.

(2) 중지미수: 자의로 중지 ⇨ 미수, 필요적 감면

① 의미

중지미수(중지범)란 범죄의 실행에 착수한 자가 그 범죄가 완성되기 전에 자의로 그 행위를 중지하거나 그 행위로 인한 결과발생을 방지한 경우를 말한다. 丙이 C를 살해하려고 C에게 총을 겨누었으나, 그날이 돌아가신 어머니의 제삿날이어서 양심의 가책을 느껴 그만 둔 경우이다. 중지미수는 자발적으로 범죄를 중지하였다는 점에서 비자의적인 장애미수·불능미수와 구별된다.

② 성립요건

범죄의 실행행위에 착수하고 그 범죄가 완수되기 전에 자기의 자유로운 의사에 따라 범죄의 실행행위를 중지한 경우에 그 중지가 일반 사회통념상 범죄를 완수함에 장애가 되는 사정에 의한 것이 아니라면 이는 중지미수에 해당한다(대법원 1997.6.13. 선고 97도957 판결). 또한 다른 공범의 범행을 중지하게 하지 아니한 채 자기만의 범의를 철회·포기한 경우, 중지미수가 성립하지 않는다(대법원 2005.2.25. 선고 2004도8259 판결).

③ 처벌

형법 제26조 "범인이 자의로 실행에 착수한 행위를 중지하거나 그 행위로 인한 결과의 발생을 방지한 때에는 형을 감경 또는 면제한다"라고 규정하고 있다.

④ 사례

피고인이 장롱 안에 있는 옷가지에 불을 놓아 건물을 소훼하려 하였으나 불길이 치솟는 것을 보고 겁이 나서 물을 부어 불을 끈 것이라면, 위와 같은 경우 치솟는 불길에 놀라거나 자신의 신체안전에 대한 위해 또는 범행 발각 시의 처벌 등에 두려움을 느끼는 것은 일반 사회통념상 범죄를 완수함에 장애가 되는 사정에 해당한다고 보아야 할 것이므로, 이를 자의에 의한 중지미수라고는 볼 수 없다 (대법원 1997.6.13. 선고 97도957 판결).

(3) **불능미수**: 결과발생 불가능 ⇨ 미수, 임의적 감면

① 의미(대법원 2019.3.28. 선고 2018도16002, 전원합의체 판결)

㉠ 결과발생 불가능의 의미

불능미수란 범죄의사로 실행행위를 하였으나 처음부터 실행의 수단 또는 대상의 착오로 인하여 결과발생은 불가능하나 위험성이 있어 미수범으로 처벌되는 경우를 말한다. 예컨대 甲이 설탕을 청산가리로 오인하고, A를 살해하려고 A에게 설탕을 먹인 경우이다. 형법 제27조(불능범)는 "실행의 수단 또는 대상의 착오로 인하여 결과의 발생이 불가능하더라도 위험성이 있는 때에는 처벌한다. 단, 형을 감경 또는 면제할 수 있다"라고 규정하고 있다. 이 조항 표제에서 말하는 '불능범'이란 범죄행위의 성질상 결과발생 또는 법익침해의 가능성이 절대로 있을 수 없는 경우를 말한다 (대법원 2007.7.26. 선고 2007도3687 판결). 형법 제27조에서 '결과발생이 불가능'하다는 것은 범죄기수의 불가능뿐만 아니라 범죄실현의 불가능을 포함하는 개념이다.

㉡ 위험성

행위가 종료된 사후적 시점에서 판단하게 되면 형법에 규정된 모든 형태의 미수범은 결과가 발생하지 않은 사태라고 볼 수 있으므로, 만약 '결과불발생', 즉 결과가 현실적으로 발생하지 않았다는 것과 '결과발생불가능', 즉 범죄실현이 불가능하다는 것을 구분하지 않는다면 장애미수범과 불능미수범은 구별되지 않는다. 이 조항의 표제는 '불능범'으로 되어 있지만, 그 내용은 가벌적 불능범, 즉 '불능미수'에 관한 것이다. 불능미수란 행위의 성질상 어떠한 경우에도 구성요건이 실현될 가능성이 없지만 '위험성' 때문에 미수범으로 처벌하는 경우를 말한다.

② 성립요건: 위험성, 불능미수와 불능범의 구별

㉠ 판례입장

판례는 불능미수의 판단 기준으로서 위험성의 판단은 피고인이 행위 당시에 인식한 사정을 놓고 이것이 객관적으로 일반인의 판단으로 보아 결과 발생의 가능성이 있느냐를 따져야 한다는 입장을 취하고 있다(대법원 2005.12.8. 선고 2005도8105 판결). 형법 제27조에서 정한 '실행의 수단 또는 대상의 착오'는 행위자가 시도한 행위방법 또는 행위객체로는 결과의 발생이 처음부터 불가능하다는 것을 의미한다. 그리고 '결과발생의 불가능'은 실행의 수단 또는 대상의 원시적 불가능성으로 인하여 범죄가 기수에 이를 수 없는 것을 의미한다고 보아야 한다.

㉡ 위험성 여부 판단

불능범과 구별되는 불능미수의 성립요건인 '위험성'은 피고인이 행위 당시에 인식한 사정을 놓고 일반인이 객관적으로 판단하여 결과 발생의 가능성이 있는지 여부를 따져야 한다. 불능범은 범죄행위의 성질상 결과발생의 위험이 절대로 불능한 경우를 말하는 것인 바 향정신성의약품인 메스암페타민 속칭 '히로뽕' 제조를 위해 그 원료인 염산에 페트린 및 수종의 약품을 교반하여 '히로뽕' 제조를 시도하였으나 그 약품배합미숙으로 그 완제품을 제조하지 못하였다면 위 소위는 그 성질상 결과발생의 위험성이 있다고 할 것이므로 이를 습관성의약품제조미수범으로 처단한 것은 정당하다(대법원 1985.3.26. 선고 85도206 판결).

③ 처벌

형법 제27조(불능범)는 "실행의 수단 또는 대상의 착오로 인하여 결과의 발생이 불가능하더라도 위험성이 있는 때에는 처벌한다. 단, 형을 감경 또는 면제할 수 있다"라고 규정하고 있다.

④ 사례

피고인이 피해자가 심신상실 또는 항거불능의 상태에 있다고 인식하고 그러한 상태를 이용하여 간음할 의사로 피해자를 간음하였으나 피해자가 실제로는 심신상실 또는 항거불능의 상태에 있지 않은 경우, 준강간죄의 불능미수가 성립한다(대법원 2019.3.28. 선고 2018도16002, 전원합의체 판결).

Ⅸ 범죄참가형태

01 생각 열기

1. 개요

법원에서 범죄를 확정할 때 범죄의 가담형태까지 포함한다. 예컨대 강도죄의 공동정범, 강도미수죄의 공동정범, 강도죄의 교사범, 강도죄의 정범 이런 식이다. 그래서 범죄 참가 형태는 범죄 실현을 분석하는 데 있어서 마지막 단계이다. 이 단계를 거침으로써 범죄 실현의 모습이 확정된다. 범죄 실현의 모습은 아래 표와 같다.

정범	⇔	공범
단독정범, 공동정범, 간접정범		방조범, 교사범

2. 형법 조문

제3절 공범

제30조 【공동정범】 2인 이상이 공동하여 죄를 범한 때에는 각자를 그 죄의 정범으로 처벌한다.

제31조 【교사범】 ① 타인을 교사하여 죄를 범하게 한 자는 죄를 실행한 자와 동일한 형으로 처벌한다.

② 교사를 받은 자가 범죄의 실행을 승낙하고 실행의 착수에 이르지 아니한 때에는 교사자와 피교사자를 음모 또는 예비에 준하여 처벌한다.

③ 교사를 받은 자가 범죄의 실행을 승낙하지 아니한 때에도 교사자에 대하여는 전항과 같다.

제32조 【종범】 ① 타인의 범죄를 방조한 자는 종범으로 처벌한다.

② 종범의 형은 정범의 형보다 감경한다.

제33조 【공범과 신분】 신분관계로 인하여 성립될 범죄에 가공한 행위는 신분관계가 없는 자에게도 전3조의 규정을 적용한다. 단, 신분관계로 인하여 형의 경중이 있는 경우에는 중한 형으로 벌하지 아니한다.

제34조 【간접정범, 특수한 교사, 방조에 대한 형의 가중】 ① 어느 행위로 인하여 처벌되지 아니하는 자 또는 과실범으로 처벌되는 자를 교사 또는 방조하여 범죄행위의 결과를 발생하게 한 자는 교사 또는 방조의 예에 의하여 처벌한다.

② 자기의 지휘, 감독을 받는 자를 교사 또는 방조하여 전항의 결과를 발생하게 한 자는 교사인 때에는 정범에 정한 형의 장기 또는 다액에 그 2분의 1까지 가중하고 방조인 때에는 정범의 형으로 처벌한다.

02 정범과 공범의 관계

1. 정범과 공범의 분류

우리 형법 총칙상의 공범규정은 공범・정범 분리형식에 기초하고 있다. 범죄를 단독으로 실행하는 경우도 있고(단독범), 2인 이상이 협력 가공하여 실행하는 경우가 있다(공범). 공범은 형법상 1인이 단독으로도 실행할 수 있는 범죄를 2인 이상이 협력하여 실행하는 경우를 말한다. 현행법은 공동정범, 교사범, 종범, 간접정범을 규정하고 있는데 이들을 총칭하여 광의의 공범이라고 한다. 그리고 학문적으로는 그 가운데 교사범과 종범을 협의의 공범이라고 한다. 나머지는 정범으로 분류한다. 본서에서는 협의의 공범과 정범으로 나눠 서술한다.

⊙ 범죄참가 형태

구분			의미
정범			직접적인 범죄행위를 하는 자, 범죄행위를 주도하는 자가 바로 정범이다.
광의공범 (여러 명)	정범 (실행주도)	공동정범	형법 제30조는 "2인 이상이 공동하여 죄를 범한 때에는 각자를 그 죄의 정범으로 처벌한다"고 규정하고 있다. 공동정범이란 2인 이상이 공동의 범행결의 하에 실행행위를 분업적으로 역할분담하여 기능적으로 행위 지배를 함으로써 전체적인 범행계획을 실현하는 정범형태이다.
		간접정범	형법 제34조에는 "어느 행위로 인하여 처벌되지 아니하는 자 또는 과실범으로 처벌되는 자를 교사 또는 방조하여 범죄행위의 결과를 발생하게 한 자는 교사 또는 방조의 예에 의하여 처벌한다"라고 간접정범을 규정하고 있다.
	협의공범 (정범에 종속)	교사범	범죄를 범할 의사가 없는 타인에게 범죄 실행의 결의를 가지게 하는 자
		방조범	이미 범죄 실행을 결의하고 있는 자의 범행결의를 강화시키거나 범죄행위를 가능 또는 용이하게 해 주는 공범

2. 정범과 공범의 구별: 기능적 행위 지배 기준

(1) 범행과 관련해서 기능적인 역할을 수행한 경우에는 정범

정범의 의미는 공범이 무엇이냐와 관련되어 있다. 정범과 공범은 객관적으로 구별할 것인지, 주관적으로 구별할 것인지를 두고 여러 가지 학설들이 대립한다. 현재 통설은 범행과 관련해서 기능적 역할을 수행한 경우에 정범, 그렇지 않은 경우를 공범으로 본다. 예컨대 3인이 절도를 공모한 후 범행에 들어갔다. 한 명은 직접 물건을 훔치고, 한 명은 망을 보고, 한 명은 차에 시동을 걸어놓고 대기를 하는 경우이다. 이들은 모두 범행의사를 가지고 각자 맡은 바 역할을 수행하고 있다. 따라서 이들은 절도죄의 공동정범이다.

(2) 공범의 종속성: 정범의 실행행위가 있어야 공범이 성립한다.

이런 학설들 중 통설과 판례는 "공범이 성립하려면 정범의 실행행위가 있어야 한다는 것으로 공범의 성립은 정범의 성립에 종속한다"라고 한다. 이 의미를 문언에 충실하게 해석한다면 실행행위를 하는 자가 정범이고, 실행행위를 하지 않는 자가 공범이 된다. 예컨대 원래 방조범은 종범으로서 정범의 존재를 전제로 하는 것이다. 즉 정범의 범죄행위 없이 방조범만이 성립될 수는 없다(서울형사지방법원 1973.12.4. 선고 73노6199 판결).

03 공동정범

1. 공동정범의 개념 및 특성: 2인 이상이 공동의 범행 결의 + 역할 분담 ⇨ 범행

(1) 공동정범의 의미

형법 제30조는 "2인 이상이 공동하여 죄를 범한 때에는 각자를 그 죄의 정범으로 처벌한다"라고 '공동정범'을 규정하고 있다. 즉, 공동정범이란 2인 이상이 공동의 범행을 결의하여 실행행위를 분업적으로 역할 분담하여 기능적으로 행위 지배를 함으로서 전체적인 범행계획을 실현하는 정범형태이다.

(2) 공동정범의 특성: 단독정범(단독실행), 간접정범(의사지배 ○, 실행 ×)

공동정범은 각자가 구성요건의 일부만 실현한 때에도 전체범행에 대하여 책임을 지게 되어 그 죄의 정범으로 처벌된다(일부실행 · 전부책임)는 데에 존재의의가 있다. 공동정범은 기능적 행위 지배를 한다는 점에서 단독으로 실행지배를 하는 단독정범과 다르며, 의사지배를 하는 간접정범과 구별된다.

2. 공동정범의 성립요건

(1) 주관적 요건: 공동실행의 의사

공동정범이 성립하기 위하여 주관적 요건으로서 공동실행의 의사(의사의 연락, 공동 가공의 의사, 공동의 의사, 공동범행의 의사)가 필요하다.

(2) 객관적 요건: 공동의 실행행위

객관적 요건으로서 공동의 실행행위(공동실행, 공동가공의 사실)가 필요하다.

3. 합동범

(1) 의미 : 2인 이상이 합동하여 죄를 범한 경우

합동범이란 2인 이상이 합동하여 죄를 범한 경우 가중 처벌되는 범죄이다.

(2) 유형

현행 형법상 합동범에는 특수도주죄(제146조), 특수절도죄(제331조 제2항), 특수강도죄(제334조 제2항)의 3가지가 있을 뿐이다.

4. 동시범

(1) 의미 : 단독범이 병존 · 경합한 경우

동시범이란 2인 이상의 행위자가 의사의 연락(공동의 의사) 없이 동시 또는 이시에 동일한 객체에 대해 각자 범죄를 실행하여 구성요건적 결과를 실현한 경우(甲과 乙은 각자 별개의 살인의 의사로 동시에 丙에게 발포하였는데 丙이 탄환 일방에 명중되어 사망한 경우)를 말한다. 즉, 동시범이란 단독범이 병존 · 경합한 경우이다(독립행위의 경합).

(2) 법적효과 : 미수범, 예외적으로 공동정범의 예에 의해 처벌

형법 제19조에서 동시범은 "각 행위의 미수범으로 처벌한다"라고 규정하고 있으나, 상해의 동시범은 제263조에서 "독립행위가 경합하여 상해의 결과를 발생하게 한 경우에 있어서 원인된 행위가 판명되지 아니한 때에는 공동정범의 예에 의한다"라고 규정하여 예외를 인정하고 있다.

04 간접정범

1. 의미 : 간접정범 ⇨ 처벌받지 않는 도구 ⇨ 범행

간접정범이란 타인을(생명 있는) 도구로 이용하여 범죄를 실행하는 정범형태를 말한다. 간접정범은 어느 행위로 인하여 처벌되지 아니하는 자 또는 과실범으로 처벌되는 자를 교사 또는 방조하여 범죄행위의 결과를 발생케 함으로써 성립한다(형법 제34조). 예컨대 의사가 그 사정을 모르는 간호사에게 독약이 든 주사를 놓게 하여 환자를 살해한 경우를 말한다.

2. 처벌 규정

형법 제34조 제2항에서는 "자기의 지휘, 감독을 받는 자를 교사 또는 방조하여 전항의 결과를 발생하게 한 자는 교사인 때에는 정범에 정한 형의 장기 또는 다액에 그 2분의 1까지 가중하고 방조인 때에는 정범의 형으로 처벌한다"라고 규정하고 있다.

3. 간접정범과 도구 관계 성립 여부

(1) 구성요건 해당성이 없는 행위를 이용하는 경우

① 스스로를 상해하도록 한 경우

② 공무원이 그의 처를 이용하여 뇌물을 받게 한 경우
처의 경우에는 상황에 따라 간접정범의 도구, 방조범, 공동정범의 성립이 가능하다.

③ 여행객을 기망하여 선물처럼 포장한 마약을 공항을 통해 반입시킨 경우

(2) 위법성이 없는 행위를 이용하는 경우

① 정당행위: 수사기관을 이용하여 B를 체포하게 한 경우

② 정당방위: A와 B가 서로 공격하고 방어하여 상해 결과를 만든 경우

(3) 책임이 없는 행위를 이용하는 경우

① 유아나 심신상실자가 도구인 경우

② 변별능력이 있는 형사미성년자가 도구인 경우에는 교사범이 성립

(4) 과실범으로 처벌되는 자

간호사의 과실을 이용하여 환자에게 독극물을 투여한 의사

05 교사범

1. 의미: 교사범 → 정범이 범행 결심 → 범행

교사범이란 타인을 교사하여 범죄 실행의 결심하게 하고 이 결심에 의하여 범죄를 실행하게 하는 자를 말한다. 예컨대 갑(甲)은 음주운전을 하다가 교통사고를 일으키자, 지인인 을(乙)에게 대신 운전을 한 것으로 하여 달라고 부탁하였다. 을(乙)이 처음에는 이를 거절하였으나, 다음날 을(乙)이 마음을 바꿔 음주운전을 하다가 사고를 일으켰다고 자수하였다. 이 경우 갑(甲)은 공무를 방해하고 범죄를 은폐하도록 한 교사범이 되고, 을(乙)은 정범이 된다.

2. 공범 중 하나

교사범은 정범에 가담하는 공범이라는 점에서, 타인을 도구로 이용하여 의사지배를 행하는 간접정범과 구별된다.

3. 처벌

(1) 정범과 동일한 형으로 처벌

제31조 제1항에 따르면 "타인을 교사하여 죄를 범하게 한 자는 죄를 실행한 자와 동일한 형으로 처벌한다"라고 규정하고 있다.

(2) 정범이 실행하지 않거나 승낙하지 않은 경우

① 정범이 실행의 착수에 이르지 않은 경우 교사자와 피교사자를 음모 또는 예비에 준하여 처벌한다.

② 교사를 받은 자가 범죄의 실행을 승낙하지 아니한 때에도 교사자는 예비 및 음모에 준하여 처벌한다.

06 방조(종)범

1. 의미: 정범이 범행 결심 ⇨ 방조범이 정범에게 도움 제공 ⇨ 정범의 범죄 실행

형법 제32조에서 규정하고 있는 종범이란 타인(정범)의 범죄를 방조한 자를 말하며 방조범이라고도 한다.

2. 교사범과 구별

종범은 이미 범행을 결의하고 있는 자에게 그 결의를 강화시키거나 실행을 용이하게 한다는 점에서, 애당초 범행의사가 없는 자에게 특정범죄의사를 불러일으키는 교사범과 구별된다.

3. 처벌

타인의 범죄를 방조한 자는 종범으로 처벌하고, 종범의 형은 정범의 형보다 감경한다.

07 공범과 신분

1. 형법 제33조(공범과 신분)

신분관계로 인하여 성립될 범죄에 가공한 행위는 신분관계가 없는 자에게도 전 3조의 규정을 적용한다. 단, 신분관계로 인하여 형의 경중이 있는 경우에는 중한 형으로 벌하지 아니한다.

2. 신분의 종류[103)]

(1) 구성적 신분: 일정한 신분이 있어야 범죄가 성립하는 경우(진정신분범)

① 비신분자는 신분범의 주체가 되지 못함

② 예: 수뢰죄(제129조), 위증죄(제152조) 횡령 및 배임죄(제355조)

---

103) 형식적 분류방법, 법문을 기준으로 신분을 분류하는 방법(통설)

(2) **가감적 신분**: 신분에 의하여 형이 가감되는 범죄(부진정신분범)

① 존속살해죄의 직계비속, 영아살해죄의 직계존속, 업무상횡령죄에서 업무자의 지위

② 신분없는 자도 보통의 범죄는 성립. 가감적 신분에 관한 착오는 고의를 조각 않으며 경한 죄로 처벌됨

(3) **소극적 신분**: 신분으로 인하여 범죄의 성립 또는 형벌이 조각되는 경우

① 위법성조각신분
의료법에 그 활동이 저촉되지 않는 의사, 변호사법에 그 활동이 저촉되지 않는 변호사

② 책임조각신분: 범인은닉죄, 증거인멸죄에서 친족, 동거의 가족, 14세 미만의 형사미성년자

③ 형벌조각신분: 친족상도례에서 친족

3. 형법 제33조의 해석

(1) 진정신분범과 부진정신분범

신분범에는 진정신분범과 부진정신분범이 있다. 진정신분범이란 일정한 신분이 있는 자에 의해서만 성립할 수 있는 범죄를 말하며, 수뢰죄, 위증죄, 횡령죄가 여기에 속한다. 반면에 부진정신분범이란 신분없는 자에 의하여도 범죄는 성립할 수 있지만 신분있는 자가 죄를 범한 때에는 형이 가중되거나 감경되는 범죄를 말하며, 존속살해죄, 업무상횡령죄, 영아살해죄가 여기에 해당한다.

	본문	단서
해석	비신분자가 신분자의 범죄에 가공한 경우에는 비신분자도 신분범의 공동정범, 교사범, 종범이 될 수 있다.	비신분자도 신분자의 범죄에 가공한 경우에 비신분자는 신분범의 형으로 처벌되지 않는다는 신분의 독립성 내지 책임의 개별화를 규정하고 있다.
통설	진정신분범의 공범성립과 과형의 문제	부진정신분범의 공범성립과 과형의 문제
판례	진정신분범과 부진정신분범에 대한 공범의 성립 문제를 규정	부진정신분범에 한하여 과형의 문제를 규정

(2) 형법 제33조 본문 해석 적용

① 비신분자가 신분자에게 가공한 경우
진정신분범에 가담한 비신분자에게도 본문의 연대적 작용에 의해 공동정범, 교사범, 종범이 적용된다.

㉠ 교사범, 종범
비공무원 갑(甲)이 공무원 을(乙)의 수뢰를 교사 또는 방조한 경우 ⇒ 갑(甲)은 수뢰죄의 교사범 또는 종범 성립

㉡ 공동정범
비공무원 갑(甲)이 공무원 을(乙)과 함께 뇌물을 받은 경우 ⇒ 수뢰죄의 공동정범

㉢ 비신분자가 신분자를 이용한 간접정범이 될 수 있는지 여부 ⇒ 부정설이 통설

② 신분자가 비신분자에게 가공한 경우

㉠ 교사나 방조

공무원 갑(甲)이 비공무원 을(乙)의 수뢰를 교사 또는 방조한 경우 ⇒ 갑(甲)은 수뢰죄의 간접정범

㉡ 공동정범

공무원 갑(甲)이 비공무원 을(乙)과 함께 뇌물을 받은 경우 ⇒ 갑(甲), 을(乙)은 수뢰죄의 공동정범

(3) 형법 제33조 단서 해석 적용

① 비신분자가 신분자에게 가공한 경우

㉠ 신분관계로 인하여 형의 경중이 있는 경우에는 중한 형으로 벌하지 아니한다.

- 갑(甲)과 을(乙) 공동으로 을(乙)의 아버지 병(丙)을 살해한 경우: 갑(甲)은 보통살인죄, 을(乙)은 존속살해죄의 공동정범
- 갑(甲)이 을(乙)을 교사하여 을(乙)의 아버지 병(丙)을 살해한 경우: 을(乙)은 존속살해죄의 정범, 갑(甲)은 보통살인죄의 교사범 내지는 종범

㉡ 감경적 신분범에 가공한 경우

갑(甲)이 직계존속인 을(乙)의 영아살해에 가담한 경우 ⇒ 갑(甲)은 보통살인죄의 공범, 을(乙)은 영아살해죄의 정범으로 처벌

② 신분자가 비신분자에게 가공한 경우

㉠ 교사범 및 종범 성립 여부

갑(甲)이 을(乙)을 교사(방조)하여 자신의 부 병(丙)을 살해한 경우 ⇒ 을(乙)은 보통살인죄의 정범, 갑(甲)은 존속살인죄의 교사범(종범)

㉡ 공동정범 성립 여부

부진정신분범에서 신분자가 비신분자에게 공동정범으로 관여한 경우도 비신분자가 신분자에게 관여한 경우와 동일하게 취급한다.

4. 형벌조각적 신분과 공범

(1) 비신분자가 신분자에게 가공한 경우

비신분자는 신분자의 불법에 종속되므로 신분자, 비신분자 모두에게 범죄가 성립하나, 신분자는 형벌이 조각된다.

(2) 신분자가 비신분자에게 가공한 경우

신분자, 비신분자 모두에게 범죄가 성립하나, 신분자는 형벌이 조각된다.

Chapter

02 형벌과 형사절차(형사소송법)

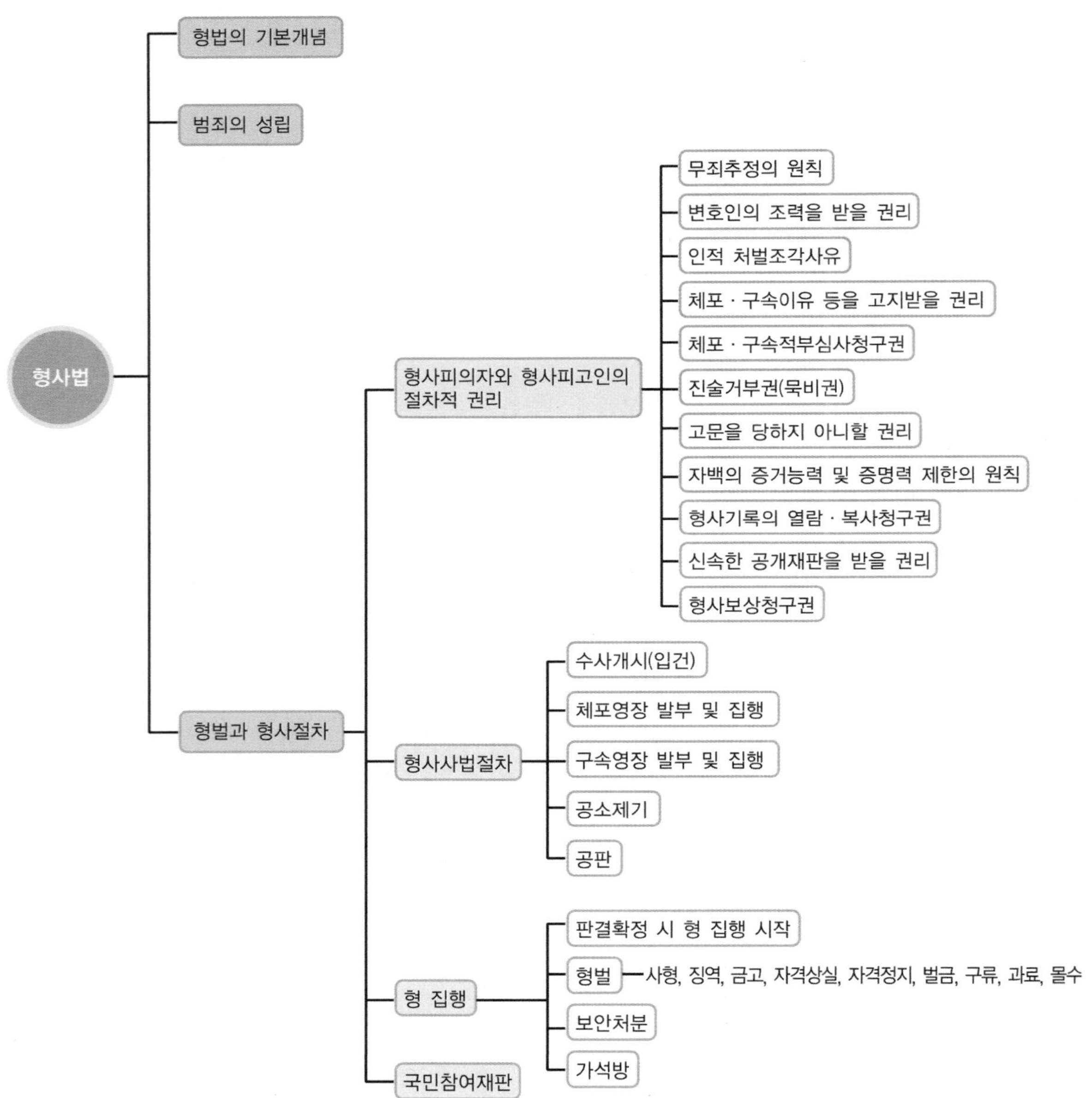

I 형사피의자와 형사피고인의 절차적 권리

01 개요

체포, 구속이유 등을 고지받을 권리, 묵비권, 변호인의 조력을 받을 권리, 체포, 구속적부심사청구권, 형사기록 열람 및 복사 요구권, 신속한 공개재판을 받을 권리, 자백의 증거능력 및 증명력 제한의 원칙, 고문을 당하지 않을 권리, 무죄추정의 원칙, 형사보상청구권 등이다.

02 무죄추정의 원칙: 불구속 수사, 재판 원칙

헌법 제27조 제4항은 "형사피고인은 유죄의 판결이 확정될 때까지는 무죄로 추정된다"라고 하여 무죄추정의 원칙을 규정하고 있다. 무죄추정의 원칙은 형사절차와 관련하여 아직 공소가 제기되지 아니한 피의자는 물론 비록 공소가 제기된 피고인이라 할지라도 유죄의 판결이 확정될 때까지는 원칙적으로 죄가 없는 자로 다루어져야 하고, 그 불이익은 필요최소한에 그쳐야 한다는 원칙을 말한다(헌재, 96헌가17).

03 변호인의 도움을 받을 권리

헌법 제12조 제4항은 "누구든지 체포 또는 구속을 당한 때에는 즉시 변호인의 조력을 받을 권리를 가진다"라고 하여 변호인의 도움을 받을 권리를 규정하고 있다. 즉 변호인의 도움을 받을 권리는 형사절차에서 피의자나 피고인이 검사 등 수사기관 및 공소기관 등이 제시한 피의사실 또는 공소사실에 관하여 자신을 충분히 방어하기 위해 변호인을 선임하고 변호인과 접견·교통 등으로 변호인의 도움을 받을 수 있는 권리를 의미한다. 피고인은 수사단계는 물론 공판단계에서도 변호인의 도움을 받을 권리가 있다.

04 영장주의

1. 체포영장주의

① 사전영장 원칙

② 예외: 현행범, 준현행범, 긴급체포

2. 구속영장주의

① 예외 없는 사전구속영장주의 원칙

② 구속영장실질심사

05 체포 · 구속이유 등을 고지받을 권리

헌법 제12조 제5항은 "누구든지 체포 또는 구속의 이유와 변호인의 조력을 받을 권리가 있음을 고지받지 아니하고는 체포 또는 구속을 당하지 아니한다. 체포 또는 구속을 당한 자의 가족 등 법률이 정하는 자에게는 그 이유와 일시, 장소가 지체 없이 통지되어야 한다"라고 체포 · 구속 이유 등 고지 제도를 규정하고 있다.

06 구속영장실질심사

구속영장실질심사는 구속영장이 청구된 피의자에 대하여 법관이 구속여부를 판단하기 위하여 수사기록 및 필요한 사항에 대하여 직접 피의자를 심문하고, 필요한 경우에는 피해자, 고소인 등 제3자를 심문하거나 그 의견을 듣고 이를 종합하여 구속 여부를 결정하는 제도이다. 피의자의 방어권을 최대한 보장하기 위해 법관이 영장에 관한 실질심사를 하도록 한 것이다.

07 체포 · 구속적부심사청구권

헌법 제12조 제6항 "누구든지 체포 또는 구속을 당한 때에는 적부의 심사를 법원에 청구할 권리를 가진다"는 체포 · 구속적부심사제도뿐만 아니라 형사피의자의 체포 · 구속적부심사청구권을 보장한 권리조항이기도 하다.

08 진술거부권(묵비권)

헌법 제12조 제2항은 "모든 국민은 고문을 받지 아니하며, 형사상 자기에게 불리한 진술을 강요당하지 아니한다"라고 하여 진술거부권을 규정하고 있다. 진술거부권은 형사피의자나 피고인이 수사절차나 공판절차에서 수사기관 또는 법원의 심문에 대하여 진술을 거부할 수 있는 권리를 말한다. 이는 고문 등 폭행에 의한 진술의 강요는 물론 법률로써도 진술을 강요당하지 아니함을 의미한다.

09 고문을 당하지 아니할 권리

헌법 제12조 제2항에서는 "모든 국민은 고문을 받지 아니하며, 형사상 자기에게 불리한 진술을 강요당하지 아니한다"라고 하여 고문금지 규정을 두고 있다. 고문에 의한 자백의 경우에는 증거능력이 없다.

10 자백의 증거능력 및 증명력 제한의 원칙

헌법 제12조 제7항은 "피고인의 자백이 고문 · 폭행 · 협박 · 구속의 부당한 장기화 또는 기망 기타의 방법에 의하여 자의로 진술된 것이 아니라고 인정될 때 또는 정식재판에 있어서 피고인의 자백이 그에게 불리한 유일한 증거일 때에는 이를 유죄의 증거로 삼거나 이를 이유로 처벌할 수 없다"라고 하여 자백의 증거능력과 증명력을 제한하고 있다.

11 형사기록의 열람 · 복사청구권

형사피의자와 형사피고인은 자신의 피의사실과 공판절차 등 형사절차에 관하여 알 권리와 기록 및 증거서류에 대한 열람 · 복사청구권을 가진다. 이는 헌법상의 알 권리의 일환이다.

12 신속한 공개재판을 받을 권리

헌법 제27조 제3항은 "모든 국민은 신속한 재판을 받을 권리를 가진다. 형사피고인은 상당한 이유가 없는 한 지체 없이 공개재판을 받을 권리를 가진다"라고 규정하였다. 이는 형사피고인의 인권보장을 위하여 신속한 공개재판을 받을 권리를 인정하는 것이다.

13 형사보상청구권

헌법 제28조는 "형사피의자 또는 형사피고인으로서 구금되었던 자가 법률이 정하는 불기소처분을 받거나 무죄판결을 받은 때에는 법률이 정하는 바에 의하여 국가에 정당한 보상을 청구할 수 있다"라고 규정하고 있다.

Ⅱ 형사사법절차

01 개요

1. 형사사법절차 전체

형사사법절차는 수사개시(고소, 고발, 자수 등, 입건) → 체포영장 발부 및 집행 → 구속영장 발부 및 집행 → 공소제기 → 공판 개시 및 진행 → 판결 확정(선고, 집행유예, 선고 유예) → 형 집행 단계(집행, 가석방, 석방)로 전개된다.

2. 검사의 기소 전·후 단계

이 중 형사소송절차는 검사의 공소제기를 기준으로 기소전 단계와 기소후 단계로 나뉘어진다. 기소전 단계란 검사의 구속영장 청구부터 공소제기까지의 단계를 말한다. 구체적 절차로는 검사의 구속영장 청구, 청구된 구속영장에 대한 실질심사, 체포 또는 구속의 적법 여부에 대한 체포·구속적부심사청구가 있다. 검사의 구속영장 청구 및 구속영장 실질심사에서 구속영장이 발부되거나 구속적부심사청구가 기각되면 피의자의 구속 상태는 유지된다. 하지만 구속영장이 발부되지 않거나 구속영장 실질심사에서 구속영장의 기각 및 구속적부심사청구가 인용되면 피의자는 석방된다. 기소후 단계는 검사의 청구에 따라 구공판과 구약식으로 나뉘어지고, 임의절차로서 공판준비절차(참여재판 필수)가 마련되어 있으며 이상의 절차를 마친 후 변론종결과 판결 선고까지를 포함한다. 또한 변론종결시까지 배상명령청구와 보석청구가 각 가능하다.

3. 검사의 약식명령부터 공판절차

검사가 약식명령을 청구하면 판사는 약식명령을 발령하거나 통상의 공판절차에 회부하여 재판할 수도 있다. 약식명령에 불복이 있는 사람은 약식명령의 고지를 받은 날로부터 7일 이내에 약식명령을 한 법원에 서면으로 정식재판청구를 할 수 있으며 이 경우 통상의 공판절차에 의하여 다시 심판하게 된다. 공판준비절차는 공판준비명령, 검사의 공판준비서면 제출, 피고인, 변호인의 반박, 검사의 재반박, 공판준비기일진행(증거조사, 쟁점정리), 공판준비절차 종결의 단계를 거치며 공판준비절차가 종결되면 공판절차가 개시된다. 공판절차는 재판장의 진술거부권 고지 및 인정신문, 모두진술, 쟁점 및 증거관계 등 정리, 피고인이 공소사실을 부인할 경우에는 증거조사 실시, 공소사실을 인정할 경우에는 간이공판절차회부, 피고인신문, 최종변론(검사, 변호인, 피고인), 변론종결, 선고의 단계를 거치게 된다. 기소전과 기소후의 절차를 마치고 선고된 판결에 대하여 불복이 있는 사람은 판결의 선고일부터 7일(판결 선고일은 기산하지 아니한다) 이내에 상소(항소 또는 상고)를 제기할 수 있다.

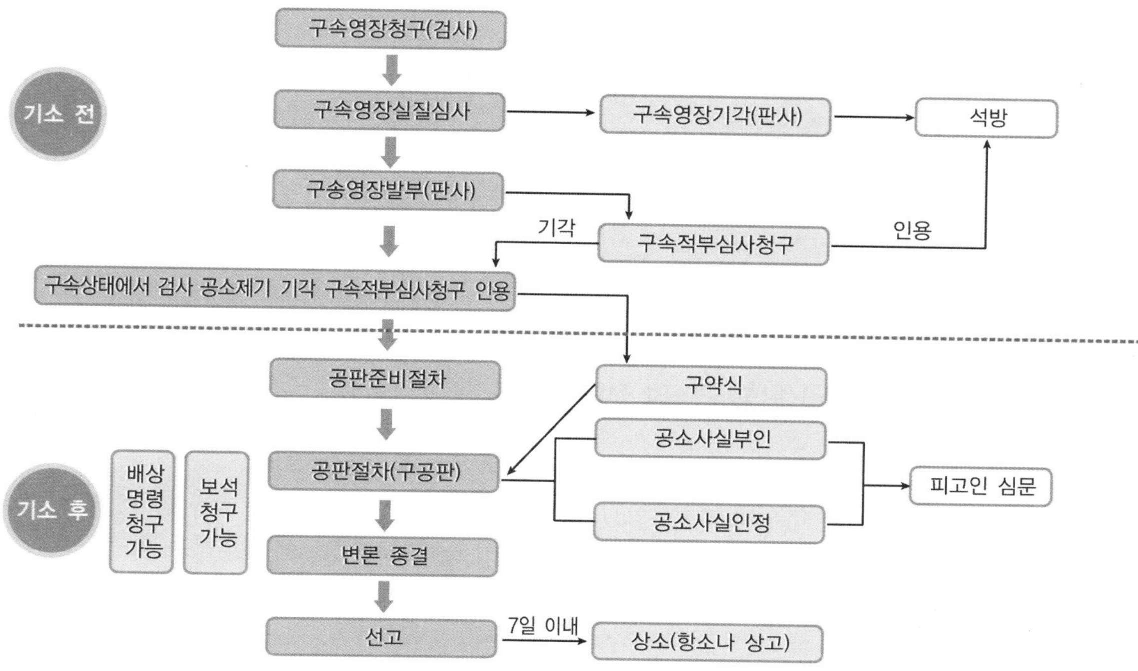

02 수사개시 : 입건

1. 수사의 단서 : 고소, 고발, 자수

고소, 고발, 자수 등과 같은 수사의 단서가 있는 경우 수사가 개시된다. 수사개시를 입건이라고 한다. 수사는 형사사건을 조사하는 절차를 의미한다. 형사사건에 대한 수사는 사법경찰관과 검사가 한다.

2. 절차에 따른 수사

(1) 수사 의미 : 범인 조사, 증거수집

수사는 수사기관에 의하여 범인을 조사하고, 범죄의 성립 여부를 위해서 증거를 수집하는 것을 의미한다. 수사는 공소제기의 준비단계이지만, 공소제기가 있은 후에도 공소유지를 위해서 수사를 계속하는 경우도 있다.

(2) 불체포 · 불구속 수사 원칙 및 영장주의

수사기관은 피의자를 체포 · 구속하지 않고 수사하는 것이 원칙이고, 필요한 경우에는 판사로부터 영장을 발부받아 체포 · 구속할 수 있다. 또한 현행범인이거나 긴급한 사유가 있는 경우에는 사후에 영장을 발부받을 수 있다. 판사는 피의자가 죄를 범하였다고 의심할 만한 상당한 이유가 있고 수사기관의 출석요구에 응하지 아니하거나 응하지 아니할 우려가 있을 때에는 체포영장을, 피의자가 죄를 범하였다고 의심할 만한 상당한 이유가 있고 피의자의 주거가 없거나 도망 또는 증거인멸의 염려가 있는 경우 구속영장을 발부한다.

3. 참고인에서 형사피의자로 변경

수사가 개시되면 범죄의 혐의가 있는 사람은 검사의 공소제기 전까지 형사피의자로 지칭된다. 형사피의자는 수사개시이후 공소제기 이전의 개념으로 범죄의 혐의가 있어 수사기관에 의하여 수사의 대상이 되는 자를 의미한다. 한편 형사피고인은 검사의 공소제기 이후부터 판결확정 이전의 개념으로, 판결확정 이전의 자를 의미한다.

03 체포영장 발부 및 집행

1. 체포 : 피의자 신병 확보를 위한 구속의 전단계 처분

(1) 체포영장주의

체포는 수사초기에 피의자의 신병을 확보하기 위한 구속의 전 단계 처분이다. 죄를 범하였다고 의심할 만한 상당한 이유가 있는 피의자를 단시간 동안 수사관서 등 일정한 장소에 인치하는 제도를 의미한다. 검사의 체포영장 신청 및 법관의 체포 영장 발부를 받으면 영장을 집행하여 체포한다. 사전영장에 의한 집행하는 것이 원칙이다.

(2) **체포영장주의의 예외** : 현행범, 준현행범, 긴급체포

하지만 예외적으로 영장 없이 체포를 하는 경우가 있다. 예컨대 현행범, 준현행범, 긴급체포 등이다.

① 현행범
현행범은 범죄의 실행 중이거나 실행 직후인 자를 의미한다.

② 준현행범
준현행범은 현행범인으로 간주되는 자(범인으로 호창되어 추적되고 있는 때, 장물이나 범죄에 사용되었다고 인정함에 충분한 흉기 기타의 물건을 소지하고 있는 때, 신체 또는 의복류에 현저한 증적이 있는 때, 누구임을 물음에 대하여 도망하려 하는 때)를 의미한다.

③ 긴급체포
긴급체포는 중대한 죄를 범하였다고 의심할 만한 상당한 이유가 있는 경우를 의미한다. 체포 후 48 시간 이내에 구속영장을 청구 또는 석방해야 한다.

④ 사후에 영장발부
이렇게 체포된 형사피의자는 영장에 의한 체포, 현행범, 준현행범, 긴급체포의 경우 모두 체포 후 48 시간 이내에 구속영장을 청구 또는 석방해야 한다.

2. 체포나 구속 시 고지 내용

체포하는 경우 반드시 피의자에게 고지해야 하는 내용이 있다. 이는 헌법을 근거로 한다. 외국 사례로는 미국 판례에서 확립된 미란다 원칙이 있다. 관련되는 내용을 살펴보면 다음과 같다.

(1) 헌법 근거 : 체포, 구속 이유 등을 고지해야 한다.

① 피의자가 진술거부권(묵비권)을 가지고 있음을 고지해야 한다.

② 피의자의 진술이 불리한 증거로 사용될 수 있음을 고지해야 한다.

③ 피의자가 변호인의 조력을 받을 수 있다는 사실을 고지해야 한다.

④ 피의자에게 진술거부권과 변호인의 도움을 받을 권리를 고지하지 아니하고 수집한 증거는 증거능력이 없다.

(2) 형사소송법 제200조의5

형사소송법 제200조의5에서 체포할 때 고지해야 할 내용을 다음과 같이 규정하고 있다.

① 피의자에 대하여 범죄사실을 요지해야 한다.

② 체포의 이유와 변호인을 선임할 수 있음을 고지해야 한다.

③ 피의자에게 변명할 기회를 주어야 한다.

3. 체포 적부심 제도

체포된 형사피의자는 체포의 불법과 부당을 다툴 수 있는 체포 적부심을 청구할 수 있다. 만약 인용될 경우에 형사피의자는 석방된다. 현실적으로는 구속 적부심 제도가 더 많이 이용된다. 대부분 체포 이후에 구속으로 연결되는 경우가 많기 때문이다.

04 구속영장 발부 및 집행

1. 구속

(1) 구속의 의미 : 구금과 구인

구속이란 피의자 또는 피고인의 신체의 자유를 체포에 비하여 장기간에 걸쳐 제한하는 강제처분을 의미한다. 구속이란 구금(拘禁)과 구인(拘引)을 포함하는 개념이다. 구인은 피고인을 법원이나 일정한 장소에 억류하거나 인치하는 것을 말하고, 구금은 피고인을 감금하는 것을 말한다.

(2) 피의자 구속과 피고인 구속

① 피의자 구속과 피의자 보석

'피의자 구속'이란 공소가 제기되기 전의 피의자를 구속영장에 따라 구인 또는 구금하여 수사절차를 진행하는 것을 말하며, 이 경우에는 보증금 등을 납입할 것을 조건으로 석방(기소 전 보석)을 신청할 수 있다. 즉 법원은 구속의 적부심사를 청구한 피의자에 대하여도 직권으로 피의자의 출석을 보증할 만한 보증금의 납입을 조건으로 석방을 명할 수 있는데, 이를 피의자보석제도 또는 기소전 보석제도라고 부르기도 한다.[104]

② 피고인 구속과 보석

'피고인 구속'이란 이미 공소가 제기된 피고인을 구속영장에 따라 구인 또는 구금하여 재판을 진행하는 것을 말하며, 이 경우에는 보석을 청구할 수 있다.

2. 구속사유

불구속 수사가 원칙이지만 다음과 같은 구속사유가 있을 때는 구속한다.

(1) 일정한 주거가 없는 경우

(2) 증거를 인멸한 염려가 있는 때

(3) 도망 또는 도망할 염려가 있는 때

3. 예외 없는 사전영장주의

(1) 검사의 신청과 법원의 발부

구속은 반드시 사전영장에 의해서만 가능하고 예외는 없다. 이 영장은 검사가 신청하며 법원이 발부한다.

(2) 구속영장실질심사

검사의 영장 신청을 받은 법원은 피의자 또는 그 변호인, 법정대리인, 배우자, 형제자매, 호주, 가족이나 동거인 또는 고용인의 신청이 있을 때 피의자를 심문하고, 구속이 필요하다고 인정되는 때 구속영장을 발부한다. 만약 기각한 경우에는 형사피의자는 석방된다.

---

104) 법원이 구속된 피의자에 대해 피의자의 출석을 보증할만한 보증금의 납입을 조건으로 석방을 하는 것을 말한다. 이 경우 불구속 상태에서 수사를 하게 된다. 체포된 피의자의 경우에는 해당없다. 법원의 체포 구속적부심에 대한 결정으로는 기각결정, 석방결정, 보증금납입조건부 피의자 석방이 있다.

4. 구속적부심사제도

수사기관에 의하여 체포 또는 구속된 피의자에 대하여 법원이 체포 또는 구속의 적법여부와 그 필요성을 심사하여 체포 또는 구속이 부적법, 부당한 경우에 피의자를 석방시키는 제도로 '체포·구속적부심사제도'가 있다. 즉, 인용될 경우에는 형사피의자는 석방되지만, 만약 기각될 경우에는 구속 상태를 유지한 상태에서 검사를 공소를 제기할 수 있다.

05 공소제기: 재판의 개시

1. 검사의 기소

(1) 검사의 기소독점주의

공소는 검사만이 제기할 수 있다. 수사 결과 범죄의 혐의가 확실하다고 판단될 때 검사는 공소를 제기한다. 하지만 그렇지 않은 경우에 검사는 기소를 하지 않는다.

(2) 공소제기 여부 기간 제한: 입건 후 3개월 이내에 공소제기 여부 결정

검사가 고소 또는 고발에 의하여 범죄를 수사할 때에는 고소 또는 고발을 수리한 날로부터 3개월 이내에 수사를 완료하여 공소제기여부를 결정하여야 하고, 이러한 사건에 대해 공소를 제기하거나 제기하지 아니하는 처분 등을 한 때에는 그 처분을 한 날로부터 7일 이내에 서면으로 고소인 또는 고발인에게 그 취지를 통지하게 되어 있다.

2. 검사의 불기소 처분: 범죄혐의 없음 불기소처분, 기소유예, 기소중지

(1) 범죄혐의 없음 불기소처분

범죄혐의 없음 불기소처분은 형사피의자를 수사한 결과 죄나 혐의가 없어 공소를 제기할 수 없는 경우를 의미한다. 예를 들면 혐의가 없음, 죄가 안 됨, 공소권이 없음 등이다.

(2) 기소유예

기소유예는 범죄의 혐의가 인정되고 소송조건이 구비되었으나, 범인의 연령, 지능, 환경과 범행의 동기를 고려하여 공소를 제기하지 않는 처분을 의미한다. 예컨대 선도조건부 기소유예가 있다.

(3) 기소중지처분

기소중지처분은 형사피의자나 중요한 증인의 소재가 불명확하다는 등의 사유로 수사를 중지하는 처분이다.

3. 검사의 불기소 처분[105]에 대한 불복: 항고기각 후 재정신청, 기소강제절차

(1) 불기소 이유 설명에 불복하는 방법으로서 재정신청

검사가 불기소처분을 한 경우에 고소인 또는 고발인의 청구가 있는 때에는 7일 이내에 고소인 또는 고발인에게 그 이유를 서면으로 설명하여야 하며, 이러한 검사의 불기소처분에 대해 고소인이 불복하는 방법에는 재정신청(裁定申請)이 있다(형사소송법 제260조).

(2) 검찰항고를 거쳐야 함: 항고전치주의

그러나 재정신청을 하려면 검찰청 법 제10조에 따른 항고를 거쳐야 하기 때문에 고소인은 검사로부터 공소를 제기하지 아니한다는 통지를 받은 때에는 (검찰)항고를 하여야 하고, 당해 지방검찰청 또는 지청의 검사는 항고가 이유가 있다고 인정하는 때에는 그 처분을 경정하게 된다(형사소송법 제260조 제2항 본문).

(3) 항고 기각 결정이 있어야 함

그러나 항고가 이유 없다고 기각 결정을 하게 되면 고소인은 기각 결정의 통지를 받은 날부터 10일 이내에 지방검찰청 검사장 또는 지청장에게 재정신청서를 제출할 수 있다.

(4) 항고기각 결정 없이 가능한 경우

다만 '항고 이후 재기수사가 이루어진 다음에 다시 공소를 제기하지 아니한다는 통지를 받은 경우', '항고 신청 후 항고에 대한 처분이 행하여지지 아니하고 3개월이 경과한 경우', '검사가 공소시효 만료일 30일 전까지 공소를 제기하지 아니하는 경우'에는 항고를 거치지 않고 곧바로 재정신청을 할 수 있다(형사소송법 제260조 제2항, 제3항).

(5) 재정신청을 받은 검찰은 법원에 송부

재정신청서를 제출받은 지방검찰청검사장 또는 지청장은 재정신청서를 제출받은 날부터 7일 이내에 재정신청서・의견서・수산관계서류 및 증거물을 관할 고등검찰청을 경유하여 관할 고등법원에 송부하여야 하고, 법원은 재정신청서를 송부받은 날부터 3개월 이내에 신청이 법률상의 방식에 위배되거나 이유 없는 때에는 신청을 기각하고, 신청이 이유 있는 때에는 사건에 대한 공소제기를 결정한다(형사소송법 제261조, 제262조).

105) 검사의 불기소처분에 대한 권리구제형 헌법소원에서 '보충성의 원칙'이 적용된다. 그럼에도 불구하고 검사의 불기소처분에 대해 물론 보충성 원칙의 예외를 인정한 경우도 있었다. 하지만 재정신청이 마련된 이후 권리구제형 헌법소원 심판을 통한 구제 가능성은 줄어들었다.

4. 검사의 불기소처분에 대한 헌법소원 가능 여부

(1) 의의

헌법소원이란 법원의 재판을 제외한 공권력의 행사 또는 불행사로 인하여 헌법상 보장된 기본권을 침해받은 자가 헌법재판소에 그의 권리구제를 청구하는 것을 말한다(헌법재판소법 제68조 제1항 본문). 검사의 불기소처분에 의하여 행복추구권(헌법 제10조), 평등권(헌법 제11조 제1항)이나 재판절차진술권(헌법 제27조 제5항) 등과 같은 헌법상 기본권을 침해받은 자는 헌법소원심판을 청구할 수 있다. 다만, 다른 법률에 구제절차가 있는 경우에는 그 절차를 모두 거친 후에 청구할 수 있다(헌법재판소법 제68조 제1항 단서).

(2) 고소인

① 고소인은 권리구제형 헌법소원심판을 청구할 수 있는가?

고소인은 불기소처분에 대하여 헌법소원을 청구할 수 없다. 고소인은 범죄의 직접적인 법률상 피해자이기 때문에 헌법상 재판절차진술권(헌법 제27조 제5항)이 인정되고 검사의 자의적인 불기소처분으로 인하여 이를 행사할 기회를 잃게 되었으므로 기본권을 침해받았다고 할 수 있다. 하지만 고소인은 불기소처분에 대하여 항고를 거쳐 재정신청을 할 수 있다. 먼저 재정신청절차를 거쳐야 하고 법원의 재정결정은 재판에 해당하므로 결국 헌법소원의 대상이 될 수 없기 때문이다. 즉 검사의 불기소처분에 형사소송법상의 재정신청을 거친 경우 검사의 불기소 처분은 원행정처분이 된다. 원행정처분은 헌법소원심판의 대상이 되지 아니하므로 재정신청을 거친 검사의 불기소처분은 권리구제형 헌법소원의 대상이 되지 아니한다.

② 고소인은 위헌심사형 헌법소원을 청구할 수 있는가?

위 규정들을 해석하면 위헌제청신청은 당해 사건의 당사자만 할 수 있다고 봄이 상당하고, 형사재판의 경우 피고인이 아닌 고소인은 형사재판의 당사자라고 볼 수 없으므로, 위헌제청신청을 할 수 있는 자에 해당하지 않는다고 보는 것이 헌법재판소의 입장이다(헌법재판소 2010.3.30. 선고 2010헌바102 결정).

(3) 고발인

고발인에 대해서는 헌법소원이 공권력의 행사 또는 불행사로 인하여 기본권의 침해가 있을 것을 필요로 하는데 고발인에게는 그 권리침해의 직접성이 인정되지 않으므로 헌법소원을 청구할 수 없다는 것이 헌법재판소의 입장이다(헌법재판소 1989.12.22. 선고 89헌마145).

(4) 고소하지 않는 형사 피해자

피해자의 고소가 아닌 수사기관의 인지 등에 의해 수사가 개시된 피의사건에서 검사의 불기소처분이 이루어진 경우에 고소를 하지 않은 피해자는 검사의 불기소처분으로 헌법상 평등권, 재판절차진술권을 침해받았으며, 고소인이 아니므로 검찰항고와 재정신청의 방법으로 불복할 수도 없기에 불기소처분의 취소를 구하는 헌법소원을 청구할 수 있다(헌법재판소 2010.6.24. 선고 2008헌마716). 또한 절차를 거친 다음 헌법소원심판을 청구할 것을 요구하는 것은 피해자들의 권리구제나 공권력의 효율적 집행면에서도 아무런 실익이 없는 경우가 있을 것이므로, 피해자들은 별도로 고소를 제기함이 없이 곧바로 검사의 불기소처분에 대하여 헌법소원심판을 청구할 수 있다(헌법재판소 1997.2.20. 선고 96헌마76 전원재판부).

(5) 피의자

피의자에게 혐의 없음이 인정될 수 있는 피의사건에서 검사가 기소유예의 불기소처분을 한 경우에 피의자로서는 검사의 자의적인 수사권행사로 인하여 평등권과 행복추구권을 침해받았으며, 고소인이나 고발인이 아니어서 검사의 불기소처분에 대하여 검찰항고나 재정신청 등의 청구로 불복할 수도 없기에 불기소처분의 취소를 구하는 헌법소원을 청구할 수 있는 것이다(헌법재판소 2013.9.26. 선고, 2012헌마1022).

5. 검사의 소추권을 제한하는 범죄 유형

소추권은 검사가 특정한 형사 사건에 관하여 공소를 제기할 수 있는 권한을 말한다. 이 권한을 행사할 때 제한이 따르는 범죄가 친고죄와 반의사불벌죄이다.

(1) 친고죄

친고죄는 피해자 기타 고소권자의 고소가 있어야만 공소제기를 할 수 있는 범죄를 말한다. 예컨대 친족상도례(친족 간의 재산죄), 모욕죄, 사자명예훼손죄 등이 있다.

(2) 반의사불벌죄

반의사불벌죄는 원칙적으로 검사의 공소제기가 가능하다. 하지만 피해자가 처벌을 원치 않는다는 의사를 명백히 한 경우에는 소추가 불가능한 범죄를 의미한다. 예컨대 폭행죄, 협박죄, 과실치상죄, 명예훼손죄 등이 있다.

6. 검사의 구속 기소

(1) 의미

구속기소란, 피의자가 구속된 상태에서 검사가 공소를 제기하는 것을 말하며, 구속기소된 피고인은 구치소 등에 구인·구금된 상태로 법원의 재판을 받게 된다.

(2) 구속사유

① 형사소송법 제70조 제1항
법원은 피고인이 죄를 범했다고 의심할 만한 상당한 이유가 있고, 다음 어느 하나에 해당하는 사유가 있는 경우에는 피고인을 구속할 수 있다.

㉠ 피고인이 일정한 주거가 없는 경우

㉡ 피고인이 증거를 인멸할 염려가 있는 경우

㉢ 피고인이 도망하거나 도망할 염려가 있는 경우

② 형사소송법 제70조 제2항
법원은 구속사유를 심사할 때 범죄의 중대성, 재범의 위험성, 피해자 및 중요 참고인 등에 대한 위해(危害) 우려 등을 고려한다.

(3) 구속의 방법

① 구속영장에 의한 구속

② 형사소송법 제72조
피고인을 구속하려면 피고인이 도망한 경우를 제외하고, 피고인에게 범죄사실의 요지, 구속의 이유와 변호인을 선임할 수 있음을 말하고 변명할 기회를 준 후에 구속해야 한다.

06 공판절차 : 형사소송의 지도이념

1. 형사소송의 지도이념

(1) 실체적 진실주의

실체적 진실주의는 객관적 진실을 추구하여 진상을 명백하게 밝히고자 하는 가치를 말한다. 이를 구현하기 위한 제도로는 증거재판주의, 자백의 보강법칙, 증거보전절차, 상소제도, 재심제도 등이 있다.

(2) 적정절차의 원칙

적정절차의 원칙은 피고인 보호 및 비례원칙 등을 고려하여 공정한 절차 및 재판에 의하여 국가의 형벌권을 실현해야 한다는 것을 말한다. 이를 구현하기 위한 제도로는 공정한 재판의 원칙(공평한 법원의 구성, 피고인의 방어권 보장, 무기평등의 원칙/변호인의 조력을 받을 권리), 비례성의 원칙, 피고인 보호의 원칙 등이 있다.

(3) 신속한 재판의 원칙

신속한 재판의 원칙은 피고인의 인권 보호 및 사회적 비용 및 갈등을 줄임으로써 공익을 도모하기 위하여 신속하게 재판이 진행되어야 한다는 것을 말한다. 이를 구현하기 위한 제도로는 수사와 공소제기의 신속, 상소심 재판의 신속 등이 있다.

2. 형사재판의 원칙(공판절차의 원칙)

헌법에 규정된 무죄추정의 원칙, 공개재판의 원칙, 신속한 재판의 원칙, 공판중심주의 등을 원칙으로 한다.

3. 보석제도

보석제도란, 일정한 보증금의 납부를 조건으로 구속의 집행을 정지함으로써 구속된 피고인을 석방하는 제도를 말한다. 공판 개시 후 변론 종결 때까지 가능하다.

4. 배상명령제도

(1) 배상명령제도의 의미

배상명령이란, 제1심 또는 제2심의 형사공판절차에서 법원이 유죄 판결을 선고할 때 그 유죄 판결과 동시에 범죄행위로 발생한 직접적인 물적 피해 및 치료비 등에 대한 배상을 명하거나, 피고인과 피해자 사이에 합의된 손해배상액에 관해 배상을 명하는 것을 말한다. 즉 배상명령이란 형사사건의 피해자가 범인의 형사재판과정에서 간편한 방법으로 범죄행위로 인하여 발생한 직접적인 물적 피해, 치료비 및 위자료의 배상, 즉 형사재판에서 민사적인 손해배상명령을 받아낼 수 있는 제도를 말한다.

(2) 배상명령제도의 취지

이 제도가 도입된 취지는 범죄피해자가 별도의 민사소송을 제기하지 않고도 손쉽게 피해배상을 받게 한다는 것이다. 다시 말하면 범죄 피해자가 신속하고 적절한 보상을 받을 수 있도록 한다는 의의를 가진다. 배상명령제도의 취지는 ① 피해자의 신속한 구제,[106] ② 소송경제의 도모, ③ 형사판결과 민사판결 사이의 상호모순 해소, ④ 형사판결과 피고인의 손해배상의무의 동시 확정으로 인하여 피고인의 사회복귀에의 기여, ⑤ 피해자의 형사절차 참여를 통한 진실발견에의 도움, ⑥ 국가사법조직에 대한 국민신뢰의 고양 등의 효과를 거둘 수 있다는 데 있다.[107]

5. 공판절차

(1) 검사의 공소 제기

형사재판은 달리 법률로 규정되지 않은 한 원칙적으로 검사의 공소제기에 의하여 시작된다.

(2) 검사의 약식명령 청구 또는 재판 회부

검사는 벌금형에 처할 사안이라고 생각하는 경우 법원에 약식명령을 청구할 수 있다. 이 경우 판사는 공판절차 없이 약식명령을 할 수 있고, 약식명령을 하는 것이 부적절하다고 인정되는 경우에는 통상 재판에 회부할 수 있다. 피고인은 약식명령을 고지받은 날부터 7일 이내에 정식재판을 청구할 수 있다.

(3) 공판절차의 주요 내용

① 형사재판은 공판기일에 공판정에서 공개로 진행되고, 그 절차는 재판장이 피고인에게 진술거부권을 고지하고 피고인의 성명과 연령 등을 묻는 인정신문부터 시작된다. 그 후 검사의 공소사실 등 낭독과 피고인의 공소사실 인정 여부, 증거조사, 피고인신문, 검사의 의견진술(구형), 변호인의 변론, 피고인의 최후진술 순으로 진행된다. 판사는 이러한 절차가 끝나면 심리를 종결하고 판결을 선고한다.

---

106) 대법원 1996.6.11. 선고 96도945 판결(… 배상명령은 … 피고인에게 그 배상을 명함으로써 간편하고 신속하게 피해자의 피해회복을 도모하고자 하는 제도 … 이다); 대법원 1985.11.12.선고 85도1765 판결; 대법원 1982.7.27. 선고 82도1217 판결
107) 한국형사정책연구원(2008), 배상명령제도를 통한 범죄피해자 보호방안 연구, p.15-17.

② 자유심증주의 및 자백

형사재판에서는 검사가 피고인의 유죄를 입증할 책임이 있고, 판사는 검사가 제출한 증거에 의하여 헌법과 법률에 따라 유・무죄를 판단한다. 그러나 피고인의 자백만으로는 유죄를 인정할 수 없고, 자백이 진실한 것임을 인정할 만한 보강증거가 있어야 유죄를 인정할 수 있다. 또 피고인의 자백이 고문・폭행・협박・신체구속의 부당한 장기화에 의하여 얻어지거나 임의로 진술한 것이 아니라고 의심할 만한 이유가 있는 때에는 이를 유죄 증거로 쓸 수 없다. 한편 피고인은 각각의 신문에 대하여 진술을 거부할 수 있는 권리가 있습다.

(4) **판결의 확정**: 법정형 → 처단형 → 선고형

① 형벌과 형의 양정: 형법 조문

제3장 형
제1절 형의 종류와 경중
제41조【형의 종류】 형의 종류는 다음과 같다.
1. 사형
2. 징역
3. 금고
4. 자격상실
5. 자격정지
6. 벌금
7. 구류
8. 과료
9. 몰수

제42조【징역 또는 금고의 기간】 징역 또는 금고는 무기 또는 유기로 하고 유기는 1개월 이상 30년 이하로 한다. 단, 유기징역 또는 유기금고에 대하여 형을 가중하는 때에는 50년까지로 한다. 〈개정 2010.4.15.〉

제43조【형의 선고와 자격상실, 자격정지】 ① 사형, 무기징역 또는 무기금고의 판결을 받은 자는 다음에 기재한 자격을 상실한다.
1. 공무원이 되는 자격
2. 공법상의 선거권과 피선거권
3. 법률로 요건을 정한 공법상의 업무에 관한 자격
4. 법인의 이사, 감사 또는 지배인 기타 법인의 업무에 관한 검사역이나 재산관리인이 되는 자격

② 유기징역 또는 유기금고의 판결을 받은 자는 그 형의 집행이 종료하거나 면제될 때까지 전항 제1호 내지 제3호에 기재된 자격이 정지된다. 다만, 다른 법률에 특별한 규정이 있는 경우에는 그 법률에 따른다. 〈개정 2016.1.6.〉
[2016.1.6. 법률 제13719호에 의하여 2014.1.28. 헌법재판소에서 위헌 및 헌법불합치 결정된 이 조 제2항을 개정함.]

제44조【자격정지】 ① 전조에 기재한 자격의 전부 또는 일부에 대한 정지는 1년 이상 15년 이하로 한다.
② 유기징역 또는 유기금고에 자격정지를 병과한 때에는 징역 또는 금고의 집행을 종료하거나 면제된 날로부터 정지기간을 기산한다.

제45조【벌금】 벌금은 5만 원 이상으로 한다. 다만, 감경하는 경우에는 5만 원 미만으로 할 수 있다. 〈개정 1995.12.29.〉

제46조【구류】 구류는 1일 이상 30일 미만으로 한다.

제47조【과료】 과료는 2천원 이상 5만 원 미만으로 한다. 〈개정 1995.12.29.〉

제48조【몰수의 대상과 추징】 ① 범인 이외의 자의 소유에 속하지 아니하거나 범죄후 범인 이외의 자가 정을 알면서 취득한 다음 기재의 물건은 전부 또는 일부를 몰수할 수 있다.

1. 범죄행위에 제공하였거나 제공하려고 한 물건.
2. 범죄행위로 인하여 생하였거나 이로 인하여 취득한 물건.
3. 전 2호의 대가로 취득한 물건.

② 전항에 기재한 물건을 몰수하기 불능한 때에는 그 가액을 추징한다.

③ 문서, 도화, 전자기록등 특수매체기록 또는 유가증권의 일부가 몰수에 해당하는 때에는 그 부분을 폐기한다. 〈개정 1995.12.29.〉

제49조 【몰수의 부가성】 몰수는 타형에 부가하여 과한다. 단, 행위자에게 유죄의 재판을 아니할 때에도 몰수의 요건이 있는 때에는 몰수만을 선고할 수 있다.

제50조 【형의 경중】 ① 형의 경중은 제41조 기재의 순서에 의한다. 단, 무기금고와 유기징역은 금고를 중한 것으로 하고 유기금고의 장기가 유기징역의 장기를 초과하는 때에는 금고를 중한 것으로 한다.

② 동종의 형은 장기의 긴 것과 다액의 많은 것을 중한 것으로 하고 장기 또는 다액이 동일한 때에는 그 단기의 긴 것과 소액의 많은 것을 중한 것으로 한다.

③ 전 2항의 규정에 의한 외에는 죄질과 범정에 의하여 경중을 정한다.

제2절 형의 양정

제51조 【양형의 조건】 형을 정함에 있어서는 다음 사항을 참작하여야 한다.

1. 범인의 연령, 성행, 지능과 환경
2. 피해자에 대한 관계
3. 범행의 동기, 수단과 결과
4. 범행 후의 정황

제52조 【자수, 자복】 ① 죄를 범한 후 수사책임이 있는 관서에 자수한 때에는 그 형을 감경 또는 면제할 수 있다.

② 피해자의 의사에 반하여 처벌할 수 없는 죄에 있어서 피해자에게 자복한 때에도 전항과 같다.

제53조 【작량감경】 범죄의 정상에 참작할 만한 사유가 있는 때에는 작량하여 그 형을 감경할 수 있다.

제54조 【선택형과 작량감경】 1개의 죄에 정한 형이 수종인 때에는 먼저 적용할 형을 정하고 그 형을 감경한다.

제55조 【법률상의 감경】 ① 법률상의 감경은 다음과 같다. 〈개정 2010.4.15.〉

1. 사형을 감경할 때에는 무기 또는 20년 이상 50년 이하의 징역 또는 금고로 한다.
2. 무기징역 또는 무기금고를 감경할 때에는 10년 이상 50년 이하의 징역 또는 금고로 한다.
3. 유기징역 또는 유기금고를 감경할 때에는 그 형기의 2분의 1로 한다.
4. 자격상실을 감경할 때에는 7년 이상의 자격정지로 한다.
5. 자격정지를 감경할 때에는 그 형기의 2분의 1로 한다.
6. 벌금을 감경할 때에는 그 다액의 2분의 1로 한다.
7. 구류를 감경할 때에는 그 장기의 2분의 1로 한다.
8. 과료를 감경할 때에는 그 다액의 2분의 1로 한다.

② 법률상 감경할 사유가 수 개 있는 때에는 거듭 감경할 수 있다.

제56조 【가중감경의 순서】 형을 가중감경할 사유가 경합된 때에는 다음 순서에 의한다.

1. 각칙 본조에 의한 가중
2. 제34조 제2항의 가중
3. 누범가중
4. 법률상감경
5. 경합범가중
6. 작량감경

제57조 【판결선고전 구금일수의 통산】 ① 판결선고전의 구금일수는 그 전부를 유기징역, 유기금고, 벌금이나 과료에 관한 유치 또는 구류에 산입한다. 〈개정 2014.12.30.〉

② 전항의 경우에는 구금일수의 1일은 징역, 금고, 벌금이나 과료에 관한 유치 또는 구류의 기간의 1일로 계산한다.
[2014.12.30. 법률 제12898호에 의하여 2009.6.25. 위헌 결정된 제57조 제1항을 개정함]

> 제58조 【판결의 공시】 ① 피해자의 이익을 위하여 필요하다고 인정할 때에는 피해자의 청구가 있는 경우에 한하여 피고인의 부담으로 판결공시의 취지를 선고할 수 있다.
> ② 피고사건에 대하여 무죄의 판결을 선고하는 경우에는 무죄판결공시의 취지를 선고하여야 한다. 다만, 무죄판결을 받은 피고인이 무죄판결공시 취지의 선고에 동의하지 아니하거나 피고인의 동의를 받을 수 없는 경우에는 그러하지 아니하다. 〈개정 2014.12.30.〉
> ③ 피고사건에 대하여 면소의 판결을 선고하는 경우에는 면소판결공시의 취지를 선고할 수 있다. 〈신설 2014.12.30.〉

② 유·무죄의 판결

판사가 유죄 심증을 얻지 못한 경우에는 무죄를 선고하는데, 이 경우 구속되었던 피고인은 법률이 정하는 바에 의하여 형사보상금을 청구할 수 있다. 피고인의 혐의사실이 범죄를 구성하고 증거가 충분한 경우 판사는 유죄판결을 한다. 유죄판결을 하는 경우에는 사형, 징역, 금고, 자격상실, 자격정지, 벌금, 구류, 과료, 몰수의 형을 선고한다. 유기징역이나 금고는 1월 이상 30년 이하로 하며, 특별히 형을 가중할 경우에는 50년까지 할 수 있다.

③ 양형

검사에 의하여 기소된 피고인에 대하여 유·무죄를 가리고, 유죄로 인정되는 경우에 형벌을 과한다. 판결을 선고할 때 법관은 법률로 규정되어 있는 형벌(법정형)을 가중, 감경하여 형벌의 범위를 정하고(처단형), 최종적으로 선고(선고형)를 내린다.

④ 판결 확정 또는 유예판결

법원이 최종적으로 선고형을 내리고 판결이 확정되면 형이 집행된다. 하지만 선고유예나 집행유예를 받은 경우에는 그렇지 않다. 형이 집행되면 형기를 만료해야 하지만 형 집행 중에 사회에 복귀하는 경우가 가석방, 사면이다.

(5) 선고유예 : 1년 이하 징역부터 벌금형 선고 경우 → 선고 유예 → 2년 경과 시 면소

① 형법 조문

> **제3절 형의 선고유예**
> 제59조 【선고유예의 요건】 ① 1년 이하의 징역이나 금고, 자격정지 또는 벌금의 형을 선고할 경우에 제51조의 사항을 참작하여 개전의 정상이 현저한 때에는 그 선고를 유예할 수 있다. 단, 자격정지 이상의 형을 받은 전과가 있는 자에 대하여는 예외로 한다.
> ② 형을 병과할 경우에도 형의 전부 또는 일부에 대하여 그 선고를 유예할 수 있다.
>
> 제59조의2 【보호관찰】 ① 형의 선고를 유예하는 경우에 재범방지를 위하여 지도 및 원호가 필요한 때에는 보호관찰을 받을 것을 명할 수 있다.
> ② 제1항의 규정에 의한 보호관찰의 기간은 1년으로 한다.
> [본조신설 1995.12.29.]
>
> 제60조 【선고유예의 효과】 형의 선고유예를 받은 날로부터 2년을 경과한 때에는 면소된 것으로 간주한다.
>
> 제61조 【선고유예의 실효】 ① 형의 선고유예를 받은 자가 유예기간 중 자격정지 이상의 형에 처한 판결이 확정되거나 자격정지 이상의 형에 처한 전과가 발견된 때에는 유예한 형을 선고한다. 〈개정 1995.12.29.〉
> ② 제59조의2의 규정에 의하여 보호관찰을 명한 선고유예를 받은 자가 보호관찰기간중에 준수사항을 위반하고 그 정도가 무거운 때에는 유예한 형을 선고할 수 있다. 〈신설 1995.12.29.〉

② 의미

1년 이하의 징역이나 금고, 자격정지 또는 벌금의 형을 선고할 경우에 제51조의 사항을 참작하여 개전의 정상이 현저한 때에는 그 선고를 유예할 수 있다. 단, 자격정지이상의 형을 받은 전과가 있는 자에 대하여는 제외한다. 형을 병과 할 경우에도 형의 전부 또는 일부에 대하여 그 선고를 유예할 수 있다. 선고유예를 선고하는 경우에 보호관찰을 명할 수가 있다. 선고유예를 받은 날로부터 2년을 경과한 때에는 면소된 것으로 간주한다(형법 제60조).

(6) 집행유예

① 형법 조문

> **제4절 형의 집행유예**
>
> **제62조 【집행유예의 요건】** ① 3년 이하의 징역이나 금고 또는 500만 원 이하의 벌금의 형을 선고할 경우에 제51조의 사항을 참작하여 그 정상에 참작할 만한 사유가 있는 때에는 1년 이상 5년 이하의 기간 형의 집행을 유예할 수 있다. 다만, 금고 이상의 형을 선고한 판결이 확정된 때부터 그 집행을 종료하거나 면제된 후 3년까지의 기간에 범한 죄에 대하여 형을 선고하는 경우에는 그러하지 아니하다. 〈개정 2005.7.29., 2016.1.6.〉
> ② 형을 병과할 경우에는 그 형의 일부에 대하여 집행을 유예할 수 있다.
>
> **제62조의2 【보호관찰, 사회봉사 · 수강명령】** ① 형의 집행을 유예하는 경우에는 보호관찰을 받을 것을 명하거나 사회봉사 또는 수강을 명할 수 있다.
> ② 제1항의 규정에 의한 보호관찰의 기간은 집행을 유예한 기간으로 한다. 다만, 법원은 유예기간의 범위 내에서 보호관찰기간을 정할 수 있다.
> ③ 사회봉사명령 또는 수강명령은 집행유예기간 내에 이를 집행한다.
> [본조신설 1995.12.29.]
>
> **제63조 【집행유예의 실효】** 집행유예의 선고를 받은 자가 유예기간 중 고의로 범한 죄로 금고 이상의 실형을 선고받아 그 판결이 확정된 때에는 집행유예의 선고는 효력을 잃는다. 〈개정 2005.7.29.〉
>
> **제64조 【집행유예의 취소】** ① 집행유예의 선고를 받은 후 제62조 단행의 사유가 발각된 때에는 집행유예의 선고를 취소한다. 〈개정 1995.12.29.〉
> ② 제62조의2의 규정에 의하여 보호관찰이나 사회봉사 또는 수강을 명한 집행유예를 받은 자가 준수사항이나 명령을 위반하고 그 정도가 무거운 때에는 집행유예의 선고를 취소할 수 있다. 〈신설 1995.12.29.〉
>
> **제65조 【집행유예의 효과】** 집행유예의 선고를 받은 후 그 선고의 실효 또는 취소됨이 없이 유예기간을 경과한 때에는 형의 선고는 효력을 잃는다.

② 의미 : 형 선고 후 → 집행유예 → 유예기간 경과 시 집행 효력 상실

집행유예란 일단 유죄라는 형을 선고하면서 일정한 요건 아래 일정기간 형의 집행을 유예하고, 유예기간동안 집행유예 결정이 취소, 실효됨이 없이 유예기간을 경과한다면 형의 선고의 효력을 상실케 하는 제도를 말한다. 집행유예를 선고하는 경우에 보호관찰, 사회봉사, 수강명령을 명할 수가 있다.

③ 요건

㉠ 3년 이하의 징역 또는 금고의 형을 선고할 경우에 제51조의 사항을 참작하여 그 정상에 참작할 만한 사유가 있는 때에는 1년 이상 5년 이하의 기간 형의 집행을 유예할 수 있다. 단, 금고이상의 형의 선고를 받아 집행을 종료 한 후 또는 집행이 면제된 후로부터 3년을 경과하지 아니한 자에 대하여는 제외 한다.

㉡ 형을 병과할 경우에는 그 형의 일부에 대하여 집행을 유예할 수 있다.

(7) 항소 · 상고절차

피고인이나 검사는 제1심 판결(지방단독부/지방합의부)에 불복이 있으면 판결 선고일부터 7일 이내에 항소할 수 있다. 제2심 재판절차(지방합의부/고등법원)도 제1심 재판절차와 큰 차이는 없으나, 증거신청시기의 제한, 증인신청사유의 제한 등 제1심 재판절차와는 다른 특징이 있다. 한편 피고인만이 항소한 사건에 대하여는 원심판결의 형보다 중한 형을 선고하지 못한다. 제2심 판결에 대하여 불복할 경우 판결 선고일부터 7일 이내에 상고할 수 있는데, 상고는 형사소송법이 정하는 일정한 사유가 있어야 한다.

(8) 즉결심판절차

도로교통법 위반 또는 경범죄처벌법 위반 등 20만 원 이하의 벌금이나 구류 또는 과료에 처할 범죄사건에 대하여는 지방법원 또는 지원 및 시 · 군법원의 판사는 관할 경찰서장의 청구에 의하여 즉결심판을 한다. 판사는 사건이 즉결심판을 하기에 부적절하다고 인정하는 경우에는 즉결심판청구를 기각하여야 하고, 이 경우 경찰서장은 지체 없이 사건을 검찰에 송치하여야 한다. 피고인과 경찰서장은 즉결심판에 불복이 있으면 7일 이내에 정식재판을 청구할 수 있고, 즉결심판이 확정되면 이는 확정판결과 같은 효력이 있다.

07 국민참여재판

1. 의의 : 형사재판

국민참여재판제도는 「국민의 형사재판 참여에 관한 법률」(법률 제8495호)에 따라 2008년 1월 1일부터 국민이 배심원으로 형사재판에 참여하는 새로운 선진적인 형사재판제도이다. 배심원이 된 국민은 법정 공방을 지켜본 후 피고인의 유 · 무죄에 관한 평결을 내리고 적정한 형을 토의하면 재판부가 이를 참고하여 판결을 선고하게 된다.

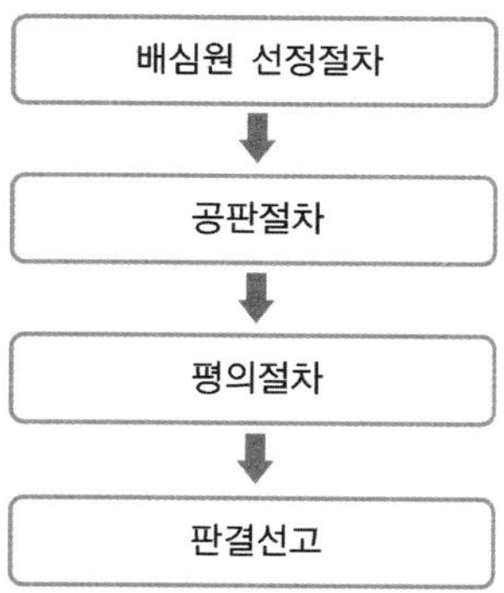

⊙ 국민참여재판의 흐름도

2. 국민참여재판의 특징

(1) 배심제와 참심제를 혼합한 제도

국민참여재판제도는 배심제(일반 국민으로 구성된 배심원이 재판에 참여하여 직업법관으로부터 독립하여 유·무죄의 판단에 해당하는 평결을 내리고 법관은 그 평결에 따르는 제도)와 참심제(일반 국민인 참심원이 직업법관과 함께 재판부의 일원으로 참여하여 직업법관과 동등한 권한을 가지고 사실문제 및 법률문제를 판단하는 제도) 중 어느 한 제도를 그대로 도입하지 않고 양 제도를 적절하게 혼합, 수정한 독특한 제도이다. 그 특징은 다음과 같다.

(2) 만장일치

배심원은 원칙적으로 법관의 관여 없이 평의를 진행한 후 만장일치로 평결에 이르러야 하는데, 만약 만장일치 평결에 이르지 못한 경우 법관의 의견을 들은 후 다수결로 평결할 수 있다.

(3) 양형 결정이 아닌 의견 제시

배심원은 심리에 관여한 판사와 함께 양형에 관하여 토의하면서도 표결을 통하여 양형 결정에 참여하는 것이 아니라 양형에 관한 의견을 밝힐 수 있다.

(4) 배심원의 평결은 권고적 효력을 지님

배심원의 평결은 법원을 기속하지 않고 권고적 효력을 가진다.

3. 국민참여재판으로 진행되는 사건

(1) 합의부 관할 사건: 국민참여재판은 지방법원 본원 합의부에서 진행

국민참여재판은 합의부 관할사건(법정형이 중한 범죄)을 대상사건으로 한다.

(2) 피고인의 희망

법원은 대상사건에 대해 공소가 제기되면 피고인 또는 변호인에게 공소장 부본과 함께 국민참여재판 안내서, 국민참여재판 의사확인서를 송달한다. 국민참여재판을 원하는 피고인은 공소장 부본을 송달받은 날부터 7일 이내에 국민참여재판을 원하는 의사를 기재한 서면을 법원에 제출하여야 한다. 다만, 위 기간이 지난 후에도 국민참여재판을 희망할 경우 제1회 공판기일 전에는 이 서면을 제출할 수 있다.

(3) 법원이 국민참여 재판 배제 결정 가능

법원은 국민참여재판 의사확인서가 제출되면 국민참여재판을 진행하되, 배심원의 안전에 대한 우려가 있는 등 국민참여재판으로 진행하기에 적당하지 않은 사건에 관하여 공판준비기일이 종결된 다음날까지 검사·피고인 또는 변호인의 의견을 들어 국민참여재판을 하지 않기로 하는 배제 결정을 할 수 있다.

4. 재판의 배심제

(1) 배심제의 개념

법률전문가가 아닌 일반 국민 중에서 선출된 일정수의 배심원으로 구성되는 배심이 기소(기소배심)하거나 심판(심리배심)하는 제도를 말한다. ⇨ 국민참여재판

(2) 배심제의 순기능(홍성방, 2007, p.891)

국민의 참여를 통하여 사법과정의 민주성을 보장하고, 법관의 관료화를 억제할 수 있으며, 사법절차를 인권보장에 적합한 것이 되게 할 뿐 아니라, 국민이 재판에 친근해질 수 있도록 하는데 유익한 제도라는 측면의 순기능을 가진다.

(3) 배심제의 역기능

배심원들의 판단능력 결여로 인한 타협가능성이 있고, 배심원들의 선정에 공정을 기하기 어려우며 이는 재판에 중대한 변수로 작용한다는 점 등이다.

PART 04

Ⅲ 형 집행

01 생각 열기: 형법 조문

제5절 형의 집행

제66조【사형】 사형은 형무소 내에서 교수하여 집행한다.

제67조【징역】 징역은 형무소내에 구치하여 정역에 복무하게 한다.

제68조【금고와 구류】 금고와 구류는 형무소에 구치한다.

제69조【벌금과 과료】 ① 벌금과 과료는 판결확정일로부터 30일 내에 납입하여야 한다. 단, 벌금을 선고할 때에는 동시에 그 금액을 완납할 때까지 노역장에 유치할 것을 명할 수 있다.

② 벌금을 납입하지 아니한 자는 1일 이상 3년 이하, 과료를 납입하지 아니한 자는 1일 이상 30일 미만의 기간 노역장에 유치하여 작업에 복무하게 한다.

제70조【노역장유치】 ① 벌금 또는 과료를 선고할 때에는 납입하지 아니하는 경우의 유치기간을 정하여 동시에 선고하여야 한다. 〈개정 2014.5.14.〉

② 선고하는 벌금이 1억 원 이상 5억 원 미만인 경우에는 300일 이상, 5억 원 이상 50억 원 미만인 경우에는 500일 이상, 50억 원 이상인 경우에는 1,000일 이상의 유치기간을 정하여야 한다. 〈신설 2014.5.14.〉

제71조【유치일수의 공제】 벌금 또는 과료의 선고를 받은 자가 그 일부를 납입한 때에는 벌금 또는 과료액과 유치기간의 일수에 비례하여 납입금액에 상당한 일수를 제한다.

02 판결 확정 시 형 집행 시작

법원이 최종적으로 선고형을 내리고 판결이 확정되면 형이 집행된다. 하지만 선고유예나 집행유예를 받은 경우에는 그렇지 않다. 형이 집행되면 형기를 만료해야 하지만 형 집행 중에 사회에 복귀하는 경우가 가석방, 사면이다.

03 형벌: 형법 제41조

형법 제41조에 형벌의 종류로 사형, 징역, 금고, 자격상실, 자격정지, 벌 금, 구류, 과료, 몰수의 9가지를 두고 있으며, 형의 무겁고 가벼움도 이 순서에 의한다(형법 제50조).

1. 사형

사형은 수형자의 생명을 박탈하는 것을 내용으로 하는 생명형이며, 가장 중한 형벌이다. 현행 형법상 사형을 과할 수 있는 범죄로는 여적죄를 비롯하여 내란죄, 외환죄, 간첩 죄, 폭발물사용죄, 방화치사상죄, 일수치사상죄, 교통방해치사상죄, 음용수혼독치사상 죄, 살인죄, 강도살인 · 치사죄 및 해상강도살인 · 치사 · 강간죄 등이다(형법 제87조, 제92조, 제93조, 제98조, 제119조, 제164조, 제250조, 제338조, 제340조).

2. 징역(유기와 무기)

수형자를 형무소 내에 구치하여 정역(강제노동)에 복무하게 하는 형벌로서(형법 제67조), 수형자의 신체적 자유를 박탈하는 것을 내용으로 한다는 의미에서 금고 및 구류와 같이 자유형이라고 한다. 징역에는 무기와 유기의 2종이 있고, 무기는 종신형을 말한다. 유기는 1월 이상 15년 이하이고, 유기징역에 형을 가중하는 때에는 최고 25년까지 될 수 있다(형법 제42조).

3. 금고

수형자를 형무소에 구치하고 자유를 박탈하는 점에서 징역과 같으나, 정역에 복무하지 않는 점에서 징역과 다르다. 그러나 금고수형자에게도 신청에 의하여 작업을 과할 수 있다(행형법 제38조). 금고에 있어서도 무기와 유기가 있으며, 그 기간은 징역형과 같다. 금고는 주로 과실범 및 정치상의 확신범과 같은 비파렴치성 범죄 자에게 과하고 있다.

4. 자격상실

자격상실은 수형자에게 일정한 형의 선고가 있으면 그 형의 효력으로서 당연히 일정한 자격이 상실되는 형벌이다. 범죄인의 일정한 자격을 박탈하는 의미에서 자격정지형과 더불어 명예형 또는 자격형이라고 한다. 형법상 자격이 상실되는 경우로는 형법 제43조 제1항에 사형, 무기징역 또는 무기금고의 판결을 받은 때이며, 상실되는 자격은 ① 공무원이 되는 자격, ② 공법상의 선거권과 피선거권, ③ 법률로 요건을 정한 공법상의 업무에 관한 자격, ④ 법인의 이사, 감사 또는 지배인 기타 법인의 업무에 관한 검사역이나 재산관리인이 되는 자격이다.

5. 자격정지

자격정치는 수형자의 일정한 자격을 일정한 기간 정지시키는 경우로 현행 형법상 범죄의 성질에 따라 선택형 또는 병과형으로 하고 있다. 유기징역 또는 유기금고의 판결을 받은 자는 그 형의 집행이 종료하거나 면제될 때까지 자격상실의 내용 중 ①, ②, ③의 자격이 당연 정지된다. 판결선고에 기하여 다른 형과 선택형으로 되어 있을 때 단독으로 과할 수 있고, 다른 형에 병과할 수 있는 경우 병과형으로 과(科)할 수 있다. 자격정지기간은 1년 이상 15년 이하로 하고 그 기산점으로 유기징역 또는 유기금고에 자격정지를 병과하였을 경우 징역 또는 금고의 집행을 종료하거나 면제된 날로부터 정지기간을 기산하고, 자격정지가 선택형인 경우(단독으로 과할 경우) 판결이 확정된 날로부터 기산한다.

6. 벌금

벌금은 범죄인에 대하여 일정액의 금전을 박탈하는 형벌로 과료 및 몰수와 더불어 재산형이 라고 한다. 형법 제45조에 “벌금은 5만 원 이상으로 한다. 다만, 감경하는 경우에는 5만 원 미만으로 할 수 있다”라고 규정하고 있다. 벌금은 판결확정일로부터 30일 이내에 납입하여야 하며, 벌금을 납입하지 아니한 자는 1일 이상 3년 이하 노역장에 유치하여 작업에 복무하게 하는데, 이를 환형유치라고 한다.

7. 구류

구류는 금고와 같으나 그 기간이 1일 이상 30일 미만이라는 점이 다르다(형법 제46조). 구류는 형법에서는 아주 예외적인 경우에만 적용되며(형법 제266조 과실상해죄), 주로 경범죄에 과하고 있다(경범죄처벌법상의 경범죄 등). 교도소에 구치하는 것이 원칙이나 실제로는 경찰서의 유치장에 구금하는 경우가 많다.

8. 과료

과료는 벌금과 같으나 그 금액이 2천 원 이상 5만 원 미만으로, 판결확정일로부터 30일 이내에 납입하여야 하며, 납입하지 아니한 자는 1일 이상 30일 미만의 기간 노역장에 유치하여 작업에 복무하게 한다.

9. 몰수

몰수는 원칙적으로 위에서 언급한 다른 형에 부가하여 과하는 형벌로서, 범죄행위와 관계있는 일정한 물건을 박탈하여 국고에 귀속시키는 처분이다. 몰수에는 필요적 몰수와 임의적 몰수가 있는데 임의적 몰수가 원칙이다. 몰수할 수 있는 물건으로는 ① 범죄행위에 제공하였거나 제공하려고 한 물건, ② 범죄행위로 인하여 생(生)하였거나 이로 인하여 취득한 물건, ③, ① 또는 ②의 대가로 취득한 물건으로서 범인 이외의 자의 소유에 속하지 아니하거나 범죄 후 범인 이외의 자가 정을 알면서 취득한 물건의 전부 또는 일부이다. 몰수하기 불가능한 경우 그 가액을 추징한다(형법 제48조 제1항, 제2항).

04 보안처분

1. 보안처분의 의미 : 책임주의 예외, 재범방지

형벌은 책임원칙에 따른다. 하지만 이 책임원칙을 고수하기 어려운 경우가 있다. 예를 들어 책임무능력자와 같이 책임을 지울 수 없는 경우나 책임을 상회하는 위험성을 가진 행위자이다.

이와 같은 경우에는 행위자의 사회복귀와 사회 보호를 위해서 형벌이외의 수단이 필요하게 된다. 이 필요성에 의해서 구상된 제도가 보안처분제도이다.

2. 보안처분의 종류

대표적인 보안처분으로는 소년법상의 보호처분, 보안관찰법상의 보안관찰처분, 치료감호법상의 치료감호와 보호관찰법에 따른 보호관찰 등이 있다.

05 가석방

1. 형법 조문

제6절 가석방

제72조【가석방의 요건】 ① 징역 또는 금고의 집행 중에 있는 자가 그 행상이 양호하여 개전의 정이 현저한 때에는 무기에 있어서는 20년, 유기에 있어서는 형기의 3분의 1을 경과한 후 행정처분으로 가석방을 할 수 있다. 〈개정 2010.4.15.〉

② 전항의 경우에 벌금 또는 과료의 병과가 있는 때에는 그 금액을 완납하여야 한다.

제73조【판결선고전 구금과 가석방】 ① 형기에 산입된 판결선고전 구금의 일수는 가석방에 있어서 집행을 경과한 기간에 산입한다.

② 벌금 또는 과료에 관한 유치기간에 산입된 판결선고전 구금일수는 전조 제2항의 경우에 있어서 그에 해당하는 금액이 납입된 것으로 간주한다.

제73조의2【가석방의 기간 및 보호관찰】 ① 가석방의 기간은 무기형에 있어서는 10년으로 하고, 유기형에 있어서는 남은 형기로 하되, 그 기간은 10년을 초과할 수 없다.

② 가석방된 자는 가석방기간중 보호관찰을 받는다. 다만, 가석방을 허가한 행정관청이 필요가 없다고 인정한 때에는 그러하지 아니하다.

[본조신설 1995.12.29.]

제74조 【가석방의 실효】 가석방중 금고 이상의 형의 선고를 받어 그 판결이 확정된 때에는 가석방처분은 효력을 잃는다. 단 과실로 인한 죄로 형의 선고를 받었을 때에는 예외로 한다.

제75조 【가석방의 취소】 가석방의 처분을 받은 자가 감시에 관한 규칙을 위배하거나, 보호관찰의 준수사항을 위반하고 그 정도가 무거운 때에는 가석방처분을 취소할 수 있다.
[전문개정 1995.12.29.]

제76조 【가석방의 효과】 ① 가석방의 처분을 받은 후 그 처분이 실효 또는 취소되지 아니하고 가석방기간을 경과한 때에는 형의 집행을 종료한 것으로 본다. 〈개정 1995. 12.29.〉
② 전2조의 경우에는 가석방중의 일수는 형기에 산입하지 아니한다.

2. 의미

가석방이란 자유형을 집행받고 있는 자가 반성의 모습이 상당하다고 인정되는 경우 형기가 만료하기 전에 조건부로 수형자를 석방하고 일정한 기간을 경과한 때에는 형의 집행을 종료한 것으로 간주하는 제도를 말한다. 가석방을 하는 경우에는 보호관찰을 명하고 있다.

3. 가석방의 요건(형법 제72조)

① 징역 또는 금고의 집행 중에 있는 자가 그 행장이 양호하여 개전의 정이 현저한 때에는 무기에 있어서는 10년, 유기에 있어서는 형기의 3분의 1을 경과한 후 행정처분으로 가석방을 할 수 있다.

② 전항의 경우에 벌금 또는 과료의 병과가 있는 때에는 그 금액을 완납하여야 한다.

Ⅳ 소년범

01 소년범의 의미

1. 「소년법」에서의 '소년'

19세 미만의 자를 말한다.

2. 유형[108)]

(1) 범죄소년

범죄소년은 14세 이상 19세 미만 소년을 말한다. 이들은 벌금형 이하 보호처분대상자 또는 금고 이상 형사처분대상자가 될 수 있다.

---

108) 형사 미성년자 나이가 14세에서 13세로 변경할 경우, 범죄소년은 13세 이상 19세 미만, 촉법소년은 10세 이상 13세 미만으로 변경된다.

(2) 촉법소년

촉법소년은 10세 이상 14세 미만의 소년으로 형벌 법령에 저촉되는 행위를 한 소년을 말한다. 이들은 형벌을 받지 않는 보호처분대상이다.

(3) 우범소년

우범소년은 10세 이상의 소년으로 주위 사람들에게 불안감을 조성하는 성벽(性癖), 정당한 이유 없이 가출하는 성향, 술을 마시고 소란을 피우거나 유해환경에 접하는 성벽 등과 같은 경향이 있는 소년을 말한다. 이들은 일정요건에 따라 보호처분 대상이 된다.

02 소년보호사건과 소년형사사건

1. 소년보호사건

(1) 대상

범죄소년, 촉법소년, 우범소년이다.

(2) 경찰서장

경찰서장은 촉법, 우범소년 발견했을 때 직접 관할 소년부에 송치할 수 있다.

(3) 보호자 또는 학교장, 사회복리시설의 장

범죄소년, 촉법소년, 우범소년 등을 발견한 경우 소년부에 통고할 수 있다.

(4) 소년부

소년부는 보호처분 청소년을 담당하고 형사처분 대상인지 여부를 판단하여 형사처분 필요시에 검사에게 송치한다.

(5) 보호처분의 특성

보호처분은 전과기록이 남지 않는다. 소년부는 보호자, 병원, 보호시설, 소년원 등에 위탁한다. 그리고 수강명령, 사회봉사명령, 보호관찰 등과 같은 조치를 함께 취할 수 있다.

2. 소년형사사건

(1) 의미

범죄소년에 대하여 수사기관에서 수사를 하여 공소가 제기되거나, 소년부에서 보호사건을 심리하는 중에 금고이상의 형에 해당하는 범죄가 발견되거나 19세 이상인 것으로 밝혀진 경우에는 검사에 송치한다.

(2) 검사

검사는 범죄소년을 대상으로 소년부 송치, 선도조건부 기소유예, 공소제기 등을 결정할 수 있다.

(3) 소년범 특칙

형사처벌을 받는 소년범의 경우에는 특칙이 있다. 사형, 무기형은 유기징역 15년, 2년 이상의 유기형은 부정기형을 선고한다(장기 10년, 단기 5년을 초과할 수 없음). 18세 미만인 소년은 노역장 유치 선고를 할 수 없다.

지금까지 국가의 형벌권이 작동되는 근거가 되는 형법과 그 작동되는 절차의 근거가 되는 형사소송법의 주요 내용을 살펴보았다. 형사법의 내용을 살펴봄으로써 가장 기본이 되는 공법 내용이 마무리되었다. 지금부터는 사적 영역을 규율하는 민사법에 대해 살펴보도록 하겠다.

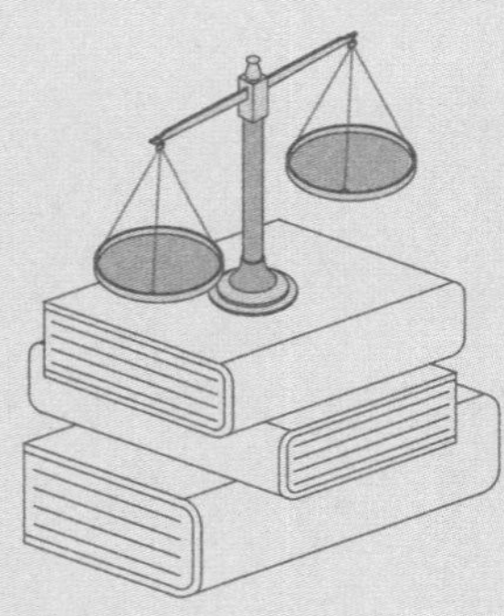

Part

05

민사법

1. 일반사법으로서 민법

2. 실체법으로서 민법

민법은 권리와 의무의 발생・변경・소멸을 정하는 실체법이다. 실체법에 정해 놓은 의무의 위반 등이 있는 경우에 일정한 절차를 거쳐 그 의무이행을 강제하게 되는데, 그러한 절차를 규율하는 법률을 절차법이라고 한다. 민법과 관련된 대표적인 절차법이 민사소송법이다. 민사소송법 이외에도 가사소송법 등 다양한 절차법이 있다.

3. 민법 : 사적인 법률행위와 법률관계를 다루는 법

민법은 사적자치를 존중하는 법이다. 재산 영역을 규율하는 법이 물권법과 채권법이며, 가족 영역을 규율하는 법이 친족법과 상속법이다. 이 외에도 민법의 공통으로 적용될 수 있는 원리를 규정하고 있는 민법총칙이 있다.

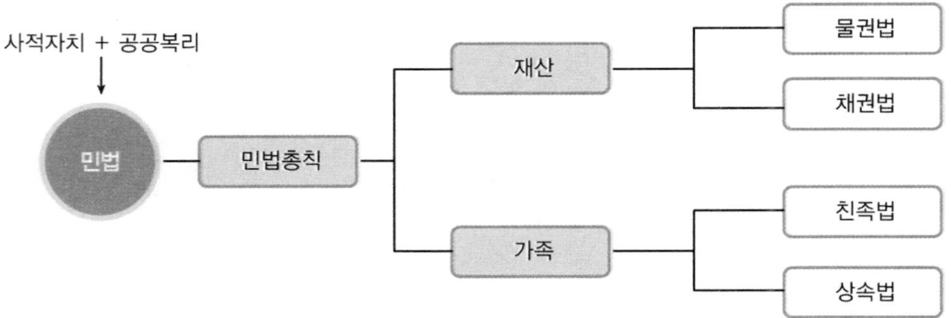

예비사회교사를 위한 법학

Chapter 01 민법총칙

민법총칙은 민법상 법률관계가 어떻게 형성되고 어떻게 변동하는지에 대한 메커니즘을 제시하는 부분이다.

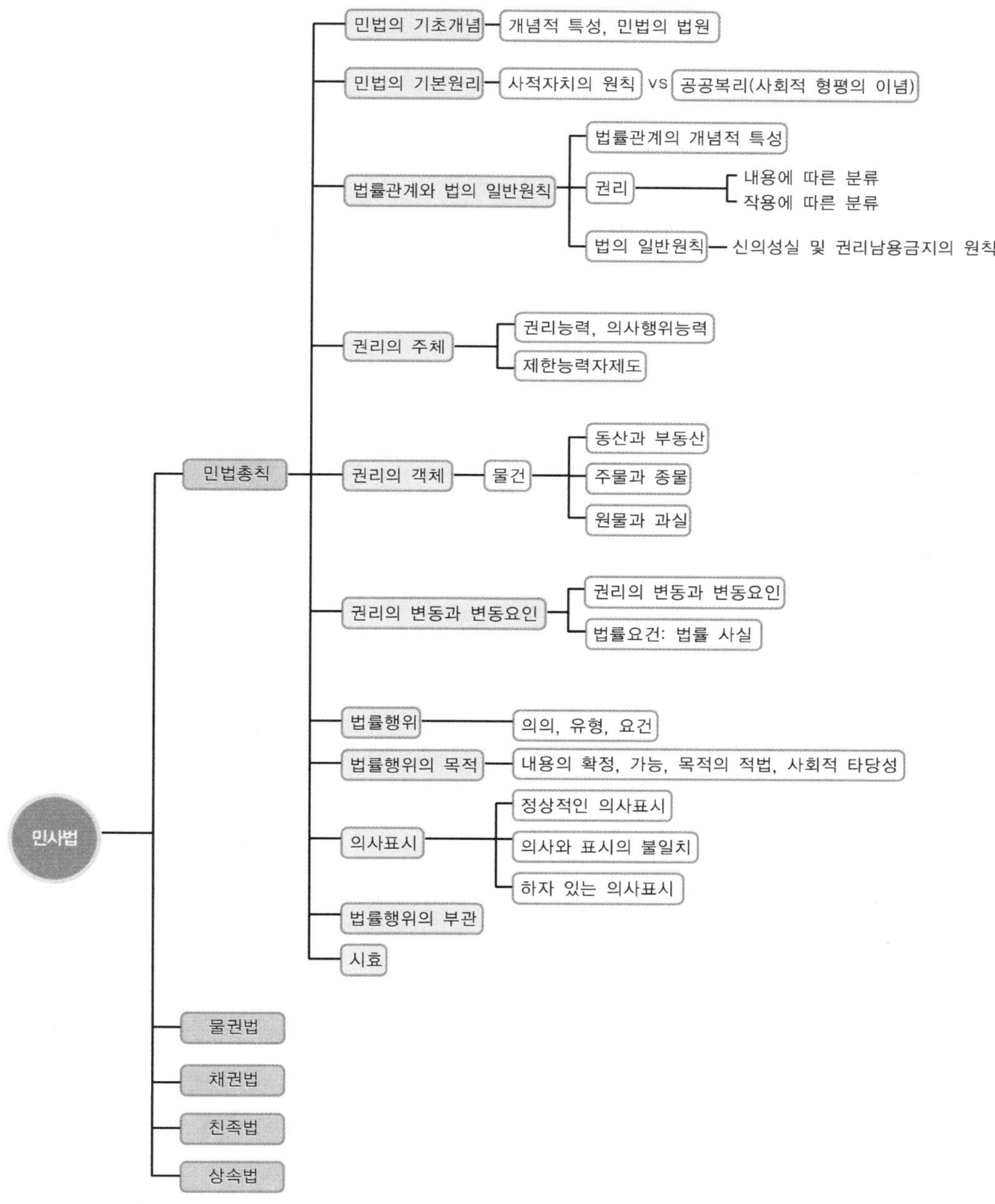

Ⅰ 민법의 기초

01 민법의 개념적 특성

1. 민법의 의미 및 주요 내용

(1) 민법의 의미

민법은 사적 법률주체 사이의 법률관계에서 발생하는 권리・의무를 규율하는 사법(私法)의 일반법이다. 즉 민법은 사적인 생활영역을 자율적으로 형성하는 것을 보장하고, 그 과정에서 발생하는 갈등을 해결하는 법이다.

(2) 민법의 주요 내용

① 민사상 법률관계를 규율하는 법: 권리・의무 관계의 변동
사인 간의 법률관계는 거래 및 재산관계를 위시하여 친족・상속관계가 그 중요내용을 이루며, 개개인의 의사와 법률에 의하여 형성해나가는 것이 원칙이다. 특히 민법은 사적자치의 원리가 지배하는 사인 간의 생활관계 내지 법률관계를 주로 규율하며, 그 법률관계는 개인의 권리・의무라는 형태로 구성된다.

② 구체적 내용: 물권, 채권, 친족관계, 상속관계
이런 민법은 사법상 법률관계를 변동시키는 메커니즘을 제시하고 있는 민법총칙, 사람과 물건의 관계를 규율하는 물권법, 사람과 사람의 급부관계를 규율하는 채권법, 친족관계를 규율하는 친족법, 상속관계를 규율하는 상속법으로 구성되어 있다.

2. 사적자치의 원칙이 지배

사인 간의 법률관계는 거래 및 재산관계를 위시하여 친족・상속관계가 그 중요내용을 이루며, 개개인의 의사와 법률에 의하여 형성해나가는 것이 원칙이다. 특히 민법은 사적자치의 원리가 지배하는 사인 간의 생활관계 내지 법률관계를 주로 규율하며, 그 법률관계는 개인의 권리・의무라는 형태로 구성된다.

3. 민법의 구조

구분	민법총칙	채권법	물권법	친족법	상속법
법률관계	권리의무관계	채권관계	물권관계	친족관계	상속관계
사람: 능력, 권리자, 권리의 주체	권리능력, 의사능력, 행위능력	채권자, 채권행위	물권자, 물권행위	친족관계, 신분행위	상속인, 상속행위
권리의 객체	물건	급부행위	물건	신분	상속재산
법률요건: 법률행위, 법률규정, 사실	법률행위	계약 불법행위, 사무관리, 부당이득	물권행위	신분행위	상속행위
법률효과: 권리의 발생, 변경, 소멸	권리변동	채권변동	물권변동	신분변동	상속재산의 변동

02 민법의 법원

1. 관련 조문

제1조 【법원】 민사에 관하여 법률에 규정이 없으면 관습법에 의하고 관습법이 없으면 조리에 의한다.

민사관계의 법원은 법률, 관습법, 조리이다. 관습법은 법률이 없을 때 보충적으로 적용되고, 조리는 관습법도 없을 때 최종적으로 적용된다.

2. 법률

민법전, 민사절차법, 민사특별법 등을 의미하는 것이다.

3. 관습법: 관행의 반복 ⇨ 법적 확신 ⇨ 규범

(1) 의미

사회의 관행이 반복되어 그것이 사회의 법적 확신을 얻어 대다수에 의하여 규범으로 지켜진 것

(2) 성립요건

① 관행의 존재

② 법적 확신의 지지

③ 공서양속에 반하지 않을 것

④ 국가의 승인이 필요(소수설, 판례)

(3) 문제 제기

갑(甲)이 어머니 을(乙)의 성과 본에 따라 성・본 변경신고를 한 후, 어머니 을(乙)이 구성원으로 있는 병(丙) 종중을 상대로 종원 지위의 확인을 구한 사안에서, 갑(甲)이 병(丙) 종중의 종원이 될 수 있을까? (서울고법 2017.8.25. 선고 2017나2015421 판결: 상고)

(4) 판결 요지

종래 대법원은 '관습'상의 단체인 종중을 공동선조의 분묘수호와 제사 및 종원 상호 간의 친목을 목적으로 공동선조의 후손 중 성년 남성을 종원으로 하여 구성되는 종족의 자연적 집단이라고 정의하면서, 혈족이 아닌 자나 여성은 종중의 구성원이 될 수 없다고 판단하였다. 그러나 2005.7.21. 대법원은, ① 종원의 자격을 성년 남성으로만 제한하고 여성에게는 종원의 자격을 부여하지 않는 종래 '관습'에 대하여 우리 사회 구성원들이 가지고 있던 법적 확신은 상당 부분 흔들리거나 약화되어 있고, ② 무엇보다도 헌법을 최상위 규범으로 하는 우리의 전체 법질서는 개인의 존엄과 양성의 평등을 기초로 한 가족생활을 보장하고, 가족 내의 실질적인 권리와 의무에 있어서 남녀의 차별을 두지 아니하며, 정치・경제・사회・문화 등 모든 영역에서 여성에 대한 차별을 철폐하고 남녀평등을 실현하는 방향으로 변화되어 왔으며, 앞으로도 이러한 남녀평등의 원칙은 더욱 강화될 것이므로, 공동선조의 후손 중 성년 남성만을 종중의 구성원으로 하고 여성은 종중의 구성원이 될 수 없다는 종래의 '관습'은 공동선조의 분묘수호와 봉제사 등 종중의 활동에 참여할 기회를 출생에서 비롯되는 성별만에 의하여 생래적으로 부여하거나 원천적으로 박탈하는 것으로서 변화된 우리의 전체 법질서에 부합하지 아니하여 정당성과 합리성이 있다고 할 수 없다고 판시하였다. 나아가 대법원은, 종중이란 공동선조의 분묘수호와 제사 및 종원 상호 간의 친목 등을 목적으로 하여 구성되는 자연발생적인 종족집단이므로, 종중의 이러한 목적과 본질에 비추어 볼 때 공동선조와 성과 본을 같이 하는 후손은 성별의 구별 없이 성년이 되면 당연히 그 구성원이 된다고 보는 것이 '조리'에 합당하다고 판단하였다(대법원 2005.7.21. 선고 2002다1178 전원합의체 판결 등 참조).

4. 판례법: 한 사건에 대한 법원의 판결 ⇨ 동종의 유사 사건에 되풀이

개별적・구체적인 한 사건에 대한 법원의 판결이 동종의 유사한 사건에 되풀이되어 장차 동종 사건에 대한 선례로서 규범화된 것

5. 조리: 자연스러운 이치

일반인이 자연스럽다고 인정하는 사물의 본성, 사물의 자연법으로서 법의 일반원칙이라고도 한다.

03 민법의 기본원리

1. 개요

민법상 법률관계를 지도하는 기본원리가 있다. 크게 살펴보면 사적자치의 원칙, 공공복리의 원칙이 있다. 우리민법은 이 두 원칙의 조화를 추구하며, 합리적 인간과 제한능력자를 보호하며, 진정한 권리와 거래안전의 조화를 추구하고 있다.

2. 사적자치의 원칙: 근대민법의 3대원칙

(1) 사적자치의 원칙 의미

사적자치의 원칙이란 자기의 의사에 따라 법률관계를 스스로 형성할 수 있다는 원칙을 말한다.

(2) 자유와 평등 이념에 바탕

근대 사법(私法)은 봉건적 속박으로부터 벗어난 자유롭고 독립적인 개인을 기본적 요소로 삼는 개인주의에 입각하고 있다. 또한 민주주의를 지향하면서 모든 사람의 인격은 보호되어야 하며, 평등하게 대우받아야 한다는 생각이 중시되었다.

(3) 근대 민법의 3대 원칙: 계약자유의 원칙, 소유권절대의 원칙, 과실책임주의

① 계약자유의 원칙[109]: 체결의 자유, 상대방 선택의 자유, 내용결정의 자유, 방식의 자유

계약자유의 원칙은 독립된 자율적 인격을 가진 개인은 권리주체로서 타인과의 법적 생활을 영위해 나감에 있어서 법의 제한에 부딪치지 않는 한, 계약에 의한 법률관계의 형성은 완전히 각자의 자유에 따르며, 국가와 법도 그러한 자유의 결과를 될 수 있는 대로 승인한다는 원칙을 말하는 것이다. 이 원칙의 내용에는 체결의 자유, 상대방 선택의 자유, 내용결정의 자유, 방식의 자유 등이 있다.

② 소유권 절대의 원칙(사유재산 존중, 소유권 존중의 원칙)

소유권 절대의 원칙은 각인은 평등하게 권리나 의무를 가질 수 있고, 그가 소유하는 물건을 자유로이 지배할 수 있다는 원칙을 말한다.

③ 과실책임의 원칙(자기책임원칙)

과실책임의 원칙은 자기의 고의·과실에 의한 행위에 대하여만 책임을 진다는 원칙을 말한다.

---

109) 사적자치의 원칙은 계약 자유의 원칙과 동위의 개념이 될 수 없다. 그럼에도 중고등학생부터 성인과 관련되는 다양한 책들에서 동위의 개념으로 쓰는 일들이 비일비재하다. 이런 혼란 때문인지 2004년 민법 개정 의견들 중에 민법에 사적자치의 원칙을 규정하자는 의견이 많았다. 이런 의견에 대해 백태승 교수는 "사적자치의 원칙은 근대민법의 3대원칙을 포섭하는 고차원의 원칙이므로 이를 명문화하여 민법의 원칙으로 하는 데는 나름대로 의미가 있다"는 의견을 제시하기도 하였다.

3. 공공복리(사회적 형평의 이념) : 근대민법의 원리 수정

개인주의를 근거로 한 자본주의의 발달에 따라 여러 가지 모순이 발생하면서 공동체 전체의 이익을 강조하는 공공복리 사상이 등장하였다. 그 결과 개인주의의 표현이었던 근대 민법의 3대 원칙도 자본주의의 발달에 따라 상당한 수정을 받지 않을 수 없게 되었다.

(1) **계약공정의 원칙**(계약 공정을 고려한 계약자유의 원칙)

20세기 현대의 법률은 계약자유의 원칙에 대한 여러 제한이 가해지고 있다. 계약에 의한 법률관계의 형성은 법의 제한에 저촉되지 않는 한, 완전히 각자의 자유에 맡겨지며, 법도 그러한 자유의 결과를 될 수 있는 대로 존중한다는 원칙을 말한다. 즉 계약 자유를 인정하되 그 방법이나 내용이 공정성에 위반하는 경우에는 법률의 제한을 받게 된다. 예컨대 임차인의 사유로 전세 계약을 해지할 때 보증금 총액의 10%를 위약금으로 내야 한다는 약관은 불공정한 계약이다. 근대 사회의 계약 자유의 원칙은 강자와 약자 사이의 계약을 형식적으로는 자유롭게 보장하는 것처럼 보이지만 사실은 강자에게만 유리하고 약자에게 불리한 내용의 계약을 강제하는 구실이 되기도 하였다. 이런 이유로 현대 민법은 계약공정의 원칙을 정립하여, 각 개인들 간에 자유롭게 체결된 계약이라도 현저히 불공정한 경우 무효라고 하는 것이다.

(2) **소유권 공공복리의 원칙**(재산권의 사회성 고려)

소유권 존중의 원칙은 개인이 자기의 인격을 자유롭게 전개하기 위한 물질적 기초가 되는 재산권을 존중하여 주는 원칙을 말한다. 다만 이때의 존중은 절대적 의미를 가지는 것이 아니라 소유권의 상대성 · 사회성 · 공공성을 고려하는 것이다. 따라서 소유권의 남용이 금지되고, 공공복리를 고려한 권리행사를 강조한다. 따라서 소유자는 법률의 범위 내에서 그 소유물을 사용, 수익, 처분할 수 있는 권리를 가지며, 자기의 소유물을 권원없이 점유하고 있는 자에 대하여 반환을 청구할 수 있고, 소유권을 방해하거나 방해할 염려가 있는 행위를 한 자에 대하여 방해의 제거나 예방을 청구할 수 있다.

(3) **무과실책임의 원칙**(과실책임의 한계 보완)

① 무과실책임의 근거

㉠ 무과실책임 도입 배경

자본주의의 고도화와 기계문명의 발달, 거대 기업의 출현, 공해산업의 확대에 따른 경제적 · 사회적 현실은 과실책임주의에 대한 수정을 불가피하게 하였다. 피해자의 보호와 손해의 공평한 분담을 실현하기 위하여 과실책임의 원칙에 큰 수정을 가하게 되었다. 이것이 무과실책임이다.

㉡ 보상책임 및 위험책임

무과실책임의 근거로는 이익을 얻는 과정에서 타인에게 손해를 주는 경우에는 그 이익에서 배상하게 하는 것이 공평하다는 보상책임의 논리와 위험한 시설의 관리자는 그것으로부터 생긴 손해에 대해 책임을 져야 한다는 위험책임(위험물의 관리자에게 절대적인 주의의무를 부과하려는 것)의 논리가 대표적이다. 그러나 무과실책임은 개인의 자유를 위협하는 측면을 가지고 있으므로, 그러한 위험을 무릅쓰고서라도 인정하는 것이 공평의 견지에서 타당한 경우에만 적용되어야 할 것이다.

현행 민법도 개인 사이의 일상생활 속 법률관계에 관하여는 과실책임을 기본 원리로 삼고 있으며, 무과실책임은 위험성에 초점을 맞추어 특별한 근거를 필요로 하는 특수한 분야에서 예외로 인정되고 있다.

② 중간책임 및 무과실책임

현대의 민법은 과실책임주의를 유지하면서도 무과실책임주의(타인에게 가한 손해에 대하여 고의나 과실이 없더라도 배상할 책임을 부담)를 수용하게 되었다. 그리고 특수불법행위책임에서 중간책임을 규정하고 있다.

4. 우리 민법의 기본원리

사적자치의 원칙과 공공복리의 원칙을 고려하여 다음을 민법의 기본원리로 삼고 있다.

(1) 최고원리 : 공공복리설과 사적자치설

공공복리설과 사적자치설이 대립하고 있다. 현재는 사적자치설이 좀 더 다수견해라고 할 수 있다. 하지만 최고원리와는 달리 우리 민법은 공공복리와 사적자치의 조화를 추구하고 있다고 말할 수 있다.

(2) 합리적 인간과 제한능력자 보호

민법이 전제하고 있는 인간상은 자율적이고 합리적인 인간이다. 이 인간은 스스로 법률관계를 형성할 수 있는 능력을 지니고 있다. 하지만 이런 능력이 결여된 사람도 있다. 이런 사람을 제한능력자라고 부른다. 이 제한능력자의 법률행위에 대해서는 보호제도를 통해서 의사능력의 흠결을 보완하고 있다.

(3) 진정한 권리와 거래안전의 조화

합리적인 인간이 획득한 권리는 자연권 사상에서 이미 보장되어 온 것이었다. 따라서 진정한 권리를 보호하는 것이 원칙이다. 그리고 거래가 위축되지 않도록 예외적으로 거래안전을 보호한다. 예컨대 공시의 원칙과 공신의 원칙, 법률행위 무효나 취소 시 선의의 제3자 보호, 동산의 선의취득 규정들이다. 이를 통해서 진정한 권리를 보호함과 동시에 거래안전의 조화를 꾀하고 있다. 이런 원리를 토대로 민법은 사적인 생활영역을 자유롭게 형성하고 법으로 보호해 준다. 법률관계는 바로 민법을 통해서 법으로 보호되는 사적인 영역인 것이다.

04 법률관계

법률관계는 법으로 강제할 수 있는 관계이다. 민법은 모든 개인 간의 관계에 항상 적용되는 것인가? 민법이 적용되는 관계는 개인 간의 법률관계에 대해서 적용되는 것이다. 예를 들어 함께 강의 듣는 친구의 오토바이를 얻어 타고 무료로 매일 강의를 들으러 간 경우와 택시나 교내순환버스를 타고 강의를 들으러 간 경우에, 전자는 법률관계로 보기 어렵고 후자는 법률관계라고 할 것이다. 이와 같이 법률관계는 사회생활관계 중 법에 의하여 규율되는 관계로서 법에 의하여 보호를 받거나 구속을 받는 관계를 의미한다. 따라서 법률관계는 단순한 인간관계나 호의관계와 구별된다.

1. 법률관계의 개념적 특성

(1) 법률관계의 개념: 권리와 의무를 핵심적 내용으로 함

인간의 사회생활은 다양한 사회적 관계로 이루어진다. 이런 관계 중에서 법에 의하여 규율되는 생활관계를 법률관계라고 한다. 사적자치를 실현하고자 하는 개인이 다른 개인과 관계를 맺는 방법은 다양하지만 법률관계는 자신의 이익과 지위를 확보하기 위해 형성하는 것이다. 이 법률관계는 권리와 의무를 내용으로 한다. 법률관계의 핵심은 권리이다. 모든 권리에 대응하는 의무가 있는 것은 아니지만, 일반적으로 권리에 대응한다. 따라서 법률관계는 권리를 중심으로 살펴보게 된다.

(2) 인간관계는 법률관계가 아니다.

인간관계는 애정, 예의에 의해 이루어지는 관계로서 대표적인 예가 가족관계, 연인관계, 친구관계이다. 법률관계는 사회적 관계 중 법에 의하여 규율되는 관계로서 법에 의하여 보호를 받거나 구속을 받는 관계를 의미한다. 하지만 인간관계는 법적인 규율을 받지 않는다. 따라서 인간관계에 기해 어떤 기대되는 행위를 상대방이 하지 않았다고 해서 이에 대해 이행을 청구하거나 손해배상을 청구하는 것은 불가능하다.

(3) 호의관계가 법률관계로 변하는 경우

인간관계 중 호의관계란 호의에 의하여 어떤 이익을 주고받는 생활관계를 말한다. 저녁식사에 초대하는 경우, 자기 차에 아는 사람을 무료로 태워주는 이른바 호의동승의 경우가 좋은 예이다. 이러한 호의관계는 원칙적으로 법률관계가 아니기 때문에 상대방이 호의에 의한 행위를 하지 않는다고 하더라도 법률적인 제재를 가할 수 없다. 그러나 예외적으로 호의관계가 법률적인 관계로 되는 경우가 있는데, 호의관계에 기해 손해가 발생한 경우에 그러하다. 따라서 호의동승의 경우에 사고가 발생했다면 피해자는 운전자에 대하여 손해배상을 청구할 수 있다. 이때 호의동승이라는 이유로 배상액이 당연히 감해지지는 않으며 신의칙이나 형평의 원칙상 가해자에게 전액을 배상하도록 하는 것이 가혹하다고 여겨지는 경우에 감해지는 경우가 있다.

2. 권리 : 이익을 향유할 수 있는 힘

(1) 권리의 개념

① 권리의 의미

권리란 일정한 사람에게 일정한 이익을 주기 위해 법이 인정하는 힘이라고 보는 것이 일반적이다. 권리는 우리가 흔히 혼동해서 사용하는 권한, 권능 등과는 다른 개념이다.

② 권리의 본질

㉠ 의사설

의사설에 따르면 권리는 법에 의하여 의사의 힘 또는 의사의 지배라고 한다(사비니, 빈드샤이트). 권리를 가진다는 것은 법률관계 속에서 다른 사람의 의사보다 우월한 지위에 있음을 법적으로 인정하는 것이다. 권리는 타인의 의무이행을 통제할 수 있어야 한다. 만약 타인의 의무이행 여부에 대한 권능이 없을 경우에는 권리를 갖는 것이 아니다. 이 주장에 따르면 의사능력이 없는 자는 권리를 갖지 못한다는 결론에 직면한다. 의사설은 권리주체를 제한다는 비판을 받게 된다.

㉡ 이익설

이익설에 따르면 권리는 법에 의하여 보장되는 이익이라고 한다(예링). 이 입장에 따르면 권리란 이익이다. 법이 부과하는 타인의 의무로부터 이익을 얻는 자는 누구나 권리는 가지게 된다. 이 주장에 따르면 자신에게 아무런 이익이 발생하지 않는 제3자를 위한 계약을 한 사람의 경우에는 권리자가 될 수 없다. 또한 친권과 같이 권리자에게 아무런 이익이 없는 권리에 대하여 설명하지 못한다.

㉢ 권리법력설

권리법력설에 따르면 권리는 일정한 이익을 누리게 하기 위하여 법이 인정하는 힘이라고 한다(에넥케루스). 이 주장에 따르면 의사능력이 없는 자나 권리의 존재를 알지 못하는 자도 권리의 주체가 될 수 있다. 또한 권리는 생활이익 자체가 아니라, 생활이익을 누릴 수 있는 수단이 될 수 있도록 법이 부여하는 힘이 권리가 된다. 이런 점에서 이익설의 문제점을 보완한다.

③ 권리와 구별 개념

㉠ 권한

권한이란 다른 사람을 위하여 일정한 법률 효과를 발생시키는 행위를 할 수 있는 법률상의 자격을 말한다. 대표적으로 대리권이 있다. 통치권도 역시 권리가 아니고 권한이다.

㉡ 권능

권능은 권리의 내용을 이루는 각개의 법률상의 힘이다. 채권의 효력 중에 재판을 제기해서 채무명의를 얻을 수 있는 소구력과 같은 것이 있다.

㉢ 반사적 이익

반사적 이익은 법률상 보호를 받는 이익이 아니라 법이 특정한 사람 또는 일반인에게 어떤 행위를 금지하거나 명령함으로써 다른 사람이 받게 되는 이익을 말한다.

(2) 권리의 종류

법률상 이익을 의미하는 권리는 그 내용과 작용에 따라 분류하는 것이 일반적이다.

① 내용에 의한 분류

권리를 내용에 따라 분류하면 인격권, 재산권, 가족권(신분권), 사원권으로 나눌 수 있다.

㉠ 인격권: 권리의 주체와 분리할 수 없는 인격적 이익을 누리는 것을 내용으로 하는 권리

㉡ 재산권: 경제적 이익을 내용으로 하는 권리

- 물권: 권리자가 물건을 직접 지배하여 이익을 얻는 독점적, 배타적 권리
- 채권: 특정인(채권자)이 다른 특정인(채무자)에 대하여 일정한 행위(급부)를 요구하는 권리
- 지적재산권: 저작, 발명 등의 정신적, 지능적 창조물을 독점적으로 이용하는 것을 내용으로 하는 권리

㉢ 가족권(신분권): 부모와 자녀, 남편과 아내, 호주와 가족 등과 같이 특정한 신분 관계에 따라 주어지는 권리로서 친권, 부권, 상속권(相續權) 등이 있다.

㉣ 사원권: 사단의 구성원이 그 지위에 기하여 사단에 대하여 가지는 여러 권리와 의무를 총칭하며, 사원권에는 사익권(이익배당청구권, 잔여재산분배청구권)과 공익권(결의권, 소수사원권)이 있다.

② 권리의 작용에 따른 분류

권리의 작용에 따른 유형으로는 지배권, 청구권, 형성권, 항변권 등이 있다.

㉠ 지배권: 타인의 행위를 필요로 하지 않고 일정한 객체를 직접 지배할 수 있는 권리

- 물권: 권리자가 물건을 직접 지배하여 이익을 얻는 독점적, 배타적 권리
- 준물권: 민법에 규정된 물권은 아니나, 특별법에 따라 배타적인 이용 관계를 내용으로 하는 까닭에 물권으로 취급되는 권리를 말한다. 예 광업권 · 채석권 · 어업권 등
- 무체재산권: 산업재산권(특허권 · 실용신안권 · 상표권 · 디자인권)과 저작권 등과 같이 인간의 지적, 정신적 실물(實物)로서 외형적인 형태가 없는 무체물에 대한 재산권
- 인격권

㉡ 청구권: 어떤 행위를 요청하는 것을 내용으로 할 수 있는 권리

- 채권: 특정인(채권자)이 다른 특정인(채무자)에 대하여 일정한 행위(급부)를 할 것을 청구할 수 있는 권리
- 물권적 청구권: 물권이 어떤 방해를 받고 있을 때 물권자가 침해자에 대하여 갖는 청구권
- 부양청구권
- 상속회복청구권: 상속권이 없으면서도 사실상 상속의 효과를 보유한 사람에 대하여 진정한 상속인이 상속의 효과를 회복할 것을 청구하는 권리

㉢ **항변권**: 상대방에게 청구권이 있음을 부인하는 것이 아니라, 도리어 그것을 전제하고 다만 그 행사를 거절할 수 있는 권리

- **연기적 항변권**: 청구권의 행사를 일시적으로 막을 수 있는 권리
  - **동시이행의 항변권**: 당사자 일방이 동시이행의무가 있는 상대방의 채무이행이 없음을 이유로 자신의 채무이행을 거절할 수 있는 권능
  - **최고검색의 항변권**: 채권자가 보증인에게 채무이행을 요구할 때, 주채무자에게 채무이행을 하도록 요구할 수 있는 권리
- **영구적 항변권**: 청구권의 행사를 영구적으로 막을 수 있는 항변권
  - **한정승인**: 상속재산의 범위 내에서 상속채무를 변제할 것을 조건으로 상속을 승인하는 것

㉣ **형성권(가능권)**: 권리자의 일방적 의사표시만으로 권리의 변동을 가져오는 권리이다. 즉 권리의 발생·변경·소멸이라는 일정한 법률효과를 발생시키는 권리

- **채무면제**
- **취소권**
- **추인권**: 법률행위의 결점을 나중에 보충하여 완전히 할 수 있는 권리
- **해제권**: 유효하게 성립된 계약의 효력을 일방적인 의사표시에 의하여 소급적으로 소멸시킬 수 있는 권리

PART 05

05 민법의 일반원칙: 법률관계에서 지켜야 하는 원칙

1. 민법 제2조

> **제2조(신의성실)** ① 권리의 행사와 의무의 이행은 신의에 좇아 성실히 하여야 한다.
> ② 권리는 남용하지 못한다.

법률관계의 당사자는 자율적으로 법률관계를 실현하고, 유지하기 위해 노력해야 한다. 이런 노력을 할 때 당사자가 법률관계를 위해 지켜야 하는 원칙이 신의성실의 원칙과 권리남용금지의 원칙이다. 만약 이 원칙을 지키지 않을 경우 법률관계는 안정적으로 실현될 수가 없다. 그래서 민법 제2조에서는 "① 권리의 행사와 의무의 이행은 신의에 좇아 성실히 하여야 한다. ② 권리는 남용하지 못한다"라고 신의성실의 원칙과 권리남용금지 원칙이 규정되어 있다.

2. 신의성실의 원칙

(1) 의미

신의성실의 원칙 또는 신의칙이란 모든 사람은 사회공동생활을 영위함에 있어서 상대방의 신뢰를 헛되이 하지 아니하도록 신의와 성실로서 행동하여야 한다는 원칙이다. 신의성실의 원칙은 본래 민법상 채권·채무관계를 규율하기 위한 원칙이었으나 오늘날에는 모든 법 분야의 근본적 원리의 하나로 확립되었다.

(2) 신의성실의 원칙 기능 및 효과: 창설, 변경, 소멸

① 기능
신의칙은 구체적인 문제를 해결해 나가는 과정에서 새로운 권리를 창설하기도 하고, 소멸시키기도 한다. 또한 권리를 변경시키기도 한다.

② 신의칙 위반 효과: 무효, 손해배상, 의무불이행 책임
신의칙을 위반할 경우에 의무의 불이행 책임, 권리남용, 손해배상청구권 발생, 의사표시의 무효 등과 같은 효과가 발생한다.

(3) 우리 민법상 반영례

신의성실의 원칙은 상린관계, 사정변경의 원칙, 채권자 지체, 불공정한 법률행위, 계약체결상의 과실, 동시이행의 항변권, 임대인의 유지의무, 이행보조자의 고의 및 과실에 대한 채무자 책임 등에 반영되어 있다.

(4) 신의성실의 파생원칙

① 금반언의 원칙
금반언의 원칙이란 갑이 어떤 행위를 하고 상대방 을이 그 행위를 신뢰하여 행위를 하였는데 갑이 자기의 행동과 모순된 주장을 한 결과 을이 불이익을 당했다면, 갑의 모순된 주장은 허용되지 않는다는 원칙을 말한다. 예를 들면 은행직원 갑이 집 하나를 경매처분하려고 한다. 그런데 이때 을이라는 자가 그 집에 있는 방 1칸을 사용하고 있었다. 이에 은행직원 갑이 을에게 당신은 이 집의 임차인입니까? 하고 물었더니 을은 임대차계약을 맺은 적이 없다고 말을 했다. 이 말을 믿고 은행직원 갑은 경매를 행하게 되었다. 그런데 경매절차가 종료한 뒤에 을이 자신은 임차인이므로 임차보증금을 주지 않으면 방을 비워줄 수가 없다고 하였다. 이때 을이 앞에서 자신이 임차인이 아니라고 한 말과 경매가 끝난 뒤에 임차인이라고 말한다면 모순이 된다. 이러한 경우 금반언의 원칙에 반하게 되어서 을의 나중 주장은 허용되지 않는다.

② 사정변경의 원칙
사정변경의 원칙이란 계약성립의 기초가 된 사정에 현저한 변동이 생겨서 계약을 그대로 강제하는 것이 신의칙에 반하는 경우에는 불이익을 받는 당사자는 계약의 해제 또는 변경을 청구할 수 있다는 원칙을 말한다. 이것의 구체적인 예는 법에 규정이 되어 있다. 대표적인 것이 임대료에 대한 증감청구권이 있는데 처음 임대차를 맺을 당시에 임대료와 시간이 흐른 뒤에 경제사정의 변화로 인해 임대료를 증가하거나 감소할 수 있다는 규정이 있다.

③ 실효의 원칙
실효의 원칙이란 권리자가 권리행사의 기회가 있음에도 불구하고 상당기간 권리를 행사하지 않았으므로 상대방이 앞으로도 그 권리를 행사하지 않을 것으로 믿게 되어 새삼스럽게 그 권리를 행사하는 것이 신의칙에 어긋나는 경우 그 권리행사를 불허하는 원칙이다. 이것의 대표적 판례는 노동문제에서 많이 볼 수 있는데, 면직을 당할 적에 이의 없이 퇴직금을 수령하였던 노동자가 9년이나 시간이 흐른 뒤에 다시 면직처분이 무효임을 확인해 달라는 것은 실효의 원칙에 따라서 허용되지 않는다고 판례는 말하고 있다.

3. 권리남용금지의 원칙

(1) 의미

신의성실에 반하는 권리행사가 권리남용이다. 법률관계의 당사자는 평등하며, 일방이 다른 일방을 권리행사를 이유를 함부로 대하거나 공익을 침해하여 다수에게 피해를 주는 행위를 해서는 안 된다. 이것은 자유주의와 민주주의를 훼손시키는 행위이기도 하다. 따라서 이런 권리행사를 금지하는 하는 것이 '권리남용금지의 원칙'이다. 민법 제2조 제2항은 "권리는 남용하지 못한다"라고 규정하고 있다. 권리남용이란 주관적으로 그 권리행사의 목적이 오직 상대방에게 고통을 주고 손해를 입히려는 데 있을 뿐 행사하는 사람에게 아무런 이익이 없을 경우여야 하고, 객관적으로는 그 권리행사가 사회질서에 위반된다고 볼 수 있는 경우를 말한다.

(2) 권리남용의 효과

권리를 남용하게 되면 법률효과가 발생하지 않는다. 경우에 따라서는 손해배상책임이 발생한다. 또한 법률에 특별한 규정이 있는 경우에 권리가 박탈되기도 한다(친권상실 선고).

II 권리의 주체

01 생각 열기

권리를 청구하거나 보유할 수 있기 위해서는 권리능력을 가지고 있어야 한다. 권리능력이란 권리를 보유할 수 있는 능력을 말한다. 이런 능력을 가지는 자를 권리주체라고 한다. 민법은 원칙적으로 당연히 권리능력이 인정되는 사람과 예외적으로 법률의 규정에 의하여 권리능력을 인정하는 법인 2가지를 인정하고 있다. 인간은 출생부터 사망 시까지 살아있는 동안 권리능력을 보유한다. 하지만 권리를 보유하기 위해서는 법률행위가 필요하다. 거래안전을 위해서는 이런 법률행위를 하는 데 필요한 판단과 그에 따른 책임을 질 수 있는 의사능력이 필요하다. 이런 의사능력은 모든 사람이 동일하지 않지만 민법은 이 능력을 행위능력으로 규정하여 획일화시키고 있다. 이런 행위능력이 없는 자는 행위무능력자로 규정하여 특별하게 보호를 할 수 있는 방안을 마련하고 있다. 행위능력을 보유한 자가 법률행위를 하는 데에는 주소가 필요하다. 주소가 필요한 이유는 거래안전을 확보하기 위해 필요하다 할 것이다. 주소를 지닌 행위능력자는 법률행위를 통해 물권을 취득할 수 있다. 이러한 물권은 물건에 대해 배타적으로 지배하면서 사용, 수익, 처분할 수 있는 권리이다. 권리의 주체가 이러한 이익을 충족하기 위하여 필요한 대상을 권리의 객체라고 한다. 물권이라는 권리의 객체가 물건이다. 우리 민법은 총칙에서 권리의 객체 중 물건에 관하여만 규정하고 있다.

02 권리의 주체의 의의: 사람, 권리능력, 책임능력, 의사능력, 행위능력

1. 권리의 주체: 자연인과 법인

권리의 주체란 법에 의하여 법적 힘을 부여받은 특정인을 말한다. 이런 권리의 주체에는 자연인과 법인이 있다. 권리 주체가 될 수 있는 자격을 권리능력이라고 한다. 자연인과 법인은 법률관계를 형성하여 권리-의무의 주체가 된다.

2. 의사능력과 행위능력

이런 사회적 활동을 통해 권리-의무관계를 변동시킬 수 있는 정신적 판단능력을 의사능력이라고 한다. 이 의사능력을 법률이 획일적으로 규정한 것이 행위능력이다.

3. 관련 조문

> **제1절 능력**
> **제3조 【권리능력의 존속기간】** 사람은 생존한 동안 권리와 의무의 주체가 된다.
>
> **제4조 【성년】** 사람은 19세로 성년에 이르게 된다.

03 권리능력

1. 의미

권리능력이란 권리 의무의 주체가 될 수 있는 자격을 말한다. 이 능력은 생존한 동안 인정된다. 즉 출생~사망 시까지 모두 권리를 가질 수 있는 능력을 가진다.

2. 권리능력의 시기

(1) 출생

사람은 생존한 동안 권리와 의무의 주체가 된다(제3조). 따라서 사람은 사람으로서 생존하기 시작하는 때, 즉 출생하는 때부터 권리능력을 취득한다. 살아서 출생하기만 하면 모두 권리능력을 가진다.

(2) 출생의 판단기준: 민법에서는 전부노출설이 통설

출생의 판단기준에 대하여는 ① 진통설(산모의 출산 진통이 시작된 때), ② 일부노출설, ③ 전부노출설(태아가 살아서 모체로부터 완전히 분리된 때), ④ 독립호흡설(출생을 자기의 폐로 독립하여 호흡하게 된 때) 등이 있다. 민법에서는 전부노출설이 통설이다. 그 이유는 전부노출의 경우 물리적으로 그 시기를 쉽게 확인할 수 있어서 정확성을 가지기 때문이라고 한다. 이 경우 극히 짧은 시간이나마 살아 있어야 한다.

(3) 형법상 출생시기: 진통설

형법에서는 분만이 개시된 때(진통설 또는 분만개시설)를 출생이라고 보는 것이 통설이다. 사람의 시기(始期)의 문제는 낙태죄의 객체가 되는 태아와 살인죄의 객체가 되는 분만중인 영아의 보호필요성에 의하여 판단한다. 또한 형법에서는 분만 중인 영아에 대하여 영아 살해죄를 별도의 범죄로 구성하고 있다. 그러한 이유로 형법의 해석상 출생에 관하여는 규칙적인 진통을 동반하면서 태아가 태반으로부터 이탈하기 시작한 때를 출생이라고 본다.

3. 태아의 권리능력

(1) 태아의 권리능력 인정 필요성: 태아의 복지, 출생 후의 복지

출생의 시기를 '전부노출'로 판단할 때 문제가 있다. 그 문제가 바로 '태아의 보호' 문제이다. 예컨대 태아가 불법행위로 손해를 입었거나, 부가 갑자기 사망하는 경우 태아는 권리능력이 없기 때문에 불법행위에 기한 손해배상청구나 상속을 청구할 수가 없다. 자연인이 권리능력을 갖게 되는 것은 출생 시부터이므로 출생하기 전의 태아는 권리능력을 가지지 못한다. 그런데 태아가 보호할 가치가 있다는 점, 출생한 때부터 권리능력을 가지는 원칙을 획일적으로 적용할 경우에는 태아에게 너무나 불이익하게 되는 경우가 발생할 수 있다는 점 등을 고려할 때 태아에게 권리능력을 인정할 필요가 있다.

PART 05

(2) 우리 민법의 태도

① 개별적 보호방식

우리 민법의 태도는 일반적 보호방식이 아니고 특별한 경우에 태아의 권리능력을 인정하는 개별적 보호방식이다. 불법행위에 기한 손해배상 청구권, 상속, 유증(아무런 대가도 없이 유언에 의하여 재산의 전부 또는 일부를 주는 행위), 사인증여(생전에 증여계약을 체결해 두고 그 효력이 증여자의 사망시부터 발생하는 것으로 정한 증여)의 경우에 한하여 태아를 이미 출생한 것으로 보아 예외적으로 권리능력을 인정한다. 다만, 이러한 경우에도 이들 권리는 태아가 최소한 살아서 출생하는 것을 전제로 한다.

② 구체적인 사례

㉠ 부가 상해를 당한 사건에서 우리 판례는 태아도 손해배상청구권에 관하여는 이미 출생한 것으로 보는 바, 부가 교통사고로 상해를 입을 당시 태아가 출생하지 아니하였다고 하더라도 그 뒤에 출생한 이상 부의 부상으로 입게 될 정신적 고통에 대한 위자료를 청구할 수 있다. 그리고 제752조(생명침해로 인한 위자료 청구권)에 의해 유족은 법률상의 친족뿐만 아니라 사실상의 친족관계가 있는 경우도 포함하므로 인지를 받기 전이라도 갑(甲)의 자(子)로 사실상 인정받을 수 있다면 위자료 청구권은 인정된다고 하고 있다.

㉡ 분만 중인 태아에 대하여는 사람으로서의 권리능력을 인정할 수 없지만, 의료과오로 인한 태아의 부모의 위자료를 산정함에 있어서 분만과정에서 사망한 신생아의 손해에 대한 법적 평가액을 아울러 참작함이 상당하다고 한 사례

ⓒ 의용 민법이나 구 관습하에 태아에게는 일반적으로 권리능력이 인정되지 아니하고 손해배상청구권 또는 상속 등 특별한 경우에 한하여 제한된 권리능력을 인정하였을 따름이므로 증여에 관하여는 태아의 수증능력이 인정되지 아니하였고, 또 태아인 동안에는 법정대리인이 있을 수 없으므로 법정대리인에 의한 수증행위도 할 수 없다(대법원 1982.2.9. 선고 81다534 판결).

⑶ 태아의 법적 지위: 이미 출생한 것으로 본다. 정지조건설(판례)과 해제조건설(다수설)

"이미 출생한 것으로 본다"라는 의미를 둘러싸고 정지조건설(인격소급설, 판례)과 해제조건설(다수설)이 대립하고 있다.

① 정지조건설(인격소급설, 판례): 거래안전 중시
정지조건설은 태아로 있는 동안에는 권리능력을 인정받지 못하고, 살아서 출생하는 것을 조건으로 하여 권리능력 취득의 효과가 문제의 사실이 발생한 시기까지 소급해서 생기고, 따라서 태아인 동안에는 권리능력이 없기 때문에 법정대리인도 있을 수 없다고 보는 입장이다. 정지조건설은 판례의 입장으로 태아보호보다는 거래안전을 조금 더 중시하는 입장이다.

② 해제조건설(다수설): 태아우선 보호
해제조건설은 문제의 사실이 생긴 때로부터 태아는 권리능력을 갖지만 사산인 경우에는 소급하여 권리능력을 잃게 되므로 태아인 동안에도 권리능력이 있기 때문에 법정대리인도 있을 수 있다고 보는 입장이다. 이 입장은 다수설의 입장으로 거래안전보다 태아보호에 조금 더 비중을 두는 입장이다.

4. 권리능력의 종기

⑴ 사망

자연인의 권리능력은 생존하는 동안만 법에 의하여 주어지는 것이므로 권리능력은 사망에 의해서만 소멸한다. 사망의 시기는 상속, 유언의 효력 발생, 잔존 배우자의 재혼, 보험금 청구권의 발생, 연금 등 여러 법률관계와 관련되어 있어 매우 중요하다.

⑵ 사망의 시기: 맥박종지설이 통설

사망의 시기에 관하여는 호흡과 혈액순환이 영구적으로 종지되는 시점이라고 보는 것이 통설(맥박종지설, 심장정지설)이다. 따라서 식물인간 등은 사망이 아니며, 뇌사상태도 장기등이식에관한법률에서 장기 적출을 위한 요건이지 민법상 사망이 아니다. 그러나 현대의학의 발달로 장기이식이 가능하게 됨에 따라 뇌기능의 종지시점을 사망으로 보자는 견해(뇌사설)가 강조되고 있다.

⑶ 사망의 입증 구제 방안: 동시사망추정, 인정사망추정, 실종선고는 사망으로 간주

하지만 사망의 유무, 사망의 시기에 대한 확정이 매우 곤란한 경우가 발생할 수 있다. 이러한 경우를 대비하여 민법은 동시사망의 추정, 인정사망, 실종선고제도를 두고 있다.

5. 동시사망추정

(1) 2인 이상이 동일한 위난으로 사망한 경우 ⇨ 동시에 사망한 것으로 추정

민법 제30조는 "2인 이상이 동일한 위난으로 사망한 경우에는 동시에 사망한 것으로 추정한다"라고 규정하고 있다. 2인 이상이 동일한 위난으로 사망한 경우 누가 먼저 사망하였는지에 따라 상속분에 중대한 영향을 미친다. 하지만 누가 먼저 사망하였는지에 대한 입증이 대단히 어려운 경우도 있다. 그래서 민법은 2인 이상이 동일한 위난으로 사망한 경우에는 동시에 사망한 것으로 추정한다는 규정을 두고 있다(민법 제30조).

(2) 동시사망과 상속문제(대법원 2001.3.9. 선고 99다13157 판결)

① 동시사망한 사람들 사이에서는 상속이 발생하지 않는다.

② 동시사망의 경우도 대습상속의 요건이 되어 대습상속은 가능
상속인이 될 직계비속이나 형제자매(피대습자)의 직계비속 또는 배우자(대습자)는 피대습자가 상속개시 전에 사망한 경우에는 대습상속을 하고, 피대습자가 상속개시 후에 사망한 경우에는 피대습자를 거쳐 피상속인의 재산을 본위상속을 하므로 두 경우 모두 상속을 한다. 만일 피대습자가 피상속인의 사망, 즉 상속개시와 동시에 사망한 것으로 추정되는 경우에만 그 직계비속 또는 배우자가 본위상속과 대습상속의 어느 쪽도 하지 못하게 된다면 동시사망추정 이외의 경우에 비하여 현저히 불공평하고 불합리한 것이라 할 수 있다. 이는 앞서 본 대습상속제도 및 동시사망추정 규정의 입법 취지에도 반하는 것이다. 따라서 민법 제1001조의 '상속인이 될 직계비속이 상속개시 전에 사망한 경우'에는 '상속인이 될 직계비속이 상속개시와 동시에 사망한 것으로 추정되는 경우'도 포함하는 것으로 합목적적으로 해석함이 상당하다.

③ 피상속인의 자녀가 상속개시 전에 전부 사망한 경우 피상속인의 손자녀는 본위상속이 아니라 대습상속을 한다.

④ 사례
A는 천억 원대의 재산을 가지고 있는 자산가이다. 그에게는 K라는 남자와 혼인한 B라는 딸이 있었고, 그 둘 사이에는 C라는 자녀가 있었다. A의 배우자는 몇 해 전에 사망하였고, A의 혈육은 B와 A의 동생인 Y뿐이었다. A는 어느 날 B와 C를 데리고 보라카이로 여행을 갔는데, 비행기가 추락하여 A와 B, C는 모두 사망하였다. A의 재산을 상속받는 자는 K이다.

6. 인정사망추정

가족관계의 등록 등에 관한 법률 제87조의 규정에 의거 사망의 확증(시체 확인 등)은 없지만 사망한 것이 확실하다고 생각되는 경우(수난, 화재, 사변 등)에는 그것을 조사한 관공서의 사망보고에 기하여 가족관계등록부에 사망의 기재를 하게 됨으로써 사망한 것으로 인정하는 제도이다. 예컨대 김 씨와 박 씨가 함께 투숙하였던 호텔에 대형 화재가 발생하였다. 진화 후 김 씨의 시신은 수습되었으나 박 씨의 시신은 끝내 찾지 못하여, 죽은 것이 확실시된다는 관공서의 보고서를 제출하였더니, 담당 공무원은 박 씨를 사망한 것으로 처리하였다.

7. 실종선고제도

(1) 의미 및 관련 조문

① 의미

실종선고제도는 부재자의 생사불명의 상태가 장기간 계속되고 있는 경우에 일정한 자의 청구에 의하여 가정법원의 선고에 의하여 사망으로 간주하는 제도를 말한다.

② 관련 조문

> **제27조 【실종의 선고】** ① 부재자의 생사가 5년간 분명하지 아니한 때에는 법원은 이해관계인이나 검사의 청구에 의하여 실종선고를 하여야 한다.
> ② 전지에 임한 자, 침몰한 선박 중에 있던 자, 추락한 항공기 중에 있던 자 기타 사망의 원인이 될 위난을 당한 자의 생사가 전쟁 종지 후 또는 선박의 침몰, 항공기의 추락 기타 위난이 종료한 후 1년간 분명하지 아니한 때에도 제1항과 같다. 〈개정 1984.4.10.〉
>
> **제28조 【실종선고의 효과】** 실종선고를 받은 자는 전조의 기간이 만료한 때에 사망한 것으로 본다.
>
> **제29조 【실종선고의 취소】** ① 실종자의 생존한 사실 또는 전조의 규정과 상이한 때에 사망한 사실의 증명이 있으면 법원은 본인, 이해관계인 또는 검사의 청구에 의하여 실종선고를 취소하여야 한다. 그러나 실종선고 후 그 취소 전에 선의로 한 행위의 효력에 영향을 미치지 아니한다.
> ② 실종선고의 취소가 있을 때에 실종의 선고를 직접원인으로 하여 재산을 취득한 자가 선의인 경우에는 그 받은 이익이 현존하는 한도에서 반환할 의무가 있고 악의인 경우에는 그 받은 이익에 이자를 붙여서 반환하고 손해가 있으면 이를 배상하여야 한다.

(2) 실종선고의 요건

① 실종기간 경과

부재자가 생사불명의 상태로 실종기간이 경과해야 한다. 보통실종은 5년, 특별실종(전쟁, 침몰선박, 비행기 추락 등 위난)은 1년을 경과해야 한다.

② 법률상 이해관계인 또는 검사 청구

실종선고 청구는 법률상 이해관계인 또는 검사가 할 수 있다. 사실혼 배우자는 청구할 수 없다.

(3) 실종선고의 효과

① 실종기간 만료 시 사망 간주

실종선고가 내려지면 실종기간 만료 시에 사망한 것으로 본다. 이 결정은 대세적 효력을 지닌 것이다. 예컨대 갑(甲)은 탐험가로서 을(홀어머니), 병(아내), 정(딸)과 함께 살고 있었다. 2010년 5월 1일 학생들과 함께 2개월간 아프리카 탐험을 떠난 갑(甲)은 2010년 5월 10일 최후 연락을 한 후 실종되고 말았다. 정(丁)은 2012년 5월 교통사고로 사망하였고, 딸을 잃은 병은 남편마저 잃고 싶지 않아 갑을 계속해서 기다리다가 2014년 12월 10일 법원에 갑(甲)의 실종선고를 청구하였다. 법원은 2016년 5월 10일 갑에 실종선고를 내렸다. 이 경우 갑(甲)의 사망시기는 5년이 경과한 2015년 5월 10일이다.

② 반증으로 입증은 불가능하며, 오직 법원의 실종선고취소를 통해서 가능하다.

반증에 의해서는 사망 간주를 뒤집기가 불가능하고, 법원의 실종선고취소결정을 통해서만 가능하다.

04 법률행위에 필요한 능력

1. 의사능력과 행위능력의 의의

권리능력만으로 자유롭게 법률행위를 하여 법률관계를 형성하고 권리의 변동을 초래할 수는 없다. 자유롭게 법률행위를 하기 위해서는 일정한 의사능력을 요구한다. 또한 자신의 의사에 따른 행위에 대해서 책임을 져야 한다. 이 책임과 관련되는 능력이 책임능력이다. 의사능력이란 자기의 행위의 의미나 결과를 인식·판단하여 정상적인 의사결정을 할 수 있는 정신능력을 말한다. 개인은 자신의 의사에 의해서만 법률관계를 형성할 수 있다는 사적자치의 원칙에 비춰볼 때 권리의 주체에게 중요한 능력이다. 이러한 의사능력의 존재 여부는 구체적인 행위 시마다 개별적으로 판단하게 되고, 의사능력이 결여된 상태에서 한 법률행위는 무효가 된다. 하지만 사람마다 의사능력이 달라 이런 의사능력이 있는지 여부를 판단하는 것은 쉽지가 않다. 이런 이유 때문에 민법은 의사능력을 획일적으로 정하여 행위능력이라 한다.

2. 의사능력

(1) 의사능력 의미

의사능력이라 함은 의사표시를 하는 자가 이성적으로 의사를 결정할 수 있는 능력을 말한다.

(2) 의사능력은 사람마다 차이가 있음 ⇨ 획일적 기준 필요 ⇨ 행위능력

이런 의사능력의 수준은 사람마다 다르다. 이로 인해 사람들의 원만한 사회적 활동을 위해서는 의사능력을 판단하는 획일적 기준이 필요하게 되었다. 그 결과 의사능력을 형식적으로 규정한 것이 행위능력이다.

3. 행위능력

(1) 행위능력 의미

행위능력이라 함은 사법상 단독으로 완전 유효한 법률행위를 확정적으로 할 수 있는 능력을 말한다. 현재 우리 민법에 따르면 만 19세 이상이며 정신적 장애가 없는 성인은 모두 행위능력을 가진다.

(2) 행위능력 부족 ⇨ 제한능력자로 보호

반면에 이런 행위능력을 온전하게 가지지 못하는 자를 제한능력자라고 부른다.

4. 책임능력 : 불법행위에 대한 의사능력

이런 행위능력과 달리 불법행위에 대한 책임능력이 있다. 책임능력이라 함은 자기의 행위에 대한 책임을 인식할 수 있는 능력을 말한다. 이런 책임능력이 없으면 불법행위가 성립하지 않는다. 책임능력의 존재 여부는 행위 당시를 기준으로 개별적으로 판단한다.

05 제한능력자 제도: 미성년자, 피성년후견인, 피한정후견인, 성년후견제도

1. 개요

민법은 행위능력이 없는 자를 '제한능력자'라 하여 특별하게 보호한다. 행위능력이란 의사능력을 가진 자가 법률행위를 단독으로 할 수 있는 능력을 말한다. 이와는 반대로 행위능력이 부족하거나 결여한 자를 제한능력자라고 한다. 민법상 제한능력자에는 미성년자, 피성년후견인, 피한정후견인, 피특정후견인이 있다. 모든 사람이 이성적 판단에 따라 합리적인 행위를 할 수가 없다. 사람들 중에는 의사능력이 결여된 사람들이 있는데, 그렇다고 국가가 자의적으로 의사능력을 판단할 수는 없다. 이런 이유로 국가는 법률상 판단기준인 행위능력을 기준으로 개인들이 자유롭고 합리적으로 법률행위를 할 수 있는지 여부를 판단한다. 판단 결과 행위능력이 결여된 사람들을 보호하기 위해 행위능력의 흠결을 보완해주는 제도를 두고 있다. 이 제도가 '제한능력자 제도'이다.

2. 제한능력자 제도의 취지: 강행규정

(1) 제한능력자 유형 및 관련 조문

① 유형

이런 제한능력자로는 미성년자, 한정후견선고를 받은 자(피한정후견인), 성년후견선고를 받은 자(피성년후견인) 등이 있다.

② 관련 조문

> **제5조【미성년자의 능력】** ① 미성년자가 법률행위를 함에는 법정대리인의 동의를 얻어야 한다. 그러나 권리만을 얻거나 의무만을 면하는 행위는 그러하지 아니하다.
> ② 전항의 규정에 위반한 행위는 취소할 수 있다.
>
> **제10조【피성년후견인의 행위와 취소】** ① 피성년후견인의 법률행위는 취소할 수 있다.
> ② 제1항에도 불구하고 가정법원은 취소할 수 없는 피성년후견인의 법률행위의 범위를 정할 수 있다.
> ③ 가정법원은 본인, 배우자, 4촌 이내의 친족, 성년후견인, 성년후견감독인, 검사 또는 지방자치단체의 장의 청구에 의하여 제2항의 범위를 변경할 수 있다.
> ④ 제1항에도 불구하고 일용품의 구입 등 일상생활에 필요하고 그 대가가 과도하지 아니한 법률행위는 성년후견인이 취소할 수 없다.
>
> **제13조【피한정후견인의 행위와 동의】** ① 가정법원은 피한정후견인이 한정후견인의 동의를 받아야 하는 행위의 범위를 정할 수 있다.
> ② 가정법원은 본인, 배우자, 4촌 이내의 친족, 한정후견인, 한정후견감독인, 검사 또는 지방자치단체의 장의 청구에 의하여 제1항에 따른 한정후견인의 동의를 받아야만 할 수 있는 행위의 범위를 변경할 수 있다.
> ③ 한정후견인의 동의를 필요로 하는 행위에 대하여 한정후견인이 피한정후견인의 이익이 침해될 염려가 있음에도 그 동의를 하지 아니하는 때에는 가정법원은 피한정후견인의 청구에 의하여 한정후견인의 동의를 갈음하는 허가를 할 수 있다.
> ④ 한정후견인의 동의가 필요한 법률행위를 피한정후견인이 한정후견인의 동의 없이 하였을 때에는 그 법률행위를 취소할 수 있다. 다만, 일용품의 구입 등 일상생활에 필요하고 그 대가가 과도하지 아니한 법률행위에 대하여는 그러하지 아니하다.
> [전문개정 2011.3.7.]

(2) 1차적으로 제한능력자 보호

의사능력이 불완전하거나 의사능력을 행사하는 데 장애가 있는 경우 그 자와 그의 가족을 보호하기 위하여 그의 법률행위 효과에 대하여 일정한 제한을 가하는 것을 제한능력자 제도라고 한다. 제한능력자 제도에 관한 규정은 강행규정이다.

(3) 2차적으로 제한능력자와 거래를 한 상대방의 보호

강행규정으로 제한능력자를 보호하는 경우 법률관계를 불안정하게 만들뿐만 아니라 거래 상대방에게 일방적으로 피해를 줄 우려가 있다. 이런 점을 감안하여 민법에서는 제한능력자와 거래를 한 상대방을 보호하기 위한 규정을 두고 있다.

① 제한능력자측에 이행을 촉구할 수 있는 권리(최고권)

② 철회권

③ 거절권

3. 미성년자

(1) 미성년자 의미 및 관련 조문

① 의미

만 19세에 이르지 않은 자를 미성년자라고 한다. 미성년자가 법률행위를 하기 위해서는 원칙적으로 법정대리인의 동의를 얻어야 한다(제5조 제1항 본문).

② 관련 조문

> **제5조【미성년자의 능력】** ① 미성년자가 법률행위를 함에는 법정대리인의 동의를 얻어야 한다. 그러나 권리만을 얻거나 의무만을 면하는 행위는 그러하지 아니하다.
> ② 전항의 규정에 위반한 행위는 취소할 수 있다.
>
> **제6조【처분을 허락한 재산】** 법정대리인이 범위를 정하여 처분을 허락한 재산은 미성년자가 임의로 처분할 수 있다.
>
> **제7조【동의와 허락의 취소】** 법정대리인은 미성년자가 아직 법률행위를 하기 전에는 전2조의 동의와 허락을 취소할 수 있다.
>
> **제8조【영업의 허락】** ① 미성년자가 법정대리인으로부터 허락을 얻은 특정한 영업에 관하여는 성년자와 동일한 행위능력이 있다.
> ② 법정대리인은 전항의 허락을 취소 또는 제한할 수 있다. 그러나 선의의 제삼자에게 대항하지 못한다.

(2) 성년의제

하지만 미성년자가 혼인을 한 경우에도 법정대리인의 개입을 허용하는 것은 적절하지 않다. 따라서 혼인을 한 미성년자를 성년으로 의제하여 성년자와 동일한 능력을 가지게 된다(민법 제826조의2, 성년의제). 성년의제의 효과를 가지는 혼인은 법률혼만을 의미하며 성년의제를 받은 자가 혼인의 취소나 이혼 등으로 혼인이 해소된 경우에도 그 미성년자는 행위능력을 계속 갖는다.

(3) 미성년자의 법률행위

① 법정대리인의 동의 없이 한 행위는 취소 가능

미성년자가 법률행위를 하려면 원칙적으로 법정대리인(친권자/후견인)의 동의를 얻어야 한다(제5조 제1항 본문). 법정대리인의 동의를 얻지 않은 미성년자의 법률행위는 그 행위를 취소할 수 있다(동조 제2항). 취소는 미성년자 본인 혹은 법정대리인이 할 수 있다.

② 법정대리인의 동의 없이 신용구매계약을 체결한 미성년자가 그 동의 없음을 이유로 위 계약을 취소하는 것이 신의칙에 위배되는지 여부(대법원 2007.11.16. 선고 2005다71659, 71666, 71673 판결)

행위무능력자 제도는 사적자치의 원칙이라는 민법의 기본이념, 특히, 자기책임 원칙의 구현을 가능케 하는 도구로서 인정되는 것이고, 거래의 안전을 희생시키더라도 행위무능력자를 보호하고자 함에 근본적인 입법 취지가 있는 바, 행위무능력자 제도의 이러한 성격과 입법 취지 등에 비추어 볼 때, 신용카드 가맹점이 미성년자와 신용구매계약을 체결할 당시 향후 그 미성년자가 법정대리인의 동의가 없었음을 들어 스스로 위 계약을 취소하지는 않으리라고 신뢰하였다 하더라도 그 신뢰가 객관적으로 정당한 것이라고 할 수 있을지 의문일 뿐만 아니라, 그 미성년자가 가맹점의 이러한 신뢰에 반하여 취소권을 행사하는 것이 정의관념에 비추어 용인될 수 없는 정도의 상태라고 보기도 어려우며, 미성년자의 법률행위에 법정대리인의 동의를 요하도록 하는 것은 강행규정인데, 위 규정에 반하여 이루어진 신용구매계약을 미성년자 스스로 취소하는 것을 신의칙 위반을 이유로 배척한다면, 이는 오히려 위 규정에 의해 배제하려는 결과를 실현시키는 셈이 되어 미성년자 제도의 입법 취지를 몰각시킬 우려가 있으므로, 법정대리인의 동의 없이 신용구매계약을 체결한 미성년자가 사후에 법정대리인의 동의 없음을 사유로 들어 이를 취소하는 것이 신의칙에 위배된 것이라고 할 수 없다.

③ 취소의 효과: 취소의 경우 선의의 제3자와 관계없이 소급효가 발생한다.

㉠ 절대적 소급효

미성년자 A는 자신의 부동산을 법정대리인의 동의 없이 B에게 매도하고 B는 다시 선의인 C에게 매도하였다. A는 B에게 매매계약을 취소하였다. 이 경우 부동산의 소유권자는 A가 된다. 그리고 이 경우는 부동산, 동산을 불문한다.

㉡ 현존이익 반환

취소할 경우 미성년자는 그 행위로 받은 이익이 현존하는 한도에서 반환한다.

(4) 미성년자의 법률행위 원칙의 예외: 행위능력 인정

다음의 경우에는 미성년자가 법정대리인의 동의 없이 단독으로 법률행위를 할 수 있다.

① 단순히 권리만 얻거나 의무만을 면하는 행위: 채무면제

② 처분이 허락된 재산의 처분행위(제6조)

15세의 중학생이 부모에게서 받은 등록금 30만 원을 친구의 병원비로 지급하였다. 이 법률행위는 처분이 허락된 재산으로 취소할 수 없다. 하지만 6세인 어린아이가 망부(亡父)로부터 상속받은 고서(古書)를 유치원에 기증한 행위는 의사무능력자의 행위로 무효이다.

③ 영업을 허락받은 미성년자의 그 영업에 관한 행위(제8조)

④ 대리행위·유언행위: 미성년자의 행위능력의 제한은 미성년자 본인의 보호를 위한 것이므로 타인의 대리인으로 법률행위를 하는 데에는 행위능력이 제한되지 않는다(제117조). 그러므로 미성년자는 타인의 대리인으로서 하는 대리행위는 언제나 단독으로 유효하게 할 수 있다. 만 17세에 달한 자는 유언능력이 있으므로 만 17세가 된 미성년자는 유효한 유언을 단독으로 할 수 있다(제1061조).

⑤ 법정대리인의 허락을 얻어 회사의 무한책임사원이 된 미성년자가 그 사원자격에 의하여 하는 행하는 법률행위(상법 제7조)

⑥ 근로계약체결과 그로 인한 임금청구(근기법 제67조, 제68조)
근로계약체결은 미성년자가 단독으로 유효하게 할 수 있으며, 임금청구권도 단독으로 행사할 수 있다.

(5) 법정대리인의 권한

미성년자의 법정대리인은 친권자이다. 이 법정대리인의 권한은 동의권, 대리권, 취소권을 가진다. 또한 법정대리인(친권자/후견인)은 미성년자가 법률행위를 하기 전에 동의나 허락을 취소할 수 있다.

4. 피성년후견인

(1) 의미 및 관련 조문

① 의미
질병, 장애, 노령 그 밖의 사유로 인한 정신적 제약으로 사무를 처리할 능력이 지속적으로 결여된 자에 대하여 성년후견개시의 심판을 하여 성년후견개시를 받은 자가 피성년후견인이다(제9조).

② 관련 조문

> **제9조【성년후견개시의 심판】** ① 가정법원은 질병, 장애, 노령, 그 밖의 사유로 인한 정신적 제약으로 사무를 처리할 능력이 지속적으로 결여된 사람에 대하여 본인, 배우자, 4촌 이내의 친족, 미성년후견인, 미성년후견감독인, 한정후견인, 한정후견감독인, 특정후견인, 특정후견감독인, 검사 또는 지방자치단체의 장의 청구에 의하여 성년후견개시의 심판을 한다.
> ② 가정법원은 성년후견개시의 심판을 할 때 본인의 의사를 고려하여야 한다.
> [전문개정 2011.3.7.]

(2) 피성년후견인의 법률행위 관련 조문

> **제10조【피성년후견인의 행위와 취소】** ① 피성년후견인의 법률행위는 취소할 수 있다.
> ② 제1항에도 불구하고 가정법원은 취소할 수 없는 피성년후견인의 법률행위의 범위를 정할 수 있다.
> ③ 가정법원은 본인, 배우자, 4촌 이내의 친족, 성년후견인, 성년후견감독인, 검사 또는 지방자치단체의 장의 청구에 의하여 제2항의 범위를 변경할 수 있다.
> ④ 제1항에도 불구하고 일용품의 구입 등 일상생활에 필요하고 그 대가가 과도하지 아니한 법률행위는 성년후견인이 취소할 수 없다.
> [전문개정 2011.3.7.]

5. 피한정후견인

(1) 의미 및 관련 조문

① 의미

질병, 장애, 노력 그 밖의 사유로 인한 정신적 제약으로 사무를 처리할 능력이 부족하여 가정법원으로부터 제한능력자로 선고된 자를 피한정후견인이라고 한다(제12조 제1항).

② 관련 조문

> **제12조【한정후견개시의 심판】** ① 가정법원은 질병, 장애, 노령, 그 밖의 사유로 인한 정신적 제약으로 사무를 처리할 능력이 부족한 사람에 대하여 본인, 배우자, 4촌 이내의 친족, 미성년후견인, 미성년후견감독인, 성년후견인, 성년후견감독인, 특정후견인, 특정후견감독인, 검사 또는 지방자치단체의 장의 청구에 의하여 한정후견개시의 심판을 한다.
> ② 한정후견개시의 경우에 제9조 제2항을 준용한다.

(2) 피한정후견인의 법률행위

> **제13조【피한정후견인의 행위와 동의】** ① 가정법원은 피한정후견인이 한정후견인의 동의를 받아야 하는 행위의 범위를 정할 수 있다.
> ② 가정법원은 본인, 배우자, 4촌 이내의 친족, 한정후견인, 한정후견감독인, 검사 또는 지방자치단체의 장의 청구에 의하여 제1항에 따른 한정후견인의 동의를 받아야만 할 수 있는 행위의 범위를 변경할 수 있다.
> ③ 한정후견인의 동의를 필요로 하는 행위에 대하여 한정후견인이 피한정후견인의 이익이 침해될 염려가 있음에도 그 동의를 하지 아니하는 때에는 가정법원은 피한정후견인의 청구에 의하여 한정후견인의 동의를 갈음하는 허가를 할 수 있다.
> ④ 한정후견인의 동의가 필요한 법률행위를 피한정후견인이 한정후견인의 동의 없이 하였을 때에는 그 법률행위를 취소할 수 있다. 다만, 일용품의 구입 등 일상생활에 필요하고 그 대가가 과도하지 아니한 법률행위에 대하여는 그러하지 아니하다.
> [전문개정 2011.3.7.]

6. 피특정후견인

(1) 의미 및 관련 조문

① 의미

피특정후견인은 질병, 장애, 노령, 그 밖의 사유로 인한 정신적 제약으로 일시적 후원 또는 특정한 사무에 관한 후원이 필요한 사람으로 본인, 배우자, 4촌 이내의 친족, 미성년후견인, 미성년후견감독인, 검사 또는 지방자치단체의 장의 청구에 의하여 가정법원으로부터 특정 후견의 심판을 받은 자를 말한다. 이 심판은 본인의 의사에 반하여 할 수 없으며, 그 심판은 특정 후견의 기간 또는 사무의 범위를 정하여야 한다.

② 관련 조문

> **제14조의2 【특정후견의 심판】** ① 가정법원은 질병, 장애, 노령, 그 밖의 사유로 인한 정신적 제약으로 일시적 후원 또는 특정한 사무에 관한 후원이 필요한 사람에 대하여 본인, 배우자, 4촌 이내의 친족, 미성년후견인, 미성년후견감독인, 검사 또는 지방자치단체의 장의 청구에 의하여 특정후견의 심판을 한다.
> ② 특정후견은 본인의 의사에 반하여 할 수 없다.
> ③ 특정후견의 심판을 하는 경우에는 특정후견의 기간 또는 사무의 범위를 정하여야 한다.
> [본조신설 2011.3.7.]

(2) 실질적으로 행위능력자

피특정후견인의 행위능력에는 특별한 제한이 없다. 따라서 행위능력자와 동일한 행위 능력을 가진다. 가정법원은 피특정후견인의 후원을 위하여 필요한 처분을 명할 수 있으며, 특정후견인을 선임할 수도 있다.

06 제한능력자 상대방 보호

1. 상대방보호의 필요성 및 관련 조문: 불안정한 법률관계

(1) 상대방 보호 필요성

제한능력자의 법률행위는 취소할 수 있다. 그 결과 제한능력자측의 일방적인 취소권 행사에 의해 유효한 법률행위의 효력이 없어질 수 있어 상대방의 법률상 지위는 매우 불안한 상태에 있게 된다. 따라서 민법은 취소할 수 있는 행위의 불확정상태를 가능한 한 빨리 소멸시켜 법률관계를 확정하기 위하여 상대방보호를 위한 제도를 두고 있다. 이런 제도에는 제한능력자 측에게 이행을 촉구할 수 있는 권리, 철회권, 거절권 등이 있다.

(2) 관련 조문

> **제15조 【제한능력자의 상대방의 확답을 촉구할 권리】** ① 제한능력자의 상대방은 제한능력자가 능력자가 된 후에 그에게 1개월 이상의 기간을 정하여 그 취소할 수 있는 행위를 추인할 것인지 여부의 확답을 촉구할 수 있다. 능력자로 된 사람이 그 기간 내에 확답을 발송하지 아니하면 그 행위를 추인한 것으로 본다.
> ② 제한능력자가 아직 능력자가 되지 못한 경우에는 그의 법정대리인에게 제1항의 촉구를 할 수 있고, 법정대리인이 그 정하여진 기간 내에 확답을 발송하지 아니한 경우에는 그 행위를 추인한 것으로 본다.
> ③ 특별한 절차가 필요한 행위는 그 정하여진 기간 내에 그 절차를 밟은 확답을 발송하지 아니하면 취소한 것으로 본다.
> [전문개정 2011.3.7.]
>
> **제16조 【제한능력자의 상대방의 철회권과 거절권】** ① 제한능력자가 맺은 계약은 추인이 있을 때까지 상대방이 그 의사표시를 철회할 수 있다. 다만, 상대방이 계약 당시에 제한능력자임을 알았을 경우에는 그러하지 아니하다.
> ② 제한능력자의 단독행위는 추인이 있을 때까지 상대방이 거절할 수 있다.
> ③ 제1항의 철회나 제2항의 거절의 의사표시는 제한능력자에게도 할 수 있다.
> [전문개정 2011.3.7.]
>
> **제17조 【제한능력자의 속임수】** ① 제한능력자가 속임수로써 자기를 능력자로 믿게 한 경우에는 그 행위를 취소할 수 없다.
> ② 미성년자나 피한정후견인이 속임수로써 법정대리인의 동의가 있는 것으로 믿게 한 경우에도 제1항과 같다.
> [전문개정 2011.3.7.]

2. 제한능력자측에 이행을 촉구할 수 있는 권리(최고권)

(1) 의미

제한능력자의 상대방은 제한능력자 측에 대하여 취소할 수 있는 행위를 추인할 것인지 여부의 확답을 촉구할 수 있다(최고권).

(2) 1개월 이상의 유예기간을 정하여 최고

제한능력자의 상대방은 취소할 수 있는 행위를 적시하고 1개월 이상의 유예기간을 정하여 추인여부의 확답을 요구하여야 한다(제15조).

(3) 최고의 상대방

최고의 상대방은 최고를 수령할 능력이 있는 자에 대하여 행하여야 하므로 제한능력자가 능력자가 된 경우에는 그 자에게, 그렇지 않은 경우에는 법정대리인에게 행하여야 한다.

(4) 기간 내 의사표시의 효과

최고를 받은 자가 유예기간 내에 추인 또는 거절의 의사표시를 하면 그에 따른 효과가 발생한다.

(5) 기간 내 추인이나 거절의 의사표시가 없는 경우 ⇨ 추인으로 간주

① 추인으로 간주
그러나 이러한 의사표시가 없는 경우에는 다음과 같이 법률이 정한대로 효과가 생긴다. 제한능력자가 능력자가 된 후에 최고를 받고 유예기간 내에 아무런 확답이 없으면 그 행위를 추인한 것으로 본다(제15조 1항).

② 예외: 취소한 것으로 본다.
법정대리인에게 최고를 한 경우에도 기간 내에 아무런 확답이 없으면 추인한 것으로 보지만(제15조 제2항), 추인여부를 정하기 위하여 특별한 절차가 필요한 행위에 대해서는 취소한 것으로 본다(제15조 제3항).

3. 상대방의 철회권과 거절권

(1) 철회권: 선의의 상대방만이 행사

철회권과 거절권은 상대방이 스스로 그 법률행위로부터 벗어날 수 있도록 하는 제도이다. 계약의 경우에 제한능력자가 맺은 계약의 추인이 있을 때까지 상대방이 제한능력자임을 알지 못했을 때에는 그 의사표시를 철회할 수 있다(제16조 제1항).

(2) 거절권: 선악 불문하고 행사 가능

단독행위의 경우에는 제한능력자인지를 알았는지 여부와는 상관없이 추인이 있을 때까지 상대방이 이를 거절할 수 있다(제16조 제2항).

4. 사술을 쓴 법률행위에 대한 제한능력자 취소권의 배제(민법 제17조)

(1) 사술을 써서 제한능력자가 자신을 능력자로 믿게 하는 경우

여기서 주의해야 할 것은 제한능력자라는 점이다. 근저당권설정등기말소사건에서 판례(대법원 1971.6.22.. 선고 71다940 판결)는 미성년자가 사술로써 상대방으로 하여금 성년자라고 믿게 하고 한 의사표시는 이를 취소할 수 없다고 할 것이다.

(2) 사술을 써서 미성년자나 피한정후견인이 법정대리인의 동의가 있는 것으로 믿게 하는 경우

여기서 주의해야 할 것은 피성년후견인은 포함되지 않는다는 점이다. 따라서 피성년후견인이 법정대리인의 동의가 있는 것으로 믿게 한 법률행위는 취소할 수 있다.

07 법인

1. 법인의 의미

(1) 법인

법인은 자연인 이외에 권리능력이 인정된 사람의 집단(사단) 또는 재산의 집단(재단)을 말한다. 이처럼 자연인이 아니면서 구성원과 무관하게 독자의 존재 가치를 법적으로 인정받아 권리와 의무의 주체가 될 수 있는 단체를 법인이라고 한다.

(2) 권리의 주체

법률상의 권리주체는 자연인인 사람, 법인으로 사단법인과 재단법인, 법 인격 없는 사단(정당)과 재단들이 있다. 사단법인은 영리·비영리 법인 모두 가능하지만, 재단법인은 비영리법인만 가능하다.

(3) 주요 민법 조문

제32조【비영리법인의 설립과 허가】 학술, 종교, 자선, 기예, 사교 기타 영리아닌 사업을 목적으로 하는 사단 또는 재단은 주무관청의 허가를 얻어 이를 법인으로 할 수 있다.

제33조【법인설립의 등기】 법인은 그 주된 사무소의 소재지에서 설립등기를 함으로써 성립한다.

제34조【법인의 권리능력】 법인은 법률의 규정에 좇아 정관으로 정한 목적의 범위내에서 권리와 의무의 주체가 된다.

제35조【법인의 불법행위능력】 ① 법인은 이사 기타 대표자가 그 직무에 관하여 타인에게 가한 손해를 배상할 책임이 있다. 이사 기타 대표자는 이로 인하여 자기의 손해배상책임을 면하지 못한다. ②법인의 목적범위외의 행위로 인하여 타인에게 손해를 가한 때에는 그 사항의 의결에 찬성하거나 그 의결을 집행한 사원, 이사 및 기타 대표자가 연대하여 배상하여야 한다.

제39조【영리법인】 ① 영리를 목적으로 하는 사단은 상사회사설립의 조건에 좇아 이를 법인으로 할 수 있다. ② 전항의 사단법인에는 모두 상사회사에 관한 규정을 준용한다.

제40조【사단법인의 정관】 사단법인의 설립자는 다음 각호의 사항을 기재한 정관을 작성하여 기명날인하여야 한다.

제43조【재단법인의 정관】 재단법인의 설립자는 일정한 재산을 출연하고 제40조제1호 내지 제5호의 사항을 기재한 정관을 작성하여 기명날인하여야 한다.

2. 법인은 권리 · 의무의 주체가 될 수 있는가?

(1) 의제설

권리의 주체가 될 수 있는 실체는 자연인에 한한다. 법인은 법률의 힘에 의해 자연인으로 의제되어 법인격을 취득할 뿐이다. 이 경우 기관은 대리인이 되며, 대리인의 행위만 존재한다. 법인의 법률행위나 불법행위는 존재하지 않는다.

(2) 실재설

실재설은 법인이 자연인과 마찬가지로 법률 주체가 되기에 적합한 사회적 실체를 가지고 있다는 점을 인정한다. 이 설에 따르면 기관은 대표자이며, 기관의 행위는 법인의 행위이다. 또한 법인의 불법행위능력을 인정한다.

III 권리의 객체

01 개요

권리는 권리주체가 법에 기초하여 일정한 이익을 향유할 것을 내용으로 한다. 이 이익을 누리기 위해 필요한 일정한 대상을 권리의 객체라고 한다. 예컨대 물권의 객체는 물건이다. 무체재산권의 객체는 정신적 창작물이다. 채권의 객체는 채무자의 행위(급부)이다. 형성권의 객체는 법률관계이다. 친족권의 객체는 신분법상의 지위이다. 상속권의 객체는 상속재산이다. 그런데 우리 민법은 물권의 객체인 물건에 대해서만 일반적인 규정을 두고 있다. 이는 다양한 권리의 객체에 대해 포괄적인 규정을 두는 것은 불가능하기 때문이다. 민법 제98조에 따르면 물건은 유체물 및 전기 기타 관리할 수 있는 자연력을 말한다. 따라서 일정한 형체를 지닌 유체물 뿐만 아니라 형체가 없는 무체물이라도 전기와 같이 관리할 수 있는 자연력은 물건에 해당한다. 물건이 되려면 관리할 수 있어야 한다. 관리할 수 없는 것은 배타적 지배가 불가능하여 물권의 객체가 될 수 없다. 유체물은 공간의 일부를 차지하고 사람의 오감으로 느낄 수 있는 형태를 가진 물건을 의미한다. 전기 기타 관리할 수 있는 자연력에는 전기, 열, 빛, 음향, 에너지 등이 있다. 한편 이러한 물건의 종류로 우리 민법이 규정하고 있는 것은 동산 · 부동산, 주물 · 종물, 원물 · 과실 이 3가지이다.

02 권리객체의 의미 및 관련 조문

1. 의미

권리의 객체라 함은 권리에 의해 보호되는 이익(권리의 내용 또는 목적)이 발생하기 위하여 필요한 대상을 말한다. 즉 권리의 주체가 법적으로 지배하는 대상이 권리의 객체이다. 민법총칙에 규정된 권리의 객체가 물건이다.

권리의 종류 및 객체

권리의 종류	권리의 객체
물권	물건(동산, 부동산)
채권	급부(특정인의 행위)
친족권	친족법상 지위
상속권	상속재산

2. 관련 조문

제4장 물건

제98조 【물건의 정의】 본법에서 물건이라 함은 유체물 및 전기 기타 관리할 수 있는 자연력을 말한다.

제99조 【부동산, 동산】 ① 토지 및 그 정착물은 부동산이다.
② 부동산 이외의 물건은 동산이다.

제100조 【주물, 종물】 ① 물건의 소유자가 그 물건의 상용에 공하기 위하여 자기소유인 다른 물건을 이에 부속하게 한 때에는 그 부속물은 종물이다.
② 종물은 주물의 처분에 따른다.

제101조 【천연과실, 법정과실】 ① 물건의 용법에 의하여 수취하는 산출물은 천연과실이다.
② 물건의 사용대가로 받는 금전 기타의 물건은 법정과실로 한다.

제102조 【과실의 취득】 ① 천연과실은 그 원물로부터 분리하는 때에 이를 수취할 권리자에게 속한다.
② 법정과실은 수취할 권리의 존속기간일수의 비율로 취득한다.

03 물건

1. 물건의 의미

민법 제98조에 따르면 물건은 유체물 및 전기 기타 관리할 수 있는 자연력을 말한다. 따라서 일정한 형체를 지닌 유체물뿐만 아니라 형체가 없는 무체물이라도 전기와 같이 관리할 수 있는 자연력은 물건에 해당한다.

2. 관리 가능성

물건이 되려면 관리할 수 있어야 한다. 관리할 수 없는 것은 배타적 지배가 불가능하여 물권의 객체가 될 수 없다. 유체물은 공간의 일부를 차지하고 사람의 오감으로 느낄 수 있는 형태를 가진 물건을 의미한다. 그 밖에 관리할 수 있는 자연력에는 전기, 열, 빛, 음향, 에너지 등이 있다.

04 부동산과 동산

물건의 대표적인 것이 부동산과 동산이다.

1. 부동산 : 토지 및 그 정착물

(1) 의미

부동산이란 토지 및 그 정착물을 말한다. 그 정착물로 대표적인 것이 건물과 수목이다. 부동산은 등기로 공시한다.

(2) 토지

토지의 소유권은 정당한 이익이 있는 범위 내에서 토지의 상하에 미친다(제212조). 토지의 구성물(암석, 흙, 지하수 등)은 토지의 구성부분으로서 별개의 물건이 아니다.

(3) 토지의 정착물

① 의미 : 계속성 여부
토지의 정착물이란 토지에 고정되어 있어 용이하게 이동할 수 없는 물건으로서 그러한 상태로 사용되는 것이 그 물건의 거래상의 성질로 인정되는 것을 말한다. 건물, 수목, 교량, 돌담, 도로의 포장, 도랑 등이 그 예이다. 반면에 계속성이 없는 판잣집, 가식(假植)의 수목, 토지나 건물에 충분히 고착되지 않은 기계 등은 토지의 정착물이 아니다.

② 계속성 원칙의 예외
그러나 예외적으로 입목법에 의한 수목, 입목법의 적용을 받지 않으나 명인방법을 갖춘 수목의 집단, 명인방법을 갖춘 미분리의 과실(과일, 담배잎, 뽕잎, 입도 등), 충분히 성숙한 농작물(大判 1979.8.28. 79다784는 타인의 토지 위에서 위법하게 경작된 농작물도 경작자의 것이라고 판시)은 토지와 별개의 부동산으로 인정된다.

2. 동산

(1) 의미

부동산 이외의 물건은 모두 동산이다(민법 제99조 제2항). 동산은 점유로서 공시한다(민법 제188조). 정착물이 아닌 토지의 부착물건(예 자동판매기)도 부동산이 아니라 동산에 속한다.

(2) 무기명채권증서는 동산이 아님

특정의 채권자를 지정하지 않고서 채권증서의 정당한 소지인에게 변제하여야할 증권적 채권(예 상품권, 승차권, 입장권, 무기명국채 등)은 무기명채권이라고 하는데, 이는 동산과 비슷한 성질을 갖지만, 동산이 아니다.

(3) 금전은 동산

금전은 동산이지만, 일정액의 가치를 나타내는 것으로서 개성이 없으므로 동산에 관한 규정 가운데에는 금전에 적용되지 않는 것들이 있다.

⊙ 부동산과 동산의 비교

구별	부동산	동산
의의	토지와 그 정착물	부동산 이외의 것
공시방법	등기	인도
공신의 원칙	등기의 공신력 부정	점유의 공신력 인정
용익물권의 설정	가능	불가능
담보물권의 설정	유치권, 저당권 설정	유치권, 질권 설정
취득시효	10년, 20년	5년, 10년

05 주물과 종물

1. 주물과 종물의 개념

(1) 주물과 종물의 의미

물건의 소유자가 그 물건의 상용에 공하기 위하여 자기소유인 다른 물건을 이에 부속 하게 한 때에는 그 물건을 주물(主物)이라 하고 그 주물에 부속되는 다른 물건을 종물(從物)이라 한다(민법 제100조 제1항).

(2) 주물과 종물의 사례

주유소 건물과 주유기, 백화점 건물과 지하에 설치된 전화교환설비, 횟집과 수족관건물의 연탄창고와 공동변소, 에어컨과 리모컨 등을 말한다.

(3) 주물과 종물의 관계

주물과 종물은 경제적 운명을 같이 하고, 법률적 운명도 같이 하도록 하기 위해 주종관계를 인정한 것이다. 그러나 주물 그 자체의 효용과 직접 관계가 없으면 주종관계는 성립하지 않는다.

2. 종물의 요건

(1) 주물의 상용에 이바지할 것, 즉 사회관념상 지속적으로 주물 자체의 경제적 효용을 높이는 관계에 있어야 한다.

(2) 주물・종물 모두 독립한 물건일 것, 즉 주물이나 종물이 다른 물건의 일부여서는 안 된다는 것이다

(3) 주물・종물 모두 동일한 소유자에게 속할 것, 즉 제3자의 소유에 속한 물건을 주물과 동시에 처분되는 종물로 취급해서는 안 된다는 것이다. 다만, 제3자의 소유에 속하는 물건을 계약으로 주물에 따르게 하는 것은 계약자유의 원칙에 따라 가능하다.

(4) 장소적 관계에 있을 것

3. 종물의 효과

(1) 종물은 주물의 처분에 따른다(제100조 제2항). 법률적 운명을 같이 한다.

(2) 저당권 설정 당시의 종물은 물론 설정 후의 종물에 대해서도 저당권의 효력이 미친다(제358조).

06 원물과 과실

1. 원물과 과실의 의미

(1) 의미

물건으로부터 생기는 자연적・경제적 수익을 과실(果實)이라 하고 과실을 생기게 하는 물건을 원물(元物)이라 한다.

(2) 사례

과실은 물건으로부터 생기는 것이어야 하므로, 권리의 과실은 과실에 속하지 않는다. ⇦ 저작권료나 특허권 사용료

2. 천연과실

(1) 의의

물건의 용법에 의하여 수취하는 산출물이 천연과실이다. 물건의 용법에 의한다는 것은 반드시 천연적 용법에만 국한되는 것이 아니다. 천연적으로 생산되는 것(예 화분에 열린 과일, 경주용 말의 새끼 등)뿐만 아니라 인공적으로 수취되는 것(예 토사나 석재 등)도 천연과실에 포함된다. 천연과실은 분리와 더불어 독립한 물건이 된다.

(2) 귀속의 문제

우리 민법은 과실의 취득에 대하여 천연과실은 그 원물로부터 분리하는 때에 이를 수취할 권리자에게 속한다고 한다(제102조 제1항).

(3) 수취권자 : 누가 과실을 취득하느냐의 문제

① 원칙 : 원칙상으로는 원물의 소유자이지만(제102조 제1항), 이는 임의규정이다.

② 예외
예외적으로 선의의 점유자(제201조), 지상권자(제279조), 전세권자(제303조), 매도인(제587조), 사용차주(제609조), 임차인(제618조), 친권자(제923조)가 과실을 수취할 수도 있다. 한편 유치권자(제323조), 질권자(제343조), 저당권자(제359조)는 자기 채권의 변제에 충당하는 권리로서 갖는 과실수취권자이다.

3. 법정과실

법정과실이란 물건의 사용의 대가로 받는 금전 기타의 물건을 말한다. 예컨대 집세, 이자, 지료 등은 이에 해당한다. 하지만 주식의 배당금, 특허 사용료, 전기요금, 지연이자, 노임 등은 물건의 사용대가가 아니므로 법정과실에 해당하지 않는다.

Ⅳ 법률관계의 변동

01 개요

법률관계는 왜 변동할까? 법률관계는 항상 그대로 유지되는 것이 아니라 일정한 원인에 의하여 변동한다. 이런 법률관계의 변동이 권리의 변동(발생, 변경, 소멸)이며, 법률효과이다. 이런 권리의 변동을 야기하는 원인이 법률요건이다. 이런 법률요건의 내용이 법률사실이다. 이런 법률사실은 사건과 행위, 내부의 관념과 의사로 나눌 수 있다. 법률요건 중 가장 중요한 것은 법률행위이다. 이 외에도 준법률행위나 불법행위, 부당이득, 사무관리 등도 법률요건이다.

02 권리의 변동과 변동 요인

1. 권리의 변동 의미

법률관계는 결국 권리·의무의 관계이므로, 법률관계의 변동 즉 법률효과는 권리·의무의 변동과 다르지 않다. 권리·의무의 변동이란 권리의 발생, 변경, 소멸을 말한다. 이런 권리 변동을 발생시키는 요인이 법률요건이다.

2. 법률요건: 법률관계 변동의 원인

법률요건은 권리의 변동을 발생시키는 법률사실의 총체를 말한다. ⇨ 법률사실은 법률요건을 구성하는 개개의 구체적 사실을 말한다.

3. 법률사실의 의미

법률사실이란 법률요건을 구성하는 개개의 사실이다. 법률사실은 사람의 정신작용에 의한 법률사실인 용태와 사람의 정신작용과는 관계없는 법률사실인 사건으로 크게 분류된다.

4. 법률사실의 분류

(1) 용태: 사람의 정신작용에서 기인하는 것

용태는 다시 외부적 용태와 내부적 용태로 구분이 된다.

① 외부적 용태

외부적 용태는 사람의 정신작용이 외부로 표현된 행위를 말한다. 외부적 용태는 다시 적법행위와 위법행위로 나누어진다.

㉠ 적법행위

적법행위는 다시 법률행위와 준법률행위로 나눠진다. 법률행위를 구성하는 법률사실이 의사표시이고, 준법률행위를 구성하는 법률사실로 의사의 통지 등이 있다.

㉡ 위법행위

② 내부적 용태

내부적 용태는 행위자의 정신작용이 외부로 표시되지 않고 내부에 머물러 있는 것이다. 여기에는 의사적 용태와 관념적 용태로 나눠진다.

㉠ 의사적 용태

의사적 용태는 행위자의 일정한 의욕과 관계되는 것으로서 소유의 의사, 사무관리에 있어서 관리의사 등이 이에 해당된다.

㉡ 관념적 용태

관념적 용태는 행위자의 인식과 관계되는 것인데 선의나 악의, 정당한 대리인이라는 신뢰 등이 이에 해당된다.

(2) 사건: 사람의 정신작용과 관계없는 것

사건은 사람의 정신작용이 수반하지 않는 자연발생적인 것을 말한다. 사람의 출생과 사망, 소멸시효에서 시간의 경과, 혼동, 부당이득 등이 사건에 해당된다.

⊙ 법률사실의 분류

<table>
<tr><td rowspan="10">법률사실</td><td rowspan="9">용태
(정신작용)</td><td rowspan="7">외부적 용태: 정신작용이 외부에 표출된 것</td><td rowspan="6">적법행위</td><td>법률행위</td><td colspan="2">의사표시: 법률행위의 요소</td></tr>
<tr><td rowspan="5">준법률행위
(법률행위를 제외한 행위로 효과가 법률에 규정됨)</td><td rowspan="3">표현행위</td><td>의사의 통지</td></tr>
<tr><td>관념의 통지</td></tr>
<tr><td>감정의 표시</td></tr>
<tr><td rowspan="2">사실행위
(비표현행위)</td><td>순수사실행위: 주소 설정</td></tr>
<tr><td>혼합사실행위: 물건 인도</td></tr>
<tr><td colspan="4">위법행위: 채무불이행, 불법행위</td></tr>
<tr><td rowspan="2">내부적 용태</td><td colspan="4">관념적 용태: 선의, 악의</td></tr>
<tr><td colspan="4">의사적 용태: 소유의 의사</td></tr>
<tr><td colspan="2">사건(정신작용 ×)</td><td colspan="4">출생, 사망</td></tr>
</table>

V 법률행위

01 개요

법률행위는 일정한 법률효과의 발생을 의욕하는 의사표시를 핵심적인 구성요소로 한다. 이런 법률행위에 의하여 일정한 권리의 득실변경이라는 법률효과가 발생한다. 예컨대 주택매매계약이라는 법률행위로 주택을 인도할 것을 청구할 수 있는 권리와 그 주택 대금을 청구할 수 있는 권리가 발생한다. 그리고 물건을 완전하게 넘겨받는 물권행위와 같은 법률행위가 이루어지면 소유권을 취득하게 된다.

02 법률행위의 의의

1. 사적자치 실현 수단

사적자치의 원칙에 따르면 각 개인은 스스로 자기 결정에 의하여 자기의 의사에 따라 법률관계를 형성할 수 있다. 이런 법률관계를 발생시키는 것이 바로 법률행위이다. 이런 점에서 법률행위는 사적자치를 실현하는 수단이 된다.

2. 의사표시를 필수요소로 하는 법률요건 중 하나

법률행위는 의사표시를 필수요소로 하는 법률요건이다. 또한 의사표시는 법률행위라는 법률요건에 있어서 반드시 필요한 법률사실이다. 즉 의사표시 없는 법률행위란 존재할 수 없다.

3. 법률행위의 목적

(1) 법률효과 발생

법률요건으로서 법률행위의 목적은 법률효과를 발생시키기 위해서이다. 이런 법률효과의 대표적인 경우가 권리의 변동(변경, 형성, 소멸)이다. 이런 점에서 법률행위는 준법률행위와 구별된다.

(2) 준법률행위와 구별

법률행위는 당사자의 의사대로 법률효과가 발생시키는 행위이지만, 준법률행위란 당사자의 의사와는 상관없이 법률의 규정에 의하여 일정한 법률효과가 발생하는 사람의 행위를 말한다. 대표적인 것이 의사의 통지이다.

03 법률행위의 유형

1. 단독행위, 계약, 합동행위 : 의사표시의 수

우선 의사표시의 수와 방향에 따라 단독행위, 계약, 합동행위 등으로 나눌 수 있다.

(1) 단독행위(單獨行爲) : 행위자 한 사람의 의사표시만으로써 성립하는 법률행위

단독행위는 한 개의 의사표시로 성립하는 법률행위로 상대방의 동의나 승낙을 필요로 하지 않는다. 이 행위는 상대방이 있는 경우와 상대방이 없는 경우로 나눌 수 있다. 상대방이 있는 단독행위로는 최고, 동의, 철회, 추인, 취소, 해제, 해지 등과 같은 대부분의 형성권의 행위이다. 상대방이 없는 단독행위로는 유언, 재단법인 설립행위, 소유권의 포기 등이 있다.

⑵ 계약(契約) : 서로 대립하는 둘 이상의 의사표시의 합치에 의해 성립하는 법률행위

계약은 2인 이상의 당사자가 청약과 승낙이라는 서로 대립하는 의사표시를 하고 그 합치로 성립하는 법률행위를 말한다. 예컨대 매매, 증여, 소비대차, 임대차, 사용대차, 고용, 위임, 혼인, 입양, 약혼 등을 위한 계약이 있다.

⑶ 합동행위(合同行爲) : 수인의 동일한 의사표시의 합치

합동행위는 평행적, 구심적으로 방향을 같이 하는 2개 이상의 의사표시가 합치하여 성립하는 법률행위를 말한다. 예컨대 사단법인 설립행위 등이 있다.

2. 채권행위, 물권행위(준물권행위) : 이행의 문제

이 분류방식은 법률행위를 이행의 문제를 남기는지 여부에 따라 분류한 것이다.

⑴ 채권행위(債券行爲) : 이행의 문제를 남김

채권행위는 채권의 발생을 목적으로 하는 행위로서 앞으로의 이행 문제를 남기는 행위이다. 즉 채권행위가 성립하면 그 법률효과로서 채권·채무가 발생한다. ⇦ 매매, 임대차 등

⑵ 물권행위(物權行爲) : 이행의 문제를 남기지 않음

물권행위는 물건의 변동을 목적으로 하는 법률행위(소유권의 이전, 저당권의 설정 등)이다. 물권행위가 성립하면 그 법률효과로서 물권이 직접 변동한다.

⑶ 준물권행위 : 이행의 문제를 남기지 않음

준물권행위는 물권 이외의 권리를 종국적으로 변동시키고 이행이라는 문제를 남기지 않는 법률행위이다. 예컨대 채권양도, 채무면제 등이다.

3. 요식행위, 불요식행위 : 요식 유무

방식을 요하는가에 의해 법률행위를 구별한다면 요식행위와 불요식행위가 있다.

⑴ 요식행위(要式行爲)

요식행위는 서면 기타 일정한 방식(서면, 증서, 공증, 신고, 검인) 등에 따라서 하여야 하는 법률행위를 말한다. 요식행위로는 법인설립행위, 유언, 혼인행위, 파양행위 등이 있다.

⑵ 불요식행위(不要式行爲)

불요식행위는 요식행위와 같은 형식을 요하지 않는 법률행위이다.

4. 유상행위와 무상행위 : 재산출연의 유무

재산출연의 유무에 따라 법률행위는 유상행위와 무상행위로 나뉜다. 출연행위는 자신의 재산을 감소시키고 타인의 재산을 증가시키는 효과를 발생하게 하는 행위이다.

(1) 유상행위

유상행위란 자신의 출연에 대하여 상대방으로부터도 그것에 대응하는 출연을 받는 것을 목적으로 하는 행위이다. 예컨대 매매, 교환, 임대차 등은 유상행위이다.

(2) 무상행위

무상행위란 상대방으로부터는 출연을 받지 않고 일방만이 출연의무를 부담하는 것이다. 예컨대 증여, 사용대차, 무상위임 등은 무상행위이다.

5. 유인행위와 무인행위 : 유인성 여부

유인성 여부에 따라 유인행위와 무인행위로 법률행위를 나눌 수 있다.

(1) 유인행위

원인이 된 행위의 불성립이나 무효가 당해 법률행위의 효력에 영향을 미치면 유인행위이다.

(2) 무인행위

원인된 행위가 무효가 되어도 당해 법률행위는 유효한 것을 무인행위라고 한다.

(3) 사례 : 채권행위와 물권행위

예컨대 판례에 따르면 매매를 원인으로 하는 소유권이전의 물권적 합의의 경우 매매가 무효로 되면 이에 따라 소유권을 이전하는 물권행위도 무효로 된다고 하였다. 이 경우 물권행위는 유인행위가 된다.

6. 사인행위와 생전행위 : 사망전후

효과발생의 시기에 따라 사인행위와 생전행위로 나눌 수도 있다.

(1) 사인행위

사인행위는 행위자의 사망으로 그 효력이 생기는 법률행위이다. 예컨대 유언, 사인증여 등이다.

(2) 생전행위

사인행위에 반대하는 개념이 생전행위이다.

7. 독립행위와 보조행위 : 법률효과 발생과 보충

독립성 여부를 기준으로 독립행위와 보조행위로 나눌 수 있다.

(1) 독립행위

독립행위는 직접 법률관계의 변동을 일으키게 하는 법률행위이다. 독립행위가 직접적으로 실질적인 법률관계에 변동을 일어나게 하는 법률행위임에 반하여, 보조행위는 단순히 다른 법률행위의 효과를 형식적으로 보충하거나 확정하는 것을 목적으로 하는 행위를 말한다.

(2) 보조행위

보조행위는 단순히 법률행위의 효과를 형식적으로 보충하거나 확정하는 것을 목적으로 하는 법률행위이다. 예컨대 동의, 추인, 허가, 대리권의 수여 등이 있다.

8. 주된행위와 종된행위 : 성립을 위한 필요성 여부

성립을 위해 다른 법률행위를 필요로 하는지 여부에 따라 법률행위는 주된행위와 종된행위로 나눌 수 있다.

(1) 주된행위

주된행위는 그것이 성립하기 위하여 다른 법률행위를 필요로 하지 않는 법률행위이다.

(2) 종된행위

종된행위는 반대로 그 법률행위가 성립하기 위하여 다른 법률행위를 필요로 하는 법률행위이다.

(3) 사례

예컨대 저당권 설정계약은 소비대차계약에 좌우된다. 또한 보증계약도 마찬가지로 소비대차계약에 좌우된다. 부부재산계약은 혼인에 좌우된다. 이와 같은 종된 법률행위의 효력은 주된 법률행위의 효력에 좌우된다. 예컨대 혼인이 무효이면 부부재산계약도 유효하지 않게 된다. 매매계약이 무효이면 계약금계약도 유효하지 않게 된다.

04 법률행위 성립요건 및 효력요건

법률행위가 당사자가 원하는 대로 법률효과를 완전히 발생하기 위해서는 성립요건과 효력요건을 갖추어야 한다.

1. 법률행위 성립요건

(1) 의미

법률행위의 성립요건은 법률행위로서 인정받기 위한 최소한의 외형적 요소를 말한다. 이런 성립요건을 갖추지 못한 법률행위는 무효 또는 취소가 아니라 불성립이 된다.

(2) 일반적 성립요건과 특별성립요건

① 일반적인 성립요건
일반적 성립요건이란 모든 법률행위가 성립하기 위하여 일반적으로 요구되는 요건이다. 법률행위가 일반적으로 성립하기 위해서는 당사자, 목적, 의사표시가 존재하여야 한다.

② 특별성립요건
특별성립요건이란 개별적인 법률행위에서 법률이 그 성립에 관해 특별히 추가하는 요건이다. 법인의 설립등기, 혼인이나 입양의 신고, 유언의 요식성이다.

2. 법률행위의 효력발생요건

(1) 법률행위의 효력요건 의미

효력발생요건은 성립요건을 갖춘 법률행위가 법률효과를 발생시키기 위해서 필요한 요건을 말한다. 효력발생요건을 구비하지 못하면 법률행위는 당사자가 원한 대로의 효과를 발생시키지 못하므로 무효, 취소의 문제가 발생한다.

(2) 일반적 효력발생요건

일반적 효력발생요건이란 모든 법률행위가 효력발생을 위해서 구비하여야 하는 요건을 말한다.

① 당사자에게 각종 능력(권리능력, 의사능력, 행위능력)이 있을 것

② 법률행위의 목적이 확정, 가능, 적법, 사회적 타당성이 있을 것

③ 의사표시에 관하여 의사와 표시가 일치하고 의사표시에 하자가 없을 것 등이다.

(3) 특별효력발생요건

특별효력발생요건이란 법률행위의 효력발생을 위해서 법률이 특별히 추가하는 요건을 말한다.

① 조건부 기한부 법률행위에 있어서 조건이나 기한의 도래

② 유언에 있어서 유언자의 사망

③ 농지취득자격 증명 등과 같은 것이다.

⊙ 법률행위의 성립요건 및 효력요건

성립요건	일반적 성립요건	당사자, 목적, 의사표시
	특별성립요건	요식계약에서 방식 구비, 혼인 신고, 등기/등록(학설대립)
효력 발생요건	일반적 효력발생요건	당사자가 권리능력, 의사능력, 행위능력을 가질 것
		내용이 확정, 가능, 적법, 사회적 타당성을 가질 것
		표시와 내심의 의사가 일치할 것 ⇦ 하자가 없을 것
	특별효력발생요건	대리행위에서 대리권 존재, 조건성취, 기한도래, 물권변동에서 등기 및 인도가 있을 것(학설대립), 유언자의 사망, 수증자의 생존

3. 법률행위의 효력[110)]: 무효, 취소

(1) 무효: 처음부터 무효

무효는 처음부터 법률행위의 효력이 발생하지 않는 것을 의미한다. 법률행위를 하면 법률효과가 발생하는 것이 원칙이다. 법률행위의 목적 등이 사회질서에 반할 경우에는 무효가 된다. 무효가 될 경우에는 법률효과가 당연히 생기지 않는다. 따라서 법률행위만 있고 아직 이행을 하지 않은 상태라면 그대로 법률관계는 소멸한다. 그러나 계약을 이미 이행한 상태에서 법률행위가 무효가 되면 법률관계는 소급적으로 소멸된다. 이 경우 이미 이행한 부분은 부당이득에 의하여 반환을 청구할 수 있게 됨이 원칙이다.

(2) 취소: 취소 시 소급해서 무효

무효와 달리 취소는 소급해서 해당 법률행위를 무효로 만든다. 행위무능력자가 대리인의 동의를 받거나 대리를 통해 법률행위를 한 것이라면 그와 그의 대리인은 취소할 수 있다. 다만 취소가 되기 전까지는 법률효과가 그대로 유지된다. 취소할 경우에는 그 법률효과가 소급해서 소멸한다.

(3) 무효와 취소의 비교

무효와 취소의 공통점은 법률행위의 효력이 소멸하여 그 이전 상태로 돌아간다는 것이다. 이전 상태로 돌아가는 경우는 무효와 취소 이외에도 계약해제를 한 경우에도 마찬가지다. 만약 거래 당사자가 이행한 것이 있는 경우에는 상호 간에 돌려주고 받는 원상회복을 통해 거래가 있기 전 상태로 돌아간다.

110) 절대적 무효가 아닌 이상 무효도 유효가 될 수 있다. 마찬가지로 취소할 수 있는 행위도 유효가 될 수 있다. 사적자치를 중시하는 민법의 성격 때문이다.

05 법률행위의 목적

이미 앞에서 법률행위와 관련된 요건 중 당사자와 관련되는 내용은 이미 살펴보았다. 여기에서는 법률행위의 요건을 구성하는 요소 중에 '목적'을 중심으로 살펴보게 될 것이다. 법률행위의 목적은 법률행위를 한 자가 궁극적으로 원하는 것을 의미한다. 하지만 불법적이거나 반사회적인 목적까지 허용될 수는 없다.

1. 법률행위의 목적 개념

(1) 법률행위의 목적 의미 및 관련 조문

① 의미

법률행위의 목적이란 법률행위를 하는 자가 그 법률행위에 의하여 발생시키려고 하는 법률효과를 말한다.

② 관련 조문

제103조 【반사회질서의 법률행위】 선량한 풍속 기타 사회질서에 위반한 사항을 내용으로 하는 법률행위는 무효로 한다.

제104조 【불공정한 법률행위】 당사자의 궁박, 경솔 또는 무경험으로 인하여 현저하게 공정을 잃은 법률행위는 무효로 한다.

제105조 【임의규정】 법률행위의 당사자가 법령 중의 선량한 풍속 기타 사회질서에 관계없는 규정과 다른 의사를 표시한 때에는 그 의사에 의한다.

제106조 【사실인 관습】 법령 중의 선량한 풍속 기타 사회질서에 관계없는 규정과 다른 관습이 있는 경우에 당사자의 의사가 명확하지 아니한 때에는 그 관습에 의한다.

(2) 법률행위의 목적과 목적물은 구별되어야 한다.

예컨대 갑(甲)과 을(乙)은 A 토지 매매 계약을 체결하였다. A 토지 매도인 갑(甲)과 매수인 을(乙) 사이에는 A 토지 소유권 이전의무와 대금지급의무가 발생한다. 이 의무가 법률행위의 목적이 된다. 그리고 목적물은 A 토지이다.

(3) 법률행위의 목적과 법률효과

법률행위가 그 효력을 발생하려면 법률행위의 목적이 확정할 수 있고, 실현할 수 있으며 법질서가 허용되는 것이어야 한다. 즉 확정, 가능, 적법, 사회적 타당성이 있어야 한다. 이것 중 어느 하나라도 결여되었으면 그 법률행위는 무효이다.

2. 내용의 확정

(1) 의미

법률행위의 내용은 확정할 수 있는 것이어야 한다.

(2) 언제까지 확정되어야 하는가?

내용의 확정은 법률행위의 성립당시에 확정될 필요는 없으며 이행기까지 확정될 수 있으면 된다.

3. 내용의 가능성

(1) 의미

법률행위는 사회관념에 비춰 실현 가능한 것이어야 한다. 목적의 실현이 불가능한 경우에 그 법률행위는 무효이다.

(2) 가능성 여부에 대한 판단기준

① 사회관념 내지 거래 관념이 기준
법률행위가 가능한지 불능인지는 사회관념 내지 거래관념에 따라 결정되는 것이 타당할 것이다.

② 물리적 논리적 결정사항이 아님

③ 사례
바닷속에 빠진 다이아몬드 반지를 찾는 것을 내용으로 하는 법률행위는 가능한 것인가?

4. 목적의 적법성

(1) 적법성의 의의

법률행위의 내용은 적법・타당하여야 한다. 사적자치의 원칙은 법질서(강행법규)의 테두리 내에서 허용되는 것이기 때문이다. 강행법규에 위반하는 법률행위는 부적법한 것으로서 무효가 된다.

(2) 강행규정의 의미

민법에서 강행법규는 법령 중 선량한 풍속 기타 사회질서와 관계있는 규정으로 당사자의 의사에 의하여 배제하거나 변경이 불가능한 것으로서 사적자치에 한계를 긋는 의미를 가진다.

(3) 강행규정 구별 기준

강행법규에 위반하는 법률행위는 무효로 되기 때문에 무엇이 강행법규이고 임의법규냐 구분하는 것은 매우 중요한 문제이다. 민법에서 강행법규와 임의법규를 일률적으로 구분하는 기준은 없다. 법규의 입법취지, 목적 등을 고려해 구체적으로 판단한다. 일반적으로 거론되는 기준은 다음과 같다.

① 사회의 기본적 윤리관을 반영하는 규정

② 가족관계질서의 유지에 관한 규정

③ 법률질서의 기본구조에 관한 규정

④ 제3자, 사회일반의 이해에 직접 중요한 영향을 미치는 규정

⑤ 거래안전을 위한 규정

⑥ 경제적 약자를 보호하기 위한 사회정책적 규정

(4) 민법상 강행규정에 해당하는 것

① 총칙편: 권리능력, 행위능력, 법인제도, 소멸시효제도, 비진의 표시, 허위표시 규정

② 물권편: 대부분이 강행규정

③ 채권편: 경제적 약자 보호 규정, 주택임대차보호법

④ 친상법: 대부분이 강행규정

5. 사회적 타당성: 선량한 풍속 기타 사회질서

(1) 민법 제103조

민법은 제103조에서 "선량한 풍속 기타 사회질서에 위반한 사항을 내용으로 하는 법률행위는 무효로 한다"라고 규정하고 있다.

① 선량한 풍속의 의미
선량한 풍속은 사회의 도덕관념, 즉 모든 국민에게 지킬 것이 요구되는 최소한도의 도덕률을 말한다.

② 사회질서
사회질서는 사회생활의 평화와 질서를 유지하는 데 있어서 일반국민이 반드시 지켜야 할 일반규범을 말한다.

③ 선량한 풍속 및 기타 사회질서에 반하는지 여부를 판단하는 기준
선량한 풍속 및 기타 사회질서에 반하는지 여부는 법률행위의 내용뿐만 아니라 법률행위의 동기, 목적 등 주위 사정을 종합하여 추단되는 법률행위의 전체의 성격으로부터 결정하여야 할 것이다.

(2) 사회질서위반행위의 유형

① 정의관념에 반하는 행위: 범죄를 내용으로 하는 행위, 위증, 부동산 이중매매, 경매나 입찰의 담합 행위

② 인륜에 반하는 행위: 자식이 부모를 상대로 한 손해배상청구, 첩계약, 처 있는 남자가 다른 여자와 맺은 혼인

③ 개인의 자유를 매우 심하게 제한하는 행위: 인신매매, 혼인 및 이혼하지 않겠다는 계약

④ 생존의 기초가 되는 재산의 처분행위

⑤ 지나치게 사행적인 행위

⑥ 당사자의 우월한 지위를 남용한 행위

(3) **민법 제103조 위반의 효과**: 절대적 무효

① 무효
선량한 풍속 기타 사회질서에 위반한 사항을 내용으로 하는 법률행위는 무효이다.

② 추인 부정
무효인 경우 당사자가 이를 알고 추인하여도 새로운 법률행위를 한 것으로 효력이 생기지 않는다.

(4) **민법 제103조와 민법 제746조**: 불법원인급여와 부당이득반환청구의 문제

① 민법 제746조
민법 제746조에서는 "불법의 원인으로 인하여 재산을 급여하거나 노무를 제공한 때에는 그 이익의 반환을 청구하지 못한다. 그러나 그 불법원인이 수익자에게만 있는 때에는 그러하지 아니하다"라고 규정하고 있다.

② 민법 제103조
민법 제103조에 해당하는 행위는 불법행위가 된다. 재산을 급여한 것이 민법 제103조에 따라 반사회적 행위가 무효가 되더라도 지급한 것을 민법 제746조에 따라 반환청구할 수 없다. 민법 제746조가 불법의 원인으로 인하여 재산을 급여한 때에는 그 이익의 반환을 청구하지 못한다고 규정한 뜻은, 그러한 급여를 한 사람은 그 원인행위가 법률상 무효임을 내세워 상대방에게 부당이득반환청구를 할 수 없음은 물론 급여한 물건의 소유권이 자기에게 있다고 하여 소유권에 기한 반환청구도 할 수 없다는 데 있으므로, 결국 그 물건의 소유권은 급여를 받은 상대방에게 귀속된다(대법원 2017.10.26. 선고 2017도9254 판결).

(5) **민법 제104조**(불공정한 법률행위): 민법 제103조의 예시규정

① 민법 제104조

㉠ 의미
민법 제104조는 "당사자의 궁박, 경솔 또는 무경험으로 인하여 현저하게 공정을 잃은 법률행위는 무효로 한다"라고 규정하고 있다. 여기서 '궁박'이란 '급박한 곤궁'을 의미하고, 당사자가 궁박 상태에 있었는지 여부는 당사자의 신분과 상호관계, 당사자가 처한 상황의 절박성, 계약의 체결을 둘러싼 협상과정 및 거래를 통한 당사자의 이익, 당사자가 그 거래를 통해 추구하고자 한 목적을 달성하기 위한 다른 적절한 대안의 존재 여부 등 여러 상황을 종합하여 구체적으로 판단하여야 한다. 또한 '현저하게 공정을 잃었는지'는 단순히 시가와 거래대금의 차액만으로 판단할 수 있는 것은 아니고 구체적·개별적 사안에서 일반인의 사회통념에 따라 결정하여야 하며, 당사자의 주관적 가치가 아닌 거래상의 객관적 가치에 따라 판단하여야 한다. 한편 매매계약과 같은 쌍무계

약이 급부와 반대급부와의 불균형으로 말미암아 불공정한 법률행위에 해당하여 무효라고 한다면, 그 계약으로 인하여 불이익을 입는 당사자로 하여금 위와 같은 불공정성을 소송 등 사법적 구제 수단을 통하여 주장하지 못하도록 하는 부제소합의 역시 다른 특별한 사정이 없는 한 무효라고 할 것이다(대법원 2010.7.15. 선고 2009다50308 판결 등 참조).

㉡ 사례

농촌에 거주하는 79세 된 노인으로부터 한국감정원의 감정가격의 30%에도 미치지 못하는 가격으로 토지를 매수하고, 계약금으로 매매대금의 3분의 1 이상을 지급하였으며 매매계약 다음날 중도금을 지급하여 계약금과 중도금을 합한 액수가 매매대금의 80%에 이르는 등 매매계약의 내용이 이례적인 점 등에 비추어 불공정한 법률행위로 볼 여지가 있다(대법원 92.2.25. 선고 91다40351 판결).

② 민법 제103조와의 관계

이 조항은 민법 제103조의 대표적인 예시규정이다.

③ 부당이득반환청구의 문제

㉠ 민법 제746조 단서

민법 제746조에서는 “그러나 그 불법원인이 수익자에게만 있는 때에는 그러하지 아니하다”라고 규정하고 있다.

㉡ 민법 제746조 단서 근거 ⇨ 반환청구 가능

민법 제104조에 위반한 경우에는 제746조 단서에 해당되어 급부자는 당연히 반환청구권을 가진다.

㉢ 부당이득반환청구 가능

급부가 이행된 경우에는 불법원인이 폭리자 한쪽에만 있으므로 피해자는 반환청구가 가능하다..

06 의사표시

법률행위를 구성하는 법률사실이 의사표시이다. 법률행위가 효력을 가지려면 의사표시에 하자나 흠결이 없어야 한다.

1. 의사표시의 의미 및 관련 조문

(1) 의미

민법의 개념으로 일정한 법률효과의 발생을 원하는 의사의 표시이다. 의사표시는 법률행위의 불가결의 요소가 되는 법률사실이다. 이런 의사표시는 의사와 표시가 일치할 때 표의자가 원하는 법률효과가 발생한다.

(2) 관련 조문

제2절 의사표시

제107조 【진의 아닌 의사표시】 ① 의사표시는 표의자가 진의 아님을 알고 한 것이라도 그 효력이 있다. 그러나 상대방이 표의자의 진의 아님을 알았거나 이를 알 수 있었을 경우에는 무효로 한다.
② 전항의 의사표시의 무효는 선의의 제삼자에게 대항하지 못한다.

제108조 【통정한 허위의 의사표시】 ① 상대방과 통정한 허위의 의사표시는 무효로 한다.
② 전항의 의사표시의 무효는 선의의 제삼자에게 대항하지 못한다.

제109조 【착오로 인한 의사표시】 ① 의사표시는 법률행위의 내용의 중요부분에 착오가 있는 때에는 취소할 수 있다. 그러나 그 착오가 표의자의 중대한 과실로 인한 때에는 취소하지 못한다.
② 전항의 의사표시의 취소는 선의의 제삼자에게 대항하지 못한다.

제110조 【사기, 강박에 의한 의사표시】 ① 사기나 강박에 의한 의사표시는 취소할 수 있다.
② 상대방 있는 의사표시에 관하여 제삼자가 사기나 강박을 행한 경우에는 상대방이 그 사실을 알았거나 알 수 있었을 경우에 한하여 그 의사표시를 취소할 수 있다.
③ 전2항의 의사표시의 취소는 선의의 제삼자에게 대항하지 못한다.

2. 비정상적인 의사표시

의사표시는 의사와 표시가 일치할 때 표의자가 원하는 법률효과가 발생한다.

(1) 의사와 표시의 불일치(의사표시의 흠결)

하지만 의사와 표시가 불일치하거나 의사표시에 하자가 있는 경우가 있다. 의사와 표시가 일치하지 않은 경우로 진의 아닌 의사표시, 통정허위표시, 착오에 의한 의사표시가 있다.

(2) 하자 있는 의사표시

의사와 표시는 일치하지만 의사표시에 하자가 있는 사기와 강박에 의한 의사표시가 있다.

3. 의사와 표시의 불일치

(1) 진의 아닌 의사표시(비진의표시, 제107조)

① 의미 : 원칙은 유효
진의 아닌 의사표시란 의사와 표시가 일치하지 않는 것을 스스로 알면서 의사표시를 한 경우이다. 표의자(表意者)가 알면서 일부러 진의와 다른 의사표시를 한 것으로 심리유보라고도 한다.

② 법률효과 원칙
표시된 대로의 효과가 발생함이 원칙이다.

③ 상대방이 알았거나 알 수 있었을 경우에는 무효
이때에는 표시한 대로의 효과가 발생함이 원칙이지만 상대방이 진의 아님을 알았거나 알 수 있었을 때에는 무효가 된다.

④ 제3자에 대한 효과
이러한 무효는 무효임을 모르는 제3자에게 무효주장을 하지 못한다.

⑤ 관련 판례
갑(甲) 회사에 근무하던 A는 회사의 경영방침에 따라 사직원을 제출하고 회사가 이를 받아들여 퇴직처리를 하였다. 하지만 A는 즉시 재입사하는 형식을 취해 퇴직 전후에 걸쳐 실질적인 근로관계의 단절이 없이 계속 근무하였다. 하지만 회사 측은 위 사직원 제출에 따른 퇴직의 효과가 생긴 것이라고 주장을 하였다. 이에 대해 법원은 A가 그 퇴직 전후에 걸쳐 실질적인 근로관계의 단절이 없이 계속 근무하였다면 그 사직원 제출은 근로자가 퇴직을 할 의사 없이 근무의사를 표시한 것으로서 비진의 표시에 해당하고 재입사를 전제로 사직원을 제출케 한 회사 또한 그와 같은 진의 아님을 알고 있었다고 봄이 상당하다 할 것이므로 위 사직원 제출에 따른 퇴직의 효과는 생기지 아니한다(대법원 1988.5.10. 선고 87다카2578 판결).

(2) 통정허위표시(제108조)

① 의미
통정허위표시는 표의자와 상대방이 짜고 허위의 의사표시를 한 법률행위를 말한다. 상대방이 허위의 의사표시임을 알고 있다는 사실에서 비진의 의사표시와는 구별된다. 예컨대 '통정허위표시'가 성립하기 위해서는 의사표시의 진의와 표시가 일치하지 아니하고 그 불일치에 관하여 상대방과 사이에 합의가 있어야 하는데, 제3자가 금전소비대차약정서 등 대출관련 서류에 주채무자 또는 연대보증인으로서 직접 서명·날인하였다면 제3자는 자신이 그 소비대차계약의 채무자임을 금융기관에 대하여 표시한 셈이고, 제3자가 금융기관이 정한 여신제한 등의 규정을 회피하여 타인으로 하여금 제3자 명의로 대출을 받아 이를 사용하도록 할 의사가 있었다거나 그 원리금을 타인의 부담으로 상환하기로 하였더라도, 특별한 사정이 없는 한 이는 소비대차계약에 따른 경제적 효과를 타인에게 귀속시키려는 의사에 불과할 뿐, 그 법률상의 효과까지도 타인에게 귀속시키려는 의사로 볼 수는 없으므로 제3자의 진의와 표시에 불일치가 있다고 보기는 어렵다(대법원 2008.6.12. 선고 2008다7772, 7789 판결 등 참조).

② 처음부터 당사자 사이에서는 무효
상대방과 통정하여 진의 아닌 의사표시를 한 것으로 원칙적으로 무효이다. 허위표시는 당사자 사이에 있어서는 무효이다. 예컨대 A는 채권자 B의 강제집행을 면탈할 목적으로 그 소유의 건물을 친구 C와 상의하여 C에게 가장양도하고 소유권이전등기를 경료하였다. C는 다시 그 건물을 선의의 D에게 전매한 후에 소유권이전등기를 마쳤다. A와 C 사이의 소유권 매매는 무효이다.

③ 제3자에 대한 효과: 선의의 제3자는 보호
무효이기 때문에 제3자도 원칙적으로 권리 취득 등을 할 수 없다. 다만 통정허위표시임을 모르는 제3자에게 무효주장을 할 수 없다. 즉 외부관계에 있어서는 무효를 선의의 제3자에 대하여 주장할 수 없다. 예컨대 A는 채권자 B의 강제집행을 면탈할 목적으로 그 소유의 건물을 친구 C와 상의하여 C에게 가장양도하고 소유권이전등기를 경료하였다. C는 다시 그 건물을 선의의 D에게 전매한 후에 소유권이전등기를 마쳤다. C는 다시 그 건물을 선의의 D에게 전매한 후에 소유권이전등기를 마쳤다. A와 C 사이의 소유권 매매는 무효이다. 하지만 A는 D에게 소유권을 주장하여 반환할 수 없다.

(3) 착오(제109조)

① 착오 의미

표시에 나타난 의사와 진의가 일치하지 않음을 표의자 자신이 알지 못하는 경우를 말한다. 즉 착오로 인한 의사표시라 함은 의사표시의 성립과정에 있어서의 표의자가 내심의 의사와 표시된 내용이 일치하지 아니함을 모르는 것으로 중요부분에 착오가 있는 때에는 취소할 수 있다.

② 착오의 요건

㉠ 의사표시

㉡ 의사와 표시의 불일치

㉢ 표의자 스스로가 불일치 사실을 몰라야 한다.

③ 취소 여부 : 중요부분에 착오가 있는 때에는 그 의사표시를 취소할 수 있다.

㉠ 법률행위의 내용에 착오가 있을 것

㉡ 중요부분의 착오

㉢ 중대한 과실이 없을 것

④ 착오의 효과

㉠ 취소할 수 있다.

㉡ 제3자에 대한 효과

취소하더라도 착오임을 모르는 제3자에게는 그 취소의 효과를 주장하지 못한다(제109조 제2항).

4. 하자 있는 의사표시(제110조, 사기강박에 의한 의사표시)

(1) 사기에 의한 의사표시

① 의미

사기에 의한 의사표시란 상대방 또는 제3자의 기망행위로 착오에 빠지고 그러한 상태에서 한 의사표시를 말한다.

② 요건

㉠ 기망행위 → 착오 → 의사표시

㉡ 위법성

㉢ 인과관계

③ 법률효과

사기나 강박에 의한 의사표시로 이는 취소할 수 있다. 그리고 상대방 있는 의사표시에 있어서 제3자가 사기·강박을 행한 경우에는 상대방이 그 사실을 알았거나 알 수 있었을 때에 한하여 취소할 수 있다. 이러한 취소의 효과는 그 점을 모르는 제3자에게 주장할 수 없다(민법 제110조 제3항).

PART 05

(2) 강박에 의한 의사표시

① 의미
강박에 의한 의사표시란 상대방 또는 제3자의 강박행위로 공포심을 가지게 되고 그 공포심을 피하기 위해 한 의사표시를 말한다.

② 요건

㉠ 강박행위 → 공포심 → 의사표시

㉡ 위법성

㉢ 인과관계

③ 법률효과
사기나 강박에 의한 의사표시로 이는 취소할 수 있다. 그리고 상대방 있는 의사표시에 있어서 제3자가 사기・강박을 행한 경우에는 상대방이 그 사실을 알았거나 알 수 있었을 때에 한하여 취소할 수 있다. 이러한 취소의 효과는 그 점을 모르는 제3자에게 주장할 수 없다(민법 제110조 제3항).

07 대리

1. 대리제도의 의의

(1) 의미

대리는 타인이 본인의 이름으로 법률행위를 하거나 의사표시를 수령하여 그 법률효과가 직접 본인에게 생기는 제도를 말한다. 예를 들어 갑(甲)과 을(乙)은 갑(甲) 소유의 주택을 매매하기로 하였다. 계약서를 써야 하는 당일에 갑(甲)은 갑자기 일이 생겨 병(丙)에게 대신 계약서를 작성하여 자신에게 갖다 줄 것을 부탁하였다. 이 경우 갑(甲)이 본인이며, 병(丙)은 대리인이다.

(2) 대리제도의 취지 및 기능

현대 사회에서 사람들은 여러 시간 동안 많은 일을 한다. 그래서 급한 경우에는 자신을 대신하여 일을 처리해 줄 사람이 필요하다. 이렇게 도와주는 있을 때 더 많은 일을 효율적으로 할 수 있게 된다. 또한 스스로 일을 처리할 능력 등이 부족할 경우에는 자신을 도와 일을 할 사람이 필요하게 된다. 이런 2가지의 경우를 고려하여 도입된 것이 대리제도이다. 그래서 대리제도는 현실적인 문제를 해결함으로써 사적자치를 확장하고, 사적자치를 보충해 주는 역할을 하게 된다. 임의 대리는 주로 사적자치를 확장하는 역할을 한다. 그리고 법정대리인은 사적자치를 보충해 주는 역할을 한다.

(3) 관련 조문

제114조【대리행위의 효력】 ① 대리인이 그 권한 내에서 본인을 위한 것임을 표시한 의사표시는 직접 본인에게 대하여 효력이 생긴다.
② 전항의 규정은 대리인에게 대한 제삼자의 의사표시에 준용한다.

제115조【본인을 위한 것임을 표시하지 아니한 행위】 대리인이 본인을 위한 것임을 표시하지 아니한 때에는 그 의사표시는 자기를 위한 것으로 본다. 그러나 상대방이 대리인으로서 한 것임을 알았거나 알 수 있었을 때에는 전조 제1항의 규정을 준용한다.

제116조【대리행위의 하자】 ① 의사표시의 효력이 의사의 흠결, 사기, 강박 또는 어느 사정을 알았거나 과실로 알지 못한 것으로 인하여 영향을 받을 경우에 그 사실의 유무는 대리인을 표준하여 결정한다.
② 특정한 법률행위를 위임한 경우에 대리인이 본인의 지시에 좇아 그 행위를 한 때에는 본인은 자기가 안 사정 또는 과실로 인하여 알지 못한 사정에 관하여 대리인의 부지를 주장하지 못한다.

제117조【대리인의 행위능력】 대리인은 행위능력자임을 요하지 아니한다.

제118조【대리권의 범위】 권한을 정하지 아니한 대리인은 다음 각 호의 행위만을 할 수 있다.
1. 보존행위
2. 대리의 목적인 물건이나 권리의 성질을 변하지 아니하는 범위에서 그 이용 또는 개량하는 행위

2. 대리권

(1) 의미

대리를 하기 위해서는 대리권이 있어야 한다. 대리권이란 본인의 이름으로 법률행위를 하거나 의사표시를 수령하여 그 법률효과가 직접 본인에게 생기게 할 수 있는 법률상의 지위를 말한다.

(2) 발생원인

임의대리의 발생원인은 대리권을 주는 수권행위이다. 반면에 법정대리의 발생원인은 대부분 법률의 규정, 법원의 선임행위 등이다.

3. 법적인 문제

대리가 한 행위 중 어떤 경우에 본인이 책임을 지는지에 대한 것이다. 본인에게 귀속을 시킬 수 없는 일은 당연히 대리인이 책임을 져야 한다. 하지만 외부에서 볼 때 본인에게 귀속시키는 것이 합리적으로 당연하다고 생각되는 경우에 대해서는 본인에게 책임을 부담하게 한다.

08 법률행위의 부관

1. 부관의 의미(협의) : 법률행위의 효력 제한

법률행위를 하면 법률행위의 효력은 바로 발생하는 것이 원칙이다. 하지만 사적자치의 원칙상 법률행위의 효력을 제한하는 것도 가능하다. 이와 같이 법률행위의 효과의 발생 또는 소멸을 제한하기 위하여 법률행위의 내용으로서 덧붙여지는 약관을 부관이라고 한다.

2. 부관의 효력

부관은 법률행위의 효력을 바로 발생시키지 않고 있다가 장차 일정한 사실관계가 성립하는 시점에 발생시키기를 원하는 경우와 일단 법률효과가 바로 발생하지만 장차 일정한 사실관계가 성립하는 시점에 이 발생한 법률효과를 소멸시키기를 원하는 경우에 붙일 수 있다.

3. 조건

(1) 의미

법률행위의 효력의 발생 또는 소멸을 '장래의 불확실한 사실의 성부(成否)'에 의존케 하는 법률행위의 부관을 말한다.

(2) 정지조건(효력발생)과 해제조건(효력소멸)

법률행위의 효력의 발생에 관한 것을 '정지조건'이라 하고, 그 효력의 소멸에 관한 것을 '해제조건'이라고 한다.

4. 기한

(1) 의미

기한이란 법률행위의 당사자가 그 효력의 발생, 소멸 또는 채무의 이행을 장래에 발생할 것이 확실한 사실에 의존케 하는 법률행위의 부관이다.

(2) 시기와 종기

효력의 발생 또는 이행에 관한 것을 '시기'라 하고, 효력의 소멸에 관한 것을 '종기'라고 한다.

5. 기간

(1) 기간의 의미

기간이란 어느 한 시점에서 다른 시점까지 계속된 시간적 간격(길이)을 말한다. 기간은 법률사실로서 '사건'에 속한다.

(2) 일 · 주 · 월 · 년을 단위로 하는 기간의 계산방법

① 기산점

㉠ 기산점 원칙

기간을 일 · 주 · 월 · 년을 단위로 정한 경우에는 기간의 초일은 산입하지 않고 그 익일부터 계산하는 것(대법원 1971.5.31. 선고 71다87 판결)이 원칙이다(제157조 본문).

㉡ 기산점 예외: 오전 0시부터 시작, 연령 계산

기간이 오전 0시로부터 시작하는 때에는 초일을 산입한다(제157조 단서). 그리고 연령의 계산에 있어서는 출생일을 산입한다(제158조).

② 만료점

㉠ 민법 제159조

기간 말일의 종료로 기간은 만료한다. 판례는 정년이 53세인 경우에 그 만료일을 53세에 도달하는 날을 의미한다는(대법원 1973.6.12. 선고 71다2669 판결) 입장이다.

㉡ 민법 제160조 제1항

기간을 주 · 월 · 년을 단위로 정한 때에는 이를 日로 계산하지 않고 曆에 의하여 계산한다. 따라서 월 · 년의 기간은 일수의 장단을 따르지 않는다.

㉢ 주 · 월 · 년의 처음(예 일요일, 1일, 1월 1일 등)부터 계산한 때에는 그 주 · 월 · 년이 종료하는 때에 기간이 만료한다.

㉣ 민법 제160조 제2항, 제160조 제3항

주 · 월 · 년의 처음부터 계산하지 않을 때에는 최후의 주 · 월 · 년에서 기산일에 해당하는 날의 전일로 기간은 만료한다. 다만, 최후의 월에 해당일이 없는 때(예 2월, 윤년 등)에는 그 월의 말일로 기간이 만료한다.

㉤ 민법 제161조

기간의 말일이 토요일 또는 공휴일에 해당하는 경우에는 기간은 그 익일로 만료한다. 그러나 기간의 초일이 토요일 또는 공휴일인 경우에는 그 적용이 없으며(대법원 1982.2.23. 선고 81누204 판결), 초일 불산입의 원칙에 따른다.

VI 시효

01 생각 열기: 관련 조문

시효제도는 왜 필요할까? 시효제도는 누구의 이익을 침해할 위험이 있는가?

제162조【채권, 재산권의 소멸시효】 ① 채권은 10년간 행사하지 아니하면 소멸시효가 완성한다.
② 채권 및 소유권 이외의 재산권은 20년간 행사하지 아니하면 소멸시효가 완성한다.

제167조【소멸시효의 소급효】 소멸시효는 그 기산일에 소급하여 효력이 생긴다.

제168조【소멸시효의 중단사유】 소멸시효는 다음 각 호의 사유로 인하여 중단된다.
1. 청구
2. 압류 또는 가압류, 가처분
3. 승인

제245조【점유로 인한 부동산소유권의 취득기간】 ① 20년간 소유의 의사로 평온, 공연하게 부동산을 점유하는 자는 등기함으로써 그 소유권을 취득한다.
② 부동산의 소유자로 등기한 자가 10년간 소유의 의사로 평온, 공연하게 선의이며 과실 없이 그 부동산을 점유한 때에는 소유권을 취득한다.

제246조【점유로 인한 동산소유권의 취득기간】 ① 10년간 소유의 의사로 평온, 공연하게 동산을 점유한 자는 그 소유권을 취득한다.
② 전항의 점유가 선의이며 과실 없이 개시된 경우에는 5년을 경과함으로써 그 소유권을 취득한다.

02 시효제도의 의의

1. 의미

법률행위로 인해 법률관계가 성립하고 그 법률관계에서 행사할 수 있는 권리는 영구적으로 존속하는 것일까? 예를 들어 갑(甲)과 을(乙) 사이에 1억 원에 대한 채권과 채무관계는 기간의 제한 없이 항상 유지될 수 있을까? 이와 관련되는 제도가 시효제도이다.

시효제도는 일정한 사실상태가 오랫동안 계속된 경우 그 상태가 진실한 권리상태에 합치하는지 여부를 묻지 않고서 그 사실 상태를 그대로 존중해 주는 제도를 말한다.

2. 취지

민법이 이와 같은 시효제도를 두고 있는 이유는 일정한 사실상태가 오랫동안 유지되어 있는 경우에 이를 진실한 사실관계로 믿고 수많은 법률관계가 형성될 경우 이를 진실한 권리관계와 다르다고 하여 부인할 경우 사회질서에 혼란을 초래할 수 있기 때문이다.

03 시효제도의 종류: 소멸시효제도와 취득시효제도

이런 시효제도에는 권리행사의 사실상태를 근거로 권리를 취득하는 것이 취득시효제도이고, 권리불행사의 사실상태를 근거로 권리의 소멸을 인정하는 것이 소멸시효제도이다.

Chapter

02 물권법

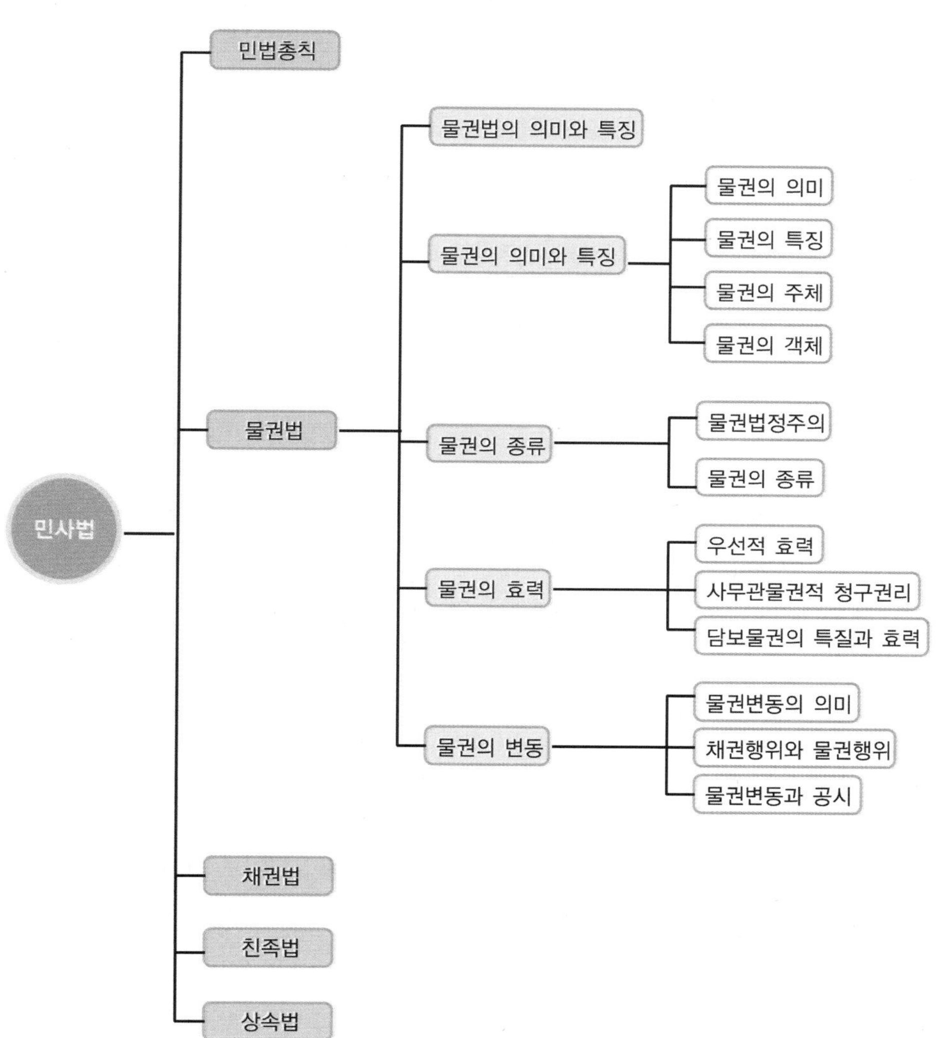

Ⅰ 물권법의 기초

01 물권과 물권법

인간은 살아가면서 생존과 욕망을 충족하기 위해 일정한 재화를 필요로 한다. 그래서 사람들은 물건을 자기에게 귀속시켜 놓고 지속적으로 사용하면서 살아간다. 그런데 그 물건의 양이 한정되어 있으므로 타인에 의해 침해받거나 타인과 다툴 소지가 많다. 이런 문제를 해결하기 위해서는 자신의 영역 속에 있는 물건들을 완벽하게 지배하고, 다른 사람들이 그 물건을 침해하지 않도록 하는 제도가 요청된다. 그러한 제도가 일정한 자에게 특정의 물건에 대해 일정한 권리인 물권을 인정하여 보호하는 것이다. 즉 물권은 어떤 물건이 누구에게 귀속되어 어떻게 지배되는지를 표상하는 것이다. 물권은 사람에 대한 권리가 아니라 특정 물건에 대한 권리이다. 이러한 물권관계를 규율하는 법이 물권법이다. 물권법은 물건에 대한 사람의 지배관계, 즉 물권관계를 규율하는 법이다. 물권은 사물에 대해 사람이 가지는 지배 관계로서, 채권과 달리 이행의 문제가 없는 특징이 있다. 채권 계약이 선행하고 그 계약의 이행으로서 물권의 변동이 이루어지는 것이 대체적인 법률관계의 모습이라 하겠다.

02 물권법과 채권법과의 관계

물권법은 채권법과 더불어 민법 중 재산법에 속한다. 근대부터 물건에 대한 사적 소유와 자유로운 거래를 토대로 자본주의는 성장해 왔다. 이를 위한 법적 제도가 '소유권'과 '계약'이다. '소유권'은 물권법이, '계약'은 채권법이 규율한다. 예컨대 A가 B에게 자신의 자동차를 팔았다. 자동차의 주인이 A에서 B로 바뀐 것이다. A가 이렇게 자동차를 마음대로 처분할 수 있는 권리는 물권이다. 이런 권리를 이제 B가 가지게 되었다. 이런 변화를 물권의 변동이라고 한다. 그런데 물권의 변동은 왜 일어난 것일까? A와 B 사이에 채권관계가 있었기 때문이다. 즉 A와 B 사이에 자동차 매매계약을 했기 때문이다. 다시 말하면 물권의 변동은 일반적으로 채권관계를 원인으로 하여 이루어진다. 그런데 담보물권처럼 채권을 확보하기 위한 물권도 있다. 이와 같이 채권은 물권변동을 위한 요인이 되기도 하지만 물권이 채권의 실현에 기여하기도 한다. 이와 같이 물권과 채권은 상호 밀접한 연관성을 가지며, 이를 규율하는 물권법과 채권법은 재산법의 두 축을 이루고 있다.

03 물권법의 특성

1. 강행규정성

물권은 그 종류를 법률이 정하는 것과 관습법에 의하는 것으로 엄격히 한정하고 있으며 전반적으로 강행규정성이 강하다. 이러한 점에서 물권법은 임의규정성이 강한 채권법과 차이점을 지닌다. 채권법은 당사자가 자유롭게 합의와 협력으로 이루어지는 채권관계를 규율하기 때문이다.

2. 고유법성: 관습적이면서 지역적 규범

물권은 지역마다 인정하는 방식이 다를 수밖에 없다. 사회마다 상황에 따라 제한적인 물건을 배분하고 권리를 설정하는 방식이 다르게 나타날 수밖에 없기 때문이다. 하지만 채권은 사람과 사람의 관계에서 법적으로 어떻게 협력하느냐의 문제이다. 따라서 채권법은 보편적 규범성이 잘 나타난다.

04 물권법의 법원

1. 성문법

민법 제2편과 민사부속법령, 민사특별법 등이다.

2. 관습법

민법 제185조(물권의 종류)에는 “물권은 법률 또는 관습법에 의하는 외에는 임의로 창설하지 못한다”라고 관습법에 의한 물권창설을 인정하고 있다.

05 물권법의 내용

1. 물권법 총칙: 민법 제185조~제191조

(1) 물권법정주의

세상에 존재하는 물건마다 사람들이 자유롭게 권리를 만들 수 있게 할 경우 거래는 혼란과 다툼으로 이어질 수 있다. 예컨대 A는 B의 땅을 빌려 과일 나무를 심어 과수원을 하였다. 그런데 C도 B의 땅의 빌려 소를 키웠다. A는 과수원을 할 수 없어, C 모르게 소들을 괴롭혔다. 그 결과 소들도 제대로 크지 못했다. 결국 A와 C는 매일 전쟁같이 다툼을 벌였다. 이런 혼란을 막기 위해 물권의 종류와 내용을 법률로 정하도록 하였다. 물권법정주의는 물권의 종류와 내용은 법률로 정한다는 원칙을 말한다.

(2) 물권의 변동

물권의 변동이란 물권의 발생, 변경, 소멸을 말한다. 물권은 사람들의 사회적 활동과 밀접한 관련성이 있다. 그래서 물권은 다양한 거래를 통해 변동한다. 예컨대 어떤 사람이 물건을 구입할 경우 물권이 발생한다. 구입한 물건을 팔 경우 물권은 소멸한다.[111] 물권의 변동은 주로 물건의 거래를 통해서 일어난다. 다만 물권법은 물건의 종류에 따라 변동 요건을 따로 정하고 있다. 부동산의 경우에는 '물권행위 + 등기'이다. 동산의 경우에는 '점유의 이전, 즉 인도'이다.

2. 물권법 각칙: 민법 제 185조~제372조

물권법정주의에 따라 물권은 점유권과 본권으로 나눠진다. 본권은 다시 소유권과 제한물권으로 나눠지며, 제한물권은 다시 용익물권과 담보물권으로 나눠진다. 용익물권에는 지상권, 지역권, 전세권이 있다. 담보물권에는 유치권, 질권, 저당권이 있다. 이들 권리와 관련된 법규들이 규정되어 있는 것이 물권법 각칙이다.

Ⅱ 물권의 개념적 특성

01 생각 열기

물권은 동산이나 부동산 등과 같은 특정 물건을 직접 지배하는 권리로, 배타적 독점적 지배를 객체에 대하여 할 수 있는 절대적 권리이다. 물권에 이런 내용을 인정한 이유가 무엇인지에 대해 생각해 보자.

02 물권의 의미 및 특징

1. 물권의 의미

물권은 물건을 직접적으로 배타적으로 절대적으로 지배하는 권리를 말한다. 물건을 간접적으로 비배타적으로 상대적으로 지배하는 권리인 채권과 구별된다. 물권은 '객체(물건)를 배타적으로 직접 지배'하여 그 이익을 향유할 수 있는 권리이다. 물권은 객체에 대하여 직접 지배성을 갖는 대물적이고 대세적인 절대권에 해당한다. 즉 물권은 채권과는 달리 다른 사람의 행위에 의존하지 않고 직접적으로 지배하여 이익을 취득할 수 있는 배타적인 권리이다.

---

111) 물권의 소멸은 상대적 소멸과 절대적 소멸이 있다. 상대적 소멸은 물건은 소멸되지 않고 물권이 양도되는 경우이다. 따라서 상대적 소멸은 물권의 이전이라고 할 수 있다. 절대적 소멸은 물건 자체가 없어져 더 이상 물권의 이전이 발생할 수 없는 경우를 말한다.

2. 물권의 특징

이런 물권의 특징은 다음과 같다.

(1) 직접성 · 지배성

물권은 특정 물건을 직접 지배하는 권리이다. 물권은 타인의 행위를 기다리지 않고 직접 물건으로부터 일정한 이익을 취득하는 권리이다. 예컨대 전세권은 타인의 부동산을 점유하여 사용 · 수익할 수 있는 권리이다. 한편 채권은 채무자체게 일정한 행위를 요구하는 사람에 대한 권리이다. 예컨대 임차권은 A가 B에 대하여 목적물의 사용 · 수익을 요구할 수 있는 권리이다.

(2) 절대성

① 물건에 대한 배타적 · 독점적으로 지배할 수 있는 권리
동일한 물건에는 하나의 직접적 지배만이 존재한다. 따라서 동일한 물건 위에 서로 양립할 수 없는 내용을 가진 수 개의 물권이 동시에 성립할 수 없다. 이를 위해 두고 있는 제도가 공시제도이다. 이런 성격으로 물권은 우선적 효력을 가진다. 채권은 '채권자 평등의 원칙'에 따라 대등적 효력을 가진다.

② 절대적 보호
물권자는 자신의 물권을 누구에 대해서도 주장할 수 있다. 예컨대 X 자동차를 가지고 있는 A는 세상 모든 사람에게 X 자동차의 소유자다. 그래서 물권자는 어느 누구의 침해로부터 보호된다. 만약 누군가 A의 물권을 침해했다면 A는 침해자에게 불법행위로 인한 손해배상청구권과 물권적 청구권이 인정된다. 물론 이런 물권의 절대성이 제한을 받아 상대성을 가지는 예외적인 경우도 있다. 한편 채권은 상대성을 가진다. 예컨대 이중매매의 경우이다. A가 B에게 노트북을 양도하기로 하는 계약을 해서 B는 노트북 인도 청구권이 생겼다. 그런데 A가 C에게 더 비싼 값을 받고 노트북을 양도하였다. B의 청구권은 절대적으로 보장받지 못하고 있다. 왜냐하면 채권은 상대적이기 때문이다.

(3) 특정성

물권자가 물건을 직접 지배하여 사용, 수익, 처분하기 위해서는 물건이 확정되어 있어야 한다. 따라서 물권은 원칙적으로 확정적이고 개별적인 물건에 관해서만 성립할 수 있다.

(4) 양도성

사람들이 생활을 안정적으로 하려면 물권은 당연히 거래할 수 있어야 한다. 그래서 물권은 재산권이기 때문에 타인에게 처분할 수 있는 양도성을 가진다. 예외적으로 전세권은 당사자가 약속을 하여 양도성을 배제시키기도 한다. 반면에 채권은 양도성이 본질이 아니었지만 재산권이라는 점을 감안한다면 당연히 인정된다.

03 물권의 주체 및 객체

1. 물권의 주체

물권의 주체는 자연인과 법인이다. 다만 외국인은 권리능력에 일정한 제한을 받는다.

2. 물권의 객체: 특정의 독립한 물건

(1) 관련 조문

제4장 물건
제98조【물건의 정의】 본법에서 물건이라 함은 유체물 및 전기 기타 관리할 수 있는 자연력을 말한다.

제99조【부동산, 동산】 ① 토지 및 그 정착물은 부동산이다.
② 부동산 이외의 물건은 동산이다.

제100조【주물, 종물】 ① 물건의 소유자가 그 물건의 상용에 공하기 위하여 자기소유인 다른 물건을 이에 부속하게 한 때에는 그 부속물은 종물이다.
② 종물은 주물의 처분에 따른다.

제101조【천연과실, 법정과실】 ① 물건의 용법에 의하여 수취하는 산출물은 천연과실이다.
② 물건의 사용대가로 받는 금전 기타의 물건은 법정과실로 한다.

제102조【과실의 취득】 ① 천연과실은 그 원물로부터 분리하는 때에 이를 수취할 권리자에게 속한다.
② 법정과실은 수취할 권리의 존속기간일수의 비율로 취득한다.

(2) 물건

유체물 및 전기 기타 관리할 수 있는 자연력이 물권의 객체이다. 다만 물건이 아닌 권리 중에서 예외적으로 물권의 객체로 되는 경우도 있다. 광업권의 광구, 어업권의 어장, 공유수면매립권의 바다는 준물권의 대상이다. 발명·저작 등의 창작물은 무체재산권의 객체이지 물권의 객체는 아니다.

(3) 현존·특정의 물건이다.

현존하지 않거나 특정되지 않은 물건에 대해 물권은 성립하지 않는다.

(4) 독립한 물건: 일물일권주의

하나의 물권의 객체는 하나의 독립한 물건이어야 한다. 독립한 물건이란 보통 거래 관념상 하나의 물건으로 처리되는 것을 의미한다.

(5) 부동산

① 토지
토지 및 토지의 일부

② 토지의 정착물

토지의 정착물은 토지에 고정되어 쉽게 움직일 수 없는 것을 말한다. 토지의 정착물에는 독립된 부동산(독립정착물)과 토지의 일부인 부동산으로 나눌 수 있다.

㉠ 독립 정착물 : 독립적 거래를 할 수 있는 경우

1동의 건물, 1동의 건물 중 일부(아파트 2503호, 사무실 301호), 등기된 수목의 집단(독립성 없는 것이 원칙), 관습법상 명인방법으로 표시된 수목, 관습법상 명인방법으로 표시된 미분리 과실, 정당한 권원에 의해 경작한 농작물, 정당한 권원이 없이 경작한 농작물(판례입장)

㉡ 토지의 일부인 정착물(종속정착물) : 독립적 거래를 할 수 없는 경우

도랑, 담장, 터널, 교량, 수목의 집단(원칙), 미분리과실(수목의 일부)

(6) 동산

동산은 부동산 이외의 물건이다.

3. 일물일권주의

(1) 의미

일물일권주의란 1개의 물권의 목적물은 1개의 물건일 것을 요한다는 것과 1개의 물건 위에 동일한 내용의 물권이 동시에 성립하지 못한다는 원칙을 말한다. 물건의 일부와 구성부분에 관하여 물권이 성립할 수 없다. 또한 동일물 위에 서로 양립할 수 없는 2개 이상의 물권이 성립될 수 없다.

(2) 인정취지

물건의 일부나 여러 개의 물건 위에 1개의 물권을 설정한다면 물건의 지배관계가 복잡하여 공시가 곤란하거나 공시질서를 혼란에 빠뜨릴 수 있다. 따라서 일물일권주의는 물권의 대상인 목적물의 특정성, 독립성을 확보하여 안정적인 공시제도를 유지하기 위함이다.

Ⅲ 물권의 종류

01 생각 열기: 관련 조문

앞서 살펴본 특징을 지니는 물권의 종류와 내용은 법률로 정하는 것이 원칙이다. 이것을 물권법정주의라고 한다. 물권법정주의가 필요한 이유에 대해 생각해 보자.

제185조 【물권의 종류】 물권은 법률 또는 관습법에 의하는 외에는 임의로 창설하지 못한다.

제192조 【점유권의 취득과 소멸】 ① 물건을 사실상 지배하는 자는 점유권이 있다.
② 점유자가 물건에 대한 사실상의 지배를 상실한 때에는 점유권이 소멸한다. 그러나 제204조의 규정에 의하여 점유를 회수한 때에는 그러하지 아니하다.

제211조 【소유권의 내용】 소유자는 법률의 범위 내에서 그 소유물을 사용, 수익, 처분할 권리가 있다.

제279조 【지상권의 내용】 지상권자는 타인의 토지에 건물 기타 공작물이나 수목을 소유하기 위하여 그 토지를 사용하는 권리가 있다.

제303조 【전세권의 내용】 ① 전세권자는 전세금을 지급하고 타인의 부동산을 점유하여 그 부동산의 용도에 좇아 사용・수익하며, 그 부동산 전부에 대하여 후순위권리자 기타 채권자보다 전세금의 우선변제를 받을 권리가 있다. 〈개정 1984.4.10.〉
② 농경지는 전세권의 목적으로 하지 못한다.

제320조 【유치권의 내용】 ① 타인의 물건 또는 유가증권을 점유한 자는 그 물건이나 유가증권에 관하여 생긴 채권이 변제기에 있는 경우에는 변제를 받을 때까지 그 물건 또는 유가증권을 유치할 권리가 있다.
② 전항의 규정은 그 점유가 불법행위로 인한 경우에 적용하지 아니한다.

제329조 【동산질권의 내용】 동산질권자는 채권의 담보로 채무자 또는 제삼자가 제공한 동산을 점유하고 그 동산에 대하여 다른 채권자보다 자기채권의 우선변제를 받을 권리가 있다.

제345조 【권리질권의 목적】 질권은 재산권을 그 목적으로 할 수 있다. 그러나 부동산의 사용, 수익을 목적으로 하는 권리는 그러하지 아니하다.

제356조 【저당권의 내용】 저당권자는 채무자 또는 제삼자가 점유를 이전하지 아니하고 채무의 담보로 제공한 부동산에 대하여 다른 채권자보다 자기채권의 우선변제를 받을 권리가 있다.

02 물권법정주의

1. 물권법정주의(物權法定主義)의 의미

민법 제185조에서 “물권은 법률 또는 관습법에 의하는 것 외에는 임의로 창설할 수 없다”라고 물권법정주의를 규정하고 있다. 물권법정주의는 물권의 종류 내용은 민법 기타 법률로 규정한 것과 관습법에 의하여 인정된 것에 한하며, 당사자가 자유롭게 창설하거나 변경하지 못한다는 원칙을 말한다. 이와 같이 물권법정주의는 계약자유의 원칙에 우선하며, 이 범위에서 사적자치의 원칙은 제한된다.

2. 물권법정주의의 도입 근거

(1) 물권거래질서의 안전

물권은 물건을 직접 지배하는 배타적 권리이므로 제3자와의 이해관계가 많다. 그래서 물권을 자유로이 창설할 수 있게 한다면 물권거래의 안전을 해칠 수 있어 원만한 물권거래가 이루어지기 어렵다. 즉 거래의 안전을 도모하기 위하여 물권법정주의가 필요하다.

(2) 공시의 요구

물권은 물건에 대한 배타적 지배권이므로 신속한 거래 및 거래 안전을 위하여 공시방법을 갖추어야 한다. 그런데 물권의 자유로운 창설은 공시를 불가능하게 한다.

① 의미
물권법정주의란 물권의 종류, 내용은 민법 기타 법률로 규정한 것과 관습법에 의하여 인정된 것에 한하며, 당사자가 자유로 창설하거나 변경하지 못하는 원칙을 말한다. 민법 제185조는 물권법정주의를 선언하고 있고 물권법의 강행법규성은 이를 중핵으로 하고 있으므로 법률이 인정하지 않는 새로운 종류의 물권을 창설하는 것은 허용되지 아니한다(대법원 2002.2.26. 선고 2001다64165 판결).

② 계약자유의 원칙에 우선
물권법정주의가 계약자유의 원칙에 우선하며 이 범위에서 사적자치의 원칙이 제한된다.

03 물권의 종류

1. 물권의 종류 개관

민법에 규정되어 있는 물권의 종류로는 점유권 · 소유권 · 지상권 · 지역권 · 전세권 · 유치권 · 질권 · 저당권 등 8종이 있다. 8종의 물권은 점유권, 본권으로 크게 나눌 수 있다. 다시 점유권을 제외한 물권을 본권이라 하고, 소유권 이외의 권리를 제한물권이라고 한다. 제한물권은 지상권 · 지역권 · 전세권 등의 용익물권과 유치권 · 질권 · 저당권 등의 담보물권으로 나뉜다. 담보물권은 또 유치권과 같이 당사자의 약정에 의해 성립하는 약정담보물권으로 나뉜다. 또 부동산에는 점유권 · 소유권 · 지상권 · 지역권 · 전세권 · 유치권 · 저당권이 설정될 수 있으나, 동산에는 점유권 · 소유권 · 유치권 · 질권만이 설정될 수 있다.

물권의 종류와 물건

<table>
<tr><th colspan="4">구분</th><th>동산</th><th>부동산</th></tr>
<tr><td colspan="4">점유권</td><td>○</td><td>○</td></tr>
<tr><td rowspan="7">본권</td><td colspan="3">소유권</td><td>○</td><td>○</td></tr>
<tr><td rowspan="6">제한 물권</td><td rowspan="3">용익물권</td><td>지상권</td><td>×</td><td>○</td></tr>
<tr><td>지역권</td><td>×</td><td>○</td></tr>
<tr><td>전세권</td><td>×</td><td>○</td></tr>
<tr><td rowspan="3">담보물권</td><td>유치권</td><td>○</td><td>○</td></tr>
<tr><td>질권</td><td>○</td><td>×</td></tr>
<tr><td>저당권</td><td>×</td><td>○</td></tr>
</table>

2. 점유권

(1) 점유제도의 취지

모든 경우에 점유의 원인을 묻지 않고 A의 그러한 사실적 지배 상태를 일단 인정하고, 그 사실적 지배상태를 법적으로 보호하려는 것이 점유제도의 취지이다.

(2) 점유권의 의미

점유권(占有權)이란 물건에 대한 사실상의 지배에 부여되는 법적 지위를 말한다.

(3) 점유권의 취득과 소멸

점유권은 사실상 지배하면 취득하고, 사실상의 지배를 상실한 때 소멸한다.

(4) 점유권의 효력

① 점유와 점유물에 대한 권리가 적법한 것으로 추정된다.

② 점유자는 점유보호청구권을 가진다(점유를 침탈·방해당하거나, 방해당할 염려가 있을 때 행사).

③ 점유자는 점유 침탈을 방어하고, 탈환할 수 있는 자력구제권을 가진다.

3. 소유권

(1) 소유권의 의미 및 내용

민법상 소유권은 특정한 물건을 직접적·배타적·전면적으로 사용·수익·처분할 수 있는 권리이다. 물권(物權)에 대한 가장 기본적이고 대표적인 권리이며, 물건을 전면적으로 지배할 수 있는 권리이므로 물적 지배의 권능은 물건이 가지는 사용가치와 교환가치의 전부를 향유할 수 있는 권리이다. 이 점에서 일부의 권능을 가지는 데 지나지 않는 제한물권(制限物權)과 다르다.

(2) 소유권의 효력

① 제한물권의 제한을 받음

제한물권(특히 지상권·전세권의 경우)에 의해 제한을 받으면 그 권능의 행사는 중지되지만 그것이 해소되면 곧 본래의 원만한 상태로 되돌아간다.

② 소멸시효에 걸리지 않음

소유권 자체의 존립에 관하여는 존속기간에 제한이 없으며, 소멸시효에도 걸리지 않는다.

③ 소유권에 기한 물권적 청구권

소유권은 배타적 성격을 가지므로 소유자는 그 소유에 속한 물건을 점유한 자에 대해 반환을 청구할 수 있고(민법 제213조), 소유권을 방해하는 사람에 대해 그 예방이나 손해배상의 담보를 청구할 수 있다(동법 제214조).

④ 상린관계

4. 제한물권

(1) 용익물권: 타인의 물건을 일정한 범위에서 사용, 수익할 것을 내용으로 하는 물권

타인의 물건을 일정한 범위에서 사용, 수익할 것을 내용으로 하는 물권의 총칭을 말한다. 용익물권에는 지상권, 지역권, 전세권이 있으며 이들은 모두 부동산만을 그 대상으로 한다. 즉, 동산은 용익물권의 대상이 될 수 없다.

① 지상권

㉠ 지상권의 의미

지상권은 타인의 토지에 건물, 기타 공작물이나 수목을 소유하기 위하여 그 토지를 사용할 수 있는 물권을 말한다. 지상권은 토지소유자에 대한 권리가 아니라 그 객체인 토지를 사용할 수 있는 권리이다. 지상권은 타인의 소유권을 제한해서 토지를 일면적으로 지배하는 용익물권이다.

㉡ 지상권의 성립

지상권은 토지소유자와 지상권자 사이의 설정계약(지상권의 설정을 목적으로 하는 물권적 합의)과 등기에 의하여 취득된다.

② 지역권

㉠ 지역권의 의미

지역권은 소유권이 없는 자가 토지를 제한적으로 이용할 수 있는 권리를 말하며 보통 일정한 목적을 위하여 타인의 토지(승역지)를 자기토지(요역지)의 편익으로 이용하는 권리를 말한다. 지역권은 토지의 편익을 위해서 설정하는 것이지 사람의 편익을 위해서 설정할 수 없다.

㉡ 지역권 사례

예컨대 자기 토지의 편익을 위하여 남의 토지를 통행한다든가, 남의 토지로부터 물을 끌어오거나 남의 토지에 관망을 방해하는 공작물 등을 건조하지 못하게 하는 것과 같이, 일정한 목적을 위하여 남의 토지를 자기의 토지의 편익에 이용하는 것을 내용으로 하는 부동산 용익물권이다. 이와 같이 지역권은 타인의 토지를 자기 토지의 편익에 이용하여 사용가치를 증대시키는 권리인 점에서 반드시 두 개의 토지의 존재를 전제로 하며, 그중 편익을 얻는 토지를 요역지(要役地)라고 하고, 편익을 제공하는 토지를 승역지(承役地)라고 한다.

③ 전세권

㉠ 전세권 의미

전세권제도는 대한민국의 특이한 부동산임대차에 유사한 부동산물권제도로, 전세권이 성립함과 동시에 일정한 전세금을 전세권자가 전세권설정자(부동산의 소유자)에게 지급하면 전세권자는 일정기간동안 해당 부동산을 사용할 권리를 얻고 그 사용대가는 전세권설정자가 전세금의 이자수입으로 충당하는 것이다.

㉡ 전세권을 두고 있는 배경

전세권은 한국의 특수한 상황 하에 발전된 제도로서, 종래 '임대차와 소비대차의 결합체'로서 관습상 이루어져 온 채권적 전세제도를, 현행민법이 이용권 강화라는 요청에 응하여 이를 물권으로 규정한 것이다.

(2) **담보물권의 종류 및 효력**: 채권을 확보하기 위한 물적 담보(유치권, 질권, 저당권)

① 채권을 확보하기 위한 제도
채권을 확보하기 위한 제도로는 인적담보(사람, 연대채무, 보증채무), 물적 담보(물건, 유치권, 질권, 저당권)가 있다. 이 중 담보물권은 물적담보의 경우이다.

② 채권과 담보물권의 관계: 채권 종속성(부종성)
채권계약을 전제로 담보물권계약을 하게 되면 담보물권을 통해 채권이 보증된다. 그래서 채권계약은 주된 계약이고, 담보물권계약은 종된계약이다. 이런 점에서 담보물권은 채권에 종속된다. 담보물권의 소멸시효는 따로 규정하지 않는다. 채권이 소멸하면 담보물권은 소멸하기 때문이다.

③ 유치권: 인도
유치권은 타인의 물건 또는 유가증권을 점유한 자가 그 물건 또는 유가증권에 관하여 생긴 채권의 변제를 받을 때까지 그 물건 또는 유가증권을 유치할 수 있는 권리이다.

④ 질권: 인도
질권은 채권자가 채무의 변제를 받을 때까지 그 채권의 담보로서 채무자 또는 제3자로부터 받은 물건 또는 재산권을 유치하고, 변제가 없는 때에는 그 물건의 가액에서 우선변제를 받을 수 있는 담보물권이다.

⑤ 저당권: 인도 없음
저당권은 채무자 또는 제3자가 채무의 담보로 제공한 부동산 기타의 목적물을 채권자가 인도받지 아니하고, 그 목적물을 관념적으로만 지배하며, 채무의 변제가 없는 경우에 그 목적물로부터 우선 변제를 받는 담보물권이다.

⑥ 담보물권의 특징과 효력
담보물권을 설정한 채권자는 다른 채권자보다 우선 변제받을 수 있다. 우선변제적 효력(질권, 저당권)은 채무자가 채무를 이행하지 않을 경우 담보물권자는 담보 목적물을 환가해서 다른 채권자보다 먼저 변제받을 수 있는 효력을 말한다. 유치권은 이런 우선변제적 효력은 없지만 목적물을 채권자의 수중에 유치할 수 있는 유치적 효력 때문에 사실상 우선변제를 받게 된다. 이런 유치적 효력은 질권과 유치권만 가지고 저당권은 유치적 효력은 없다. 또한 담보물권은 채권이 모두 없어지지 않는 한 목적물이 소멸하거나 변하여도 그 변형물에 영향을 미친다.

Ⅳ 물권의 일반적 효력: 배타적 효력, 우선적 효력, 물권적 청구권

01 생각 열기: 관련 조문

물권은 물건에 대한 직접적·배타적 지배를 통해 이익을 향유하는 권리이다. 이 점을 고려할 때 물권의 효력은 우선적 효력과 물권적 청구권이라는 2가지 효력으로 살펴볼 수 있다. 이와 같은 물권적 효력을 인정하는 이유에 대해 생각해 보자.

제204조 【점유의 회수】 ① 점유자가 점유의 침탈을 당한 때에는 그 물건의 반환 및 손해의 배상을 청구할 수 있다.
② 전항의 청구권은 침탈자의 특별승계인에 대하여는 행사하지 못한다. 그러나 승계인이 악의인 때에는 그러하지 아니하다.
③ 제1항의 청구권은 침탈을 당한 날로부터 1년내에 행사하여야 한다.

제205조 【점유의 보유】 ① 점유자가 점유의 방해를 받은 때에는 그 방해의 제거 및 손해의 배상을 청구할 수 있다.
② 전항의 청구권은 방해가 종료한 날로부터 1년내에 행사하여야 한다.
③ 공사로 인하여 점유의 방해를 받은 경우에는 공사착수후 1년을 경과하거나 그 공사가 완성한 때에는 방해의 제거를 청구하지 못한다.

제213조 【소유물반환청구권】 소유자는 그 소유에 속한 물건을 점유한 자에 대하여 반환을 청구할 수 있다. 그러나 점유자가 그 물건을 점유할 권리가 있는 때에는 반환을 거부할 수 있다.

제214조 【소유물방해제거, 방해예방청구권】 소유자는 소유권을 방해하는 자에 대하여 방해의 제거를 청구할 수 있고 소유권을 방해할 염려 있는 행위를 하는 자에 대하여 그 예방이나 손해배상의 담보를 청구할 수 있다.

02 물권의 일반적 효력의 의미

물권의 효력은 소유권·제한물권 등과 같은 물권의 종류마다 가지는 특유한 효력과 모든 물권이 공통적으로 가지는 효력이 있다. 물권의 일반적 효력은 공통적 효력을 말한다. 공통적 효력의 내용으로는 우선적 효력과 물권적 청구권이 있다. 물권은 '물건'을 이용하기 위한 '직접'적인 '지배'권이므로 그것을 침해하는 외부로부터의 힘을 배제할 수 있기 때문에 우선적 효력과 물권적 청구권과 같은 공통적 효력을 가진다.

03 우선적 효력

1. 우선적 효력의 의미[112)]

하나의 부동산 위에 여러 개의 권리들이 섞여 있을 때 이들 각 권리의 순위는 어떻게 결정이 될까? 민법에서 정하고 있는 우선적 효력에 따라 결정된다. 우선적 효력은 간적으로 먼저 성립한 물권이 나중의 물권보다 우선하는 효력이나 물권이 채권보다 우선하는 효력을 말한다. 권리의 순위는 민법에서 정한 원칙에 따라 결정된다. 우선 물권과 채권간의 순위에서는 물권이 채권에 우선한다. 그리고 물권 상호 간의 순위는 시간의 순서에 따라 결정된다. 채권 상호 간에는 우선순위가 없고 서로 순위가 동일하다. 따라서 우선적 효력의 문제는 물권과 물권관계, 물권과 채권관계로 나눠 살펴볼 수 있다.

2. 물권 상호 간의 우선적 효력

(1) 의미 : 순위우선의 원칙

같은 물건 위에 성립하는 물권 상호 간에 있어서는, 시간적으로 먼저 성립한 물권이 나중에 성립한 물권에 우선한다. 물권의 성립이란 당사자의 물권적 의사합치 외에 동산에서는 인도, 부동산에서는 등기가 완료된 것을 말한다. 예컨대 동일 물건에 대한 물권 간 충돌이 발생할 경우 먼저 성립된 권리가 후에 성립된 권리보다 우선한다. 소유권의 경우 앞에 이미 누군가 소유권을 가지고 있을 경우 다시 소유권이 성립하는 것 자체가 불가능하다. 설사 저당권 같이 성립 가능한 경우에도 우선순위를 침범하지 않는 선에서만 효력이 발생한다. 다른 물권과 달리 점유권은 배타성이 없으므로 우선적 효력도 없다.

(2) 소유권과 제한물권

제한물권은 소유권에 우선한다. 소유권을 제한하는 지상권이나 전세권 같은 '제한물권'의 경우, 항상 소유권에 우선한다. A는 B의 아파트에 전세를 살고 있다. 그런데 B가 자신의 소유를 주장하면서 아파트를 마음대로 사용한다면 전세권을 인정한 취지에 반한다. 따라서 B는 마음대로 A의 전세권의 내용을 침해하거나 방해할 수 없다.

112) 우선적 효력의 내용을 '선행주의'라고 부른다.

(3) 제한물권 상호 간에는 등기 순위에 따라 상호 간 우선순위가 정해진다.

제한물권 상호 간에는 등기 순위에 따라 상호 간 우선순위가 정해진다. 예를 들면 저당권 상호 간의 우선순위는 근저당권 설정등기의 선후에 따라 저당목적물에 경매가 실행되면 1번 저당권자는 2번 저당권자에 우선하여 매각대금에서 변제를 받는다.

3. 채권에 대한 물권의 우선적 효력

(1) **원칙**: 물권은 채권에 우선한다.

어떤 물건에 관하여 물권과 채권이 성립하는 경우에는, 그 성립의 선후와는 관계없이 '물권은 채권에 우선'한다. 즉 부동산에 물권과 채권이 동시에 존재하는 경우 권리의 성립시기와 상관없이 물권이 우선한다. 물권은 물건을 직접 지배하기 때문에 누구에게나 자신의 권리를 주장할 수 있지만, 채권은 오직 채무자에게만 주장할 수 있다는 법률상 성질의 차이 때문이다. 채권은 채무자의 행위를 통하여 만족을 얻을 수 있고, 간접적으로 물건 위에 지배를 미치는 권리이기 때문이다.

(2) **예외**: 채권이 물권에 우선하는 경우

① 근로기준법상의 임금우선채권, 임대차에서의 소액보증금에 대한 우선특권 등과 같이 법률이 특별한 이유로 정한 일정한 채권은 저당권 등의 물권에 우선한다.

② 부동산임차권이 공시방법(등기)을 갖추고 있는 때에는 그 후에 성립하는 물권에 우선한다. 또한 임차권이 주택임대차보호법이나 상가건물임대차보호법에 의한 대항요건을 갖춘 경우에도 우선한다.

③ 부동산물권의 변동을 청구하는 채권은 가등기를 갖추고 있으면 물권에 우선한다.

(3) **채권과 채권이 충돌할 경우**: 채권 상호 간에는 순위가 없다.

채권 상호 간에는 '채권자평등의 원칙'에 의하여 발생원인, 발생시기, 채권액수 등과 관계없이 평등하게 취급한다. 그래서 선행주의가 지배한다. 즉 누구에게 먼저 갚을 것인지는 채무자가 스스로 자유롭게 결정한다.

04 물권적 청구권

1. 물권적 청구권의 의미

물권 내용의 완전한 실현이 방해되거나 방해될 우려가 있는 경우에 그 방해의 제거 또는 예방을 청구할 수 있는 권리를 물권적 청구권이라고 한다. 물권적 청구권은 물권의 효력으로부터 나오는 권리라는 점에서 물권적 성질을 가진다. 또한 청구권이라는 점에서 채권적 성질도 가진다.

2. 물권적 청구권의 취지: 직접적 · 배타적 효력 확보

물권은 물건을 직접적 · 배타적으로 지배할 수 있는 절대권이지만 이에 대한 타인의 침해가 있는 경우, 물권자가 그 침해의 배제를 청구할 수 없다면 물권은 유명무실한 것이 된다. 따라서 자력구제가 금지된 상황에서 물권 본래의 성질을 유지하기 위해 인정되는 것이 물권적 청구권이다. 물권이 침해되거나 방해를 받는 경우 불법행위 책임을 통해서 구제될 수 있지만, 물권의 절대성 및 배타성에 비춰보면 당연히 필요한 권리가 물권적 청구권이다.

3. 물권적 청구권의 유형: 반환, 방해제거, 방해예방

물권적 청구권은 점유권에 기한 물권적 청구권과 본권에 기한 물권적 청구권이 있다. 이 물권적 청구권들을 침해의 양태에 따라 정리해 보면 반환청구권 · 방해제거청구권 · 방해예방청구권으로 나눠볼 수 있다.

4. 관련 쟁점

(1) 권리 경합

① 물권적 청구권과 계약에 기한 반환청구권 및 불법행위로 인한 손해배상청구권은 경합한다.

② 물권적 청구권은 부당이득반환청구권의 특수한 경우이기 때문에 양자의 경합은 인정되지 않고 언제나 물권적 청구권이 우선한다.

(2) 부동산임차인의 물권적 청구권

① 소유자의 물권적 청구권을 대위하여 행사할 수 있다.

② 등기되거나 대항력을 갖춘 부동산 및 주택 임차권의 경우에는 채권 자체에 기한 물권적 청구권이 인정된다.

V 물권의 변동

01 생각 열기 : 관련 조문

A는 자신의 토지 위에 Y 건물을 신축하고 아직 등기를 갖추지 않은 동안에, 친구인 B가 그 Y 건물을 자기명의로 등기를 한 후 D에게 매도하고 이전 등기를 해 주었다. 이런 사실을 몰랐던 A는 Y 건물을 E에게 양도하고 E의 명의로 등기를 해 주었다. 이후 Y 건물을 둘러싸고 소유자가 누구인지에 대한 분쟁이 발생하였다. 이 Y 건물의 소유자는 E가 되며, D는 소유권을 취득할 수 없다.

제186조 【부동산물권변동의 효력】 부동산에 관한 법률행위로 인한 물권의 득실변경은 등기하여야 그 효력이 생긴다.

제187조 【등기를 요하지 아니하는 부동산물권취득】 상속, 공용징수, 판결, 경매 기타 법률의 규정에 의한 부동산에 관한 물권의 취득은 등기를 요하지 아니한다. 그러나 등기를 하지 아니하면 이를 처분하지 못한다.

제188조 【동산물권양도의 효력, 간이인도】 ① 동산에 관한 물권의 양도는 그 동산을 인도하여야 효력이 생긴다.
② 양수인이 이미 그 동산을 점유한 때에는 당사자의 의사표시만으로 그 효력이 생긴다.

제189조 【점유개정】 동산에 관한 물권을 양도하는 경우에 당사자의 계약으로 양도인이 그 동산의 점유를 계속하는 때에는 양수인이 인도받은 것으로 본다.

제190조 【목적물반환청구권의 양도】 제삼자가 점유하고 있는 동산에 관한 물권을 양도하는 경우에는 양도인이 그 제삼자에 대한 반환청구권을 양수인에게 양도함으로써 동산을 인도한 것으로 본다.

제191조 【혼동으로 인한 물권의 소멸】 ① 동일한 물건에 대한 소유권과 다른 물권이 동일한 사람에게 귀속한 때에는 다른 물권은 소멸한다. 그러나 그 물권이 제삼자의 권리의 목적이 된 때에는 소멸하지 아니한다.
② 전항의 규정은 소유권이외의 물권과 그를 목적으로 하는 다른 권리가 동일한 사람에게 귀속한 경우에 준용한다.
③ 점유권에 관하여는 전2항의 규정을 적용하지 아니한다.

02 물권 변동의 의미

1. 의미 : 물권의 득실변경

물권의 변동이란 물권의 발생 · 변경 · 소멸을 말하는 바, 이를 권리주체(물권자)의 입장에서 보면 물권의 취득 · 변경 · 상실이 된다. 물권변동이 계약으로 진행되는 경우는 '채권의 성립 → 물권행위 + 공시 → 물권변동'과 같은 과정을 일반적으로 거친다. 계약 없이 물권이 변동하는 경우도 있다. 예컨대 물건을 잃어버린 사람과 그 물건을 주운 사람, 부모님이 돌아가셔서 상속을 받아 물권을 취득하는 경우도 있다.

2. 물권의 취득

물권의 취득이란 물권자가 되는 것을 말한다. 예컨대 건물이나 주택을 지어서 취득하는 경우, 동산을 선의취득하는 경우, 물건을 시효취득하는 경우 등이다. 또한 지상권 설정계약을 통해 물권자가 되기도 한다.

3. 물권의 변경

물권은 동일성을 유지하면서 그 객체나 효력의 변경이 생기는 것을 말한다. 예컨대 1순위 저당권자가 채권의 변제로 소멸하면 제2순위 저당권자가 제1순위 저당권자로 변경한다.

4. 물권의 상실

물권이 상실되는 경우는 절대적 소멸과 상대적 소멸이 있다. 주택 소유권의 경우 주택이 소멸하면 주택 소유권은 절대적으로 소멸된다. 절대적 소멸은 물권이 어느 누구에게도 속하지 않게 되는 경우를 말한다. 주택을 거래한 경우에는 종전의 소유자가 물권을 잃고, 새로운 소유자는 소유권을 취득한다. 이 경우는 상대적 소멸이라고 한다.

5. 물권변동의 요건

(1) 유형

① 물권행위와 공시(등기, 인도, 명인방법)
물권행위는 직접 물건의 변동을 목적으로 하는 의사표시를 내용으로 하는 법률행위를 말한다.[113] 부동산의 경우에는 물권행위(인도, 서류이전)와 등기(공시)가 물권변동의 요건이다. 동산의 경우에는 인도(공시)가 물권변동의 요건이다.

② 법률의 규정(등기 같은 공시 없이 변동)[114]
등기와 같은 공시 없이 물권이 변동되는 경우이다. 예컨대 신축, 시효취득, 유실물습득, 매장물 발견, 상속, 판결 및 경매 등이 있다.

(2) 물권행위와 채권행위

물권행위란 직접 물권의 변동을 목적으로 하는 의사표시를 내용으로 하는 법률행위를 말한다. 자동차를 사고파는 채권행위의 경우 매도인은 자동차 소유권을 이전하여야 할 채무를, 매수인은 대금을 지급하여야 할 채무를 부담하는 등 채권・채무가 발생하고 이행이라는 문제가 남는다. 하지만 물권행위에 의해서는 물권의 변동이 생기고 채권・채무가 발생하거나 이행이라는 문제가 남을 여지가 없다. 채권행위는 물권의 변동에 기여하기도 한다. 예컨대 자동차 매매계약(청약과 승낙)이 성립하고 자동차소유권을 이전한다는 합의(물권행위)와 등기가 갖추어지면 자동차 소유권 이전이라는 물권변동이 발생한다. 이와 같이 물권행위는 통상 채권행위의 이행으로서 행해지나 채권행위 없이 이루어질 수 있다.

구분	채권행위	물권행위
목적	채권채무의 발생을 목적으로 하는 법률행위	물권변동을 목적으로 하는 법률행위
이행의 문제	청구권을 수반하므로 장래이행의 문제를 남김	직접 물건의 지배를 목적으로 하므로 이행의 문제를 남기지 않음
행위의 성질	의무부담행위	처분행위
사례	이전계약, 중도금 지급 약속	잔금 처리, 부동산 서류 인도, 물건 인도, 물권의 포기, 소유권 이전의 합의, 공유자 전원에 의한 공유물의 포기

113) 점유권이나 유치권은 법률행위에 의한 물권변동이지만 등기를 요하지 않는다. 따라서 법률행위에 의한 물권변동이지만 등기를 요하지 않는 경우도 있다.
114) 지금과 같은 경우도 처분하려면 등기를 해야 한다.

03 물권의 변동과 공시제도

1. 공시제도의 의의

물권은 배타성과 관념성을 가지고 있기 때문에 거래안전을 위하여 물권의 귀속과 내용을 외부에서 인식할 수 있는 일정한 표상이 필요하다. 이런 필요성으로 도입된 제도가 공시다. 거래의 안전을 확보하기 위하여 물권이 누구에게 있는지, 그 내용은 어떠한 것인지, 즉 물권의 현상을 외부에서 인식할 수 있는 일정한 표상 및 표식을 갖추어야 한다. 이를 위해 물권의 존재 및 변동은 공시방법을 필요로 한다.

2. 공시방법

(1) 우리 민법은 형식주의

민법 제186조에 부동산에 관한 법률행위로 인한 물권의 득실변경은 등기하여야 효력이 생긴다고 규정하고 있다. 민법 제188조에는 동산에 관한 물권의 양도는 인도하여야 효력이 생긴다고 규정하고 있다. 예컨대 부동산의 공시방법으로는 부동산은 등기, 동산은 점유(인도), 수목의 집단은 등기나 명인방법, 미분리과실은 명인방법이 있다.

(2) 부동산 물권변동

부동산 물권변동은 등기를 하여야 한다. '등기'라 함은 등기소에 비치되어 있는 공적 장부(등기부)에 일정한 사항을 기재하는 것 내지 기재 그 자체를 말한다. 등기는 부동산 물권 변동의 요건이면서, 부동산물권의 공시방법이다. 부동산등기부에 등기가 되는 부동산은 토지. 건물. 입목에 한정된다. 등기할 수 있는 부동산물권은 소유권 · 지상권 · 지역권 · 전세권 · 저당권 등 7종에 한정되며 점유권 · 유치권은 물권이지만 등기가 필요하지 않다.

⊙ 등기부의 구성

란	기재사항
등기번호란	각 토지 또는 각 건물 대지의 번호
표제부	토지 또는 건물의 표시와 변경에 관한 내용
갑구	소유권의 보존 또는 이전, 변경, 구분제한 및 소멸 등에 관한 내용
을구	지상권, 지역권, 전세권, 저당권, 임차권 등을 설정하거나 소멸하는 등의 내용

(3) 동산 물권변동

동산 물권 변동은 인도, 즉 점유의 이전이 공시방법이다. 인도란 물건의 사실상 지배인 점유를 이전하는 것을 말한다. 점유 이전을 통하여 현실적으로 물건을 이전시키는 것을 말하지만 관념적인 인도인 간이인도, 점유개정, 목적물반환청구권의 양도와 같은 의사표시에 의한 인도도 인정한다(민법 제196조 제1항 · 제188조 제2항 · 제189조 · 제190조).

(4) 수목과 미분리 과실

수목의 집단은 등기나 명인방법, 미분리과실은 명인방법이 있다. 명인방법은 제3자가 명백히 인식할 수 있는 방법을 말한다.

3. 공시의 효력

(1) 물권변동의 효력

법률행위로 인한 물권변동의 효력은 공시를 함으로써 그 효력이 발생한다. 그리고 법률의 규정에 의한 물권변동은 그 물권변동의 원인이 발생한 때 효력이 생긴다(상속, 시효). 이 경우 처분을 할 때 등기 이후 처분해야 한다.

(2) 추정적 효력

물건의 소지자로 공시된 자는 진실한 권리자로서 추정된다. 동산의 점유에는 동산의 점유에는 공신력까지 주어지므로 추정력을 가진다. 부동산의 등기는 추정력이 인정(통설, 판례)되나 공신력이 부인되므로 동산에서보다 약하다.

(3) 공신의 효력

공시방법을 신뢰하여 거래한 제3자는 보호되어야 하므로 이에 대한 공신력을 인정해야 한다. 하지만 동산의 점유에는 공신력이 인정되나, 부동산물권의 등기는 현행법상 공신력이 인정되지 않는다.

04 공시의 원칙

1. 공시의 원칙 및 공시의 필요성

공시의 원칙이란 물권의 변동은 언제나 외부에서 인식할 수 있는 어떤 표상, 즉 공시방법을 갖추어야 한다는 원칙을 말한다. 그 결과 외부에서는 누가 권리자인지, 누구에게 이전되었는지, 어떤 내용의 권리인지 여부를 공시를 통해 인식할 수 있다. 물권은 배타성과 관념성을 가진다. 배타성으로 동일한 물건에 동일한 내용의 물권이 중복되거나 병존되어서는 안 된다. 소유권과 저당권의 경우에는 현실적으로 지배를 하지 않는다. 소유권자는 관념적으로 지배를 하는 경우가 많고, 저당권자는 관념적으로 지배를 한다. 그런데 만약 외부에서 이런 사정을 인식할 수 없다면 안전한 거래를 할 수 없다. 즉 물권의 배타성과 관념성으로 인한 거래 불안을 제거하고 거래의 안전을 도모하기 위해서 공시가 필요하다.

2. 공시의 원칙의 적용범위

법률행위에 의한 물권의 성립 및 이전에 관하여만 공시의 원칙이 적용된다. 다만 법률의 규정에 의한 물권 변동은 등기가 없어도 효력이 발생한다. 등기는 물권의 효력발생요건이고 그 존속요건은 아니다.

05 공신의 원칙

1. 의의 및 필요성

공신의 원칙은 거래의 동적안전을 보호하기 위하여 인정되는 것이며, 물권의 법률관계를 규율하는 등기, 점유와 같은 외부적 표상이 있는 경우에 이 외형을 신뢰하여 거래한 자는 그 공시의 내용이 진실한 권리관계와 일치하지 않아도 그 공시된 대로의 권리를 취득하도록 하는 원칙을 말한다. 이런 공신의 원칙을 인정하면 물권거래의 안전은 확보되지만 진정한 권리자는 손해를 입을 수 있다.

2. 동산의 선의취득(민법 제249조)

(1) 선의취득의 의미

선의취득은 공신의 원칙이 잘 반영된 제도이다. 선의취득이란 거래의 안전을 위해 동산의 점유에 공신력을 인정하는 제도를 말한다. 따라서 평온·공연하게 동산을 양수한 자가 선의를 가지고 과실 없이 그 동산을 점유한 경우에는 양도인이 정당한 소유자가 아닌 때에도 즉시 그 동산의 소유권을 취득한다.

(2) 선의취득의 제한: 민법 제249조 단서

다만 도품이나 유실물의 경우에는 2년 동안 선의취득이 제한된다.

03 채권법

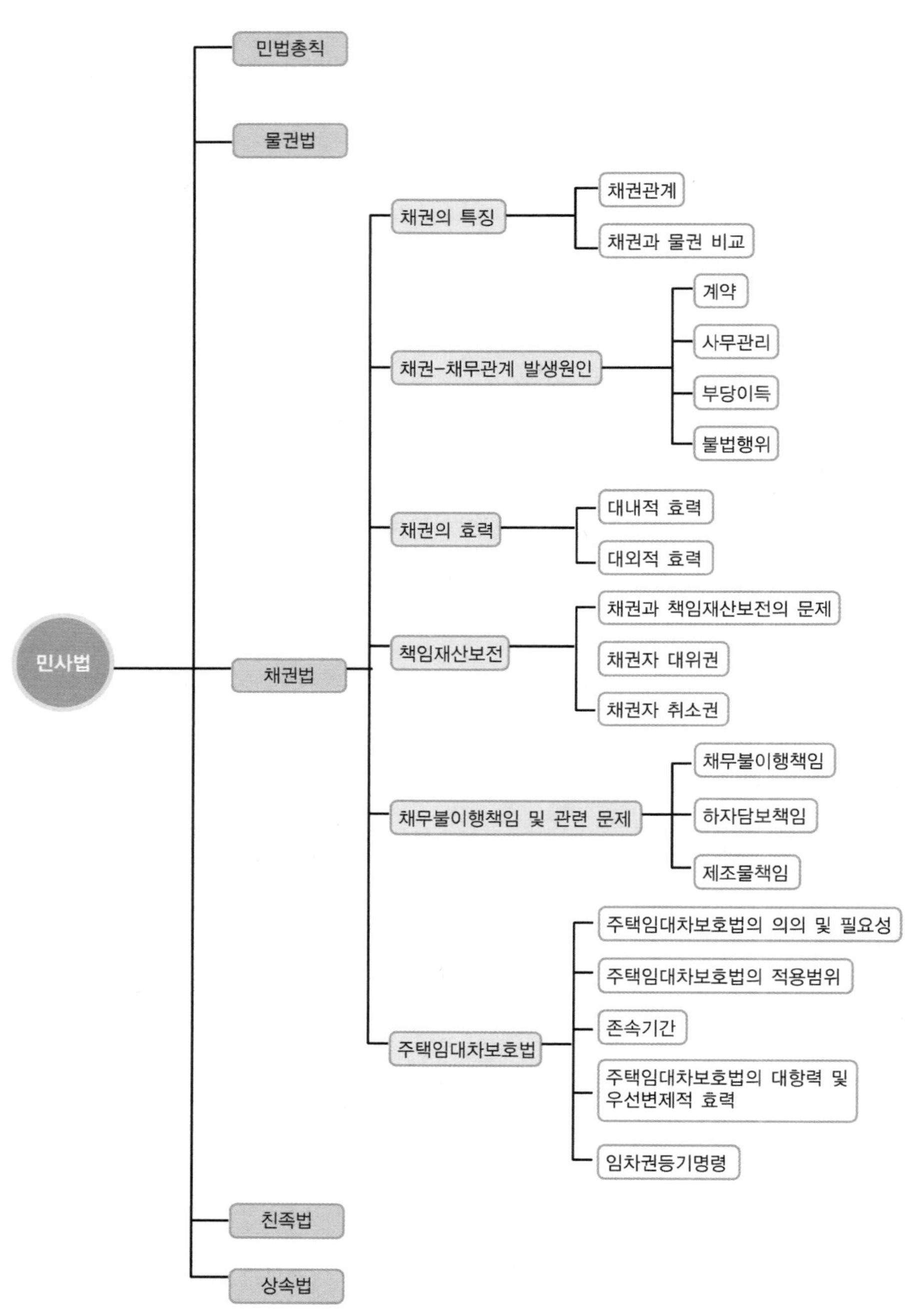
민사법
민법총칙
물권법
채권법
채권의 특징
채권관계
채권과 물권 비교
채권-채무관계 발생원인
계약
사무관리
부당이득
불법행위
채권의 효력
대내적 효력
대외적 효력
책임재산보전
채권과 책임재산보전의 문제
채권자 대위권
채권자 취소권
채무불이행책임 및 관련 문제
채무불이행책임
하자담보책임
제조물책임
주택임대차보호법
주택임대차보호법의 의의 및 필요성
주택임대차보호법의 적용범위
존속기간
주택임대차보호법의 대항력 및 우선변제적 효력
임차권등기명령
친족법
상속법

I 채권법의 의미 및 특징

01 채권법의 의의

1. 채권법의 의미

채권법이란 당사자 간의 채권·채무관계를 규율하는 전체 법규를 말한다. 채권법은 물권법과 더불어 민법 중 재산법에 속한다. 물권이 '물건에 대한 권리'인데, 채권과 채무는 '사람에 대한 권리와 의무'이다. 이런 채권관계를 규율하는 법규가 채권법이다. 채권법은 민법 제3편(제373조~제766조)을 말한다. 제3편은 총칙·계약·사무관리·부당이득·불법행위로 구성되어 있다. 이중 계약·사무관리·부당이득·불법행위 채권을 발생시키는 요인이다. 계약은 당사자 간의 의사에 의해 발생하는 것이고, 사무관리·부당이득·불법행위는 법률이 규정하고 있는 것이다. 그래서 계약은 약정채권발생원인이라고 부르고, 사무관리·부당이득·불법행위는 법정채권발생원인이라고 한다.

2. 채권법과 물권법의 관계

물권법은 채권법과 더불어 민법 중 재산법에 속한다. 근대부터 물건에 대한 사적 소유와 자유로운 거래를 토대로 자본주의는 성장해왔다. 이를 위한 법적 제도가 '소유권'과 '계약'이다. '소유권'은 물권법이, '계약'은 채권법이 규율한다. 채권은 물권변동을 위한 요인이 되기도 하지만 담보물권의 경우처럼 물권이 채권의 실현에 기여하기도 한다. 이와 같이 물권과 채권은 상호 밀접한 연관성을 가지며, 이를 규율하는 물권법과 채권법은 재산법의 두 축을 이루고 있다.

02 채권법의 특징[115)]

1. 임의규정

채권관계는 특정인과 특정인이 채권의 종류 및 내용을 당사자가 임의로 정해 행하기 때문에 제3자의 이익을 침해할 위험이 적다. 그래서 채권법은 원칙적으로 당사자의 의사를 존중하고, 당사자가 의욕한 대로의 법률효과를 발생시키되 다만 당사자의 의사가 불명확하거나 흠결이 있는 경우에 대처하는 임의법규이다. 이 점은 대부분이 강행규정으로 되어 있는 물권법과 비교된다. 그런데 채권발생원인 중 사무관리, 부당이득, 불법행위는 당사자의 의사에 의해 발생한 것이 아니라 법률로 규정된 것이라 강행법규의 성질을 가진다. 임대차나 직접 제3자에게 영향을 주는 규정들도 강행법규의 성질을 가진다.

115) 현재 민법의 내용의 연유를 거슬러 올라가 보면 로마법과 게르만법을 만나게 된다. 채권법은 개인 중심의 상업국가였던 로마법의 요소가 강하게 나타나는 영역이다. 참고로 게르만법은 농업국가를 배경으로 한다. 이런 점에서 물권법에 많은 영향을 주었다. 하지만 로마법도 물권법에 영향을 주었다.

2. 보편성

채권법은 합리성을 전제로 한 사람과 사람 사이의 거래관계를 중심으로 규율한다는 점에서 국제적이고 보편적인 성격을 가진다. 반면에 물권법은 지방적 색채나 민족적 특색이 강하다.

3. 신의칙의 지배

채권관계는 채권자와 채무자의 특별한 신뢰관계를 전제로 성립한다. 이런 점에서 채로 권법은 신의칙이 대표적으로 적용되는 법영역에 속한다.

⊙ 채권법과 물권법의 비교

구분	채권법	물권법
법의 성질	국제적, 보편적	지역적, 습속성
지배원리	신의칙이 지배	권리남용 금지
법규의 성격	임의규정성	강행규정성
사적자치의 적용범위	사적자치가 광범위하게 인정	사적자치 적용범위 협소함

Ⅱ 채권관계의 의미 및 주요 내용

01 채권관계의 의미 및 특질

1. 의미

채권관계는 2인 또는 그 이상의 다수의 사람들이 채권자 또는 채무자로서 서로 일정한 행위를 요구할 수 있는 권리(채권)를 갖고 그에 대응하는 의무(채무)를 부담하여 대립하는 법률관계를 말한다.

2. 채권관계를 발생시키는 원인

(1) 의의

법률요건으로서 채권관계를 발생시키는 원인은 개념상 명확하게 구별된다. 채권관계는 계약과 법률의 규정에 의해 발생한다. 채권관계는 주로 계약이라는 법률행위에 의해 발생한다. 법률의 규정인 법률요건으로는 사무관리, 부당이득, 불법행위가 있다.

(2) 계약의 의미

계약은 서로 대립하는 청약과 승낙의 의사표시가 일치하는 것을 의미한다. 예컨대 매매계약을 체결한 경우 매도인은 매수인에 대하여 대금지급을 받을 채권을 가지며 매수인은 매도인에 대하여 매매목적물을 양도받을 권리를 가지는 계약에 따른 채권이 발생한다. 채권의 발생원인으로서의 계약은 좁은 의미의 계약을 말한다. 우리 민법은 증여, 매매, 임대차를 비롯하여 14가지의 전형적인 계약 유형을 제시하고 있다.

(3) 사무관리 : 사무관리 ⇨ 채권관계

타인의 사무를 위임이나 고용 등에 의하지 않고 아무런 의무 없이 관리하여 주면 법률에 의하여, 즉 민법 제734조 이하에 의하여 채권이 당연히 발생한다. 즉 사무관리란 법률상 또는 계약상 아무런 의무가 없는 자가 타인을 위하여 타인의 사무를 처리함으로써 사무를 처리한 자와 사무 처리를 받은 자 사이에 발생한 이해관계를 해결하고자 우리 민법이 법률의 규정으로 채권·채무관계를 발생시키는 것이다.

(4) 부당이득 : 법률상 원인 없이 이익을 취하고 있는 경우 ⇨ 부당이득 반환 채권관계

① 의미

부당이득이란 법률상 아무런 원인이 없이 다른 사람의 재산이나 노무로부터 이익을 얻고, 이로 인하여 다른 사람이 손해를 입게 된 경우 이익을 받은 자가 그 이익을 반환하여야 하는 제도를 말한다. 임대차계약 종료 후에도 임차인이 임대차의 목적물인 부동산을 차임을 지급함이 없이 계속하여 점유하는 경우 그 차임 상당의 재산적 이익과 같이, 법률상 원인 없이 이득을 취한 때에는 민법 제741조 이하의 규정에 의하여 채권이 당연 발생한다(부당이득에 의한 채권발생).

② 사례

신설 아파트인 A 아파트 주민들은 도로 진입로를 보장해 달라고 B 지방자치단체에 민원을 넣었다. B 지방자치단체는 아파트 주민들의 민원을 받아들여 A 아파트 주변의 땅을 도로 부지로 편입하여 사용하도록 하였다. 그런데 이 땅 중에 일부는 C의 소유였다. C는 자신 소유의 토지를 B 지방자치단체가 아무런 권원 없이 도로부지로 점유·사용하고 있다고 주장하면서, B 지방자치단체를 상대로 토지 반환을 요구하는 물권적 청구권 및 사용 대가 지불을 요구하는 부당이득 반환 청구의 소를 법원에 제기하였다.

(5) 불법행위 : 위법행위 + 손해발생 ⇨ 손해배상 채권관계

위법행위로 타인에게 손해를 입힌 경우 민법 제750조 이하의 규정에 따라 불법행위로 인한 채권이 당연히 발생한다. 이런 경우는 일반불법행위로 과실책임이 원칙이다. 민법에는 입증책임이 전환되는 특수불법행위와 여러 명이 범죄에 가담한 경우를 명시하고 있는 공동불법행위 등을 규율하고 있다.

3. 채권과 채무의 관계

(1) 채권의 채무의 의미

채권이란 특정인이 다른 특정인에 대하여 특정 행위를 청구할 수 있는 권리를 말한다. 이 채권에 대응하는 의무, 즉 특정의 행위(급부)를 하여야 할 의무가 채무이다.

(2) 채권과 채무는 표리관계

갑(甲)은 자신 소유의 노트북을 을(乙)에게 증여하기로 약정하였다. 을(乙)은 갑(甲)에게 노트북의 인도를 청구할 수 있는 권리로 채권을 갖는다. 한편 갑(甲)은 을(乙)에게 노트북을 인도할 의무를 부담한다. 그런데 특정인(채무자)이 다른 특정인(채권자)에 대하여 특정행위(급부)를 하여야 할 의무를 부담하는 경우에 그 의무를 채무라고 한다. 당사자 사이의 권리의무관계를 권리의 측면에서 보면 채권이 되고, 의무의 측면에서 보면 채무가 된다. 이와 같이 채권과 채무는 표리관계에 있다.

(3) 채권관계의 특징

① 채권관계는 특별구속관계이다. 즉 채권관계는 채권자와 채무자라는 특정인들 사이에만 성립하는 법률관계이다.

② 채권관계는 유기적 관계이다. 채권관계는 단순히 채권 및 채무가 대립하는 관계를 의미하는 것이 아니라 채권관계에서 달성하고자 하는 목적을 위해서 채권자와 채무자가 협력해야 할 긴밀한 관계이다.

③ 채권관계는 신의칙이 지배하는 관계이며, 각자의 신뢰에 바탕을 두고 있는 관계이다.

4. 채권자의 권리

채무 불이행	계약의 효력을 존속시킬 경우	이행청구
		이행강제
		손해배상청구
	계약의 효력을 소멸시킬 때	계약해제권 및 손해배상청구

(1) 청구권

채권을 특정인이 다른 특정인에 대하여 특정의 행위, 즉 급부를 청구할 수 있는 권리이다. 채권자는 이와 같이 청구권을 행사할 수 있다. 청구권은 채권의 핵심 내지 본질적 요소이다.

(2) 이행강제권

① 소구권
채무자가 임의로(스스로) 채무를 이행하지 않는 경우를 채무불이행이라고 한다. 채권자는 채무자가 채무불이행을 하는 경우 채무의 이행을 소구할 수 있다. 소구라는 것은 재판으로 이행을 청구하는 것을 말한다.

② 강제집행권
채무자가 법원으로부터 채무를 이행하라는 재판을 받았음에도 불구하고 임의로 이행하지 않으면 국가의 강제력을 동원하여 강제로 채무의 이행을 실현시킬 수 있는 권리를 말한다.

(3) 손해배상청구권

채무자의 채무불이행이 있으면 채권자는 손해배상을 청구할 수 있다. 예컨대 이행불능의 경우에는 전보배상을 청구할 수 있고, 이행지체의 경우에는 지연배상을 청구할 수 있다.

(4) 계약 해제 및 손해배상청구권

쌍무계약의 경우 채무불이행에 대하여 채권자는 계약을 해제하고 손해배상을 청구할 수 있다.

5. 채무자의 채무

급부의무	주된 급부의무	주된 의무
	종된 급부의무	부수적 의무
부수적 주의의무		

(1) 급부의무

① 급부의 의미
채권이 성립하면 채권자는 채무자에게 일정한 행위를 청구할 수 있는데 바로 채권자가 채무자에 대하여 청구할 수 있는 일정한 행위를 급부라고 한다. 채권자의 청구에 응하여 일정한 행위(= 급부)를 이행하여야 할 채무자의 의무를 급부의무라고 한다. 이런 점에서 급부는 채무자의 행위이며 채권의 목적이다. 급부의무에는 주된 급부의무와 종된 급부의무가 있다.

② 주된 급부의무
당사자가 계약으로 달성하고자 하는 목적으로 삼는 급부의무를 말한다. 이 의무는 쌍무계약에서 서로 대가적 관계에 서는 의무로 채권의 주된 목적이다. 예컨대 스마트폰 매매라면 스마트폰의 소유권 및 점유를 이전하는 행위가 바로 주된 급부의무이다. 이 주된 급부의무를 불이행한다면 채권자는 이행강제와 손해배상, 계약해제권을 행사할 수 있다.

③ 종된 급부의무
종된 급부의무는 주된 급부의무의 종된 관계에 있는 급부의무로 쌍무계약에서 대가적 관계에 서지 않는 의무를 말한다. 예컨대 스마트폰의 매매에서 스마트폰 설명서나 보증서 등을 인도할 의무를 말한다. 종된 급부의무를 불이행한 경우에 채권자는 이행강제와 손해배상만 청구할 수 있다. 원칙적으로 계약해제권은 행사할 수 없다.

(2) 부수적 주의의무

부수적 주의의무는 급부의무를 내용에 따라 제대로 실현하기 위하여 채무자가 적절한 배려와 주의를 베풀어야 하는 의무를 말한다. 이런 부수적 주의 의무는 신의칙을 근거로 한다. 예컨대 여행사의 안전배려 의무나, 호텔과 같은 숙박업소의 투숙객 보호의무등이다. 이 외에도 배려·통지·협동·설명 의무 등이 있다. 이런 부수적 주의의무를 이행하지 않은 경우에 채권자는 손해배상만을 청구할 수 있다.

(3) 보호의무

부수적 주의의무 중 논쟁이 있는 것이 보호의무이다. 보호의무는 채권자와 채무자가 서로 상대방의 생명, 신체, 재산을 침해하지 않도록 배려하여야 할 주의의무를 말한다. 판례는 보호의무를 부수적 주의의무로 구성한다. 그런데 보호의무는 급부의무의 이행과 관련된 것이 아니기 때문에 급부의무에 부수되는 의무가 아니라 병존관계에 있는 것으로 보아야 한다는 주장도 있다. 그래서 보호의무를 채무불이행의 문제가 아니라 불법행위책임으로 다루어야 한다는 주장도 있다. 이러한 보호의무를 위반한 경우에는 손해배상 및 이행강제를 청구할 수 있다. 고용의 경우에는 보호의무가 급부의무와 불가분적인 관계에 있는 경우에는 보호의무의 중대한 위반으로 계약 해제 및 해지도 가능하다.

02 채권의 성질

1. 재산권

권리를 내용으로 분류할 때 채권은 재산권에 속한다.

2. 청구권

효력이나 작용 측면으로 권리를 분류할 때 채권은 청구권의 성격을 가진다.

3. 상대성

채권은 특정인에 대하여만 급부를 청구하는 상대권, 대인권이다. 물권은 모든 제3자에 대하여 간섭을 배제하고 독점적 배타적으로 물건을 지배하는 절대권, 대세권의 성격을 가진다.

4. 평등성

물권은 배타성을 가지므로 동일한 물건 위에 성립하는 물권 상호 간에는 먼저 성립한 물권이 우선한다. 그러나 채권은 발생원인, 성립의 선후에 상관없이 모두 평등한 효력을 가진다. 그래서 채무자는 스스로 순서나 액수의 크기를 정해 채무를 지급할 수 있다.

5. 양도성

채권이 재산권이라는 점에서 자유롭게 양도할 수 있다. 민법 제449조 제1항에서 "채권은 양도할 수 있다. 그러나 채권의 성질이 양도를 허용하지 아니하는 때에는 그러하지 아니하다"라고 규정하고 있다. 제2항에서는 "채권은 당사자가 반대의 의사를 표시한 경우에는 양도하지 못한다. 그러나 그 의사표시로써 선의의 제삼자에게 대항하지 못한다"라고 규정하고 있다.

채권과 물권의 비교

	채권	물권
권리의 대상	특정인의 행위(급부)	특정된 물건
권리의 작용, 효력	청구권	지배권
배타성	없음, 채권자 평등의 원칙	있음, 채권에 대한 우선적 효력
양도성	원칙적으로 인정되나 제한 가능	당연히 인정(원칙적으로 제한 불가)
불가침성	인정함이 다수설	당연히 인정

PART 05

Ⅲ 채권의 목적

01 생각 열기

채권의 목적과 목적물은 어떻게 다를까?

제373조【채권의 목적】 금전으로 가액을 산정할 수 없는 것이라도 채권의 목적으로 할 수 있다.

제374조【특정물인도채무자의 선관의무】 특정물의 인도가 채권의 목적인 때에는 채무자는 그 물건을 인도하기까지 선량한 관리자의 주의로 보존하여야 한다.

제375조【종류채권】 ① 채권의 목적을 종류로만 지정한 경우에 법률행위의 성질이나 당사자의 의사에 의하여 품질을 정할 수 없는 때에는 채무자는 중등품질의 물건으로 이행하여야 한다.
② 전항의 경우에 채무자가 이행에 필요한 행위를 완료하거나 채권자의 동의를 얻어 이행할 물건을 지정한 때에는 그때로부터 그 물건을 채권의 목적물로 한다.

제376조【금전채권】 채권의 목적이 어느 종류의 통화로 지급할 것인 경우에 그 통화가 변제기에 강제통용력을 잃은 때에는 채무자는 다른 통화로 변제하여야 한다.

제377조【외화채권】 ① 채권의 목적이 다른 나라 통화로 지급할 것인 경우에는 채무자는 자기가 선택한 그 나라의 각 종류의 통화로 변제할 수 있다.
② 채권의 목적이 어느 종류의 다른 나라 통화로 지급할 것인 경우에 그 통화가 변제기에 강제통용력을 잃은 때에는 그 나라의 다른 통화로 변제하여야 한다.

02 채권의 목적의 의미적 특성

1. 채권의 목적

채권은 채권자가 채무자에게 일정한 행위를 청구하는 것을 내용으로 하는 권리이다. 따라서 채권의 목적은 채무자가 이행해야 할 행위이다. 채권의 목적은 채권의 내용이면서 채권의 객체이다. 이런 성격을 가진 채권의 목적이 급부이다.

2. 채권의 목적물

채권의 목적물은 급부의 객체, 즉 이행행위의 객체를 말한다. 예컨대 노트북 매매 거래에서 노트북의 인도와 대금지급이 채권의 목적이라면 노트북은 채권의 목적물이다. 채권의 목적은 급부이며 목적물 인도를 말한다. 노트북은 채권의 목적물이면서 급부의 객체이다. 또한 인도의 객체이다.

03 채권의 목적의 요건

1. 의의

채권의 발생원인 중 법률의 규정에 의한 채권의 경우에는 따로 요건을 규정하고 있기 때문에 채권의 목적의 요건이 문제될 여지가 없다. 이 주제는 계약에 의한 채권의 경우에 요구되는 요건이다. 법률행위에 의하여 발생하는 채권의 목적은 사적자치의 원칙에 따라 당사자가 자유로이 정할 수 있다. 그리고 원칙적으로 급부의 종류와 내용에 관하여 아무런 제한이 없다. 다만 급부에 의하여 실현하려는 채권의 목적을 말한다는 점에서 법률행위의 목적에 관한 행위를 필요로 한다. 즉 법률행위의 일반적 유효요건인 확정성, 실현 가능성, 적법성, 사회적 타당성은 계약에 의해 발생하는 채권의 목적 요건에도 적용된다.

2. 요건

(1) 확정성

급부가 확정되지 않으면 채무자는 의무를 이행할 수 없다. 또한 채권자도 소구 또는 강제집행을 할 수 없다. 따라서 채권의 목적인 급부는 확정되어 있거나 이행기까지는 확정할 수 있어야 한다.

(2) 실현 가능성

계약이 성립할 때 급부가 실현 불가능한 경우에는 채권은 발생하지 않는다. 급부의 목적이 원시적 불능이면 무효이다. 따라서 채권도 발생하지 않는다.

(3) 적법성

급부는 적법한 것으로 강행법규에 위반되지 않아야 한다. 이에 위반한 경우에 계약에 기한 채권은 발생하지 않는다.

⑷ 사회적 타당성

채권의 목적은 적법하며 사회적 타당성을 가져야 한다. 즉 강행법규에 반하거나 선량한 풍속 기타 사회질서에 반하는 급부를 목적으로 하는 채권은 무효이다.

⑸ 급부의 금전적 가치

일반적으로 금전적 가치를 산정할 수 없는 급부뿐만 아니라 채권자에게 금전적 가치가 없는 급부도 채권의 목적으로 할 수 있다. 이와 관련된 내용은 민법 제373조에 있다.

Ⅳ 채권의 효력

01 생각 열기

재산권인 채권은 대내적 효력, 대외적 효력을 가진다.

대내적 효력	채권자의 채무자에 대한 효력	기본적 효력: 청구력, 급부보유력, 강제력
		채무불이행과 구제
	채무자의 채권자에 대한 효력	채권자 지체
대외적 효력	책임재산의 보전	채권자 대위권, 채권자 취소권
	제3자에 의한 채권침해	제3자에 의한 채권침해

02 대내적 효력

1. 기본적 효력

⑴ 청구력과 급부보유력

채권은 채권자가 채무자에 대해 일정한 급부를 청구하는 권리이다. 그래서 채무자가 채무의 내용에 따라 급부를 함으로써 채권의 내용이 실현된다. 따라서 채권의 기본적 효력은 채무자에 대해 급부를 청구하고(청구력), 채무자가 한 급부를 수령하여 이를 보유하는 것이다. 즉 채권은 청구력과 급부를 적법하게 보유할 수 있는 권능인 급부보유력을 가진다. 만약 채무자가 채무를 불이행할 경우에 채권자는 손해배상청구권을 가진다. 이행지체의 경우에는 지연배상을, 이행불능의 경우에는 전보배상을, 불완전이행의 경우에는 확대손해배상을 청구할 수 있다.

(2) 강제력

채무자가 임의로 이행하지 않으면 채무자는 국가기관의 강제력에 의하여 채권내용을 강제적으로 실현시킬 수 있다.

① 소구력
채무자가 임의로 채무의 내용에 따라 이행을 하지 않을 경우에는 채권자는 채무의 이행을 재판상 청구할 수 있는 권능을 가진다.

② 강제집행력
강제집행력은 재판의 결과에 따라 스스로 이행하지 않을 경우에 채무자의 재산을 압류하여 강제집행의 절차에 따라 환가하여 배당을 받아 채권의 만족을 얻을 수 있는 권능을 말한다.

2. 채무불이행에 대한 효력

(1) 강제이행

채무자가 임의로 이행하지 않으면 채무자는 국가기관의 강제력에 의하여 채권내용을 강제적으로 실현시킬 수 있다.

(2) 손해배상

강제이행으로 한계는 있다. 이행하지 않음으로 인해 발생하는 여러 손해가 있고, 성격상 이행하지 않을 경우에 강제이행을 할 수 없는 경우도 있기 때문이다. 그래서 손해배상을 두고 있다.

(3) 계약의 해제[116]권

계약을 해제할 경우 당사자 일방의 채무불이행으로 계약의 효력을 존속키지 않고 계약이 처음부터 성립되지 않는 것처럼 하여 계약에서 벗어날 수 있다.

3. 채권자 지체

채권관계의 목적은 채권자와 채무자의 협력을 통해 실현될 수 있다. 채무자는 채권의 내용에 따라 열심히 이행을 해도 채권자가 이에 대해 수령하지 않으면 목적이 제대로 실현될 수 없다. 만약 채무자의 이행을 함에도 불구하고 채권자의 고의 과실로 수령이 지체되어 발생하는 손해에 대해서 채무자의 책임은 감면될 수 있다.

---

116) • 해제 : 계약 당사자 중 일방의 의사표시에 의하여 이미 유효하게 성립한 계약의 효력을 소급해서 소멸시켜 계약이 처음부터 없었던 것과 같은 법률 효과를 내는 것을 말한다.
• 해지 : 계속적 채권 관계에 있어서 계약의 효력을 장래를 향하여 소멸하게 하는 일방적 행위를 말한다. 예컨대 임대차, 고용, 위임과 같은 계속적 채권관계에 있어서는 그 성질상 법률관계를 소멸시킨다고 하더라도 이를 소급적으로 할 수는 없고, 장래에 대해서만 소멸하게 된다.

03 대외적 효력

1. 제3자에 의한 채권침해

(1) 의미

채권은 채권자가 채무자에 대하여 일정한 급부를 청구할 수 있는 권리이기 때문에 물권과 같은 배타적 효력은 없다. 그러나 제3자가 부당하게 채권을 침해하거나 그 행사를 방해할 경우에는 불법행위에 기한 손해배상 청구 및 방해배제를 청구할 수 있다.

(2) 불법행위

제3자에 의한 채권침해가 반드시 언제나 불법행위로 되는 것은 아니고, 채권침해의 태양에 따라 구체적으로 검토하여 정해야 한다(73다1244). 불법행위가 되려면 고의에 기한 가해행위로 채권자의 이익을 소멸시키는 위법한 행위를 한 경우이다. 과실에 의한 채권침해는 인정되지 않는다.

2. 방해배제청구권

채권이지만 물권과 같이 방해배제청구권을 행사하려면 계속적 채권관계이면서 공시가 되는 채권인 경우에는 물권과 같이 방해배제를 청구할 수 있다. 예컨대 주택임차권을 침해받은 경우에 방해배제를 청구하는 경우이다.

3. 채권자 대위권 및 채권자 취소권

(1) 채권과 책임재산보전의 문제

① 채권은 상대적 권리
채권은 상대적 권리이기 때문에 제3자를 위한 계약과 같이 특별한 규정이 있는 경우를 제외하고는 제3자에게 영향을 미칠 수가 없다. 하지만 책임재산 보전을 위해서 불가피하게 제3자에 영향을 미칠 수 있어야 한다.

② 책임재산 보전을 위한 예외: 채권자 ⇨ 제3자
채무자의 책임재산을 보전하기 위해 예외적으로 채권자에게 인정되는 권리가 채권자 대위권과 채권자 취소권이다. 채권자 대위권과 채권자 취소권은 채무자를 상대로 행사하는 것이 아니라 제3자를 상대로 하는 권리이다.

(2) 채권자 대위권

① 채권자 대위권의 의미: 채무자 권리 불행사에 대응 ⇨ 채권자가 대신 행사
채권자 대위권이란 채권자가 자기의 채권을 보전하기 위하여 채무자가 행사하지 않고 있는 권리를 대신 행사함으로써 채권을 확보할 수 권리를 말한다(민법 제404조 제1항). 이러한 권리행사를 인정하는 것은 변제를 받기 위하여 채무자의 재산을 유지·충실(充實)하자는 데에 취지가 있다.

예컨대 A는 B에게 1천만 원의 금전채권이 있다. 한편 B는 C에게 2천만 원의 금전채권이 있다. B는 A에게 변제기에도 불구하고 1천만 원을 갚지 않고 있다. 현재 B에게는 C에 대한 2천만 원의 채권을 제외하고는 딱히 다른 재산은 없는 무자력 상태이다. 이 경우 A가 채권의 만족을 얻기 위해 할 수 있는 것은 강제집행 또는 채권자 대위권을 행사하는 것이다.

② 요건

첫째, 피보전채권이 존재해야 한다.

둘째, 채무자의 권리 불행사, 즉 채무자가 스스로 그의 권리를 이행하지 않고 있어야 한다.

③ 효과

채무자의 권리 불행사에 대응하여 채권자가 채무자의 권리를 대신 제3자에게 행사하여 채무자의 일반재산을 회복할 수 있다.

(3) **채권자 취소권**: 채무자 잘못된 권리 행사에 대하여 ⇨ 채권자가 취소로 원상회복

① 의미

채권자 취소권이란 채무자가 채권자를 해함을 알면서(사해의사) 행한 법률행위(사해행위)로 채무자의 책임재산이 부당하게 감소되어 채무자의 변제능력이 부족하게 된 경우에 일정한 요건 하에서 채권자가 채무자가 한 이러한 법률행위를 취소하고 이탈한 재산을 회복시킬 수 있는 권리를 말한다. 즉 채권자에게 손해가 있을 것을 알면서 재산권을 감소하는 등의 채무자의 법률행위에 대해 채권자가 취소 또는 원상회복을 청구할 수 있는 권리를 말한다. 예컨대 A는 B에 대해 부당이득반환청구권을 가지고 있다. 그런데 B는 A에게 돈을 갚지 않을 목적으로 자신이 유일하게 소유하는 부동산을 이 사실을 알고 있는 C에게 2억 원에 매도하고, 2017년 6월 4일에 C 앞으로 소유권이전등기를 해 주었다. 이런 상황을 눈치 챈 A는 2017년 4월 10일에 C를 상대로 부동산 처분을 금지시키는 가처분신청을 하고, 2018년 3월 15일에 C를 상대로 B와 C 사이의 매매계약의 취소와 C 명의의 소유권이전등기의 말소를 구하는 채권자취소의 소를 제기하였다.

② 채권자 취소권의 기능

그 기능은 채무자가 채권의 공동담보가 부족함을 알면서도 자기의 재산을 함부로 감소시키는 행위를 한 때에는 채권자는 이러한 효력을 부인하고 일탈한 재산을 다시 찾아 책임재산을 보존・유지하는 것이다.

③ 요건

첫째, 피보전채권이 있어야 한다. 둘째, 사해행위, 즉 채권자를 해하는 의사와 그에 따른 법률행위를 해야 한다. 셋째, 주관적 요건으로 사해의사가 있어야 한다. 이는 채무자의 악의, 수익자 또는 전득자의 악의가 있어야 한다.

④ 효과

채권자 취소권은 악의의 수익자나 전득자를 상대로 법원에 재판상 행사해야 한다. 취소가 되어 채무자의 재산은 다시 채무자의 일반재산으로 복귀한다.

V 채무불이행 유형 및 구제 방안

01 채무불이행에 대한 효력

1. 채무불이행 의미

채권이 존재하는 경우 채무자는 채무의 내용대로 이를 성실하게 이행하여야 한다. 그런데 채무자가 이같이 채무의 이행을 하지 않는 경우가 있는데 이를 통틀어 채무불이행이라고 한다. 이러한 채무불이행은 그 불이행의 유형에 따라 이행지체, 이행불능, 불완전이행으로 분류할 수 있다.

2. 채무불이행의 공통요건

채무불이행 책임의 전제가 되는 채무의 범위는 급부의무와 부수적 주의의무가 된다. 이 의무를 고의 및 과실로 이행하지 않았고, 그 결과가 위법한 경우에는 채무불이행책임을 지게 된다. 이 위법한 경우로 인한 결과가 손해가 되는 것이다. 이 내용들을 구체적으로 정리해 보면 다음과 같다.

첫째, 과실책임에 따른 귀책사유가 있어야 한다. 즉 채무자의 고의 및 과실이 있어야 한다.
둘째, 객관적으로 위법성이 있어야 한다.
셋째, 채무의 내용에 따른 이행이 없어야 한다. 급부가 이행되지 않는 양상은 이행지체, 이행불능, 불완전이행 등에 따라 다르다. 유형의 차이 때문에 요건이 조금씩 차이가 생긴다.
넷째, 손해의 발생과 인과관계가 있어야 한다. 즉 이행하지 않은 것과 손해 사이에 인과관계가 있어야 한다.

PART 05

3. 채무 불이행 유형

(1) 이행지체

① 의미

이행지체란 채무가 이행기에 있고 그 이행이 가능함에도 불구하고 채무자가 그에게 책임 있는 사유로 채무의 내용에 따른 이행을 하지 않는 것을 말한다. 계약으로 발생한 채권인 경우에는 채무자가 이행할 때까지 채권자가 기다려 줄 것인지 여부에 따라 이행지체 책임이 달라진다.

② 채무자가 이행지체를 한 경우

채권자는 채무자를 상대로 강제이행과 손해배상(지연배상)을 청구할 수 있다. 만약 채무가 계약에 의해 발생한 것이라면 계약해제, 손해배상(전보배상) 등을 청구할 수 있다.

⑵ 이행불능

① 의미
이행불능이란 채권이 성립한 후에 채무자의 귀책사유로 이행이 불가능하게 된 경우를 말한다. 만약 채권이 성립 전에 이행불능 상태였다면 그 계약은 무효이다. 여기서 이행불능은 채건 성립 이후에 후발적 불능이 된 것을 말한다.

② 이행불능책임
이 경우는 급부가 실현될 가능성이 없으므로 강제이행의 문제는 발생하지 않는다. 따라서 계약의 효력 존속을 전제로 손해배상(전보배상)을 청구할 수 있다. 만약 계약에 의해 채권이 발생한 것이라면 계약의 해제 또는 해지의 효과가 생긴다. 한편 채권의 목적물이 소멸한 경우에 채권자가 대체할 수 있는 것을 요구할 수 있는지가 문제될 수 있다. 법규에는 없지만 판례는 인정하는 편이다.

⑶ 불완전이행

① 의미
불완전이행은 채무자가 이행을 하였으나, 하자 있는 불완전한 이행이어서 채권자에게 손해를 발생시키는 경우를 말한다. 즉 불완전이행이란 채무자가 이행을 하긴 하였으나 완전하게 이행되지 못한 경우를 말한다. 불완전 이행은 민법에는 없지만 다수설과 판례는 채무불이행으로서 인정하고 있는 유형이다. 예컨대 판례는 “여관경영자가 고객에 대한 위와 같은 부수적인 의무를 위반한 경우에는 비록 그가 고객에게 본래의 계약상 의무인 객실제공의무를 이행하였다 하더라도 그 이행은 결국 채무의 내용에 따른 것이 아닌 것으로서 소위 불완전이행에 해당하는 것이므로 이로 인하여 고객에게 손해가 발생하였을 때에는 그 손해를 배상할 책임을 부담한다(97가합501)”라고 불완전 이행을 인정하고 있다.

② 불완전이행의 유형
불완전이행의 유형은 권리의 하자, 물건의 하자(수량부족, 일부멸실), 부수적 주의의무 위반, 확대손해의 발생 등이 있다. 이 다양한 유형 중 확대손해의 일부는 제조물책임의 문제로 다루어지고 있다. 다만 보호의무 위반 및 확대손해를 둘러싸고 불법행위책임인지, 채무불이행책임인지 다툼이 있다.[117]

③ 불완전이행 책임
완전이행이 가능한 경우에는 완전이행의 청구를 할 수 있다. 하지만 완전 이행이 불가능한 경우에는 이행불능의 효과로 손해배상을 청구할 수 있다. 그리고 계약으로 발생한 채권이라면 계약해제를 주장할 수 있다.

117) 그럼에도 판례는 왜 부수적 주의의무로 계속 다루고 싶을까? 짐작되는 바는 입증의 문제 때문으로 보인다. 불법행위의 문제가 되면 채권자가 고의, 과실을 입증해야 하지만, 채무불이행의 경우에는 채무자가 고의, 과실이 없음을 스스로 입증해야 한다. 제조물책임법이 도입되기전에도 입증의 문제를 해결하기 어려웠고, 이 어려움을 반영해서 ‘무과실책임’이 된 것이다.

02 강제이행

1. 채무불이행에 대한 구제 방안: 강제이행과 손해배상

민사법상 채권자가 채무자의 채무불이행에 대하여 취할 수 있는 구제방법은, 강제이행과 손해배상의 2가지 방법이 있다. 강제이행은 채권 본래의 내용을 실현하는 것이므로 채권자를 위하여 가장 그 목적에 적합한 것이나, 채무의 성질이 강제이행을 허용하지 않는 경우에는 허용될 수 없다. 채권자는 강제이행을 하지 않고 불이행으로 인한 손해배상을 청구할 수도 있다. 민법 제389조(강제이행)에서는 제1항에서 채무자가 임의로 채무를 이행하지 아니한 때에는 채권자는 그 강제이행을 법원에 청구할 수 있다고 규정하고 있다. 그러나 채무의 성질이 강제이행을 하지 못할 것인 때에는 '그러하지 아니하다'라고 규정하고 있다. 민법 제390조는 "채무자가 채무의 내용에 따른 이행을 하지 아니한 때에는, 채권자는 손해배상을 청구할 수 있다"라고 규정하고 있다. 그리고 "채무자의 고의나 과실 없이 이행할 수 없게 된 때에는 그러하지 아니하다"라고 규정하고 있다.

2. 강제이행의 의미

강제이행이란 채권자가 급부청구권을 실현시키기 위하여 법원에 의하여 채무자의 의사에 관계없이 국가의 강제력을 동원하여 급부의 내용을 실현하는 것을 말한다. 이런 강제이행의 방법으로는 직접강제, 대체집행, 간접강제 등이 있다.

3. 발생요건

(1) 강제이행이 가능해야 한다.

강제이행을 하려면 우선 강제이행이 가능한 것이어야 한다. 즉 이행이 가능한 것을 전제로 하므로 이행불능인 경우에는 강제이행을 할 수 없다.

(2) 집행권원: 채무명의 등을 획득해야 한다.

강제이행청구권은 법원으로부터 채무명의, 집행문 등 집행요건을 구비함으로써 현실적으로 발생한다. 민법 제389조에는 "채무자가 임의로 채무를 이행하지 아니한 때에는 채권자는 그 강제이행을 법원에 청구할 수 있다. 그러나 채무의 성질이 강제이행을 하지 못할 것인 때에는 '그러하지 아니하다'라고 규정하고 있다.

(3) 집행력 있는 정본에 기해 집행기관이 강제집행을 실시한다.

4. 강제이행의 방법

(1) 직접강제 : 물건, 금전

직접강제는 물건의 인도채무나 금전 채무 등과 같이 물건, 금전 등을 직접 강제적으로 회수하는 것을 말한다.

(2) 대체집행 : 대체적 작위 채무 대상

대체집행은 건물의 철거, 단순한 노무 제공, 물품의 운송 등과 같이 채무의 내용이 어떤 행위를 하는 것이고, 이 행위를 채무자를 대신해 타인이 할 수 있는 경우에 하는 것이다.

(3) 간접강제 : 부대체적 작위 채무

간접강제는 채무자에게 불이익을 예고하거나 부과하여 심리적 압박을 가함으로써 채무자가 자발적으로 채무를 이행하도록 하는 방법을 말한다.

(4) 강제이행의 순서

채권내용의 완전한 실현이란 이상과 채무자의 인격 존중이라는 목표의 조화를 고려하여 직접강제 ⇨ 대체집행 ⇨ 간접강제의 순으로 하여야 한다.

5. 집행보전을 위한 방안

(1) 가압류

가압류란 금전채권이나 금전으로 환산할 수 있는 채권[118]의 집행을 보전할 목적으로 미리 채무자의 재산을 공결시켜 채무자로부터 그 재산에 대한 처분권을 잠정적으로 빼앗는 집행보전제도를 말한다.

(2) 가처분

가처분이란 금전채권 이외의 권리 또는 법률관계에 관한 확정판결의 강제집행을 보전하기 위한 집행보전제도를 말한다. 이는 다툼의 대상에 관한 가처분과 임시 지위를 정하기 위한 가처분으로 나눈다.

---

118) 매매대금, 대여금, 임료, 손해배상청구권 등

03 손해배상

1. 손해의 의미 및 종류

(1) 손해의 의미

손해란 법익의 침해로 입은 불이익을 말한다.

(2) 손해의 종류

① 재산적 손해와 비재산적 손해(정신적 손해 = 위자료)
채무불이행에 의한 손해는 재산적 손해 이외에 정신적 손해도 포함된다. 재산적 손해는 다시 적극적 손해(기존의 이익 상실분)와 소극적 손해(장래의 이익 상실분)로 나눌 수 있다.

② 통상손해와 특별 손해
통상손해는 채무불이행마다 발생할 것으로 당연히 예상할 수 있는 손해를 말한다. 그런데 특별손해는 당사자만이 특별하게 예견할 수 있는 손해를 말한다.

③ 적극적 손해 대 소극적 손해
기존 재산의 감소가 적극적 손해이고 장래 얻을 수 있는 이익을 상실한 경우가 소극적 손해이다. 채무불이행에 있어서는 불이행에 의한 채권침해가 적극적 손해이고, 가령 채무가 이행되었더라면 채권자가 목적물을 전매하여 얻었을 이익의 상실이 소극적 손해이다. 이 구별의 실익은 전자가 통상의 손해인 데 반하여 후자는 보통 특별한 손해로 되는 경우가 많다는 데 있다.

PART 05

2. 손해배상의 의의

(1) 의미

불법한 원인으로 발생한 손해를 피해자 이외의 자가 전보하는 것을 손해배상이라고 한다. 모든 채권은 궁극적으로 손해배상채권으로 변화하고 이러한 손해배상채권은 채무자의 책임재산으로 담보된다.

(2) 손해배상책임의 발생원인

채무불이행, 불법행위, 매도인의 담보책임, 무권대리, 점유침탈 당한 경우 등이다.

(3) 우리 민법체계

민법은 채무불이행에 관하여 손해배상의 내용을 규정하고 이를 불법행위책임에 준용하고 있다. 이는 채무불이행책임과 불법행위책임의 배상범위를 하나의 원칙에 의하여 결정하는 통일적 체계를 이루고 있음을 의미한다.

3. 손해배상의 방법: 금전배상주의(원칙), 원상회복주의(예외)

원상회복주의와 금전배상주의 중 우리 민법은 금전배상주의를 원칙으로 하고 있다. 민법 제394조에 따르면 "다른 의사표시가 없으면 손해는 금전으로 배상한다"라고 규정하고 있다. 재산적 손해뿐만 아니라 정신적 손해도 금전으로 배상된다. 당사자의 약정이나 법률에 다른 규정이 있는 경우는 원상회복주의에 따라 배상할 수 있다.

4. 손해배상의 범위

(1) 우리 민법의 태도: 제한배상주의

완전배상주의는 모든 손해를 배상하여야 한다는 입법주의이다. 한편 제한배상주의는 피해자의 손해배상이 긍정되더라도 그 배상범위에 일정한 제한을 가할 수 있다는 입법주의를 말한다. 우리 민법은 민법 제393조 제1항에서 "채무불이행으로 인한 손해배상은 통상의 손해를 한도로 한다"라고 규정하고 있다. 제2항에서는 "특별한 사정으로 인한 손해는 그 채무자가 그 사정으로 알았거나 알 수 있었을 때에 한하여 배상의 책임이 있다."라고 규정하고 있다. 이런 제393조를 살펴보면 '제한배상주의'에 입각하고 있다고 할 수 있다.

(2) 손익상계

채무불이행으로 인하여 채권자에게 손해가 발생함과 동시에 이익도 생긴 경우에는, 배상액을 정함에 있어서 손해액에서 그가 얻은 이익을 공제하여야 하는데 이것을 손익상계라 한다.

(3) 과실상계

채무불이행에 관하여 채권자에게도 과실이 있는 때에는 법원은 손해배상책임 및 그 금액을 정함에 있어 이를 참작하여야 한다(396조). 이를 과실상계라고 하는데 이는 불법행위로 인한 손해배상에도 준용된다(763조).

(4) 손해배상자의 대위

물건을 보관하고 있던 A가 B의 물건을 도난당했다. 그 물건의 가액을 손해배상으로 변상하면 A는 B 소유 물건의 소유권을 취득한다. 우리 민법 제399조에 의하면 "채권자가 그 채권의 목적인 물건 또는 권리의 가액 전부를 손해배상으로 받은 때에는 채무자는 그 물건 또는 권리에 관하여 당연히 채권자를 대위한다"라고 규정하고 있다.

5. 손해배상액의 산정 및 예정

손해배상액의 산정이란 손해배상의 범위에 속하는 손해를 금전으로 환산하는 것을 말한다. 손해배상액의 예정은 채무불이행의 경우에 채무자가 지급하여야 할 손해배상액을 당사자 사이의 계약으로 미리 정하여 두는 것을 말한다(민법 398조 1항).

VI 채권의 변동

채권의 변동은 채권의 발생, 변경, 소멸을 주요 내용으로 한다.

01 채권의 발생

1. 약정채권발생원인으로서 계약

계약은 서로 대립하는 청약과 승낙의 의사표시가 일치하는 것을 의미한다. 예컨대 매매계약을 체결한 경우 매도인은 매수인에 대하여 대금지급을 받을 채권을 가지며 매수인은 매도인에 대하여 매매목적물을 양도받을 권리를 가지는 계약에 따른 채권이 발생한다. 채권의 발생원인으로서의 계약은 우리 민법에 증여, 매매, 임대차를 비롯하여 14가지의 전형적인 계약 유형으로 제시되고 있다.

PART 05

2. 법정채권 발생원인

(1) **사무관리**: 사무관리 ⇨ 채권관계

타인의 사무를 위임이나 고용 등에 의하지 않고 아무런 의무 없이 관리하여 주면 법률에 의하여 즉, 민법 제734조 이하에 의하여 채권이 당연히 발생한다. 즉 사무관리란 법률상 또는 계약상 아무런 의무가 없는 자가 타인을 위하여 타인의 사무를 처리함으로써 사무를 처리한 자와 사무 처리를 받은 자 사이에 발생한 이해관계를 해결하고자 우리 민법이 법률의 규정으로 채권・채무관계를 발생시키는 것이다.

(2) **부당이득**: 법률상 원인 없이 이익을 취하고 있는 경우 ⇨ 부당이득 반환 채권관계

부당이득이란 법률상 아무런 원인이 없이 다른 사람의 재산이나 노무로부터 이익을 얻고, 이로 인하여 다른 사람이 손해를 입게 된 경우 이익을 받은 자가 그 이익을 반환하여야 하는 제도를 말한다. 임대차계약 종료 후에도 임차인이 임대차의 목적물인 부동산을 차임을 지급함이 없이 계속하여 점유하는 경우 그 차임 상당의 재산적 이익과 같이 법률상 원인 없이 이득을 취한 때에는 민법 제741조 이하의 규정에 의하여 채권이 당연 발생한다(부당이득에 의한 채권발생).

(3) **불법행위**: 위법행위 + 손해발생 ⇨ 손해배상 채권관계

민법에는 고의나 과실로 위법하게 타인에게 손해를 가하는 행위를 말하는 일반불법행위, 중간책임인 특수불법행위, 공동불법행위 등이 규정되어 있다.

02 채권의 변동

1. 채권양도와 채무인수의 의미

채권・채무의 동일성을 유지하면서 그 채권을 제3자에게 양도하는 경우를 채권양도라고 한다. 그 채무를 제3자가 인수하는 경우를 채무인수라고 한다.

2. 관련 규정

제449조【채권의 양도성】 ① 채권은 양도할 수 있다. 그러나 채권의 성질이 양도를 허용하지 아니하는 때에는 그러하지 아니하다.
② 채권은 당사자가 반대의 의사를 표시한 경우에는 양도하지 못한다. 그러나 그 의사표시로써 선의의 제삼자에게 대항하지 못한다.

제453조【채권자와의 계약에 의한 채무인수】 ① 제삼자는 채권자와의 계약으로 채무를 인수하여 채무자의 채무를 면하게 할 수 있다. 그러나 채무의 성질이 인수를 허용하지 아니하는 때에는 그러하지 아니하다.
② 이해관계 없는 제삼자는 채무자의 의사에 반하여 채무를 인수하지 못한다.

제454조【채무자와의 계약에 의한 채무인수】 ① 삼자가 채무자와의 계약으로 채무를 인수한 경우에는 채권자의 승낙에 의하여 그 효력이 생긴다.
② 채권자의 승낙 또는 거절의 상대방은 채무자나 제삼자이다.

03 채권의 소멸

1. 채권의 소멸 원인

채권의 소멸을 가져오는 대표적인 것은 채무자의 변제이다 그런데 채권은 변제 이외에 공탁, 상계, 경개, 면제, 혼동 등에 의해서도 소멸한다.

(1) 변제

① 의미

변제란 채권의 내용인 급부를 실현하는 채무자의 행위를 말하고 변제가 있으면 채권은 만족을 얻어 소멸한다. 변제란 채무자의 변제행위 즉 급부행위와는 다른 것이다. 변제에는 채무자의 행위 이외에 채권자의 협력행위가 필요하다. 채권자의 협력이 필요한 채무에서 채무자가 급부의 실현에 필요한 모든 준비를 다하여 채권자의 협력을 구하는 것을 변제의 제공이라고 한다.채무자가 변제를 제공하면 채무불이행책임은 면하지만 채권자가 수령하지 않으면 채권은 소멸하지 않는다. 따라서 변제란 채무자의 급부행위와 채권자의 협력행위로 수령이 있는 경우에 채권이 소멸하는 것을 말한다.

② 관련 조문

> **제460조 【변제제공의 방법】** 변제는 채무내용에 좇은 현실제공으로 이를 하여야 한다. 그러나 채권자가 미리 변제받기를 거절하거나 채무의 이행에 채권자의 행위를 요하는 경우에는 변제준비의 완료를 통지하고 그 수령을 최고하면 된다.
>
> **제461조 【변제제공의 효과】** 변제의 제공은 그때로부터 채무불이행의 책임을 면하게 한다.
>
> **제466조 【대물변제】** 채무자가 채권자의 승낙을 얻어 본래의 채무이행에 갈음하여 다른 급여를 한 때에는 변제와 같은 효력이 있다. 〈개정 2014.12.30.〉

(2) (변제)공탁

① 의미

공탁은 법령에 따라 공탁소에 금전, 유가증권 및 물건 등을 맡김으로써 일정한 법률적 효과를 얻는 제도이다. 민법에서는 변제공탁을 규정하고 있다. 변제공탁은 채무자가 변제를 하려고 하여도 채권자가 변제를 받지 않거나, 변제를 받을 수 없는 경우 또는 과실 없이 채권자가 누구인지 알 수 없는 경우에 채무자가 채무이행을 하는 대신 채무의 목적물을 공탁소에 공탁하고 그 채무를 면할 수 있는 제도를 말한다.

② 관련 조문

> **제487조 【변제공탁의 요건, 효과】** 채권자가 변제를 받지 아니하거나 받을 수 없는 때에는 변제자는 채권자를 위하여 변제의 목적물을 공탁하여 그 채무를 면할 수 있다. 변제자가 과실없이 채권자를 알 수 없는 경우에도 같다.
>
> **제488조 【공탁의 방법】** ① 공탁은 채무이행지의 공탁소에 하여야 한다.
> ② 공탁소에 관하여 법률에 특별한 규정이 없으면 법원은 변제자의 청구에 의하여 공탁소를 지정하고 공탁물보관자를 선임하여야 한다.
> ③ 공탁자는 지체 없이 채권자에게 공탁통지를 하여야 한다.

(3) 상계

① 의미

상계란 채무자가 그 채권자에 대해 동종의 채권을 가질 때 그 채권과 채무를 대등액에서 소멸시키는 의사표시를 말한다.

② 관련 조문

> **제492조 【상계의 요건】** ① 쌍방이 서로 같은 종류를 목적으로 한 채무를 부담한 경우에 그 쌍방의 채무의 이행기가 도래한 때에는 각 채무자는 대등액에 관하여 상계할 수 있다. 그러나 채무의 성질이 상계를 허용하지 아니할 때에는 그러하지 아니하다.
> ② 전항의 규정은 당사자가 다른 의사를 표시한 경우에는 적용하지 아니한다. 그러나 그 의사표시로써 선의의 제삼자에게 대항하지 못한다.
>
> **제493조 【상계의 방법, 효과】** ① 상계는 상대방에 대한 의사표시로 한다. 이 의사표시에는 조건 또는 기한을 붙이지 못한다.
> ② 상계의 의사표시는 각 채무가 상계할 수 있는 때에 대등액에 관하여 소멸한 것으로 본다.

(4) 경개(계약)

① 의미

경개란 채무의 요소를 변경함으로써 새로운 채무를 성립시키는 동시에 과거의 채무를 소멸시키는 유상계약을 말한다.

② 관련 조문

> **제500조 【경개의 요건, 효과】** 당사자가 채무의 중요한 부분을 변경하는 계약을 한 때에는 구채무는 경개로 인하여 소멸한다.
>
> **제501조 【채무자변경으로 인한 경개】** 채무자의 변경으로 인한 경개는 채권자와 신채무자간의 계약으로 이를 할 수 있다. 그러나 구채무자의 의사에 반하여 이를 하지 못한다.
>
> **제502조 【채권자변경으로 인한 경개】** 채권자의 변경으로 인한 경개는 확정일자 있는 증서로 하지 아니하면 이로써 제삼자에게 대항하지 못한다.

(5) 면제

① 의미

면제란 채권자가 일방적으로 채무자의 채무를 면하게 해줌으로써 채권을 소멸시키는 의사표시를 말한다.

② 관련 조문

> **제506조 【면제의 요건, 효과】** 채권자가 채무자에게 채무를 면제하는 의사를 표시한 때에는 채권은 소멸한다. 그러나 면제로써 정당한 이익을 가진 제삼자에게 대항하지 못한다.

(6) 혼동

① 의미

혼동이란 물권이나 채권이 동일인에 귀속된 경우 병존시켜 둘 필요가 없는 물권 혹은 채권이 소멸되는 것을 말한다.

② 관련 조문

> **제507조 【혼동의 요건, 효과】** 채권과 채무가 동일한 주체에 귀속한 때에는 채권은 소멸한다. 그러나 그 채권이 제삼자의 권리의 목적인 때에는 그러하지 아니하다.

Ⅶ 계약 책임 관련 문제

01 채권발생원인으로서 계약

1. 계약의 의미

(1) 계약의 성립

계약은 서로 대립하는 청약과 승낙의 의사표시가 일치하는 것을 의미한다. 예컨대 매매계약을 체결한 경우 매도인은 매수인에 대하여 대금지급을 받을 채권을 가지며 매수인은 매도인에 대하여 매매목적물을 양도받을 권리를 가지는 계약에 따른 채권이 발생한다.

(2) 넓은 의미의 계약과 좁은 의미의 계약

① 넓은 의미의 계약: 각종 계약
넓은 의미의 계약은 사법상의 일정한 법률효과의 발생을 목적으로 하는 2인 이상의 당사자의 대립된 의사표시의 합치, 즉 합의에 의하여 성립하는 법률행위를 말한다. 이는 채권계약・물권계약・준물권계약・가족법상의 계약 등을 포함하는 개념이다.

② 좁은 의미의 계약: 채권각론과 관련된 계약

㉠ 14가지의 전형적인 계약
한편 좁은 의미의 계약은 넓은 의미의 계약 중 채권계약, 즉 채권의 발생을 목적으로 하는 계약만을 의미한다. 채권의 발생원인으로서의 계약은 바로 이 좁은 의미의 계약을 말한다. 우리 민법은 증여, 매매, 임대차를 비롯하여 14가지의 전형적인 계약 유형을 제시하고 있다.

㉡ 전형적인 계약 이외에도 당사자가 자유롭게 계약의 종류와 내용 첨부 가능
채권법은 사적자치의 원칙이 강하게 적용되는 영역인 만큼 민법이 규정하고 있는 이러한 계약 유형은 예시에 불과할 뿐 이와 다른 계약도 당사자들 간에 얼마든지 자유롭게 만들 수 있다.

02 채무불이행 책임

채권이 존재하는 경우 채무자는 채무의 내용대로 이를 성실하게 이행하여야 한다. 그런데 채무자가 이같이 채무의 이행을 하지 않는 경우가 있는데 이를 통틀어 채무불이행이라고 한다. 이러한 채무불이행은 그 불이행의 유형에 따라 이행지체, 이행불능, 불완전이행으로 분류할 수 있다. 민사법상 채권자가 채무자의 채무불이행에 대하여 취할 수 있는 구제방법은, 강제이행과 손해배상의 2가지 방법이 있다. 강제이행은 채권 본래의 내용을 실현하는 것이므로 채권자를 위하여 가장 그 목적에 적합한 것이나, 채무의 성질이 강제이행을 허용하지 않는 경우에는 허용될 수 없다. 채권자는 강제이행을 하지 않고 불이행으로 인한 손해배상을 청구할 수도 있다. 채무불이행 책임 이외에 매매 등과 같은 계약 유형 등에서 특별히 고려해야 할 책임이 '하자담보책임'이다.

03 하자담보책임

1. 의미 및 성격 : 물건의 하자 ⇨ 선의의 매수인이 매도인에게 책임을 물음

매매 등과 같은 특별한 경우에 물건에 하자가 있을 경우 선의의 매수인은 매도인에게 하자담보책임을 물을 수 있다. 하자담보책임은 매도인의 무과실책임이다. 판례는 “민법 제570조 또는 제572조에 의한 책임은 매도인의 귀책사유로 인한 채무불이행자는 그 성질을 달리하여 매수인의 대가적 출연을 보호하기 위한 일종의 무과실 책임이다(서울고법 1973.8.24. 72나186, 제2민사부판결 : 확정)”라고 하였다. 이런 무과실 책임은 선의의 매수인만 책임을 물을 수 있고, 악의의 매수인은 하자담보책임을 물을 수 없다.

2. 관련 조문

> **제580조 【매도인의 하자담보책임】** ① 매매의 목적물에 하자가 있는 때에는 제575조 제1항의 규정을 준용한다. 그러나 매수인이 하자있는 것을 알았거나 과실로 인하여 이를 알지 못한 때에는 그러하지 아니하다.
> ② 전항의 규정은 경매의 경우에 적용하지 아니한다.

3. 하자

하자란 물건 자체가 거래통념상 기대되는 객관적 품질・성능을 결여한 상태로서 제조자의 품질관리에 기초한 개념을 말한다. 민법상의 하자담보책임과 소비자기본법상의 품질보증책임에 의해 무상수리・교환・환급 등의 방법으로 사업자는 책임을 이행한다. 예컨대 임대인에게도 수선의무와 관련하여 하자에 대한 책임이 있다. 임대인의 수선의무의 대상이 되는 목적물의 파손 또는 장해(이하 ‘하자’라고 총칭한다)는 임대차기간 중에 드러난 하자를 의미하는 것으로서 임대차기간 중에 비로소 발생한 하자에 한정되지 않고, 이미 임대인이 임차인에게 목적물을 인도할 당시에 존재하고 있었던 하자도 포함된다. 따라서 이 수선의무는 임대인에게 있다(서울중앙지법 2014.6.20. 선고 2014나13609 판결 : 확정).

04 제조물 책임법[119)]

1. 문제 제기

갑(甲, 행위능력자)은 전기다리미(A 회사제조)를 판매업자인 을(乙)로부터 전화로 권유받고 구입하였다. 계약 당시에 갑은 대금을 20% 할인받으면서 어떠한 일이 있어도 계약을 철회하지 않기로 합의하였다. 갑(甲)은 을(乙)로부터 전기다리미를 구입한 후 1주일 동안 사용하였는데, 전기다리미의 이상 파열로 인하여 화상을 입었다. 전기다리미의 보증서에는 “전기다리미의 사용상 발생하는 손해에 대하여 제조사는 일체의 책임을 지지 않는다”라고 기재되어 있다. 이 경우 갑(甲)은 ‘제조물책임법’에 따라 A 회사에 화상에 대한 손해배상책임을 청구하고, 을(乙)에 대해 전기다리미에 대한 하자담보책임을 청구할 수 있다.

---

119) 제1조(목적) 이 법은 제조물의 결함으로 발생한 손해에 대한 제조업자 등의 손해배상책임을 규정함으로써 피해자 보호를 도모하고 국민생활의 안전 향상과 국민경제의 건전한 발전에 이바지함을 목적으로 한다(전문개정 2013.5.22.).

2. 제조물 책임 의미 : 물건 결함 ⇨ 신체 또는 재산상 손해

제조물 책임은 제조물의 결함으로 인하여 이용자나 제3자(= 소비자)에게 신체상의 손해를 입히거나 이용자의 다른 재산에 손해를 입힌 경우에 그 제조물의 제조자나 판매자에게 배상책임을 부담케 하는 제도이다. 제조업자의 고의나 과실에 관계없이 손해배상책임을 지도록 하는 무과실책임이다. 제조물책임이란 제조물에 통상적으로 기대되는 안전성을 결여한 결함으로 인하여 확대손해가 발생한 경우에 제조업자 등에게 지우는 손해배상책임이고 제조물에 상품적합성이 결여되어 제조물 그 자체에 발생한 손해는 제조물책임이론의 적용대상이 아니다(대법원 1999.2.5. 선고 97다26593 판결).

3. 결함 : 제품의 안정성의 부족

(1) 의미

결함이란 제품의 안정성의 부족을 말한다. 즉 사용자의 신체적 · 재산적 위해 가능성을 고려한 제조물의 안전측면 개념으로서 제조물책임법에서 사용되는 용어이다. 제조물 자체에 대한 손해배상 차원보다는 신체적 · 재산적 확대손해에 대한 배상 차원과 관련된 개념이다.

(2) 결함의 유형

이런 결함에는 제조상의 결함, 설계상의 결함, 표시상의 결함, 기타 일반적으로 기대할 수 있는 제품 안전성의 부족 등이 있다.

4. 제조업자 및 제조물책임자

(1) 제조업자

① 제조물의 제조 · 가공 또는 수입자(영리목적 유무는 따지지 않음)

② 제조물에 성명 · 상호 · 상표 기타 식별 가능한 기호 등을 사용하여 자신을 '제조 · 가공 또는 수입자'로 표시하거나 또는 '제조 · 가공 또는 수입자'로 오인시킬 수 있는 표시를 한 자

(2) 제조물책임자

① 소비자가 제조물의 사용 중 그 결함으로 인하여 생명 · 신체 · 재산상의 손해(당해 제조물 자체에 대해서만 발생한 손해는 제외)를 입은 경우 해당 제조물의 제조업자(제1항)

② 해당 제조물을 영리 목적으로 판매 · 대여 등의 방법으로 공급한 자가 그 제조물의 제조업자 또는 자신에게 공급한 자를 알거나 알 수 있었음에도 이를 피해자 또는 그 법정대리인에게 상당한 기간 내에 고지하지 않아 제조업자를 상대로 한 손해배상 청구의 기회를 상실케 한 경우 그 판매 · 대여 등을 한 자(제2항)

③ 동일한 손해에 대하여 배상할 책임이 있는 자가 2인 이상인 경우 연대하여 그 손해를 배상(제5조)

④ 설치 · 운반 · 수리업자 등 단순하게 용역만을 제공하는 자는 제조물책임을 부담하지 않아도 되나, 설치업자의 경우 설치를 통하여 새로운 제조물을 만든 것으로 볼 수 있는 경우는 제조물책임을 부담한다고 보는 것이 타당할 것이다.

5. 제조업자가 면책되는 경우

(1) 제조자 등이 면책을 입증해야 함

제조자 등은 제조물에 결함이 없었음을 입증하지 못하거나, 사용자의 고의 또는 과실이 있었음을 입증하지 못하면 소비자의 피해에 대한 손해배상책임을 면할 수 없다.

(2) 면책사유

① 제조업자가 물건을 유통시킬 생각이 없었는데도 도난 등의 사고로 유통된 경우

② 제조업자가 물건을 공급한 당시의 과학적 · 기술적 수준으로는 결함의 존재를 발견할 수 없었을 경우

③ 제조업자가 물건을 공급하기 위해 법령에 의한 기준을 준수한 것이 결과적으로 소비자에게 손해를 불러일으킨 경우

④ 원재료 또는 부품의 경우에는 당해 원재료 또는 부품을 사용한 제조물 제조업자의 설계 또는 제작에 관한 지시로 인하여 결함이 발생하였다는 사실

6. 제조물 책임과 다른 책임 비교

구분	채무불이행 책임	하자담보 책임	제조물책임
책임의 성격	계약책임	계약책임	불법행위 책임
과실필요여부	과실 필요	과실불필요	과실불필요
손해배상범위	모든 손해	제품 자체	확대 손해

Ⅷ 주택임대차보호법

01 생각 열기: 주택임대차보호법 관련 조문

제1조 【목적】 이 법은 주거용 건물의 임대차(賃貸借)에 관하여 「민법」에 대한 특례를 규정함으로써 국민 주거생활의 안정을 보장함을 목적으로 한다. [전문개정 2008.3.21.]

제2조 【적용범위】 이 법은 주거용 건물(이하 "주택"이라 한다)의 전부 또는 일부의 임대차에 관하여 적용한다. 그 임차주택(賃借住宅)의 일부가 주거 외의 목적으로 사용되는 경우에도 또한 같다. [전문개정 2008.3.21.]

제3조 【대항력 등】 ① 임대차는 그 등기(登記)가 없는 경우에도 임차인(賃借人)이 주택의 인도(引渡)와 주민등록을 마친 때에는 그 다음 날부터 제삼자에 대하여 효력이 생긴다. 이 경우 전입신고를 한 때에 주민등록이 된 것으로 본다.

④ 임차주택의 양수인(讓受人)(그 밖에 임대할 권리를 승계한 자를 포함한다)은 임대인(賃貸人)의 지위를 승계한 것으로 본다. 〈개정 2013.8.13.〉

⑤ 이 법에 따라 임대차의 목적이 된 주택이 매매나 경매의 목적물이 된 경우에는 「민법」 제575조 제1항·제3항 및 같은 법 제578조를 준용한다. 〈개정 2013.8.13.〉

⑥ 제5항의 경우에는 동시이행의 항변권(抗辯權)에 관한 「민법」 제536조를 준용한다. 〈개정 2013.8.13.〉

[전문개정 2008.3.21.]

제3조의2 【보증금의 회수】 ① 임차인(제3조 제2항 및 제3항의 법인을 포함한다. 이하 같다)이 임차주택에 대하여 보증금반환청구소송의 확정판결이나 그 밖에 이에 준하는 집행권원(執行權原)에 따라서 경매를 신청하는 경우에는 집행개시(執行開始)요건에 관한 「민사집행법」 제41조에도 불구하고 반대의무(反對義務)의 이행이나 이행의 제공을 집행개시의 요건으로 하지 아니한다. 〈개정 2013.8.13.〉

② 제3조 제1항·제2항 또는 제3항의 대항요건(對抗要件)과 임대차계약증서(제3조 제2항 및 제3항의 경우에는 법인과 임대인 사이의 임대차계약증서를 말한다)상의 확정일자(確定日字)를 갖춘 임차인은 「민사집행법」에 따른 경매 또는 「국세징수법」에 따른 공매(公賣)를 할 때에 임차주택(대지를 포함한다)의 환가대금(換價代金)에서 후순위권리자(後順位權利者)나 그 밖의 채권자보다 우선하여 보증금을 변제(辨濟)받을 권리가 있다. 〈개정 2013.8.13.〉

③ 임차인은 임차주택을 양수인에게 인도하지 아니하면 제2항에 따른 보증금을 받을 수 없다.

제3조의3 【임차권등기명령】 ① 임대차가 끝난 후 보증금이 반환되지 아니한 경우 임차인은 임차주택의 소재지를 관할하는 지방법원·지방법원지원 또는 시·군 법원에 임차권등기명령을 신청할 수 있다. 〈개정 2013.8.13.〉

② 임차권등기명령의 신청서에는 다음 각 호의 사항을 적어야 하며, 신청의 이유와 임차권등기의 원인이 된 사실을 소명(疎明)하여야 한다. 〈개정 2013.8.13.〉

③ 다음 각 호의 사항 등에 관하여는 「민사집행법」 제280조 제1항, 제281조, 제283조, 제285조, 제286조, 제288조 제1항·제2항 본문, 제289조, 제290조 제2항 중 제288조 제1항에 대한 부분, 제291조 및 제293조를 준용한다. 이 경우 "가압류"는 "임차권등기"로, "채권자"는 "임차인"으로, "채무자"는 "임대인"으로 본다.

④ 임차권등기명령의 신청을 기각(棄却)하는 결정에 대하여 임차인은 항고(抗告)할 수 있다.

⑤ 임차인은 임차권등기명령의 집행에 따른 임차권등기를 마치면 제3조 제1항·제2항 또는 제3항에 따른 대항력과 제3조의2 제2항에 따른 우선변제권을 취득한다. 다만, 임차인이 임차권등기 이전에 이미 대항력이나 우선변제권을 취득한 경우에는 그 대항력이나 우선변제권은 그대로 유지되며, 임차권등기 이후에는 제3조 제1항·제2항 또는 제3항의 대항요건을 상실하더라도 이미 취득한 대항력이나 우선변제권을 상실하지 아니한다. 〈개정 2013.8.13.〉

⑥ 임차권등기명령의 집행에 따른 임차권등기가 끝난 주택(임대차의 목적이 주택의 일부분인 경우에는 해당 부분으로 한정한다)을 그 이후에 임차한 임차인은 제8조에 따른 우선변제를 받을 권리가 없다.

⑧ 임차인은 제1항에 따른 임차권등기명령의 신청과 그에 따른 임차권등기와 관련하여 든 비용을 임대인에게 청구할 수 있다.

제3조의4 【「민법」에 따른 주택임대차등기의 효력 등】 ① 「민법」 제621조에 따른 주택임대차등기의 효력에 관하여는 제3조의3제5항 및 제6항을 준용한다.
② 임차인이 대항력이나 우선변제권을 갖추고 「민법」 제621조 제1항에 따라 임대인의 협력을 얻어 임대차등기를 신청하는 경우에는 신청서에 「부동산등기법」 제74조 제1호부터 제5호까지의 사항 외에 다음 각 호의 사항을 적어야 하며, 이를 증명할 수 있는 서면(임대차의 목적이 주택의 일부분인 경우에는 해당 부분의 도면을 포함한다)을 첨부하여야 한다. 〈개정 2011.4.12.〉
1. 주민등록을 마친 날
2. 임차주택을 점유(占有)한 날
3. 임대차계약증서상의 확정일자를 받은 날[전문개정 2008.3.21.]

제3조의5 【경매에 의한 임차권의 소멸】 임차권은 임차주택에 대하여 「민사집행법」에 따른 경매가 행하여진 경우에는 그 임차주택의 경락(競落)에 따라 소멸한다. 다만, 보증금이 모두 변제되지 아니한, 대항력이 있는 임차권은 그러하지 아니하다.

02 주택임대차보호법의 의의 및 필요성

1. 임차인에 대한 특별한 보호

타인의 주택을 이용하는 대표적인 방법이 주택임대차계약이다. 주택임대차는 임대인이 임차인에게 해당 주택을 사용・수익하게 하고 임차인이 이에 대해 차임을 지급할 것을 약정하는 것을 말한다. 우리 법은 「주택임대차보호법」에 따라 임차인에 대하여 특별한 보호를 하고 있다.

2. 임차인에 대한 특별한 보호 주요 내용

「주택임대차보호법」은 대항력의 부여, 존속기간의 보장, 우선변제권의 인정 등 경제적 약자인 임차인을 보호하기 위한 규정들을 두고 있으며, 주거용 건물을 적용대상으로 한다

03 주택임대차보호법의 적용범위: 주거 목적의 건물

주택임대차보호법은 국민의 주거생활의 안정을 위하여 민법에 대한 특별법으로 제정되었다. 이 법이 적용되는 것은 주택의 전부 또는 일부에 대한 임대차, 등기하지 않은 주택의 전세계약, 임차주택의 일부가 주거 외의 목적으로 사용되는 경우에는 주거의 목적으로 사용되는 부분에 대해 적용된다.

04 존속기간: 최저 2년, 갱신 가능

1. 의미

주택의 임대차 존속기간은 최저 2년이다. 따라서 임대차 기간을 정하지 않았거나 2년 미만으로 정한 때에도 임차인이 원하는 한 최소한 2년의 임대차 기간은 보장된다. 또한 계약이 갱신된 경우에도 임대차의 존속기간은 2년이며, 계약이 갱신되는 경우에도 임차인은 언제든지 임대인에게 계약해지를 통지할 수 있다.

2. 관련 조문

제4조 【임대차기간 등】 ① 기간을 정하지 아니하거나 2년 미만으로 정한 임대차는 그 기간을 2년으로 본다. 다만, 임차인은 2년 미만으로 정한 기간이 유효함을 주장할 수 있다.
② 임대차기간이 끝난 경우에도 임차인이 보증금을 반환받을 때까지는 임대차관계가 존속되는 것으로 본다.

제6조 【계약의 갱신】 ① 임대인이 임대차기간이 끝나기 6개월 전부터 1개월 전까지의 기간에 임차인에게 갱신거절(更新拒絶)의 통지를 하지 아니하거나 계약조건을 변경하지 아니하면 갱신하지 아니한다는 뜻의 통지를 하지 아니한 경우에는 그 기간이 끝난 때에 전 임대차와 동일한 조건으로 다시 임대차한 것으로 본다. 임차인이 임대차기간이 끝나기 1개월 전까지 통지하지 아니한 경우에도 또한 같다.
② 제1항의 경우 임대차의 존속기간은 2년으로 본다. 〈개정 2009.5.8.〉
③ 2기(期)의 차임액(借賃額)에 달하도록 연체하거나 그 밖에 임차인으로서의 의무를 현저히 위반한 임차인에 대하여는 제1항을 적용하지 아니한다.

제6조의2 【묵시적 갱신의 경우 계약의 해지】 ① 제6조 제1항에 따라 계약이 갱신된 경우 같은 조 제2항에도 불구하고 임차인은 언제든지 임대인에게 계약해지(契約解止)를 통지할 수 있다. 〈개정 2009.5.8.〉
② 제1항에 따른 해지는 임대인이 그 통지를 받은 날부터 3개월이 지나면 그 효력이 발생한다.

제6조의3 【계약갱신 요구 등】 ① 제6조에도 불구하고 임대인은 임차인이 제6조 제1항 전단의 기간 이내에 계약갱신을 요구할 경우 정당한 사유 없이 거절하지 못한다. 다만, 다음 각 호의 어느 하나에 해당하는 경우에는 그러하지 아니하다.
② 임차인은 제1항에 따른 계약갱신요구권을 1회에 한하여 행사할 수 있다. 이 경우 갱신되는 임대차의 존속기간은 2년으로 본다.
③ 갱신되는 임대차는 전 임대차와 동일한 조건으로 다시 계약된 것으로 본다. 다만, 차임과 보증금은 제7조의 범위에서 증감할 수 있다.

05 주택임대차보호법의 대항력 및 우선변제적 효력

1. 대항력

(1) 의미

주택임대차보호법에서 말하는 대항력이란 임차인이 임차주택에 관하여 이해관계를 가진 자에 대하여 사용할 수 있는 임차권의 내용을 주장할 수 있는 권능을 말한다. 하지만 민법에서 규정하고 있는 임대차는 채권이기 때문에 기본적으로 대항력이나 우선변제적 효력은 없다.

(2) 대항력 요건: 전입신고 및 인도

주택임대차보호법은 세입자를 보호하기 위해 민법의 임대차와는 달리 대항력을 인정하고 있다. 대항력의 요건은 전입신고 및 주택의 인도이다. 세입자는 주택을 인도받고 주민등록을 마치면 그 다음날로부터 제3자에 대항할 수 있다. 주민등록[120]과 인도는 대항력의 존속요건이므로 계속 유지되어야 한다.

(3) 대항력의 내용

대항력을 갖추게 되면 임대차 기간이 종료할 때까지 임차인은 임대인이 아닌 제3자에 대해서도 주택을 사용할 권리를 주장할 수 있고, 보증금에 대한 권리도 주장할 수 있다. 예컨대 임대차 기간 동안에 임차 주택의 소유자가 바뀌더라도 임차인은 새로운 임대인에게 사용할 권리 및 보증금에 대한 권리를 주장할 수 있다. 만약 과거의 임대인에게 보증금을 받고 싶다면 임차 주택을 양도할 때 이의 제기를 할 수 있다.

2. 우선변제적 효력: 대항력 + 확정일자를 갖춘 경우

(1) 의미

우선변제적 효력은 임차주택이 경매나 공매로 넘어갈 경우 그 경매 대금에서 본인보다 후순위권리자나 일반채권자들보다 우선하여 본인의 보증금을 변제받을 수 있는 권능을 말한다. 임차인은 대항요건(주택의 인도 및 전입신고)과 임대차계약증서상의 확정일자를 갖춘 경우에 임차주택이 경매 또는 공매되는 경우 임차주택의 환가대금에서 후순위권리자나 그 밖의 채권자보다 우선하여 보증금을 변제받을 권리인 우선변제권을 취득한다. 대항력과 마찬가지로 우선변제적 효력을 유지하기 위해서는 대항력 및 우선변제권의 요건을 계속 유지하여야 한다.

(2) 판례

주택에 관하여 임대차계약을 체결한 임차인이 주민등록과 주택의 인도를 마친 때에는 그 다음날부터 제3자에 대하여 대항력이 생기고, 또한 임대차계약증서에 확정일자를 갖춘 임차인은 민사집행법에 따른 경매를 할 때에 후순위권리자 등보다 우선하여 보증금을 변제받을 권리를 가진다. 그리고 대항력과 우선변제권을 갖춘 임대차계약이 갱신된 경우에도 종전 보증금의 범위 내에서는 최초 임대차계약에 의한 대항력과 우선변제권이 그대로 유지된다(대법원 1990.8.14. 선고 90다카11377 판결).

120) 주민등록은 주민등록법상의 절차에 따라 주민센터에서 전입신고를 하는 것을 말한다.

3. 보증금 회수 강제력

임대차가 종료되었는데도 임대인이 보증금을 반환하지 않는 경우, 대항력과 확정일자를 갖춘 임차인은 임차보증금반환채권에 대한 집행권원과 집행문을 부여받아 강제경매를 신청하여 보증금을 회수할 수 있다.

4. 물권적 효력

전입신고와 임대차계약서상에 확정일자를 갖춘 경우 주택임차권은 물권과 같은 효력(대항력, 우선변제효력)을 지니게 된다.

06 임차권등기명령 : 이사 후에도 대항력과 우선변제적 효력 유지

1. 도입 취지

「주택임대차보호법」은 주택의 인도와 주민등록을 대항력의 취득 및 존속 요건으로 하고 있기 때문에 임차인이 임대차가 종료되었음에도 보증금을 돌려받지 못하고 이사를 가게 되면 종전에 취득하였던 대항력 및 우선변제권이 상실되므로 보증금을 돌려받기 어려워지게 된다. 이러한 문제를 해결하기 위해 임차권등기명령제도는 법원의 집행명령에 따른 등기를 마치면 임차인에게 대항력 및 우선변제권을 유지하게 하면서 임차주택에서 자유롭게 이사할 수 있게 하는 제도이다.

2. 임차권 등기명령 절차

(1) 등기명령 신청 및 요건

임대차기간이 만료되었음에도 임대인으로부터 보증금을 돌려받지 못한 경우에는 법원에 임차권등기명령을 신청할 수 있다.

(2) 임차권 등기 절차

임차권 등기명령 신청 → 심리 → 임차권등기명령 발령 → 임차권등기의 촉탁 → 등기부상 등기

(3) 임차권 등기비용 부담

임차인은 임차권등기 신청과 그에 따른 비용을 임대인에게 청구할 수 있다.

3. 임차권 등기 효과

⑴ 대항력 및 우선변제권의 유지

⑵ 대항력 및 우선변제권의 취득

⑶ 소액보증금의 최우선변제권 배제

07 임대인과 임차인의 권리와 의무

1. 주택임차인 권리와 의무 내용: 사용수익 권리, 선관주의 의무, 차임지급

임대차계약이 설정되면 임차인은 목적물을 사용 수익하는 대가로 차임을 지급할 의무가 있으며 선량한 관리자로서 임차목적물을 보존하고 임대차계약이 종료한 경우에 임차목적물을 반환해 줄 의무가 있다.

2. 주택임대인 권리와 의무 내용: 수선 의무

임대인은 임차인이 목적물을 사용 수익할 수 있도록 목적물을 인도할 뿐만 아니라 임대차 기간 동안 임대목적물의 사용과 수익에 필요한 상태를 유지해야할 수선의무를 부담한다.

3. 수선배제특약의 효력: 소규모 수선에만 가능, 대규모 수선은 불가

이와 같은 임대인의 수선의무를 배제하는 특약을 할 수 있다. 하지만 임차인이 임차물을 사용 수익하는데 중요한 전기배선이나 보일러 누수 등과 같은 경우에는 수선의무배제특약을 할 수 없다. 따라서 특약으로 임대인의 수선의무를 배제할 수 있는 부분은 통상적으로 생길 수 있는 파손으로 인한 소규모 수선에 한정된다고 볼 수 있다.

08 주택임대차보호법을 둘러싼 법적 쟁점

1. 대항력과 관련된 문제

⑴ 대항력은 언제 발생하는가?

대항력은 '주택의 인도 + 전입신고'가 있으면 익일 0시부터 효력이 발생한다(대법원 1999.5.25. 선고 99다9981 판결).

⑵ 경매가 결정되면 임차권은 소멸하는가?

임차권은 임차주택에 대하여 「민사집행법」에 따른 경매가 행하여진 경우에는 그 임차주택의 경락에 따라 소멸한다. 다만, 보증금이 모두 변제되지 아니한, 대항력이 있는 임차권은 소멸하지 않는다(주임법, 제3조의 5).

2. 우선변제권의 문제

(1) 우선변제적 효력은 대항력을 전제로 한다.

대항력 없이 확정일자를 받는 것만으로 우선변제적 효력은 발생하지 않는다. 따라서 우선변제적 효력은 대항력을 기준으로 발생한다.

(2) 사례

우선 아래의 표를 살펴보자. A의 주택에 B 임차인은 대항력과 우선변제권을, X 은행 및 Y 은행은 근저당을 설정하였다.

2019. 1. 1.	확정일자
2019. 1. 2.	근저당(X 은행)
2019. 1. 3.	전입신고
2019. 2. 1.	근저당(Y 은행)
2020. 3. 3.	경매기입등기

표의 일정에 따르면 1순위는 X 은행, 2순위는 임차인 B, 3순위가 Y 은행이다. 근저당권인 말소기준권리보다 빠르지 않기 때문이다. 임차인 B의 대항력과 우선변제적 효력은 모두 1월 4일 0시에 발생한다. 따라서 임차인의 보증금은 보호받지 못한다. 임차인은 Y 은행보다 우선하여 보증금을 변제받을 수 있을 뿐이다. 그런데 만약 전입신고 날짜와 확정일자가 바뀐다면 임차인 B가 1순위가 된다. 이 경우 B는 보증금전액을 보호받을 수 있다.

3. 소액임차인을 위한 최우선변제권

(1) 의미

임차인의 최우선변제권이란 임차인이 경매신청등기 전에 주택에 거주하고 전입신고를 마치면 보증금 중 일정 금액을 다른 담보물권자보다 우선적으로 변제받을 수 있는 제도를 말한다. 최우선 변제권 행사로 보증금의 전부는 아니지만 일정 금액을 돌려받을 수 있다.

(2) 요건

① 보증금이 일정 금액 이하여야 한다.
최우선 변제를 인정하기 위한 보증금과 최우선 변제금액의 범위 기준은 각 지역마다 다르고 조금씩 변동이 있다. 따라서 이것은 최우선변제권을 행사할 때마다 그 당해 연도의 기준 금액을 확인해야 한다.

② 대항력 요건을 갖춰야 한다.
대항력 요건은 주택인도와 전입신고를 말한다.

③ 배당요구 종기일까지 배당요구를 해야 한다.
배당요구는 얼마를 받아야 하는지 법원에 신청하는 것이다. 배당요구 이외에도 대항력을 유지해야 한다. 종기일까지 대항력 유지는 필수이다.

IX 불법행위책임 관련 문제

01 생각 열기: 불법행위 = 위법행위 + 손해발생 ⇨ 손해배상 채권관계

1. 일반불법행위: 과실책임

(1) 과실책임 원칙

위법행위로 타인에게 손해를 입힌 경우 민법 제750조 이하의 규정에 따라 불법행위로 인한 채권이 당연히 발생한다. 일반불법행위의 경우에는 과실책임이 원칙이다.

(2) 원고 입증

일반불법행위의 경우 고의 및 과실에 대한 입증은 원고가 한다.

2. 특수불법행위의 경우

(1) 공동불법행위

과실책임원칙에 따라 연대하여 책임을 진다.

(2) 우리 민법이 규정하는 특수 불법행위 중 중간책임[121)]

책임무능력자의 감독자책임, 사용자책임, 공작물의 점유자 책임, 동물점유자의 책임이 중간책임이다. 중간책임의 경우에는 입증책임이 전환되어 피고측이 자신의 과실 없음을 입증해야 한다. 만약 이를 입증하지 못할 경우에 손해배상책임을 진다. 하지만 공작물 소유자의 책임은 무과실책임이다.

(3) 우리 민법이 규정하는 특수 불법행위 중 무과실책임(절대적 무과실 책임)

공작물 소유자 책임은 무과실책임으로 규정하고 있다.

중간책임과 무과실책임 비교

구분	중간책임	(절대적) 무과실 책임
면책가능성	면책가능성 있음	면책가능성 없음
입증책임	입증책임 전환	입증불요

121) 과거에는 상대적 무과실책임이라고 부르기도 하였다.

02 일반불법행위책임

1. 관련 규정

> **제750조【불법행위의 내용】** 고의 또는 과실로 인한 위법행위로 타인에게 손해를 가한 자는 그 손해를 배상할 책임이 있다.
>
> **제751조【재산 이외의 손해의 배상】** ① 타인의 신체, 자유 또는 명예를 해하거나 기타 정신상고통을 가한 자는 재산 이외의 손해에 대하여도 배상할 책임이 있다.
> ② 법원은 전항의 손해배상을 정기금채무로 지급할 것을 명할 수 있고 그 이행을 확보하기 위하여 상당한 담보의 제공을 명할 수 있다.
>
> **제752조【생명침해로 인한 위자료】** 타인의 생명을 해한 자는 피해자의 직계존속, 직계비속 및 배우자에 대하여는 재산상의 손해없는 경우에도 손해배상의 책임이 있다.
>
> **제753조【미성년자의 책임능력】** 미성년자가 타인에게 손해를 가한 경우에 그 행위의 책임을 변식할 지능이 없는 때에는 배상의 책임이 없다.
>
> **제754조【심신상실자의 책임능력】** 심신상실 중에 타인에게 손해를 가한 자는 배상의 책임이 없다. 그러나 고의 또는 과실로 인하여 심신상실을 초래한 때에는 그러하지 아니하다.

2. 의미

불법행위란 고의나 과실로 위법하게 타인에게 손해를 가하는 행위를 말한다. 타인에게 일부러 상해를 가하는 경우가 그 예이다.

3. 성립요건

이러한 불법행위가 성립하려면 타인에게 손해를 가하는 행위가 있고, 이러한 손해를 가하는 행위가 가해자의 고의나 과실로 인한 것이고, 가해자에게 이러한 행위의 책임을 물을 수 있도록 가해자가 자기 행위의 책임을 인식할 수 있는 책임능력이 있어야 하며, 또한 이러한 가해행위는 위법한 것이어야 할 뿐 아니라 가해행위로 인해 손해가 발생하였어야 한다.

4. 효과 : 손해배상책임

이 같은 요건이 모두 충족되면 피해자는 불법행위자에 대하여 손해배상청구를 할 수 있다. 손해배상은 금전배상이 원칙이며 정신적 손해(위자료)도 포함한다. 가해자는 이러한 손해배상책임과는 별도로 일정한 경우 형사상의 제재를 받을 수도 있다.

03 특수불법행위책임

1. 관련 조문

제755조【감독자의 책임】 ① 다른 자에게 손해를 가한 사람이 제753조 또는 제754조에 따라 책임이 없는 경우에는 그를 감독할 법정의무가 있는 자가 그 손해를 배상할 책임이 있다. 다만, 감독의무를 게을리하지 아니한 경우에는 그러하지 아니하다.
② 감독의무자를 갈음하여 제753조 또는 제754조에 따라 책임이 없는 사람을 감독하는 자도 제1항의 책임이 있다.

제756조【사용자의 배상책임】 ① 타인을 사용하여 어느 사무에 종사하게 한 자는 피용자가 그 사무집행에 관하여 제삼자에게 가한 손해를 배상할 책임이 있다. 그러나 사용자가 피용자의 선임 및 그 사무감독에 상당한 주의를 한 때 또는 상당한 주의를 하여도 손해가 있을 경우에는 그러하지 아니하다.
② 사용자에 갈음하여 그 사무를 감독하는 자도 전항의 책임이 있다. 〈개정 2014.12.30.〉
③ 전2항의 경우에 사용자 또는 감독자는 피용자에 대하여 구상권을 행사할 수 있다.

제757조【도급인의 책임】 도급인은 수급인이 그 일에 관하여 제삼자에게 가한 손해를 배상할 책임이 없다. 그러나 도급 또는 지시에 관하여 도급인에게 중대한 과실이 있는 때에는 그러하지 아니하다.

제758조【공작물 등의 점유자, 소유자의 책임】 ① 공작물의 설치 또는 보존의 하자로 인하여 타인에게 손해를 가한 때에는 공작물점유자가 손해를 배상할 책임이 있다. 그러나 점유자가 손해의 방지에 필요한 주의를 해태하지 아니한 때에는 그 소유자가 손해를 배상할 책임이 있다.
② 전항의 규정은 수목의 재식 또는 보존에 하자있는 경우에 준용한다.
③ 제2항의 경우에 점유자 또는 소유자는 그 손해의 원인에 대한 책임있는 자에 대하여 구상권을 행사할 수 있다.

제759조【동물의 점유자의 책임】 ① 동물의 점유자는 그 동물이 타인에게 가한 손해를 배상할 책임이 있다. 그러나 동물의 종류와 성질에 따라 그 보관에 상당한 주의를 해태하지 아니한 때에는 그러하지 아니하다.
② 점유자에 갈음하여 동물을 보관한 자도 전항의 책임이 있다. 〈개정 2014.12.30.〉

제760조【공동불법행위자의 책임】 ① 수인이 공동의 불법행위로 타인에게 손해를 가한 때에는 연대하여 그 손해를 배상할 책임이 있다.
② 공동 아닌 수인의 행위중 어느 자의 행위가 그 손해를 가한 것인지를 알 수 없는 때에도 전항과 같다.
③ 교사자나 방조자는 공동행위자로 본다.

제761조【정당방위, 긴급피난】 ① 타인의 불법행위에 대하여 자기 또는 제삼자의 이익을 방위하기 위하여 부득이 타인에게 손해를 가한 자는 배상할 책임이 없다. 그러나 피해자는 불법행위에 대하여 손해의 배상을 청구할 수 있다.
② 전항의 규정은 급박한 위난을 피하기 위하여 부득이 타인에게 손해를 가한 경우에 준용한다.

2. 책임무능력자의 감독자책임(민법 제755조)

(1) 의미

책임 무능력자가 타인에게 손해를 가한 경우에 그를 감독할 법정의무 있는 자가 그 손해를 배상할 책임이 있다. 그러나 감독의무를 해태하지 아니하는 때에는 그러하지 아니하다(중간책임).

(2) 민법의 책임무능력자의 법정감독의무자의 배상책임규정은 피해자를 보호하기 위한 것으로 감독의무자의 책임은 피감독자의 책임을 보충하는 것이 아니라 이와 병존하는 것으로 '불법행위' 자체에 관한 과실이 아니라 피감독자에 대한 일반적 감독 및 교육을 게을리 한 과실로서 위험책임과 같은 성질을 가지고 있는 것이다(대법원 1984.7.10. 선고 84다카474 판결).

(3) 부모의 중간책임과 과실책임

미성년자가 책임능력이 없는 경우에는 미성년자에게 배상의 책임이 없고, 부모에게 감독자로서 배상책임이 있다. 이 경우 감독의무를 다했음을 부모가 입증하면 면책받을 수 있다. 이 경우는 부모의 중간책임 문제이다. 한편 미성년자가 책임능력이 있는 경우에는 미성년자와 부모 모두에게 배상책임이 있다. 이 경우는 부모의 과실책임 문제이다. 부모의 과실에 대한 입증책임은 피해자에게 있다.
예컨대 고등학교 2학년(만 16세)인 갑(甲)은 오토바이를 타다가 실수로 을(乙)노인을 다치게 하였다. 을(乙)노인은 갑(甲)으로부터 손해배상을 받을 수 없어 그의 부모들을 상대로 소송을 제기하였다. 이 사건에 대해 법원은 갑(甲)의 부모들에게 과실책임을 인정하여 을(乙)노인에게 손해배상을 하는 판결을 내렸다.

3. 사용자의 배상책임(민법 756조)

(1) 의미 및 성격

타인을 사용하여 어느 사무에 종사하게 한 자는 피용자가 그 사무집행에 관하여 제삼자에게 가한 손해를 배상할 책임이 있다. 그러나 사용자가 피용자의 선임 및 그 사무감독에 상당한 주의를 한 때 또는 상당한 주의를 하여도 손해가 있을 경우에는 그러하지 아니하다(중간책임). 사용자의 책임은 사람을 고용하여 스스로의 활동영역을 확장하고 그에 상응하는 많은 이익을 추구하는 사람은 상대적으로 많아질 피용자의 행위로 인해 타인에게 가해진 손해를 이익귀속자인 사용자로 하여금 부담케 하는 것이 공평의 이상에 합치된다는 보상책임의 원리에 입각한 것이다(대법원 1985.8.13. 선고 84다카979 판결).

(2) 사례

① 피자집 종업원인 철수는 오토바이를 타고 음식을 배달하던 중 지나가던 노인을 치게 되었다. 그런데 노인의 아들은 피자집 주인에게 치료비를 청구하였다.

② 회사원인 A는 폭발물 관리 업무를 담당한다. 그런데 A의 부주의로 화재가 발생하여 폭발물이 크게 터지는 사고가 일어났다. 이 사고로 인근 주민들이 다치고 기물이 파손되었는데, 피해 주민들은 회사를 상대로 손해배상청구소송을 제기하였다.

4. 공작물의 점유자 소유자의 책임(민법 第758조)

(1) 공작물 점유자의 책임(중간책임)

공작물의 설치 또는 보존의 하자로 인하여 타인에게 손해를 가한 때에는 공작물점유자가 손해를 배상할 책임이 있다. 그러나 점유자가 손해의 방지에 필요한 주의를 해태하지 아니한 때에는 그 소유자가 손해를 배상할 책임이 있다. 공작물의 설치 또는 보존의 하자로 인해 또는 수목의 재식 또는 보존의 하자로 인해 타인에게 손해를 가한 때에는 1차적으로 그 공작물의 점유자가 손해배상책임을 지되 그가 손해의 방지에 필요한 주의를 다한 경우에는 면책되고, 이때에는 2차적으로 소유자가 배상책임을 진다. 이와 같은 책임을 인정하는 이유는 위험책임의 법리에 있다(대법원 1996.11.22. 선고 96다39219 판결).

(2) 공작물 소유자의 책임(무과실책임)

점유자가 손해의 방지에 필요한 주의를 해태하지 아니한 때에는 그 소유자가 손해를 배상할 책임이 있다.

5. 동물 점유자의 책임(민법 第759조)

동물의 점유자는 그 동물이 타인에게 가한 손해를 배상할 책임이 있다. 그러나 동물의 종류와 성질에 따라 그 보관에 상당한 주의를 해태하지 아니한 때에는 그러하지 아니하다(중간책임).

6. 공동불법행위책임(민법 第760조): 과실책임, 연대책임

(1) 의미 및 성격

수인이 공동의 불법행위로 타인에게 손해를 가한 때에는 연대하여 그 손해를 배상할 책임이 있다(고의 및 과실 공동정범 모두 해당). 공동 아닌 수인의 행위 중 어느 자의 행위가 그 손해를 가한 것인지를 알 수 없는 때에도 연대하여 손해배상책임을 진다(동시범). 교사자나 방조자도 공동행위자로 본다.

(2) 사례

거의 같은 시기에 건축된 A의 건물과 B의 건물이 C의 건물에 대해 전체적으로 수인한도를 초과하는 일조 침해의 결과를 야기하였다. A와 B의 공동불법행위책임을 진다.

7. 정당방위, 긴급피난 그리고 손해배상책임: 위법성 조각 ⇨ 배상책임 없음

타인의 불법행위에 대하여 자기 또는 제삼자의 이익을 방위하기 위하여 부득이 타인에게 손해를 가한 자나 급박한 위난을 피하기 위하여 부득이 타인에게 손해를 가한 경우에는 배상할 책임이 없다. 그러나 피해자는 불법행위에 대하여 손해의 배상을 청구할 수 있다.

04 기타 책임 문제

1. 자동차손해배상보장법상의 책임: 자동차 운행자성 ⇨ 자동차운행자의 책임 성립

(1) 자배법의 취지 및 목적

자동차의 운행으로 사람이 사상한 경우에 손해배상을 보장하기 위한 제도로 피해자를 보호하고 자동차 운송의 건전한 발전을 촉진하기 위하여 제정된 민법의 특별법이다. 자동차의 운행으로 사람이 사망하거나 부상한 경우의 손해배상에 관해서는 '자동차손해배상보장법'이 특별법으로서 민법에 우선하여 적용된다. 피해자가 동법에 의한 손해배상을 주장하지 않더라도 법원은 민법에 우선하여 동법을 적용하게 된다. 동법은 자기를 위하여 자동차를 운행하는 자 즉 자동차의 운행자가 배상책임을 지는 것으로 정하고 있다(대법원 1997.11.28. 선고 95다29390 판결).

(2) 적용범위

민법은 대인 및 대물사고의 배상책임에 모두 적용되지만 자배법은 대인사고의 배상책임에만 적용된다.

(3) 자동차운행자의 책임 성립요건

① 자동차를 운행하는 자일 것, 다만 제3자에 의한 무단운전, 절취운전 등의 경우에는 소유자의 운행자성을 인정하지 않아 책임을 지지 않는다.

② 자동차의 운행에 의할 것

③ 다른 사람을 사망하게 하거나 부상케 하였을 것

④ 면책사유가 없을 것

2. 의료과오에 대한 책임

의료과오에 대한 책임에 대해 채무불이행 책임을 물을 수 있지만, 특성상 불법행위책임에 의한 청구가 일반적이다. 의료과오책임 요건의 핵심은 의사의 주의의무(설명의무)가 핵심이다.

Chapter 04 친족법

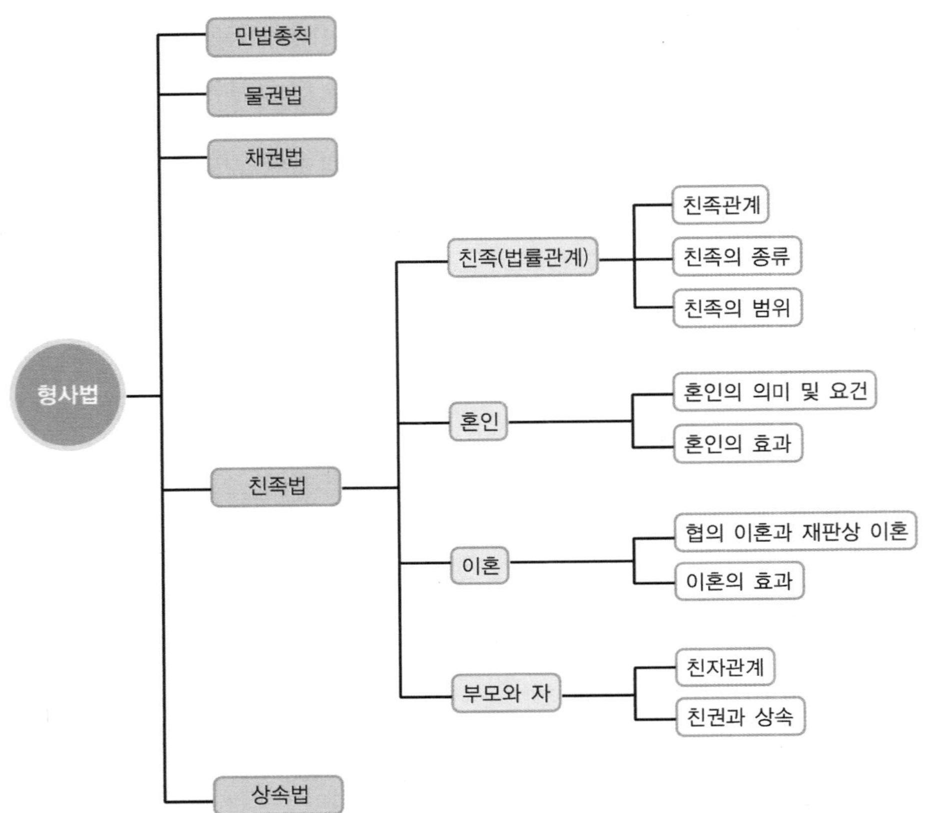

I 친족의 의미 및 변동

01 관련 조문

제767조 【친족의 정의】 배우자, 혈족 및 인척을 친족으로 한다.

제768조 【혈족의 정의】 자기의 직계존속과 직계비속을 직계혈족이라 하고 자기의 형제자매와 형제자매의 직계비속, 직계존속의 형제자매 및 그 형제자매의 직계비속을 방계혈족이라 한다. 〈개정 1990.1.13.〉

제769조 【인척의 계원】 혈족의 배우자, 배우자의 혈족, 배우자의 혈족의 배우자를 인척으로 한다. 〈개정 1990.1.13.〉

제770조 【혈족의 촌수의 계산】 ① 직계혈족은 자기로부터 직계존속에 이르고 자기로부터 직계비속에 이르러 그 세수를 정한다.

② 방계혈족은 자기로부터 동원의 직계존속에 이르는 세수와 그 동원의 직계존속으로부터 그 직계비속에 이르는 세수를 통산하여 그 촌수를 정한다.

제771조 【인척의 촌수의 계산】 인척은 배우자의 혈족에 대하여는 배우자의 그 혈족에 대한 촌수에 따르고, 혈족의 배우자에 대하여는 그 혈족에 대한 촌수에 따른다.
[전문개정 1990.1.13.]

제772조 【양자와의 친계와 촌수】 ① 양자와 양부모 및 그 혈족, 인척사이의 친계와 촌수는 입양한 때로부터 혼인 중의 출생자와 동일한 것으로 본다.

② 양자의 배우자, 직계비속과 그 배우자는 전항의 양자의 친계를 기준으로 하여 촌수를 정한다.

제775조 【인척관계 등의 소멸】 ① 인척관계는 혼인의 취소 또는 이혼으로 인하여 종료한다. 〈개정 1990.1.13.〉

② 부부의 일방이 사망한 경우 생존 배우자가 재혼한 때에도 제1항과 같다. 〈개정 1990.1.13.〉

제776조 【입양으로 인한 친족관계의 소멸】 입양으로 인한 친족관계는 입양의 취소 또는 파양으로 인하여 종료한다.

제777조 【친족의 범위】 친족관계로 인한 법률상 효력은 이 법 또는 다른 법률에 특별한 규정이 없는 한 다음 각 호에 해당하는 자에 미친다.

1. 8촌 이내의 혈족
2. 4촌 이내의 인척
3. 배우자

02 친족(법률관계)

1. 친족관계

(1) 친족의 정의

민법 제767조에서는 친족에 대하여 "배우자, 혈족 및 인척을 친족으로 한다"라고 정의를 내리고 있다.

(2) 친족 형성 요인: 혼인과 혈연을 기초로 형성

친족은 혼인과 혈연을 기초로 하여 상호 간에 관계를 가지는 사람들을 말한다.

⑶ 친족관계의 내용: 신분 ⇨ 권리와 의무

친족은 신분에 의하여 부양관계, 상속관계 등 여러 가지 가족법상의 권리와 의무를 가지게 된다.

2. 친족의 종류

⑴ 혈족(血族): 자연혈족과 법정혈족으로 구분

① 자연혈족
자연혈족이란 부모와 자(子)・형제자매 사이처럼 자연적・생리적으로 혈연의 연결이 있는 사람들이며, 이 관계는 출생으로 인하여 발생하는 사실관계이기 때문에 사회의 제도나 법률과는 상관없이 성립하는 것이다.

② 법정혈족
법정혈족은 법률에 의하여 혈연이 있는 것으로 의제되는 혈족을 말하는데, 법률에 따라서 혈연관계가 없는 자 상호 간에 자연혈족과 동일한 관계가 인정된다. 법정혈족에는 민법상 양친자(養親子) 관계만 인정되고 있다.

⑵ 배우자(配偶者): 법률상 배우자

법률상의 혼인에 의하여 결합된 부부(夫婦)를 말한다. 사실혼 부부 사이는 배우자가 아니다. 그러나 사실혼 부부도 특별법이나 판례・학설상 배우자로 보는 경우가 있다. 배우자 관계는 당사자 일방의 사망, 혼인의 무효, 취소 또는 이혼으로 인하여 소멸한다.

⑶ 인척(姻戚)

① 혼인을 매개로 맺어진 친족
인척은 남편에게는 처(妻)의 혈족에 대한 관계이고, 처에게는 남편의 혈족에 대한 관계와 같이 혼인을 매개로 하여 맺어진 친족을 말한다. 이런 점을 고려할 때 계모자관계와 적모서자관계는 인척에 해당한다.

② 인척의 유형(민법 제769조)

㉠ 혈족의 배우자

㉡ 배우자의 혈족

㉢ 배우자의 혈족의 배우자

③ 혈족의 배우자의 혈족인 사돈관계는 인척에서 제외

④ 인척관계의 변경
인척관계는 혼인에 의하여 발생하며 혼인의 무효・취소, 이혼, 부부일방의 사망 후의 재혼으로 종료한다.

3. 친족의 범위

(1) 민법 제777조

민법 제777조에서는 친족의 범위를 획일적으로 ① 8촌 이내의 혈족, ② 4촌 이내의 인척, ③ 배우자로 정하고 있다.

(2) 촌수(寸數)

① 촌수의 의의

촌수(寸數)는 친족관계의 긴밀도를 측정하는 척도의 단위로서, 촌수의 멀고 가까움에 따라 친족 사이의 권리·의무가 다르다.

② 촌수계산

㉠ 촌수를 계산할 때는 자신을 기준으로 그 세수를 정한다.

㉡ 직계혈족은 +1
예컨대 부모와 자는 1촌, 조부모와 손자는 2촌, 증조부와 증손은 3촌이다.

㉢ 방계혈족은 +2
예컨대 형제자매는 2촌이고 종형자매는 4촌이다.

㉣ 인척은 배우자의 그 혈족에 대한 촌수에 따른다.

㉦ 법률상 친족의 범위

<table>
<tr><td rowspan="7">친족</td><td rowspan="3">혈족</td><td rowspan="3">8촌 이내의 혈족</td><td rowspan="2">자연혈족</td><td>혼인 중의 출생</td><td rowspan="2">출생</td></tr>
<tr><td>혼인 외의 출생
(부가 부인)</td></tr>
<tr><td>법정혈족</td><td>양친 및 그 혈족과 양자</td><td>입양</td></tr>
<tr><td rowspan="3">인척</td><td rowspan="3">4촌 이내</td><td colspan="2">혈족의 배우자</td><td rowspan="3">혼인</td></tr>
<tr><td colspan="2">배우자의 혈족</td></tr>
<tr><td colspan="2">배우자의 혈족의 배우자</td></tr>
<tr><td>배우자</td><td colspan="4">법률혼 배우자</td></tr>
</table>

Ⅱ 혼인 및 이혼

01 혼인의 의미 및 요건

1. 관련 조문

제2절 혼인의 성립

제807조【혼인적령】 18세가 된 사람은 혼인할 수 있다. 〈개정 2022.12.27.〉

제808조【동의가 필요한 혼인】 ① 미성년자가 혼인을 하는 경우에는 부모의 동의를 받아야 하며, 부모 중 한쪽이 동의권을 행사할 수 없을 때에는 다른 한쪽의 동의를 받아야 하고, 부모가 모두 동의권을 행사할 수 없을 때에는 미성년후견인의 동의를 받아야 한다.

② 피성년후견인은 부모나 성년후견인의 동의를 받아 혼인할 수 있다. [전문개정 2011.3.7.]

제809조【근친혼 등의 금지】 ① 8촌 이내의 혈족(친양자의 입양 전의 혈족을 포함한다) 사이에서는 혼인하지 못한다.

② 6촌 이내의 혈족의 배우자, 배우자의 6촌 이내의 혈족, 배우자의 4촌 이내의 혈족의 배우자인 인척이거나 이러한 인척이었던 자 사이에서는 혼인하지 못한다.

③ 6촌 이내의 양부모계(養父母系)의 혈족이었던 자와 4촌 이내의 양부모계의 인척이었던 자 사이에서는 혼인하지 못한다.

제810조【중혼의 금지】 배우자 있는 자는 다시 혼인하지 못한다.

제812조【혼인의 성립】 ① 혼인은 「가족관계의 등록 등에 관한 법률」에 정한 바에 의하여 신고함으로써 그 효력이 생긴다. 〈개정 2007.5.17.〉

② 전항의 신고는 당사자 쌍방과 성년자인 증인 2인의 연서한 서면으로 하여야 한다.

제3절 혼인의 무효와 취소

제815조【혼인의 무효】 혼인은 다음 각 호의 어느 하나의 경우에는 무효로 한다. 〈개정 2005.3.31.〉

1. 당사자 간에 혼인의 합의가 없는 때
2. 혼인이 제809조 제1항의 규정을 위반한 때
3. 당사자 간에 직계인척관계(直系姻戚關係)가 있거나 있었던 때
4. 당사자 간에 양부모계의 직계혈족관계가 있었던 때

제816조【혼인취소의 사유】 혼인은 다음 각 호의 어느 하나의 경우에는 법원에 그 취소를 청구할 수 있다. 〈개정 1990.1.13., 2005.3.31.〉

1. 혼인이 제807조 내지 제809조(제815조의 규정에 의하여 혼인의 무효사유에 해당하는 경우를 제외한다. 이하 제817조 및 제820조에서 같다) 또는 제810조의 규정에 위반한 때
2. 혼인당시 당사자 일방에 부부생활을 계속할 수 없는 악질 기타 중대사유 있음을 알지 못한 때
3. 사기 또는 강박으로 인하여 혼인의 의사표시를 한 때

제824조【혼인취소의 효력】 혼인의 취소의 효력은 기왕에 소급하지 아니한다.

제824조의2【혼인의 취소와 자의 양육 등】 제837조 및 제837조의2의 규정은 혼인의 취소의 경우에 자의 양육책임과 면접교섭권에 관하여 이를 준용한다. [본조신설 2005.3.31.]

제825조【혼인취소와 손해배상청구권】 제806조의 규정은 혼인의 무효 또는 취소의 경우에 준용한다.

2. 의미

혼인은 당사자의 정신적·육체적 결합을 뜻하는 것이며 남녀의 전인격적인 결합을 의미한다. 혼인이 성립하려면 혼인의사의 합치, 혼인적령 등의 요건과 혼인을 신고하여야 한다.

3. 법률혼주의

(1) 법률혼

우리 민법은 법률혼주의를 택하여 혼인은 법률상의 방식 중 혼인신고에 의하여 그 효력이 생긴다(제812조 제1항).

(2) 사실혼

사실혼이란 사실상 혼인생활을 하고 있으면서 혼인신고가 없기 때문에 법률상 혼인으로 인정되지 않는 부부관계를 말한다. 사실혼 관계가 성립되려면 주관적으로 혼인할 의사가 있었고, 객관적으로도 부부공동생활이라고 인정될 만한 혼인생활의 실체가 존재하여야 한다.

4. 혼인의 효과

(1) 관련 조문

제4절 혼인의 효력
제1관 일반적 효력
제826조 【부부간의 의무】 ① 부부는 동거하며 서로 부양하고 협조하여야 한다. 그러나 정당한 이유로 일시적으로 동거하지 아니하는 경우에는 서로 인용하여야 한다.
② 부부의 동거장소는 부부의 협의에 따라 정한다. 그러나 협의가 이루어지지 아니하는 경우에는 당사자의 청구에 의하여 가정법원이 이를 정한다. 〈개정 1990.1.13.〉

제826조의2 【성년의제】 미성년자가 혼인을 한 때에는 성년자로 본다. [본조신설 1977.12.31.]

제827조 【부부간의 가사대리권】 ① 부부는 일상의 가사에 관하여 서로 대리권이 있다.
② 전항의 대리권에 가한 제한은 선의의 제삼자에게 대항하지 못한다.

제2관 재산상 효력
제829조 【부부재산의 약정과 그 변경】 ① 부부가 혼인 성립 전에 그 재산에 관하여 따로 약정을 하지 아니한 때에는 그 재산관계는 본관 중 다음 각조에 정하는 바에 의한다.
② 부부가 혼인 성립 전에 그 재산에 관하여 약정한 때에는 혼인중 이를 변경하지 못한다. 그러나 정당한 사유가 있는 때에는 법원의 허가를 얻어 변경할 수 있다.
③ 전항의 약정에 의하여 부부의 일방이 다른 일방의 재산을 관리하는 경우에 부적당한 관리로 인하여 그 재산을 위태하게 한 때에는 다른 일방은 자기가 관리할 것을 법원에 청구할 수 있고 그 재산이 부부의 공유인 때에는 그 분할을 청구할 수 있다.
④ 부부가 그 재산에 관하여 따로 약정을 한 때에는 혼인성립까지에 그 등기를 하지 아니하면 이로써 부부의 승계인 또는 제삼자에게 대항하지 못한다.
⑤ 제2항, 제3항의 규정이나 약정에 의하여 관리자를 변경하거나 공유재산을 분할하였을 때에는 그 등기를 하지 아니하면 이로써 부부의 승계인 또는 제삼자에게 대항하지 못한다.

> **第830조 【특유재산과 귀속불명재산】** ① 부부의 일방이 혼인 전부터 가진 고유재산과 혼인 중 자기의 명의로 취득한 재산은 그 특유재산으로 한다.
> ② 부부의 누구에게 속한 것인지 분명하지 아니한 재산은 부부의 공유로 추정한다. 〈개정 1977.12.31.〉
>
> **第831조 【특유재산의 관리 등】** 부부는 그 특유재산을 각자 관리, 사용, 수익한다.
>
> **第832조 【가사로 인한 채무의 연대책임】** 부부의 일방이 일상의 가사에 관하여 제삼자와 법률행위를 한 때에는 다른 일방은 이로 인한 채무에 대하여 연대책임이 있다. 그러나 이미 제삼자에 대하여 다른 일방의 책임 없음을 명시한 때에는 그러하지 아니하다.
>
> **第833조 【생활비용】** 부부의 공동생활에 필요한 비용은 당사자 간에 특별한 약정이 없으면 부부가 공동으로 부담한다. [전문개정 1990.1.13.]

⑵ 생활과 관련되는 권리와 의무 : 신분, 재산, 정조 의무, 부부간 계약취소권

혼인을 하게 되면 친족관계 발생, 부부 간 동거・협력・부양의무 발생, 정조의무, 성년의제, 부부간 계약취소권(결혼생활 중 부부 간에 맺은 계약은 혼인 중 언제라도 부부 중 어느 한 쪽 사람이 이를 취소할 수 있다) 등과 같은 효력이 발생한다.

⑶ 재산상 효과 : 부부재산계약, 부부별산제/공유추정, 생활비용공동/일상가사 대리, 상호부양

현재 우리나라는 부부별산제(특유재산 각자 관리, 귀속불명재산의 경우에는 공유로 추정)를 원칙으로 한다. 이 점을 감안할 때 부부재산계약은 혼인성립 전에 체결한다. 혼인 중에 부부재산계약을 원칙적으로 변경할 수 없다. 일상가사로 인한 채무는 연대책임을 지며, 일상가사 대리권을 진다. 또한 생활비용은 공동부담하는 것이 원칙이다.

⑷ 사실혼 관계에서 효과

① 혼인신고를 전제로 하는 것을 제외한 생활관계, 재산관계에서는 법률혼과 동일함

사실혼 부부 간에도 법률상의 부부와 똑같이 서로 동거, 부양, 협조의무가 있고 정조의 의무가 있으며 일상가사대리권이 인정된다. 사실혼 배우자는 다른 일방이 제3자, 즉 사실혼의 처와 정교를 맺은 제3자에 대하여 사실혼의 부는 손해배상을 청구할 수 있다.

② 혼인 신고를 전제로 하는 법률관계는 제외됨

혼인의 효과 중 신고를 전제로 하는 것은 사실혼에는 인정될 수 없으므로 사실혼 부부사이에는 친족관계도 발생하지 않고 서로 후견인이 될 권리의무가 없으며, 배우자로서의 상속권이 인정되지 않는다.

02 이혼

1. 관련 조문

제5절 이혼
제1관 협의상 이혼
제834조 【협의상 이혼】 부부는 협의에 의하여 이혼할 수 있다.

제835조 【성년후견과 협의상 이혼】 피성년후견인의 협의상 이혼에 관하여는 제808조 제2항을 준용한다.
[전문개정 2011.3.7.]

제836조 【이혼의 성립과 신고방식】

제836조의2 【이혼의 절차】

제837조 【이혼과 자의 양육책임】 ① 당사자는 그 자의 양육에 관한 사항을 협의에 의하여 정한다. 〈개정 1990.1.13.〉
② 제1항의 협의는 다음의 사항을 포함하여야 한다. 〈개정 2007.12.21.〉
1. 양육자의 결정
2. 양육비용의 부담
3. 면접교섭권의 행사 여부 및 그 방법
③ 제1항에 따른 협의가 자(子)의 복리에 반하는 경우에는 가정법원은 보정을 명하거나 직권으로 그 자(子)의 의사(意思)·연령과 부모의 재산상황, 그 밖의 사정을 참작하여 양육에 필요한 사항을 정한다. 〈개정 2007.12.21., 2022.12.27.〉
④ 양육에 관한 사항의 협의가 이루어지지 아니하거나 협의할 수 없는 때에는 가정법원은 직권으로 또는 당사자의 청구에 따라 이에 관하여 결정한다. 이 경우 가정법원은 제3항의 사정을 참작하여야 한다. 〈신설 2007.12.21.〉
⑤ 가정법원은 자(子)의 복리를 위하여 필요하다고 인정하는 경우에는 부·모·자(子) 및 검사의 청구 또는 직권으로 자(子)의 양육에 관한 사항을 변경하거나 다른 적당한 처분을 할 수 있다. 〈신설 2007.12.21.〉
⑥ 제3항부터 제5항까지의 규정은 양육에 관한 사항 외에는 부모의 권리의무에 변경을 가져오지 아니한다. 〈신설 2007.12.21.〉

제837조의2 【면접교섭권】 ① 자(子)를 직접 양육하지 아니하는 부모의 일방과 자(子)는 상호 면접교섭할 수 있는 권리를 가진다. 〈개정 2007.12.21.〉
② 자(子)를 직접 양육하지 아니하는 부모 일방의 직계존속은 그 부모 일방이 사망하였거나 질병, 외국거주, 그 밖에 불가피한 사정으로 자(子)를 면접교섭할 수 없는 경우 가정법원에 자(子)와의 면접교섭을 청구할 수 있다. 이 경우 가정법원은 자(子)의 의사(意思), 면접교섭을 청구한 사람과 자(子)의 관계, 청구의 동기, 그 밖의 사정을 참작하여야 한다. 〈신설 2016.12.2.〉
③ 가정법원은 자의 복리를 위하여 필요한 때에는 당사자의 청구 또는 직권에 의하여 면접교섭을 제한·배제·변경할 수 있다. 〈개정 2005.3.31., 2016.12.2.〉 [본조신설 1990.1.13.]

제838조 【사기, 강박으로 인한 이혼의 취소청구권】 사기 또는 강박으로 인하여 이혼의 의사표시를 한 자는 그 취소를 가정법원에 청구할 수 있다. 〈개정 1990.1.13.〉

제839조의2 【재산분할청구권】 ① 협의상 이혼한 자의 일방은 다른 일방에 대하여 재산분할을 청구할 수 있다.
② 제1항의 재산분할에 관하여 협의가 되지 아니하거나 협의할 수 없는 때에는 가정법원은 당사자의 청구에 의하여 당사자 쌍방의 협력으로 이룩한 재산의 액수 기타 사정을 참작하여 분할의 액수와 방법을 정한다.
③ 제1항의 재산분할청구권은 이혼한 날부터 2년을 경과한 때에는 소멸한다.
[본조신설 1990.1.13.]

제839조의3 【재산분할청구권 보전을 위한 사해행위취소권】 ① 부부의 일방이 다른 일방의 재산분할청구권 행사를 해함을 알면서도 재산권을 목적으로 하는 법률행위를 한 때에는 다른 일방은 제406조 제1항을 준용하여 그 취소 및 원상회복을 가정법원에 청구할 수 있다.
② 제1항의 소는 제406조 제2항의 기간 내에 제기하여야 한다. [본조신설 2007.12.21.]

제2관 재판상 이혼
제840조【재판상 이혼원인】 부부의 일방은 다음 각 호의 사유가 있는 경우에는 가정법원에 이혼을 청구할 수 있다. 〈개정 1990.1.13.〉
1. 배우자에 부정한 행위가 있었을 때
2. 배우자가 악의로 다른 일방을 유기한 때
3. 배우자 또는 그 직계존속으로부터 심히 부당한 대우를 받았을 때
4. 자기의 직계존속이 배우자로부터 심히 부당한 대우를 받았을 때
5. 배우자의 생사가 3년 이상 분명하지 아니한 때
6. 기타 혼인을 계속하기 어려운 중대한 사유가 있을 때

제841조【부정으로 인한 이혼청구권의 소멸】 전조 제1호의 사유는 다른 일방이 사전동의나 사후 용서를 한 때 또는 이를 안 날로부터 6월, 그 사유 있은 날로부터 2년을 경과한 때에는 이혼을 청구하지 못한다.

2. 협의 이혼과 재판상 이혼

혼인은 배우자의 사망(실종선고)이나 이혼에 의해 해소된다. 이혼은 혼인 계약을 해제 하는 것이다. 이혼의 방법에는 협의 이혼과 재판상 이혼이 있다.

(1) **협의 이혼**: 합의 + 가정법원의 확인 + 이혼신고

협의 이혼은 쌍방 당사자가 이혼에 대해서 합의하고 가정법원의 확인을 받아 신고하게 되면 성립한다. 최근에는 숙려기간이 도입되었다. 이처럼 협의 이혼은 이혼 합의와 가정법원의 확인 및 신고를 통해 이루어진다.

(2) **재판상 이혼**(유책주의)[122]

① 의미
재판상 이혼은 재판상 이혼 사유를 들어 재판을 통해 이혼하는 방법이다. 재판상 이혼은 책임 있는 배우자(유책배우자)를 상대로 이혼을 청구한다.

② 재판상 이혼사유
재판상 이혼 사유로는 부정행위, 악의로 유기, 배우자 또는 그 직계존속으로부터 심히 부당한 대우를 받음, 자기의 직계존속이 배우자로부터 심히 부당한 대우를 받음, 배우자의 생사가 3년 이상 분명하지 아니한 때, 기타 혼인을 계속하기 어려운 중대한 사유가 있을 때 등이다.

3. 이혼의 효과

(1) **신분상 효과**(친족관계에 미치는 효과) ⇨ **부부관계와 인척관계 소멸**

이혼이 성립하면 부부관계와 인척관계가 소멸하게 된다.

---

122) 유책주의와 대립되는 입장이 파탄주의이다. 파탄주의에 따르면, 혼인관계가 파탄났다면 유책배우자도 이혼청구를 할 수 있다.

(2) 이혼이 부모와 자의 관계에 미치는 효과: 친권 결정

미성년인 자녀가 있는 경우에는 친권자와 양육권자를 결정해야 하며, 양육하지 않는 부모의 일방에게는 자녀와 만나고 서신 교환 등을 할 수 있는 면접교섭권이 인정된다.

(3) 이혼의 재산상 효과: 위자료, 재산분할청구권

이혼에 대해 책임이 있는 자에게 다른 일방은 손해배상(위자료)을 청구할 수 있고, 부부가 혼인 중 협력한 재산에 대해 상대방에게 재산을 분할할 수 있는 청구권이 발생한다.

III 부모와 자

01 친자관계: 출생이라는 사실과 입양계약이라는 방식으로 형성

친부모와 자녀의 관계, 즉 친자관계는 출생이라는 사건과 입양계약이라는 방식으로 형성된다. 친부모 사이의 자녀는 혼인 중 태어난 자녀와 혼인 외 태어난 자녀로 나눠진다. 입양계약에 의해 형성되는 친자관계에서 자녀는 친양자가 있다.

1. 친생자 관계

출생이라는 사건으로 형성되는 친자관계를 친생자 관계라 한다. 친부모 사이의 자녀는 혼인 중 태어난 자녀와 혼인 외 태어난 자녀로 나눠진다.

2. 관련 조문

제1절 친생자

제844조 【남편의 친생자의 추정】 ① 아내가 혼인 중에 임신한 자녀는 남편의 자녀로 추정한다.
② 혼인이 성립한 날부터 200일 후에 출생한 자녀는 혼인 중에 임신한 것으로 추정한다.
③ 혼인관계가 종료된 날부터 300일 이내에 출생한 자녀는 혼인 중에 임신한 것으로 추정한다.
[2017.10.31. 법률 제14965호에 의하여 2015.4.30. 헌법재판소에서 헌법불합치 결정된 이 조를 개정함.]

제845조 【법원에 의한 부의 결정】 재혼한 여자가 해산한 경우에 제844조의 규정에 의하여 그 자의 부를 정할 수 없는 때에는 법원이 당사자의 청구에 의하여 이를 정한다. 〈개정 2005.3.31.〉

제846조 【자의 친생부인】 부부의 일방은 제844조의 경우에 그 자가 친생자임을 부인하는 소를 제기할 수 있다. 〈개정 2005.3.31.〉

제847조 【친생부인의 소】 ① 친생부인(親生否認)의 소(訴)는 부(夫) 또는 처(妻)가 다른 일방 또는 자(子)를 상대로 하여 그 사유가 있음을 안 날부터 2년 내에 이를 제기하여야 한다.
② 제1항의 경우에 상대방이 될 자가 모두 사망한 때에는 그 사망을 안 날부터 2년내에 검사를 상대로 하여 친생부인의 소를 제기할 수 있다. [전문개정 2005.3.31.]

第848條【성년후견과 친생부인의 소】

第849條【자사망후의 친생부인】

第850條【유언에 의한 친생부인】 부(夫) 또는 처(妻)가 유언으로 부인의 의사를 표시한 때에는 유언집행자는 친생부인의 소를 제기하여야 한다. 〈개정 2005.3.31.〉

第865條【다른 사유를 원인으로 하는 친생관계존부확인의 소】 ① 제845조, 제846조, 제848조, 제850조, 제851조, 제862조와 제863조의 규정에 의하여 소를 제기할 수 있는 자는 다른 사유를 원인으로 하여 친생자관계존부의 확인의 소를 제기할 수 있다.
② 제1항의 경우에 당사자일방이 사망한 때에는 그 사망을 안 날로부터 2년내에 검사를 상대로 하여 소를 제기할 수 있다.

(1) 의미: 친생자 관계 ⇨ 혼생자와 혼외자

출생이라는 사건으로 형성되는 친자관계를 친생자 관계라 한다. 친생자 관계는 다시 혼생자(혼인 중의 출생자)와 혼외자(혼인 외의 출생자)가 있다.

(2) 혼생자: 부성이 추정되는 경우와 부성이 추정되지 않는 경우

① 부성이 추정되는 경우: 친생자 관계 ⇔ 친생부인의 소

혼생자 관계에서 부성이 추정되는 경우란 정상적인 혼인생활에서 출생한 자녀에 대해서는 부성이 추정된다. 이런 부성이 추정되는 경우에 친생자 관계를 해소하는 것은 친생부인의 소를 통해서 이루어진다.

② 부성이 추정되지 않는 경우: 친생자 관계 ⇔ 친생자관계부존재확인의 소

혼생자 관계에서 부성이 추정되지 않는 경우는 부의 생사불명, 부가 수감 중, 별거 중, 부의 생식 불능 상황에서 출생한 경우이다. 부성이 추정되지 않는 경우는 친생 추정이 되지 않기 때문에 친생자 관계부존재확인의소를 통해서 친자관계를 부인해야 한다.

(3) 혼외자

① 관련 조문

第855條【인지】 ① 혼인 외의 출생자는 그 생부나 생모가 이를 인지할 수 있다. 부모의 혼인이 무효인 때에는 출생자는 혼인 외의 출생자로 본다.
② 혼인 외의 출생자는 그 부모가 혼인한 때에는 그때로부터 혼인 중의 출생자로 본다.

第855條의2【인지의 허가 청구】 ① 생부(生父)는 제844조 제3항의 경우에 가정법원에 인지의 허가를 청구할 수 있다. 다만, 혼인 중의 자녀로 출생신고가 된 경우에는 그러하지 아니하다.
② 제1항의 청구가 있는 경우에 가정법원은 혈액채취에 의한 혈액형 검사, 유전인자의 검사 등 과학적 방법에 따른 검사결과 또는 장기간의 별거 등 그 밖의 사정을 고려하여 허가 여부를 정한다.
③ 제1항 및 제2항에 따라 허가를 받은 생부가 「가족관계의 등록 등에 관한 법률」 제57조 제1항에 따른 신고를 하는 경우에는 제844조 제1항 및 제3항의 추정이 미치지 아니한다. [본조신설 2017.10.31.]

제856조 【피성년후견인의 인지】 아버지가 피성년후견인인 경우에는 성년후견인의 동의를 받아 인지할 수 있다. [전문개정 2011.3.7.]

제857조 【사망자의 인지】 자가 사망한 후에도 그 직계비속이 있는 때에는 이를 인지할 수 있다.

제858조 【포태 중인 자의 인지】 부는 포태 중에 있는 자에 대하여도 이를 인지할 수 있다.

제859조 【인지의 효력발생】 ① 인지는 「가족관계의 등록 등에 관한 법률」의 정하는 바에 의하여 신고함으로써 그 효력이 생긴다. 〈개정 2007.5.17.〉
② 인지는 유언으로도 이를 할 수 있다. 이 경우에는 유언집행자가 이를 신고하여야 한다.

제860조 【인지의 소급효】 인지는 그 자의 출생 시에 소급하여 효력이 생긴다. 그러나 제삼자의 취득한 권리를 해하지 못한다.

제861조 【인지의 취소】

제862조 【인지에 대한 이의의 소】

제863조 【인지청구의 소】 자와 그 직계비속 또는 그 법정대리인은 부 또는 모를 상대로 하여 인지청구의 소를 제기할 수 있다.

제864조의2 【인지와 자의 양육책임 등】 제837조 및 제837조의2의 규정은 자가 인지된 경우에 자의 양육책임과 면접교섭권에 관하여 이를 준용한다. [본조신설 2005.3.31.]

② 인지 × ⇨ 친자관계 없음 ⇨ 상속이나 양육비 청구할 수 없음
인지란 생부나 생모가 혼인 외의 출생자를 자신의 자녀로 인정하는 것을 말한다. 따라서 혼외자는 친생자 관계라고 할지라도 인지가 없으면 상속이나 양육비 등을 청구할 수가 없다.

③ 준정: 혼외자 ⇨ 인지 + 부모의 혼인 ⇨ 혼생자
혼외자라고 하더라도 인지를 받고, 부모가 혼인을 하면 혼생자가 된다. 이를 준정이라고 한다. 혼외자가 혼생자가 되는 준정의 요건은 인지와 부모의 혼인이다. 인지는 소급효를 가지지만 준정은 혼인을 할 때 혼생자가 된다.

(4) **상속여부**: 인지받지 못한 혼인 외 출생자는 제외

친권관계에서 자녀들은 인지받지 못한 혼인 외 출생자를 제외하고는 법정상속인이 될 수 있다. 아버지로부터 인지를 받지 못한 혼인 외 출생자는 어머니의 법정상속인이 될 수 있으나 아버지의 법정상속인이 될 수는 없다.

3. **법정친자관계**: 친양자 관계, 완전양자제도

최근 법정친자관계는 완전양자 제도를 도입하였다. 과거에는 친부모와 양부모가 모두 친자관계를 유지하였지만, 완전양자제도는 친부모와의 모든 관계를 단절함으로써 양부모와 양자사이에만 부자관계를 가질 수 있도록 하였다. 이런 양자관계는 파양을 통해서 해소된다.

02 친권의 의미 및 주요 내용

1. 친권의 의미: 권리이자 의무

친권은 부모가 그들의 미성년인 자녀를 보호·교양할 지위로부터 유래하는 권리와 의무의 총체를 말한다. 이런 친권은 부모가 공동으로 행사하는 것을 원칙으로 한다. 친권은 그 용어 때문에 권리라고 오해하기 쉬우나 권리로서의 측면과 함께 의무로서의 측면도 가지고 있다. 따라서 친권은 단순히 부모의 자에 대한 지배권이 아니며 부모가 친권을 행사함에 있어서는 언제나 자녀의 복리를 최우선적으로 고려하여야 한다.

2. 친권의 내용

(1) 관련 조문

제909조【친권자】 ① 부모는 미성년자인 자의 친권자가 된다. 양자의 경우에는 양부모(養父母)가 친권자가 된다. 〈개정 2005.3.31.〉
② 친권은 부모가 혼인 중인 때에는 부모가 공동으로 이를 행사한다. 그러나 부모의 의견이 일치하지 아니하는 경우에는 당사자의 청구에 의하여 가정법원이 이를 정한다.

제909조의2【친권자의 지정 등】

제910조【자의 친권의 대행】 친권자는 그 친권에 따르는 자에 갈음하여 그 자에 대한 친권을 행사한다. 〈개정 2005.3.31.〉

제911조【미성년자인 자의 법정대리인】 친권을 행사하는 부 또는 모는 미성년자인 자의 법정대리인이 된다.

제912조【친권 행사와 친권자 지정의 기준】 ① 친권을 행사함에 있어서는 자의 복리를 우선적으로 고려하여야 한다. 〈개정 2011.5.19.〉
② 가정법원이 친권자를 지정함에 있어서는 자(子)의 복리를 우선적으로 고려하여야 한다. 이를 위하여 가정법원은 관련 분야의 전문가나 사회복지기관으로부터 자문을 받을 수 있다. 〈신설 2011.5.19.〉

제2관 친권의 효력

제913조【보호, 교양의 권리의무】 친권자는 자를 보호하고 교양할 권리의무가 있다.

제914조【거소지정권】 자는 친권자의 지정한 장소에 거주하여야 한다.

제915조【징계권】 친권자는 그 자를 보호 또는 교양하기 위하여 필요한 징계를 할 수 있고 법원의 허가를 얻어 감화 또는 교정기관에 위탁할 수 있다.

제916조【자의 특유재산과 그 관리】 자가 자기의 명의로 취득한 재산은 그 특유재산으로 하고 법정대리인인 친권자가 이를 관리한다.

제918조【제삼자가 무상으로 자에게 수여한 재산의 관리】 ① 무상으로 자에게 재산을 수여한 제삼자가 친권자의 관리에 반대하는 의사를 표시한 때에는 친권자는 그 재산을 관리하지 못한다.
② 전항의 경우에 제삼자가 그 재산관리인을 지정하지 아니한 때에는 법원은 재산의 수여를 받은 자 또는 제777조의 규정에 의한 친족의 청구에 의하여 관리인을 선임한다.
③ 제삼자의 지정한 관리인의 권한이 소멸하거나 관리인을 개임할 필요있는 경우에 제삼자가 다시 관리인을 지정하지 아니한 때에도 전항과 같다.
④ 제24조 제1항, 제2항, 제4항, 제25조 전단 및 제26조 제1항, 제2항의 규정은 전2항의 경우에 준용한다.

제920조【자의 재산에 관한 친권자의 대리권】 법정대리인인 친권자는 자의 재산에 관한 법률행위에 대하여 그 자를 대리한다. 그러나 그 자의 행위를 목적으로 하는 채무를 부담할 경우에는 본인의 동의를 얻어야 한다.

제920조의2 【공동친권자의 일방이 공동명의로 한 행위의 효력】 부모가 공동으로 친권을 행사하는 경우 부모의 일방이 공동명의로 자를 대리하거나 자의 법률행위에 동의한 때에는 다른 일방의 의사에 반하는 때에도 그 효력이 있다. 그러나 상대방이 악의인 때에는 그러하지 아니한다.

제921조 【친권자와 그 자간 또는 수인의 자간의 이해상반행위】 ① 법정대리인인 친권자와 그 자 사이에 이해상반되는 행위를 함에는 친권자는 법원에 그 자의 특별대리인의 선임을 청구하여야 한다.
② 법정대리인인 친권자가 그 친권에 따르는 수인의 자 사이에 이해상반되는 행위를 함에는 법원에 그 자 일방의 특별대리인의 선임을 청구하여야 한다. 〈개정 2005.3.31.〉

제922조 【친권자의 주의의무】 친권자가 그 자에 대한 법률행위의 대리권 또는 재산관리권을 행사함에는 자기의 재산에 관한 행위와 동일한 주의를 하여야 한다.

제922조의2 【친권자의 동의를 갈음하는 재판】

제923조 【재산관리의 계산】 ① 법정대리인인 친권자의 권한이 소멸한 때에는 그 자의 재산에 대한 관리의 계산을 하여야 한다.
② 전항의 경우에 그 자의 재산으로부터 수취한 과실은 그 자의 양육, 재산관리의 비용과 상계한 것으로 본다. 그러나 무상으로 자에게 재산을 수여한 제삼자가 반대의 의사를 표시한 때에는 그 재산에 관하여는 그러하지 아니하다.

제3관 친권의 상실, 일시 정지 및 일부 제한 〈개정 2014.10.15.〉

제924조 【친권의 상실 또는 일시 정지의 선고】 ① 가정법원은 부 또는 모가 친권을 남용하여 자녀의 복리를 현저히 해치거나 해칠 우려가 있는 경우에는 자녀, 자녀의 친족, 검사 또는 지방자치단체의 장의 청구에 의하여 그 친권의 상실 또는 일시 정지를 선고할 수 있다.
② 가정법원은 친권의 일시 정지를 선고할 때에는 자녀의 상태, 양육상황, 그 밖의 사정을 고려하여 그 기간을 정하여야 한다. 이 경우 그 기간은 2년을 넘을 수 없다.
③ 가정법원은 자녀의 복리를 위하여 친권의 일시 정지 기간의 연장이 필요하다고 인정하는 경우에는 자녀, 자녀의 친족, 검사, 지방자치단체의 장, 미성년후견인 또는 미성년후견감독인의 청구에 의하여 2년의 범위에서 그 기간을 한 차례만 연장할 수 있다. [전문개정 2014.10.15.]

제924조의2 【친권의 일부 제한의 선고】 가정법원은 거소의 지점이나 그 밖의 신상에 관한 결정 등 특정한 사항에 관한 결정 등 특정한 사항에 관하여 친권자가 친권을 행사하는 것이 곤란하거나 부적당한 사유가 있어 자녀의 복리를 해치거나 해칠 우려가 있는 경우에는 자녀, 자녀의 친족, 검사 또는 지방자치 단체의 장의 청구에 의하여 구체적인 범위를 정하여 친권의 일부 제한을 선고할 수 있다. 〈개정 2021.1.26.〉

제925조 【대리권, 재산관리권 상실의 선고】 가정법원은 법정대리인인 친권자가 부적당한 관리로 인하여 자녀의 재산을 위태롭게 한 경우에는 자녀의 친족, 검사 또는 지방자치 단체의 장의 청구의 의하여 그 법률행위의 대리권과 재산관리권의 상실을 선고할 수 있다. 〈개정 2014.10.15.〉

제925조의2 【친권 상실 선고 등의 판단 기준】 ① 제924조에 따른 친권 상실의 선고는 같은 조에 따른 친권의 일시 정지, 제924조의2에 따른 친권의 일부 제한, 제925조에 따른 대리권 · 재산관리권의 상실 선고 또는 그 밖의 다른 조치에 의해서는 자녀의 복리를 충분히 보호할 수 없는 경우에만 할 수 있다.
② 제924조에 따른 친권의 일시 정지, 제924조의2에 따른 친권의 일부 제한 또는 제925조에 따른 대리권 · 재산관리권의 상실 선고는 제922조의2에 따른 동의를 갈음하는 재판 또는 그 밖의 다른 조치에 의해서는 자녀의 복리를 충분히 보호할 수 없는 경우에만 할 수 있다. [본조신설 2014.10.15.]

제925조의3 【부모의 권리와 의무】 제924조와 제924조의2, 제925조에 따라 친권의 상실, 일시 정지, 일부 제한 또는 대리권과 재산관리권의 상실이 선고된 경우에도 부모의 자녀에 대한 그 밖의 권리와 의무는 변경되지 아니한다. [본조신설 2014.10.15.]

제926조 【실권 회복의 선고】 [전문개정 2014.10.15.]

8. 피후견인을 상대로 소송을 하였거나 하고 있는 사람
9. 제8호에서 정한 사람의 배우자와 직계혈족. 다만, 피후견인의 직계비속은 제외한다.

(2) 보호, 교양, 거소지정, 징계

친권자는 자녀를 보호하고 교양할 권리와 의무가 있을 뿐만 아니라 자녀가 거주할 장소를 지정할 수 있고, 자녀를 보호 또는 교양하는 데 필요한 범위 내라면 징계도 할 수 있다.

(3) 재산에 관한 관리권과 대리권, 동의 및 허락

또한 친권자는 미성년인 자녀가 영업을 하고자 하는 경우에 이에 대한 허락권, 친족법상의 대리권, 자녀의 재산에 관한 관리권과 대리권을 가진다. 그러나 이러한 친권도 일정한 경우 제한되는데, 대표적인 경우가 친권자의 이익과 자녀의 이익이 서로 상반되는 사안에 있어 친권자의 대리권이 제한되는 경우이다.

(4) 친권의 상실, 일시 정지 및 일부 제한

Chapter

05 상속법

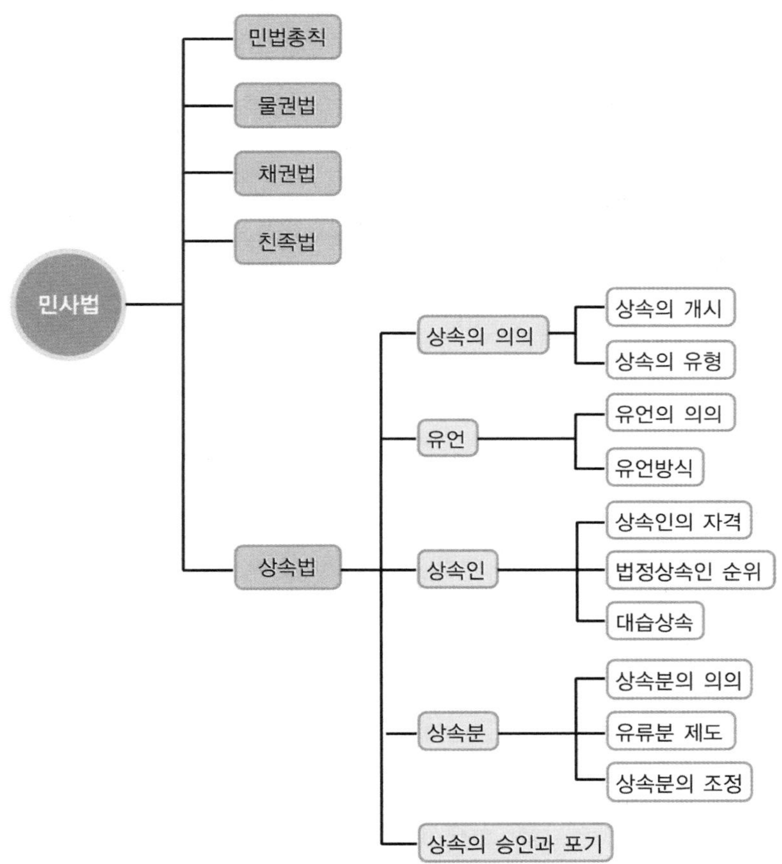

Ⅰ 상속의 의의 및 유언

01 생각 열기: 관련 조문

제997조 【상속개시의 원인】 상속은 사망으로 인하여 개시된다. 〈개정 1990.1.13.〉 [제목개정 1990.1.13.]

제998조 【상속개시의 장소】 상속은 피상속인의 주소지에서 개시한다.
[전문개정 1990.1.13.]

제998조의2 【상속비용】 상속에 관한 비용은 상속재산 중에서 지급한다.
[본조신설 1990.1.13.]

제999조 【상속회복청구권】 ① 상속권이 참칭상속권자로 인하여 침해된 때에는 상속권자 또는 그 법정대리인은 상속회복의 소를 제기할 수 있다.
② 제1항의 상속회복청구권은 그 침해를 안 날부터 3년, 상속권의 침해행위가 있은 날부터 10년을 경과하면 소멸된다. 〈개정 2002.1.14.〉

02 상속의 개시: 사망, 실종선고(간주), 인정사망(추정)

상속은 사망으로 개시되며, 사망에는 실종선고와 인정사망도 포함된다.

03 상속의 유형

1. 유언상속(원칙)

상속은 유언자가 상속인을 지정하는 유언상속하는 것이 일반적이다.

2. 법정상속(보충)

유언상속이 없는 경우에는 법률에 정해진 순서에 따라 상속인이 정해진다. 이를 법정상속이라 한다.

3. 상속의 효과: 포괄적 승계

상속은 포괄적으로 권리 및 의무가 승계된다. 또한 재산상 지위(계약상 지위)는 상속되지만 소송상 지위, 부부간계약 취소권, 부양청구권 등은 상속되지 않는다.

제3절 상속의 효력 〈개정 1990.1.13.〉
제1관 일반적 효력
제1005조 【상속과 포괄적 권리의무의 승계】 상속인은 상속개시된 때로부터 피상속인의 재산에 관한 포괄적 권리의무를 승계한다. 그러나 피상속인의 일신에 전속한 것은 그러하지 아니하다. 〈개정 1990.1.13.〉

제1006조 【공동상속과 재산의 공유】 상속인이 수인인 때에는 상속재산은 그 공유로 한다. 〈개정 1990.1.13.〉

제1007조 【공동상속인의 권리의무승계】 공동상속인은 각자의 상속분에 응하여 피상속인의 권리의무를 승계한다.

04 유언

1. 관련 조문

제1060조 【유언의 요식성】 유언은 본법의 정한 방식에 의하지 아니하면 효력이 생하지 아니한다.

제1061조 【유언적령】 17세에 달하지 못한 자는 유언을 하지 못한다. 〈개정 2022.12.27.〉

제1062조 【제한능력자의 유언】 유언에 관하여는 제5조, 제10조 및 제13조를 적용하지 아니한다. [전문개정 2011.3.7.]

제1063조 【피성년후견인의 유언능력】 ① 피성년후견인은 의사능력이 회복된 때에만 유언을 할 수 있다.
② 제1항의 경우에는 의사가 심신 회복의 상태를 유언서에 부기(附記)하고 서명날인하여야 한다. [전문개정 2011.3.7.]

제1064조 【유언과 태아, 상속결격자】 제1000조 제3항, 제1004조의 규정은 수증자에 준용한다. 〈개정 1990.1.13.〉

제2절 유언의 방식

제1065조 【유언의 보통방식】 유언의 방식은 자필증서, 녹음, 공정증서, 비밀증서와 구수증서의 5종으로 한다.

제1066조 【자필증서에 의한 유언】 ① 자필증서에 의한 유언은 유언자가 그 전문과 연월일, 주소, 성명을 자서하고 날인하여야 한다.
② 전항의 증서에 문자의 삽입, 삭제 또는 변경을 함에는 유언자가 이를 자서하고 날인하여야 한다.

제1067조 【녹음에 의한 유언】 녹음에 의한 유언은 유언자가 유언의 취지, 그 성명과 연월일을 구술하고 이에 참여한 증인이 유언의 정확함과 그 성명을 구술하여야 한다.

제1068조 【공정증서에 의한 유언】 공정증서에 의한 유언은 유언자가 증인 2인이 참여한 공증인의 면전에서 유언의 취지를 구수하고 공증인이 이를 필기낭독하여 유언자와 증인이 그 정확함을 승인한 후 각자 서명 또는 기명날인하여야 한다.

제1069조 【비밀증서에 의한 유언】 ① 비밀증서에 의한 유언은 유언자가 필자의 성명을 기입한 증서를 엄봉날인하고 이를 2인 이상의 증인의 면전에 제출하여 자기의 유언서임을 표시한 후 그 봉서표면에 제출연월일을 기재하고 유언자와 증인이 각자 서명 또는 기명날인하여야 한다.
② 전항의 방식에 의한 유언봉서는 그 표면에 기재된 날로부터 5일내에 공증인 또는 법원서기에게 제출하여 그 봉인상에 확정일자인을 받아야 한다.

제1070조 【구수증서에 의한 유언】 ① 구수증서에 의한 유언은 질병 기타 급박한 사유로 인하여 전4조의 방식에 의할 수 없는 경우에 유언자가 2인 이상의 증인의 참여로 그 1인에게 유언의 취지를 구수하고 그 구수를 받은 자가 이를 필기낭독하여 유언자의 증인이 그 정확함을 승인한 후 각자 서명 또는 기명날인하여야 한다.
② 전항의 방식에 의한 유언은 그 증인 또는 이해관계인이 급박한 사유의 종료한 날로부터 7일내에 법원에 그 검인을 신청하여야 한다.
③ 제1063조 제2항의 규정은 구수증서에 의한 유언에 적용하지 아니한다.

제1071조 【비밀증서에 의한 유언의 전환】 비밀증서에 의한 유언이 그 방식에 흠결이 있는 경우에 그 증서가 자필증서의 방식에 적합한 때에는 자필증서에 의한 유언으로 본다.

2. 유언의 의의

(1) 유언의 의미

유언은 유언자가 사망과 동시에 일정한 법률효과를 발생시킬 것을 목적으로 하는 법률행위이다.

(2) 유언의 법적 성격

유언은 상대방 없는 단독행위이다. 또한 요식행위이므로 법정의 방식에 따르지 않은 유언은 무효이다.

(3) 유언능력 : 의사능력이 기준

유언은 일종의 법률행위이나 보통의 행위능력을 필요로 하지 않고, 만 17세에 달한 자이면 할 수 있다.

(4) 유언의 효력

> **제1073조 【유언의 효력발생시기】** ① 유언은 유언자가 사망한 때로부터 그 효력이 생긴다.
> ② 유언에 정지조건이 있는 경우에 그 조건이 유언자의 사망 후에 성취한 때에는 그 조건성취한 때로부터 유언의 효력이 생긴다.
>
> **제1074조 【유증의 승인, 포기】** ① 유증을 받을 자는 유언자의 사망 후에 언제든지 유증을 승인 또는 포기할 수 있다.
> ② 전항의 승인이나 포기는 유언자의 사망한 때에 소급하여 그 효력이 있다.
>
> **제1075조 【유증의 승인, 포기의 취소금지】**

3. 유언 방식

(1) 자필(自筆) 증서에 의한 유언 : 자필 작성 + 날인

① 민법 제1066조

유언자가 그 전문(全文)과 연월일 · 성명을 스스로 쓰고 날인하여야 한다. 글자를 삽입 · 변경 · 삭제함에는 유언자가 이를 자서(自書)하고 날인하여야 한다(제1066조).

② 자필 작성 + 날인(도장/무인사인)

자필 유언은 유언자가 직접 써야 하고 타인이 받아 적거나 타자기 등으로 작성한 것은 인정되지 않으며, 주소 연월일 성명까지 자서하여야 하지만 도장이나 무인 사인을 하는 것은 무방하다. 이러한 것을 소홀히 한 경우 유언으로서의 효력이 부정된다.

(2) 녹음에 의한 유언

① 유언의 취지 및 성명과 연월일을 구술 → 증인이 구술

유언자가 유언의 취지 및 성명과 연월일을 구술(口述)하고, 이에 참여한 증인이 유언의 정확함과 그 성명을 구술하여야 한다.

② 증인이 될 수 없는 자

제한능력자, 유언으로 이익을 받을 자 및 그 배우자와 직계혈족 등은 유언에 참여하는 증인이 될 수 없다.

③ 녹음방법

녹음방법은 테이프나 음반에 의하여도 무방하다.

(3) 공정증서에 의한 유언

① 증인/공증인 참석 + 유언자의 구수 + 공증인 필기 및 낭독 + 승인 + 기명/날인

유언자가 증인 2인이 참여한 공증인의 면전에서 유언의 취지를 구수(口授)하고, 공증인이 이를 필기・낭독하여 유언자와 증인이 그 정확함을 승인한 후 각자 서명 또는 기명날인하여야 한다. 공증인법에 의한 결격자는 이 유언의 증인이 되지 못한다.

② 효력이 없는 유언

공증인이 직접 하거나 보조인이 하거나 타자기로 작성하여도 무방하나 중환자실에서 공증인의 물음에 유언자가 말하지 않고 고개만 끄덕이며 공증인이 작성한 유언서는 효력이 없다(대법원 1980.12.23. 선고 80므18 판결).

(4) 비밀증서에 의한 유언

① 작성 후 엄봉 및 날인 + 유언자와 증인이 서명/기명 날인 + 확정일자인

유언자가 필자의 성명을 기입한 증서를 엄봉・날인하고, 이를 2인 이상의 증인 면전에 제출하여 자기의 유언서임을 표시한 뒤, 그 봉투표면에 제출 연월일을 기재하고 유언자와 증인이 각자 서명 또는 기명날인하여야 한다. 이 유언봉투는 그 표면에 기재된 날로부터 5일 내에 공증인 또는 법원서기에게 제출하여, 그 봉인 위에 확정일자인을 받아야 한다(제1069조).

② 자필증서에 의한 유언으로 간주

이 유언의 방법에 흠결이 있는 경우에, 그 증서가 자필증서의 방식에 적합한 때에는 자필증서에 의한 유언으로 본다(제1071조).

(5) 구수증서에 의한 유언

① 급박한 사유 + 증인 참여/필기 낭독 + 유언자와 증인 서명/기명 날인

질병, 기타 급박한 사유로 위의 4가지 방식에 의할 수 없는 경우에, 유언자가 2인 이상 증인의 참여로 그 1인에게 유언의 취지를 구수하고, 그 구수를 받은 자가 이를 필기・낭독하여 유언자와 증인이 그 정확함을 승인한 후, 각자 서명 또는 기명날인하여야 한다.

② 7일 이내에 검인 신청

이 유언은 증인 또는 이해관계인이 급박한 사유의 종료일로부터 7일 내에 법원에 그 검인(檢認)을 신청하여야 한다.

Ⅱ 상속인

01 생각 열기: 관련 조문

제1000조 【상속의 순위】 ① 상속에 있어서는 다음 순위로 상속인이 된다. 〈개정 1990.1.13.〉
1. 피상속인의 직계비속
2. 피상속인의 직계존속
3. 피상속인의 형제자매
4. 피상속인의 4촌 이내의 방계혈족

② 전항의 경우에 동순위의 상속인이 수인인 때에는 최근친을 선순위로 하고 동친 등의 상속인이 수인인 때에는 공동상속인이 된다.

③ 태아는 상속순위에 관하여는 이미 출생한 것으로 본다. 〈개정 1990.1.13.〉

제1003조 【배우자의 상속순위】 ① 피상속인의 배우자는 제1000조 제1항제1호와 제2호의 규정에 의한 상속인이 있는 경우에는 그 상속인과 동순위로 공동상속인이 되고 그 상속인이 없는 때에는 단독상속인이 된다. 〈개정 1990.1.13.〉

② 제1001조의 경우에 상속개시 전에 사망 또는 결격된 자의 배우자는 동조의 규정에 의한 상속인과 동순위로 공동상속인이 되고 그 상속인이 없는 때에는 단독상속인이 된다. 〈개정 1990.1.13.〉

제1004조 【상속인의 결격사유】 다음 각 호의 어느 하나에 해당한 자는 상속인이 되지 못한다. 〈개정 1990.1.13., 2005.3.31.〉
1. 고의로 직계존속, 피상속인, 그 배우자 또는 상속의 선순위나 동순위에 있는 자를 살해하거나 살해하려한 자
2. 고의로 직계존속, 피상속인과 그 배우자에게 상해를 가하여 사망에 이르게 한 자
3. 사기 또는 강박으로 피상속인의 상속에 관한 유언 또는 유언의 철회를 방해한 자
4. 사기 또는 강박으로 피상속인의 상속에 관한 유언을 하게 한 자
5. 피상속인의 상속에 관한 유언서를 위조·변조·파기 또는 은닉한 자

02 상속인의 자격

1. 상속능력

상속인은 상속능력을 가지고 있어야 하고 상속결격자가 아니어야 한다.

2. 상속결격자

① 고의로 직계존속, 피상속인, 그 배우자 또는 상속의 선순위나 동순위에 있는 자를 살해하거나 살해하려한 자

② 고의로 직계존속, 피상속인과 그 배우자에게 상해를 가하여 사망에 이르게 한 자

③ 사기 또는 강박으로 피상속인의 상속에 관한 유언 또는 유언의 철회를 방해한 자

④ 사기 또는 강박으로 피상속인의 상속에 관한 유언을 하게 한 자

⑤ 피상속인의 상속에 관한 유언서를 위조·변조·파기 또는 은닉한 자

3. 법정상속인 순위

(1) 법정상속인

법정상속인은 배우자와 상속인의 순위에 해당하는 상속인이다.

(2) 상속인 순위: 직계와 방계 순위

법정상속인의 순위는 피상속인의 직계비속(1순위) > 피상속인의 직계존속(2순위) > 피상속인의 형제자매(3순위) > 피상속인의 4촌 이내의 방계혈족(4순위) 순이다.

① 1순위 또는 2순위는 배우자와 공동상속

② 3순위 또는 4순위는 앞의 순위도 없고, 배우자도 없을 때 상속

(3) 배우자: 직계비속 및 직계존속과 공동상속 > 단독상속

배우자는 법정상속인 1순위(직계비속), 2순위(직계존속)와 공동상속한다. 만약 1순위자와 2순위자가 없는 경우에는 단독상속한다.

4. 대습상속

(1) 관련 조문

제1001조 【대습상속】 전조 제1항 제1호와 제3호의 규정에 의하여 상속인이 될 직계비속 또는 형제자매가 상속개시 전에 사망하거나 결격자가 된 경우에 그 직계비속이 있는 때에는 그 직계비속이 사망하거나 결격된 자의 순위에 갈음하여 상속인이 된다. 〈개정 2014.12.30.〉

제1010조 【대습상속분】 ① 제1001조의 규정에 의하여 사망 또는 결격된 자에 갈음하여 상속인이 된 자의 상속분은 사망 또는 결격된 자의 상속분에 의한다. 〈개정 2014.12.30.〉
② 전항의 경우에 사망 또는 결격된 자의 직계비속이 수인인 때에는 그 상속분은 사망 또는 결격된 자의 상속분의 한도에서 제1009조의 규정에 의하여 이를 정한다. 제1003조 제2항의 경우에도 또한 같다.

(2) 의미: 상속인의 직계비속 또는 배우자가 대신 상속

대습상속은 상속인이 될 직계비속 또는 형제자매가 상속개시 전(동시사망도 포함)에 사망하거나 결격자가 된 경우에 그 직계비속이 있는 때에는 그 직계비속이 사망하거나 결격된 자의 순위에 갈음하여 상속하는 경우를 말한다. 피대습상속인의 배우자가 있는 경우에는 직계비속과 배우자가 함께 대습상속한다.

Ⅲ 상속의 실행

01 생각 열기: 관련 조문

> **제1009조【법정상속분】** ① 동순위의 상속인이 수인인 때에는 그 상속분은 균분으로 한다. 〈개정 1977.12.31., 1990.1.13.〉
> ② 피상속인의 배우자의 상속분은 직계비속과 공동으로 상속하는 때에는 직계비속의 상속분의 5할을 가산하고, 직계존속과 공동으로 상속하는 때에는 직계존속의 상속분의 5할을 가산한다. 〈개정 1990.1.13.〉

02 상속분의 의의

1. 상속분의 의미 및 내용: 상속인 각자의 몫

상속분이란 공동상속인 간의 상속재산에 관하여 각자가 가지는 몫을 말한다. 즉 상속재산에 대한 공동상속인 각각의 배당률을 말한다. 상속분에는 유언에 의한 '지정상속분'과 법률의 규정에 의한 '법정상속분'이 있다.

2. 지정상속분과 법정상속분

(1) 지정상속분: 유류분을 침해하지 않는 범위 내에서 상속

지정상속분은 유류분을 침해하지 않는 한 지정상속분대로 상속한다.

(2) 법정상속분

법정상속분은 동순위 상속인들은 균분으로 상속하며, 배우자는 직계비속 또는 직계존속의 상속분에 5할을 가산한 만큼 상속한다. 예컨대 직계비속의 상속비율을 1로 잡으면, 배우자는 1.5가 된다. 여기에 다시 ×2를 한 후 비율을 정하면 배우자는 3, 나머지는 2가 된다.

03 상속분의 조정

1. 관련 조문

> **제1008조【특별수익자의 상속분】** 공동상속인 중에 피상속인으로부터 재산의 증여 또는 유증을 받은 자가 있는 경우에 그 수증재산이 자기의 상속분에 달하지 못한 때에는 그 부족한 부분의 한도에서 상속분이 있다. 〈개정 1977.12.31.〉
>
> **제1008조의2【기여분】** ① 공동상속인 중에 상당한 기간 동거·간호 그 밖의 방법으로 피상속인을 특별히 부양하거나 피상속인의 재산의 유지 또는 증가에 특별히 기여한 자가 있을 때에는 상속개시 당시의 피상속인의 재산가액에서 공동상속인의 협의로 정한 그 자의 기여분을 공제한 것을 상속재산으로 보고 제1009조 및 제1010조에 의하여 산정한 상속분에 기여분을 가산한 액으로써 그 자의 상속분으로 한다. 〈개정 2005.3.31.〉
>
> ② 제1항의 협의가 되지 아니하거나 협의할 수 없는 때에는 가정법원은 제1항에 규정된 기여자의 청구에 의하여 기여의 시기·방법 및 정도와 상속재산의 액 기타의 사정을 참작하여 기여분을 정한다.
>
> ③ 기여분은 상속이 개시된 때의 피상속인의 재산가액에서 유증의 가액을 공제한 액을 넘지 못한다.
>
> ④ 제2항의 규정에 의한 청구는 제1013조 제2항의 규정에 의한 청구가 있을 경우 또는 제1014조에 규정하는 경우에 할 수 있다. [본조신설 1990.1.13.]

2. 특별수익자의 상속분

(1) 공평의 원칙

공동상속인 중에 피상속인으로부터 재산의 증여 또는 유증을 받은 자가 있는 경우에 그 수증재산이 자기의 상속분에 달하지 못한 때에는 그 부족한 부분의 한도에서 상속분이 있다.

(2) 특별수익자가 가져갈 것으로 예상되는 상속분의 경우

① 특별수익 < 법정 상속분: 부족한 것만큼만 상속재산에서 청구

② 특별수익 = 법정 상속분: 상속재산에서 청구할 것이 없음

③ 특별수익 < 법정상속분: 유류분을 침해하면 유류분 반환. 그렇지 않으면 특별수익을 그대로 상속

3. 기여분

(1) 기여분의 의미: 상속재산에 포함시키지 않고 기여분권자에게 미리 배분

기여분제도는 공동상속인 중에서 피상속인의 재산의 유지 또는 증가에 관하여 특별히 기여하였거나 망인(피상속인)을 특별히 부양한 자가 있을 경우에 이를 상속분의 산정에 관하여 고려하는 제도를 말한다. 이 제도 역시 공동상속인 사이의 실질적 공평을 꾀하기 위함이다.

(2) 기여분과 유류분의 관계: 기여분과 유류분(상속인이 반드시 받아야 하는 몫)은 무관

기여분은 유류분과 관계가 없다. 유류분이 축소되어도 기여분이 유류분을 침해한다고 볼 수 없다. 기여분은 유류분에 우선하기 때문이다.

(3) **기여분과 유증: 유증 > 기여분**

유증은 기여분의 제약을 받지 않는다. 따라서 유증이 기여분에 우선한다. 기여분의 최대한은 상속재산에서 유증을 제외한 부분을 넘지 못한다. 예컨대 사망 당시 상속재산이 2억 원이고, 유증한 것이 1억 원이라고 할 때 기여분으로 인정될 수 있는 최대치는 1억 원이다. 이 경우에서 기여분이 있는 자의 상속재산은 어떻게 될까? 만약 기여분이 5천만 원이라고 한다면 2억 원에서 5천만 원을 제외한 1억 5천만 원이 구체적인 상속분을 위한 기초재산이 된다. 따라서 1억 5천만 원으로 각자의 상속분이 정해지고 기여분을 가진 상속인은 그 상속분과 기여분을 합하여 상속받게 된다.

04 유류분 제도

1. 관련 조문

제1112조【유류분의 권리자와 유류분】 상속인의 유류분은 다음 각호에 의한다.
1. 피상속인의 직계비속은 그 법정상속분의 2분의 1
2. 피상속인의 배우자는 그 법정상속분의 2분의 1
3. 피상속인의 직계존속은 그 법정상속분의 3분의 1
4. 피상속인의 형제자매는 그 법정상속분의 3분의 1

[본조신설 1977.12.31.]

제1113조【유류분의 산정】 ① 유류분은 피상속인의 상속개시 시에 있어서 가진 재산의 가액에 증여재산의 가액을 가산하고 채무의 전액을 공제하여 이를 산정한다.
② 조건부의 권리 또는 존속기간이 불확정한 권리는 가정법원이 선임한 감정인의 평가에 의하여 그 가격을 정한다.
[본조신설 1977.12.31.]

제1114조【산입될 증여】 증여는 상속개시전의 1년간에 행한 것에 한하여 제1113조의 규정에 의하여 그 가액을 산정한다. 당사자 쌍방이 유류분권리자에 손해를 가할 것을 알고 증여를 한 때에는 1년 전에 한 것도 같다. [본조신설 1977.12.31.]

제1115조【유류분의 보전】 ① 유류분권리자가 피상속인의 제1114조에 규정된 증여 및 유증으로 인하여 그 유류분에 부족이 생긴 때에는 부족한 한도에서 그 재산의 반환을 청구할 수 있다.
② 제1항의 경우에 증여 및 유증을 받은 자가 수인인 때에는 각자가 얻은 유증가액의 비례로 반환하여야 한다.
[본조신설 1977.12.31.]

제1116조【반환의 순서】 증여에 대하여는 유증을 반환받은 후가 아니면 이것을 청구할 수 없다.
[본조신설 1977.12.31.]

제1117조【소멸시효】 반환의 청구권은 유류분권리자가 상속의 개시와 반환하여야 할 증여 또는 유증을 한 사실을 안 때로부터 1년 내에 하지 아니하면 시효에 의하여 소멸한다. 상속이 개시한 때로부터 10년을 경과한 때도 같다.
[본조신설 1977.12.31.]

2. 유류분 제도의 의의

(1) **유류분의 의미**

피상속인의 재산 중에 상속인이 최소한 받아야 하는 몫을 유류분이라고 한다.

(2) 유류분 제도의 취지

유류분은 피상속인의 재산 처분의 자유를 제한하고 상속인의 최소한의 몫을 보장해주기 위해 마련한 제도이다. 그런데 무엇보다도 유류분 제도를 둔 취지는 상속의 형평성을 보장하여 가족의 평화를 유지하기 위한 것이다.

3. 유류분권자와 유류분

유류분권자는 법정상속인이며, 유류분은 법정상속분에 일정비율을 반영하여 결정한다.

(1) **직계비속과 배우자**: 법정상속분의 2분의 1

(2) **직계존속과 형제자매**: 법정상속분의 3분의 1

4. 유류분 산정을 위한 상속재산: 유증을 포함한 현존재산 + 증여

채무를 제외한 적극재산(유증 + 사인증여 + 현존재산)과 증여재산(원칙은 타인증여는 1년 이내에 행해진 것을 포함. 공동상속인의 경우에는 1년과 상관없이 포함해서 계산함)을 합한 것이 유류분 산정을 위한 상속재산이다. 이 상속분에 각자의 비율을 곱하여 유류분을 도출하면 된다. 만약 기여분이 있다면 현존재산에서 기여분을 빼고 상속재산을 정해야 한다.

05 상속의 승인과 포기

1. 관련 조문

> **제1019조【승인, 포기의 기간】** ① 상속인은 상속개시 있음을 안 날로부터 3월 내에 단순승인이나 한정승인 또는 포기를 할 수 있다. 그러나 그 기간은 이해관계인 또는 검사의 청구에 의하여 가정법원이 이를 연장할 수 있다. 〈개정 1990.1.13.〉
> ② 상속인은 제1항의 승인 또는 포기를 하기 전에 상속재산을 조사할 수 있다. 〈개정 2002.1.14.〉
> ③ 제1항의 규정에 불구하고 상속인은 상속채무가 상속재산을 초과하는 사실을 중대한 과실 없이 제1항의 기간 내에 알지 못하고 단순승인(제1026조 제1호 및 제2호의 규정에 의하여 단순승인한 것으로 보는 경우를 포함한다)을 한 경우에는 그 사실을 안 날부터 3월 내에 한정승인을 할 수 있다. 〈개정 2022.12.13.〉

2. 상속의 승인

(1) 승인과 포기 중의 선택 문제

상속을 받는 사람이 상속을 받겠다는 의사표시를 하는 것을 상속의 승인이라고 하는데 이는 상속을 받는 것이 오히려 재산상 손해를 보는 경우도 있기 때문이다. 상속의 승인은 단순승인과 한정승인으로 나눌 수 있다. 또한 경우에 따라 상속을 포기할 수도 있다.

(2) 단순 승인과 효과: 권리와 의무 모두 상속

'상속의 단순승인'이란 상속의 효과를 거부하지 않는다는 의사표시를 말한다. 상속인이 상속의 단순승인을 한 때에는 제한 없이 피상속인의 권리의무를 승계한다(민법 제1025조).

(3) 한정 승인과 효과: 채무만큼 상속

'상속의 한정승인'이란 상속인이 상속으로 취득하게 될 재산의 한도에서 피상속인의 채무와 유증을 변제할 것을 조건으로 상속을 승인하려는 의사표시를 말한다. 상속인이 상속의 한정승인을 한 때에는 상속채무가 상속으로 얻게 되는 적극재산을 초과하는 경우에도 상속인 본인의 재산으로 이를 변제할 의무가 없다.

3. 상속의 포기와 효과

'상속의 포기'란 상속개시에 따라 피상속인에게 속하던 재산상의 권리·의무의 일체가 상속인에게 당연히 이전되는 상속의 효과를 거부하는 행위를 말한다. 상속인이 상속의 포기를 한 때에는 그는 처음부터 상속인이 아니었던 것이 된다. 대신 후순위자가 상속인이 된다.

4. 상속의 상황에 적절한 합리적 선택

상속상황에 따라 선택이 달라질 수 있다.

(1) 유산 > 채무

유산이 채무보다 많은 경우이다. 첫 번째는 상속인 입장에서 이익이 되는 경우이다. 이 경우는 단순승인이 유리하다.

(2) 유산 ≒ 채무

유산과 채무가 거의 일치하는 경우이다. 상속인 입장에서 상속의 의미가 없다. 이 경우에는 한정승인이 유리하다.

(3) 유산 < 채무

유산보다 채무가 더 큰 경우이다. 이 경우에는 상속인이 상속을 하는 것은 손해를 보는 경우이다. 따라서 상속포기를 하는 것이 유리하다.

(4) 유산과 부채규모를 파악하기 힘든 경우

이 경우는 현명한 판단을 요하는 경우이다.

06 상속인이 부재한 경우

1. 관련 조문

제1053조 【상속인 없는 재산의 관리인】 ① 상속인의 존부가 분명하지 아니한 때에는 법원은 제777조의 규정에 의한 피상속인의 친족 기타 이해관계인 또는 검사의 청구에 의하여 상속재산관리인을 선임하고 지체 없이 이를 공고하여야 한다.
② 제24조 내지 제26조의 규정은 전항의 재산관리인에 준용한다.

제1057조 【상속인수색의 공고】 제1056조 제1항의 기간이 경과하여도 상속인의 존부를 알 수 없는 때에는 법원은 관리인의 청구에 의하여 상속인이 있으면 일정한 기간 내에 그 권리를 주장할 것을 공고하여야 한다. 그 기간은 1년 이상이어야 한다. 〈개정 2005.3.31.〉

제1057조의2 【특별연고자에 대한 분여】 ① 제1057조의 기간내에 상속권을 주장하는 자가 없는 때에는 가정법원은 피상속인과 생계를 같이 하고 있던 자, 피상속인의 요양간호를 한 자 기타 피상속인과 특별한 연고가 있던 자의 청구에 의하여 상속재산의 전부 또는 일부를 분여할 수 있다. 〈개정 2005.3.31.〉
② 제1항의 청구는 제1057조의 기간의 만료 후 2월 이내에 하여야 한다. 〈개정 2005.3.31.〉

제1058조 【상속재산의 국가귀속】 ① 제1057조의2의 규정에 의하여 분여(分與)되지 아니한 때에는 상속재산은 국가에 귀속한다. 〈개정 2005.3.31.〉
② 제1055조 제2항의 규정은 제1항의 경우에 준용한다. 〈개정 2005.3.31.〉

2. 내용

상속인의 존부가 분명하지 아니한 때에는 법원이 상속재산관리인을 선임한다. 상속인 수색의 공고에도 불구하고 상속인이 나타나지 않을 경우 특별 연고자에게 상속 재산의 전부 또는 일부를 분여할 수 있다. 분여되지 아니한 상속 재산은 국고에 귀속된다.

PART 05

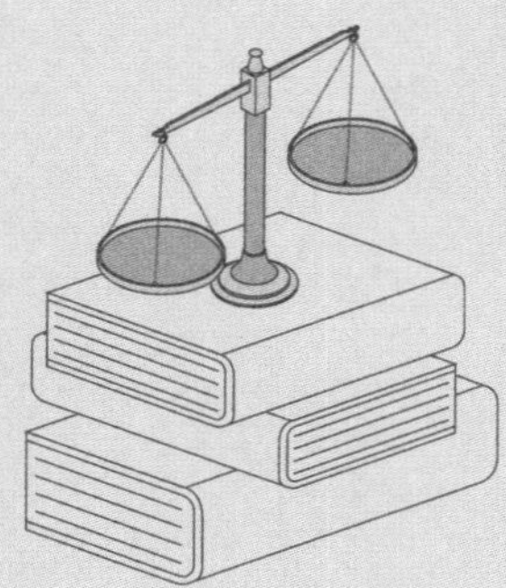

Part

06

사회법

Part 06 사회법 한눈에 살펴보기

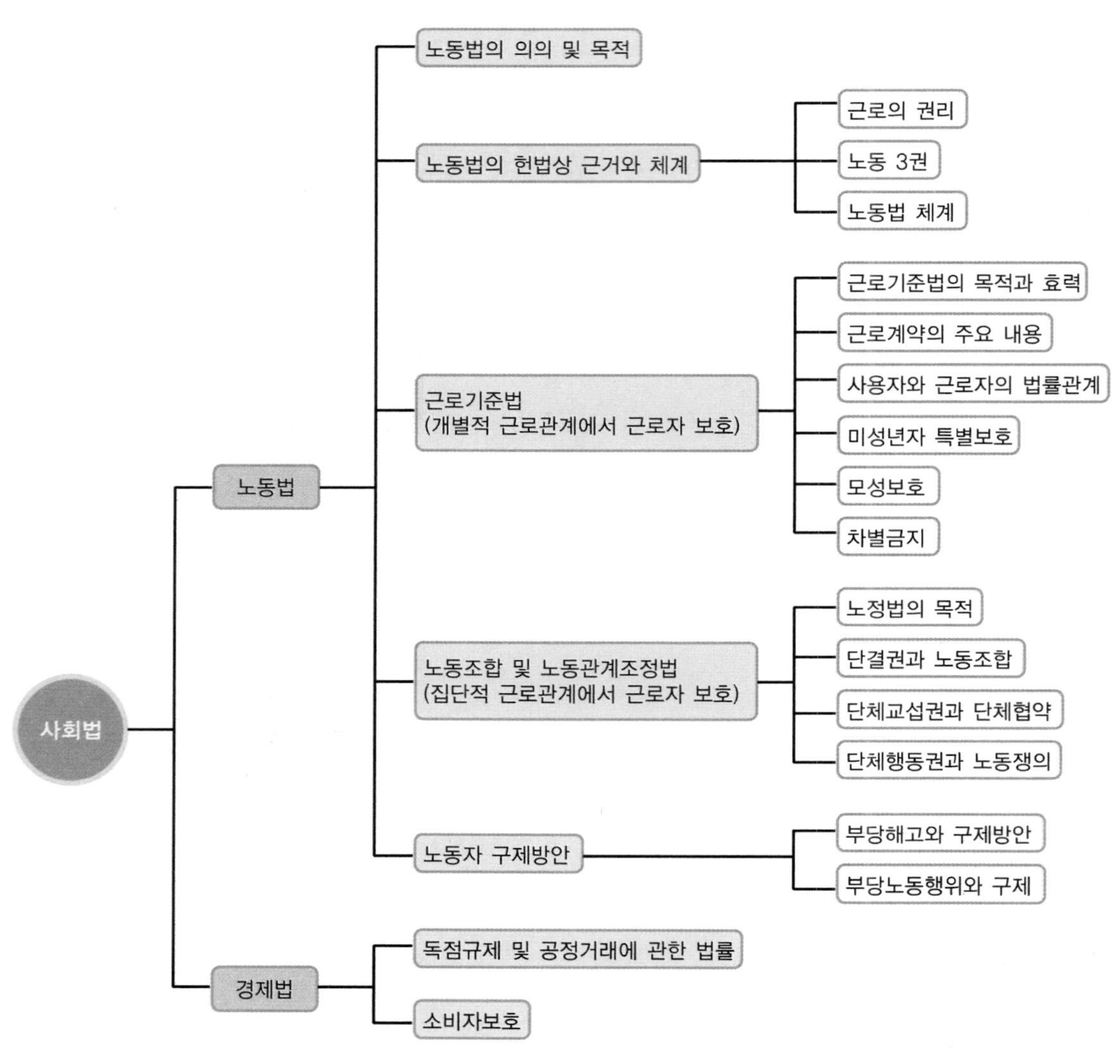

Chapter

01 사회법 개관

I 사회법 등장배경

01 자본주의의 문제점 발생

근대에 들어오면서 공적영역은 법치주의가, 사적영역은 사적자치의 원리에 따라 각 영역의 법 제도가 운영되었다. 사적자치를 원칙으로 한 자본주의 경제가 고도로 발달하면서 빈부 간의 격차가 커지고, 노동자와 사용자 간의 대립과 갈등이 첨예화되고, 독점자본의 횡포가 심화되는 등의 문제들이 발생하자 이를 시정하기 위한 것이었다.

02 사법(私法)적 해결의 한계

종전에는 이러한 문제들을 개인 간의 관계로만 보아 사법(私法)만으로 규율했다. 하지만 사회적 강자와 약자 사이에 나타나는 불균형을 사법(私法)으로만 해결할 수는 없었다.

03 국가 개입의 필요성과 사회법의 탄생

자본주의가 야기하는 문제들을 해결하기 위해 국가가 사적영역에 개입할 필요가 있었고, 국가의 사적영역에 대한 개입은 법에 의해 이루어져야 한다는 점에 따라 탄생한 것이 사회법이다.

II 사회법의 유형

사회법은 흔히 공법과 사법의 중간 영역을 규율하는 법이라고 한다. 즉 개인의 생활관계와 개인과 국가 간의 생활관계를 동시에 규율하는 법이다. 이런 사회법의 내용으로는 소비자와 기업 간의 법률관계에서 오는 불균형을 시정하기 위한 소비자법 등과 같은 경제법, 노동자와 기업 간의 법률관계에서 오는 불균형을 시정하기 위한 노동법, 사회적 약자를 보호하기 위하여 마련한 사회보장법 등이 있다. 이 장에서는 소비자를 보호하기 위한 경제법과 노동자를 보호하기 위한 노동법의 주요 내용을 중심으로 살펴볼 것이다.

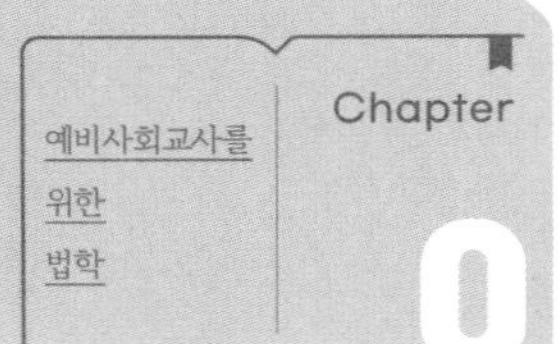

02 노동법

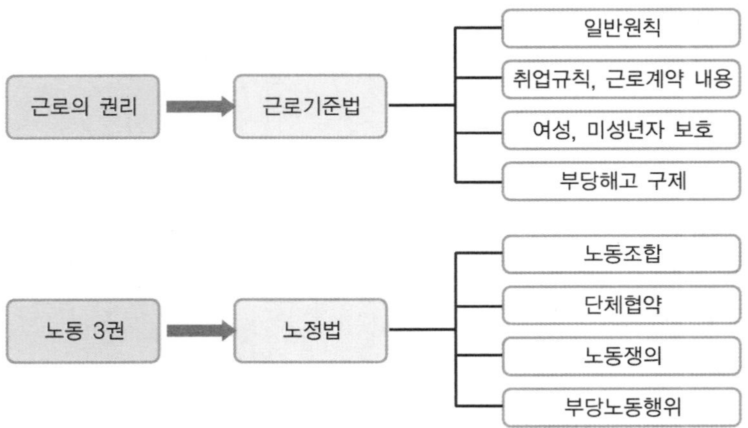

I 노동법의 의의 및 체계

01 노동법의 의의

1. 자본주의 체제 수호

노동법은 근대시민법의 원리인 계약, 소유권 절대, 과실책임 등을 부정하는 것이 아니라 수정·보완하는 것으로서 자본주의 체제를 수호하기 위한 것이다.

2. 근대민법원칙에 대한 수정

노동권을 소유권에 대립시킴으로써 소유권 절대원칙을 붕괴시켰고, 근로계약의 기준을 통제하고 강제함으로써 계약자유원칙이 제한되고, 재해보상에 대해서도 사용자의 무과실책임주의로 전환되었다.

02 노동법의 목적

노동법은 노동자로서 인간의 존엄성 확보와 인간다운 생활을 보장해주며, 노동력의 재생산을 가능하게 함으로써 노동인격의 완성을 실현하는 데 궁극적 목적이 있다.

03 노동법의 헌법상 근거와 체계

1. 근로의 권리

(1) 헌법 제32조 ⇨ 개별적 근로관계법

① 제1항: 근로의 권리, 국가의 고용증진 노력, 최저임금제
모든 국민은 근로의 권리를 가진다. 국가는 사회적·경제적 방법으로 근로자의 고용의 증진과 적정임금의 보장에 노력하여야 하며, 법률이 정하는 바에 의하여 최저임금제를 시행하여야 한다.

② 제2항: 근로의 의무, 근로조건은 법률로 정함
모든 국민은 근로의 의무를 진다. 국가는 근로의 의무의 내용과 조건을 민주주의원칙에 따라 법률로 정한다.

③ 제3항: 근로조건 기준
근로조건의 기준은 인간의 존엄성을 보장하도록 법률로 정한다.

④ 제4항: 여성에 대한 특별 보호 및 차별금지
여자의 근로는 특별한 보호를 받으며, 고용·임금 및 근로조건에 있어서 부당한 차별을 받지 아니한다.

⑤ 제5항: 연소자 근로에 대한 특별 보호
연소자의 근로는 특별한 보호를 받는다.

⑥ 제6항: 국가유공자 특별 보호
국가유공자·상이군경 및 전몰군경의 유가족은 법률이 정하는 바에 의하여 우선적으로 근로의 기회를 부여받는다.

(2) **헌법 제32조의 의의**: 개별적 근로관계법 제정 및 개정에 영향을 미침

개별적 근로관계법은 헌법 제32조의 근로의 권리를 실현하기 위해 제정된 법이다.

2. 노동 3권(헌법 제33조): 근로조건 향상 목적 ⇨ 집단적 노사관계법

(1) **단결권**: 자주적으로 단체를 조직할 수 있는 권리

① 의미
단결권이란 근로자가 근로조건의 향상을 위하여 자주적으로 단체를 조직할 수 있는 권리를 말한다.

단결권의 내용은 다음과 같다.
첫째, 개인적 단결권(가입과 탈퇴)과 집단적 단결권(단결체 구성과 집단유지)
둘째, 적극적 단결권(노동조합구성과 가입)과 소극적 단결권(가입하지 않을 자유)

② 단결 방식

현실적인 근로자의 단결강제조항으로는 ㉠ 클로즈드샵(기존 조합원만 노조 가입), ㉡ 유니온샵(고용 후 노조가입 강제), ㉢ 오픈샵(선택), ㉣ 황견계약(부당노동행위, 노조가입 및 활동을 하지 않을 것을 조건으로 고용) 등이 있다.

③ 단결방식의 위헌 여부 판단

이런 강제조항들이 위헌인지 여부는 단결권의 내용을 기준으로 판단할 수 있다.

(2) 단체교섭권

① 의미

단체교섭권이란 근로자들이 노동단체를 통해 근로조건의 향상을 위해 사용자와 자주적으로 교섭할 수 있는 권리를 말한다.

② 주요 내용

㉠ 주체: 단체교섭권의 주체는 단결체이다.

㉡ 내용: 근로조건(근로기간, 임금, 근로시간, 휴게 및 휴가, 해고)과 관련되는 것이다.

(3) 단체행동권

① 의미

단체행동권이란 근로자가 근로조건의 향상을 관철하기 위한 단체적 행동을 할 수 있는 권리를 말한다.

② 주체

단체행동권의 주체는 근로자 개인과 노동조합 등의 단결체이다.

③ 단체행동권의 유형

단체행동권의 유형으로는 파업(작업거부), 태업(작업불성실), 생산관리(작업장 지배), 보이콧(판매나 계약 방해), 준법투쟁(정상운영) 등이다. 이런 단체행동에 대해 사업주의 대항행위로 직장폐쇄가 있다.

④ 단체행동의 적법성 판단 기준: 근로조건 향상 목적, 평화적 방법 ⇨ 위법성 조각

이런 단체행동은 근로조건 향상 목적을 위해 이루어져야 하며 평화적 방법으로 해야 한다. 또한 절차를 거쳐야 한다. 이런 조건들이 충족될 때 정당한 노동쟁의행위로 위법성이 조각될 수 있다.

(4) 노동 3권의 제한: 헌법 제33조 제2항

① 공무원 노동 3권 제한

공무원인 근로자는 법률이 정하는 자에 한하여 단결권·단체교섭권 및 단체행동권을 가진다.

② 주요방위산업체에 종사하는 단체행동권 제한

법률이 정하는 주요방위산업체에 종사하는 근로자의 단체행동권은 법률이 정하는 바에 의하여 이를 제한하거나 인정하지 아니할 수 있다.

3. 노동법체계

구분		관련법률	특징
개별적 근로관계법 (노동자와 사용자 사이에 국가 개입)	고용보장에 관한 법률	직업안정법	• 헌법 제32조 구체화 • 노동자와 사용자 • 국가의 직접 개입 • 최저기준보호 • 계약자유원칙 수정 • 강행규정
	근로조건 보호 등에 관한 법률	근로기준법, 남녀고용평등과 일·가정 양립 지원에 관한 법률, 최저임금법	
	사회보장에 관한 법률	고용보험법, 산업재해보상보험법, 국민연금법	
집단적 노사관계법 (노동조합과 사용자)		노동조합 및 노동관계조정법, 노동위원회법, 교원노조법	• 헌법 제33조 구체화 • 자주적 해결원칙
협력적 노사관계법		근로자참여 및 협력증진에 관한 법률	산업평화

4. 노동법의 법원

(1) 노동법의 법원의 유형

① 헌법

② 국회가 제정한 법률 및 준법률
근로기준법, 노동조합 및 관계 조정법, 국내법적 효력을 지닌 국제법

③ 법령 예 근로기준법 시행령

④ 단체협약: 주관적이면서 객관적 규범
단체협약은 노동조합과 사용자가 임금, 근로시간 기타의 사항에 대하여 단체교섭 과정을 거쳐 합의한 사항을 말하는 것으로, 근로조건 등에 대하여 노사 간에 합의한 사항이지만 그것에 규범적 효력이 인정되어 노사관계에 미치는 영향이 크다. 「노동조합 및 노동관계조정법」 제33조 '기준의 효력'에 따르면 "① 단체협약에 정한 근로조건 기타 근로자의 대우에 관한 기준에 위반하는 취업규칙 또는 근로계약의 부분은 무효로 한다. ② 근로계약에 규정되지 아니한 사항 또는 제1항의 규정에 의하여 무효로 된 부분은 단체협약에 정한 기준에 의한다"라고 규정하고 있다.

⑤ 취업규칙
취업규칙이란 근로계약관계에 적용되는 근로조건이나 복무규율 등에 대하여 사용자가 일방적으로 작성하여 자신의 근로자들에게 공통적으로 적용하는 규칙을 말한다. 사용자는 취업규칙을 작성하여 고용노동부장관에게 신고할 의무가 있다. 취업규칙의 작성변경에 관한 권한은 원칙적으로 사용자에게 있으므로 단체협약 또는 노사협의회에서 다른 정함이 없는 한 사용자 단독으로 작성하고 변경할 수 있다. 다만, 근로기준법은 취업규칙이 근로자의 근로조건에 직접 영향이 미치는 규범이기 때문에 그 작성 또는 변경에 근로자단체의 의견청취 또는 그 동의를 요구하고 있다. 판례는 "근로자 측의 의견청취 등 절차를 취하지 아니하였다 하여 효력이 없다고 할 수는 없다(대법원 1989.5.9. 선고 88다카4277 판결)"라고 하였다.

(2) 법원 적용의 문제

① 법 적용 일반원칙과의 차이
노동법의 적용과 관련해서는 상위법 우선의 원칙, 신법 우선의 원칙, 특별법 우선의 원칙, 유리한 조건 우선의 원칙 등 법 일반의 적용 원칙과는 다른 특징을 가지고 있다.
예컨대 신법 우선의 원칙은 노동자에게 불리함에도 불구하고 관철시킬 수 있는 원칙이다. 따라서 유리한 조건 우선의 원칙이 있어도 신법 우선의 원칙에 우선할 수 없다. 나머지는 법 일반 원칙과 유사하다. 여기서는 가장 중요한 상위법 우선의 원칙만 확인하고 넘어가도록 하겠다.

② 상위법 우선의 원칙
상위법 우선의 원칙에 따르면 '헌법 → 법률 → 시행령 → 단체협약 → 취업규칙 → 근로계약 → 임의규정'의 순서로 우위가 정해진다.

Ⅱ 개별적 근로관계에서 근로자 보호: 근로기준법 중심

01 생각 열기

근로기준법을 적용할 때 정부는 노사관계를 어떤 시각에서 바라보고 집행해야 할까?

02 근로기준법의 목적과 효력

1. 근로기준법의 목적

근로기준법은 근로계약에서 근로자를 보호하기 위해 마련한 것이다. 따라서 근로기준법의 목적은 헌법에 따라 근로조건의 기준을 정함으로써 근로자의 기본적 생활을 보장, 향상시키며 균형 있는 국민경제의 발전을 꾀하는 것이다.

2. 근로기준법의 효력: 강행규정

(1) 근로기준법의 근로기준은 강행적 규정

근로계약의 내용이 근로기준법 등에서 정한 근로 기준에 미치지 못할 경우 이는 자동적으로 무효가 되고, 그 부분은 근로기준법이 정하는 내용으로 대체된다.

(2) 근로기준법에서 정한 근로조건은 최저기준을 의미

근로조건은 최저 기준이므로 근로관계 당사자는 이 기준을 이유로 근로조건을 낮출 수 없다.

03 근로기준법의 주요 용어: 근로기준법 제2조

1. 근로자

'근로자'란 직업의 종류와 관계없이 임금을 목적으로 사업이나 사업장에 근로를 제공하는 자를 말한다.

2. 사용자

'사용자'란 사업주 또는 사업 경영 담당자, 그 밖에 근로자에 관한 사항에 대하여 사업주를 위하여 행위하는 자를 말한다.

3. 근로

'근로'란 정신노동과 육체노동을 말한다.

4. 근로계약

'근로계약'이란 근로자가 사용자에게 근로를 제공하고 사용자는 이에 대하여 임금을 지급하는 것을 목적으로 체결된 계약을 말한다.

5. 임금

'임금'이란 사용자가 근로의 대가로 근로자에게 임금, 봉급, 그 밖에 어떠한 명칭으로든지 지급하는 일체의 금품을 말한다.

6. 평균임금

'평균임금'이란 이를 산정하여야 할 사유가 발생한 날 이전 3개월 동안에 그 근로자에게 지급된 임금의 총액을 그 기간의 총 일수로 나눈 금액을 말한다. 근로자가 취업한 후 3개월 미만인 경우도 이에 준한다.

7. 1주

'1주'란 휴일을 포함한 7일을 말한다.

8. 소정근로시간

'소정(所定)근로시간'이란 제50조, 제69조 본문 또는 「산업안전보건법」 제139조 제1항에 따른 근로시간의 범위에서 근로자와 사용자 사이에 정한 근로시간을 말한다.

9. 단시간 근로자

'단시간 근로자'란 1주 동안의 소정근로시간이 그 사업장에서 같은 종류의 업무에 종사하는 통상 근로자의 1주 동안의 소정근로시간에 비하여 짧은 근로자를 말한다.

10. 통상임금과 평균임금

제1항 제6호에 따라 산출된 금액(평균임금)이 그 근로자의 통상임금보다 적으면 그 통상임금액을 평균임금으로 한다.

04 근로기준법의 일반원칙

1. 제3조(근로조건의 기준)

이 법에서 정하는 근로조건은 최저기준이므로 근로관계 당사자는 이 기준을 이유로 근로조건을 낮출 수 없다.

2. 제4조(근로조건의 결정)

근로조건은 근로자와 사용자가 동등한 지위에서 자유의사에 따라 결정하여야 한다.

3. 제5조(근로조건의 준수)

근로자와 사용자는 각자가 단체협약, 취업규칙과 근로계약을 지키고 성실하게 이행할 의무가 있다.

4. 제6조(균등한 처우)

사용자는 근로자에 대하여 남녀의 성(性)을 이유로 차별적 대우를 하지 못하고, 국적・신앙 또는 사회적 신분을 이유로 근로조건에 대한 차별적 처우를 하지 못한다.

5. 제7조(강제 근로의 금지)

사용자는 폭행, 협박, 감금, 그 밖에 정신상 또는 신체상의 자유를 부당하게 구속하는 수단으로써 근로자의 자유의사에 어긋나는 근로를 강요하지 못한다.

6. 제8조(폭행의 금지)

사용자는 사고의 발생이나 그 밖의 어떠한 이유로도 근로자에게 폭행을 하지 못한다.

7. 제9조(중간착취의 배제)

누구든지 법률에 따르지 아니하고는 영리로 다른 사람의 취업에 개입하거나 중간인으로서 이익을 취득하지 못한다.

8. 제10조(공민권 행사의 보장)

사용자는 근로자가 근로시간 중에 선거권, 그 밖의 공민권(公民權) 행사 또는 공(公)의 직무를 집행하기 위하여 필요한 시간을 청구하면 거부하지 못한다. 다만, 그 권리 행사나 공(公)의 직무를 수행하는 데에 지장이 없으면 청구한 시간을 변경할 수 있다.

05 근로계약의 주요 내용: 근로조건 ⇨ 근로계약기간, 근로시간, 임금, 해고 등

1. 근로계약서(표준근로계약서)

__________(이하 '사업주'라 함)과(와) ________(이하 '근로자'라 함)는(은) 다음과 같이 근로계약을 체결한다.

1. **근로계약기간**: 년 월 일부터 년 월 일까지
   ※ 근로계약기간을 정하지 않는 경우에는 '근로개시일'만 기재
2. **근무장소**:
3. **업무의 내용**:
4. **소정근로시간**: ____시 ____분부터 ____시 ____분까지
   (휴게시간: ____시 ____분 ~ ____시 ____분)
5. **근무일/휴일**: 매주 ____일(또는 매일 단위) 근무, 주휴일 매주 ____요일
6. **임금**:
   - 월(일, 시간)급: __________________________원
   - 상여금: 있음 (원), 없음 ( )
   - 기타급여(제수당 등): 있음 ( ), 없음 ( )
     - _____________원, _____________원
     - _____________원, _____________원
   - 임금지급일: 매월(매주 또는 매일) ____일(휴일의 경우는 전일 지급)
   - 지급방법: 근로자에게 직접 지급( ), 근로자 명의 예금통장에 입금( )
7. **연차유급휴가**
   - 연차유급휴가는 근로기준법에서 정하는 바에 따라 부여함.
8. **근로계약서 교부**
   - 사업주는 근로계약을 체결함과 동시에 본 계약서를 사본하여 근로자의 교부요구와 관계없이 근로자에게 교부함(근로기준법 제17조 이행)
9. **기타**
   - 이 계약에 정함이 없는 사항은 근로기준법령에 의함.

년 월 일

(사업주) 사업체명: (전화:)
주 소:
대표자: (서명)

(근로자) 주 소:
연락처:
성 명: (서명)

2. 근로계약의 원칙

(1) 근로조건은 근로자와 사용자가 동등한 지위에서 자유의사에 따라 결정해야 한다.

(2) **중간이익착취 금지**

누구든지 법률에 따르지 아니하고는 영리로 다른 사람의 취업에 개입하거나 중간인으로서 이익을 취득하지 못한다.

3. 근로계약기간

(1) **근로기준법상 근로계약기간은 기간의 정함이 없는 것**

사용자는 정당한 이유가 있는 때에만 근로계약을 해지할 수 있음.

(2) **사업완료에 필요한 기간 내**

(3) **원칙적으로 1년을 초과하지 못하도록 정함**

1년이 지난 후에도 근로자는 자유롭게 계약 해지를 할 수 있지만, 사용자는 마음대로 해고할 수 없음

(4) **근로계약의 갱신**: 명시적 갱신, 묵시적 갱신

4. 근로시간: 40(1주) + 8(1일)

근로시간은 1주 40시간, 1일 8시간을 원칙으로 하지만 사업장의 사정을 고려하여 현재 근로시간을 탄력적으로 운영하도록 하기도 하고 선택할 수 있도록 하기도 한다.

5. 임금

임금은 매월 1회 이상 일정한 날짜에 통화로 직접 근로자에게 전액을 지급해야 한다. 다만 법령 또는 단체협약에 특별한 규정이 있는 경우에는 임금 일부를 공제하거나 통화 이외의 것으로 지급할 수 있다.

6. 해고

(1) **해고유형**(해고사유)

해고는 근로자의 일신상 사유에 의한 "통상해고", 근로자의 행태상 사유에 의한 "징계해고", 사용자의 경영상 이유에 인한 "경영상 이유에 의한 해고(정리해고)"가 있다.

(2) 해고예고 및 금품청산

① 해고 예고
해고를 할 때는 적어도 30일 전에 예고를 해서 노동자에게 준비할 시간을 줘야 한다. 만약 그렇지 않을 경우에는 30일 동안의 통상임금을 지급해야 한다.

② 해고 시 금품 청산
해고를 했을 때 사용자는 14일 이내에 임금, 보상금 그 밖에 일체의 금품 지급을 청산해야 한다.

(3) 부당해고 의미

사용자가 근로자를 정당한 이유 없이 해고하는 경우

(4) 부당해고 금지

일자리를 잃는 것은 근로자 개인뿐만 아니라 그 가족들에게 많은 고통을 줄 수 있다. 따라서 해고에 있어서 정당한 이유 없이 이루어지는 부당해고를 하지 못하도록 규정하고 있다.

(5) 부당해고 구제신청 대상 사건

① 해고가 정당한 사유 없이 이루어진 경우

② 경영상 이유에 의한 해고 제한 요건을 갖추지 않은 경우

③ 해고할 만한 사유가 아님에도 징계 양정을 과도하게 하여 해고한 경우

④ 법령 또는 단체협약·취업규칙에서 정한 해고절차를 위반하여 해고한 경우

⑤ 해고할 수 없는 시기에 해고를 한 경우

⑥ 「근로기준법」, 「남녀고용평등과 일·가정 양립 지원에 관한 법률」, 「노동조합 및 노동관계조정법」 등에서 정하고 있는 특정한 해고 금지 사유를 위반하여 해고한 경우

(6) 부당해고 구제절차

① 노동위원회 구제신청 및 행정소송 제기에 의한 부당해고 구제절차
구제신청 → 조사 → 심문 → 판정 → (재심) → (행정소송) → 확정 → 종료의 순서에 따라 진행된다.

② 법원에 해고무효확인의 소를 제기
부당해고를 당한 근로자는 노동위원회에 부당해고 구제신청 및 행정소송을 제기하는 것과 별개로 법원에 해고무효확인의 소를 제기할 수 있다.

7. 휴게 및 휴가

(1) 휴게시간

휴식시간의 경우 4시간인 경우 30분 이상, 8시간 이상인 경우 1시간 이상을 근로시간 도중에 주어야 한다.

(2) 유급휴일

1주일에 평균 1회 이상의 유급휴일을 주어야 한다.

(3) 연차유급휴가

1년간 80퍼센트 이상 출근한 근로자에게 15일의 연차유급휴가를 주어야 한다.

8. 근로계약 규율 규정(근로기준법)

(1) 제15조(이 법을 위반한 근로계약)

① 이 법에서 정하는 기준에 미치지 못하는 근로조건을 정한 근로계약은 그 부분에 한하여 무효로 한다.

② 제1항에 따라 무효로 된 부분은 이 법에서 정한 기준에 따른다.

(2) 제16조(계약기간)

근로계약은 기간을 정하지 아니한 것과 일정한 사업의 완료에 필요한 기간을 정한 것 외에는 그 기간은 1년을 초과하지 못한다[법률 제8372호(2007.4.11.) 부칙 제3조의 규정에 의하여 이 조는 2007년 6월 30일까지 유효함].

(3) 제17조(근로조건의 명시) : 근로계약서 참조

(4) 제18조(단시간근로자의 근로조건)

① 단시간근로자의 근로조건은 그 사업장의 같은 종류의 업무에 종사하는 통상 근로자의 근로시간을 기준으로 산정한 비율에 따라 결정되어야 한다.

② 제1항에 따라 근로조건을 결정할 때에 기준이 되는 사항이나 그 밖에 필요한 사항은 대통령령으로 정한다.

③ 4주 동안(4주 미만으로 근로하는 경우에는 그 기간)을 평균하여 1주 동안의 소정근로시간이 15시간 미만인 근로자에 대하여는 제55조와 제60조를 적용하지 아니한다. <개정 2008.3.21.>

(5) 제19조(근로조건의 위반)

① 제17조에 따라 명시된 근로조건이 사실과 다를 경우에 근로자는 근로조건 위반을 이유로 손해의 배상을 청구할 수 있으며 즉시 근로계약을 해제할 수 있다.

② 제1항에 따라 근로자가 손해배상을 청구할 경우에는 노동위원회에 신청할 수 있으며, 근로계약이 해제되었을 경우에는 사용자는 취업을 목적으로 거주를 변경하는 근로자에게 귀향 여비를 지급하여야 한다.

⑹ **第20條**(위약 예정의 금지)

사용자는 근로계약 불이행에 대한 위약금 또는 손해배상액을 예정하는 계약을 체결하지 못한다.

⑺ **第21條**(전차금 상계의 금지)

사용자는 전차금(前借金)이나 그 밖에 근로할 것을 조건으로 하는 전대(前貸)채권과 임금을 상계하지 못한다.

⑻ **第22條**(강제 저금의 금지)

⑼ **第23條**(해고 등의 제한)

① 사용자는 근로자에게 정당한 이유 없이 해고, 휴직, 정직, 전직, 감봉, 그 밖의 징벌(懲罰)(이하 '부당해고등'이라 한다)을 하지 못한다.

② 사용자는 근로자가 업무상 부상 또는 질병의 요양을 위하여 휴업한 기간과 그 후 30일 동안 또는 산전(産前)·산후(産後)의 여성이 이 법에 따라 휴업한 기간과 그 후 30일 동안은 해고하지 못한다. 다만, 사용자가 제84조에 따라 일시보상을 하였을 경우 또는 사업을 계속할 수 없게 된 경우에는 그러하지 아니하다.

⑽ **第24條**(경영상 이유에 의한 해고의 제한)

① 사용자가 경영상 이유에 의하여 근로자를 해고하려면 긴박한 경영상의 필요가 있어야 한다. 이 경우 경영 악화를 방지하기 위한 사업의 양도·인수·합병은 긴박한 경영상의 필요가 있는 것으로 본다.

② 제1항의 경우에 사용자는 해고를 피하기 위한 노력을 다하여야 하며, 합리적이고 공정한 해고의 기준을 정하고 이에 따라 그 대상자를 선정하여야 한다. 이 경우 남녀의 성을 이유로 차별하여서는 아니 된다.

③ 사용자는 제2항에 따른 해고를 피하기 위한 방법과 해고의 기준 등에 관하여 그 사업 또는 사업장에 근로자의 과반수로 조직된 노동조합이 있는 경우에는 그 노동조합(근로자의 과반수로 조직된 노동조합이 없는 경우에는 근로자의 과반수를 대표하는 자를 말한다. 이하 '근로자대표'라 한다)에 해고를 하려는 날의 50일 전까지 통보하고 성실하게 협의하여야 한다.

④ 사용자는 제1항에 따라 대통령령으로 정하는 일정한 규모 이상의 인원을 해고하려면 대통령령으로 정하는 바에 따라 고용노동부장관에게 신고하여야 한다. <개정 2010.6.4.>

⑤ 사용자가 제1항부터 제3항까지의 규정에 따른 요건을 갖추어 근로자를 해고한 경우에는 제23조 제1항에 따른 정당한 이유가 있는 해고를 한 것으로 본다.

(11) **제25조**(우선 재고용 등)

① 제24조에 따라 근로자를 해고한 사용자는 근로자를 해고한 날부터 3년 이내에 해고된 근로자가 해고 당시 담당하였던 업무와 같은 업무를 할 근로자를 채용하려고 할 경우 제24조에 따라 해고된 근로자가 원하면 그 근로자를 우선적으로 고용하여야 한다.

② 정부는 제24조에 따라 해고된 근로자에 대하여 생계안정, 재취업, 직업훈련 등 필요한 조치를 우선적으로 취하여야 한다.

(12) **제26조**(해고의 예고)

사용자는 근로자를 해고(경영상 이유에 의한 해고를 포함한다)하려면 적어도 30일 전에 예고를 하여야 하고, 30일 전에 예고를 하지 아니하였을 때에는 30일분 이상의 통상임금을 지급하여야 한다. 다만, 천재·사변, 그 밖의 부득이한 사유로 사업을 계속하는 것이 불가능한 경우 또는 근로자가 고의로 사업에 막대한 지장을 초래하거나 재산상 손해를 끼친 경우로서 고용노동부령으로 정하는 사유에 해당하는 경우에는 그러하지 아니하다. <개정 2010.6.4.>

(13) **제27조**(해고사유 등의 서면통지)

① 사용자는 근로자를 해고하려면 해고사유와 해고시기를 서면으로 통지하여야 한다.

② 근로자에 대한 해고는 제1항에 따라 서면으로 통지하여야 효력이 있다.

(14) **제28조**(부당해고 등의 구제신청)

① 사용자가 근로자에게 부당해고 등을 하면 근로자는 노동위원회에 구제를 신청할 수 있다.

② 제1항에 따른 구제신청은 부당해고 등이 있었던 날부터 3개월 이내에 하여야 한다.

(15) **제29조**(조사 등)

① 노동위원회는 제28조에 따른 구제신청을 받으면 지체 없이 필요한 조사를 하여야 하며 관계 당사자를 심문하여야 한다.

(16) **제30조**(구제명령 등)

① 노동위원회는 제29조에 따른 심문을 끝내고 부당해고 등이 성립한다고 판정하면 사용자에게 구제명령을 하여야 하며, 부당해고 등이 성립하지 아니한다고 판정하면 구제신청을 기각하는 결정을 하여야 한다.

② 제1항에 따른 판정, 구제명령 및 기각결정은 사용자와 근로자에게 각각 서면으로 통지하여야 한다.

⒄ **제31조**(구제명령 등의 확정)

① 「노동위원회법」에 따른 지방노동위원회의 구제명령이나 기각결정에 불복하는 사용자나 근로자는 구제명령서나 기각결정서를 통지받은 날부터 10일 이내에 중앙노동위원회에 재심을 신청할 수 있다.

② 제1항에 따른 중앙노동위원회의 재심판정에 대하여 사용자나 근로자는 재심판정서를 송달받은 날부터 15일 이내에 「행정소송법」의 규정에 따라 소(訴)를 제기할 수 있다.

⒅ **제32조**(구제명령 등의 효력)

노동위원회의 구제명령, 기각결정 또는 재심판정은 제31조에 따른 중앙노동위원회에 대한 재심 신청이나 행정소송 제기에 의하여 그 효력이 정지되지 아니한다.

⒆ **제33조**(이행강제금)

① 노동위원회는 구제명령(구제명령을 내용으로 하는 재심판정을 포함한다. 이하 이 조에서 같다)을 받은 후 이행기한까지 구제명령을 이행하지 아니한 사용자에게 3천만 원 이하의 이행강제금을 부과한다. <개정 2021.5.18.>

06 사용자와 근로자의 법률관계

1. 성실 이행의무

근로자와 사용자는 각자가 단체협약, 취업규칙과 근로계약을 지키고 성실하게 이행할 의무가 있다.

2. 근로계약관계에서 손해배상 및 계약해제

이런 주요 조건 이외에도 근로조건을 명확하게 해야 한다. 근로계약을 체결한 사용자는 근로계약 불이행에 대해서 손해배상액을 예정해 둘 수 없고, 빌려 준 돈과 임금을 상쇄할 수 없으며, 임금 중 일부를 강제로 저축하게 할 수 없다. 만약 사용자가 근로계약을 위반할 경우에 근로자는 근로계약을 해제할 수 있고, 손해가 발생한 경우에는 노동위원회에 조정을 신청하여 손해배상을 청구할 수 있다.

07 미성년자에 대한 특별 보호

1. 근로계약과 임금청구

미성년자의 경우 근로계약을 체결하기 위해서는 부모의 동의를 얻어 단독으로 근로계약을 체결할 수 있다. 부모가 대리로 근로계약을 체결할 수는 없지만 미성년자를 보호하기 위해 대신해서 근로계약을 해지할 수는 있다. 미성년자는 단독으로 임금을 청구할 수 있으며, 사용자는 미성년자에게 직접 임금을 지불해야 한다. 따라서 부모가 임금을 대리 수령할 수 없다.

2. 근로시간: 1일 7시간, 1주 40시간

성인 근로시간은 1주 40시간, 1일 8시간을 원칙으로 하지만 15세 이상 18세 미만자의 근로시간은 1일 7시간, 1주 40시간을 넘길 수 없다. 또 18세 미만의 미성년자는 오후 10시부터 오전 6시까지는 근로를 할 수 없고, 휴일에도 근로를 해서는 안 된다.

3. 유해직종 고용 금지

사용자는 18세 미만의 미성년자를 도덕상 또는 보건상 위험한 직종에 고용할 수 없다.

4. 증명서와 취직인허증 비치

또한 사업주는 18세 미만 근로자를 고용할 경우 사업장에 미성년자의 연령을 증명하는 증명서와 그의 친권자 또는 후견인의 동의서를 비치해야 한다. 만약 15세 미만을 고용할 경우에는 사업장에 노동부장관이 발급한 취직인허증을 비치해야 한다.

08 모성 보호

1. 생리휴가

모성을 보호하기 위해서 여성근로자가 청구하는 경우 월 1일의 생리휴가를 주어야 한다.

2. 임산부 야간 휴일 근로 금지, 업무 전환

임산부를 보호하기 위해 야간·휴일 근로를 원칙적으로 금지하고, 특정시기에 장시간 근로를 금지하고, 쉬운 근무로의 전환을 사업주에게 요청할 수 있도록 하고, 시간 외 근로를 금지한다.

3. 유급수유시간

생후 1년 미만의 영아를 둔 여성 근로자는 휴게시간과 별도로 1일 2회 각각 30분 이상의 유급 수유 시간을 청구할 수 있고, 임산부는 보건상·도덕상 해롭거나 위험한 사업에 투입되지 않는다.

4. 산전후 휴가 및 급여 보장

산전후 휴가 및 급여를 보장한다. 사업주는 임산부에게 산후 휴가 기간을 반드시 45일 이상 확보하여 산전부터 산후 기간 90일의 휴가를 주어야 한다. 이 휴가기간은 강행규정으로 사업주가 기간을 변경할 수 없고, 임산부도 산전후휴가를 포기할 수 없다.

5. 육아휴직

1년 이상 계속 근무한 근로자가 생후 1년 미만의 영아 양육을 위해 신청할 수 있는 것이 육아휴직이다.

6. 차별금지

① 근로계약에서 남녀차별 금지

② 「남녀고용평등과 일·가정 양립 지원에 관한 법률」은 고용에 있어 양성 평등을 보장하는 한편, 여성이 직장과 가정생활을 조화롭게 해 나갈 수 있도록 지원하려는 목적으로 마련되었다.

③ 근로기준법에서 차별 금지 규정

④ 주요 내용: 차별 대우 금지 사항
사용자는 남녀 근로자에게 차별적 대우를 해서는 안 되며, 국적이나 신앙, 사회적 신분 등을 이유로 차별적 처우를 해서는 안 된다고 명시하고 있다. 따라서 사업주는 모집과 채용과정에서 용모, 키, 체중 등의 신체적 조건, 미혼과 기혼 등을 제시하거나 요구할 수 없다. 또한 임금과 복리 후생에서 남녀를 차별해서는 안 되며, 교육·배치 및 승진, 정년·퇴직 및 해고에서 남녀를 차별할 수 없다.

III 집단적 근로관계에서 근로자 보호:「노동조합 및 노동관계조정법」 중심

01 생각 열기

「노동조합 및 노동관계조정법」(노정법)을 적용할 때 국가는 어떤 관점을 가지고 노사문제를 해결하기 위해 노력해야 할까?

02 노정법의 목적

「노동조합 및 노동관계조정법」은 헌법이 보장하고 있는 노동 3권인 근로자의 자주적인 단결권, 단체교섭권 및 단체행동권 보장을 통해 근로자의 근로조건을 유지 및 개선하고, 근로자의 경제적·사회적 지위의 향상을 도모하고, 노동관계를 공정하게 조정하여 노동쟁의를 예방하고 해결함으로써 산업평화의 유지와 국민경제의 발전에 기여함을 목적으로 한다.

03 단결권과 노동조합

1. 단결권의 의미

노동 3권 중 하나인 단결권은 근로자가 스스로가 주체가 되어 자주적으로 단결하여 근로조건을 유지 및 개선하고, 근로자의 경제적·사회적 지위의 향상을 도모하기 위하여 사용자와 대등한 교섭권을 가지기 위한 단체를 구성하는 권리이다.

2. 노동조합

이러한 단결권을 행사하여 조직된 단체 또는 그 연합단체가 바로 노동조합이다. 「노동조합 및 노동관계조정법」에 따르면 근로자는 자유롭게 스스로 노동조합을 조직하거나 기존의 노동조합에 자유롭게 가입할 수 있다. 그리고 이러한 노동조합은 특별히 허가를 요하거나 하는 것이 아니라 신고에 의해 설립된다.

04 단체교섭권과 단체협약

1. 단체교섭권의 의미

단체교섭권은 근로자가 단결권에 기초하여 자주적으로 결성한 단체인 노동조합이 그 조직력을 바탕으로 사용자나 사용자단체와 대등한 지위에서 자주적으로 교섭하는 권리이다.

2. 단체교섭 당사자

이러한 노동조합의 단체교섭권을 현실적으로 행사하는 담당자는 노동조합의 대표자 또는 노동조합으로부터 단체교섭의 위임을 받은 사람이다. 단체교섭권은 노동조합만의 권리이다. 즉, 사용자 측에는 단체교섭권이 없고 근로자 측의 단체교섭 요구에 성실히 응할 의무가 있을 뿐이다.

3. 단체교섭의 주요 내용 : 근로조건

노동조합이 단체교섭권에 기해 단체교섭을 할 수 있는 사항은 일반적으로는 근로자 및 노동조합의 근로조건·생활조건·활동조건 등 근로자의 근로조건 향상 기타 경제적·사회적 지위 향상과 직접 또는 간접으로 관련된 모든 사항이다. 단, 이는 사용자의 처분·관리 권한 내에 있는 사항이어야 한다. 근로자 측이 단체교섭이라는 명목으로 사용자의 권한 밖에 있는 사항으로 사용자가 처리할 수 없는 사항을 요구할 수는 없는 것이다.

4. 단체교섭에 임하는 태도

근로자와 사용자 양측은 성실하게 교섭에 임하여야 하며 정당한 이유 없이 교섭을 거부하거나 해서는 안 된다. 이러한 양측의 성실한 단체교섭으로 합의가 도출되면 이 합의된 사항들을 단체협약으로 체결하게 된다. 이렇게 체결된 단체협약은 노동조합과 사용자 또는 사용자 단체(이하 '노동관계 당사자'라 한다)의 자치적인 노동법규로서의 성격을 가지게 된다.

05 단체행동권과 노동쟁의

1. 단체행동권

마지막으로 단체행동권은 노동쟁의가 발생한 경우에 쟁의행위 등을 할 수 있는 권리이다.

2. 노동쟁의: 노사 간의 분쟁상태

노동쟁의란 노동관계 당사자 간에 임금·근로시간·복지·해고 기타 대우 등의 근로조건을 결정함에 있어 상호 간의 주장의 불일치로 인하여 발생한 분쟁상태를 말한다. 여기서 말하는 주장의 불일치란 노동관계 당사자 간에 합의를 위한 노력을 계속한다고 하더라도 더 이상 자주적 교섭에 의해서는 합의의 여지가 없다고 판단되는 경우이다.

3. 쟁의행위

(1) 쟁의행위의 의미

근로조건의 결정을 둘러싼 단체교섭이 결렬된 노동쟁의 상태에서 그 주장을 관철하기 위한 목적으로 행하는 파업 등과 업무 저해행위를 말한다.

(2) 정당한 쟁의행위의 보호

통상 업무저해 행위는 민·형사 책임 등을 지는 것이 원칙이다. 하지만 헌법상 노동 3권을 보장하고, 상대적으로 약자인 노동자들의 교섭력을 보전하여 노사 자치주의를 실현할 수 있도록 노정법상 요건을 갖춘 정당한 쟁의행위는 보호하고 있다.

(3) 정당한 쟁의행위에 대한 법적 보호와 책임

① 민·형사, 징계책임을 부담하지 않는다.

② 쟁의행위를 이유로 불이익처분을 받은 경우 부당징계 관련 구제절차 및 노조법상 부당노동행위 구제절차를 통하여 보호받을 수 있다.

(4) 정당한 쟁의행위가 되기 위한 요건

① 누가 할 수 있는가?(주체)
노동조합의 조합원, 노동조합이 주도한 경우

② 어떤 목적을 위해 해야 하는가?(목적)
근로조건 유지·향상을 위한 목적

③ 어떤 절차를 거쳐야만 하는가?(절차)
분쟁해결절차, 쟁의행위찬반투표, 노동위원회 등의 조정절차

④ 어떤 방식으로 해야 하는가?(방법)
사용자의 재산권, 영업활동의 자유와 조화를 이루는 범위에서 이루어져야 하고, 폭력·파괴 등 반사회적 행위를 수반하는 쟁의행위는 할 수 없다.

4. 노동쟁의조정제도

이런 점을 감안하여 우리 노정법에서는 노사 양측의 주장이 불일치할 경우에 노사 당사자가 이를 자주적으로 조정할 수 있도록 함으로써 쟁의행위를 예방하고 신속 공정하게 해결할 수 있는 제도를 노동쟁의 조정제도를 두고 있다. 노동쟁의 조정제도에는 조정, 중재, 긴급조정이 있다.

(1) 노동쟁의

노동쟁의란 임금·근로시간·복지·해고 기타 대우 등 근로조건의 결정에 관한 주장의 불일치로 인하여 발생한 분쟁상태를 말한다.

(2) 조정

① 의미
조정이란 중립적이고 공정한 제3자가 조정위원이 되어 노사 당사자 간의 타협이 이루어지도록 설득하고, 필요시 조정안을 제시하여 조속한 타결이 이루어지도록 지원하는 것을 말한다.

② 조정절차
노사관계 당사자는 노동쟁의가 발생한 때 어느 일방이 노동위원회에 조정 신청 → 노동위원회는 지체 없이 조정 개시 → 노동위원회 조정안을 노사가 수용할 시 조정 성립 및 노동쟁의 종결되지만 조정 불성립 시에는 정당한 파업을 할 수 있다.

(3) 중재

① 의미
중재는 조정과 달리 관계 당사자를 구속하는 법률상 효력이 있는 처분으로 노동쟁의가 발생한 경우 노사 쌍방이 함께 중재 신청 또는 일방이 단체협약에 의하여 중재를 신청한 때 개시된다.

② 특징
노동쟁의가 중재에 회부되면 15일간 쟁의행위 금지(공무원노조는 파업제한)되며, 노동위원회가 내린 중재재정은 단체협약과 동일한 효력을 가지므로 당사자는 이에 따라야 한다.

(4) 긴급조정

① 의의
긴급조정은 쟁의행위가 공익사업에 관한 것이거나 그 규모가 크거나 성질이 특별한 것으로 국민경제를 현저히 해할 우려가 있거나 국민의 일상생활을 위태롭게 할 위험이 현존하여 통상의 조정제도만으로 그 해결이 부적절한 경우 행하여진다.

② 대상 사업
노동조합 및 노동관계조정법(제71조 제1항)에 공중의 일상생활과 밀접한 관련이 있거나 국민경제에 미치는 영향이 큰 사업으로 '정기노선 여객운수사업 및 항공운수사업, 수도사업, 전기사업, 가스사업, 석유정제사업 및 석유공급사업, 공중위생사업, 의료사업 및 혈액공급사업, 은행 및 조폐사업, 방송 및 통신사업 등'을 명시하고 있다.

③ 절차
고용노동부 장관이 긴급조정 결정을 공표하면서 중앙노동위원회와 관계당사자에게 통고하면 노동관계 당사자는 즉시 쟁의행위를 중지(공표일로부터 30일이 경과하지 아니하면 쟁의행위 재개 불가)하고, 긴급조정에 의한 조정안 수락 및 중재 시 단체협약과 동일한 효력이 발생한다.

(5) 사적 조정 · 중재

① 의미
사적 조정 · 중재는 노사가 당사자의 합의에 의하거나 또는 단체협약에 근거하여 노동위원회가 아닌 사람이나 단체로부터도 조정 또는 중재를 받는 경우를 말한다.

② 효력
사적 조정 시에도 공적 조정의 조정전치 기간, 중재 시 쟁의행위 금지 규정이 적용되며, 사적 조정이 이루어진 경우 공적 조정과 같이 단체협약과 동일한 효력이 발생한다.

③ 공적 조정이나 중재 신청 가능
노사 당사자는 사적 조정 또는 중재가 진행되는 도중이라도 당사자 간의 합의로 노동위원회에 조정 또는 중재 신청 가능하다.

Ⅳ 노동자 구제 방안

01 생각 열기

1. 부당해고와 부당노동행위는 어떻게 다를까?

2. 황견계약

황견계약은 사용자가 특정 노동자에게 더 나은 대우를 약속하는 대신, 노동조합에 가입하지 않고 쟁의에도 참가하지 않거나, 특정 조합의 조합원이 되는 것을 조건으로 약정하여 개별적으로 맺는 것이다. 1880년대에 이러한 계약이 처음으로 사용될 때는 장갑계약(ironclad contract)이라고 했으나, 나중에 근로자들이 자기의 권리를 포기하고 사용자에게 굴복하여 비겁하게 구는 태도를 황색의 개에 비유하여 황견계약이라고 부르게 되었다.

02 부당해고와 구제 방안

1. 부당해고 의미

부당해고란 사용자가 정당한 이유 없이 해고당한 경우를 말한다.

2. 부당해고 유형

① 해고가 정당한 사유 없이 이루어진 경우

② 경영상 이유에 의한 해고 제한 요건을 갖추지 않은 경우

③ 「근로기준법」, 「남녀고용평등과 일·가정 양립 지원에 관한 법률」, 「노동조합 및 노동관계조정법」 등에서 정하고 있는 특정한 해고 금지 사유를 위반하여 해고한 경우

④ 해고할 만한 사유가 아님에도 징계 양정을 과도하게 하여 해고한 경우

⑤ 법령 또는 단체협약·취업규칙에서 정한 해고절차를 위반하여 해고한 경우

⑥ 해고할 수 없는 시기에 해고를 한 경우

3. 부당해고 구제 방법

① 형사 구제: 진정 및 고소

② 민사 구제: 해고무효소송 제기

③ 노동위원회를 통한 구제

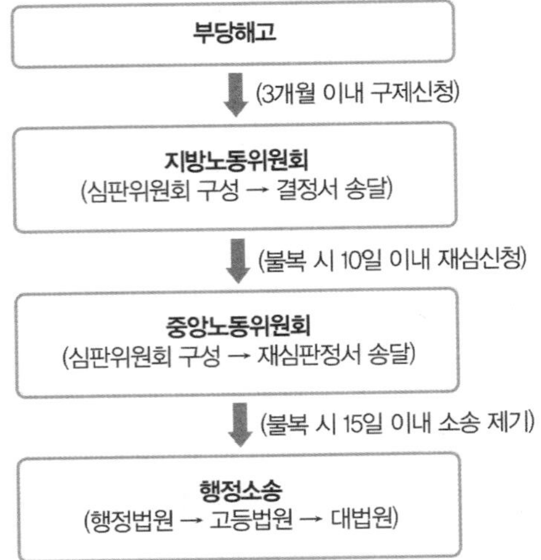

4. 구제내용

① 노동위원회 구제명령

② 원직복직 및 임금상당액 지급

③ 구제명령을 어기는 경우 사용자에게 이행강제금이나 형사처벌 부과

03 부당노동행위와 구제

1. 부당노동행위 구제 제도의 의미

이상과 같이 우리 헌법과 「노동조합 및 노동관계조정법」이 근로자의 노동 3권을 보장하고 있지만, 현실적으로 이러한 노동 3권은 사용자에 의하여 침해받을 가능성이 크다. 그러므로 노동 3권의 실질적인 보장을 위해서 「노동조합 및 노동관계조정법」은 근로자의 단결권이나 단체교섭, 단체행동 등의 자유에 대한 사용자의 침해행위가 있을 시 노동위원회를 통해 근로자의 권리가 구제받을 수 있도록 행정구제제도를 마련하고 있는데, 이것이 바로 부당노동행위 구제제도이다.

2. 노동 3권을 보호할 수 없는 민법의 한계를 보완하기 위한 제도

근대 시민법에서는 사용자의 노동 3권에 대한 방해행위가 위법하다고 하더라도 불법행위로서 손해배상을 청구하는 방법 외에 달리 방법이 없었다. 그러나 이러한 노동 3권은 그 성질상 경제적으로 평가가 곤란하여 실제로 손해배상액을 산정한다는 것은 거의 불가능하기에 불법행위로 인한 손해배상만을 인정해서는 근로자의 권리구제에 취약한 면이 있었다. 이에 사용자의 침해행위 그 자체를 저지할 필요가 생겼고, 이러한 필요에서 생겨난 제도가 부당노동행위제도이다.

3. 부당노동행위의 유형

이러한 부당노동행위의 유형으로 우리 법(「노동조합 및 노동관계조정법」)이 인정하고 있는 것으로는 불이익 대우, 비열계약, 단체교섭거부, 지배 · 개입 및 경비원조의 금지 등이 있다.

(1) 불이익취급

불이익취급은 가장 많이 발생되는 부당노동행위의 유형이라고 할 수 있는데, 근로자가 단결권을 행사의 일환으로 노동조합에 가입했다거나 가입하려고 했다는 이유로, 또는 노동조합을 조직하려고 했다거나 노동조합의 업무를 위한 정당한 행위를 한 것을 이유로 해서 사용자가 근로자를 해고하거나 그에게 불이익을 주는 행위이다.

(2) 비열계약

비열계약 역시 근로자의 자주적인 단결권을 해하는 사용자의 행위이다. 이는 사용자가 근로자와 고용계약을 체결할 때 노동조합에 가입하지 않을 것을 조건으로 하거나 또는 근로자가 이미 노동조합에 가입하고 있는 경우에 탈퇴를 조건으로 하거나 사용자가 지정하는 특정한 노동조합에 가입할 것을 조건으로 하여 계약을 체결하는 것을 말한다.

(3) 정당한 이유 없이 단체교섭을 거부하거나 해태하는 행위

또한 근로자의 단체교섭권과 관련해서는 정당한 이유 없이 단체교섭을 거부하거나 해태하는 행위가 부당노동행위를 구성하게 된다. 노동조합의 단체교섭의 권리는 노동 3권 중에서도 근로조건의 향상을 위한 중추적인 기능을 수행하는 것이므로 이를 이유 없이 거부하지 못하도록 하고 있는 것이다. 여기서 단체교섭의 거부 또는 해태란 처음부터 교섭을 거부하는 경우는 물론 이유 없이 교섭을 중도에 관두는 것, 교섭으로 합의점을 찾았음에도 불구하고 단체협약을 체결하는 것을 거절하는 것, 성실하게 교섭에 임하지 않고 시간만을 연장하는 행위 등을 광범위하게 포함한다.

(4) 노동조합의 조직이나 운영을 지배하거나 개입하는 행위, 노조의 운영비를 원조하는 행위

또 다른 부당노동행위 유형으로는 사용자가 노동조합의 조직이나 운영을 지배하거나 개입하는 행위, 노조의 운영비를 원조하는 행위가 있다. 이 같은 사용자의 행위는 노동조합의 자주성을 실질적으로 해할 가능성이 상당히 크기 때문에 부당노동행위로 보는 것이다.

4. 부당노동행위 구제제도

(1) 의미 : 구제신청, 처벌요구, 민사소송

현행법이 노동위원회에 의한 원상회복주의 구제절차(법 제82조 이하)와 처벌주의적인 형벌규정을(법 제90조) 동시에 허용하고 있다. 사용자의 부당노동행위로 인하여 그 권리를 침해당한 근로자 또는 노동조합은 구제신청이나 처벌을 요구할 수 있다.

사용자의 부당노동행위로 그 권리를 침해당한 근로자 또는 노동조합은 원상회복을 위한 구제방법으로서 노동위원회에 그 구제를 신청할 수 있고,(법 제82조 제1항) 이와 별개로 사법상의 지위의 확보 및 권리의 구제를 받기 위하여 별도로 민사소송을 제기할 수 있다(대법원 1992.5.22. 선고 91다22100 판결).

(2) 행정적 구제절차

① 구제절차

피해당사자 → 지방노동위원회 구제신청(만약 지노위의 결정에 따라 승복해서 사업주가 구제명령을 이행하면 종결, 그렇지 않으면 재심) → 중앙노동위원회에 재심 신청(중노위의 결정에 따르면 종결되고, 사업주가 구제명령을 이행하지 않으면 형사 고소 가능, 다만 불복 시에는 행정소송 제기) → 행정법원에서 최종적 판단 결정

② 구제명령의 효력

구제명령은 행정처분이므로 당사자는 지체 없이 공법상의 이행의무를 부담한다. 초심판정에 대하여 당사자가 명령서 또는 결정서의 송달을 받은 날로부터 10일 이내에 중앙노동위원회에 재심신청을 하지 않는 경우에는 그 구제명령은 확정된다(법 제85조 제3항). 이 확정된 구제명령에 대하여는 이행을 확보하기 위하여 불이행시 벌칙을 규정하고 있다(법 제85조 제4항, 제89조 제2호)

03 경제법

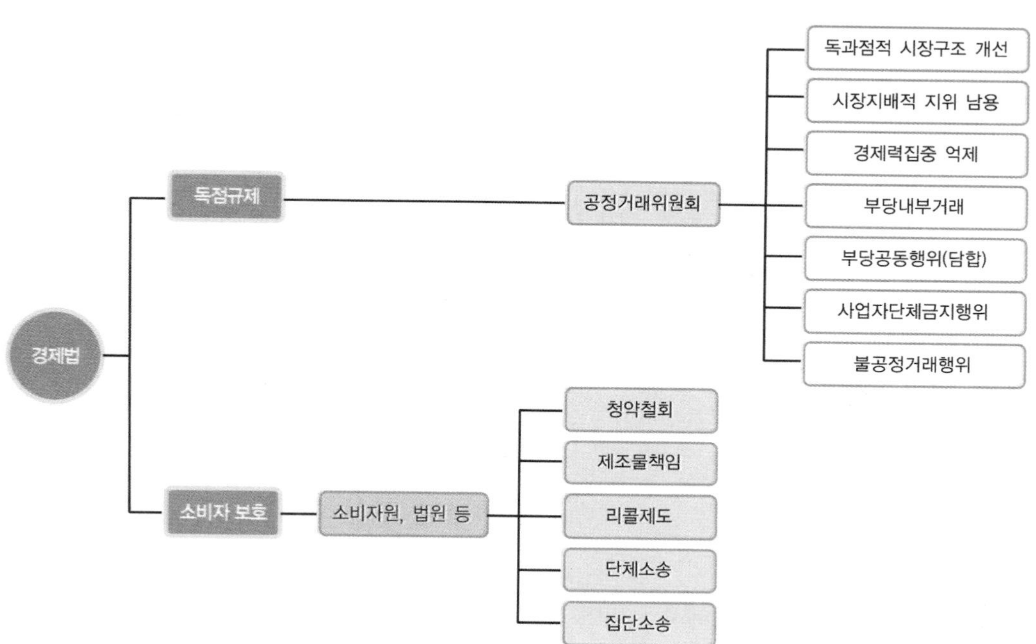

I 독점규제 및 공정거래에 관한 법률

01 도입 배경: 소비자 보호, 자유롭고 공정한 기업간 경쟁 등, 독과점 방지

시장에서 소비자가 경제적인 주권을 가질 수 있도록 시장경제가 정상적인 기능을 수행하기 위해서는 시장에서 공정하고 자유로운 경쟁이 반드시 전제되어야 한다. 이러한 공정하고 자유로운 경쟁을 촉진하기 위해 「독점규제 및 공정거래에 관한 법률」이 제정되었다. 이 법은 사업자가 시장지배적인 지위를 남용하는 것과 사업자에게 과도한 경제력이 집중되는 것을 방지하고, 부당한 공동행위 및 불공정거래행위를 규제하여 공정하고 자유로운 경쟁을 촉진함으로써 창의적인 기업 활동을 장려함과 함께 소비자를 보호하여 국민경제의 균형 있는 발전을 도모함을 목적으로 하고 있다. 그러므로 「독점규제 및 공정거래에 관한 법률」은 시장경제질서의 기본을 위한 유지법이라고 할 수 있다.

02 주요 내용

「독점규제 및 공정거래에 관한 법률」의 가장 중요한 목적이자 이념은 공정하고 자유로운 경쟁의 촉진이다. 따라서 공정거래법은 시장경제질서의 기본을 위한 유지법이라고 할 수 있다.

1. 시장지배적지위의 남용금지(독과점적 시장구조의 개선)
2. 기업결합의 제한 및 경제력집중의 억제
3. 부당한 공동행위의 제한
4. 불공정거래행위의 금지
5. 사업자단체 금지행위
6. 재판매가격유지행위의 제한
7. 국제계약의 체결제한 등과 한국 공정거래위원회와 관련되는 절차적 규정들

II 소비자 보호

01 소비자 8대 권리

1. 소비자 주권

소비자 주권이란 민주주의 국가에서 국민이 정치적 주권을 행사하듯이 시장에서 소비자가 경제적 주권을 가지고 있다는 것을 말한다. 이러한 소비자 주권을 실현하기 위해 소비자법에서는 소비자의 8대 권리를 규정하고 있다.

2. 소비자 8대 권리

소비자 8대 권리는 소비자가 사는 물품이나 서비스로 인해 생명이나 신체 또는 재산상의 위험으로부터 보호를 받을 권리(안전할 권리), 물품이나 서비스 선택에 필요한 지식 및 정보를 제공받을 권리(알 권리), 거래의 상대방이나 가격 등을 자유로이 선택할 권리, 소비와 관련된 국가 등의 정책이나 사업자의 활동에 의견을 반영시킬 권리, 상품이나 서비스로 인한 피해를 보상받을 권리, 합리적인 소비생활을 위해 필요한 교육을 받을 권리, 단체를 조직하고 활동할 권리, 안전하고 쾌적한 소비생활 환경에서 소비할 권리 등이다.

02 취소 및 철회권

1. 청약 철회

(1) 방문판매, 온라인, TV 홈쇼핑 등의 거래에 민법 적용의 한계

상품을 구매하기 위한 청약의사의 경우 상대방에게 전달된 이후에는 철회할 수 없는 것이 민법상의 원칙이다. 하지만 소비자 보호를 위한 관련법에서는 심사숙고하여 소비할 수 있도록 소비자들을 보호하기 위해 일정 기간 재고해 본 후 청약을 철회할 수 있는 철회권을 두고 있다.

(2) 행사 사유 및 기간

이런 철회권은 계약이 합의되고 난 이후에도 가능하다. 예컨대 집이나 직장 등을 방문하여 물건을 팔거나 소비자를 가게로 유인하여 계약을 하는 등과 같은 방문판매의 경우 물품을 구입하는 계약을 한 날로부터 14일 이내에 언제든지 철회할 수 있고, 철회사유에도 아무런 제한이 없다.

(3) 철회 제한

다만 소비자의 책임 있는 사유로 재화를 소멸·훼손시킨 경우, 소비자가 상품을 사용하였거나 일부 소비하여 가치를 떨어뜨린 경우, 시간의 경과로 다시 판매하기가 어려울 정도로 재화 등의 가치가 현저히 떨어진 경우, 복제가 가능한 재화 등의 포장을 훼손한 경우 등에 대해서는 철회권을 행사할 수 없다. 할부거래나 전자상거래 및 통신판매 등의 경우에는 계약서를 받은 날로부터 7일 이내에 철회할 수 있다. 다만 물건의 내용이 표시·광고 내용과 다르거나 계약 내용과 다르게 이행된 경우에는 공급받은 날로부터 3개월 이내, 그 사실을 안 날 또는 알 수 있었던 날부터 30일 이내에 청약을 철회할 수 있다.

PART 06

2. 취소

이와 같은 철회권의 행사 이외에도 일정한 사유가 있는 경우에는 취소할 수 있다. 취소할 수 있는 경우는 행위무능력자가 법정대리인의 대리나 동의 없이 법률행위를 한 경우, 계약 내용의 주요 부분에 대해 착오한 경우, 사기나 강박에 의해 계약을 체결한 경우 등이다.

3. 철회나 취소의 효과

계약을 철회 또는 취소할 경우 판매자는 3일 이내에 구입 가격을 소비자에게 돌려주어야 한다. 물품의 경우에는 특별한 문제가 없이 계약을 철회하는 경우에는 전자 상거래, 통신판매의 경우에만 소비자가 부담하고, 나머지 거래들은 판매자가 부담한다. 판매자의 잘못으로 계약을 철회하는 경우에는 판매자가 비용을 부담한다. 계약을 취소할 경우 소비자가 물건을 받은 경우에는 철회의 경우와 동일하게 반품을 하고, 물건을 받지 못한 경우에는 물건을 인도받을 권리와 대금을 지급할 의무가 소멸한다.

03 소비자 구제 방안

1. 국가권력 등과 같은 공권력에 의한 침해와 구제

청원권, 행정소송, 국가배상청구, 헌법소원

2. 사인(私人)에 의한 침해와 구제

한국소비자원을 통한 원상회복과 손해배상 등, 민사소송

3. 공정거래위원회 역할

경쟁 촉진, 소비자 주권확립, 중소기업 경쟁 기반 확보, 경제력 집중 억제

4. 공정거래위원회의 운용법률

「독점규제 및 공정거래에 관한 법률」, 「약관의 규제에 관한 법률, 표시, 광고의 공정화에 관한 법률」, 「방문, 판매 등에 관한 법률」, 「할부거래에 관한 법률」, 「전자상거래 등에서의 소비자보호에 관한 법률」, 「하도급공정거래에 관한 법률」, 「가맹사업거래 공정화에 관한 법률」, 「독점규제 및 공정거래에 관한 법률의 적용이 제외되는 부당한 공동행위 등의 정비에 관한 법률(카르텔 일괄정리법)」

5. 단체소송 및 집단소송

우리나라에서는 오랜 논의 끝에 증권분야에서의 집단소송에 대한 법이 만들어졌고, 「소비자기본법」에 따른 단체소송은 허용은 되고 있지만 아직 그 이용실적은 미미한 편이다. 그러나 공정거래법 분야를 비롯한 집단적 피해구제가 시급한 여러 분야, 특히 환경법, 의료법, 제조물책임법 분야에서 집단소송 도입을 위한 움직임이 활발하게 지속되고 있다.

(1) 단체소송(소비자기본법 제70조, 소비자단체소송규칙)

① 의미

제품 구매 등으로 피해를 입은 다수의 소비자들이 해당 기업에 대해 소비자단체를 통해 일괄적으로 소송을 제기할 수 있다. 소비자단체소송은 사업자가 소비자의 생명·신체 또는 재산에 대한 권익을 직접적으로 침해하고 그 침해가 계속되는 경우 일정한 요건을 갖춘 소비자단체, 사업자단체, 비영리단체가 개별 소비자를 대신해서 법원에 그 소비자권익 침해행위의 금지·중지를 청구하는 소송을 말한다.

② 효력

소비자단체소송은 피해 구제를 직접 받아내는 '집단소송제'와 달리, 판결 효력이 해당 제품의 판매 금지나 불공정 약관 시정 등 기업의 위법행위 금지에만 미친다. 예컨대 어린이 안전 위협제품이나 불공정 약관 등에 대해 판매금지나 내용수정 등을 법원에 청구할 수 있다. 따라서 소비자가 금전적 보상을 받기 위해서는 소비자 개개인이 별도의 민사소송을 제기해야 한다.

(2) 집단소송

집단소송은 똑같은 피해를 입은 경우와 같이 공동의 이해관계가 있는 다수 중 대표를 정해 소송하여 다수 모두가 손해배상을 받을 수 있는 제도를 말한다. 단체소송과는 달리 집단소송은 주로 손해 배상을 내용으로 하는 소송이다. 이 소송의 경우에는 소송비용을 절감하는 장점이 있다.

6. 리콜제도

'리콜제도'라 함은 소비자의 생명・신체 및 재산상에 위해를 끼치거나 끼칠 우려가 있는 제품결함이 발견된 경우, 사업자 스스로 또는 정부의 명령에 의해 소비자 등에게 제품의 결함내용을 알리고 제품 전체를 대상으로 수거・파기 및 수리・교환・환급 등의 적절한 시정조치를 취함으로써 결함 제품으로 인한 위해 확산을 방지하고자 하는 소비자보호 제도를 말한다.

법학 예비사회교사를 위한

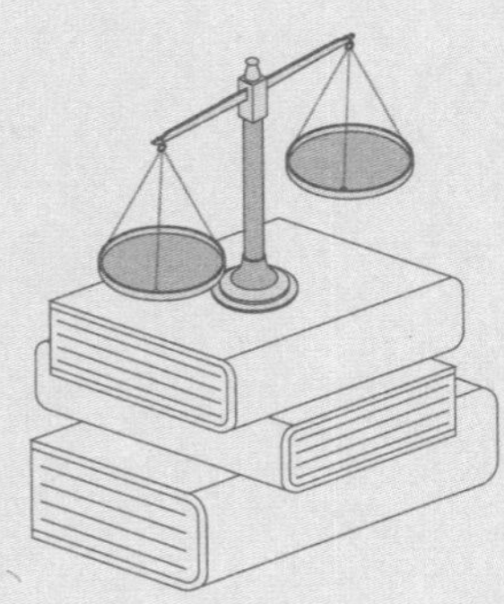

Part

07

국제법과 국제사법

Part 07 국제법과 국제사법 한눈에 살펴보기

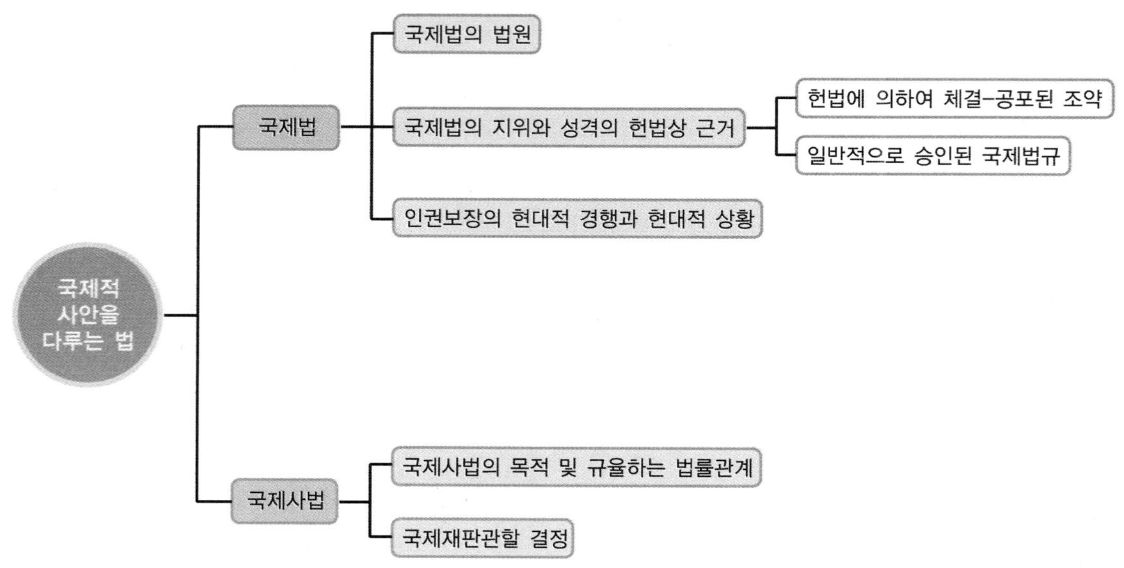

예비사회교사를 위한 법학

Chapter

01 국제법의 특징 및 동향

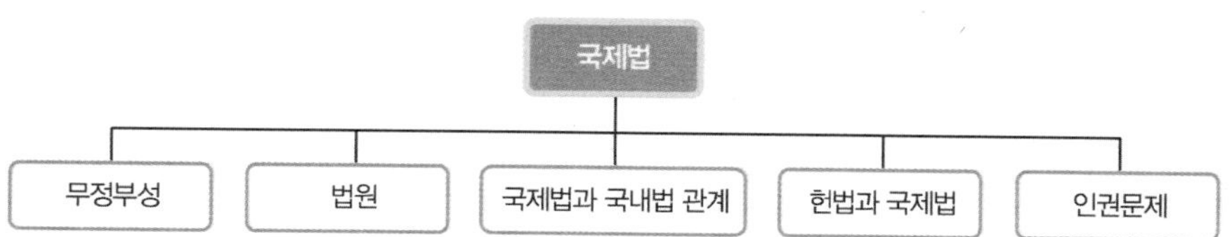

I 국제법의 특성 및 인권의 구체적 동향

01 국제법의 의미 및 성격

1. 국제법의 의미

국제법은 국가와 국가, 국가와 국제기구, 특별한 경우 회사나 개인의 행동을 국제적으로 규율하는 국제사회의 규범을 말한다. 국제법은 내용과는 상관없이 공법으로 취급된다.

2. 국제법의 특징

① 국내법과 같은 전문입법기관이 부재한다.

② 국제법을 적용한 재판을 하기 어렵다.

③ 국제법을 집행하는 강제 절차가 없다.

3. 국제법과 국내법의 관계[123)]

① 국내법 우위 일원론

② 이원론

③ 국제법 우위 일원론

123) 국제법과 국내법이 충돌할 때가 문제이다. 현실적으로는 이원론을 바탕으로 국제법 중 수용할 것과 수용하지 않을 것을 구분하는 것이 바람직하지만, 그렇게 단순한 문제는 아니다. 원칙적으로는 국내법을 우위에 두면서 이원론을 가져가거나 하는 등과 같은 탄력적 대처가 필요하다.

02 국제법의 법원

1. 법원의 의미

법원(法源)은 법의 원천, 즉 법이 어떤 근거를 가지고 있으며 어떠한 형태로 존재하는가에 관한 문제이다. 일반적으로 법은 입법권을 가진 기관에 의해 제정되어 법전의 형태로 존재하는 성문법과 관습이나 조리, 판례 등과 같은 불문법의 형태로 존재하게 된다.

2. 유형: 조약, 국제관습, 법의 일반원칙

(1) 국제법의 대표적인 법원

국제법의 대표적인 법원은 조약, 국제관습, 법의 일반원칙이다.

(2) 국제사법재판소 규정에 근거

국제법의 법원에 관해 국제사회에서 공식적으로 합의된 바는 없으나 일반적으로는 1945년 제정된 국제사법재판소 규정 제38조 제1항의 내용이 국제법의 법원을 구성하는 것으로 받아들여지고 있다(Malanczuk, 1997: 36). 그 내용은 다음과 같다.

> **국제사법재판소 규정 제38조**
> ① 재판소는 재판소에 회부된 분쟁을 국제법에 따라 재판하는 것을 임무로 하며, 다음을 적용한다.
> a. 분쟁국에 의하여 명백히 인정된 법규범의 성격을 갖는 보편적 또는 개별적 국제협약(international conventions)
> b. 법으로 인정된 관행으로서 국제관습(international customs)
> c. 문명국에 의해서 인정된 법의 일반원칙(general principles of law)
> d. 법규범을 결정하는 보조적 수단으로서 제59조의 조건하에 판례와 여러 나라에서 인정받는 우수한 국제법학자들의 학설(judicial decisions and teachings)

03 국제법의 지위와 성격 헌법상 근거: 헌법 제6조 제1항

1. 헌법 제6조 제1항

헌법에 의하여 체결·공포된 조약과 일반적으로 승인된 국제법규는 국내법과 같은 효력을 가진다.

2. 헌법에 의하여 체결·공포된 조약

(1) 헌법 제60조 제1항

국회는 상호원조 또는 안전보장에 관한 조약, 중요한 국제조직에 관한 조약, 우호통상항해조약, 주권의 제약에 관한 조약, 강화조약, 국가나 국민에게 중대한 재정적 부담을 지우는 조약 또는 입법사항에 관한 조약의 체결·비준에 대한 동의권을 가진다.

(2) 조약의 효력

법률적 효력

3. 일반적으로 승인된 국제법규

(1) 의미

국제관습법과 일반적으로 국제사회에서 인정된 조약을 포함한 의미이다.

예 유엔헌장, 집단학살금지협정, 포로에관한제네바협정, 국제인권규약

(2) 국제법규의 효력

법률적 효력을 인정할 것인지에 대해 학설이 대립한다.

Ⅱ 인권 보장의 확산

01 배경

제1~2차 세계대전을 통해서 보았던 대량학살, 전쟁범죄와 고문, 제2차 세계대전 이후의 인종청소 등 반인류 범죄에 대한 국제적 규제와 협력의 필요성이 생겼다.

02 인권보장의 현대적 경향

1. 인권선언의 사회화 현상

자유권적 기본권과 사회적 기본권의 조화로운 보장을 특징으로 하는 인권선언의 사회화 현상이 나타난다.

2. 자연권의 강조

현대적 인권보장이 갖는 또 하나의 특색은 자연권사상의 부활과 강조이다. 예컨대 세계인권선언(1948년)에서는 천부인권의 이념을 부활시켰다. 이와 같은 이념은 2차 대전 이후에 제정된 각국의 헌법에도 계승된다.

3. 인권보장과 인권법제의 국제화경향

인권보장의 국제화경향이 두드러지게 나타나고 있다. 그리고 국제적인 차원에서 인권보장의 논의가 확산되면서 환경권을 중심으로 한 제3세대 인권의 등장을 가져왔다.

03 제3세대 인권의 등장

1. 배경

국지적인 전쟁과 절대적 빈곤으로 인한 기아, 무분별한 경제개발이 야기한 환경의 파괴는 인간이 인간답게 생존할 수 없는 상황을 만들어내고 있다. 이와 같은 상황을 반영해서 바작(Vasak, 1972)이 고안한 새로운 인권이 제3세대 인권이다. 그는 이미 국제인권법의 내용을 이루고 있는 시민적·정치적 권리를 제1세대 인권, 경제적·사회적·문화적 권리를 제2세대 인권이라 불렀다.

2. 인권의 내용과 특색

(1) 제1세대 인권

제1세대 인권은 정치적 권리로서 언론·출판의 자유, 집회·결사의 자유가 있다.

(2) 제2세대 인권

제2세대 인권은 경제적·문화적 인권이다.

(3) 제3세대 인권

제3세대 인권은 개발에 대한 권리, 평화에 대한 권리, 의사소통의 권리, 서로 다를 수 있는 권리, 환경권, 인도적 구조를 받을 권리, 인류공동의 유산에 대한 소유권, 인간적 도움을 요구할 수 있는 권리들이다.

(4) 각 세대 인권의 이념

제1세대 인권의 이념은 자유, 제2세대 인권의 이념은 평등한 자유라는 의미에서 평등, 제3세대 인권의 이념은 박애(형제애)이다.

04 인권보장의 현대적 상황

(1) 정보화 사회에 대응하기 위한 새로운 기본권보장체계의 모색의 필요하다.

(2) 개인 간의 사회적·경제적 불평등상황이 존재하게 되었고, 자본주의 및 언론의 발전과정에서 새로운 사회적 권력이 출현하였다. 이 같은 사회적 권력은 국가권력과 더불어 기본권을 침해하는 주요한 힘이 되었다. 이 같은 현실문제에 대응하기 위해서는 기본권의 효력을 국가권력에 대해서만 미칠 것이 아니라 제3자(사회적 권력)에 대해서 미칠 수 있어야 하는 상황이다. 이 상황을 반영한 가운에 등장한 것이 기본권의 효력 확장론이다.

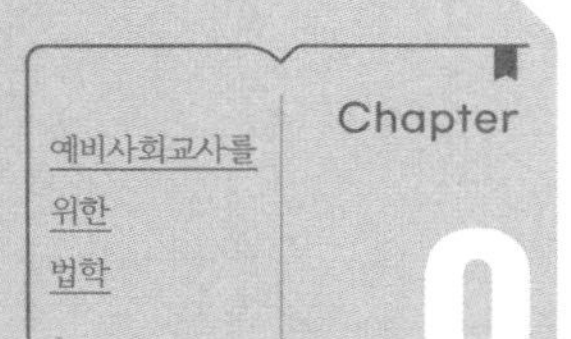

02 국제분쟁해결 제도

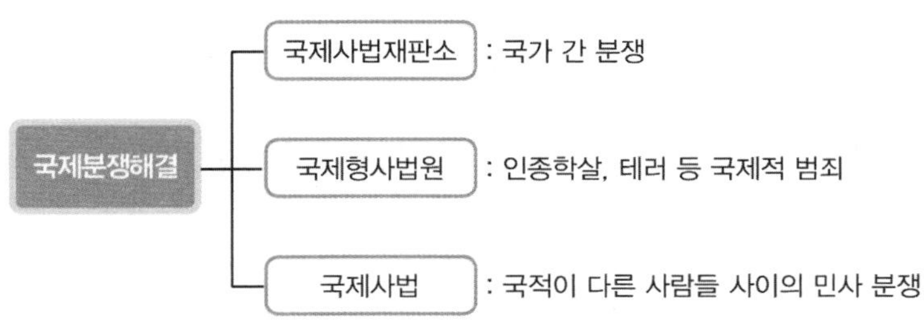

I 국제사법재판소

01 국제사법재판소의 의의

유엔헌장에 근거하여 1945년에 설립된 국제사법재판소는 상설 국제적인 법원으로서 유엔 자체의 사법기관이며 6개 주요 기관 중의 하나이다.

02 국제사법재판소의 구성 및 당사국

1. 구성

(1) 재판소는 총회와 안전보장이사회에 의하여 선출된 각기 다른 국적 15명의 판사로 구성된다.

(2) 재판소 판사로 선출되기 위해서는 각국에서 최고위 법관직에 임명될 수 있는 자격 구비 필요

① 판사의 임기는 9년이며, 재선 가능하다.

② 3년마다 15명의 판사 중 5명을 개선한다.

③ 재판소는 법관 중에서 3년 임기의 재판소장 및 부소장을 선출한다.

2. 당사국

유엔회원국은 당연히 국제사법재판소 규정 당사국이 되며, 유엔비회원국도 안전보장이사회의 권고에 입각하여 총회가 개별적으로 정하는 아래 조건에 따르면 규정당사국이 될 수 있다.

03 관할권

1. 당사국에 대한 관할

재판소에 제소되는 사건의 당사자는 국가에 한하고 국제기구나 개인은 당사자가 될 수 없다. 개인은 그 소속 국가를 통하여 국가의 권리로서 재판소에 제소할 수 있다.

2. 분쟁에 대한 관할

국제사법재판소에 분쟁을 제소할 수 있는 것은 분쟁 당사국 간에 합의가 있는 경우에 한한다. 재판소의 관할은 당사자가 재판소에 부탁하는 모든 사건 및 특히 헌장 또는 현행 조약 및 협약에 규정된 모든 사항을 포함한다. 재판소에 제소는 원칙상 임의적이나 재판소 규정 제36조 제2항의 의무적 관할조항을 수락한 경우, 조약의 해석 · 국제법상의 문제 · 확인된 경우 국제의무의 위반이 되는 사실의 존재 여부 · 국제의무 위반에 대한 배상의 성질 및 범위에 관한 모든 법률적 분쟁에 대한 재판소의 관할은 동일한 의무를 수락하는 다른 국가에 대한 관계에 있어서, 당연히 또 특별한 합의 없이도 의무적인 것이 된다.

04 재판준칙 및 판결의 구속력 여부

1. 재판 준칙 : 법원

규정 제38조에 따라 재판소는 국제협약, 국제관습, 문명국에 의하여 일반적으로 인정된 법의 일반원칙판례 및 국제법학자의 학설을 적용한다. 또한 분쟁당사국이 합의한 경우에는 재판소는 형평의 원칙에 따라 사건을 판결할 수 있다.

2. 판결의 효력

판결은 종국적이며 상소할 수 없다. 판례처럼 선례구속력은 없다. 판결의 효력은 분쟁 당사국에만 미치지만 강제성이 없다.

3. 권고적 의견 제시

총회, 안보리 또는 기타 유엔기관 및 전문기관의 요청에 의해 그 활동범위 내에서 발생하는 법률적 문제에 대해 권고적 의견을 제시할 수 있다. 권고적 의견은 법적 구속력이 없다는 점에서 판결과 다르나 판결에 상응하는 법적 정치적 권위를 인정받는다.

Ⅱ 국제형사법원

01 의의: 도입취지

국제사법재판소를 포함한 UN의 활동이나 판결이 형사적 부분에 미치지 않고 있으며, 특히 반인륜적 범죄에 대해서는 전 인류적 차원에서 대응할 필요가 있다고 인식이 발생하기 시작하였다. 또한 유고슬로비아와 같이 개별적인 국가나 사건에 한정하여 재판소를 개설하였던 것을 벗어나, 전 지구적인 형사재판기능을 담당하는 재판소의 필요성이 제기되었다. 이러한 취지에서 1998년 UN 전권 외교 사절 회의에서는 국제형사재판소(International Criminal Court: ICC) 로마규정을 채택하였고, 이를 바탕으로 네덜란드 헤이그에 국제형사재판소가 설립되었다. 국제형사재판소에 가입 및 비준한 국가는 2012년을 기준으로 총 101개국이며, 약 30여 개국이 가입은 하였으나 비준을 거치지 않고 있다.

02 국제형사재판소의 역할

제노사이드 협약(1951년)으로 제노사이드의 방지와 행위자 처벌을 위한 협약은 제시되었지만 현재까지도 근절되지 못하였다. 이런 문제 등을 해결하기 위한 국제형사재판소는 2002년 7월 1일 설립하였으며, 국제범죄를 범한 개인을 심리·처벌하는 국제재판소로 집단살해, 반인륜적 범죄, 침략범죄, 전쟁범죄를 다루고 있다.

03 국제사법재판소와의 차이

UN의 사법기관인 국제사법재판소는 국가 간의 법적 분쟁만을 취급한다는 점에서 UN의 기관이 아니라 로마협약에 근거하고 있고, 재판 대상이 개인 형사 책임에 한정되는 국제형사재판소와 차이가 있다.

III 국제사법

01 국제사법의 특성

1. 국제사법의 의미

국제사법은 섭외적 사법관계에 적용할 준거법을 정하는 규범을 말한다. 과거에는 섭외사법이라고 부르기도 한다.

2. 국제사법의 특성 : 국내공법

(1) 국내법

앞에서 본 내용들은 대부분 국제법이지만, 여기서 다루는 국제사법은 국내법이다. 외국과 얽힌 사법적 관계를 해결할 관할권과 준거법을 정한다. 이때 관할권과 준거법을 정하는 주체는 우리나라 법원이다. 따라서 우리나라 법원을 규율하는 법인만큼 국내법이다.

(2) 공법

국제사법은 사법적 관계를 전제로 하지만 사법적 관계의 실체를 규율하는 법이 아니다. 사법적 관계의 문제를 해결하기 위한 절차와 관련되는 법이다. 따라서 공법이다.

02 국제사법의 주요 내용

1. 국제사법의 목적 및 규율하는 법률관계(국제사법 제1조)

국제사법은 외국적 요소가 있는 법률관계에 관하여 국제재판관할에 관한 원칙과 준거법을 정함을 목적으로 한다.

2. 국제재판관할 결정(국제사법 제2조)

① 법원은 당사자 또는 분쟁이 된 사안이 대한민국과 실질적 관련이 있는 경우에 국제재판관할권을 가진다. 이 경우 법원은 실질적 관련의 유무를 판단함에 있어 국제재판관할 배분의 이념에 부합하는 합리적인 원칙에 따라야 한다.

② 법원은 국내법의 관할 규정을 참작하여 국제재판관할권의 유무를 판단하되, 제1항의 규정의 취지에 비추어 국제재판관할의 특수성을 충분히 고려하여야 한다.

3. 본국법 결정(국제사법 제3조)

① 당사자의 본국법에 의하여야 하는 경우에 당사자가 둘 이상의 국적을 가지는 때에는 그와 가장 밀접한 관련이 있는 국가의 법을 그 본국법으로 정한다. 다만, 그 국적 중 하나가 대한민국인 때에는 대한민국 법을 본국법으로 한다.

② 당사자가 국적을 가지지 아니하거나 당사자의 국적을 알 수 없는 때에는 그의 상거소(常居所)가 있는 국가의 법('상거소지법'이라 한다)에 의하고, 상거소를 알 수 없는 때에는 그의 거소가 있는 국가의 법에 의한다.

③ 당사자가 지역에 따라 법을 달리하는 국가의 국적을 가지는 때에는 그 국가의 법 선택규정에 따라 지정되는 법에 의하고, 그러한 규정이 없는 때에는 당사자와 가장 밀접한 관련이 있는 지역의 법에 의한다.

4. 외국법의 적용 및 배제

(1) 외국법의 적용(국제사법 제5조)

법원은 이 법에 의하여 지정된 외국법의 내용을 직권으로 조사·적용하여야 하며, 이를 위하여 당사자에게 그에 대한 협력을 요구할 수 있다.

(2) 외국법의 적용 배제(국제사법 제10조) : 사회질서에 반하는 외국법의 규정

외국법에 의하여야 하는 경우에 그 규정의 적용이 대한민국의 선량한 풍속 그 밖의 사회질서에 명백히 위반되는 때에는 이를 적용하지 아니한다.

5. 준거법의 범위(국제사법 제6조)

이 법에 의하여 준거법으로 지정되는 외국법의 규정은 공법적 성격이 있다는 이유만으로 그 적용이 배제되지 아니한다.

6. 대한민국 법의 강행적 적용(국제사법 제7조)

입법목적에 비추어 준거법에 관계없이 해당 법률관계에 적용되어야 하는 대한민국의 강행규정은 이 법에 의하여 외국법이 준거법으로 지정되는 경우에도 이를 적용한다.

이 책의 참고문헌

- 강원대학교 비교법학연구소, 『생활과 법률』, 북힐스(2005)
- 권영성, 『헌법학개론』, 법문사(2010)
- 권영성, 『헌법학원론』, 법문사(2005)
- 권오승, 『경제법』, 법문사(2009)
- 김동석, 『법과 현대생활』, 일조각(2003)
- 김문현 외 11인, 『법학입문』, 법문사(2006)
- 김범주, 『법과 사회』, 형설(2004)
- 김양수, 『민사소송법개론』, 법우사(2009)
- 김주환, 「평등권 심사기준의 체계화」, 강원법학 제31권(2010.10.)
- 김준호, 『민법강의』, 법문사(2009)
- 김철수, 『헌법학개론』, 박영사(2005)
- 김한택, 『현대국제법』, 지인북스(2007)
- 김형배, 『노동법』, 박영사(2009)
- 김형배, 『민법학강의』, 신조사(2009)
- 류병화, 『법철학』, 박영사(1985)
- 박성혁 · 김현철 · 곽한영, 『한국인의 법과 생활』, 한국법교육센터(2008)
- 배종대, 『형사정책』, 홍문사(2008)
- 법무부, 『한국인의 법과 생활』, 한국법교육센터(2009)
- 서울대학교 편집부, 『법학통론(법학전서 1)』, 서울대학교출판부(1997)
- 성기용, 「평등권의 보장과 발전」, 헌법논총 제19집(2008)
- 성낙인, 『헌법학』, 법문사(2005)
- 성낙인, 『헌법학』, 법문사(2014)
- 손상식, 「평등권의 침해 여부에 대한 심사기준」, 헌법재판소 헌법재판연구원(2013)
- 신양균, 『형사소송법』, 화산미디어(2009)
- 오세혁, 『법철학사』, 세창출판사(2008)
- 이상경, 「사회적 신분에 의한 차별사유에 관한 소고」, 헌법학연구 제20권 제4호(2014.12.)
- 이윤환 · 송인방, 『사례로 이해하는 법과 생활』, 형설(2005)

- 이재상, 『신형사소송법』, 박영사(2009)
- 이재상, 『형법각론』, 박영사(2009)
- 이재상, 『형법총론』, 박영사(2008)
- 이재희, 「일반적 평등권 보장과 개별적 평등권 보장」, 헌법학연구 제21권 제2호(2015.6.)
- 이종수, 「사회적 신분에 의한 차별금지의 헌법적 의미」, 공법연구 제31권 제1호(2002.11.)
- 전광석, 『한국헌법론』, 법문사(2011)
- 정성모 · 모은래, 『이론과 사례의 생활법률』, 세종출판사(2002)
- 정종섭, 『헌법학원론』, 박영사(2006)
- 정종섭, 『헌법학원론』, 박영사(2014)
- 조홍석, 「평등권에 대한 헌법재판소 판례의 분석과 전망」, 공법연구 제33권 제4호(2005.6.)
- 차강진, 『헌법강의』, 청출어람(2009)
- 최종고, 『법사상사』, 박영사(1992)
- 최종고, 『법학통론』, 박영사(2008)
- 충남대학교 법학연구소, 『현대생활과 법』, 삼영사(2005)
- 한견우, 『법학개론』, 신영사(1992)
- 한수웅, 「평등권의 구조와 심사기준」, 헌법논총 제9집(1988)
- 한수웅, 『헌법학』, 법문사(2015)
- 허영, 『한국헌법론』, 박영사(2005)
- 허영, 『한국헌법론』, 박영사(2010)
- 헌법재판소 홈페이지, "헌법재판과 일반 재판과의 차이점", https://www.ccourt.go.kr/cckhome/kor/cjustice/constitutionJudgeOpen.do (2020.2.)
- 헌법재판소 홈페이지, "헌법재판소 심판" https://www.ccourt.go.kr/cckhome/kor/cjustice/constitutionPetitionJudge.do (2020.2.)
- 홍성방, 『헌법학(중)』, 박영사(2010)
- 홍성방, 『헌법학』, 현암사(2007)
- 홍성찬, 『법학개론』, 박영사(1998)
- 홍정선, 『행정법특강』, 박영사(2009)

이율

• 사회과 교육 전공 교육학 박사
• 하제스트 교육연구소 소장
• 한국 법교학회 이사 및 사회과 학회 회원
• 연세대학교 특임교수
• 부산대학교 사회교육연구소 실장

[저서]
• 교육론: Jump-up 일반사회교육론(2017, 박문각), 사회과 예비교사를 위한 일반사회교육론(박문각, 2020), 다문화주의, 다문화교육, 이데올로기, 민주주의(2020, 공저, 동문사), 시민주권과 민주시민교육(2021, 공저, 부산대학교 출판부), 예비사회교사를 위한 일반사회교육론(박문각, 2023)
• 법 관련: 법교육학 입문(공저, GMW, 2013), Jump-up 법교육(2017, 박문각), 사회과 예비교사를 위한 법학(박문각, 2020), 법교육학 입문 개정판(2022, 공저, 박영사), 예비사회교사를 위한 법학(박문각, 2023)
• 정치 관련: Jump-up 정치교육(2017, 박문각), 사회과 예비교사를 위한 정치학(박문각, 2020), 예비사회교사를 위한 정치학(박문각, 2023)
• 경제 관련: 악마의 맷돌이 돌고 있어요!(자음과모음, 2013)
• 사회·문화 관련: 비교문화(부산교육청, 2015; 세종교육청, 2020)

[논문]
• 사회과 대화교육의 한계와 대안에 관한 연구(2015)
• 사회과 법교육에서 인권교육 내용에 관한 연구(2011)
• 중등 사회과 민주주의 교육에 대한 비판적 고찰(2013)
• 다문화 사회의 헌법교육 모색(2011)
• 미국 법교육 교과서의 변천과정에 관한 연구(2011)
• 법교육이 청소년의 폭력에 관한 태도에 미치는 영향(2010)
• 교육현장에서의 저작권 가이드라인에 관한 연구(2011)
• 비행청소년 교정교육에서 상상력 교육의 필요성에 관한 연구 등(2012)
• 폭력의식의 형성과 유형에 대한 연구(2009)
• 교권의 범위와 한계에 관한 연구(2011)

예비사회교사를 위한

법학

초판 1쇄 | 2020. 3. 25. **2판 1쇄** | 2023. 2. 6. **편저자** | 이 율
발행인 | 박 용 **발행처** | (주)박문각출판 **등록** | 2015년 4월 29일 제2015-000104호
주소 | 06654 서울특별시 서초구 효령로 283 서경 B/D **팩스** | (02)584-2927
전화 | 교재 문의 (02) 6466-7202, 동영상 문의 (02) 6466-7201

저자와의 협의하에 인지생략

ISBN 979-11-6987-099-3 | 979-11-6987-098-6(SET)
정가 37,000원